会计基本技能指导与实训

21世纪高职高专会计专业规划教材

KUAIJI JIBEN JINENG ZHIDAO YU SHIXUN

主　审：戴　旻　　管友桥
主　编：黄清泉　　王　峰
副主编：王文成　　何万能
编　者：黄清泉　　王　峰　　王文成　　何万能
　　　　王雪芳　　赵文伟　　涂　君　　张乐君
　　　　唐新恒　　唐高兰　　杨　静

21 SHIJI GAOZHI GAOZHUAN
KUAIJI ZHUANYE
GUIHUA JIAOCAI

中南大学出版社
www.csupress.com.cn

总 序

教育是民族振兴、社会进步的基石,是提高国民素质、促进人的全面发展的根本途径。强国必先强教。高等职业教育作为我国高等教育的一个重要组成部分,在推动经济发展、促进就业、改善民生、提高国民素质等方面发挥着不可替代的作用。提高高等职业教育的质量必须改革人才培养模式,彰显自身特色。开展以工作过程为导向的项目课程开发,是当前职业教育课程改革的方向。"项目课程"是以典型产品或服务等作为教学案例,将学生的作业流程设计在真实的工作环境中,以"教、学、做合一"为主要教学方式的课程模式,强调学生职业能力的培养,强调教学过程与工作过程的有机融合、企业文化与职业素质的有机融合、岗位需求与课程标准的有机融合、理论教学与实践教学的有机融合、职业考试与课程考核的有机融合。开发体现时代特征、遵循职业教育教学规律、紧贴职业特色的教材已成为社会、学校和教师的紧迫任务。《会计基本技能指导与实训》一书对会计专业学生职业技能的培养进行了积极、有效的探索,本书作者经过较长时间的学习、构思、调查、整理,以提高学生职业能力为重点,不仅关注该让学生获得哪些工作知识,同时关注让学生以什么方式来获取这些知识。总的来看,本书以"一标二化"(即:职业教育培养目标、理论与实践一体化、教学做一体化)统揽全局,具有以下特点:

第一,目标明确。本书以"对接行业、工学结合、提升质量、促进职业教育链融入产业链,有效服务经济社会发展"的职业教育发展思路来构思内容,着力培养学生的职业道德、职业技能和就业能力。

第二,理念前卫。本书以工作流程为导向大胆构思学习情境和工作情境的统一,积极规划技能项目,以任务驱动的形式展示项目体系,所有项目均由理论讲解与实践操作组成,打破了传统理论教材与实训教材"两张皮"的格局,对理论与实践的融合方式进行了积极的探索,最大限度地使学生在理论学习的同时,不出校门就能积累实践经验,缩短了学生就业的适应期。同时,也能帮助许多会计爱好者自学成才。

第三,结构新颖。本书由三个学习情境共十二个相互联系的任务构成,每个任务包含操作规范、典型范例、实战演练三个环节,融"教、学、做"为一体,以期学生的理论水平与操作技能全面提高。

第四,实用性强。本书针对初学者难以根据原始凭证记载的内容把握经济业务的实质、将会计基本理论学习与实践操作有机结合的难题,收集、整理了较多的现实案例,并详细进行分析、说明,让学生从抽象的理论学习中解脱出来,并配以实训任务引导学生训练,提高了操作技能,使学习者身临其境、亲历其事,有效解决了管理类学生难以找到现实岗位进行实习的困惑,提高了学生分析问题和解决问题的能力。

教材的生命力在于创新,而创新是提高人才培养质量的不竭动力,本书作者紧紧围绕该主题,不辱使命,大胆探索,喜获成果。相信在教学实践中一定能收到预期效果。是为序。

教授

前　言

　　高等职业教育是我国高等教育的重要组成部分，承担培养高素质技能型人才的重任。而完成此重任，教材建设是基础。为夯实该基础，我们积极探索以工作过程为导向的项目课程开发，按照工作任务过程设计教材结构，努力培养学生的思维能力，增强学生的任务意识，使他们从关注"知道什么"转向"要做什么"。基于此，我们组织编写了这本教材。

　　本教材以会计职场所需的基础知识和基本技能为主线，设计和安排了文字及会计数字书写、钞票的认知及清点、计算机小键盘操作等会计职业技能基础项目和任务，设计了识别和填制原始凭证、编制记账凭证、登记会计账簿、主要账务处理程序、财产清查、会计报表编制到会计纸质资料整理与装订等会计职业技能项目和任务。所有项目以会计职场所需技能为任务，进行逐一讲解与操作指导并引导学生实际操作，最后加以集中综合训练，以达到学生自主学习、自我总结提高的目的。

　　本书由黄清泉、王峰、王文成、何万能、王雪芳、赵文伟、涂君、张乐君、唐新恒（湖南美怡乐食品有限责任公司）、唐高兰（衡阳市石鼓地方税务局）、杨静（衡阳专用车制造厂）共同编写。黄清泉、王峰任主编，王文成、何万能任副主编，最后由戴旻、管友桥审定。

　　本书在编写过程中得到了有关领导和同行以及工商企业、金融机构会计现场工作者的大力支持和协助，在此深表感谢。本书尽管在创新特色方面作出了许多努力，但由于编者水平有限及时间仓促难免有不足之处，敬请广大读者在使用过程中向编者（hycgy2003@126.com）提出宝贵意见，以便不断改进与提高。

编　者

2010 年 8 月

目　录

学习情境一　会计技能基础指导与实训

任务一　文字及会计数字书写指导与实训 …………………………………………（3）
任务二　钞票的认知及清点指导与实训 ……………………………………………（10）
任务三　计算机小键盘操作指导与实训 ……………………………………………（16）

学习情境二　会计信息形成基本技能指导与实训

任务一　原始凭证的识别和填制指导与实训 ………………………………………（21）
任务二　原始凭证的审核指导与实训 ………………………………………………（63）
任务三　记账凭证的填制和审核指导与实训 ………………………………………（78）
任务四　账簿的设置和登记指导与实训 ……………………………………………（99）
任务五　主要账务处理程序指导与实训 ……………………………………………（152）
任务六　财产清查指导与实训 ………………………………………………………（156）
任务七　会计报表的编制指导与实训 ………………………………………………（159）
任务八　会计信息纸质载体装订指导与实训 ………………………………………（166）

学习情境三　会计基本技能综合实训

任　务　会计基本技能综合实训 ……………………………………………………（173）

参考文献 …………………………………………………………………………………（245）

学习情境一 会计技能基础指导与实训

本学习情境主要阐述会计执业所需要的基础技能，包括文字及会计数字的书写、钞票的认知及清点、计算机小键盘操作。这些基础技能虽然不是会计从业人员所特有的技能，但它是会计人员从业所必须具备的基本技能。通过本情境的学习与训练，学生能掌握本学习情境的基本要求和基本原理，并灵活运用于实际操作。

任务一　文字及会计数字书写指导与实训

【学习目标】

通过指导和训练，掌握文字、会计数字的标准写法，做到书写规范、清晰、流畅。

【操作规范】

一、文字的书写规范

1. 会计文字书写的不良习惯

会计中的文字书写，不同于人们的日常书写，不可根据个人喜好，张扬个性，书写大气，而应做到工整、清晰、美观，便于更正。而现实生活中的一些不良书写习惯，不符合会计书写规范要求，主要有以下几种情况：

（1）字迹潦草，造成会计记录杂乱，使会计信息使用者不易辨认。

（2）字体过大，写满格，造成账簿记录不清晰，也不便于对书写中的错误文字进行更正。

（3）字形欠佳，影响会计记录的美观性。

（4）文字不规范，表现为书写文字时用谐音字、错别字、自造简化字，从而影响会计的严肃性。

2. 正确的文字书写方法

（1）字迹工整、清晰。

（2）位置、大小适当。书写时不宜用浓墨粗笔写，笔迹要纤细，字体大小要适当，不宜"顶天立地"（即字体顶格书写）。规范的汉字大小应占格距的1/2较为适宜，字下部落笔在底线上。

二、数字的书写规范

1. 中文大写数字的书写规范

（1）一律用正楷或行书书写，不得连笔写。

（2）大写数字一律用"零、壹、贰、叁、肆、伍、陆、柒、捌、玖"等。不得用"另（或0）"代替"零"，也不得任意自造简化字。

2. 阿拉伯数字的书写规范

（1）每个数字要大小匀称，笔画流畅；每个数字要独立有形，使人一目了然；不能连笔书写。

（2）书写排列有序且字体要自右上方向左下方倾斜地写，数字与底线通常成55°~60°的倾斜。

（3）书写的每个数字要贴紧底线，但上不可顶格。一般每个格内数字占1/2或2/3的位置，要为更正数字留有余地。

（4）会计数字书写时，应从左至右，笔画顺序是自上而下，先左后右，防止写倒笔字。

（5）同行的相邻数字之间要空出半个阿拉伯数字的位置，但也不可预留间隔（以不能增加数字为宜）。

（6）除"4"、"5"以外的数字必须一笔写成，不能人为地增加数字的笔画。

（7）"6"要比一般数字向右上方长出1/4，"7"和"9"要向左下方（过底线）长出1/4。

（8）对于易混淆且笔顺相近的数字，在书写时，尽可能地按标准字体书写，区分笔顺，避免混同，以防涂改。例如："1"不可写得过短，要保持倾斜度，这样可防止改写为"4"、"6"、"7"、"9"；"6"下圆要明显，以防止改写为"8"；"7"的笔画上面要写平以防止将其改写为"9"；"6"、"8"、"9"、"0"的圆必须封口。

三、表示数位文字的书写规范

（1）一律用正楷或行书书写，不得连笔写。

（2）数位一律用"分、角、元、拾、佰、仟、万、亿"等，并且数位前必须有数字，如"拾元整"应该写成"壹拾元整"，因为这里的"拾"应看做数位文字。不得用"廿"代替"贰拾"，用"卅"代替"叁拾"，用"毛"代替"角"。

四、金额大小写的书写规范

1. 小写金额的标准写法

（1）没有位数分割线的凭证、账、表上的标准写法

①阿拉伯金额数字前面应当书写货币币种符号或者货币名称简写，币种符号和阿拉伯数字之间不得留有空白。凡阿拉伯数字前写出币种符号的，数字后面不再写货币单位。

②以元为单位的阿拉伯数字，除表示单价等情况外，一律写到角分；没有角分的角位和分位可写出"00"或者"—"；有角无分的，分位应当写出"0"，不得用"—"代替。

③只有分位金额的，在元和角位上各写一个"0"并在元与角之间点一个小数点，如"0.06"。

④元以上每三位要空出半个阿拉伯数字的位置书写，如："8 647 108.92 元"。也可以三位一节用"分位号"分开，如："8,647,108.92 元"。

（2）有数位分割线的凭证、账、表上的标准写法

①对应固定的位数填写，不得错位。

②只有分位金额的，在元和角位上均不得写"0"。

③只有角位或角分位金额的，在元位上不得写"0"。

④分位是"0"的，在分位上写"0"；角分位都是"0"的，在角分位上各写一个"0"。

2. 大写金额的标准写法

（1）大写金额要紧靠"人民币"三字书写，不得留有空白；如果大写数字前没有印"人民币"字样的，应加填"人民币"三字。

（2）大写金额常将数字写到"元"或"角"，在"元"或"角"后写"整"字；大写金额有"分"的，"分"后面不写"整"字。如："¥12 000.00"，应写成："人民币壹万贰仟元整"；再如："¥88 651.40"，应写成："人民币捌万捌仟陆佰伍拾壹元肆角整"；而"¥486.56"，应写成："人民币肆佰捌拾陆元伍角陆分"。

（3）分位是"0"可不写"零分"字样，如："18.60元"，应写成："人民币壹拾捌元陆角整"。

（4）阿拉伯金额数字中间有"0"时，中文大写金额应按汉语语言规律、金额数字构成和防止涂改的要求进行书写。举例如下：

①阿拉伯数字中间有"0"时，中文大写金额要写"零"字。如："￥2 409.60"，应写成："人民币贰仟肆佰零玖元陆角整"。

②阿拉伯数字中间连续有几个"0"时，中文大写金额中间可以只写一个"零"字。如："￥6007.18"，应写成："人民币陆仟零柒元壹角捌分"。

③阿拉伯金额数字万位或元位是"0"，或者数字中间连续有几个"0"，万位、元位也是"0"，但千位、角位不是"0"时，中文大写金额中可以只写一个"零"字，也可以不写"零"字。如："￥1 680.32"，应写成："人民币壹仟陆佰捌拾元零叁角贰分"，或者写成："人民币壹仟陆佰捌拾元叁角贰分"；又如："￥107 000.63"，应写成："人民币壹拾万柒仟元零陆角叁分"，或者写成："人民币壹拾万零柒仟元陆角叁分"。

④阿拉伯金额数字角位是"0"而分位不是"0"时，汉字大写金额"元"后面应写"零"字。如："6 409.02元"，汉字大写金额应写成："人民币陆仟肆佰零玖元零贰分"；又如："325.04元"，汉字大写金额应写成："人民币叁佰贰拾伍元零肆分"。

（5）阿拉伯金额数字最高位是"1"的，汉字大写金额加写"壹"字，如："15.80元"，汉字大写金额应写成："人民币壹拾伍元捌角整"；又如："135 800.00元"，汉字大写金额应写成："人民币壹拾叁万伍仟捌佰元整"。

（6）在印有大写金额万、仟、佰、拾、元、角、分位置的凭证（或发票）上书写大写金额时，金额前面如有空位，可画"⊗"注销，阿拉伯数字中间有几个"0"（含分位）的，汉字大写金额就可以写成几个"零"。如："300.80元"，汉字大写金额应写成："人民币⊗万⊗仟叁佰零拾零元捌角零分"。

【典型范例】

1. 文字的书写规范

宋体	感	谢	您	使	用	本	教	材	，	积	累	从	业	经	验	！
楷体	感	谢	您	使	用	本	教	材	，	积	累	从	业	经	验	！

2. 中文大写数字及数位的书写规范

壹	佰	贰	拾	叁	万	肆	仟	伍	佰	陆	拾	柒	元	捌	角	玖	分

3. 阿拉伯数字的书写规范

0	1	2	3	4	5	6	7	8	9	0	1	2	3	4	5	6	7	8	9

【实战演练】

演练一：中文大写数字、数位的书写和阿拉伯数字的书写。

1. 中文大写数字、数位的书写

壹									
贰									
叁									
肆									
伍									
陆									
柒									
捌									
玖									
拾									
零									
佰									
仟									
万									
亿									

2. 阿拉伯数字的书写

千	百	十	万	千	百	十	元	角	分	千	百	十	万	千	百	十	元	角	分
1	2	3	4	5	6	7	8	9	0	1	2	3	4	5	6	7	8	9	0

3. 填写下列大小写金额

人民币(大写)叁拾万零陆元整　￥_____
人民币(大写)伍拾捌万零柒佰零叁元零贰分　￥_____
人民币(大写)玖佰壹拾肆万零伍元陆角捌分　￥_____
人民币(大写)贰佰万零玖仟元整　￥_____
人民币(大写)柒拾元捌角肆分　￥_____
人民币(大写)柒仟叁佰肆拾元整￥_____
￥34 885 701.60　　人民币(大写)_____
￥10 855 021.08　　人民币(大写)_____
￥3 880 001.09　　人民币(大写)_____
￥3 572 701.87　　人民币(大写)_____
￥913 000.22　　人民币(大写)_____
￥600 800.06　　人民币(大写)_____
￥888 701.69　　人民币(大写)_____
￥400 701.60　　人民币(大写)_____
￥7 766.88　　人民币(大写)_____
￥20 490.00　　人民币(大写)_____
￥10 001.00　　人民币(大写)_____
￥34 000.60　　人民币(大写)_____

演练二：湖南恒财有限公司 2008 年度实现销售收入为 1 002 036.79 元，结转发出商品成本 584 000.10 元，实现净利润 20 360.08 元。请按要求填写下列表格。

销售收入	小写(每三位要空出半个阿拉伯数字的位置)	
	小写(三位一节用"分位号"分开)	
	中文大写	

销售成本	(大写)	佰	拾	万	仟	佰	拾	元	角	分
	小写	百	十	亿	仟	百	十	万	千	百	十	元	角	分

净利润	小写(每三位要空出半个阿拉伯数字的位置)	
	小写(三位一节用"分位号"分开)	
	中文大写	

演练三：2008 年 12 月 10 日湖南恒财有限公司收回湖南省长江实业公司欠款 6 800.02 元。请你按规范要求填写下列票据。

湖南省长沙市往来结算统一收据

存 根 联

发票代码 2430005569
发票号码 082572394

付款单位（人）　　　　　　年　月　日

交款项目	金额							备注
	十万	万	千	百	十	元	角	分	
合计金额（大写）	万	仟	佰	拾	元	角	分	

单位财务专用章　　　　开票人：　　　　收款人：

演练四：假定 2008 年 12 月 18 日你将去北京参加一次财务研讨会，拟向公司借差旅费 3 000 元，请你写一张借据（要注明借款金额大写与小写）。

借 据

_____

_____

_____

_____

任务二　钞票的认知及清点指导与实训

【学习目标】

通过指导与训练，了解钞票和人民币的基本知识；掌握钞票点验的基本技能，能够准确、快速地进行点钞操作。

【钞票认知】

一、钞票的由来

我国发明和使用纸币的历史已有1 000多年，而将纸币称为"钞票"则是清朝咸丰三年（公元1853年）以后的事。目前，关于"钞票"一词的起源，经济学家和金融家进行了多番考证，但意见尚未统一，有待进一步考证。归结起来，"钞票"起源之说主要有两种：

一是"钞票"因历史上纸币称"钞"而得名。千家驹、郭彦岗合著的《中国货币发展简史和表解》认为："中国的纸币的发行，自宋迄明，已有700多年的历史，钞字已深得人心，一般习惯以钞为货币的代称，或称钱钞、银钞、钞券，钞票之名也由此而起。"持此说的，还有许涤新主编的《政治经济学辞典》（上册）中的"钞票"词条及其他一些经济学著述。

二是大清宝钞和户部官票合称说。这种见解比较流行，影响颇广。彭信威《中国货币史》说，咸丰三年，清政府发行两种纸币，一种是大清宝钞，另一种是户部官票，宝钞和官票合称为"钞票"。《辞海》（修订本）"钞票"词条也说：大清宝钞和户部官票合称"钞票"。此即纸币称"钞票"之源。

二、人民币的常识

《中国人民银行法》第三章第十五条规定："中华人民共和国的法定货币是人民币。"人民币到目前已发行五套：

1948年12月1日开始发行第一套人民币，1955年5月10日停止流通；

1955年3月1日开始发行第二套人民币，1999年1月1日停止流通（其中，纸分币从2007年4月1日起停止流通）；

1962年4月15日开始发行第三套人民币，2000年7月1日起停止流通；

1987年4月27日开始发行第四套人民币，尚在流通；

1999年10月1日起在全国陆续发行第五套人民币，尚在流通。

第五套人民币有100元、50元、20元、10元、5元、1元、5角和1角八种面额。

人民币的单位为元（圆）（人民币元 Renminbi Yuan，简写"RMB"，以"￥"为代号）。人民币辅币单位为角、分。人民币没有规定法定含金量，它执行价值尺度、流通手段、支付手段等职能。

三、残币的兑换规定

(1)属于下列情况之一,能辨别真假和面额的残损人民币,金融机构应向持有人按原面额全额兑换:

①票面剩余四分之三(含四分之三)以上,剩余部分的图案、文字不得是拼凑的。

②票面有污损、熏焦、水湿、油浸、墨渍、变色、腐蚀等情形的。

③已流入市场的人民币在生产过程中发生的蹭脏、折角、裁切偏斜、水印倒置、漏印、重码等情形的。

④硬币出现穿孔、裂口、压薄等情形,且能识别图案、文字的。

(2)残损人民币票面剩余二分之一(含二分之一)至四分之三以下(不含四分之三),剩余部分的图案、文字能按原样连接的,金融机构应向持有人按原面额的一半兑换。

(3)兑付额不足一分的,不予兑换;五分券按半额兑换的,兑付二分。

【典型范例】

一、手工点钞法

(一)手工点钞法的基本要求

手工点钞法亦称人工点钞法,是指在人民币的收付和整点中,把混乱不齐、折损不一的钞票进行整理,使之整齐美观。具体要求是:平铺整齐,边角无折;同券一起,不能混淆;验查真伪,去伪存真;剔除残币,完残分放;廿张一叠,百张一把。

(二)手工点钞法的基本步骤

(1)持钞。一般左手持钞,持钞的姿势因点钞的方法不同而不同。

(2)点数。即清点钞票数,点钞时的指法因点钞的方法不同而不同。

(3)记数。即记录已清点完毕的钞票数。

(4)挑残破票。点钞时发现残破票,随手向外一扭掖于外边。待点完一把后,抽出残破票,补上好票。

(5)扎把。清点后,将每100张扎把,捆好。

(6)盖章。将捆好的钞票加盖带有行名的经手人名章。可以逐把盖章,也可集中盖章,或分次盖章;盖章要先轻后重,字迹清晰。(本条主要针对金融机构的出纳柜员)

(三)手工点钞法的种类及操作方法

根据点钞时持票方法的不同,手工点钞法可分为手持式点钞法、手持推捻式点钞法、手按式点钞法和扇面点钞法。这四种手工点钞法又按操作指法的不同,分为单指点钞法和多指点钞法。再根据点钞张数来区分,又可以划分为单指单张点钞法、单指多张点钞法、多指多张点钞法等。本实训主要介绍手持式点钞法、手按式点钞法和扇面点钞法。

1. 手持式单指单张点钞法

用一个手指一次点一张的方法叫单指单张点钞法。这种方法是点钞中最基本也是最常用的一种方法,使用范围较广,频率较高,适用于收款、付款和整点各种新旧大小钞票。这种点钞方法由于持票面小,能看到票面的四分之三,容易发现假钞票及残破票;缺点是点一张记一个数,比较费力。具体操作方法如下:

（1）持票。左手横执钞票，下面朝向身体，左手拇指在钞票正面左端约四分之一处，食指与中指在钞票背面与拇指同时捏住钞票，无名指与小指自然弯曲并伸向票前左下方，与中指夹紧钞票，食指伸直，拇指向上移动，按住钞票侧面，将钞票压成瓦形，拇指顺势将钞票向上翻成微开的扇形，同时右手拇指、食指做点钞准备。

（2）清点。左手持钞并形成瓦形后，右手食指托住钞票背面右上角，用拇指尖逐张向下捻动钞票右上角，捻动幅度要小，不要抬得过高。要轻捻，食指在钞票背面的右端配合拇指捻动。左手拇指按捏钞票不要过紧，要配合右手起自然助推的作用。右手的无名指将捻起的钞票向怀里弹，要注意轻点快弹。

（3）记数。与清点同时进行。在点数速度快的情况下，往往由于记数迟缓而影响点钞的效率，因此记数应该采用分组记数法。把10作1记，即1、2、3、4、5、6、7、8、9、1（即10），1、2、3、4、5、6、7、8、9、2（即20），以此类推，数到1、2、3、4、5、6、7、8、9、10（即100）。采用这种记数法记数既简单又快捷，既省力又好记。但记数时要默记，不要念出声，做到脑、眼、手密切配合，既准又快。

2. 手持式多指多张点钞法

多指多张点钞法是指点钞时用小指、无名指、中指、食指依次捻下一张钞票，一次清点四张钞票的方法，也叫四指四张点钞法。这种点钞法适用于收款、付款和整点工作不仅省力、省脑，而且效率高；能够逐张识别假钞票和挑剔残破钞票。

（1）持票。用左手持钞，中指在前，食指、无名指、小指在后，将钞票夹紧，四指同时弯曲将钞票轻压成瓦形，拇指在钞票的右上角外面，将钞票推成小扇面，然后手腕向里转，使钞票的右里角抬起，右手五指准备清点。

（2）清点。右手腕抬起，拇指贴在钞票的右里角，其余四指同时弯曲并拢，从小指开始每指捻动一张钞票，依次下滑四个手指，每一次下滑动作捻下四张钞票，循环操作，直至点完100张。

（3）记数。采用分组记数法。每次点四张为一组，记满25组为100张。

3. 手按式点钞法

这种点钞法适用于收付款和整点各种新旧主币、角币。它的优点是速度比单张、双张点钞法都快，缺点是除第1张外，其余各张看的票面小，不宜整点残破券较多的钞票，劳动强度也较大。具体操作方法如下：

（1）放票。把钞票斜放在桌上，使其右下角稍伸出桌面，坐的椅子要向右斜摆，使身体与桌子成一个三角形，便于右手肘部枕在桌面上，操作起来省力。

（2）沾水。右手的食指、中指、无名指和小指沾水。

（3）点数。点钞时以左手五指、四指、三指按住钞票的左上角，右肘部枕在桌面上或腾离桌面，拇指托起右下角的部分钞票，五指卷曲。

①单指单张点钞：用左手无名指、小指按住钞票的左上角；用右手拇指托起部分钞票的右下角；右手食指捻动钞票，每捻动一张，左手拇指即往上推动送至左手食指、中指之间夹住，即完成了一次点钞动作，以后依次连续操作。

②多指多张点钞。多指多张点钞分二指点钞、三指点钞和四指点钞。

A. 二指点钞：用左手无名指、小指按住钞票的左上角；用右手拇指托起部分钞票的右下角；右手中指、食指依次快速捻起二张钞票，左手拇指即往上推动二张钞票送至左手食指、中指之间夹住，并用右手食指快速将其向左后推送，即完成了一次点钞动作，以后依次连续操作。

B. 三指点钞：用左手无名指、小指按住钞票的左上角；用右手拇指托起部分钞票的右下角；右手无名指、中指、食指依次快速捻起三张钞票，左手拇指即往上推动三张钞票送至左手食指、中指之间夹住，并用右手食指快速将其向左后推送，即完成了一次点钞动作，以后依次连续操作。

C. 四指点钞：用左手无名指、小指按住钞票的左上角；用右手拇指托起部分钞票的右下角；右手小指、无名指、中指、食指依次快速捻起四张钞票，左手拇指即往上推动四张钞票送至左手食指、中指之间夹住，并用右手食指快速将其向左后推送，即完成了一次点钞动作，以后依次连续操作。

(4)记数。采用分组记数，二指点钞是每两张为一组记1个数，数到50组即为100张；三指点钞是每3张为一组记1个数，数到33组最后剩一张，即为100张；四指点钞是每四张为一组记1个数，数到25组即为100张。

4. 扇面点钞法

把钞票捻成扇面状进行清点的方法叫扇面式点钞法。这种点钞方法速度快，是手工点钞中效率最高的一种。但它只适合清点新票币，不适于清点新、旧、破混合钞票。

(1)持钞。钞票竖拿，左手拇指在票前下部中间票面约四分之一处。食指、中指在票后同拇指一起捏住钞票，无名指和小指拳向手心。右手拇指在左手拇指的上端，用虎口从右侧卡住钞票成瓦形，食指、中指、无名指、小指均横在钞票背面，做开扇准备。

(2)开扇。开扇是扇面点钞的一个重要环节，扇面要开得均匀，为点数打好基础，做好准备。其方法是：以左手为轴，右手食指将钞票向胸前左下方压弯，然后再猛向右方闪动，同时右手拇指在票前向左上方推动钞票，食指、中指在票后面用力向右捻动，左手指在钞票原位置向逆时针方向画弧捻动，食指、中指在票后面用力向左上方捻动，右手手指逐步向下移动，至右下角时即可将钞票推成扇面形。如有不均匀的地方，可双手持钞抖动，使其均匀。

打扇面时，左右两手一定要配合协调，不要将钞票捏得过紧，如果点钞时采取一按十张的方法，扇面要开小些，便于点清。

(3)点数。左手持扇面，右手中指、无名指、小指托住钞票背面，拇指在钞票右上角1cm处，一次按下五张或十张；按下后用食指压住，拇指继续向前按第二次，以此类推，同时左手应随右手点数速度向内转动扇面，以迎合右手按动，直到点完100张为止。

(4)记数。采用分组记数法。一次按5张为一组，记满20组100张；一次按10张为一组，记满10组为100张。

(5)合扇。清点完毕合扇时，将左手向右倒，右手托住钞票右侧向左合拢，左右手指向中间一起用力，使钞票竖立在桌面上，两手松拢轻蹾，把钞票蹾齐，准备扎把。

(四)钞票的捆扎方法

点钞完毕后需要对所点钞票进行扎把，通常是100张捆扎成一把，分为缠绕式和扭结式两种方法。

1. 缠绕式

临柜收款采用此种方法，需使用牛皮纸腰条。其具体操作方法介绍如下：

(1)将点过的钞票100张蹾齐。

(2)左手从长的方向拦腰握着钞票，使之成为瓦状（瓦状的幅度影响扎钞的松紧，在捆扎中幅度不能变）。

(3)右手握着腰条头将其从钞票的长的方向夹入钞票的中间(离一端 1/3~1/4 处)从凹面开始绕钞票两圈。

(4)在绕到腰条开始处将腰条向右(左)折叠 90 度,将腰条头绕捆在钞票的腰条转两圈打结。

(5)整理钞票。

2. 扭结式

考核、比赛采用此种方法,需使用绵纸腰条。其具体操作方法介绍如下:

(1)将点过的钞票 100 张蹾齐。

(2)左手握钞,使之成为瓦状。

(3)右手将腰条从钞票凸面放置,将两腰条头绕到凹面,左手食指、拇指分别按住腰条与钞票凸起处。

(4)右手拇指、食指夹住其中一端腰条头,中指、无名指夹住另一端腰条头,并合在一起,右手顺时针转 180 度,左手逆时针转 180 度,将拇指和食指夹住的那一头从腰条与钞票之间绕过、打结。

二、机器点钞法

(一)机器点钞的基本方法

机器点钞法亦称点钞机点钞法,是用点钞专用机器通过电子计数器反映张数,进行整点钞票。当计数器反映 100 张时,即将点落的钞票捆成一把。

(二)机器点钞法的具体操作要领

使用机器整点票币,可以减轻出纳人员的劳动强度。其操作要领如下:

1. 准备工作

(1)点钞机放在点款员的正前方,使用时首先打开电源开关,进行调试,检查各机件是否完好,工作是否正常,下钞是否流畅,计数是否正确。调试一般要求达到不松、不紧、不吃、不塞。

(2)票币放在右侧,按大面额票券在前,小面额票券在后的顺序排列。

(3)各种用具放置要适当,用时才能得心应手。

2. 操作方法

(1)持钞。右手一指在钞票里面,其余四指在钞票外面,捏住钞票右上角。

(2)拆把。左手将捆钞纸条撕下,放在桌上,顺势将钞票捻成前低后高的坡形,便于分张和下钞流畅。

(3)清点:

①将钞票轻轻放入下钞斗内。勿用力过大,使其自然下滑,通过捻钞轮进入机器内。

②目光迅速转向输钞带。注意检查是否夹杂券、破损券、假钞或其他异物。如发现立即剔出。

③钞票全部下到积钞台后,看清数码管显示数字是否与持把所标金额相符。

④金额无误将钞票取出蹾齐、扎把。

⑤在清查过程中要根据票面大小,随时调整积钞台大小档次,以适应大小不同票币,使其打拍整齐。

⑥在整点整把钞票时,如果发现数码管反映不是 00(即不是 100 张)时,必须经过复点。

在复点前必须首先将数码管显示数字还原为0后再复点,并注意保管好原把纸条,不能混淆,以便分清责任。

3．机器点钞的注意事项

(1)在机器点钞过程中,如下钞正常,目光要集中在输钞带上,直至下钞完毕,目光再移到数码上,看余额是否准确。

(2)在取出刚点完的钞票时,特别要注意取净,防止落下,造成混把。

(3)点完一个单位的钞票后,要清理一次机器底下是否有遗张,特别是在发现少款的情况时,要仔细检查输钞带、捻钞轮底下是否有"吃钞"情况。

三、点硬币技术

(一)硬币的概念

硬币亦称铸币或硬辅币,就是金属的货币。它是国家铸造的具有一定形状、重量、成色和面值的金属货币,并不是指国际金融市场上某种货币的汇率是否坚挺的"硬货币"。铸币主要用作辅币(如1分、2分、5分和1角、2角、5角),也有小部分用作主币(如1元、2元、5元的金属货币)和纪念币,均属于国家的法定货币,可与同面额的纸币价值相等,同时在市场上混合流通。

(二)点硬币的方法

目前,在我国点硬币的方法仍沿用传统的两种方法,一是纯粹手工操作的点硬币,另一是采用卡数器点硬币。

点硬币时,就是用一定的方法或器具查点硬币的数额。当数量较少的硬币汇在一起时,可以先按从大到小的顺序挑拣分类,因为大的覆盖面大,比较好选。然后按个数与面额分别清算。如果有卡数器把硬币放到卡数器的槽中,按余下的格数,一查就算出了数额。当整卷的硬币(100枚)整点时,可以直接用卡数器整点。

【实战演练】

发放100元、50元、20元、10元和5元面额的练功券各一扎,反复进行操练。

任务三　计算机小键盘操作指导与实训

【学习目标】

通过指导与训练，了解计算机小键盘的结构和各键的功能；掌握小键盘中数字键和符号键操作的基本技能；并通过相关软件的操作，提高会计数据的录入速度和准确率。

【操作规范】

小键盘又称数字键、副键盘或数字/光标移动键盘。其主要用于数字符号的快速输入，是从事会计电算化工作者经常使用的工具之一。熟练掌握其输入方法与技巧将提高财务人员录入会计凭证的速度和工作效率。

一、小键盘的结构及布局

Num Lock	/	*	−
7 Home	8	9 PgUp	+
4	5	6	
1 End	2	3 PgDn	Enter
0 Ins		. Del	

二、小键盘各键的功能

(1)数字锁定键(Num Lock)：此键用来控制数字键区的数字/光标控制键的状态。这是一个反复键，按下该键，键盘上的"NumLock"灯亮，此时小键盘上的数字键输入数字；再按一次(NumLock)键，该指示灯灭，数字键作为光标移动键使用(如↑、↓、←、→、PgUp等)，其功能与单独的光标控制键相同。故数字锁定键又称"数字/光标移动"转换键。

(2)插入键(Ins)：即 Insert 键。

(3)删除键(Del)：即 Delete 键。

(4)回车键(Enter)：它与主键盘上的 Enter 键功能一样。

【典型范例】

一、小键盘指法

为了提高数字输入速度,正确的指法是必不可少的。一般地,数字输入时,右手各指头的具体分工为:右手拇指:0;食指:1、4、7;中指:2、5、8、/;无名指:.(小数点)、3、6、9、*;小指:Enter、+、-。其中5为定位键,中指停在5上。

具体见下图:

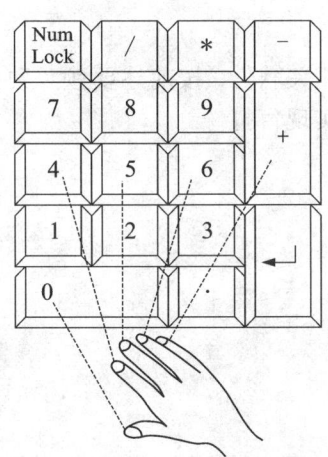

二、小键盘操作要领

(一)正确的姿势

(1)身体应坐直,应在键盘的正方稍偏右,座椅应调整到适当的高度。

(2)两臂自然下垂,两肘轻贴腋边,手指轻放于字键,手腕平直、放松。

(3)显示器应放在键盘正前方,应习惯于原稿放在键盘左侧,以便阅读。

录入的姿势如果不当,则不能做到准确快速地录入,也极易疲劳。

(二)击键要领

(1)两眼注意原稿,绝对不允许看键盘,就是通常说的"盲打"。要靠手指的触摸和位置的熟练来确定击键的位置,只要坚持按照正确的操作方法、顺序进行练习,熟能生巧,就一定能逐步达到正确、熟练、快速的键盘录入水平。

(2)精神高度集中,避免出现差错。要使录入的差错减少到最小程度,提高正确率,这等于提高了速度。只顾追求录入速度而忽略了差错率,那么录入得越多,差错就越多,欲快则反而慢了。

(3)手腕要平直,手臂要保持静止,全部动作仅限于手指部分,上身其他部分不得接触工作台或键。

(4)手指要保持弯曲,稍微拱起,指尖后的第一关节微成弧形,分别轻轻地放在字键的中央。

(5)输入时,手抬起,只有要击键的手指才可伸出击键。击毕立即缩回,不可用摩擦手法,也不可停留在已击的字键上。

（三）击键方法

（1）击键时，只要手指动作即可，不要用手腕动作。

在打字过程中只是手指上下动作，手腕不要抬起落下；用指力也用腕力，无腕力的指力是无源之水，无本之木。手指和手腕应自然结合用力。准确地说，手指碰撞键面，其实是弹性碰撞，而不是"击"。

（2）击键时，手指尖垂直对准键位轻轻击打。

（3）击键时，要轻松、自然，用力不要过猛。

【实战演练】

发放相关练功传票，并安装相关软件，按前述要领反复进行输入数字的操练，逐步提高数字输入的速度与准确率，最终实现盲打。

学习情境二　会计信息形成基本技能指导与实训

　　本学习情境主要阐述将发生的经济业务（事项）采用专门的会计方法转化为会计信息所必须具备的基本技能，包括原始凭证的识别与填制、原始凭证审核、记账凭证的填制和审核、账簿的设置与登记、主要账务处理程序、财产清查方法、会计报表的编制、会计信息纸质载体的装订等。通过本情境的学习与训练，学生能掌握本学习情境中各项技能的基本原理，并灵活运用于实际操作。

任务一　原始凭证的识别和填制指导与实训

【学习目标】

通过观察各种原始凭证，能正确地识别原始凭证，熟悉部分有代表性的原始凭证的基本格式及基本内容，并从中进一步理解和体会其重要作用，掌握其填制要求及方法。

【操作规范】

一、原始凭证的基本内容

企业取得的原始凭证有外来的，也有自制的，由于来源途径不同，所要反映的经济内容也各异，其具体格式也不相同。虽然不同经济业务的原始凭证的格式不同，但都应具备以下基本内容：

(1)原始凭证的名称。如借据、收据、增值税专用发票等。
(2)原始凭证填制日期和凭证编号。
(3)接受凭证单位或个人的名称。
(4)经济业务的内容。
(5)经济业务的数量、计量单位、单价和金额。
(6)填制凭证单位的名称及公章或专用章。
(7)经办人或责任人的签名或盖章。
(8)原始凭证的附件。

二、原始凭证的签发和填制规范

(1)从外单位取得的原始凭证，必须盖有填制单位的公章；从个人取得的原始凭证，必须有填制人员的签名或者盖章。自制原始凭证必须有经办单位领导人或者其指定的人员签名或者盖章。对外开出的原始凭证，必须加盖本单位公章。凡填有大写和小写金额的原始凭证，大写与小写金额必须相符。

(2)一式几联的原始凭证，应当注明各联的用途，只能以一联作为报销凭证(记账依据)。而且必须用双面复写纸(发票和收据本身具备复写纸功能的除外)套写，并连续编号。作废时应当加盖"作废"戳记，连同存根一起保存，不得撕毁。

(3)职工因公出差借款时，应由本人按照规定填制借款单，由所在单位领导人或其指定的人员审核，并签名或盖章，然后办理借款。借款条是此项借款业务的原始凭证，是办理有关会计手续、进行相应会计核算的依据。在收回借款时，应当另开收据或者退还借款收据的副本，不得退还原借款收据。

(4)单位的某项开支如遇与其他单位共用一张原始凭证时，可由该单位开出原始凭证分割单交付其他单位作为原始凭证。其亦应具备原始凭证的内容和相应的签发手续。

（5）外来或自制的原始凭证，属于出纳收入或支出了款项的，应由收款人或领款人签名，由出纳员分别加盖"现金收讫"、"转账收讫"和"现金付讫"、"转账付讫"戳记；属于购入实物的，应同时附有由验收人开出的"验收单"，不入库而直接领用的，必须由经领人签注用途和姓名；需要注销或作废的，由会计人员加盖"注销"或"作废"戳记。

（6）发生销货退回及退还货款时，必须填制退货发票，附有退货验收证明和对方单位的收款收据，不得以退货发票代替收据。如果情况特殊，可先用银行的有关凭证，如汇款回单等，作为临时收据，待收到收款单位的收款证明以后，再将其附在原付款凭证之后，作为正式原始凭证。

（7）经上级有关部门批准的经济业务，应当将批准文件作为原始凭证附件。如果批准文件需要单独归档的，应当在凭证上注明批准机关名称、日期和文件字号。

（8）各种原始凭证的书写，只能用蓝、黑墨水填写，不得用铅笔填写，除用复写纸套写外，也不得用圆珠笔填写。

（9）不得涂改、刮擦、挖补原始凭证。原始凭证有错误的，应当由出具单位重开或更正，更正处应当加盖出具单位印章。原始凭证金额有错误的，应当由出具单位重开，不得在原始凭证上更正。

【典型范例】

第一部分 涉及银行结算业务的原始凭证的识别与填制

一、支票的识别与填制

（一）支票的识别

1. 支票的票样

（1）现金支票正面。

(2)现金支票背面。

附加信息:	
	收款人签章 年　月　日
	身份证件名称：　　　发证机关：
	号码

(3)转账支票正面。

中国银行
转账支票存根(湘)
DH 00724026
02
附加信息
＿＿＿＿＿＿＿＿
＿＿＿＿＿＿＿＿
出票日期　年　月　日
收款人：
金　额：
用　途：
单位主管　　会计

⊕ 中国银行　转账支票（湘）　DH 00724026
　　　　　　　　　　　　　　　　02
出票日期(大写)　　年　月　日　付款行名称：
收款人：　　　　　　　　　　　出票人账号：
人民币　　　　　　　　　　　｜百｜十｜万｜千｜百｜十｜元｜角｜分｜
(大写)
本支票付款期限十天
用途：＿＿＿＿＿＿
上列款项请从
我账户内支付
出票人签章　　　　　复核　　记账

(4)转账支票背面。

被背书人：	被背书人：
背书人签章 年　月　日	背书人签章 年　月　日

23

（5）普通支票。

（6）画线支票。

2. 支票的联次及用途

支票只有一联，以票面上的虚线为界，分左、右两部分。左边为支票的存根，出票人填制完成后沿虚线将其裁下，留作记账依据；右边为正本，出票人填制完成后交持票人，由其向银行提示付款，是开户银行记账的依据之一。现金支票只能提现，转账支票和画线支票只能用于转账，普通支票可以用于支取现金，也可以用于转账。

（二）支票的适用范围

单位和个人在同一票据交换区域的各种款项结算均可使用支票。

（三）支票的填制说明

支票由单位和个人签发。填制时，必须使用碳素墨水或墨汁，按支票簿排定的页数顺序填写，字体不要潦草也不要使用红色或易褪色的墨水。除"复核"及"记账"等栏系由银行填写外，其他各栏必须填写清楚。具体如下：

1. "出票日期"的填写

应填写实际出票日期,不得补填或预填日期;填写日期必须使用汉字大写;数字必须大写。日期具体写法如下:

(1)在填写月、日时,月为壹、贰和壹拾的,日为壹至玖和壹拾、贰拾、叁拾的,应在其前加"零"。

(2)日为10至19日的,应在其前加"壹"。

举例如下:

①2008年8月8日应写成:贰零零捌年捌月零捌日

②2008年10月20日应写成:贰零零捌年零壹拾月零贰拾日

③2008年12月18日应写成:贰零零捌年壹拾贰月壹拾捌日

2. "收款人"的填写

(1)现金支票收款人可写为本单位名称,此时现金支票背面"附加信息"栏内加盖本单位的预留银行印鉴中的财务专用章或其他预留的公章,之后收款人可凭现金支票直接到开户银行提取现金。

(2)现金支票收款人可写为收款人个人姓名,此时现金支票背面不盖任何章,收款人在现金支票背面填上身份证号码和发证机关名称,凭身份证和现金支票签字领款。

(3)转账支票收款人应填写为对方单位名称。转账支票背面本单位不盖章。收款单位取得转账支票后,在支票背面被背书栏内加盖收款单位预留银行印鉴(如财务专用章和法人代表私章),填写好银行进账单后连同该支票交给收款单位的开户银行委托银行收款。

3. "付款行名称、出票人账号"的填写

支票的"付款行名称、出票人账号"应填写本单位(出票人)开户银行名称及银行账号。由单位或个人在购买支票时,用预先制作的图章加盖,一般不用手写。

4. "人民币(大写)"的填写

(1)数字大写写法:零、壹、贰、叁、肆、伍、陆、柒、捌、玖。

(2)数位的写法:亿、万、仟、佰、拾、元、角、分。

注意:"万"字不带单人旁。具体书写方法及规范详见"学习情境一"的"任务一"。

5. "人民币(小写)"的填写

人民币(小写)最高金额的前一位空白格用货币符号封口,如人民币用"￥",美元用"$"等。数字填写要求完整清楚。

6. "用途"的填写

(1)现金支票有一定限制,现金使用要符合《现金管理暂行条例》的规定,所以该项一般填写"备用金"、"差旅费"、"工资"、"奖金"、"劳务费"等。

注意:企业不能编造用途套取现金。

(2)转账支票没有具体规定,单位和个人的各种款项均可签发,可填写如"货款"、"材料款"等。

(3)普通支票和画线支票的填写参照现金支票和转账支票的填写方法。

7. "签章"

支票正面盖预留银行印鉴。一般为单位财务专用章和法人代表(或负责人)私章以及经办人私章,印泥为红色,印章必须清晰,印章模糊只能将本张支票作废,重新签发支票。背面盖章方法见支票"收款人"项目的填写说明。

二、银行进账单的识别与填制

（一）银行进账单的识别

1. 银行进账单的式样

中国银行进账单(受理回单)　　1

填制日期　　年　月　日　　　　　　第　号

付款人	全　称		收款人	全　称	
	账　号			账　号	
	开户银行			开户银行	

人民币（大写）		百 十 万 千 百 十 元 角 分
票据种类		此联不作收款用
票据张数		
单位主管　　会计　　复核　　记账		受理银行盖章

此联是收款人开户行交给收款人的受理回单

中国银行进账单(收入凭证)　　2

填制日期　　年　月　日　　　　　　第　号

付款人	全　称		收款人	全　称	
	账　号			账　号	
	开户银行			开户银行	

人民币（大写）		百 十 万 千 百 十 元 角 分
票据种类		科目(贷)_____
票据张数		对方科目(借)_____
		转账日期　　年　月　日
单位主管　　会计　　复核　　记账		复核　　　　记账

此联由收款人开户行作贷方传票

中国银行进账单(收账通知) 3

填制日期　年　月　日　　　　第　号	
付款人 全称／账号／开户银行	收款人 全称／账号／开户银行
人民币(大写)	百十万千百十元角分
票据种类	
票据张数	
单位主管　会计　复核　记账	收款人开户银行盖章

此联是收款人开户行交给收款人的收账通知

2. 银行进账单的联次及用途

银行进账单一式三联，与转账支票和银行汇票、银行本票配套使用。各联的具体用途如下：

(1) 根据转账支票填制银行进账单。

①对于如果是付款人代收款人办理进账手续，则将支票送到其自己开户行办理进账时，由付款人代为填写进账单，其第一联加盖受理银行"转讫"章后退出票人作为银行受理回单，第二联由银行留存作为贷方收入凭证，第三联加盖收款单位开户行"转讫"章作收账通知交票人。

②如果是收款人持支票到其自己开户行进账时，只需要填制进账单的第一、二联，第一联加盖收款单位开户行"收妥入账"戳记退持票(收款)人作为银行受理回单，第二联由银行留存作为贷方收入凭证。

(2) 根据银行汇票(本票)填制银行进账单。由持票人填制进账单的第一、二联，连同银行汇票的第二、三联交自己的开户行，持票人以受理银行加盖"转讫"章的进账单的第一联作记账依据。

(二) 银行进账单的适用范围

当单位或个人持转账支票、银行本票和银行汇票等到银行办理转账时，须填制进账单。

(三) 银行进账单的填制说明

银行进账单由单位和个人填制，全部联次用双面复写纸一次性套写完成。各项目的具体填制方法如下：

(1) "收款人全称"或"付款人全称"为单位在银行开户名称。

(2) "账号"为单位在开户银行开立的账号。

(3) "开户银行"为开户银行全称。

(4) "人民币(大写)"为支票、银行本票的票面金额或银行汇票的实际结算金额，应紧接"人民币"书写。

(5) "人民币(小写)"要与大写金额相一致，小写金额最高数位前应填写币种符号。

(6) "票据种类"一般为转账支票、银行本票和银行汇票等。

（7）"票据张数"为提交银行的票据张数，一般用阿拉伯数字书写即可。

三、现金解款单的识别与填制

（一）现金解款单的识别

1. 现金解款单的式样

中国银行　现金解款单(回单) ①

科目：　　　　　　　　　　　　　　年　月　日

缴款单位	全称						款项来源										
	账户						解款部门										
人民币（大写）										百	十	万	千	百	十	元	角	分
票面	张数	十	万	千	百	十	元	票面	张数	千	百	十	元	角	分		
百元								二元									
五十元								一元									
二十元								角票									
十元								分币									
五元																	

（收款银行盖章）

此联由银行盖章后退回单位

中国银行　现金解款单(贷方凭证) ②

科目：　　　　　　　　　　　　　　年　月　日

缴款单位	全称						款项来源										
	账户						解款部门										
人民币（大写）										百	十	万	千	百	十	元	角	分
票面	张数	十	万	千	百	十	元	票面	张数	千	百	十	元	角	分	会计分录(贷)：
百元								二元								对方科目(借)：
五十元								一元								出纳　　　记账
二十元								角票								
十元								分币								复核　　　会计
五元																

附件　张

中国银行 现金解款单(留底) ③

科目：　　　　　　　　　年　月　日

缴款单位	全称							款项来源									
	账户							解款部门									
人民币(大写)									百	十万	千	百	十	元	角	分	此联由银行作留底联
票面	张数	十	万	千	百	十	元	票面	张数	千	百	十	元	角	分		
百元								二元									
五十元								一元									
二十元								角票									
十元								分币									
五元																	

2. 现金解款单的联次及用途

现金解款单一式三联，各联的具体用途如下：

第一联由受理银行加盖"现金收讫"章后退存款人作为银行受理回单，存款人作记账依据；

第二联由银行留存作为贷方收入凭证；

第三联由银行留存。

(二)现金解款单的适用范围

单位或个人(开立结算户的)向开户行交存现金时使用。

(三)现金解款单的填制说明

现金解款单由交存现金的单位或个人填制，全部联次用双面复写纸一次性套写完成。各项目的具体填制方法如下：

(1)"年月日"为单位向开户银行交存款项的日期，用阿拉伯数字填写。

(2)"缴款单位全称"为企业在银行开户名称。

(3)"账户"为单位在开户银行开立的账号。

(4)"款项来源"为现金的来源，如货款等。

(5)"解款部门"为开户银行的全称。

(6)"人民币(大写)"为实际交存的货币金额，应紧接"人民币"书写。

(7)"人民币(小写)"要与大写金额相一致。

(8)"票面"栏为各种面额现钞和硬币的数量及金额。

四、银行汇票申请书的识别与填制

(一)银行汇票申请书的识别

1. 银行汇票申请书的式样

中国银行 **银行汇票** 申请书(存根) 1　№ 011274861

申请日期	年 月 日		
申请人		收款人	
账号或住址		账号或住址	
用途		代理付款行	
汇款金额	人民币(大写)		百十万千百十元角分
备注		科目 对方科目 财务主管　复核　经办	

此联申请人留存

中国银行 **银行汇票** 申请书(借方凭证) 2　№ 011274861

申请日期	年 月 日		
申请人		收款人	
账号或住址		账号或住址	
用途		代理付款行	
汇款金额	人民币(大写)		百十万千百十元角分
上列款项请从我账户内支付 支付密码 □□□□□ 申请人盖章		科目(贷)_____ 对方科目(借)_____ 转账日期　年　月　日 复核　记账　出纳	

此联出票行作借方凭证

中国银行 **银行汇票** 申请书（贷方凭证） 3   № 011274861

申请日期　　年　月　日

申请人		收款人		
账　号或住址		账　号或住址		此联出票行作汇出汇款贷方凭证
用　途		代理付款行		
汇款金额	人民币（大写）	百十万千百十元角分		
备注		科　目(贷)_____对方科目(借)_____转账日期　　年　月　日复核　　记账　　出纳		

2. 银行汇票申请书的联次及用途

银行汇票申请书一般一式三联，各联的具体用途如下：

第一联经受理银行加盖业务公章后由申请人作付款凭证；

第二联由出票银行作为借方凭证；

第三联由出票银行作为汇出汇款贷方凭证。

(二)银行汇票申请书的适用范围

申请人使用银行汇票时，应向出票银行填写"银行汇票申请书"，出票银行受理银行汇票申请书，收妥款项后签发银行汇票。

(三)银行汇票申请书的填制说明

银行汇票申请书由申请人填制，全部联次用双面复写纸一次性套写完成。各项目的具体填制如下：

(1)"申请日期"为单位向开户银行申请银行汇票的日期，用阿拉伯数字填写。

(2)"收款人、账号或住址"按收款人的全称及银行账号填写。

(3)"申请人、账号或住址"按申请人的全称及银行账号填写。

(4)申请签发银行汇票的"用途"按申请人申请汇票的实际用途填写，如购材料、付欠款等。

(5)"人民币(大写)"应紧接"人民币"书写，如果拟申请现金汇票则应紧挨"人民币"字后填写"现金"两字(只有申请人与收款人均为个人时，才可以申请签发现金汇票)。

(6)小写金额要与大写金额相一致，具体填写方法见"学习情境一"的"任务一"。

(7)盖章：银行汇票申请书第二联加盖申请单位预留银行印鉴。具体要求按支票的盖章方法及规范操作。

五、银行汇票的识别与填制

（一）银行汇票的识别
1. 银行汇票的式样

| 付款期限 壹个月 | 中国银行 银行汇票（卡片） 1 BH2039583 |

出票日期（大写）　　年　月　日　　　代理付款行：　　　行号：

收款人：　　　　　　　　账号：

出票金额　人民币（大写）

实际结算金额　人民币（大写）　　　千 百 十 万 千 百 十 元 角 分

申请人：_____
出票行：_____ 行号_____
备注：_____
复核　　　经办

账号或住址：_____
科　目（借）_____
对方科目（贷）_____
销账日期　年　月　日
复核　　　记账

此联出票行结算汇票时作汇出汇款借方凭证

| 付款期限 壹个月 | 中国银行 银 行 汇 票 2 BH2039583 |

出票日期（大写）　　年　月　日　　　代理付款行：　　　行号：

收款人：　　　　　　　　账号：

出票金额　人民币（大写）

实际结算金额　人民币（大写）　　　千 百 十 万 千 百 十 元 角 分

申请人：_____
出票行：_____ 行号_____
备注：_____
凭票付款
出票行签章

账号或住址：_____
多余金额
千 百 十 万 千 百 十 元 角 分

科　目（借）_____
对方科目（贷）_____
兑付日期　年　月　日
复核　　　记账

此联代理付款行付款后作联行往账借方凭证附件

被背书人	被背书人	被背书人
背书人签章 年　月　日	背书人签章 年　月　日	背书人签章 年　月　日

持票人向银行　　　　　身份证件名称：
提示付款签章：　　　　号　　　码：
　　　　　　　　　　　发证机关：

（贴粘单处）

付款期限　　　　中国银行
壹个月　　　　银 行 汇 票（解讫通知）　　3　　BH2039583

出票日期
（大写）　　　年　月　日　　　代理付款行：　　行号：

收款人：　　　　　　　　　账号：

出票金额　人民币
　　　　　（大写）

实际结算金额　人民币
　　　　　　（大写）

千	百	十	万	千	百	十	元	角	分

申请人：
出票行：　　行号
备注：
代理付款行签章
复核　　经办

账号或住址：

多余金额

千	百	十	万	千	百	十	元	角	分

科　目（借）
对方科目（贷）
兑付日期　　年　月　日
复核　　记账

此联代理付款行兑付后随报单寄出票行，由出票行作多余款贷方凭证

| 付款期限 壹个月 | 中国银行 银行汇票(多余款收账通知) 4 BH2039583 |

| 出票日期(大写) | 年 月 日 | 代理付款行： | 行号： |

收款人：	账号：
出票金额 人民币(大写)	
实际结算金额 人民币(大写)	千 百 十 万 千 百 十 元 角 分

申请人：_____	账号或住址：_____
出票行：_____ 行号_____	多余金额 千百十万千百十元角分	左列退回多余金额已收入你账户内
备注：_____		
出票行签章 年 月 日		财务主管　复核　经办

此联出票行结清多余款后交申请人

2. 银行汇票的联次及用途

银行汇票一式四联，各联的具体用途如下：

第一联为卡片，由签发行结算汇票时作汇出汇款付出传票；

第二联为银行汇票，与第三联解讫通知一并由汇款人自带，在兑付行兑付汇票后此联作联行往来账付出传票；

第三联是解讫通知，在兑付行兑付后随报单寄签发行，由签发行作余款收入传票；

第四联是多余款通知，在签发行结清后交汇款人。

(二)银行汇票的适用范围

单位和个人的各种款项结算，均可使用银行汇票。

(三)银行汇票的填制说明

银行汇票由银行签发，全部联次用双面复写纸一次性套写打印完成。各联的具体填制方法如下：

(1)银行汇票由银行签发，除下列几项由持票人填写外，均由出票行填写。

①第2、3联中的实际结算金额。

②第2、3联中的多余金额(当出票金额大于实际结算金额时)。

(2)持票人除在汇票上填写上述金额外，对于转账汇票还应根据汇票中记载的相关信息填写银行进账单。持票人凭银行受理并签章后的进账单的回单联作收款凭证。

(3)"签章"：持票人应在汇票的第2联的背面"持票人向银行提示付款签章"处加盖本单位的预留银行印鉴。

六、银行本票申请书的填制

该申请书的填制与操作与银行汇票申请书的填制相同。

七、电汇凭证的识别与填制

(一) 电汇凭证的识别
1. 电汇凭证的式样

中国银行 电汇 凭证(回单)　1　№ 0123456

□普通　□加急	委托日期　年　月　日		
汇款人	全称 / 账号 / 汇出地点	收款人	全称 / 账号 / 汇入地点　省　市/县
汇出行名称		汇入行名称	
金额	人民币(大写)		百 十 万 千 百 十 元 角 分
		支付密码	
	汇出行签章	附加信息及用途：复核：　记账：	

此联汇出行给汇款人的回单

中国银行 电汇 凭证(借方凭证)　2　№ 0123456

□普通　□加急	委托日期　年　月　日		
汇款人	全称 / 账号 / 汇出地点	收款人	全称 / 账号 / 汇入地点　省　市/县
汇出行名称		汇入行名称	
金额	人民币(大写)		百 十 万 千 百 十 元 角 分
		支付密码	
	汇款人签章	附加信息及用途：复核：　记账：	

此联汇出行作借方凭证

中国银行 **电汇** 凭证（汇款依据）　3　　№ 0123456

□普通 □加急		委托日期　年　月　日			
汇款人	全　称		收款人	全　称	
	账　号			账　号	
	汇出地点			汇入地点	省　　　市/县
汇出行名称			汇入行名称		
金额	人民币（大写）			百十万千百十元角分	
汇款用途：					
			支付密码		
				复核：　　记账：	

此联汇出行凭以拍发电报

2．电汇凭证的联次及用途

电汇凭证一式三联，各联的具体用途如下：

第一联（回单），由汇出行加盖"转讫"章退回给汇款人作回单；

第二联（借方凭证），为汇出银行办理转账付款的支款凭证；

第三联（汇款依据），是汇出行向汇入行拍发电报的凭据。

（二）电汇凭证的适用范围

单位和个人与异地的单位和个人之间的各种款项结算，均可使用电汇。

（三）电汇凭证的填制说明

电汇凭证由汇款人填制，全部联次用双面复写纸一次性套写完成。各项目的具体填制方法如下：

（1）"委托日期"为单位向开户银行委托付款的日期，用阿拉伯数字填写。

（2）"收款人全称、账号、汇入地点"按收款人的全称、银行账号以及汇入地点填写。

（3）"汇款人全称、账号、汇出地点"按汇款人的全称、银行账号以及汇出地点填写。

（4）"汇款用途"按委托人汇款的实际用途填写，如购材料、付欠款等。

（5）"大写金额"为申请人拟汇出的货币金额，应紧接"人民币"书写。个体经济户和个人需要在汇入银行支取现金的，应在电汇凭证上"汇款金额"大写栏先填写"现金"字样，接着再紧靠其后填写汇款金额大写。

（6）"小写金额"要与大写金额相一致。

（7）"盖章"：电汇凭证第二联加盖汇款人预留银行印鉴。具体要求按支票的盖章方法及规范操作。

八、委托收款(托收承付)凭证的识别与填制

(一)委托收款(托收承付)凭证的识别

1. 委托收款(托收承付)凭证的式样

托收款凭证(受理回单)   1

委托日期　年　月　日

| 业务类型 | 委托收款(□邮划、□电划) | 托收承付(□邮划、□电划) |

付款人	全称		收款人	全称	
	账号			账号	
	地址 省 市(县) 开户行			地址 省 市(县) 开户行	

| 金额 | 人民币(大写) | | 亿 万 千 百 十 万 千 百 十 元 角 分 |

| 款项内容 | | 托收凭证名称 | | 附寄单证张数 | |

| 商品发运情况 | | 合同名称号码 | |

备注:　　　　　　　款项收妥日期

　　　　　　　　　　　　　　　　　　　　　收款人开户行盖章

复核　　记账　　　　　年　月　日　　　　　　　　　　年　月　日

此联收款人开户行给收款人的受理回单

托收款凭证(贷方凭证)   2

委托日期　年　月　日

| 业务类型 | 委托收款(□邮划、□电划) | 托收承付(□邮划、□电划) |

付款人	全称		收款人	全称	
	账号			账号	
	地址 省 市(县) 开户行			地址 省 市(县) 开户行	

| 金额 | 人民币(大写) | | 亿 万 千 百 十 万 千 百 十 元 角 分 |

| 款项内容 | | 托收凭证名称 | | 附寄单证张数 | |

| 商品发运情况 | | 合同名称号码 | |

备注:　　　　　　上列款项附有有关债务证明,请予办理。

收款人开户行收到日期
　　年　月　日　　　　　收款人签章　　　　　复核　　记账

此联收款人开户行作贷方凭证

托收款凭证(借方凭证) 3

委托日期　年　月　日　　付款期限　年　月　日

业务类型	委托收款(□邮划、□电划)　托收承付(□邮划、□电划)				
付款人	全称		收款人	全称	
	账号			账号	
	地址	省　市(县)　开户行		地址	省　市(县)　开户行
金额	人民币(大写)		亿 万 千 百 十 万 千 百 十 元 角 分		
款项内容		托收凭证名称		附寄单证张数	
商品发运情况			合同名称号码		
备注：					
付款人开户行收到日期　年　月　日		收款人开户行签章　年　月　日		复核　　记账	

此联付款人开户行作借方凭证

托收款凭证(汇款依据或收账通知) 4

委托日期　年　月　日　　付款期限　年　月　日

业务类型	委托收款(□邮划、□电划)　托收承付(□邮划、□电划)				
付款人	全称		收款人	全称	
	账号			账号	
	地址	省　市(县)　开户行		地址	省　市(县)　开户行
金额	人民币(大写)		亿 万 千 百 十 万 千 百 十 元 角 分		
款项内容		托收凭证名称		附寄单证张数	
商品发运情况			合同名称号码		
备注：	上列款项已划回收入你方账内。				
复核　　记账		收款人开户行签章　年　月　日			

此联收款人开户行凭以汇款或收款人开户行作收账通知

托收款凭证(付账通知)   5

		委托日期　年　月　日			付款期限　年　月　日	
业务类型		委托收款(□邮划、□电划)		托收承付(□邮划、□电划)		
付款人	全称		收款人	全称		
	账号			账号		
	地址	省　市(县)　　开户行		地址	省　市(县)　　开户行	
金额	人民币(大写)			亿 万 千 百 十 万 千 百 十 元 角 分		
款项内容		托收凭证名称			附寄单证张数	
商品发运情况				合同名称号码		
备注：		付款人开户行签章 年　月　日		付款人注意： 1.根据支付结算办法，上列委托收款(托收承付)款项在付款期内未提出拒付，即视为同意付款，以此代付款通知。 2.如需提出全部或部分拒付，应在规定期限内，将拒付理由书并附债务证明退交开户银行。		
复核　　记账						

此联付款人开户行给付款人按期付款通知

2.委托收款(托收承付)的联次及用途

托收凭证一式五联，各联的具体用途如下：

第一联为回单，由收款人开户银行审查无误后加盖"业务受理"章退给收款人；

第二联为贷方凭证，由收款人开户银行作为贷方凭证；

第三联为借方凭证，由付款人开户银行作为借方凭证；

第四联为收款通知，由收款人开户银行在款项收妥后给收款人；

第五联为付款通知，由付款人开户银行转给付款人作按期付款的通知。

(二)委托收款(托收承付)的适用范围

委托收款(托收承付)凭证可适用于单位和个人的委托收款结算业务(如单位和个人凭已承兑商业汇票、债券、存单、经济合同、发票、运单、费用清单等付款人债务证明办理款项的结算)以及符合条件单位之间的托收承付业务(签有经济合同的企业和经济组织之间的商品交易以及由此产生的劳务供应)。

(三)委托收款(托收承付)的填制说明

委托收款(托收承付)凭证由委托人填制，全部联次用双面复写纸一次性套写完成。各项目的具体填制方法如下：

(1)"付款人全称、账号、地址、开户行"为付款人的名称及相关开户行账号和地址。

(2)"收款人全称、账号、地址、开户行"为收款人的名称及相关开户行账号和地址。

(3)"金额"为收款人委托其开户行收取的金额。

(4)"款项内容"为收款人委托其开户行所收款项的性质。

(5)"托收凭证名称"为收款人委托其开户行收款时所提供的票据名称,如已承兑商业汇票、债券、存单、经济合同、发票、运单、费用清单等。

(6)"附寄单证张数"为收款人委托其开户行收款时所提供的票据的实际数量。

(7)"签章":收款人(委托人)应在委托收款凭证的"第二联"的相应位置加盖委托人的预留银行印鉴。

九、银行承兑汇票的识别与填制

(一)银行承兑汇票的识别

银行承兑汇票是商业汇票的一种,由银行承兑,由在承兑银行开立存款账户的存款人签发。承兑银行按票面金额向出票人收取0.5‰的手续费。

1. 银行承兑汇票的式样

银行承兑汇票(卡片)　　　1

出票日期(大写)			年　月　日									HB23950622

出票人全称			收款人	全　称								
出票人账号				账　号								
付款行全称		行号		开户行			行号					
出票金额	人民币(大写)			千	百	十	万	千	百	十	元	角	分
汇票到期日					承兑协议编号							
本汇票请你行承兑,此项汇票款我单位按承兑协议于到期日前足额交存你行,到期请予支付。 出票人签章 年　月　日			备注:		科　目(借):_____ 对方科目(贷):_____ 转账　　年　月　日 复核　　　记账							

此联承兑行备查,到期支付票款时作借方凭证附件

银行承兑汇票　　2

出票日期(大写)			年　月　日		HB23950622

出票人全称		收款人	全称		
出票人账号			账号		
付款行全称		行号		开户行	行号

出票金额	人民币(大写)		千 百 十 万 千 百 十 元 角 分

汇票到期日	本汇票已经承兑,到期日由本行付款	承兑协议编号
本汇票请你行承兑,到期无条件付款　　　出票人签章　　年　月　日	承兑人签章　　年　月　日　　备注:	科　目(借):_____ 对方科目(贷):_____ 转账　年　月　日 复核　　记账

此联收款人开户行随委托凭证寄付款行作借方凭证附件

被背书人	被背书人	被背书人
背书人签章　年　月　日	背书人签章　年　月　日	背书人签章　年　月　日

银行承兑汇票(存根)   3

| 出票日期(大写) | | | 年　月　日 | | | HB23950622 |

出票人全称		收款人	全　称	
出票人账号			账　号	
付款行全称	行号		开户行	行号
出票金额	人民币(大写)			千百十万千百十元角分
汇票到期日			承兑协议编号	
	备注:			

此联出票人存查

2. 银行承兑汇票的联次及用途

银行承兑汇票一般一式三联。各联的具体用途如下：

第一联为卡片，由承兑银行留存；

第二联为银行承兑汇票，交收款人(或持票人)，是收款人开户银行随结算凭证寄承兑银行作付出传票附件；

第三联为存根，由签发人存查。

(二)银行承兑汇票的适用范围

在银行开立账户的法人及其他组织之间，并且具有真实的交易关系和债权债务关系，才能使用银行承兑汇票。

(三)银行承兑汇票的填制说明

银行承兑汇票由在承兑银行开立存款户的存款人签发，由承兑人承兑，全部联次用双面复写纸一次性套写完成。各项目的具体填制方法如下：

(1)"出票日期"为收款人或付款人签发票据的日期。

(2)"出票人全称、出票人账号"为付款人的名称及相关开户行账号。

(3)"收款人全称、账号、开户行"为收款人的名称及相关开户行账号。

(4)"付款行全称、行号"为付款行的名称及相关行号。

(5)"出票金额"为付款人出票的金额。

(6)"小写金额"要与大写金额相一致。

(7)"出票人签章"为出票人的公章。

第二部分 涉及购销业务的原始凭证的识别与填制

一、增值税专用发票的识别与填制

(一)增值税专用发票的识别

1. 增值税专用发票的票样

<table>
<tr><td colspan="9" align="center">湖南增值税专用发票</td></tr>
<tr><td colspan="3">4300082340</td><td colspan="3" align="center">记 账 联</td><td colspan="3">№ 0082346766</td></tr>
<tr><td colspan="9">此联不作报销、抵扣凭证　　　　　　　　开票日期：</td></tr>
<tr><td rowspan="2">购货单位</td><td colspan="2">名　　称：
纳税人识别号：
地　址、电　话：
开户行及账号：</td><td colspan="6" rowspan="2">密码区</td></tr>
<tr></tr>
<tr><td>货物或应税劳务名称</td><td>规格型号</td><td>单位</td><td>数量</td><td>单价</td><td>金　额</td><td colspan="2">税率</td><td>税　额</td></tr>
<tr><td colspan="9" height="60"></td></tr>
<tr><td colspan="2">价税合计(大写)</td><td colspan="5"></td><td colspan="2">(小写)</td></tr>
<tr><td>销货单位</td><td colspan="6">名　　称：
纳税人识别号：
地　址、电　话：
开户行及账号：</td><td colspan="2">备注</td></tr>
<tr><td colspan="9">收款人：　　　　复核：　　　　开票人：　　　　销货单位(章)</td></tr>
</table>

第一联 记账联 销货方记账凭证

<table>
<tr><td colspan="9" align="center">湖南增值税专用发票</td></tr>
<tr><td colspan="3">4300082340</td><td colspan="3" align="center">抵 扣 联</td><td colspan="3">№ 0082346766</td></tr>
<tr><td colspan="9">　　　　　　　　　　　　　　　　　　　　开票日期：</td></tr>
<tr><td rowspan="2">购货单位</td><td colspan="2">名　　称：
纳税人识别号：
地　址、电　话：
开户行及账号：</td><td colspan="6" rowspan="2">密码区</td></tr>
<tr></tr>
<tr><td>货物或应税劳务名称</td><td>规格型号</td><td>单位</td><td>数量</td><td>单价</td><td>金　额</td><td colspan="2">税率</td><td>税　额</td></tr>
<tr><td colspan="9" height="60"></td></tr>
<tr><td colspan="2">价税合计(大写)</td><td colspan="5"></td><td colspan="2">(小写)</td></tr>
<tr><td>销货单位</td><td colspan="6">名　　称：
纳税人识别号：
地　址、电　话：
开户行及账号：</td><td colspan="2">备注</td></tr>
<tr><td colspan="9">收款人：　　　　复核：　　　　开票人：　　　　销货单位(章)</td></tr>
</table>

第二联 抵扣联 购货方抵扣凭证

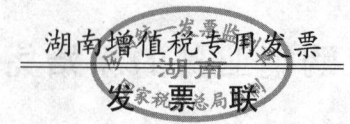

湖南增值税专用发票

4300082340　　　　发票联　　　　No 0082346766

　　　　　　　　　　　　　　　　　　　　　　开票日期：

购货单位	名　　称：				密码区			
	纳税人识别号：							
	地　址、电话：							
	开户行及账号：							
货物或应税劳务名称	规格型号	单位	数量	单　价	金　额	税率	税　额
价税合计(大写)					(小写)		
销货单位	名　　称：				备注		
	纳税人识别号：						
	地　址、电话：						
	开户行及账号：						

收款人：　　　　复核：　　　　开票人：　　　　销货单位(章)

2. 增值税专用发票的联次及用途

对外开具的专用发票一般为最基本的三联(也有七联、四联的，视地区的不同和版本的不同而不同)，根据国家税务总局文件通知(国税函[2007]777号)规定：第一联为记账联(黑色)，作为销售方核算销售收入和增值税销项税额的原始凭证；第二联为抵扣联(绿色)，作为购买方报送主管税务机关认证和留存备查的凭证；第三联为发票联(红色)，作为购买方核算采购成本和增值税进项税额的原始凭证。

(二)增值税专用发票的开具

1. 开具范围

(1)下列情形不得开具增值税专用发票：

①向消费者销售应税项目；

②销售免税项目，法律、法规及国家税务总局另有规定的除外；

③销售报关出口的货物、在境外销售应税劳务；

④将货物用于非应税项目；

⑤将货物用于集体福利或个人消费；

⑥提供非应税劳务(应当征收增值税的除外)、转让无形资产或销售不动产。

(2)向小规模纳税人销售应税项目，可以不开具增值税专用发票。

(3)一般纳税人将货物无偿赠送给他人，如果受赠者为一般纳税人，可以根据受赠者的要求开具增值税专用发票。

(4)商业零售企业只能对购货方为一般纳税人的单位开具增值税专用发票，索取增值税专用发票的购货方必须持盖有一般纳税人戳记的税务登记证(副本)，未提供证件的，商业零售企业一律不得开具增值税专用发票。

(5)商业零售的烟、酒、食品、服装、鞋帽(不包括劳保专用部分)、化妆品等消费品不得开具增值税专用发票。

(6)增值税小规模纳税人需要开具专用发票的,可以向主管税务机关申请代开。

2. 开具要求

(1)项目齐全,与实际交易相符;

(2)字迹清楚,不得压线、错格;

(3)发票联与抵扣联加盖财务专用章或者发票专用章;

(4)按照增值税纳税义务的发生时间开具。

(三)增值税专用发票的填制说明

(1)"开票日期"为企业销售货物、提供劳务日期或者开出增值税发票日期。

(2)"购货单位"的"名称"、"纳税人识别号"、"地址、电话"、"开户行及账号",按购货方或接受劳务方提供的相关信息填写。

(3)"密码区",该区中的数字及符号是打印时电脑随机打出的一组由数据、符号等信息组合的密码。

(4)"货物或应税劳务名称"、"规格型号"、"单位"、"数量",按实际发出的商品或提供的应税劳务的相关数据填写。

(5)"单价"为发出产品或提供劳务的不含税价。

(6)"金额"等于发出产品或提供劳务数量乘以单价计算所得。

(7)"税率",一般纳税企业按不同产品的性质分别适用17%和13%;小规模纳税企业委托主管税务机关开出增值税专用发票时,税率(征收率)为3%。

(8)"税额"等于金额乘以税率计算所得。

(9)"价税合计"为金额与税额之和。具体的书写方法见"学习情境一"中"任务一"。

(10)"销货单位"的"名称"、"纳税人识别号"、"地址、电话"、"开户行及账号",按销货方或提供劳务方(开具发票方)的相关信息填写。

(11)"盖章":开票方应在增值税发票的发票联以及抵扣联上加盖企业的发票专用章或财务专用章。

相关知识链接:

增值税专用发票中若干问题的处理规定

1. 关于丢失增值税专用发票的处理

一般纳税人丢失已开具增值税专用发票的发票联和抵扣联,如果丢失前已认证相符的,经购买方主管税务机关审核同意后,可作为进项税额的抵扣凭证;如果丢失前未认证的,购买方凭专用发票复印件到主管税务机关认证,认证相符的,经购买方主管税务机关审核同意后,可作为进项税额的抵扣凭证。

2. 关于对代开、虚开增值税专用发票的处理

对纳税人取得代开、虚开的增值税专用发票,不得作为增值税合法抵扣凭证抵扣进项税额。代开、虚开发票构成犯罪的,按全国人大常委会发布的《关于惩治虚开、伪造和非法出售增值税专用发票犯罪的决定》处以刑罚。

3. 纳税人善意取得虚开的增值税专用发票的处理

当主管税务机关确认购货方在真实交易中取得的供货方虚开的增值税专用发票属于善意取得时,对购货方不以偷税论处,但应按有关规定不予抵扣进项税额。

二、增值税普通发票的识别与填制

(一)增值税普通发票的识别
1. 增值税普通发票的票样

湖南增值税普通发票

4300062620　　　　　记　账　联　　　　　№ 00822356

开票日期：

购货单位	名　　称：
	纳税人识别号：
	地址、电话：
	开户行及账号：

密码区

货物或应税劳务名称	规格型号	单位	数量	单价	金　额	税率	税　额

价税合计(大写)　　　　　　　　　　　　　　(小写)

销货单位	名　　称：
	纳税人识别号：
	地址、电话：
	开户行及账号：

备注

收款人：　　　　复核：　　　　开票人：　　　　销货单位(章)

国税函[2005]1203号海南华桦实业公司

第一联　记账联　销货方记账凭证

湖南增值税普通发票

4300062620　　　　　发　票　联　　　　　№ 00822356

开票日期：

购货单位	名　　称：
	纳税人识别号：
	地址、电话：
	开户行及账号：

密码区

货物或应税劳务名称	规格型号	单位	数量	单价	金　额	税率	税　额

价税合计(大写)　　　　　　　　　　　　　　(小写)

销货单位	名　　称：
	纳税人识别号：
	地址、电话：
	开户行及账号：

备注

收款人：　　　　复核：　　　　开票人：　　　　销货单位(章)

国税函[2005]1203号海南华桦实业公司

第二联　发票联　购货方记账凭证

2. 增值税普通发票的联次及用途

增值税普通发票的格式、字体、栏次、内容与增值税专用发票完全一致。它按发票联次分为两联票和五联票两种，基本联次为两联，第一联为记账联，销货方用作编制记账凭证；第二联为发票联，购货方用作编制记账凭证。此外为满足部分纳税人的需要，在基本联次后添加了三联的附加联次，即五联票，供企业选择使用。

(二) 增值税普通发票的开具范围

(1) 增值税一般纳税企业向非增值税一般纳税企业销售货物或提供劳务时。

(2) 增值税小规模纳税人对外销售货物或提供劳务时。

(三) 增值税普通发票的填制说明

除"税率"一栏可按3%（小规模纳税人对外销售货物或提供劳务时）填制外，其他栏目的填制方法与增值税专用发票相同。

> 提示：
> (1) 增值税专用（普通）发票已由企业的税控机开具（俗称机打票），不由人工填制，但需要相关人员按上述规范在发票机上操作，手写无效。
> (2) 没有使用防伪税控发票的企业，仍可手工开具普通商品销售发票，具体填制方法与增值税发票的填制基本相同，但其金额与税额不是分开列示，而是合并列示的，单价也是含税价，票样见下面"三、普通商品销售发票的识别与填制"。

三、普通商品销售发票的识别与填制

(一) 普通商品销售发票的识别

湖南省商业零售统一发票										
存根联					发票代码 13100023461					
客户		年 月 日			发票号码 0829275291					
品 名 规 格	单位	数量	单价		金 额					
					万	千	百	十	元	角	分
				满十万元无效						
合计人民币（大写）										
企业（盖章有效）				经手人						

湖南省商业零售统一发票

发票联

发票代码 13100023461
发票号码 0829275291

客户　　　　　　　　　　　年　月　日

品　名　规　格	单位	数量	单价	金　　额								
				满十万元无效	万	千	百	十	元	角	分	第一联发票联
合计人民币（大写）												

企业(盖章有效)　　　　　　　　　　　　　　　　经手人

湖南省商业零售统一发票

发票联

发票代码 13100023461
发票号码 0829275291

客户　　　　　　　　　　　年　月　日

品　名　规　格	单位	数量	单价	金　　额								
				满十万元无效	万	千	百	十	元	角	分	第一联发票联
合计人民币（大写）												

企业(盖章有效)　　　　　　　　　　　　　　　　经手人

（二）普通商品销售发票的填制

普通商品销售发票的填制，请参照增值税发票的填写方法。

第三部分　材料、商品收入、发出凭证的识别与填制

材料、商品收入、发出凭证属于企业自制原始凭证，没有固定的格式，由企业根据内部管理和内控的需要而设置。但一般应包括日期、发票号码、材料（商品）名称、规格、数量、单价、金额、经办人、编号及各联的用途等内容。

一、收料单的识别与填制

(一)收料单的识别

1. 参考格式

收　料　单

供应单位：　　　　　　　　　　　　　　　　　　编号：
发票号码：　　　　　　　年　月　日　　　　　　仓库：

编号	材料名称	规格	单位	数量		单价	金　　额									
				应收	实收		千	百	十	万	千	百	十	元	角	分
				运杂费												
				合　计												
备注																

第二联　会计部门记账

验收员：　　　　　保管员：　　　　　记账：　　　　　制单：

2. 收料单的联次及用途

收料单至少四联，供应、仓库、验收、财务部门各执一联。

(二)收料单的填制说明

(1)财务部门根据购货发票及运杂费单据填列"金额"栏。
(2)"验收员、保管员、记账、制单"等栏由各经办人签名。
(3)"实收数量"栏由保管员填列。
(4)其他栏次由验收部门填列。

二、产品入库单的识别与填制

(一)产品入库单的识别

1. 参考格式

产　品　入　库　单

车间：　　　　　　　　　　　　　　　　　　　　编号：
　　　　　　　　　　　年　月　日　　　　　　　仓库：

产品名称	编号	规格	单位	数量	金　　额								
					百	十	万	千	百	十	元	角	分
合计													

第二联　会计部门记账

验收员：　　　　　保管员：　　　　　车间：　　　　　记账：

2. 产品入库单的联次及用途

产品入库单至少四联,车间、验收、仓库、财务部门各执一联。

(二)产品入库单的填制说明

(1)财务部门根据产品成本计算单填列"金额"栏。

(2)"验收员、保管员、车间、记账"等栏由各经办人签名。

(3)验收部门根据车间送交的产品填列除以上第(1)、(2)点所列举的项目以外的其他栏。

三、领料单的识别与填制

(一)领料单的识别

1. 参考格式

领 料 单

领料部门:　　　　　　　　　年　月　日　　　　　　　　编号:

材料名称	编号	规格	单位	数量		单价	金　额	记账
				请领	实发			
工作单号			用途					
工作项目								

审批:　　　　　记账:　　　　　发料人:　　　　　领料人:

第二联　会计部门记账

2. 领料单的联次及用途

领料单至少三联,车间、仓库、财务部门各执一联。

(二)领料单的填制说明

(1)生产部门应根据生产计划填列"领料部门、年月日、材料名称、规格、单位、请领数量、工作单号、工作项目、用途"等栏。

(2)仓库填写"实发数量"栏。

(3)财务部门根据材料明细账有关记录填列"单价"、"金额"栏;当存货采用实际成本法计价时,单价可分别采用先进先出法、加权平均法、移动加权平均法、个别计价法确定。

(4)"审批、记账、发料人、领料人"等栏由各经办人签名。

四、发货单的识别与填制

(一)发货单的识别
1. 参考格式

发 货 单

购货单位：　　　　　　　　　　年　月　日　　　　　　　　　　编号：

产品编号	产品名称	规格	单位	数量		单价	金额							
				请发	实发		十	万	千	百	十	元	角	分
合计														

审批：　　　　　　　发货人：　　　　　　　提货人：　　　　　　　记账：

第三联　财务

2. 发货单的联次及用途

发货单至少四联，销售、仓库、财务部门、客户各执一联。

(二)发货单的填制说明

(1)销售部门应根据经批准的客户订单填列"购货单位、年月日、产品名称、规格、单位、请发数量"等栏。

(2)仓库填写"实发数量"栏。

(3)财务部门根据库存商品明细账有关记录填列"单价、金额"栏；当存货采用实际成本法计价时，单价可分别采用先进先出法、加权平均法、移动加权平均法、个别计价法确定。

(4)"审批、发货人、提货人、记账"等栏由各经办人签名。

【实战演练】

一、实训企业概况

(1)企业名称：湖南恒财有限公司

(2)注册地：湖南省雁城市狮山路20号

(3)注册资金：100万元

(4)法人代表：丁怡馨

(5)财务负责人：郭瑶

(6)会计：陈丹、袁明

(7)出纳：严燕

(8)国税局税务登记类型：增值税一般纳税企业

(9)税务登记号：430413873405776

(10)开户银行:中国银行雁城支行
(11)账号:50813507346193
(12)电话号码:0×××-9174201

特别说明:为了减轻填制凭证的工作量,在不影响实训效果的前提下,本实训资料中,对于多联式原始凭证只要求学生填制本单位在进行会计处理时所必需的原始凭证。

二、实训企业经济业务资料

2009年1月1—10日湖南恒财有限公司发生下列经济业务:

(1)3日,从银行提取现金3 000元备用。

(2)4日,销售科职工李滨赴广州开商品展销会,经批准借差旅费2 000元,财务人员审核无误对李滨开具现金支票。(填制借款单)

（3）5日，女装车间领用棉布300米（规格：1.5米），单价100元，生产女装。

领 料 单

领料部门：   年 月 日   编号：

材料名称	编号	规格	单位	数量		单价	金额	记账
				请领	实发			
工作单号	0812012		用途					
工作项目	H1款女装							

第二联 会计部门记账

审批：**略**   记账：   发料人：**略**   领料人：**略**

（4）6日，向长沙潮流商场销售成衣一批，其中男套装50套，每套400元（含增值税），裙装30套，每套200元（含增值税）。货已发出，开出增值税专用发票。

长沙潮流商场（开户行：中国工商银行岳麓支行，账号：22501385919393，地址：长沙市岳麓山路88号，电话0×××-4466273，纳税人识别号：43019285787237）收到金额为30 000元的银行汇票一张，并已向开户行解讫。请填写下列发货单、销售发票、银行汇票和银行进账单。

发 货 单

购货单位：   年 月 日   编号：080139406

产品编号	产品名称	规格	单位	数量		单价	金额							
				请发	实发		十万	千	百	十	元	角	分	
合计														

第三联 财务

审批：**略**   发货人：**略**   提货人：**略**   记账：

湖南增值税专用发票

记 账 联

4300082340　　　　　　　　　　　　　　　　　　　№ 0082346766

此联不作报销、抵扣凭证　　　　　　开票日期：

购货单位	名　称：					密码区	3489-1<9-4-12=3 9<9522>65586=6 -83>*5-×24=2(4) 45/-4-5697>4/2<7	加密版本：01 4300082340 0082346766
	纳税人识别号：							
	地址、电话：							
	开户行及账号：							

货物或应税劳务名称	规格型号	单位	数量	单价	金　额	税率	税　额

价税合计（大写）		（小写）

销货单位	名　称：		备注	
	纳税人识别号：			
	地址、电话：			
	开户行及账号：			

收款人：　　　　　复核：　　　　　开票人：　　　　　销货单位（章）

中国工商银行

付款期限 壹个月	银 行 汇 票　2		BH2039583

出票日期（大写）	贰零零玖年零壹月零陆日	代理付款行：	行号：

收款人：	湖南恒财有限公司	账号：50813507346193
出票金额	人民币（大写）叁万元整	￥30000.00
实际结算金额	人民币（大写）	千百十万千百十元角分

申请人：＿＿＿＿＿　　账号或住址：22501385919393

出票行：＿＿＿＿＿行号＿＿＿＿＿

备注：＿＿＿＿＿　　　多余金额　　　　科　目（借）＿＿＿

凭票付款　　　　　千百十万千百十元角分　对方科目（贷）＿＿＿

出票行签章　　　　　　　　　　　　　　兑付日期　年　月　日

　　　　　　　　　　　　　　　　　　　复核　　　记账

中国工商银行
银行汇票(解讫通知) 3   BH2039583

付款期限 壹个月

出票日期(大写)	贰零零玖年零壹月零陆日	代理付款行：	行号：

收款人：湖南恒财有限公司　　　账号：50813507346193

出票金额 人民币(大写) 叁万元整　　　￥30000.00

实际结算金额 人民币(大写)　　　　千百十万千百十元角分

账号或住址：22501385919393

申请人：_____
出票行：_____ 行号_____
备注：_____
代理付款行签章
复核　　经办

多余金额　千百十万千百十元角分

科　目(借)_____
对方科目(贷)_____
兑付日期　年　月　日
复核　　　记账

此联代理付款行兑付后随报单寄出票行，由出票行作多余款贷方凭证

中国银行进账单(受理回单) 1

填制日期　年　月　日　　　　第　号

付款人	全称		收款人	全称	
	账号			账号	
	开户银行			开户银行	

人民币(大写)　　　　　　　　百十万千百十元角分

票据种类
票据张数　　　　　　　　此联不作收款用

单位主管　　会计　　复核　　记账　　　　　受理银行盖章

此联是收款人开户行交给收款人的受理回单

(5) 6日，开出转账支票支付上月所欠的湖南兴衡有限公司货款 27 400.80 元，由湖南恒财有限公司进账。湖南兴衡有限公司开户行：中国建设银行衡州市第一支行，账号 263008431。

中国银行 转账支票存根(湘) DH 00724026 02		中国银行 转账支票（湘） DH 00724026 / 02
附加信息 —————— ——————	本支票付款期限十天	出票日期(大写) 年 月 日 付款行名称： 收款人： 出票人账号： 人民币 ┃百┃十┃万┃千┃百┃十┃元┃角┃分┃ (大写)
出票日期 年 月 日		
收款人：		用途：_____
金　额：		上列款项请从
用　途：		我账户内支付
单位主管　　会计		出票人签章　　　　　复核　　　记账

中国银行　进账单　（受理回单）　1

填制日期　　年　月　日　　　　　　　第　号

付款人	全　称		收款人	全　称										
	账　号			账　号										
	开户银行			开户银行										
人民币 (大写)					百	十	万	千	百	十	元	角	分	
票据种类			此联不作收款用											
票据张数														
单位主管　　会计　　复核　　记账					受理银行盖章									

此联是收款人开户行交给收款人的受理回单

(6) 8日，以电汇方式向广州南方公司支付货物订金8 000元。广州南方公司（开户行：中国银行广州天河支行，账号：71410138231923，地址：广州市天河路288号，电话0×××-82162733，纳税人识别号：44019228559281），请填写电汇单。

中国银行 电汇 凭证（回单） 1 №0123456

□普通 □加急	委托日期 年 月 日				

汇款人	全 称		收款人	全 称											此联作汇出行给汇款人的回单
	账 号			账 号											
	汇出地点			汇入地点		省			市/县						
汇出行名称			汇入行名称												
金额	人民币（大写）					百	十	万	千	百	十	元	角	分	
					支付密码										
					附加信息及用途：										
			汇出行签章		复核： 记账：										

(7) 9日，向个人李欣销售A款男套装5套，每套400元（不含增值税），销售H款女裙10件，每件200元（不含增值税），收到现金并开出零售发票。（填制下列销售发票和发货单）

雁城市商品销售统一发票
记 账 联

年 月 日

客户名称及地址												
品 名	规格	单位	数量	单价	金 额							备注
					万	千	百	十	元	角	分	
合 计												
合计金额（大写）		万	仟	佰	拾		元		角		分	

填票人： 收款人： 略 单位名称（盖章） 略

第三联 记账联

发 货 单

购货单位：　　　　　　　　　年　月　日　　　　　　编号：080139407

产品编号	产品名称	规格	单位	数量 请发	数量 实发	单价	金额 十 万 千 百 十 元 角 分
合计							

审批：略　　　　发货人：略　　　　提货人：略　　　　记账：

第三联　财务

（8）9日，出纳员将当天的销售款 4 680.00 元现金存入银行。（面额100元的45张，面额10元的18张）（填制银行现金解款单）

中国银行　现金解款单(回单)　①

科目：　　　　　　　　　年　月　日

缴款单位	全称		款项来源	
	账户		解款部门	
人民币（大写）				百 十 万 千 百 十 元 角 分

票面	张数	十	万	千	百	十	元	票面	张数	千	百	十	元	角	分
百元								二元							
五十元								一元							
二十元								角票							
十元								分币							
五元															

（收款银行盖章）

此联由银行盖章后退回单位

（9）向湘潭市锦云纺织厂购进棉布一批（详见购货发票），材料于10日全部验收入库。同日委托开户行签发银行汇票付款。（填制材料入库单和银行汇票申请书）

湖南增值税专用发票

抵 扣 联

4300086740　　　　　　　　　　　　　　　　№ 08256226

开票日期：2008 年 12 月 8 日

购货单位	名　称：湖南恒财有限公司 纳税人识别号：430413873405776 地址、电话：雁城市狮山路20号 0XXX-9174201 开户行及账号：中行雁城支行50813507346193	密码区	4679-1<9-4-12>2 9<4122>61123<3 -83>*5-×24=2< 45/-4-5697>4/1=6	加密版本：01 4300086740 08256226

货物或应税劳务名称	规格型号	单位	数量	单价	金额	税率	税额
棉布	1.5m	米	300	100.00	30000.00	17%	5100.00
合计					￥30000.00		￥5100.00

价税合计（大写）	⊗叁万伍仟壹佰元整　　　　　　　　　　（小写）￥35100.00

销货单位	名　称：湘潭市锦云纺织厂 纳税人识别号：430402184839 地址、电话：高科路123号 开户行及账号：工商银行高科区支行2250929587	备注

收款人：李丽　　　复核：王梅　　　开票人：万美　　　销货单位（章）

湖南增值税专用发票

发 票 联

4300086740　　　　　　　　　　　　　　　　№ 08256226

开票日期：2008 年 12 月 8 日

购货单位	名　称：湖南恒财有限公司 纳税人识别号：430413873405776 地址、电话：雁城市狮山路20号 0XXX-9174201 开户行及账号：中行雁城支行50813507346193	密码区	4679-1<9-4-12>2 9<4122>61123<3 -83>*5-×24=2< 45/-4-5697>4/1=6	加密版本：01 4300086740 08256226

货物或应税劳务名称	规格型号	单位	数量	单价	金额	税率	税额
棉布	1.5m	米	300	100.00	30000.00	17%	5100.00
合计					￥30000.00		￥5100.00

价税合计（大写）	⊗叁万伍仟壹佰元整　　　　　　　　　　（小写）￥35100.00

销货单位	名　称：湘潭市锦云纺织厂 纳税人识别号：430402184839 地址、电话：高科路123号 开户行及账号：工商银行高科区支行2250929587	备注

收款人：李丽　　　复核：王梅　　　开票人：万美　　　销货单位（章）

收 料 单

供应单位：　　　　　　　　　年　月　日　　　　　　编号：
发票号码：　　　　　　　　　　　　　　　　　　　　仓库：

编号	材料名称	规格	单位	数量		单价	金额									
				应收	实收		千	百	十	万	千	百	十	元	角	分
				运杂费												
				合　计												
备注																

验收员：　　　　保管员：　　　　记账：　　　　制单：

第二联　会计部门记账

中国银行 银行汇票 申请书(存根) 1　　№ 011274861

申请日期　年　月　日

申请人		收款人									
账号或住址		账号或住址									
用途		代理付款行	办理转账银行汇票时此格不填写								
汇款金额	人民币(大写)		百	十	万	千	百	十	元	角	分
备注		科目									
		对方科目									
		财务主管　　复核　　经办									

此联申请人留存

(10) 10日，李滨到广州出差归来。交通费、住宿费及补助情况如下：4日22时于雁城市启程，5日5时到达广州市，火车硬座车票一张，计44元；10日14时广州市启程，10日20时返回衡阳市，火车硬卧座车票一张，计134元；广州市公共汽车票15张，计30元；广州市出租车票2张，计50元；住宿单据一张，共6天，计900元；另外，根据规定付未乘卧铺补助90元，伙食补助300元。余款已如数退回现金，结清了本月4日预借款。退回现金452元，由出纳开出收据一张。需填制差旅费报销单和收据各一张。

差 旅 费 报 销 单

年　　月　　日

部门		职别		姓名			到达地点		
事由							起止日期		
旅费项目	金额	单据张数	旅费项目	金额	单据张数	附属项目	金额	单据张数	补贴说明：
市内交通费			行李寄存费			办公费			
汽车票						电讯费			
船票						医药费			
火车票									
旅馆费									
住勤补贴费			小计			小计			
原借旅费　　　　元　本次实报　　　　元　应退、补　　　　元									
合计金额（大写）									¥

主管 郭瑶　　　　审核 陈丹　　　　填报人 李滨

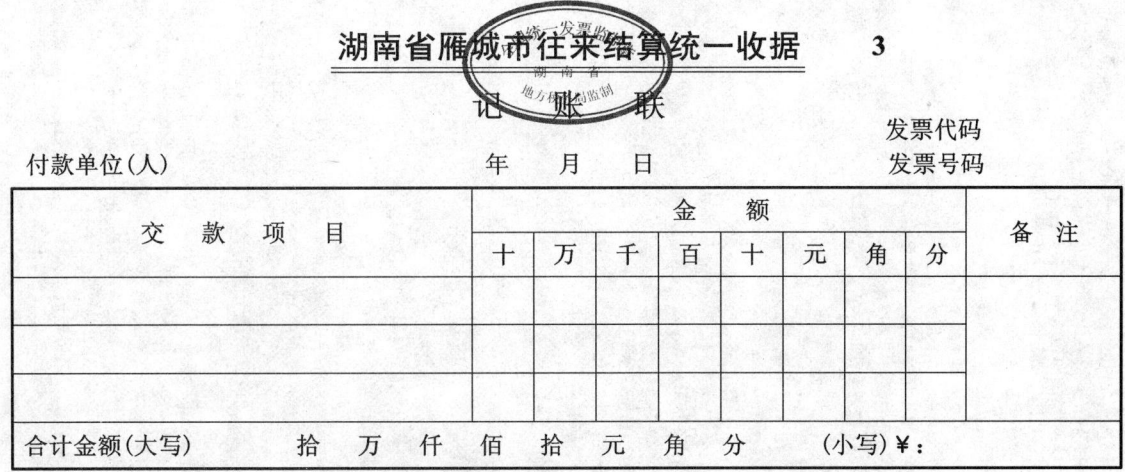

(11)以现金500元支付餐费(招待客户)。

湖南省衡州市服务发票

发票联

发票代码 243040672189
发票号码 20091618

客户名称：湖南恒财有限公司　　　　　　　　　　　时间：2008年12月10日

纳税人识别号	430413873405776	水印号	1xzabgh6-iyhfwj8	备注
机器注册号	300309084421	机打发票号	20091618	
商品(服务)名称	数量/单位	单价	金额	
餐费			500.00	
合计金额（大写）	人民币：伍佰元整		¥500.00	

发票专用章（未盖章无效）　　　　　　　开票人：　　　　收款人：言之

②收执方付款凭证

三、实训任务

（1）熟悉部分有代表性的原始凭证基本格式，掌握填列原始凭证的基本操作技能。
（2）正确、完整填制原始凭证，熟悉各种原始凭证在会计核算中传递的程序和作用。

任务二　原始凭证的审核指导与实训

【学习目标】

通过指导与实训，了解原始凭证的常见错误与舞弊现象，掌握原始凭证的内容和审核方法以及审核后的处理办法，从而提高审核原始凭证的水平。

【操作规范】

一、原始凭证审核的法律规定

《会计法》规定，会计机构、会计人员必须按照国家统一的会计制度的规定对原始凭证进行审核，对不真实、不合法的原始凭证有权不予接受，并向单位负责人报告；对记载不准确、不完整的原始凭证予以退回，并要求按照国家统一的会计制度的规定更正、补充。

原始凭证记载的各项内容均不得涂改；原始凭证有错误的，应当由出具单位重开或者更正，更正处必须加盖出具单位的印章；原始凭证金额有错误的，应由出具单位重开，不得在原始凭证上更正。

二、原始凭证审核的具体操作方法

审核原始凭证的具体程序和要求，应当由国家统一的会计制度规定，会计机构、会计人员应当严格按照规定的程序和要求对原始凭证进行审核。按照国家统一的会计制度的规定，对接受的原始凭证主要应从真实性、合法性、准确性和完整性四个方面进行审核。

所谓真实，就是原始凭证应如实反映经济业务的本来面貌，不得掩盖、歪曲和捏造。首先，经济业务的双方当事单位和当事人必须是真实的；其次，经济业务发生的时间、地点和填制凭证的日期必须是真实的；再次，经济业务的内容必须是真实的；最后，经济业务的实物量和价值量必须是真实的。

所谓合法，就是原始凭证所反映的经济业务必须符合国家政策、法令以及会计法规、制度和预算的规定。首先，不真实的原始凭证，如假发票、假收据、假车票等均是不合法的；其次，虽真实但制度不允许报销的也是不合法的，如个人因私购买物品、外出旅游而用公款报销等；再次，虽能报销，但超过规定比例和限额的部分也是不合法的，如职工出差超标准乘坐交通工具、住宾馆，超标准开支医药费等。

所谓准确，就是原始凭证的文字表述和数字计算必须准确无误。首先，文字、数字的书写要清晰、工整、规范，不得潦草，不得任意自造简化字，不得任意省略。其次，人民币符号"￥"与阿拉伯数字金额之间不得留有空白；数字前有"￥"的，后面不再写"元"字。汉字大写金额前必须有"人民币"三字，并且，它们之间不得留有空白。再次，数量、单价与金额要计算准确无错，大小写金额应一致。最后，原始凭证必须使用钢笔或圆珠笔填写。支票必须使用碳素墨水填写，并且数字不得更正。

所谓完整，就是原始凭证应具备的要素必须完整，手续必须齐全。比如，双方经办人员必须签名或盖章；发票上应该印有税务专用章和财务公章；事业、行政单位收费应该开具由财政部门统一印制的收据；购买实物的凭证必须有验收证明或使用证明人签章；支付款项的凭证必须有收款单位或收款人的收款证明；需经领导签名批准的凭证应该有领导人的亲笔签名；填制退货发票退款时，必须取得对方的收款收据或汇款银行的凭证；职工因公出差，应填写正式借据，报销差旅费冲销或归还借款时，应由财会人员另开收据；经过上级批准的经济业务，应将批准文件作为原始凭证附件，若批准文件需单独保管，应在凭证上注明批准机关名称、日期和文件字号。

三、原始凭证中常见的错误与舞弊

（1）内容记载含糊不清，或故意掩盖事情真相，进行贪污作弊。

（2）单位抬头不是本单位。

（3）数量、单价与金额不符。

（4）无收款单位签章。

（5）开具阴阳（大头小尾）发票，进行贪污作弊。

（6）在整理和粘贴原始凭证过程中进行作弊。例如：利用单位原始凭证粘贴、整理不规范的弱点，在进行粘贴、整理时采用移花接木的手法，故意将个别原始凭证抽出，等以后再重复报销；或在汇总原始凭证金额时，故意多汇或少汇，达到贪污其差额的目的。

（7）模仿领导笔迹签字冒领。

（8）涂改原始凭证上的时间、数量、单价、金额，或添加内容和金额。

四、原始凭证错误的更正

为了规范原始凭证的内容，明确相关人员的经济责任，防止利用原始凭证进行舞弊，《会计法》对原始凭证错误更正做了规定，其内容包括：

（1）原始凭证记载的各项内容均不得涂改，随意涂改原始凭证即为无效凭证，不能作为填制记账凭证或登记会计账簿的依据。

（2）原始凭证所记载的内容有错误的，应当由出具单位重开或者更正，更正工作必须由原始凭证出具单位进行，并在更正处加盖出具单位印章；重新开具原始凭证也应当由原始凭证出具单位进行。

（3）原始凭证金额有错误的不得更正，只能由原始凭证出具单位重开。因为原始凭证上的金额是反映经济业务事项情况的最重要数据，如果允许随便更改，易产生舞弊，不利于保证原始凭证的质量。

（4）原始凭证开具单位应当依法开具准确无误的原始凭证，对于填制有误的原始凭证，负有更正和重新开具的法律义务，不得拒绝。

原始凭证的管理

(1) 外来原始凭证如有遗失,应取得原填制单位盖章证明,并注明原始凭证编号金额和内容等,经单位领导人批准后,才能作原始凭证。如确实无法取得证明的如火车、汽车、轮船、飞机票等,由当事人写出详细情况,由单位领导人批准后,代作原始凭证。

(2) 原始凭证不得外借。其他单位如因特殊原因需要使用原始凭证时,经本单位领导批准,可以复制。复制时,须有财务人员在场。向外单位提供的原始凭证复制件,应在专设的登记簿上登记,并由提供人员和收取人共同签名或盖章。

(3) 一张原始凭证所列的支出需要由两个以上的单位共同负担时,应当由保存该原始凭证的单位开给其他应负担单位原始凭证分割单。原始凭证分割单必须具备原始凭证的基本内容,包括凭证的名称、填制凭证的日期、填制凭证单位的名称或填制人的姓名、经办人员的签名或盖章、接受凭证单位的名称、经济业务内容、数量、单价、金额和费用的分担情况等。

【典型范例】

一、外来增值税专用发票的审核

企业外购货物和接受应税劳务时,取得的增值税专用发票是抵扣增值税进项税额的重要依据,必须认真审查,以防假冒。实际工作中一般应作如下审核:

1. 增值税专用发票外观特征的审核

2000年后印制的发票不再使用防伪字及防伪团花,而是使用了密写技术,如湖南增值税专用发票下面的两条横线用这几个字汉语拼音的声母"HNZZHSHZYFP"密写而成,发票监制章内圈是用"国家税务总局监制"的汉语拼音的声母"GJSHWZJJZH"密写而成,水印为斜印的"ZZS"及梅花图案。具体如下:

(1) 水印防伪标志。图案为由五瓣梅花和"ZZS"组成的图案,且梅花图案有凹凸感。

(2) 有色荧光油墨加微缩字母防伪标记。有如下特征:发票监制章在紫外线照射下,显现大红色荧光反应。且监制章内圈是由多组"国家税务总局监制"等汉字的汉语拼音声母缩写组成:GJSHWZJJZH。

(3) 专用异型号码。这是从国外引进的异型体阿拉伯数字印制发票号码,并以此作为一个防伪标志。主要特征为:阿拉伯数字的字体较圆润,具有一定的立体感。

(4) 微缩字母防伪标记。即发票名称(××增值税专用发票)下端的双线由微缩字母组成,上线为"××增值税专用发票"等汉字的汉语拼音声母缩写组成,如"湖南增值税专用发票"为:HNZZHSHZHYFP,下线为"国家税务总局监制"等汉字的汉语拼音声母缩写组成:GJSHWZJJZH。

2. 发票联次的审核

根据现行相关法规规定,凡没有取得并按规定保管增值税专用发票抵扣联的单位不得抵扣进项税额。所以,购货单位必须同时取得销货方(或税务机关)开具的增值税专用发票的发票联和抵扣联,才能进行增值税进项税额抵扣。

3. 开具时间的审核

按照规定,自2003年3月1日起,增值税一般纳税人申请抵扣的防伪税控系统开具的增值税专用发票,必须自该专用发票开具之日起90日内到税务机关认证,否则不予抵扣进项税额。所以,购货单位必须审核所取得的增值税发票的开具时间是否已超过90天,否则,不能抵扣增值税进项税额。

4. 购货单位和销货单位信息的审核

购货单位和销货单位的名称、纳税人识别号、开户行及账号、电话号码都必须符合各自税务登记证上的相关信息,否则,不能抵扣增值税进项税额。

5. 数量、单价、金额、税率及税额的勾稽关系的审核

(1) 数量×单价=金额

(2) 金额×税率=税额

二、支票的审核

支票是出票人委托其开户行支付款项的凭证。当单位取得外来的支票时,必须仔细进行审核,以免发生进账困难。日常工作中可按下列方法进行审核:

(1) 支票是否为统一按规定印制的凭证,支票是否真实,提示付款期是否逾期;

(2) 收款人的名称是否为本单位;

(3) 出票日的签章是否符合规定;

(4) 支票的大小写金额是否一致;

(5) 支票必须记载的事项是否齐全,出票金额、出票日期、收款人的名称是否更改,其他记载事项的更改是否由原记载人签章证明;

(6) 背书转让的支票是否按规定的范围转让,其背书是否连续,签章是否符合规定,背书使用粘贴单的是否按规定在粘贴处签章;

(7) 持票人是否在支票的背面作委托收款背书。

三、银行汇票的审核

企业在销售商品或提供劳务时,有时会收到购货方或接受劳务单位交来的银行汇票,而银行汇票作为一种重要的货币资金,接受单位应谨慎地审核其真实性和正确性。实际工作中应作如下审核:

1. 收款人受理银行汇票的审查

收款人受理银行汇票时,应审查下列事项:

(1) 银行汇票和解讫通知是否齐全,汇票号码和记载的内容是否一致;

(2) 收款人是否确为本单位或本人;

(3) 银行汇票是否在提示付款期限内;

(4) 必须记载的事项是否齐全;

(5) 出票人签章是否符合规定,是否有压数机压印的出票金额,并与大写出票金额一致;

(6) 出票金额、出票日期、收款人名称是否更改,其他记载事项的更改是否由原记载人

签章证明；
(7)银行汇票的实际结算金额不得更改，更改实际结算金额的银行汇票无效。

2．被背书人受理银行汇票的审查

被背书人受理银行汇票时，除按照上述规定审查外，还应审查下列事项：
(1)银行汇票是否记载实际结算金额，有无更改，其金额是否超过出票金额；
(2)背书是否连续，背书人签章是否符合规定，背书使用粘贴单的是否按规定签章；
(3)背书人个人的身份证件。

【实战演练】

一、实训企业概况

(1)企业名称：湖南恒财有限公司
(2)注册地：湖南省雁城市狮山路20号
(3)注册资金：100万元
(4)法人代表：丁怡馨
(5)财务负责人：郭瑶
(6)会计：陈丹、袁明
(7)出纳：严燕
(8)国税局税务登记类型：增值税一般纳税企业
(9)税务登记号：4304013873405776
(10)开户银行：中国银行雁城支行
(11)账号：50813507346193
(12)电话号码：0×××-9174201

二、实训企业经济业务资料

湖南恒财有限公司2008年12月发生下列部分经济业务：
(1)2008年12月13日，采购员王涛赴广州采购材料，填写一份借款单并经主管领导批准。

借 款 单

年 月 日

部门	供应科	借款人		借款事由：参加订货会						
人民币 (大写)	贰仟元整				万	千	百	十	元	角	分
				￥		2	0	0	0	0	0
领导 批示				借款人 (签章)	王涛					
		年 月 日			2008年12月13日					

【答案】

是否存在错误	
如有,指出其错误	
更正方法	

(2)12月18日,模具加工车间王磊领用圆钢4 000千克,计划单价10元,领用角钢3 000千克,计划单价5元(工作单号:1220,工作项目:车工),生产模具。

领 料 单

领料部门:模具加工车间　　　2008年12月8日　　　编号:

材料名称	编号	规格	单位	数量		单价	金额	记账
				请领	实发			
圆钢			千克	4 000	4 000	10.00	40 000.00	
角钢			千克	3 000	3 000	5.00	1 500.00	
工作单号		1220	用途					
工作项目		模具						

审批:王丽　　　记账:　　　发料人:王红　　　领料人:

【答案】

是否存在错误	
如有,指出其错误	
更正方法	

(3)12月18日,办公室职员张明拿来发票一张,报销购买笔记本、钢笔等办公用品费用。

湖南省商品销售统一发票

客户名称及地址：湖南恒财有限公司　　　　2008年12月18日

品名规格	单位	数量	单价	金　额						
				万	千	百	十	元	角	分
笔记本	本	20	6.00							
钢笔	支	12	14.80							
合计										

合计金额(大写)贰佰捌拾伍元陆角零分

填票人：刘静　　　　收款人：王丽鹃　　　　单位名称(盖章)

第二联发票

【答案】

是否存在错误	
如有，指出其错误	
更正方法	

(4)12月19日,销售男装500件,单价200元,女装500件,单价100元,开出增值税专用发票一份并将有关联交与南方明珠有限公司,同时收到南方明珠签发的转账支票一张,尚未送存银行。

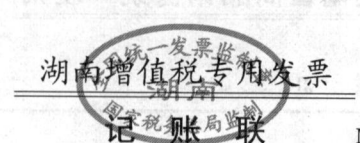

湖南增值税专用发票

记账联

4300084140   № 01272451

开票日期：2008 年 12 月 19 日

购货单位	名　　称：南方明珠有限公司 纳税人识别号：3708662346633898 地址、电话：衡阳市天山路16号2230355 开户行及账号：中国银行天山支行8040-4129	密码区	2562-1<9-4-12=>3 9<2322>65586=61 -83>*5-×24=24>. >	加密版本：01 4300084140 01272451

货物或应税劳务名称	规格型号	单位	数量	单价	金　额	税率	税　额
男装	L	件	500	200.00	100000.00	17%	17000.00
女装	M	件	100	500.00	50000.00		8500.00
合计					￥150000.00		￥25500.00

价税合计(大写)	⊗壹拾柒万伍仟伍佰元整	(小写) ￥175500.00

销货单位	名　　称：湖南恒财有限公司 纳税人识别号：37086623463452 地址、电话：衡阳市狮山路16号3174291 开户行及账号：工商银行珠晖支行22539783	备注

收款人：　　　　复核：　　　　开票人：　　　　销货单位(章)

【答案】

是否存在错误	
如有，指出其错误	
更正方法	

中国银行 转账支票（湘）

DH 00724026 / 02

出票日期(大写) 贰零零捌 年 拾贰 月 玖 日

付款行名称：中国银行天山支行

收款人：湖南恒财有限公司

出票人账号：8040-4129

人民币（大写） 拾柒万仟伍佰元

¥ 1 7 5 5 0 0 0 0

用途：购货款

上列款项请从我账户内支付

出票人签章　　　复核　　　记账

李录印成

本支票付款期限十天

【答案】

是否存在错误	
如有，指出其错误	
更正方法	

(5)12月20日，签发现金支票一张，金额38 566.30元，从银行提取现金以备发工资。

①支票正面

中国银行 现金支票存根(湘)	中国银行 现金支票（湘）
DH 02724654 02 附加信息 _____ 出票日期 2008年12月10日 收款人： 金 额：¥38566.30 用 途：发工资 单位主管　会计	出票日期(大写)贰零零捌年壹拾贰月壹拾日　付款行名称：中行雁城第二支行 DH 02724654 02 收款人：湖南恒财有限公司　出票人账号：50813507346193 人民币（大写）叁万捌仟伍佰陆拾陆元叁角　¥3 8 5 6 6 3 0 用途：发工资　（财务专用章）（丁怡印馨）复核　记账

②支票背面

（支票背面表格：附加信息、收款人签章、年月日、身份证件名称、发证机关、号码）

【答案】

是否存在错误	
如有，指出其错误	
更正方法	

(6)12月19日,业务员王涛从广州出差回公司,提供下列单据,请求报账。

广东省广州市旅业发票
发票联

发票代码 2440184472
发票号码 2048622345

旅客姓名:王涛　　2008年12月14日

房铺号	住宿日期				人数	单价	金额					
	到店		离店		天数		千	百	十	元	角	分
	月	日	月	日								
3-206	12	14	12	20	7	1	160	1	1	2	0	0	0
合计人民币(大写)	壹仟壹佰贰拾零元零角零分							1	1	2	0	0	0

第二联 发票联

开票人:汤玲　　收款人:唐丽　　服务单位:

C0020092　　　　　　　衡阳站(售)

衡阳　**N607次**　→　**广州**
Hengyang　　　　　guanzhou
2008年12月13日　22:45开　11车12座
￥44.00元　　**硬座普快**
限乘当日当次车　在2日内到有效

广东省地方税收通用定额发票
发票联

发票代码 244000700473
发票号码 353008597

贰拾圆

开票日期:2008年12月13日　　收款单位:

广东省地方税收通用定额发票

发票联

发票代码 244000700473

发票号码 353008597

开票日期：2008年12月13日

贰拾圆

收款单位 广州市花都餐饮集团公司 443312345678988 发票专用章

广东省地方税收通用定额发票

发票联

发票代码 244000700474

发票号码 353008975

开票日期：2008年12月14日

贰拾圆

收款单位 广州市花都餐饮集团公司 443312345678988 发票专用章

广东省地方税收通用定额发票

发票联

发票代码 244000700475

发票号码 353008976

开票日期：2008年12月14日

贰拾圆

收款单位 广州市花都餐饮集团公司 443312345678988 发票专用章

```
C0020092              衡阳站（售）
衡阳    K528次   →   广州
Hengyang          guanzhou
2008年12月19日    8:08开   08车10座中铺
￥134.00元       新空调硬座普快卧
限乘当日当次车    在2日内到有效
```

上海市服务业、娱乐业税控发票

发 票 联

发票代码 210000700231
发票号码 200008342
机打号码 200000324
机器编码 004110007809
收款单位 上海市衡山饭庄
税号 2101034444423
开票日期：2008年12月19日
付款单位（个人） 王松涛

项目	单价	数量	金额
餐饮	18	10	180

小写合计：￥180
大写合计：壹佰捌拾零元零角零分
税控码：1983 2550 2003 9866

差 旅 费 报 销 单

部门：供应科　　　　　　2008年12月20日

姓名	王涛			出差事由		开订货会		出差自2008年12月13日 至2008年12月19日				共7天	
起讫时间及地点					车船票		夜间乘车补助费			出差乘补费		住宿费	其他	
月	日	起	月	日	讫	类别	金额	时间	标准	金额	日数	标准	金额	金额	摘要	金额
12	13	衡阳	12	14	广州	火车	44	1	32	32	7	60	420	1120	餐费	260
12	19	广州	12	19	衡阳	火车	76									
					小计		120			32			420	1120		

合计金额(大写)：壹仟陆佰玖拾贰元整

备注：　　　元，核销　　　元，退补　　　元。

单位领导：丁怡馨　　财务主管：郭瑶　　审核：陈丹　　填报人：王涛

附单据共3张

注：湖南恒财有限公司对出差人员餐费补助标准为：市内6元/日，省内30元/日，省外45元/日(其中特区60元/日)；连续乘火车6小时以上的，可按硬卧标准报销，低于此标准乘坐的，可按此标准补足其差额。

【答案】

是否存在错误	
如有，指出其错误	
更正方法	

(7)12月23日，湖南恒财有限公司以现金600元支付给湖南雁峰公司作货物订金，收到湖南雁峰公司的收据如下：

湖南省雁城市往来结算统一收据

记账联

付款单位(人) 湖南恒财有限公司　　2008 年 12 月 23 日

发票代码 2430003992
发票号码 0829529522

交 款 项 目	金　额							备 注
	十	万	千	百	十	元	角	分	
货物订金				5	0	0	0	0	

合计金额(大写) 伍佰元整　　　　　　　　　　　　　　(小写)￥300.00

单位财务专用章　　　　开票人：紫红　　　　收款人：蔡东

【答案】

是否存在错误	
如有，指出其错误	
更正方法	

三、实训任务

(1) 审核原始凭证。
(2) 指出存在的问题，并填列原始凭证后附的"答案"。

任务三 记账凭证的填制和审核指导与实训

【学习目标】

通过指导与训练，明确记账凭证应具备的基本要素，熟悉记账凭证的填制与审核的基本程序与方法，掌握根据原始凭证判断其所涉及的会计科目并填制记账凭证的基本操作技能。

【操作规范】

一、正确选择记账凭证的种类

一个单位究竟使用什么样的记账凭证，不能一概而论，只能根据企业经营活动的特点来决定。如果是小型企事业单位，发生的经济业务较少，可选择通用记账凭证格式；如果是大中型企业，发生的经济业务较多，则可选择专用记账凭证(收、付、转凭证)或者通用记账凭证格式。总之，各单位在选择记账凭证的种类时，尽量做到工作量小，信息准确、清晰。

二、记账凭证填制的基本方法

(一)记账凭证"日期"的填写

按编制记账凭证的日期填写；月末计提、分配费用、成本计算、转账等业务，大多是在次月初进行的，但其所填制的日期应当填写当月最后一天的日期。

(二)记账凭证"编号"的填写

1. 采用专用记账凭证时的分类编号法

收支业务较多的单位，可以使用专用记账凭证进行账务处理时，可按下列编号方法对记账凭证进行编号：

(1)三类编号法。即按照收款业务、付款业务和转账业务分别顺序编号，如收字第××号、付字第××号、转字第××号。

(2)五类编号法。即按照现金收款、现金付款、银行存款收款、银行存款付款业务分别顺序编号，如现收字第××号、银收字第××号、现付字第××号、银付字第××号、转字第××号。

2. 采用通用记账凭证时的统一编号法

收支业务不多的单位，可以使用通用记账凭证，并按填制的先后顺序统一编号，不必填字，只填号。

3. 其他规范

(1)记账凭证无论是统一编号还是分类编号，都应该按月顺序编号，即每月都从1号编起，顺序编至月末。通常，一张记账凭证编一个号，不得跳号、重号。

(2)复杂的会计事项，需要填制两张或两张以上的记账凭证时，应编写分号，即在原编记账凭证号码后面用分数的形式表示,如第 8 号记账凭证需要填制两张记账凭证,则第一张编号为 $8\frac{1}{2}$,第二张编号为 $8\frac{2}{2}$。

(3)业务量大的单位,可使用"记账凭证编号单",按照本单位记账凭证编号的方法,事先在编号单上印满顺序号,编号时用一个销一个,由制单人注销,在装订凭证时将编号单附上,使记账凭证的编号和张数一目了然,方便查考。

(三)记账凭证中"摘要"的填写

记账凭证摘要栏的填写没有统一要求,只要能反映经济业务的简要内容、真实准确就可以了。对于冲销和补充以前业务的摘要,应写明被冲销或被补充的记账凭证日期及编号。

(四)记账凭证中"会计科目"的填写

记账凭证中一项重要的工作就是将经济业务信息转化为会计语言,这个转化的实际就是确定会计科目和编制会计分录。会计人员应把代表每一项经济业务的会计科目准确填写清楚。填写时,应填写会计科目的全称,不得简写或只写编号不写名称,重复使用的科目不得用"……"代替。对于某些需登记明细账的业务,要求记账凭证上写明二级科目甚至三级科目。在填写会计科目时,一般一个科目只能同另一个科目或几个科目相对应。不要几个科目和几个科目相对应。在某些特殊情况下,如果某项经济业务本身需要编制多借多贷的会计科目时,为了完整反映该项经济业务全貌,可以采用多借多贷的会计科目对应关系,不必人为地为了保证一借多贷或一贷多借而将业务所涉及的会计科目分开。但也不能为了简单而把类型不同的业务合并编制会计分录,填制在一张凭证上。

(五)记账凭证中"金额"的填写

记账凭证中填写的金额应与原始经济业务的金额一致,填写时使用阿拉伯数字,对准金额栏的位数,一直填写到分位,如果没有角、分,要用"0"代替,不能空位。将每笔经济业务填入金额数字后,要在合计栏填写合计金额,并在合计金额前面填写货币符号"¥";不是合计数,则不填写货币符号("¥")。记账凭证应按行次逐行填写,不得跳行或留有空行。对记账凭证中的空行应该画斜线("/")或 S 形线("∫")注销。画线应从金额栏最后一笔金额数字下的空行画到合计数行上面的空行。

(六)记账凭证中"附件"数量的填写

记账凭证除结账和更正错账的原始凭证外,一律要附有原始凭证,并注明其张数。附件张数应用阿拉伯数字填写。凡是与记账凭证中的经济业务内容有关的每一张凭证,都应作为记账凭证的附件,有一张算一张。如果记账凭证中附有原始凭证汇总表的,应把汇总表及所附的原始凭证或说明性质的资料均作为张数计入,但对差旅费、市内交通费、医药费等报销单据,可粘贴在一张原始凭证粘贴单上,作为一张原始凭证附件。当一张或几张原始凭证涉及几张记账凭证时,可将原始凭证附在一张主要的记账凭证后面,在"摘要"栏注明"本凭证附件包括××号记账凭证业务"字样,在其他记账凭证上注明"原始凭证附在××号记账凭证后面"的字样。对需经上级批准的经济业务,应将批准文件作为记账凭证的附件。

(七)记账凭证"签章"的填写

记账凭证填制完成后,需要由有关会计人员签名或盖章,填制人员签名盖章并经稽核人员审核签名或盖章后,交由会计主管人员签名或盖章,最后由记账人员根据审核无误的记账凭证登记账簿,并在记账凭证上签名或盖章,以表示该记账凭证已经由其登记入账。对于收付款记账凭证,还必须由出纳人员签名或盖章,以表明出纳人员对所签名或盖章的收付款记账凭证上记录的款项进行了收付。

对现金和银行存款之间及各种银行存款之间相互划转的业务,为避免重复记账,只填制付款凭证。

(八)实行会计电算化的单位的其他要求

实行会计电算化的单位,其机制记账凭证应当符合记账凭证的一般要求,并应认真审核,做到会计科目使用正确,数字准确无误。打印出来的机制记账凭证上,要加盖制单人员、审核人员、记账人员和会计主管人员印章或者签字,以明确责任。

三、记账凭证的审核

(1)审核记账凭证是否附有原始凭证,原始凭证是否齐全,内容是否合法,记账凭证所记录的经济业务与所附原始凭证所反映的经济业务是否相符。

(2)记账凭证应借应贷的会计科目是否正确,账户对应关系是否清楚,所使用的会计科目及其核算内容是否符合会计制度的规定,金额计算是否正确。

(3)摘要是否填写清楚,项目填写是否齐全,如日期、凭证编号、会计科目、附件张数及有关人员签章是否齐备等。

【典型范例】

一、企业概况

(1)企业名称:湖南广源电器有限公司

(2)开户行:工商银行衡州市支行

(3)账号:225098757362

(4)国税局税务登记类型:增值税一般纳税企业(适用的增值税税率为17%)

(5)纳税人登记号:43086678663389

(6)会计:方欣(制单)、魏艾(审核)

(7)出纳员:徐莎

(8)会计主管:朱本辉

(9)电话号码:0×××-8288355

(10)选用的会计准则:从2007年1月1日起执行新《企业会计准则》

二、经济业务资料及范例解答

湖南广源电器有限公司2008年12月部分经济业务以及编制相关记账凭证如下(假定公司采用收、付、转三类编号法进行记账凭证编号,并且收、付、转凭证号码已分别编完至48号、61号、70号):

(1)12月8日,从湘潭合宜钢铁公司购入圆钢,款项已汇出。原始单据如下:

湖南增值税专用发票 抵扣联

43000931410 № 10823463

开票日期：2008 年 12 月 8 日

| 购货单位 | 名　称：湖南广源电器有限公司
纳税人识别号：43086678663389
地址、电话：衡州市解放路16号8288355
开户行及账号：工商银行衡州市支行225098757362 | 密码区 | 6+-<2>6>927+296
+/*<600375〈35〉
<42/3-15>>096
<2051+24+2618 | 加密版本：01
43000931410
10823463 |

货物或应税劳务名称	规格型号	单位	数量	单价	金额	税率	税额
圆钢		吨	20	3500.00	70000.00	17%	11900.00
合计					¥70000.00		¥11900.00

价税合计（大写）：⊗捌万壹仟玖佰元整　　　（小写）¥81900.00

| 销货单位 | 名　称：湘潭合宜钢铁有限公司
纳税人识别号：3026378243812
地址、电话：湘潭市和平路108号82660368
开户行及账号：中国银行湘昭支行811010118001 | 备注 | （湘潭合宜钢铁有限公司
43026378243812
发票专用章） |

收款人：王芳　　复核：　　开票人：李长江　　销货单位（章）

湖南增值税专用发票 发票联

43000931410 № 10823463

开票日期：2008 年 12 月 8 日

| 购货单位 | 名　称：湖南广源电器有限公司
纳税人识别号：43086678663389
地址、电话：衡州市解放路16号8288355
开户行及账号：工商银行衡州市支行225098757362 | 密码区 | 6+-<2>6>927+296
+/*<600375〈35〉
<42/3-15>>096
<2051+24+2618 | 加密版本：01
43000931410
10823463 |

货物或应税劳务名称	规格型号	单位	数量	单价	金额	税率	税额
圆钢		吨	20	3500.00	70000.00	17%	11900.00
合计					¥70000.00		¥11900.00

价税合计（大写）：⊗捌万壹仟玖佰元整　　　（小写）¥81900.00

| 销货单位 | 名　称：湘潭合宜钢铁有限公司
纳税人识别号：3026378243812
地址、电话：湘潭市和平路108号82660368
开户行及账号：中国银行湘昭支行811010118001 | 备注 | （湘潭合宜钢铁有限公司
43026378243812
发票专用章） |

收款人：王芳　　复核：　　开票人：李长江　　销货单位（章）

付 款 凭 证

贷方科目：银行存款　　　　　2008年12月8日　　　　　　　　付 字第 62 号

摘　要	借　方　科　目		金　额								记账 √
	总账科目	明细科目	十万	千	百	十	元	角	分		
购入圆钢	在途物资	圆钢		7	0	0	0	0	0		
	应交税费	应交增值税(进项税额)		1	1	9	0	0	0		
合计(大写)：⊗拾捌万壹仟玖佰零元零角零分			¥	8	1	9	0	0	0		

附件 2 张

会计主管：朱本辉　　出纳：　　　　审核：魏艾　　制单：方欣　　领款人：

(2) 12月16日，从湘潭合宜钢铁公司购入的圆钢运到，如数验收入库。入库单如下表。

收 料 单

供应单位：湘潭合宜钢铁公司　　　　　　　　　　　　　　　编号：083952752
发票号码：10823463　　　　　2008年12月16日　　　　　　仓库：一号库

编号	材料名称	规格	单位	数　量		单价	金　额								
				应收	实收		千	百	十	万	千	百	十	元	角	分
	圆钢		吨	20	20	3 500				7	0	0	0	0	0	0
					运杂费											
					合　计					¥	7	0	0	0	0	0	0
备注																

第二联 会计部门记账

验收员：简守　　会计：李水灵　　记账：章温　　制单：李意

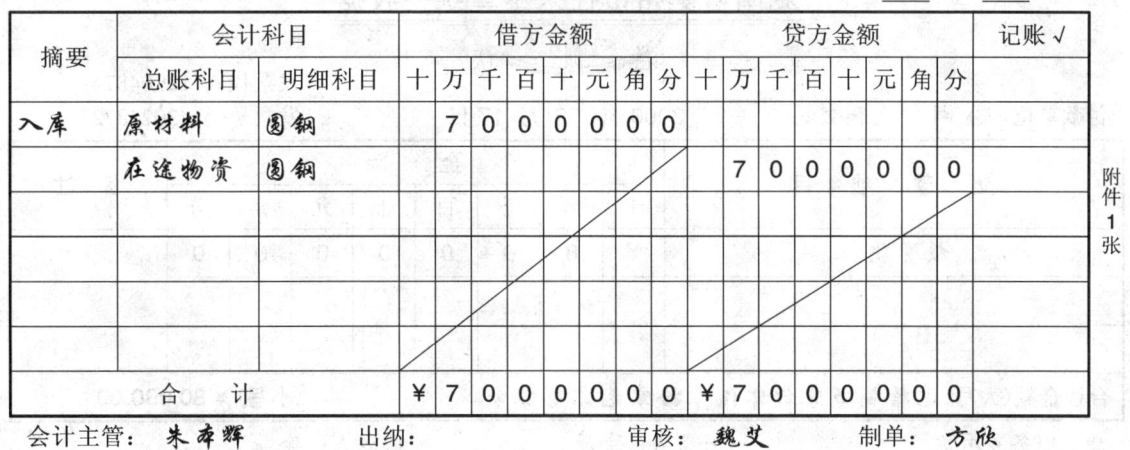

（3）12月17日，收到天和公司投入企业资金80 000元的转账支票，已填写进账单连同支票一并送存银行，并已收到进账单（收账通知）。有关单据如下表。

中国工商银行进账单（收账通知）

3-4   3

填制日期：2008年12月17日   第　号

付款人	全　称	湖南天和公司	收款人	全　称	湖南广源电器有限公司
	账　号	22503688852		账　号	225098757362
	开户银行	工行南大街支行		开户银行	工商银行衡州市支行

人民币（大写）	捌万元整			百十万千百十元角分
				￥ 8 0 0 0 0 0 0

票据种类	转账支票	票据张数	1张	投资款
票据号码	098771642			

单位主管	会计	复核	记账	收款人开户银行盖章

此联是收款人开户行交给收款人的收账通知

3-2

湖南省衡州市往来结算统一收据
记 账 联

付款单位(人) 湖南天和公司　　2008 年 12 月 17 日　　发票代码 12904874
　　　　　　　　　　　　　　　　　　　　　　　　　　发票号码 430248727

交 款 项 目	金 额								备 注
	十	万	千	百	十	元	角	分	
投资款	¥	8	0	0	0	0	0	0	

合计金额(大写) ⊗拾捌万零仟零佰零拾零元零角零分　　　(小写) ¥ 80 000.00

单位财务专用章　　　开票人：徐莎　　　　收款人：徐莎

3-3

收 款 凭 证

借方科目：银行存款　　　2008 年 12 月 17 日　　　收字第 49 号

摘 要	贷方科目			金 额								记账 √
	总账科目	明细科目	三级科目	十	万	千	百	十	元	角	分	
收到投资款	实收资本	天和公司			8	0	0	0	0	0	0	
合 计				¥	8	0	0	0	0	0	0	

附件 2 张

会计主管：朱本辉　　出纳：徐莎　　审核：魏艾　　制单：方欣

(4)12月19日,销售10台控制器给长沙湘江有限公司,收到该公司签发并由其开户行承兑的商业汇票以及现金,现金当日送存开户行。

4-1 湖南增值税专用发票 记账联

No 01278874
4300084140

开票日期:2008年12月19日

购货单位	名称:长沙湘江有限公司 纳税人识别号:44060002824 地址、电话:长沙市南华路100号4329184 开户行及账号:建行长沙一支行2120046372	密码区	738521<9-4-12=>9 9<2322>6556=6<27 -83>*5-×24=24>>8	加密版本:01 4300082340 01278874

货物或应税劳务名称	规格型号	单位	数量	单价	金额	税率	税额
控制器	XLH	件	10	10000.00	100000.00	17%	17000.00
装卸费					300.00	17%	51.00
合计					¥100300.00		¥17051.00

价税合计(大写)	⊗壹拾壹万柒仟叁佰伍拾壹元整	(小写)¥117351.00

销货单位	名称:湖南广源电器有限公司 纳税人识别号:43086678663389 地址、电话:衡州市解放路16号8288355 开户行及账号:工商银行衡州市支行225098757362	备注

收款人:徐莎　　复核:魏艾　　开票人:邹珊　　销货单位(章)

4-2 银行承兑汇票　2　HB23950622

出票日期(大写)　贰零零捌年壹拾贰月壹拾捌日

出票人全称	长沙湘江有限公司	收款人	全称	湖南广源电器有限公司
出票人账号	2120046372		账号	225098757362
付款行全称	建行长沙一支行　行号 430192		开户行	工行衡州市支行　行号 43029183

出票金额	人民币(大写) 壹拾壹万柒仟元整	千百十万千百十元角分 ¥1 1 7 0 0 0 0 0

汇票到期日	2009-02-18	本汇票已经承兑,到期日由本行付款	承兑协议编号	0812098

本汇票请你持承兑,到期无条件付款

出票人签章　承兑人签章 2009年2月18日

科　目(借):_____
对方科目(贷):_____
转账　　年　月　日
复核　　记账

备注:

4-3

中国银行　现金解款单(回单)　①

2008年12月19日

科目：

缴款单位	全称	湖南广源电器有限公司					款项来源	货款							
	账户	225098757362					解款部门	工商银行衡州市支行							

人民币(大写)	叁佰伍拾壹元整								百	十万	千	百	十	元	角	分
										￥	3	5	1	0	0	

票面	张数	十万	千	百	十	元	票面	张数	千	百	十	元	角	分
百元	1			3	0	0	二元							
五十元	1				5	0	一元	1				1	0	0
二十元							角票							
十元							分币							
五元														

此联由银行盖章后退回单位

(收款银行盖章：中国工商银行衡州市支行 现金收讫)

4-4

发　货　单

购货单位：长沙湘江有限公司　　2008年12月19日　　编号：080132497

产品编号	产品名称	规格	单位	数量		单价	金　　额							
				请发	实发		十万	千	百	十	元	角	分	
	控制器	XLH	件	10	10	7000		7	0	0	0	0	0	0
合计								7	0	0	0	0	0	0

审批：夏会　　发货人：李乐　　提货人：伍非　　记账：赵园

第三联　财务

① 根据 4-1 和 4-4 凭证编制转账凭证：

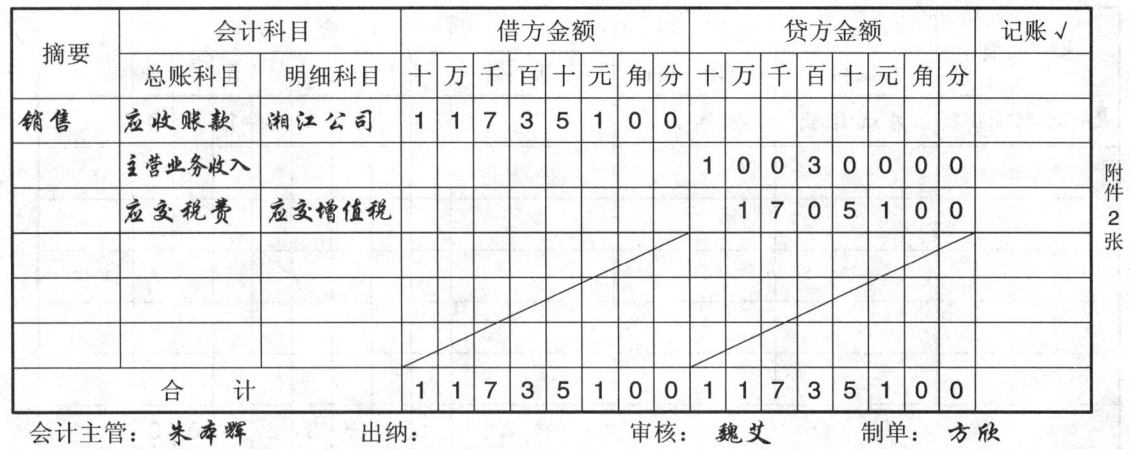

② 根据 4-2 凭证编制转账凭证：

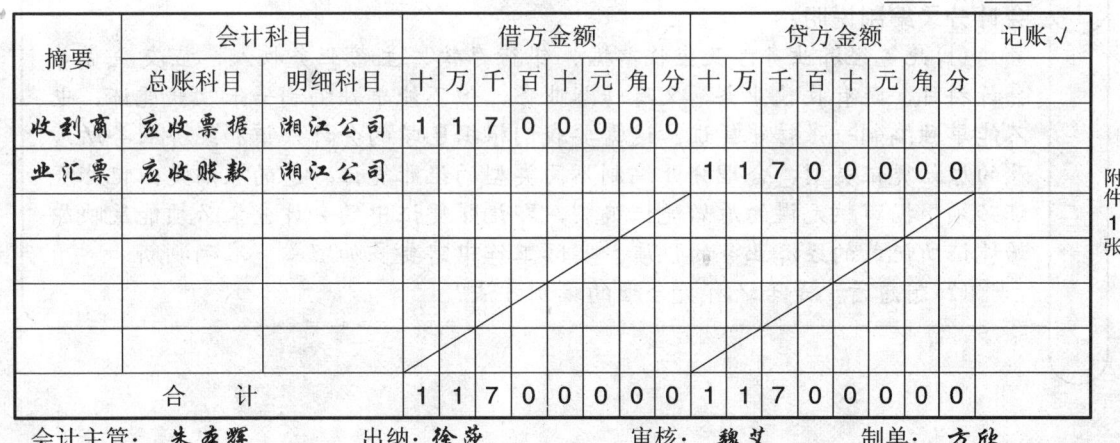

③根据4-3凭证编制收款凭证：

收 款 凭 证

借方科目：银行存款　　　　2008年12月19日　　　　　　收字第 50 号

摘　要	贷方科目			金　额							记账√
	总账科目	明细科目	三级科目	十万	千	百	十	元	角	分	
收到湘江公司货款	应收账款	湘江公司			3	5	1	0	0		
合　计				￥	3	5	1	0	0		

附件1张

会计主管：朱本辉　　　出纳：徐莎　　　审核：魏艾　　　制单：方欣

会计分录编制说明：

(1)此笔经济业务涉及应收票据、银行存款、主营业务收入、应交税费等会计科目，既有收款业务，又有转账业务，但不能单独编制一张收款凭证，也不能单独编制一张转账凭证。这需要我们根据已学的会计知识和经济业务所涉及的原始凭证类型，合理分开编制不同类型的记账凭证。总的原则是：记账凭证必须根据审核无误的原始凭证编制，即记账凭证中的会计分录必须能反映原始凭证所记载的经济业务的性质。实际工作中需要多加留心，准确判断。

(2)想想看，是否还有更合理的编制方法？

【实战演练】

一、实训企业概况

（1）企业名称：湖南广源电器有限公司

（2）地址：衡州市解放路 16 号

（3）开户行：工商银行衡州市支行

（4）账号：225098757362

（5）国税局税务登记类型：增值税一般纳税企业（适用的增值税税率为 17%）

（6）纳税人登记号：43086678663389

（7）会计：魏艾（审核）、方欣（制单）

（8）出纳员：徐莎

（9）会计主管：朱本辉

（10）法人代表：洪山

（11）电话号码：0×××－8288355

（12）选用的会计准则：从 2007 年 1 月 1 日起执行新《企业会计准则》

二、实训企业经济业务资料

（一）2009 年初部分账簿记录

账　户	借方余额（元）	贷方余额（元）
银行存款	1 234 567.89	
应收账款——衡州百盛集团	100 000.00	
其他应收款——李红	300.00	
应付账款——衡州市金属材料公司		23 400.00

（二）2009 年 1 月 1 日—10 日发生的经济业务

湖南广源电器有限公司 2009 年 1 月 1 日—10 日发生下列经济业务，相关的原始凭证如下：

1.

中国工商银行
现金支票存根(湘)
DH 102724853
附加信息

出票日期 2009 年 1 月 4 日

收款人：	湖南广源电器有限公司
金　额：	2 000.00
用　途：	备用金

单位主管　　　　　会计

2.

湖南省衡州市往来结算统一收据

存　根　联

发票代码 0402095866

付款单位(人) 衡州百盛集团　　2009 年 1 月 5 日　　　发票号码 0829478563

交款项目	金额							备注
	十万	万	千	百	十	元	角	分
收回货款	¥	4	8	0	0	0	0	0

合计金额(大写) 肆万捌仟元整　　　　　　　　　(小写) ¥48 000.00

单位财务专用章　　　开票人：徐莎　　　　　收款人：徐莎

中国工商银行进账单(收账通知) 3

填制日期：2009年1月5日　　　　第　号

付款人	全称	衡州百盛集团	收款人	全称	湖南广源电器有限公司
	账号	22568809622		账号	225098757362
	开户银行	工商银行东水路支行		开户银行	工商银行衡州市支行

人民币(大写)	肆万捌仟元整	百	十	万	千	百	十	元	角	分
		¥	4	8	0	0	0	0	0	0

票据种类	转账支票
票据张数	1张

单位主管　　会计　　复核　　记账　　　　收款人开户银行盖章

（中国工商银行衡州市支行 业务专用章）

此联是收款人开户行交给收款人的收账通知

3.

领　料　单

领料部门：生产车间　　2009年1月5日　　　　编号：

材料名称	编号	规格	单位	数量 请领	数量 实发	单价	金额	记账
钢板		200cm	吨	3.0	3.0	3 000	9 000.00	

工作单号	20090101	用途	JYB电器生产
工作项目			

审批：李敏　　记账：方欣　　发料人：何雨　　领料人：王科

第二联　会计部门记账

4. 供应科李红购买办公用品一批，相关原始凭证如下。上月末李红已预借300元，本次超支金额28元，出纳以现金支付。

```
┌─────────────────────────────────────────────┐
│           湖南省货物销售发票                  │
│              发票联                          │
│                                             │
│   发票代码：1430000802381                    │
│   发票号码：08295387147                      │
│                                             │
│   机打号码：23487174                         │
│   机器编码：43040692884                      │
│   收款单位：六一文化用品商场                  │
│   税号：430608193832                         │
│   开票日期：2009年1月6日    收款员：王意      │
│   付款单位：湖南广源电器有限公司              │
│   项目        单价      数量       金额       │
│   办公用品                        328.00     │
│                                             │
│   小写金额：￥328.00                          │
│   大写金额：叁佰贰拾捌元整                    │
│   税控码：4379521                            │
└─────────────────────────────────────────────┘
```

5.

湖南增值税专用发票

记账联

4300084140　　　　　　　　　　　　　　№ 01278986

开票日期：2009年1月7日

购货单位	名　　称：广州珠江有限公司 纳税人识别号：44060002824 地址、电话：广州市华南路100号83295008 开户行及账号：建行一支行212003434	密码区	738521<9-4-12=>9 9<2322>6556=6<21 -83>*5-×24=24>>	加密版本：01 4300084140 01278986
货物或应税劳务名称	规格型号	单位	数量	单价	金　额	税率	税　额
控制器	JYB	件	2	2000.00	4000.00	17%	680.00
合计					￥4000.00		￥680.00
价税合计（大写）	⊗ 肆仟陆佰捌拾元整				（小写）￥4680.00		
销货单位	名　　称：湖南广源电器有限公司 纳税人识别号：43086678663389 地址、电话：衡州市解放路16号8288355 开户行及账号：工商银行衡州市支行225098757362				备注		

收款人：徐莎　　复核：魏艾　　开票人：方欣　　　销货单位（章）

中国工商银行进账单(受理回单) 1

填制日期：2009年1月7日　　　第　号

付款人	全称	广州珠江有限公司	收款人	全称	湖南广源电器有限公司
	账号	212003434		账号	225098757362
	开户银行	建行一支行		开户银行	中国工商银行衡州市支行

人民币(大写)	肆仟陆佰捌拾元整		百	十	万	千	百	十	元	角	分
		¥			4	6	8	0	0	0

票据种类	银行汇票	此联不作收款用
票据张数	1张	

单位主管　　会计　　复核　　记账　　（中国工商银行衡州市支行 业务专用章）受理银行盖章

此联是收款人开户行交给收款人的受理回单

发 货 单

购货单位：广州珠江有限公司　　2009年1月7日　　　编号：080139406

产品编号	产品名称	规格	单位	数量		单价	金额						
				请发	实发		十万	千	百	十	元	角	分
	控制器	JYB	件	2	2	1200		2	4	0	0	0	0
合计													

审批：夏文　　　发货人：李乐　　　提货人：伍贵　　　记账：赵题

第三联　财务

6.

湖南增值税专用发票
抵扣联

4300084140　　　　　　　　　　　　　　　　　　　№ 01027813

开票日期：2009 年 1 月 8 日

购货单位	名　　称：湖南广源电器有限公司 纳税人识别号：43086678663389 地址、电话：衡州市解放路16号8288355 开户行及账号：工商银行衡州市支行225098757362	密码区	752-1<9-4-12=>9 9<22>65586=6<27 ->*5-×24=24>>8	加密版本：01 4300084140 01027813

货物或应税劳务名称	规格型号	单位	数量	单价	金额	税率	税额
薄板钢材		吨	10	3000.00	30000.00	17%	5100.00
合计					￥30000.00		￥5100.00

价税合计（大写）　⊗叁万伍仟壹佰元整　　　　　　　　（小写）￥35100.00

销货单位	名　　称：湖南远达有限公司 纳税人识别号：434933123400231 地址、电话：浪山市开怀路16号2305881 开户行及账号：工商银行红旗支行225074129	备注	（湖南远达有限公司 434933123400231 发票专用章）

收款人：黄和　　　复核：杨阳　　　开票人：邹习　　　销货单位（章）

第二联 抵扣联 购货方抵扣凭证

湖南增值税专用发票
发票联

4300084140　　　　　　　　　　　　　　　　　　　№ 01027813

开票日期：2009 年 1 月 8 日

购货单位	名　　称：湖南广源电器有限公司 纳税人识别号：43086678663389 地址、电话：衡州市解放路16号8288355 开户行及账号：工商银行衡州市支行225098757362	密码区	752-1<9-4-12=>9 9<22>65586=6<27 ->*5-×24=24>>8	加密版本：01 4300084140 01027813

货物或应税劳务名称	规格型号	单位	数量	单价	金额	税率	税额
薄板钢材		吨	10	3000.00	30000.00	17%	5100.00
合计					￥30000.00		￥5100.00

价税合计（大写）　⊗叁万伍仟壹佰元整　　　　　　　　（小写）￥35100.00

销货单位	名　　称：湖南远达有限公司 纳税人识别号：434933123400231 地址、电话：浪山市开怀路16号2305881 开户行及账号：工商银行红旗支行225074129	备注	（湖南远达有限公司 434933123400231 发票专用章）

收款人：黄和　　　复核：杨阳　　　开票人：邹习　　　销货单位（章）

第三联 发票联 购货方记账凭证

收 料 单

供应单位：湖南远达有限公司　　　2009年1月8日　　　编号：0123855
发票号码：0082356　　　　　　　　　　　　　　　　　　仓库：一号库

编号	材料名称	规格	单位	数量 应收	数量 实收	单价	金额 千	百	十	万	千	百	十	元	角	分
	薄板钢材		吨	10	10	3 000				3	0	0	0	0	0	0
						运杂费										
						合　计				¥3	0	0	0	0	0	0

备注：

验收员：刘颖　　保管员：　　记账：李平　　制单：张宁

第二联 会计部门记账

中国银行 电汇 凭证（回单）　　1　　№ 02809463

□普通　□加急　　委托日期：2009年1月8日

汇款人	全称	湖南广源电器有限公司	收款人	全称	湖南远达有限公司
	账号	225098757362		账号	225074129
	汇出地点	湖南省衡州市		汇入地点	湖南省浪山市
	汇出行名称	工商银行衡州市支行		汇入行名称	工商银行红旗支行

金额	人民币（大写）	叁万伍仟壹佰元整	百	十	万	千	百	十	元	角	分
				¥3	5	1	0	0	0	0	0

支付密码：
附加信息及用途：
汇出行签章　　复核：　　记账：

此联汇出行给汇款人的回单

7.

借款单

2009 年 1 月 9 日

部门	供应科	借款人	陆雪峰	借款事由：采购材料						
人民币（大写）	叁仟元整				万	千	百	十	元	角	分
					￥	3	0	0	0	0	0
领导批示	同意　　　洪山　　2009 年 1 月 9 日		借款人（签章）		现金付讫　陆雪峰　2009 年 1 月 9 日						

8.

湖南省电信有限公司衡州市分公司业务专用发票

发票联

发票代码 243000740835
发票号码 31594560

流水号：10073093921455697　　日期：2009-01-09
号　码：8288355
用户名称：湖南广源电器有限公司　　付款方式：现金
缴费账期：20081201-20081231
市话费：369.64　　长话费：168.36　　应收金额：538.00
预存余额冲减：86.00
实收金额：500.00
上期余额：86.00
本期余额：48.00
本次预存：48.00

大写金额：人民币伍佰叁拾捌元整　　小写金额：￥538.00

中国电信股份公司 衡州分公司 收款专用章

② 收执方付款凭证

开票人：李艳　　　　收款人：黄亚

9.

湖南省雁城市服务发票

发票代码：2430406708469
发票号码：200923920

客户名称：湖南广源电器有限公司　　　　　　　　　时间：2009-01-09

纳税人识别号	430404197708311011	水印号	+9RED-84ddkhvs
机器注册号	3003090831	机打发票号	200923920
商品(服务)名称	数量/单位	单价	金额
餐饮费			289.00
合计金额(大写)	贰佰捌拾玖元整		

发票专用章：　　　　　　　　开票人：林距　　　收款人：徐本辉

②收执方付款凭证

10.

湖南省非税收入专用收据

湘财专字(2008)00082906

付款人：湖南广源电器有限公司　　2009年1月9日

收入项目	项目编码	数量	征收标准	金额
年检费				300.00
合计金额(大写)	叁佰元整			¥300.00
备注				

执收单位(财务专用章)　　开票人：何珊　　收款人：涂觉

①收据

11.

```
           中国工商银行
           转账支票存根
支票号码 20025722
科    目 _____
对方科目 _____
出票日期 2009 年 1 月 10 日
| 收款人：衡州市金属材料公司 |
| 金  额：¥10 000.00       |
| 用  途：付欠款            |
| 备  注：                 |
单位主管            会计
```

三、实训任务

根据上述资料填制收款、付款、转账凭证。

任务四 账簿的设置和登记指导与实训

第一部分 会计账簿的设置和选择指导与实训

【学习目标】

通过指导与训练,熟悉会计账簿的设置、选用的一般原则。熟悉会计账簿启用、登记的基本要求。

【操作规范】

一、会计账簿设置、选用的一般原则

账簿设置应做到总分结合、序时与分类相结合,层次清楚,便于分工。一个企业究竟应设置和使用何种账簿,要视企业规模的大小、经济业务的繁简、会计人员的分工、采用的核算形式以及记账的电算化程度等因素而定。但是为了加强货币资金的管理,无论在哪种情况下,都要设置库存现金和银行存款日记账,只是在多栏式日记账核算形式下,要将库存现金和银行存款日记账都分割为专栏的收入日记账和支出日记账两本。至于分类账簿的设置,在采用记账凭证核算形式、汇总记账凭证核算形式和科目汇总表核算形式以及多栏式日记账核算形式时,则应设置总分类账簿和多本明细分类账簿,而在采用日记总账核算形式时,则只设置一本既序时记录又分类记录的日记总账账簿和必要的明细分类账簿。

> 相关规定链接:
> 《中华人民共和国税收征收管理办法实施细则》规定:
> (1)从事生产、经营的纳税人应当在领取营业执照之日起十五日内按照规定设置总账、明细账、日记账以及其他辅助性账簿,其中总账、日记账必须采用订本式。
> (2)从事生产、经营的纳税人应当自领取税务登记证件之日起十五日内,将其财务、会计制度或者财务、会计处理办法报送主管国家税务机关备案。纳税人、扣缴义务人采用计算机记账的,应当在使用前将其记账软件、程序和使用说明书及有关资料报送主管国家税务机关备案。

二、会计账簿启用

(1)设置账簿的封面、封底。除订本式账簿不另设封面外,各种活页式账簿均应设置与账页大小相一致的账夹、封面、封底,并在封面正中部分设置封签,用蓝黑墨水书写单位名称、账簿名称及所属会计年度。

(2)填写账簿启用及经管人员一览表。新会计账簿启用时,应首先填写在账簿扉页上印制的"账簿启用表"中的启用说明部分,内容包括:单位名称、账簿名称、账簿编号、账簿页数、启用日期、记账人员和会计机构负责人姓名,并加盖名章和单位公章。

记账人员或者会计主管人员调动工作时,应办理交接手续并填写"账簿启用表",注明交接日期和接交、移交人员或者监交人员姓名,并由交接双方人员签名或者盖章。

(3)编写账簿页码和账户目录。启用订本式账簿,应当从第一页到最后一页顺序编定页数,不得跳页、缺号。使用活页式账页,应当按账户顺序编号,并须定期装订成册。装订后再按实际使用的账页顺序编定页码,另加目录,记明每个账户的名称和页次。

(4)粘贴印花税票内容:

①使用缴款书交纳印花税,在账簿启用表右上角注明"印花税"已交及交款金额,交款书作为×年×月×日第×号记账凭证的原始凭证。

②粘贴印花税票的账簿,印花税票一律贴在账簿启用表的指定位置,并在印花税票的中间画两条出头的注销线,以示纳税完成。

账 簿 启 用 表

单位名称						单位公章	
账簿名称							
账簿编号		字第 号第 册共 册					
账簿页数		本账簿共计 页					
启用日期		年 月 日					
经管人员		接 管		移 交		会计负责人	印花税票粘贴处
姓名	盖章	年	月 日	年	月 日		

相关规定链接：

根据《中华人民共和国印花税暂行条例》的规定，各单位的营业账簿应按下列规定计交印花税：

1. 记载资金的账簿，按账簿所记载资金总额的万分之五贴花。记载资金的账簿是指反映生产经营单位"实收资本"和"资本公积"金额增减变化的账簿。凡是记载资金的账簿，启用新账时，资金未增加的，不再按件定额贴花。对有经营收入的事业单位，凡属由国家财政部门拨付事业经费，实行差额预算管理的单位，其记载经营业务的账簿，按其他账簿定额贴花，不记载经营业务的账簿不贴花；凡属经费来源实行自收自支的单位，对其营业账簿应就记载资金的账簿和其他账簿分别按规定贴花。

2. 其他营业账簿，按件贴花5元。其他营业账簿，是指反映除资金资产以外的其他生产经营活动内容的账簿，即除资金账簿以外的归属于财务会计体系的生产经营用账册。其中：

(1) 车间、门市部、仓库设置的不属于会计核算范围或虽属会计核算范围，但不记载金额的登记簿、统计簿、台账等，不贴印花。

(2) 对会计核算采用单页表式记载资金活动情况，以表代账的，在未形成账簿(账册)前，暂不贴花；待装订成册时，按册贴花。

三、会计账簿的登记

会计人员应根据审核无误的会计凭证登记会计账簿。登记账簿的基本要求是：

(1) 登记会计账簿时，将会计凭证日期、编号、业务内容摘要、金额和其他有关资料逐项记入账内，做到数字准确、摘要清楚、登记及时、字迹工整。每一项会计事项，一方面要记入有关的总账，另一方面要记入该总账所属的明细账。账簿记录中的日期，应该填写记账凭证上的日期；以自制的原始凭证如收料单、领料单等作为记账依据的，账簿记录中的日期应按有关自制凭证上的日期填列。

(2) 登记会计账簿时，文字和数字必须整洁清晰，准确无误。在登记书写时，不要滥造简化字，不得使用同音异义字，不得写怪字体；摘要文字紧靠左线；数字要写在金额栏内，不得越格错位、参差不齐；文字、数字字体大小适中，紧靠下线书写，上面要留有适当空距，一般应占格宽的1/2，以备按规定的方法改错。记录金额时，如为没有角分的整数，应分别在角分栏内写上"0"，不得省略不写或以"—"号代替。阿拉伯数字一般可自左向右适当倾斜，以使账簿记录整齐、清晰。为防止字迹模糊，墨迹未干时不要翻动账页。

(3) 登记账簿要用蓝黑墨水或者碳素墨水书写，不得使用圆珠笔（银行的复写账簿除外）或者铅笔书写。

(4) 下列情况可以用红色墨水记账：

① 根据红字冲账的记账凭证，冲销错误记录；

②在不设借贷等栏的多栏式账页中，登记减少数，红字表示"负数"；

③在三栏式账户的余额栏前，如未印明余额方向的，在余额栏内登记负数余额；

④根据国家统一会计制度的规定可以用红字登记的其他会计记录，如画更正线、结账线和注销线。

（5）各种账簿按页次顺序连续登记，不得跳行、隔页。如果发生跳行、隔页，应当将空行、空页画线注销，或者注明"此行空白"、"此页空白"字样，并由记账人员签名或者盖章。

（6）登记会计账簿完毕后，要在记账凭证上签名或者盖章，并将记入账页的页码数记入记账凭证内有关行次的"记入账页"或"√"栏内，或者在该栏内写上"√"符号，表示已经记账。

（7）凡需要结出余额的账户，结出余额后，应当在"借或贷"等栏内写明"借"或者"贷"等字样。没有余额的账户，应当在"借或贷"等栏内写"平"字，并在余额栏的"元"位内用"0"表示。现金日记账和银行存款日记账必须逐日结出余额。

（8）登记发生错误时，必须按规定方法更正，严禁刮、擦、挖、补，或使用化学药物清除字迹。发现差错必须根据差错的具体情况采用画线更正、红字更正、补充登记等方法更正。

（9）凡漏记的账目可以补记，补记时仍填写原记账凭证日期、编号，并在摘要栏内注明"补登记"字样。

第二部分　序时账簿的设置和登记指导与实训

【学习目标】

通过本训练，掌握三栏式现金日记账、银行存款日记账的登记方法及登记规范。

【操作规范】

一、现金日记账的设置与登记技术

（1）设置方法：按库存现金币种设置。

（2）登账人员：出纳人员。

（3）登账依据：已经审核无误的现金收款凭证和付款凭证以及银行存款有关付款凭证。

（4）登记方法：逐日、逐笔、序时登记。做到日清月结，每天结出余额，并且与库存现金核对相符。

（5）使用账簿的格式：采用订本式，账页一般使用三栏式（见表4-1），也可使用多栏式。

二、银行存款日记账的设置与登记技术

（1）设置方法：按不同开户银行和存款币种设置。

（2）登账人员：出纳人员。

（3）登账依据：已经审核无误的银行存款收付款凭证、有关现金付款凭证以及有关原始凭证。

（4）登记方法：逐日、逐笔、序时登记。每日结出余额，定期与银行对账单核对。

（5）使用账簿的格式：采用订本式，账页一般使用三栏式（见表4-2），也可使用多栏式。

表4-1

现 金 日 记 账

2008年		凭证		摘要	现金支票号码	借方								贷方								√	余额							
月	日	字	号			百	十	万	千	百	十	元	角	分	百	十	万	千	百	十	元	角	分		百	十	万	千	百	十	元	角	分

银行存款日记账

表4-2

凭证		摘要	支票号码	借方								贷方								√	余额							
年 月 日	字 号			百	十	万	千	百	十	元	角	分	百	十	万	千	百	十	元	角	分		百	十	万	千	百	十	元	角	分

104

第三部分　分类账簿的设置和登记指导与实训

【学习目标】

通过指导与训练，能根据需要正确选用不同格式的明细账簿，掌握明细分类账和总分类账的登记方法与技能。

【操作规范】

一、总分类账簿的设置与登记技术

总分类账，简称总账，是按照总分类账户分类登记全部经济业务的账簿。它总括反映企业资产、负债、所有者权益、收入、费用和利润的状况。

(1)设置方法

按总账科目开设账簿，按照会计科目的编码顺序分设账户，并为每个账户预留若干账页。

(2)登账人员

会计人员。

(3)登账依据

总账可以根据记账凭证逐笔登记，也可以按旬、按月汇总登记，具体采用什么方法，取决于所采用的账务处理程序。

(4)使用账簿的格式

采用订本式，只需要利用货币量度即可，所以账页一般使用三栏式(见表4-3)，也可使用多栏式。

二、明细分类账簿的设置与登记技术

明细分类账，简称明细账，它是按照明细分类账户详细记录经济业务的账簿。

(1)设置方法

根据实际需要，分别按照二级科目或明细科目开设账户，并为每一个账户预留若干账页，用来分类、连续地记录有关经济业务。

(2)登账人员

会计人员。

(3)登账依据

明细分类账记录经济活动的详细内容，因此应根据原始凭证、原始凭证汇总表和记账凭证登记。

(4)登记方法

一般每天进行登记，也可以定期进行登记。固定资产、债权、债务明细分类账应逐日逐笔进行登记；库存商品、原材料收发明细分类账以及收入、费用明细账可以逐笔登记，也可

以定期汇总登记。

(5)使用账簿的格式

为了清楚反映有关经济活动的详细资料,加强财产物资的管理、往来款项的结算,根据管理的要求和各种明细分类账记录的经济内容,明细分类账主要有三栏式、数量金额式和多栏式明细账三种格式。

①三栏式明细账

三栏式明细账账页的格式(见表4-4)与三栏式总账格式相同,即账页只设有借方、贷方和余额三个金额栏。适用于那些只需要记录金额的经济业务,如债权、债务结算以及资本类等账户。

②数量金额式明细账

数量金额式明细账适用于既要进行金额核算,又要进行实物数量核算的各种财产物资账户,如"原材料"、"库存商品"等。账页的格式(见表4-5),在"借方(收入)"、"贷方(发出)"和"余额(结存)"栏内,分别设有数量、单价和金额三个栏次。

③多栏式明细账

多栏式明细账不是按明细科目分设账页,而是根据经济业务的特点和经营管理的需要,在一张账页上按明细项目分设专栏以提供这类经济业务的详细资料。这种格式的明细账(见表4-6)适用于在管理上需要了解其构成内容的成本费用、收入账户,如"管理费用"、"销售费用"、"生产成本"、"主营业务收入"等账户。

费用明细账一般按借方设多栏,若发生很少的几笔贷方金额,可以在明细账中以红字在借方登记。

> **提示：**
> 明细分类账格式的选用应根据企业的经济业务类型和管理需要灵活确定,不能机械地引用上述规定。例如,企业只生产或销售一两种产品,则企业"主营业务收入"、"主营业务成本"明细账就没有必要采用多栏式,而可以采用三栏式。

表4-3

总 分 类 账

总第＿＿＿页
分第＿＿＿页
会计科目＿＿＿

年 月	日	凭证 字 号	摘 要	借方 百十万千百十元角分	贷方 百十万千百十元角分	借或贷	余额 百十万千百十元角分

明 细 账

总第＿＿＿页
分第＿＿＿页
子目＿＿＿页

年	凭证字号		摘要	借方									贷方									借或贷	余额								
月	日	字	号		千	百	十	万	千	百	十	元	角	分	千	百	十	万	千	百	十	元	角	分	√	千	百	十	万	千	百	十	元	角	分

表4-4

表4-5

明 细 账

类别　　　　　　　　　　　　　　　　　　　　　　　　　　　　　总第　　　　页
名称　　　　　　　　　　计量单位　　　　　　规格　　　　　　　　分第　　　　页
　　　　　　　　　　　　　　　　　　　　　　　　　　　　　　　　编号

年		凭证	摘要	数量	单价	借(收入)方金额								数量	单价	贷(发出)方金额								余额金额								
月	日	字	号				百	十	万	千	百	十	元	角	分			百	十	万	千	百	十	元	角	分	百	十	万	千	百	十	元	角	分

表4-6

明 细 账

总第_____页
分第_____页
子目_____

年		凭证		摘要	借方									贷方									借或贷	余额									( )方金额分析								
月	日	字	号		百	十	万	千	百	十	元	角	分	百	十	万	千	百	十	元	角	分		百	十	万	千	百	十	元	角	分	百	十	万	千	百	十	元	角	分

【实战演练】

一、实训企业概况

(1) 企业名称：湖南恒财有限公司

(2) 注册地：雁城市狮山路 20 号

(3) 注册资金：100 万元

(4) 法人代表：丁怡馨

(5) 财务负责人：郭瑶

(6) 会计：陈丹、袁明

(7) 出纳：严燕

(8) 国税局税务登记类型：增值税一般纳税企业

(9) 税务登记号：430413873405776

(10) 开户银行：中国银行雁城支行

(11) 账号：50813507346193

(12) 电话号码：0×××-9174201

二、实训企业经济业务资料

资料一：湖南恒财有限公司 2008 年 12 月 31 日部分总分类账户和明细分类账户期末余额。

1. 总账及明细账户余额

总账账户	明细账户		
	账户名称	借方余额	贷方余额
库存现金		4 363.30	
银行存款		603 801.00	
其他应收款	李红	300.00	
原材料		570 000.00	
应付账款	湖南兴衡有限公司		27 400.80

2. 原材料明细账余额

项目\名称	规格	数量(米)	单位成本	金额
棉布	1.5m	3 000	100.00	300 000.00
涤纶布	1.2m	2 000	50.00	100 000.00
丝绸	1.0m	850	200.00	170 000.00
合计				570 000.00

资料二:"学习情境二"中"任务一"之"实战演练",根据"2009年1月1—10日湖南恒财有限公司发生下列经济业务"编制收款凭证、付款凭证、转账凭证。

三、实训任务

(1)填列总分类账的账簿启用表(见表4-7)。

(2)根据上述所给资料开设湖南恒财有限公司2009年总分类账、明细分类账和日记账。

(3)根据"学习情境二"中"任务一"之"实战演练"的"2009年1月1—10日湖南恒财有限公司发生下列经济业务"编制收款凭证、付款凭证,登记库存现金和银行存款日记账。

(4)根据"学习情境二"中"任务一"之"实战演练"的"2009年1月1—10日湖南恒财有限公司发生下列经济业务"编制收款、付款、转账凭证以及所附的原始凭证,登记其他应收款、应付账款、原材料、管理费用等明细账。

(5)根据"学习情境二"中"任务一"之"实战演练"的"2009年1月1—10日湖南恒财有限公司发生下列经济业务"编制收款、付款、转账凭证,逐笔登记总分类账。

表4-7   **账 簿 启 用 表**

单位名称								单位公章
账簿名称								
账簿编号		字第		号第		册共	册	
账簿页数			本账簿共计		页			
启用日期			年	月	日			
经管人员		接 管			移 交		会计负责人	印花税票粘贴处
姓名	盖章	年	月	日	年	月	日	

第四部分　错账的查找和更正指导与实训

【学习目标】

通过指导与实训,掌握账簿记录错误更正的基本方法。

【操作规范】

由于形成差错的性质不同,发现的时间有先有后,所以采用的更正方法也有所不同。应根据不同的错账情况,分别采用划线更正法、红字冲销法和补充登记法等不同方法加以更正。

1. 划线更正法

(1) 适用范围

记账凭证无错,纯属记账的笔误。

(2) 具体操作方法

先将错误的文字或数字全部用红线予以划销;然后在划线上方用蓝字填写正确的记录;更正后经办人应在划线的一端盖章以明确责任。划线更正时应注意以下几个问题:在划线时,如果是文字错误,可只划错误部分;如果是数字错误,应将全部数字划销,不得只划错误数字。划线时必须注意使原来的错误字迹仍可辨认。

2. 红字更正法

(1) 适用范围

①记账凭证中应借贷会计科目或记账方向错误。

②记账凭证中多记金额错误。

(2) 具体操作方法

①记账凭证中应借应贷会计科目或记账方向错误的更正

第一步:先用红字金额编制一张与原记账凭证内容完全相同的记账凭证,将红字金额登记入账,以冲销原错误记录;

第二步:用蓝字编制一张正确的记账凭证,用蓝字登记入账,这样通过先冲后补达到更正错误的目的。

②记账凭证中多记金额的错账更正

将多记金额用红字编制一张与原记账凭证内容相同的记账凭证,将金额用红字登记入账,冲销多记金额。

3. 补充登记法

(1) 适用范围

记账凭证中少记金额生成的错误,但应借应贷会计科目和记账方向正确。

(2) 具体操作方法

将少记金额用蓝笔编制一张与原记账凭证相同内容的记账凭证,并据以用蓝笔登记入账,补记少记金额。

> **提示：**
> 　　上述划线更正法、红字冲销法和补充登记法一般只适用于对当年发生差错的更正，而对发现的以前年度的会计差错进行更正时，应采用"跨年调整法"。该方法要求：如果发现以前年度记账凭证中有错误（指科目和金额）并导致账簿登记错误的，应当用蓝字填制一张更正的记账凭证。对于涉及损益类科目进行调整时，应该使用"以前年度损益调整"科目，更正由于记账错误对利润产生的影响。

【典型范例】

一、企业概况

（1）企业名称：湖南远达有限公司

（2）地址：雁城市嵩山路 100 号

（3）开户行：工商银行红旗支行

（4）账号：8040－4129

（5）国税局税务登记类型：增值税一般纳税企业（适用的增值税税率为17%）

（6）纳税人登记号：430866786633898

（7）会计：李水灵

（8）出纳员：吴靓

（9）会计主管：黄剑

（10）电话号码：0×××－8171201

（11）选用的会计准则和会计核算形式：从 2007 年 1 月 1 日起执行新《企业会计准则》，并采用记账凭证核算形式。

二、实训企业经济业务资料

（一）湖南远达有限公司 2009 年 1 月部分凭证及总账资料如下：

1. 支付2009年上半年报刊费

记 账 凭 证

2009年1月9日　　　　　　　　　　　字第 18 号

摘要	会计科目		借方金额								贷方金额								记账√
	总账科目	明细科目	十	万	千	百	十	元	角	分	十	万	千	百	十	元	角	分	
付报刊费	预付账款	报刊费			4	8	0	0	0	0									
	银行存款												4	8	0	0	0	0	
合　计			¥		4	8	0	0	0	0	¥		4	8	0	0	0	0	

会计主管：黄创　　出纳：吴靓　　审核：黄创　　制单：李水灵

附件 2 张

雁城市报刊发行专用发票

发　票　联

户名：湖南远达有限公司
地址：雁城市嵩山路100号　　　2009年1月8日

报纸代号	报刊名称	订阅份数	起止订购	每份单月份	共计款额						
					万	千	百	十	元	角	分
	雁城报等	50	2009年1—6月			4	8	0	0	0	0
金额合计（大写）肆仟捌佰元整					¥	4	8	0	0	0	0

收款单位：（盖章有效）　　收款人：张通　　开票人：魏玲

② 报销凭证

中国工商银行
转账支票存根

支票号码 № 3789624

科　目＿＿＿＿＿＿＿＿＿＿

对方科目＿＿＿＿＿＿＿＿＿＿

出票日期 2009 年 1 月 8 日

收款人：	雁城市报社
金　额：	￥4 800.00
用　途：	报刊费
备　注：	

单位主管　　　　会计

2. 生产产品领用材料

记 账 凭 证

2009 年 1 月 10 日　　　　　　　　　　　　　　　　　　字第 26 号

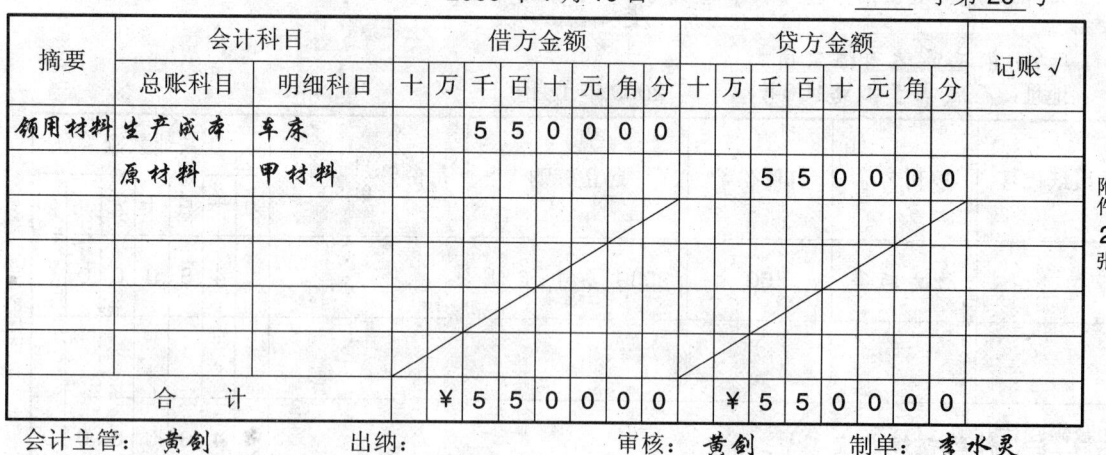

摘要	会计科目		借方金额								贷方金额								记账√
	总账科目	明细科目	十	万	千	百	十	元	角	分	十	万	千	百	十	元	角	分	
领用材料	生产成本	车床			5	5	0	0	0	0									
	原材料	甲材料											5	5	0	0	0	0	
合计			￥		5	5	0	0	0	0	￥		5	5	0	0	0	0	

会计主管：黄剑　　　出纳：　　　审核：黄剑　　　制单：李水灵

附件 2 张

领 料 单

领料部门：生产车间　　　　2009年1月10日　　　　　　　编号：035789

材料名称	编号	规格	单位	数量		单价	金额	记账
				请领	实发			
甲材料			件	55	55	1 000	55 000.00	
工作单号			用途					
工作项目								

审批：王鹤　　　　记账：　　　　发料人：孔意　　　　领料人：宋云

第二联　会计部门记账

3. 支付广告费

记 账 凭 证

2009年1月12日　　　　　　　　　　　字第 31 号

摘要	会计科目		借方金额								贷方金额								记账
	总账科目	明细科目	十	万	千	百	十	元	角	分	十	万	千	百	十	元	角	分	√
支付广告费	管理费用	广告费			8	7	6	0	0	0									
	银行存款												8	7	6	0	0	0	
合　计			¥		8	7	6	0	0	0	¥		8	7	6	0	0	0	

会计主管：黄剑　　　　出纳：吴靓　　　　审核：黄剑　　　　制单：李水灵

附件 2 张

雁城市服务业统一发票

单位：湖南远达有限公司　　　2009 年 1 月 12 日

货号	品名规格或加工修理	计量单位	数量	单价	金额 十万千百十元角分	备注
	广告费				8 6 7 0 0 0	支付2009年1月广告费
合计人民币（大写）	捌仟陆佰柒拾元整				￥ 8 6 7 0 0 0	

企业(盖章)地址：　　　　　　　　　　　开票：邵一秋

②发票联

中国工商银行
转账支票存根

支票号码　№ 3789625

科　目 _____

对方科目 _____

出票日期 2009 年 1 月 12 日

收款人：雁城市广告公司
金　额：￥8 670.00
用　途：广告费
备　注：
单位主管　　　　会计

(二)原账簿记录

表4-8

总 分 类 账

总第____页
分第____页
会计科目 银行存款

2009年		凭证字号		摘要	借方	贷方	借或贷	余额	√
月	日	字	号		亿千百十万千百十元角分	亿千百十万千百十元角分		亿千百十万千百十元角分	
1	1			上年结转			借	3 4 7 1 0 0 0 0 0	
1	6		6	提取现金发工资		2 0 0 0 0 0 0 0	借	3 2 7 1 0 0 0 0 0	
1	8		10	提取备用金		2 0 0 0 0 0	借	3 2 5 1 0 0 0 0 0	
1	9		18	支付2009年上半年报刊费		4 8 0 0 0 0	借	3 2 4 6 2 0 0 0 0	
1	12		31	支付广告费		8 7 6 0 0 0	借	3 1 5 8 6 0 0 0 0	
				略					
				略					

表4-9

总分类账

总第　　页
分第　　页
会计科目 预付账款

2009年		凭证字号		摘要	借方									贷方									借或贷	余额									√
月	日	字	号		亿	千	百	十	万	千	百	十	元	角	分	亿	千	百	十	万	千	百	十	元	角	分		亿	千	百	十	万	千	百	十	元	角	分	
1	9		18	支付2009年上半年报刊费						4	8	0	0	0	0												借						4	8	0	0	0	0	√

表4-10

总 分 类 账

会计科目：生产成本

总第____页
分第____页

2009年		凭证字号		摘要	借方										贷方										借或贷	余额										√
月	日	字	号		亿	千	百	十	万	千	百	十	元	角	分	亿	千	百	十	万	千	百	十	元	角	分		亿	千	百	十	万	千	百	十	元	角	分	
1	10		26	领料					5	5	0	0	0	0	0												借					5	5	0	0	0	0	0	√
				略																																		
				略																																		

表4-11

总分类账

总第___页
分第___页
会计科目 _原材料_

2009年		凭证字	号	摘要	借方 亿千百十万千百十元角分	√	贷方 亿千百十万千百十元角分	√	借或贷	余额 亿千百十万千百十元角分	√
月	日										
1	1			上年结转					借	6 3 8 0 0 0 0 0	
1	10	1	26	领料			5 5 0 0 0 0		借	6 3 2 5 0 0 0 0	
				略							
				略							

表4-12

总 分 类 账

总第____页
分第____页
会计科目 管理费用

2009年		凭证		摘要	借方										√	贷方										√	借或贷	余额										√
月	日	字	号		亿	千	百	十	万	千	百	十	元	角	分		亿	千	百	十	万	千	百	十	元	角	分			亿	千	百	十	万	千	百	十	元	角	分	
1	6		4	支付招待费						3	0	0	0	0	0														借						3	0	0	0	0	0	
1	8		12	收红报销差旅费						5	6	8	0	0	0														借						8	6	8	0	0	0	
1	12		31	支付广告费						8	7	6	0	0	0														借					9	6	2	8	0	0		
				略																																				
				略																																				

(三) 更改后的账簿记录

表4-13

总 分 类 账

会计科目 银行存款　　总第　　页　　分第　　页

2009年		凭证字号	摘要	借方	贷方	借或贷	余额	√
月	日							
1	1	1	上年结转			借	3,471,000.00	√
1	6	6	提取现金发工资		200,000.00	借	3,271,000.00	
1	8	10	提取备用金		20,000.00	借	3,251,000.00	
1	9	18	支付2009年上半年报利费		48,000.00	借	3,203,000.00	
					48,000.00		*3,246,200.00*	
1	12	31	支付广告费		8,760.00	借	3,115,860.00	
			略					
			略					
1	30	63	提取备用金		10,000.00	借	3,246,800.00	
1	31	67	冲销本月31号凭证		8,760.00			
1	31	68	订正本月31号凭证		8,670.00	借	3,247,700.00	

注：账中斜体数字为红字。

表4-14

总 分 类 账

总第____页
分第____页
会计科目 预付账款

2009年		凭证字号		摘要	借方									√	贷方									借或贷	余额									√
月	日	字	号		亿	千	百	十	万	千	百	十	元	角	分	亿	千	百	十	万	千	百	十	元	角	分		亿	千	百	十	万	千	百	十	元	角	分
1	9		18	支付2009年上半年报刊费					4	8	0	0	0	0	0												借					4	8	0	0	0	0	0

表4-15

总　分　类　账

总第＿＿＿页
分第＿＿＿页
会计科目 **生产成本**

2009年		凭证		摘要	借方	贷方	借或贷	余额
月	日	字	号		亿千百十万千百十元角分	亿千百十万千百十元角分		亿千百十万千百十元角分
1	10		26	领料	5 5 0 0 0 0		借	5 5 0 0 0 0
				略				
				略				
1	31		64	结转本月制造费用	3 4 0 0 0 0		借	4 8 6 0 0 0 0
1	31		66	订正本月26号凭证	4 9 5 0 0 0		借	9 8 1 0 0 0 0

表4-16

总 分 类 账

总第____页
分第____页
会计科目 原材料

2009年		凭证字号		摘要	借方		贷方		借或贷	余额	√
月	日	字	号		亿千百十万千百十元角分	√	亿千百十万千百十元角分	√		亿千百十万千百十元角分	
1	1			上期结转					借	6 3 8 0 0 0 0 0	
1	10		26	领料			5 5 0 0 0 0		借	6 3 2 5 0 0 0 0	
				略							
				略							
1	20		51	购入原材料	1 0 0 0 0 0 0				借	6 4 4 6 0 0 0 0	
1	31		66	订正本月26号凭证			4 9 5 0 0 0 0		借	5 9 5 1 0 0 0 0	

127

表4-17

总分类账

会计科目 管理费用 总第　　页 分第　　页

2009年		凭证		摘要	借方											贷方											借或贷	余额										
月	日	字	号		亿	千	百	十	万	千	百	十	元	角	分	√	亿	千	百	十	万	千	百	十	元	角	分	√		亿	千	百	十	万	千	百	十	元	角	分	√
1	6		4	支付招待费						3	0	0	0	0	0															借						3	0	0	0	0	0	
1	8		12	盖红报销差旅费						5	6	8	0	0	0															借						8	6	8	0	0	0	
1	12		31	支付广告费					8	7	6	0	0	0																借					9	6	2	8	0	0	
				略																																				
				略																																				
1	31		62	计提本月工资					8	0	0	0	0	0																借					24	8	8	0	0	0	
1	31		67	冲销本月第31号凭证					8	7	6	0	0	0																借					16	1	2	0	0	0	

注：账中斜体数字为红字。

表4-18

总 分 类 账

总第 页
分第 页
会计科目 销售费用

2009年		凭证字号		摘要	借方										贷方										借或贷	余额										√
月	日	字	号		亿	千	百	十	万	千	百	十	元	角	分	亿	千	百	十	万	千	百	十	元	角	分		亿	千	百	十	万	千	百	十	元	角	分	√
1	31		62	计提本月工资					3	0	0	0	0	0	0												借					3	0	0	0	0	0	0	
1	31		68	订正本月第31号凭证					8	6	7	0	0	0													借				1	1	6	7	0	0	0	

三、范例任务

（1）根据以上每一笔交易或事项所填制或取得的原始凭证，检查所填制的记账凭证和依据记账凭证所登记的账户记录是否正确。

（2）若有错误请指出是由于会计记录本身的错误还是由于记账凭证填错而引起的记录错误。

（3）若上述错误是会计人员在月末结账前发现的，请将查找出的错误运用适当的方法进行更正。

【范例解答】

（1）从"二、实训企业经济业务资料"中第18号记账凭证和表4-8、表4-9的记录可以看出，根据第1笔经济业务资料编制的记账凭证正确，但会计账簿记录错误，应采用划线更正法进行更正。具体操作见表4-13和表4-14。

（2）从"二、实训企业经济业务资料"中第26号记账凭证和表4-10、表4-11的记录可以看出，根据第2笔经济业务资料编制的记账凭证中记录的金额错误，所记金额5 500元小于应记金额55 000元，并且会计账簿记录由此也发生错误，应采用补充更正法进行更正。具体操作如下：

第一步：按少记的金额49 500元，编制下列记账凭证。

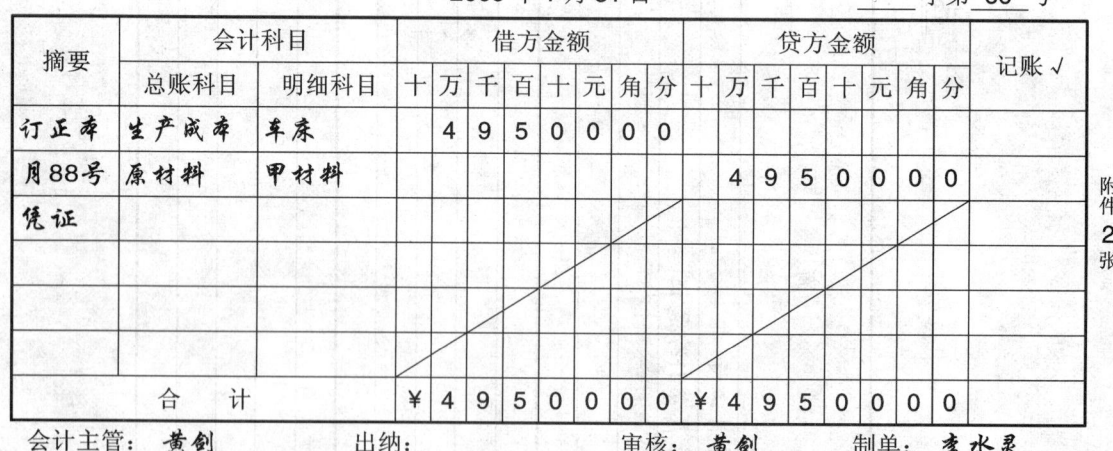

第二步：根据第一步所编制的记账凭证登记相关会计账簿。详见表4-10和表4-11。

（3）从"二、实训企业经济业务资料"中第31号记账凭证和表4-8、表4-12的记录可以看出，根据第3笔经济业务资料编制的记账凭证中记录的金额和使用的会计科目错误，所记金额8 760元大于应记金额8 670元，并且会计账簿记录由此也发生错误，应采用红字更正法进行更正。具体操作如下：

第一步：按原来编制的记账凭证编制一张相同的记账凭证，但金额使用红字。

记 账 凭 证

2009年1月31日　　　　　　　　　　　字第 67 号

摘要	会计科目		借方金额								贷方金额								记账√
	总账科目	明细科目	十万	万	千	百	十	元	角	分	十万	万	千	百	十	元	角	分	
冲销本	管理费用	广告费			8	7	6	0	0	0									
月31号	银行存款												8	7	6	0	0	0	
凭证																			
合　计			¥		8	7	6	0	0	0	¥		8	7	6	0	0	0	

会计主管：黄剑　　　出纳：吴靓　　　审核：黄剑　　　制单：李水灵

附件2张

注：凭证中的斜体数字为红字。

第二步：按正确的金额和会计科目编制一张新的记账凭证。

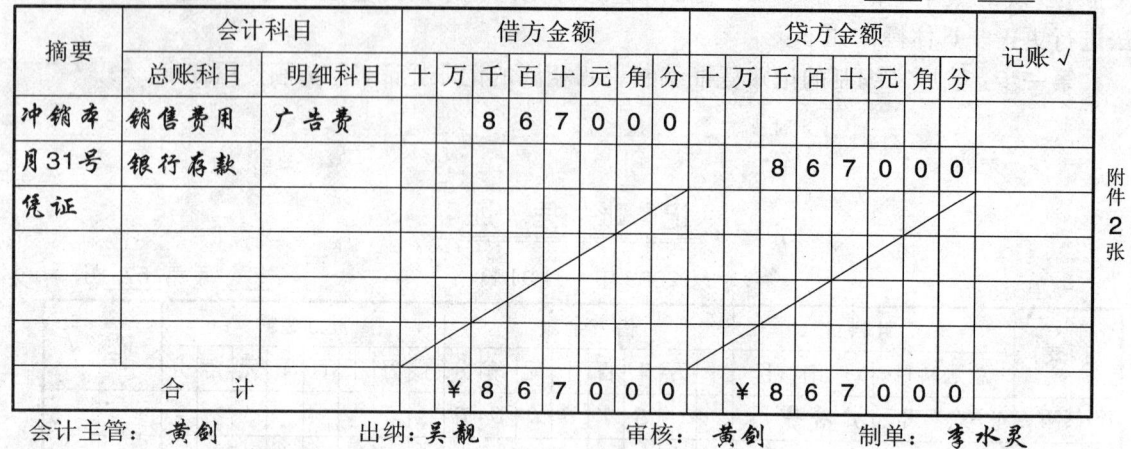

第三步：根据第一、二步所编制的记账凭证登记相关会计账簿。详见表4-13、表4-17和表4-18。

【实战演练】

一、实训企业概况

(1) 企业名称：湖南恒财有限公司

(2) 注册地：湖南雁城市狮山路20号

(3) 注册资金：100万元

(4) 法人代表：丁怡馨

(5) 财务负责人：郭瑶

(6) 会计：陈丹、袁明

(7) 出纳：严燕

(8) 国税局税务登记类型：增值税一般纳税企业

(9) 税务登记号：430413873405776

(10) 开户银行：中国银行雁城支行

(11) 账号：50813507346193

(12) 电话号码：0×××-9174201

二、实训企业经济业务资料

湖南恒财有限公司2008年12月部分凭证及账簿资料如下：

（一）凭证资料

1.

湖南省商品销售统一发票

客户名称及地址：湖南恒财有限公司　　　　　　　　2008 年 12 月 3 日

品名规格	单位	数量	单价	金　额						
				万	千	百	十	元	角	分
笔记本	本	10	10			1	0	0	0	0
碳素笔	支	20	20			4	0	0	0	0
计算器	台	2	240			4	8	0	0	0
合计				¥		9	8	0	0	0

合计金额（大写）玖佰捌拾元整

填票人：刘静　　　　　　收款人：王丽鹃　　　　　　单位名称(盖章)

第二联发票

中国银行(湘)

转账支票存根

No. 02821978

附加信息

出票日期 2008 年 12 月 3 日

收款人：	六一文化用品商场
金　额：	980.00
用　途：	付办公用品费

单位主管　　　会计 李水灵

付 款 凭 证

贷方科目：银行存款　　　　　　2008年12月3日　　　　　　　　　付 字第 8 号

摘 要	借 方 科 目		金 额								记账 ✓
	总账科目	明细科目	十万	千	百	十	元	角	分		
购办公用品	管理费用	办公费			8	9	0	0	0		
合计(大写)：捌佰玖拾元整			￥		8	9	0	0	0		

附件 2 张

会计主管：郭瑶　　出纳：严燕　　审核：袁明　　制单：陈丹　　领款人

2.

借 款 单

2008年12月12日

部门	供应科	借款人	周一涛	借款事由：采购材料						
					万	千	百	十	元	角	分
人民币(大写)	叁仟元整				￥	3	0	0	0	0	0
领导批示	同意　　丁怡馨　　2008年12月12日		借款人(签章)	周一涛　　2009年1月9日						

现金付讫

付 款 凭 证

贷方科目：库存现金　　　　2008年12月12日　　　　付字第 18 号

摘　要	借方科目		金　额	记账✓
	总账科目	明细科目	十万千百十元角分	
预借差旅费	其他应收款	周一涛	３００００	✓
合计(大写)：叁佰元整			￥　　　３００００	

会计主管：郭瑶　　出纳：严燕　　审核：袁明　　制单：　　领款人：周一涛

附件1张

3.

中国银行进账单(受理回单)　　1

填制日期：2008年12月16日　　　　第　号

付款人	全称	华联商厦	收款人	全称	湖南恒财有限公司
	账号	2250368974212		账号	50813507346193
	开户银行	工行沙亿营业部		开户银行	中国银行雁城支行
人民币(大写)	壹万柒仟元整				百十万千百十元角分　￥　　１７０００００
票据种类	转账支票		此联不作收款用		
票据张数	1张				收回欠款　　　受理银行盖章
单位主管　　会计　　复核　　记账					

此联是收款人开户行交给收款人的受理回单

收 款 凭 证

借方科目：银行存款　　　2008年12月16日　　　收字第 21 号

摘要	贷方科目			金额								记账 √
	总账科目	明细科目	三级科目	十	万	千	百	十	元	角	分	
收到华联商厦欠款	应收账款	华联商厦			1	7	0	0	0	0	0	
合　计				¥	1	7	0	0	0	0	0	

附件 1 张

会计主管：郭瑶　　　出纳：严燕　　　审核：袁明　　　制单：陈丹

4.

中国电信股份有限公司雁城分公司电信业专用发票

发票联

发票代码 243000840879
发票号码 30356071

序号：　　　日期：2008年12月31日

号码：0×××-9174201	业务种类：12月份话费	备注：
客户名称：湖南恒财有限公司		
基本月租 20.00 本地区内 200.48 本地区外 236.35 国内长话 128.17		
大写金额(人民币)伍佰捌拾伍元整		¥585.00
说明		
开票人：D40036	收款人：D40036	

② 收执方付款凭证

中国银行
转账支票存根(湘)
No. 02724879
附加信息
_____
_____

出票日期 2008 年 12 月 31 日

收款人：	中国电信有限公司
金　额：	585.00
用　途：	电话费

单位主管　　　　　会计

付 款 凭 证

贷方科目：库存现金　　　　2008 年 12 月 31 日　　　　付 字第 62 号

摘要	借方科目		金额								记账√
	总账科目	明细科目	十	万	千	百	十	元	角	分	
支付电话费	管理费用	电话费			5	8	5	0	0	0	√
合计(大写)：伍仟捌佰伍拾元整			￥		5	8	5	0	0	0	

会计主管：郭瑶　　出纳：严燕　　审核：袁明　　制单：　　　　领款人：

附件 2 张

5.

中国银行 信汇 凭证(回单)

委托日期 2008 年 12 月 31 日

汇款人	全称	湖南恒财有限公司	收款人	全称	广州光明公司	此联是汇出行给汇款人回单
	账号或住址	50813507346193		账号或住址	303102536	
	汇出地点	雁城市	汇出行名称	中行	汇入地点	广州	汇入行名称	工行	

金额	人民币(大写) 捌万元整	千 百 十 万 千 百 十 元 角 分
		¥ 8 0 0 0 0 0 0 0

汇款用途：预付货款

上列款项已根据委托办理，如需查询，请持此回单来行面洽。

单位主管　　会计　　复核　　记账

（汇出行盖章 中国银行雁城支行 2008 年 12 月 31 日 业务公章）

付款凭证

贷方科目：银行存款　　2008 年 12 月 31 日　　付 字第 82 号

摘要	借方科目		金额	记账 √
	总账科目	明细科目	十 万 千 百 十 元 角 分	
付货物订金	预付账款	广州光明公司	8 0 0 0 0 0 0 0	√
合计(大写)：伍仟捌佰伍拾元整			¥ 8 0 0 0 0 0 0 0	

会计主管：郭瑶　　出纳：严燕　　审核：袁明　　制单：陈丹　　领款人：

附件 2 张

(二)账簿资料

现 金 日 记 账

2008年		凭证		摘要	现金支票号码	借方									贷方									√	余额								
月	日	字	号			百	十	万	千	百	十	元	角	分	百	十	万	千	百	十	元	角	分		百	十	万	千	百	十	元	角	分
12	12	付	18	承前页																								4	2	0	0	0	0
				订正本月第98号凭证														3	0	0	0	0	0	借				3	9	0	0	0	0
																								借									

银行存款日记账

2008年		凭证字	号	摘要	支票号码	借方 百	十	万	千	百	十	元	角	分	贷方 百	十	万	千	百	十	元	角	分	√	余额 百	十	万	千	百	十	元	角	分
月	日																																
12	3			承前页																						1	6	7	0	0	0	0	0
12	3	付	8	购办公用品													8	9	0	0	0				1	6	6	1	0	0	0	0
				(略)																													
12	16	收	21	收回货款		1	7	0	0	0	0	0	0	0											3	2	4	8	8	0	8	0	0
				(略)																						3	3	4	1	8	6	8	0	0
				(略)																					1	3	4	1	8	6	8	0	0
12	31	付	62	支付电话费												5	8	5	0	0	0	0			1	3	3	6	0	1	8	0	0
				(略)																													
				(略)																					1	9	3	6	0	1	8	0	0
12	31	付	82	预付货款												8	0	0	0	0	0	0			1	9	2	8	0	1	8	0	0

注：假定省略的收付款均记录正确。

管 理 费 用 明 细 账

总第____页
分第____页

2008年		凭证字号	摘要	借方									贷方									借或贷	余额									(借)方金额分析																	
																																	办公费									通讯费								
月	日			百	十	万	千	百	十	元	角	分	百	十	万	千	百	十	元	角	分		百	十	万	千	百	十	元	角	分	百	十	万	千	百	十	元	角	分	百	十	万	千	百	十	元	角	分
12	3	付 8	购办公用品					8	9	0	0	0										借					8	9	0	0	0					8	9	0	0	0									
			(略)																			借			1	2	3	4	5	6	7	8																		
	31	付 62	支付电话费					5	8	5	0	0										借																								5	8	5	0	0

141

其他应收款明细账

总第＿＿页
分第＿＿页
子目：闽一清

2008年		凭证		摘要	借方							贷方							借或贷	余额						
月	日	字	号		百	十	万	千	百	十	元	角	分	百	十	万	千	百	十	元	角	分		百	十	万	千	百	十	元	角	分
12	12	付	18	预借差旅费				3	0	0	0	0	0										借				3	0	0	0	0	0

142

应付账款明细账

总第_____页
分第_____页
子目：华联商厦

2008年		凭证		摘要	借方								贷方								借或贷	余额							
月	日	字	号		百	十	万	千	百	十	元	角	分	百	十	万	千	百	十	元	角	分		百	十	万	千	百	十	元	角	分
12	16			承前页																						5	0	0	0	0	0	0
12	16	收	21	收回货款												1	7	0	0	0	0	0				6	7	0	0	0	0	0

预 付 账 款 明 细 账

总第____页
分第____页
子目：广州光明公司

2008年		凭证字号		摘要	借方							贷方							借或贷	余额						
月	日	字	号		百	十	万	千	百	十	元	角	分	百	十	万	千	百	十	元	角	分		百	十	万	千	百	十	元	角	分
12	31	付	82	预付款			8	8	0	0	0	0	0										借			8	8	0	0	0	0	0

应付账款明细账

总第_____页
分第_____页
子目：华联商厦

2008年		凭证		摘要	借方								贷方								借或贷	余额							
月	日	字	号		百	十	万	千	百	十	元	角	分	百	十	万	千	百	十	元	角	分		百	十	万	千	百	十	元	角	分
12			23	承前页																			借		8	0	0	0	0	0	0

145

三、实训任务

(1)根据以上每一笔交易或事项所填制或取得的原始凭证,检查所填制的记账凭证和依据记账凭证所登记的账户记录是否正确。

(2)若有错误,请判断是由于会计记录本身的错误还是由于记账凭证填错而引起的记录错误。

(3)将查找出的错误运用适当的方法进行更正。

第五部分　对账和结账指导与实训

【学习目标】

通过实训,掌握结账与对账的方法与技能。

【操作规范】

一、对账

(一)账证核对

账证核对是指核对会计账簿记录与原始凭证、记账凭证的时间、凭证字号、内容、金额是否一致,记账方向是否相符。

(二)账账核对

账账核对是指核对不同会计账簿之间的账簿记录是否相符。包括:

(1)总分类账簿有关账户的余额核对;

(2)总分类账簿与所属明细分类账簿核对;

(3)总分类账簿与序时账簿核对;

(4)明细分类账簿之间的核对。

(三)账实核对

账实核对是指各项财产物资、债权债务等账面余额与实有数额之间的核对。包括:

(1)现金日记账账面余额与库存现金数额是否相符;

(2)银行存款日记账账面余额与银行对账单的余额是否相符;

(3)各项财产物资明细账账面余额与财产物资的实有数额是否相符;

(4)有关债权债务明细账账面余额与对方单位的账面记录是否相符。

二、结账

结账是在一定时期内发生的全部经济业务登记入账的基础上,计算并记录本期发生额和期末余额。

(一)结账的程序

(1)将本期发生的经济业务全部登记入账,并保证其正确性;

(2)根据权责发生制的要求,调整有关账项,合理确定本期应计的收入和应计的费用;
(3)将损益类科目转入"本年利润"科目,结平所有损益类科目;
(4)结算出资产、负债和所有者权益类科目的本期发生额和余额,并结转下期。

(二)结账的方法

1. 月结

(1)现金、银行存款日记账。应按日结出余额,日结可自然进行,即每日的最后一笔应自然结出当日余额,不必另起一行。

现金、银行存款日记账的月结方法:在本月最后一笔记录下面划一条通栏单红线,并在下一行的"摘要"栏中用蓝字居中书写"本月合计"(或盖戳记),同时在该行结出本月发生额合计及余额,然后,在"本月合计"行下面再划一条通栏单红线。

(2)明细账。

①本月没有发生额的账户,不必进行月结,不划结账红线。

②对需要按月结出本月发生额的账户,如应交税费、生产成本、制造费用及各种损益类明细账等,由于会计报表须填写本月发生额,都要结出"本月合计"发生额及余额,并在"本月合计"行下面划一条通栏单红线。

③对需要结计本年累计发生额的账户,按月结出本年累计发生额,在"本月合计"字样下划一条通栏单红线后,下面一行"摘要"栏注明"本年累计"字样(或盖戳记),结出发生额及余额,并在"本年累计"行下划一条通栏单红线。

④不需按月结计本月发生额的账户,如各项应收、应付款及各项财产物资明细账等,在月末结出余额后,只需在本月最后一笔记录下面划一条通栏单红线。

(3)总账。总账账户平时只需结出月末余额。

2. 年结

(1)各账户封账。年终结账时,各账户按上述方法进行月结的同时,为了反映全年各项资产、负债及所有者权益增减变动的全貌,便于核对账目,要将所有总账账户结计全年发生额和年末余额,在摘要栏内注明"本年合计"字样,并在该行下面划通栏双红线,表示"年末封账"。

(2)结转新账。结转下年时,凡是有余额的账户,都应在年末"本年合计"行下面划通栏双红线,在下一行摘要栏注明"结转下年"字样(或盖戳记),不记金额,不结平余额,更不需要编制记账凭证,但必须把年末余额转入下年新账。转入下年新账时,新开账的第一行,填写的日期是1月1日,"摘要"栏内注明"上年结转"字样,并在余额栏内填写上年结转的余额。

对于新的会计年度建账,除固定资产明细账外,一般说来,总账、日记账和多数明细账应每年更换一次。

> 提示：
> 　　结计"过次页"的发生额，应根据不同账户记录，采用不同的方法：
> 　　(1)对需要按月结出"本月发生额"的账户，结计"过次页"的本页合计数，应为从本月初至本页末止的发生额的合计数，此举便于本月结账时加计"本月合计"数额。
> 　　(2)对需要结计"本年累计发生额"的账户，结计"过次页"的本页合计数，应为从年初起至本页末止的发生额的累计数，此举便于年终结账时加计"本年累计"数额。
> 　　(3)结计"过次页"之后，在下一页第一行摘要栏内注明"承前页"字样，并在发生额和余额栏内填写上页结转数。

【实战演练】

一、实训企业概况

(1)企业名称：湖南恒财有限公司
(2)注册地：雁城市狮山路20号
(3)注册资金：100万元
(4)法人代表：丁怡馨
(5)财务负责人：郭瑶
(6)会计：陈丹、袁明
(7)出纳：严燕
(8)国税局税务登记类型：增值税一般纳税企业
(9)税务登记号：430413873405776
(10)开户银行：中国银行雁城支行
(11)账号：50813507346193
(12)电话号码：0×××-9174201

二、实训企业经济业务资料

(1)湖南恒财有限公司2009年1月银行存款日记账见表4-19。
(2)湖南恒财有限公司2009年2月应付账款(华联商厦)记录见表4-20。

三、实训任务

(1)假定湖南恒财有限公司2009年1月银行存款日记账的登记已经基本完成，请将不完整的地方补充齐全并做好月结。
(2)做好湖南恒财有限公司2009年2月应付账款(华联商厦)的月结。

表4-19

银行存款日记账

2009年

月	日	凭证字	凭证号	对方科目	摘要	支票号码	借方	贷方	√	余额
1	1				上年结转					167,700.00
1	3	付	8		购办公用品			890.00		166,810.00
1	6	收	10		收回欠款		10,000.00			176,810.00
1	10	收	21		收回货款		17,000.00			193,810.00
1	11	付	23		发工资			38,600.00		155,210.00
1	16	付	32		支付电话费			853.00		154,357.00
1	17	付	34		到期借出款			4,000.00		150,357.00
1	18	付	36		预付货款			8,000.00		142,357.00
1	19	收	26		收到货款		117,000.00			259,357.00
1	20	付	40		付水费			700.00		258,657.00
1	21	付	42		付电费			8,650.00		250,007.00
1	23	收	30		收回欠款		60,000.00			310,007.00
1	26	付	46		交增值税			36,700.00		273,307.00
1	27	付	48		交城建税及附加			3,670.00		269,637.00
1	28	付	50		多付货款差旅费			1,000.00		268,637.00

续表4-19

银行存款日记账

2009年		凭证		对方科目	摘要	支票号码	借方							✓	贷方							余额						
月	日	字	号				百	十	万	千	百	十	元	角	分		百	十	万	千	百	十	元	角	分	百	十	万	千	百	十	元	角	分
1	28	付	53		交养老金														2	3	4	0	0	0	0		2	4	2	9	3	0	0	0
1	29	付	56		提现															4	0	0	0	0	0		2	3	8	9	3	0	0	0
1	31	付	62		交医保金														3	3	9	0	0	0	0		2	3	5	0	3	0	0	0

150

表4-20

应付账款明细账

总第 12 页
分第 01 页
子目：华联商厦

2009年		凭证		摘要	借方								贷方								借或贷	余额							
月	日	字	号		百	十	万	千	百	十	元	角	分	百	十	万	千	百	十	元	角	分		百	十	万	千	百	十	元	角	分
				承前页																			贷			5	0	0	0	0	0	0
2	10	付	21	归还货款			1	7	0	0	0	0	0										贷			3	3	0	0	0	0	0
2	21	付	40	归还货款			2	0	0	0	0	0	0										贷			1	3	0	0	0	0	0

151

任务五　主要账务处理程序指导与实训

第一部分　记账凭证账务处理程序指导与实训

【学习目标】

通过指导与训练，使学生掌握记账凭证账务处理程序的操作。

【操作规范】

记账凭证账务处理程序是指对发生的经济业务事项，都要根据原始凭证或汇总原始凭证编制记账凭证，然后直接根据记账凭证逐笔登记总分类账的一种账务处理程序。它是基本的账务处理程序，其一般程序是：

(1) 根据原始凭证编制汇总原始凭证；

(2) 根据原始凭证或汇总原始凭证编制记账凭证；

(3) 根据收款凭证、付款凭证及所附的有关原始凭证逐笔登记现金日记账和银行存款日记账；

(4) 根据原始凭证、汇总原始凭证和记账凭证登记各种明细分类账；

(5) 根据记账凭证逐笔登记总分类账；

(6) 期末，现金日记账、银行存款日记账和明细分类账的余额同有关总分类账的余额核对相符；

(7) 期末，根据总分类账和明细分类账的记录，编制会计报表。

注：上述(1)～(5)已在"学习情境二"中"任务一"至"任务四"中完成。

【实战演练】

一、实训企业经济业务资料

资料一：实训单位概况，见"学习情境二"中的"任务一"。

资料二：湖南恒财有限公司 2008 年 12 月 31 日各账户余额汇总如下：

账户名称	借方余额（元）	账户名称	贷方余额（元）
库存现金	4 600.00	累计折旧	420 000.00
银行存款	240 577.00	坏账准备	6 000.00
应收账款	180 000.00	应付账款	264 000.00
原材料	137 300.00	应付职工薪酬	2 872.00
库存商品	149 335.00	应交税费	2 440.00
固定资产	1 150 000.00	实收资本	1 000 000.00
		盈余公积	100 000.00
		利润分配	66 500.00
合　计	1 441 812.00	合　计	1 441 812.00

资料三："学习情境二"中"任务一"之"实战演练"所列经济业务的原始凭证。

二、实训任务

(1)根据本"实战演练"之"资料三"，填制通用记账凭证。
(2)开设总分类账并登记月初余额。
(3)根据所编制的记账凭证，登记总分类账户。

第二部分　科目汇总表账务处理程序指导与实训

【学习目标】

通过实训使学生掌握科目汇总表账务处理程序的操作。

【操作规范】

科目汇总表账务处理程序又称记账凭证汇总表账务处理程序。它是根据记账凭证定期编制科目汇总表，再根据科目汇总表登记总分类账的一种账务处理程序。其一般程序是：
(1)根据原始凭证编制汇总原始凭证；
(2)根据原始凭证或汇总原始凭证编制记账凭证；
(3)根据收款凭证、付款凭证逐笔登记现金日记账和银行存款日记账；
(4)根据原始凭证、汇总原始凭证和记账凭证登记各种明细分类账；
(5)根据各种记账凭证编制科目汇总表；
(6)根据科目汇总表登记总分类账；
(7)期末，现金日记账、银行存款日记账和明细分类账的余额同有关总分类账的余额核对相符；
(8)期末，根据总分类账和明细分类账的记录，编制会计报表。

提示：

(1) 实际工作中，为方便汇总通常可根据各种记账凭证先定期登记"丁"字账，并进行"丁"字账发生额试算平衡，然后再根据"丁"字账发生额之和填制科目汇总表。

(2) 为了便于登记总账，科目汇总表上的科目排列应按总分类账上科目排列的顺序来定。

(3) 科目汇总表汇总的时间不宜过长，业务量多的单位可每天汇总一次，一般间隔期为5~10天。

【实战演练】

一、实训经济业务资料

实训单位概况以及该单位2008年12月31日各账户余额见本任务"第一部分"中"实战演练"相关资料。

二、实训任务

(1) 根据本任务"第一部分"中"实战演练"相关资料所填制的记账凭证登记下列"丁"字账（见表5-1），并进行"丁"字账发生额试算平衡。

(2) 根据"丁"字账填制科目汇总表（见表5-2）。

(3) 开设总分类账并登记月初余额。（账页自备）

(4) 根据科目汇总表登记总账。

表5-1

"丁"字账的开设与登记

表5-2

凭证	号至 号	张
凭证	号至 号	张
凭证	号至 号	张

科目汇总表

年 月 日至 日　　　　第_____号

会计科目	本期发生额																				
	借方金额										账页或√	贷方金额										账页或√
	千	百	十	万	千	百	十	元	角	分		千	百	十	万	千	百	十	元	角	分	
合　计																						

会计主管：　　　　复核：　　　　记账：

任务六　财产清查指导与实训

【学习目标】

通过指导与训练，掌握库存现金及有价证券、银行存款、债权债务、实物资产的清查方法及其清查结果的账务处理。

【操作规范】

一、财产清查的方法

（一）货币资金的清查方法

1. 现金的清查

采用实地盘点的方法来确定库存现金的实存数，然后再与现金日记账的账面余额核对，以查明账实是否相符。

2. 银行存款的清查

（1）将银行存款日记账与银行对账单按结算凭证种类和号数一一进行核对，确定哪些是银行已入账、企业尚未入账的事项，哪些是企业已入账、银行尚未入账的事项；对于记账错误，应及时进行更正。

（2）将银行存款日记账与银行对账单的月末余额以及未达账项填入银行存款余额调节表。

（3）计算出调节后的银行存款余额。

（二）实物的清查方法

实物资产可根据实物的不同情况，分别采用下列方法进行清查：

（1）实地盘点法，是指在财产物资存放现场逐一清点数量或用计量仪器确定其实存数的一种方法。

（2）技术推算法，是指利用技术方法推算财产物资实存数的方法。

（三）往来款项的清查方法

往来款项的清查一般采用发函询证的方法进行核对。

二、财产清查结果的处理

1. 审批之前的处理

根据"清查结果报告表"、"盘点报告表"等已经查实的数据资料，编制记账凭证，记入有关账簿，使账簿记录与实际盘存数相符，同时根据企业的管理权限，将处理建议报股东大会或董事会，或经理（厂长）会议或类似机构批准。

2. 审批之后的处理

根据审批的意见，进行差异处理，调整账项。

【实战演练】

一、实训资料

湖南恒财有限公司 2009 年 1 月份银行存款日记账记录和 1 月份银行对账单如下,并且假定银行对账单记录正确。

银行存款日记账

第 66 页

2009年		凭证		摘 要	结算凭证		借方	贷方	余额
月	日	字	号		种类	号数			
				上年结转					415000.00
1	5	银付	01	支付差旅费	现支	10785		1000.00	414000.00
1	6	银付	02	提现发薪	现支	10786		45000.00	369000.00
1	8	银付	03	办公用品费	转支	45761		320.00	368680.00
1	8	银收	01	存销货款	进账单	7852	11700.00		380380.00
1	14	银付	04	付材料款	转支	45762		59360.00	321020.00
1	15	银收	02	收到货款	缴款单		43546.09		364566.09
1	18	银付	05	上交增值税	税票			76566.43	287999.66
1	20	银收	03	收存货款			43000.00		330999.66
1	22	银付	06	付货款	转支	45763		29100.00	301899.66
1	28	银付	07	付欠款	转支	45726		20000.00	281899.66
1	29	银收	04	存押金	进账单	7853	3600.00		285499.66

中国银行雁城市支行对账单

单位:湖南恒财有限公司　　　　2009 年 1 月 31 日　　　　账号:50813507346193

2009年		摘 要	凭证号		借方	贷方	余 额
月	日		支票	其他凭证			
1	1	上年结转					418000.00
1	5	转账支票	45760		3000.00		415000.00
1	6	现金支票	10785		1000.00		414000.00
1	6	现金支票	10786		45000.00		369000.00
1	8	转账支票	45761		320.00		368680.00
1	8	进账单		7852		11700.00	380380.00
1	10	托收承付		47216		10000.00	390380.00
1	13	转账支票	45762		59360.00		331020.00
1	15	收入存款				43546.09	374566.09
1	18	税票		2148647	76566.43		297999.66
1	19	代交电费			12210.24		285789.42
1	20	收存货款				43000.00	328789.42
1	21	结息单		38976		417.00	329206.42
1	22	转账支票	45763		29100.00		300106.42
1	23	代付电话费			5099.32		295007.10
1	26	委托收款		36481	3000.00		292007.10

二、实训任务

对湖南恒财有限公司的银行存款日记账记录和银行对账单记录进行逐笔核对，找出未达账项，并编制银行存款余额调节表。

银行存款余额调节表

年　月

月末银行存款日记账余额：								月末银行对账单余额：							
加：银行已收单位未收的款项				减：银行已付单位未付的款项				加：单位已收银行未收的款项				减：单位已付银行未付的款项			
月	日	摘要	金额	月	日	摘要	金额	月	日	摘要	金额	月	日	摘要	金额
		合　计				合　计				合　计				合　计	
调节后余额：								调节后余额：							

会计主管　　　　　　　　　　　　　　制表

任务七 会计报表的编制指导与实训

第一部分 资产负债表的编制实训

【学习目标】

通过指导与训练，了解资产负债表的结构和表中项目，理解资产负债表的基本原理，理解账户与表中项目的关系，掌握资产负债表的编制方法。

【操作规范】

资产负债表的编制方法：

（1）资产负债表"年初余额"栏内各项数字，应根据上年年末资产负债表的"期末余额"栏内所列数字填列。

（2）资产负债表的"期末余额"栏内各项数字，其填列方法如下：

①根据总账科目的余额填列。资产负债表中的有些项目可直接根据有关总账科目的余额填列，如"交易性金融资产"、"短期借款"、"应付票据"、"应付职工薪酬"等项目；有些项目则需根据几个总账科目的余额计算填列，如"货币资金"项目需根据"库存现金"、"银行存款"、"其他货币资金"三个总账科目余额合计填列。

②根据有关明细科目的余额计算填列。资产负债表中的有些项目需要根据明细科目余额填列，如"应收账款"、"预收账款"、"应付账款"、"预付账款"等项目的编制。具体编制方法如下表：

"应收账款"项目	根据"应收账款"、"预收账款"明细科目的借方余额合计填列。如果已计提坏账准备的，还应将其扣除。
"预收款项"项目	根据"应收账款"、"预收账款"明细科目的贷方余额合计填列。
"预付款项"项目	根据"应付账款"、"预付账款"明细科目的借方余额合计填列。如果已计提坏账准备的，还应将其扣除。
"应付账款"项目	根据"预付账款"、"应付账款"明细科目的贷方余额合计填列。

③根据总账科目和明细科目的余额分析计算填列。资产负债表的有些项目，需要依据总账科目和明细科目两者的余额分析填列，如"长期借款"项目，应根据"长期借款"总账科目余

额扣除"长期借款"科目所属的明细科目中将在资产负债表日起一年内到期且企业不能自主地将清偿义务展期的长期借款后的金额填列。

④根据有关科目余额减去其备抵科目余额后的净额填列。如资产负债表中的"应收账款"、"应收票据"、"长期股权投资"等项目,应根据"应收账款"、"应收票据"、"长期股权投资"等科目的期末余额减去"坏账准备"、"长期股权投资减值准备"等科目余额后的净额填列;"固定资产"项目,应根据"固定资产"科目期末余额减去"累计折旧"、"固定资产减值准备"科目余额后的净额填列;"无形资产"项目,应根据"无形资产"科目期末余额减去"累计摊销"、"无形资产减值准备"科目余额后的净额填列。

⑤综合运用上述填列方法分析填列。如资产负债表中的"存货"项目,需根据"原材料"、"库存商品"、"委托加工物资"、"周转材料"、"材料采购"、"在途物资"、"发出商品"、"材料成本差异"等总账科目期末余额的分析汇总数,再减去"存货跌价准备"备抵科目余额后的金额填列。

【实战演练】

一、实训资料

湖南恒财有限公司2008年12月31日的有关资料如下:

(1)科目余额表(单位:元):

科目名称	借方余额	贷方余额
库存现金	10 000	
银行存款	680 000	
应收票据	600 000	
应收账款	800 000	
预付账款		300 000
坏账准备——应收账款		50 000
原材料	700 000	
周转材料	100 000	
发出商品	900 000	
材料成本差异		550 000
库存商品	1 000 000	
固定资产	8 000 000	
累计折旧		3 000 000
在建工程	400 000	

续表

科目名称	借方余额	贷方余额
无形资产	1 500 000	
短期借款		100 000
应付账款		700 000
预收账款		100 000
应付职工薪酬	40 000	
应交税费		130 000
长期借款		800 000
实收资本		5 000 000
盈余公积		2 000 000
未分配利润		2 000 000

（2）债权债务明细科目余额（单位：元）：

账户名称	借或贷	金额	账户名称	借或贷	金额
应收账款——衡岳公司	借	1 000 000	应收账款——衡盈公司	贷	200 000
预付账款——衡常公司	借	200 000	预付账款——衡利公司	贷	500 000
应付账款——衡祁公司	借	300 000	应付账款——衡兴公司	贷	1 000 000
预收账款——衡耒公司	借	300 000	预收账款——衡旺公司	贷	400 000

（3）长期借款共2笔，均为到期一次性还本付息。金额及期限如下：
①工商银行借入300 000元（本利和），期限从2007年6月1日至2009年6月1日。
②中国银行借入500 000元（本利和），期限从2008年8月1日至2010年8月1日。

二、实训任务

编制湖南恒财有限公司2008年12月31日的资产负债表。

资产负债表

会企 01 表

编制单位：　　　　　　　　　　　　　　　　年　　月　　日　　　　　　　　　　　　单位：元

资产		期末余额	年初余额	负债和股东权益		期末余额	年初余额
流动资产：	1			流动负债：	1		
货币资金	2			短期借款	2		
交易性金融资产	3			交易性金融负债	3		
应收票据	4			应付票据	4		
应收账款	5			应付账款	5		
预付款项	6			预收款项	6		
应收利息	7			应付职工薪酬	7		
应收股利	8			应交税费	8		
其他应收款	9			应付利息	9		
存货	10			应付股利	10		
一年内到期的非流动资产	11			其他应付款	11		
其他流动资产	12			一年内到期的非流动负债	12		
流动资产合计	13			其他流动负债	13		
非流动资产：	14			流动负债合计	14		
可供出售金融资产	15			非流动负债：	15		
持有至到期投资	16			长期借款	16		
长期应收款	17			应付债券	17		
长期股权投资	18			长期应付款	18		
投资性房地产	19			专项应付款	19		
固定资产	20			预计负债	20		
在建工程	21			递延所得税负债	21		
工程物资	22			其他非流动负债	22		
固定资产清理	23			非流动负债合计	23		
生产性生物资产	24			负债合计	24		
无形资产	25			股东权益：	25		
开发支出	26			实收资本	26		
长期待摊费用	27			资本公积	27		
递延所得税资产	28			盈余公积	28		
其他非流动资产	29			未分配利润	29		
非流动资产合计	30			股东权益合计	30		
资产总计	31			负债和股东权益总计	31		

第二部分　利润表编制指导与实训

【学习目标】

通过指导与实训，了解利润的形成过程及其表中各项目所反映的内容，熟悉表中各项目的数据来源，掌握各项目的填列方法。

【操作规范】

利润表的填列方法：

(一)"上期金额"栏的填列方法

利润表"上期金额"栏内各项数字，应根据上年该期利润表"本期金额"栏内所列数字填列。如果上年该期利润表规定的各个项目的名称和内容同本期不相一致，应对上年该期利润表各项目的名称和数字按本期的规定进行调整，再填入利润表"上期金额"栏内。

(二)"本期金额"栏的填列方法

(1)"营业收入"项目，反映企业经营主要业务和其他业务所确认的收入总额。本项目应根据"主营业务收入"和"其他业务收入"科目的发生额分析填列。企业一般应当以"主营业务收入"和"其他业务收入"总账科目的贷方发生额之和，作为利润表中"营业收入"的项目金额。当年发生销售退回和折让的，以应冲减销售退回和折让主营业务收入后的金额，填列"营业收入"项目。

(2)"营业成本"项目，反映企业经营主要业务和其他业务所发生的成本总额。本项目应根据"主营业务成本"和"其他业务成本"科目的发生额分析填列。企业一般应当以"主营业务成本"和"其他业务成本"总账科目的借方发生额之和，作为利润表中"营业成本"的项目金额。当年发生销售退回的，应冲减销售退回商品成本后的金额，填列"营业成本"项目。

(3)"营业税金及附加"项目，反映企业经营业务应负担的消费税、营业税、城市建设维护税、资源税、土地增值税和教育费附加等，但不包括增值税。本项目应根据"营业税金及附加"科目的发生额分析填列。

(4)"销售费用"项目，反映企业在销售商品过程中发生的包装费、广告费等费用和为销售本企业商品而专设的销售机构的职工薪酬、业务费等经营费用。本项目应根据"销售费用"科目的发生额分析填列。

(5)"管理费用"项目，反映企业为组织和管理生产经营发生的管理费用。本项目应根据"管理费用"科目的发生额分析填列。

(6)"财务费用"项目，反映企业筹集生产经营所需资金等而发生的筹资费用。本项目应根据"财务费用"科目的发生额分析填列。

(7)"资产减值损失"项目，反映企业各项资产发生的减值损失。本项目应根据"资产减值损失"科目的发生额分析填列。企业应当以"资产减值损失"总账科目借方发生额减去贷方发生额后的余额，作为利润表中"资产减值损失"的项目金额。

(8)"公允价值变动损益"项目，反映企业应当计入当期损益的资产或负债公允价值变动收益。本项目应根据"公允价值变动损益"科目的发生额分析填列。企业应当以"公允价值变动损益"总账科目贷方发生额减去借方发生额后的余额,作为利润表中"公允价值变动损益"项目的金额。相减后如为负数,表示(借方)净损失,则本项目以"-"号填列。

(9)"投资收益"项目,反映企业以各种方式对外投资所取得的收益。本项目应根据"投资收益"科目的发生额分析填列。如为投资净损失,则本项目以"-"号填列。

(10)"营业利润"项目,反映企业实现的营业利润。如为亏损,则本项目以"-"号填列。

(11)"营业外收入"项目,反映企业发生的与经营业务无直接关系的各项收入。本项目应根据"营业外收入"科目的发生额分析填列。

(12)"营业外支出"项目,反映企业发生的与经营业务无直接关系的各项支出。本项目应根据"营业外支出"科目的发生额分析填列。

(13)"利润总额"项目,反映企业实现的利润。如为亏损,则本项目以"-"号填列。

(14)"所得税费用"项目,反映企业应从当期利润总额中扣除的所得税费用。本项目应根据"所得税费用"科目的发生额分析填列。

(15)"净利润"项目,反映企业实现的净利润。如为亏损,则本项目以"-"号填列。

(16)"基本每股收益"和"稀释每股收益"项目,应当根据《企业会计准则第34号——每股收益》的规定计算的金额填列。

【实战演练】

一、实训资料

湖南恒财有限公司2008年6月末结账前,各损益类科目当月发生额如下:

项目	借方余额(元)	贷方金额(元)
主营业务收入	2 000.00	12 861 000.00
其他业务收入		584 000.00
公允价值变动损益	10 000.00	
投资收益		875 000.00
营业外收入		651 000.00
主营业务成本	9 375 000.00	1 800.00
销售费用	891 235.00	
营业税金及附加	656 065.00	
其他业务成本	420 000.00	
资产减值损失	2 000.00	
管理费用	1 082 760.00	
财务费用	418 200.00	2 368.86
营业外支出	349 000.00	
合 计	13 193 300.00	14 985 168.86

二、实训任务

根据上述资料编制下列利润表。

利 润 表

会企02表

编制单位：　　　　　　　　　　　　　　　　　　　　____年___月　　　　　　　　　　　　　　　　　　　单位：元

项　　　　目		本期金额	上期金额
一、营业收入	1		略
减：营业成本	2		略
营业税金及附加	3		略
销售费用	4		略
管理费用	5		—
财务费用	6		—
资产减值损失	7		—
加：公允价值变动收益（损失以"－"号填列）	8		—
投资收益（损失以"－"号填列）	9		—
二、营业利润（亏损以"－"号填列）	10		—
加：营业外收入	11		—
减：营业外支出	12		—
三、利润总额（亏损总额以"－"号填列）	13		—
减：所得税费用	14		—
四、净利润（净亏损以"－"号填列）	15		—
五、每股收益	16		—
（一）基本每股收益	17		—
（二）稀释每股收益	18		—

任务八 会计信息纸质载体装订指导与实训

【学习目标】

通过指导与训练，掌握会计凭证、会计账簿和会计报表等纸质载体的装订要求和技术。

【操作规范】

一、记账凭证的装订

(一)记账凭证装订前的准备

(1)准备好铁锥、装订机或小手电钻，以及线绳、铁夹、胶水、凭证封面、包角纸等。

(2)对记账凭证后所附的原始凭证进行整理。

①记账凭证所附的原始凭证的左边缘和上边缘应与记账凭证的左边缘和上边缘对齐，并用大头针或回形针别于记账凭证后，待装订凭证时，抽去大头针或回形针。

②对于纸张面积大于记账凭证的原始凭证，可按记账凭证的面积尺寸，先自右向左再自下向上两次折叠。注意应把凭证的左上角让出来，以便装订后还可以展开查阅。

③对于纸张面积过小的原始凭证，一般不能直接装订，可先按一定次序和类别排列，再粘贴在一张同记账凭证大小相同的原始凭证粘贴单上。粘贴时以胶水为宜。小票应分张排列，同类同金额的单据尽量粘在一起，并按阶梯形式错开叠放粘贴在原始凭证粘贴单上(注意错开的方向，应使每张小票都粘在粘贴单上)，同时在粘贴单上注明凭证张数和金额。

(3)设计本月的记账凭证装订的册数。每册的厚薄应基本保持一致，要做到既美观又便于翻阅。一本凭证厚度一般以1.5~2.0厘米为宜。

(4)填写记账凭证的封面。记账凭证的封面上应填写下列内容："单位名称"、"×年×月份"、"本月第×本"、"本年第×本"、"记账凭证自第×号至第×号共×张"、"内附原始凭证×张"等，并由"会计主管"、"审核"、"装订"人员的签章。

(二)记账凭证的装订

(1)将记账凭证的封面置于整理好的要装订的记账凭证上面，再将凭证的包角纸置于封面的上面(包角纸的左边缘和上边缘要与记账凭证的左边缘和上边缘对齐)，用票夹将包角纸、封面及记账凭证(含所附的原始凭证)夹好，如下图所示：

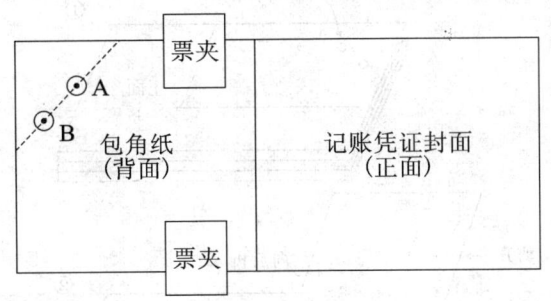

（2）用打孔机或小手电钻在上图左上角虚线上的"⊙"标记处打孔，用装订线从记账凭证的背面经 A 孔穿出，再将装订线头从正面的上边缘绕回到背面，再次从背面经 A 孔穿出。此时装订线的线头已到记账凭证的正面，将线头由正面从 B 孔穿过（到背面），再将线头由凭证背面从凭证左边缘绕到凭证正面，再次从 B 孔中穿过。此时装订线头和线尾都已处于所装订的凭证背面，将装订线绷紧，然后打上死结并将多余的装订线剪去。装订结果如下图所示：

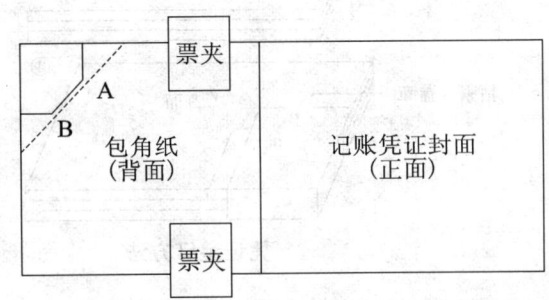

（3）粘贴包角纸。去掉票夹，将包角纸沿上图左上角虚线向左上折叠，见下图：

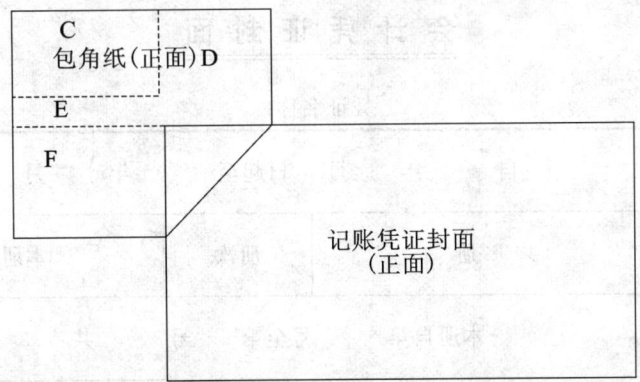

（4）用剪刀将虚线剪开（E 处的宽度为该本凭证的厚度），此时 C 处被剪掉。将 D 处向凭证背面折叠并与其粘贴，将 E 处向凭证左侧面折叠并粘贴（E 的长度应等于 F 的宽度），再将 F 处向凭证的左侧面及背面折叠并粘贴。最后在该本记账凭证背面的包角处加盖公章，以防凭证被拆开，至此记账凭证已装订完毕。操作步骤的立体图如下：

167

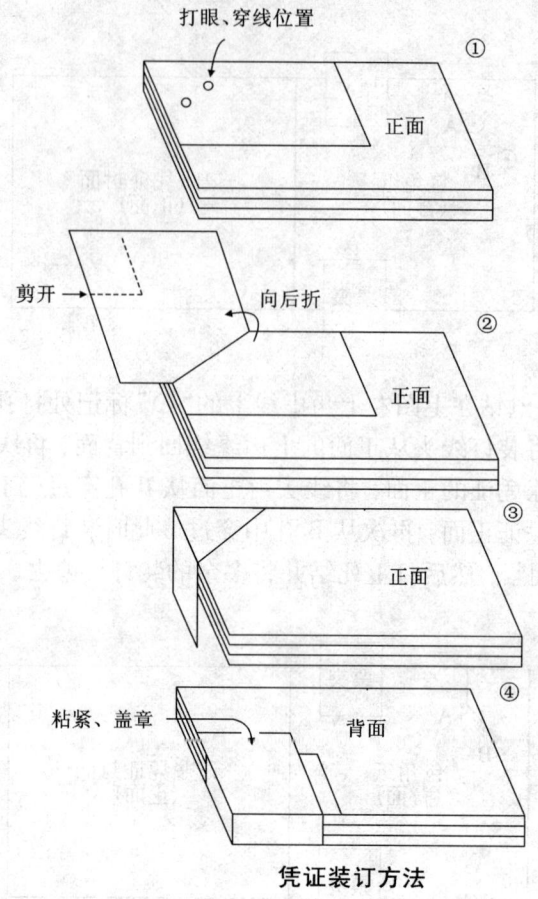

凭证装订方法

（三）会计凭证封面的式样及填写方法

1. 会计凭证封面的式样

会 计 凭 证 封 面

单位名称：　　　　　　　　凭证名称：

时间	自　　年　　月　　日起至　　　年　　月　　日止	
册数	共　　　册　　　　册次	本册是第　　　册
记账凭证	本册自第　　号至第　　号　共　　张	
附件	共　　　张	本册凭证合计　　张
备注		

会计主管　　　　　　　　装订人　　　　　　　　　年　月　日

2. 会计凭证封面的填写方法

(1) 单位名称：填写会计档案所属的单位名称，必须用全称或通用简称。如"湖南恒财有限公司"。不得简称"本公司"。

(2) 凭证名称：填写能够反映会计凭证用途或内容的名称，如："收款会计凭证"、"付款会计凭证"、"转账会计凭证"以及"基建会计凭证"、"工会会计凭证"、"预算外会计凭证"等。

(3) 时间：填写本册会计凭证的起止年月日。

(4) 册数：填写会计凭证的册数。

(5) 册次：填写本册会计凭证的序号。

(6) 记账凭证起止号：填写本册记账凭证起号和止号。

(7) 记账凭证数：填写记账凭证的张数。

(8) 附件：填写本册会计凭证的附件张数。

(9) 会计凭证总数：填写本册所有凭证的合计张数。

(10) 会计主管：填写单位内部具体负责会计工作的中层领导人员。

(11) 装订人：填写负责该本会计凭证装订的人员。

(12) 装订时间：填写该本会计凭证装订结束的时间。

(13) 备注：填写该本凭证需要说明的事项。

二、会计账簿的装订

各种会计账簿年度结账后，除跨年使用的账簿外，其他账簿应按时整理立卷。基本要求是：

(1) 账簿装订前，首先按账簿启用表的使用页数核对各个账户是否相符，账页数是否齐全，序号排列是否连续；然后按会计账簿封面、账簿启用表、账户目录、该账簿按页数顺序排列的账页、会计账簿装订封底的顺序装订。

(2) 活页账簿装订要求：

①保留已使用过的账页，将账页数填写齐全，去除空白页和撤掉账夹，装上封面、封底，装订成册。

②多栏式活页账、三栏式活页账、数量金额式活页账等不得混装，应按同类业务、同类账页装订在一起。

③在本账的封面上填写好账目的种类，编好卷号，会计主管人员和装订人（经办人）签章。

(3) 账簿装订后的其他要求：

①会计账簿应牢固、平整，不得有折角、缺角、错页、掉页、加空白纸的现象。

②会计账簿的封口要严密，封口处要加盖有关印章。

③封面应齐全、平整，并注明所属年度及账簿名称、编号，编号为一年一编，编号顺序为总账、现金日记账、银行存（借）款日记账、明细分类账。

④会计账簿按保管期限分别编制卷号，如现金日记账全年按顺序编制卷号；总账、各类明细账、辅助账全年按顺序编制卷号。

会计业务量小的单位，账簿可以不贴口取纸；会计业务量大的单位，账簿上应该贴口取纸，可以按一级科目或材料大类，按账页顺序由前往后、自上而下地粘贴，当合起账簿时，全部贴口取纸应该整齐、均匀,并能够显露出科目名称,不要在账簿上下两侧贴口取纸,而应在右侧粘贴,这样,可保证整齐,存档时可以戳立放置,以便抽取。

三、会计报表的装订

会计报表编制完成并及时报送后,留存的报表应按月装订成册,谨防丢失。

1. 会计报表装订前准备

按编报目录核对是否齐全。整理报表页数,上边和左边对齐压平,防止折角。如有损坏部位,应修补后再完整无缺地装订。

2. 会计报表装订顺序

(1)会计报表封面;

(2)会计报表编制说明;

(3)各种会计报表按会计报表的编号顺序排列;

(4)会计报表封底。

学习情境三　会计基本技能综合实训

本学习情境以案例的形式提供一家企业一定期间的会计素材，让学生运用学习情境一、二所掌握的基本知识与基本技能对该企业的会计事项进行综合的操作，通过本情境的学习与训练，提高学生综合处理会计业务的基本技能。

任 务 会计基本技能综合实训

一、实训目标

通过本案例的训练，能系统地掌握科目汇总表账务处理程序下整个会计核算过程。

二、实训任务

(1) 对湖南峰泉饮品有限公司 2009 年 1 月发生的经济业务的原始凭证进行审核，并填制通用记账凭证。

(2) 根据所列资料四第 17、26 相关资料，填制所提供的空白支票和进账单。

(3) 开设账簿并将 2009 年 1 月份的经济业务登记入账（固定资产、实收资本等明细账略）。

(4) 编制湖南峰泉饮品有限公司 2009 年 1 月 31 日的资产负债表和 2009 年 1 月份的利润表。

三、案例资料

资料一：企业概况

(1) 企业名称：湖南峰泉饮品有限公司

(2) 注册地：湖南省衡阳市狮山路 188 号

(3) 注册资金：150 万元

(4) 法人代表：金津湘

(5) 财务负责人：孙晓菲

(6) 会计：李玲（审核）、袁梅（记账）、杨芳（制单兼办税员）

(7) 出纳：张帆

(8) 国税局税务登记类型：增值税一般纳税企业

(9) 税务登记号：430413873408372

(10) 适用增值税税率为 17%，适用的企业所得税税率为 25%

(11) 开户银行：中国银行来雁支行

(12) 账号：50813507348132

(13) 电话号码：0×××-9174386

(14) 主营业务：峰泉牌松子汁的生产及销售

(15) 企业生产组织及工艺流程：湖南峰泉饮品有限公司设有生产、包装两个车间。生产车间的主要工艺流程是将松子进行胶磨后制成松子汁，将调配好的乳化剂溶液和稳定剂溶液加到松子汁中进行乳化处理，经胶磨、加热至沸，加糖调配、均质、保温、装罐、封口、杀菌等一系列步骤，最后制得成品。包装车间将罐装的松子汁装箱打包后送成品仓库。该公司只生产峰泉牌松子汁一种产品。

(16) 企业成本管理要求：产品成本计算不是分车间计算成本，而是采用品种法。各车间发生的制造费用通过一个明细账进行归集，月末在产品成本按年初数固定计算。

资料二：湖南峰泉饮品有限公司2008年12月31日各账户余额

1. 各总账账户余额

账户名称	借方余额（元）	账户名称	贷方余额（元）
库存现金	800.00	坏账准备（应收账款）	5 000.00
银行存款	252 878.88	累计折旧	286 300.00
应收账款	350 000.00	应付账款	80 000.00
预付账款	50 000.00	预收账款	20 000.00
原材料	181 740.00	应付职工薪酬	49 610.88
周转材料	52 060.00	应交税费	22 880.00
库存商品	21 600.00	实收资本	2 300 000.00
生产成本	16 000.00	盈余公积（法定盈余公积）	101 280.00
固定资产	2 100 000.00	利润分配（未分配利润）	160 008.00
合　计	3 025 078.88	合　计	3 025 078.88

2. 部分往来账明细账户余额

账户名称	金额（元）
应收账款——湖南江一食品有限公司	100 000.00（借方）
应收账款——湖南天湘食品有限公司	120 000.00（借方）
应收账款——湖南新太食品有限公司	80 000.00（借方）
应收账款——湖南科源食品有限公司	50 000.00（借方）
预付账款——吉林家贸有限公司	50 000.00（借方）
应付账款——吉林白山农产品有限公司	80 000.00（贷方）
预收账款——湖南金源食品有限公司	20 000.00（贷方）

3. 原材料、库存商品明细账户余额

账户名称	数量	单位	单价（元）	金额（元）
原材料——松子仁	500	千克	134.40	67 200.00
原材料——白糖	1 000	千克	3.94	3 940.00
原材料——乳化剂	1 000	千克	11.00	11 000.00
原材料——稳定剂	2 560	千克	10.00	25 600.00
原材料——商标纸	140 000	张	0.10	14 000.00
原材料——重油	20 000	千克	3.00	60 000.00
周转材料——易拉罐	142 240	套	0.25	35 560.00
周转材料——纸箱	5 500	个	3.00	16 500.00
库存商品——松子汁	500	件	43.20	21 600.00

4. "生产成本——基本生产成本(松子汁)"明细账户余额

直接材料	直接人工	制造费用	合计
10 000.00	4 000.00	2 000.00	16 000.00

5. "应交税费"明细账户余额

账户名称	贷方金额（元）
应交增值税	20 800.00
应交城市维护建设税	1 456.00
应交教育费附加	624.00
合计	22 880.00

6. "应付职工薪酬"明细账户余额

账户名称	贷方金额（元）
工资	37 584.00
社会保险费	11 275.20
工会经费	751.68
合计	49 610.88

资料三：

1. 湖南峰泉饮品有限公司使用通用记账凭证和科目汇总表账务处理程序进行日常会计处理，并采用账结法计算利润。原材料、库存商品采用实际成本计价核算，并采用加权平均法计算发出存货的成本。该公司对所有固定资产采用直线折旧法计提折旧。2008年12月计提的折旧额为15 600元(其中，生产车间用固定资产折旧额为11 310元，包装车间用固定资产折旧额为1 240元，管理部门用固定资产折旧额为3 050元)，该月份没有发生固定资产增减业务。

2. 2009年1月该公司的人员数量、结构以及工资水平与上月完全一致。

3. 2009年1月24日召开股东大会，通过2008年度利润分配方案：提取法定盈余公积13 000元，向股东分配现金股利100 000元。

资料四：

湖南峰泉饮品有限公司 2009 年 1 月发生如下交易或事项，其相关原始凭证如下：

1.

领 料 单

领料部门：生产车间　　　　2009 年 1 月 4 日　　　　　　　　编号：002172

材料名称	编号	规格	单位	数量		单价	金　额	记账
				请领	实发			
松子仁			千克	100	100			
白糖			千克	150	150			
乳化剂			千克	90	90			
稳定剂			千克	90	90			
工作单号			用途	用于松子饮品生产				
工作项目								

审批：李巧巧　　　记账：　　　　　发料人：彭敏姣　　　领料人：贺开喜

第二联　会计部门记账

领 料 单

领料部门：包装车间　　　　2009 年 1 月 4 日　　　　　　　　编号：002173

材料名称	编号	规格	单位	数量		单价	金　额	记账
				请领	实发			
易拉罐			套	40 000	40 000			
商标纸			张	40 000	40 000			
纸箱			个	1 700	1 700			
工作单号			用途	用于松子饮品生产				
工作项目								

审批：李巧巧　　　记账：　　　　　发料人：彭敏姣　　　领料人：张斌

第二联　会计部门记账

产 品 入 库 单

车间：包装车间　　　　2009年1月4日　　　　编号：1280492　　仓库：2号库

产品名称	编号	规格	单位	数量	金额 百 十 万 千 百 十 元 角 分
峰泉松子汁			件	510	
合计					

验收：文虎　　　保管员：李乐　　　车间：李利　　　记账：

第二联 会计部门记账

2.

中国工商银行进账单（收账通知）　3

填制日期：2009年1月4日　　　第　号

付款人	全称	湖南江一食品有限公司	收款人	全称	湖南峰泉饮品有限公司
	账号	2250012526		账号	50813507348132
	开户银行	工行中北支行		开户银行	中国银行来雁支行

人民币（大写）	伍万元整	百 十 万 千 百 十 元 角 分 ¥ 5 0 0 0 0 0 0
票据种类	转账支票	
票据张数	1张	
单位主管　会计　复核　记账		收款人开户银行盖章 （中国银行来雁支行 转讫）

此联是收款人开户行交给收款人的收账通知

3.

领 料 单

领料部门：生产车间　　　　　2009年1月7日　　　　　　　　编号：002174

材料名称	编号	规格	单位	数量		单价	金额	记账
				请领	实发			
松子仁			千克	100	100			
白糖			千克	100	100			
乳化剂			千克	90	90			
稳定剂			千克	60	60			
工作单号			用途	用于松子饮品生产				
工作项目								

审批：李巧巧　　　　记账：　　　　　发料人：彭敏姣　　　　领料人：贺开喜

产 品 入 库 单

编号：1280493

车间：包装车间　　　　　2009年1月7日　　　　　　　　仓库：2号库

产品名称	编号	规格	单位	数量	金额								
					百	十	万	千	百	十	元	角	分
峰泉松子汁			件	510									
合计													

验收：文虎　　　　保管员：李乐　　　　车间：李利　　　　记账：

4-1.

```
中国银行
现金支票存根
DH 20092323
附加信息
_____
_____
出票日期 2009 年 1 月 8 日
收款人：湖南峰泉饮品有限公司
金　额：33 825.60
用　途：工资
单位主管　　　　会计
```

4-2.

2008年12月份工资发放汇总表

发放日期：2009 年 1 月 8 日

车间、部门		基本工资	津贴	应付工资	代扣款项		实发工资
					养老金	医保金	
生产车间	生产工人	12 000.00	240.00	12 240.00	979.20	244.80	11 016.00
	管理人员	2 000.00	448.00	2 448.00	195.84	48.96	2 203.20
包装车间	生产工人	3 400.00	272.00	3 672.00	293.76	73.44	3 304.80
	管理人员	1 000.00	224.00	1 224.00	97.92	24.48	1 101.60
公司管理人员		18 000.00		18 000.00	1 440.00	360.00	16 200.00
合　计		36 400.00	1 184.00	37 584.00	3 006.72	751.68	33 825.60

注：代扣的养老金和医保金应交给衡阳市劳动与社会保障局。

5. 1月9日检查发现2008年12月收到的湖南新太食品有限公司所欠的购货款20 000元，所编制的记账凭证如下，并据此登记入账。

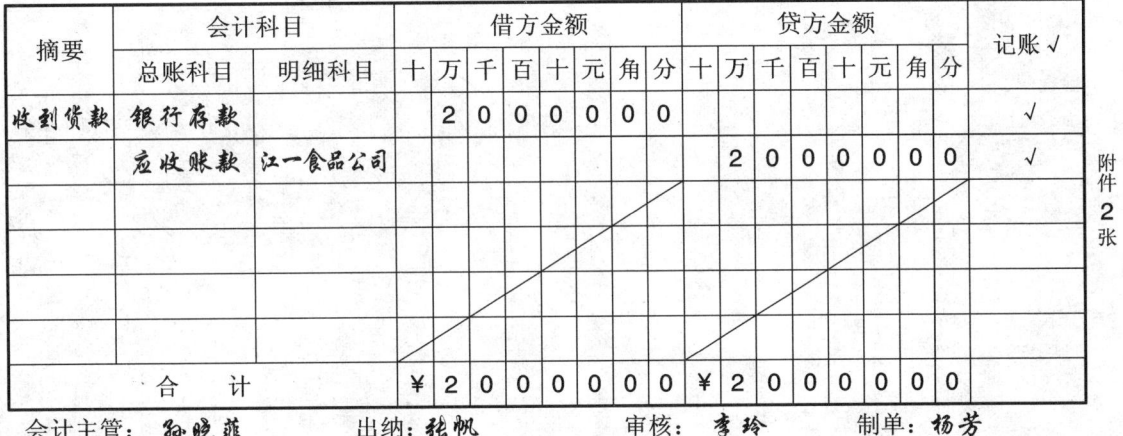

6.

中国银行 **进账单**(收账通知) 3

填制日期：2009年1月10日　　　　　　　第00478号

付款人	全称	湖南天湘食品有限公司	收款人	全称	湖南峰泉饮品有限公司
	账号	22500497231		账号	50813507348132
	开户银行	工行芜湖支行		开户银行	中国银行来雁支行
人民币(大写)		壹拾万元整		百十万千百十元角分 ¥ 1 0 0 0 0 0 0 0	
票据种类		转账支票	受理银行盖章		
票据张数		1张			
单位主管　　会计　　复核　　记账					

此联是收款人开户行交给收款人的收账通知

7.

领 料 单

领料部门：生产车间　　　　2009 年 1 月 10 日　　　　　　　　编号：002175

材料名称	编号	规格	单位	数量 请领	数量 实发	单价	金额	记账
松子仁			千克	100	100			
白糖			千克	150	150			
乳化剂			千克	90	90			
稳定剂			千克	60	60			
工作单号			用途	用于松子饮品生产				
工作项目								

审批：李巧巧　　　记账：　　　　发料人：彭敏妓　　　领料人：贺开喜

第二联　会计部门记账

领 料 单

领料部门：包装车间　　　　2009 年 1 月 10 日　　　　　　　　编号：002176

材料名称	编号	规格	单位	数量 请领	数量 实发	单价	金额	记账
易拉罐			套	40 000	40 000			
商标纸			张	40 000	40 000			
纸箱			个	1 700	1 700			
工作单号			用途	用于松子饮品生产				
工作项目								

审批：李巧巧　　　记账：　　　　发料人：彭敏妓　　　领料人：贺开喜

第二联　会计部门记账

产 品 入 库 单

车间：包装车间　　　　　　2009 年 1 月 10 日　　　　　　编号：1280494
　　　　　　　　　　　　　　　　　　　　　　　　　　　　仓库：2 号库

产品名称	编号	规格	单位	数量	金　额								
					百	十万	万	千	百	十	元	角	分
峰泉松子汁			件	510									
合计													

验收：文虎　　　保管员：李乐　　　车间：李利　　　记账：

第二联　会计部门记账

8－1.

中国银行电子缴税付款凭证

转账日期：2009年01月11日　　　　凭证字号：2009011012746259

纳税人全称及纳税人识别号：湖南峰泉饮品有限公司430413873408372

付款人全称：湖南峰泉饮品有限公司

付款人账号：50813507348132　　　征收机关名称：衡阳市狮山区国家税务总局
付款人开户行：中国银行来雁支行　　收款国库（银行）名称：衡阳市狮山区支库

小写（合计）金额：¥20 800.00　　　缴款书交易流水号：12746259
大写（合计）金额：人民币　贰万零捌佰元整　　税票号码：4300081209112860
税费名称　　　　所属日期　　　　　　实缴金额
增值税　　　　　20081201-20081231　　¥ 20 800.00

8-2.

中华人民共和国税收通用完税证

（2009）湘地完电：№：02388542

注册类型：有限责任公司　　填发日期：2009年01月11日　　征收机关：衡阳市狮山地税局税源科

纳税人代码	430413873408372(342960)	地址	衡阳市狮山路188号
纳税人名称	湖南峰泉饮品有限公司	税款所属时期	2008-12-01至2008-12-31

税　种	品目名称	课税数量	计税金额或销售收入	税率或单位税额	已缴或扣税额	实缴金额
城市维护建设税-增值税			20 800	7%		1 456.00
教育费附加-增值税			20 800	3%		624.00

金额合计：（大写）贰仟零捌拾元整

税务机关（盖章）	委托代征单位（盖章）	填票人（章）国科	备注	税票号码：02388542　税管员：李宏

9.

中国银行 电汇 凭证（回单）　1　№ 0123456

□普通　□加急　　委托日期：2009年1月12日

汇款人	全　称	湖南峰泉饮品有限公司	收款人	全　称	吉林白山农产品有限公司
	账　号	50813507348132		账　号	10238469376639
	汇出地点	湖南省衡阳市/县		汇入地点	吉林省吉林市
汇出行名称		中行来雁支行	汇入行名称		工行吉林支行

金额	人民币（大写）	壹拾万元整	百	十	万	千	百	十	元	角	分
		¥		1	0	0	0	0	0	0	0

支付密码：

汇出行签章　　附加信息及用途：

复核：　　记账：

10-1.

湖南增值税专用发票
抵扣联

4300082130   № 082367012

开票日期：2009 年 1 月 12 日

购货单位	名　　称：湖南峰泉饮品有限公司 纳税人识别号：430413873408372 地址、电话：衡阳市狮山路188号9174386 开户行及账号：中行来雁支行508135073418132	密码区	2672-331 <94-1271 9<122<> 636<888	加密版本：01 4300082130 082367012

货物或应税劳务名称	规格型号	单位	数量	单价	金　额	税率	税　额
白糖		千克	2000	3.88	7760.00	17%	1319.20
合计					￥7760.00		￥1319.20

价税合计（大写）	⊗玖仟零柒拾玖元贰角整	（小写）￥9079.20

销货单位	名　　称：湖南省南雁市糖酒副食品公司 纳税人识别号：431909123592823 地址、电话：衡州路88号3129498 开户行及账号：工行塔山支行225092858244224	备注	（销货单位发票专用章 431909123592823）

收款人：　　　　复核：王媛瑷　　　　开票人：郭雪芬　　　　销货单位（章）

国税函[2007]777号 海南华兴实业公司　　第二联　抵扣联　购货方抵扣凭证

10-2.

湖南增值税专用发票
发票联

4300082130   № 082367012

开票日期：2009 年 1 月 12 日

购货单位	名　　称：湖南峰泉饮品有限公司 纳税人识别号：430413873408372 地址、电话：衡阳市狮山路188号9174386 开户行及账号：中行来雁支行508135073418132	密码区	2672-331 <94-1271 9<122<> 636<888	加密版本：01 4300082130 082367012

货物或应税劳务名称	规格型号	单位	数量	单价	金　额	税率	税　额
白糖		千克	2000	3.88	7760.00	17%	1319.20
合计					￥7760.00		￥1319.20

价税合计（大写）	⊗玖仟零柒拾玖元贰角整	（小写）￥9079.20

销货单位	名　　称：湖南省南雁市糖酒副食品公司 纳税人识别号：431909123592823 地址、电话：衡州路88号3129498 开户行及账号：工行塔山支行225092858244224	备注	（销货单位发票专用章 431909123592823）

收款人：　　　　复核：王媛瑷　　　　开票人：郭雪芬　　　　销货单位（章）

国税函[2007]777号 海南华兴实业公司　　第三联　发票联　购货方记账凭证

10-3.

材料入库单

供应单位：南雁市糖酒副食品公司　　　　　　　　　编号：0123856
发票号码：082367012　　　2009年1月13日　　　　　仓库：1号库

编号	材料名称	规格	单位	数量 应收	数量 实收	单价	金额 千	百	十	万	千	百	十	元	角	分
	白糖		千克	2 000	2 000											
					运杂费											
					合　计											
备注																

保管员：刘颖　　　记账：　　　　验收员：李平　　　　制单：张宁

第二联　会计部门记账

10-4.

中国银行 电汇 凭证(回单)　1　№ 0123457

□普通　□加急　　委托日期：2009年1月13日

汇款人	全称	湖南峰泉饮品有限公司	收款人	全称	湖南省南雁市糖酒副食品公司
	账号	50813507348132		账号	225092858244224
	汇出地点	湖南省衡阳市/县		汇入地点	湖南省来雁市
汇出行名称	中行来雁支行		汇入行名称	工行塔山支行	

金额	人民币(大写)	玖仟零柒拾玖元贰角整	百	十	万	千	百	十	元	角	分
				¥	9	0	7	9	2	0	

支付密码：
附加信息及用途：
汇出行签章　　　　复核：　　记账：

此联汇出行给汇款人的回单

11-1.

领 料 单

领料部门：生产车间　　　　2009 年 1 月 13 日　　　　　　　编号：002177

材料名称	编号	规格	单位	数量 请领	数量 实发	单价	金 额	记账
松子仁			千克	100	100			
白糖			千克	150	150			
乳化剂			千克	90	90			
稳定剂			千克	60	60			
工作单号			用途	用于松子饮品生产				
工作项目								

审批：李巧巧　　　记账：　　　　发料人：彭敏姣　　　　领料人：贺开喜

第二联　会计部门记账

11-2.

产 品 入 库 单

车间：包装车间　　　　2009 年 1 月 13 日　　　　　编号：1280495　　仓库：2号库

产品名称	编号	规格	单位	数量	金 额 百	十	万	千	百	十	元	角	分
峰泉松子汁			件	510									
合计													

验收：文虎　　　保管员：李乐　　　车间：李利　　　记账：

第二联　会计部门记账

12-1.

湖南增值税专用发票

4300092130　　　　　　　记　账　联　　　　　　　№ 092346111

开票日期：2009 年 1 月 14 日

购货单位	名　　称：湖南金源食品有限公司 纳税人识别号：430109125603969 地址、电话：0731-83869725 开户行及账号：工行长沙远大支行329608028582	密码区	5622-239 <9-4-127 9<122@¥ 636<781	加密版本：01 4300091230 002346111

货物或应税劳务名称	规格型号	单位	数量	单价	金　额	税率	税　额
峰泉松子汁		件	2200	68.00	149600.00	17%	25432.00
合计					¥149600.00		¥25432.00

价税合计（大写）	⊗壹拾柒万伍仟零叁拾贰元整	（小写）¥175032.00

销货单位	名　　称：湖南峰泉饮品有限公司 纳税人识别号：430413873408372 地址、电话：衡阳市狮山路188号9174386 开户行及账号：中行来雁支行50813507348132	备注	

收款人：张帆　　　复核：　　　开票人：陈丽　　　销货单位（章）

12-2.

发　货　单

购货单位：湖南金源食品有限公司　　2009 年 1 月 14 日　　　　编号：080139407

产品编号	产品名称	规格	单位	数量		单价	金　额							
				请发	实发		十万	万	千	百	十	元	角	分
	峰泉松子汁		件	2 200	2 200									
合计														

销售部门负责人：胡文　　发货人：李乐　　提货人：纪敏和　　制单：何意

12 – 3.

中国工商银行进账单(收账通知) 3

填制日期：2009 年 1 月 14 日　　第 12470 号

付款人	全称	湖南金源食品有限公司	收款人	全称	湖南峰泉饮品有限公司
	账号	329608028582		账号	50813507348132
	开户银行	工行长沙远大支行		开户银行	中行来雁支行
人民币(大写)		壹拾伍万伍仟零叁拾贰元整			¥ 155032 00
票据种类		银行支票			
票据张数		2张			
单位主管　　会计　　复核　　记账			收款人开户银行盖章		

13 – 1.（注：增值税专用发票于 16 日收到）

吉林增值税专用发票 抵 扣 联

2200082130　　　　　　　　　　　　№ 0821930553

开票日期：2009 年 1 月 14 日

购货单位	名　称	湖南峰泉饮品有限公司	密码区	2132-686 <9-4-1271 9<122@ 636<333	加密版本：01 2200082130 0821930553
	纳税人识别号	430413873408372			
	地址、电话	衡阳市狮山路188号9174386			
	开户行及账号	中行来雁支行50813507348132			

货物或应税劳务名称	规格型号	单位	数量	单价	金 额	税率	税 额
峰泉松子仁		千克	1000	135.00	135000.00	17%	22950.00
合计					¥135000.00		¥22950.00

价税合计(大写)	⊗壹拾伍万柒仟玖佰伍拾元整	(小写) ¥157950.00

销货单位	名　称	吉林白山农产品有限公司	备注
	纳税人识别号	220608296842741	
	地址、电话	0432-8131952	
	开户行及账号	工行吉林支行22509188313	

收款人：　　复核：唐丽丽　　开票人：贺玉梅　　销货单位(章)

13-2.

吉林增值税专用发票

2200082130　　　　　　　　　　　　　　　№ 0821930553

开票日期：2009 年 1 月 14 日

购货单位	名　称：湖南峰泉饮品有限公司 纳税人识别号：430413873408372 地址、电话：衡阳市狮山路188号9174386 开户行及账号：中行来雁支行50813507348132	密码区	2132-686 <94-1271 9<122@ 636<333	加密版本：01 2200082130 0821930553

货物或应税劳务名称	规格型号	单位	数量	单价	金　额	税率	税　额
峰泉松子仁		千克	1000	135.00	135000.00	17%	22950.00
合计					¥135000.00		¥22950.00

价税合计（大写）	⊗壹拾伍万柒仟玖佰伍拾元整	（小写）¥157950.00

销货单位	名　称：吉林白山农产品有限公司 纳税人识别号：220608296842741 地址、电话：0432-8131952 开户行及账号：工行吉林支行22509188313	备注	（吉林白山农产品有限公司 220608296842741 发票专用章）

收款人：　　　　复核：唐丽丽　　　　开票人：贺玉梅　　　　销货单位（章）

13-3.

材 料 入 库 单

供应单位：吉林白山农产品有限公司　　　　　　　　　　　　编号：0123857
发票号码：0821930553　　　2009 年 1 月 16 日　　　　　　仓库：1号库

编号	材料名称	规格	单位	数量		单价	金　额							
				应收	实收		千	百	十	万	千	百	十	元	角	分
	松子仁		千克	1000	1000											
				运杂费												
				合　计												
备注																

保管员：刘颖　　　　记账：　　　　验收员：李平　　　　制单：张宁

13-2

吉林增值税专用发票

发票联

No.08219930553
2200082130

开票日期：2009年1月14日

| 销货单位 | 名称：湖南峰泉食品有限公司
纳税人识别号：430413873408372
地址、电话：衡阳市珠山路188号9174386
开户行及账号：中行来雁厂支行50813507348132 | 密码区 | 2132-686
94-1271
9-1226
686<333 | 加密版本：01
2300082130
08219930553 |

货物或应税劳务名称	规格型号	单位	数量	单价	金额	税率	税额
峰泉松子仁		千克	1000	135.00	135000.00	17%	22950.00
合计					￥135000.00		￥22950.00

价税合计（大写） 壹拾伍万柒仟玖佰伍拾元整 （小写）￥157950.00

| 购货单位 | 名称：吉林白山农产品有限公司
纳税人识别号：22060829684274L
地址、电话：0432-8131952
开户行及账号：工行吉林支行1522509188813 | 备注 | 22060829684274L
发票专用章 |

收款人： 复核：唐丽丽 开票人：贺玉杭 销货单位（章）

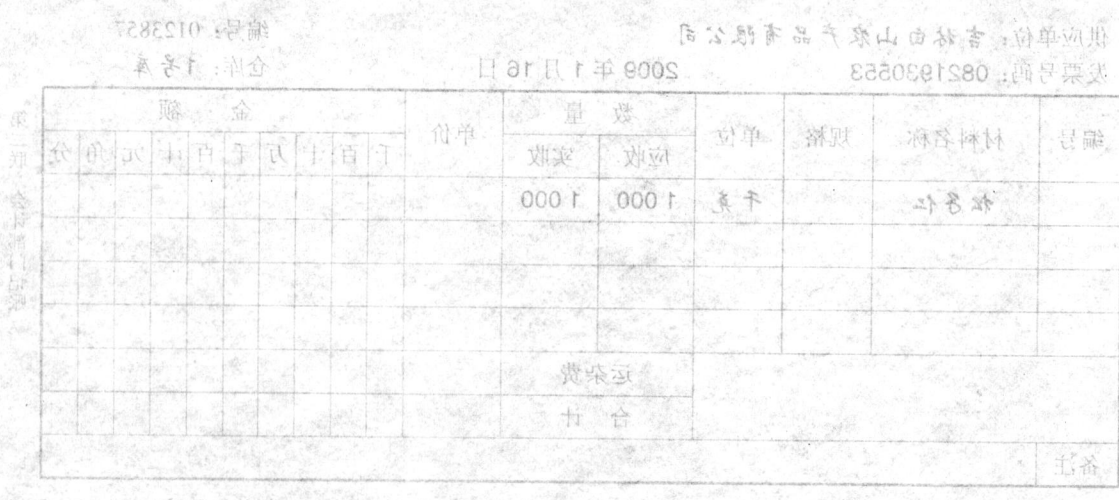

13-3

材料入库单

供应单位：吉林白山农产品有限公司   编号：0123857
发票号码：08219930553   2009年1月16日   仓库：1号

编号	材料名称	规格	单位	数量		单价	金额								
				应收	实收		千	百	十	万	千	百	十	元	角	分
	松子仁		千克	1000	1000											
	运杂费															
	合计															

备注：

保管员：刘峰   验收员：李平   制单：林晨

14－1.

领 料 单

领料部门：生产车间　　　　2009 年 1 月 16 日　　　　　　　编号：002178

材料名称	编号	规格	单位	数量		单价	金　额	记账
				请领	实发			
松子仁			千克	100	100			
白糖			千克	150	150			
乳化剂			千克	90	90			
稳定剂			千克	60	60			
工作单号			用途	用于松子饮品生产				
工作项目								

审批：李巧巧　　　　记账：　　　　　　发料人：彭敏妓　　　领料人：贺开喜

14－2.

产 品 入 库 单

车间：包装车间　　　　2009 年 1 月 16 日　　　　　　编号：1280496　　仓库：2 号库

产品名称	编号	规格	单位	数量	金　额							
					百	十	万	千	百	十	元	角	分
峰泉松子汁			件	510								
合计												

验收：文虎　　　保管员：李乐　　　车间：李利　　　记账：

领 料 单

15.

湖南省衡州市服务发票

发票代码 243040672189
发票号码 20091618

客户名称: 湖南峰泉饮品有限公司　　　　时间: 2008-12-18

纳税人识别号	430404640808118	水印号	1xzabgh6-iyhfwj8	备注
机器注册号	300309084421	机打发票号	20091618	
商品(服务)名称	数量/单位	单价	金额	
餐费			500.00	
合计金额(大写)	人民币: 伍佰元整		￥500.00	

发票专用章(未盖章无效): 衡州市山村餐饮公司　　开票人: 申智　　收款人: 言之

②收执方付款凭证

16 - 1.

中国银行 银行汇票 申请书 (存根) 1　　№ 011274861

申请日期 2009 年 1 月 18 日

申请人	湖南峰泉饮品有限公司	收款人	吉林白山农产品有限公司
账号或住址	50813507348132	账号或住址	60813507487904
用途	购松子仁	代理付款行	办理转账银行汇票时此栏不填写
汇款金额(大写)	人民币: 壹拾叁万柒仟玖佰伍拾元整		￥ 1 3 7 9 5 0 0 0
备注		科目	
		对方科目	
		财务主管　　复核　　经办	

此联申请人留存

(页面倒置，内容模糊难以辨认)

湖南省郴州市服务发票

发票代码 2430106721B9
发票号码 20091618
时间：2008-12-18

客户名称：湖南华康药品有限公司

购货人识别号	4804048408081B	承包号	1xzabqhg-ivbfwj3	备注
机器注册号	30030084421	机打发票号	20091618	
商品（服务）名称	规格	数量 单位	单价	金额
餐费				500.00
合计金额（大写）		¥500.00		

16-1

中国银行 电汇汇票 申请书（存根）

申请日期：2009年1月18日

申请人	湖南华康药品有限公司	收款人	吉林由山参产品有限公司
账号	508135073481332	账号	666135073479934
地址			
金额（大写）	叁万柒仟贰佰伍拾元整	￥	37,250.00

16－2.

中国银行　收费凭证

2009 年 1 月 18 日

户　名	湖南峰泉饮品有限公司			账　号	50813507348132		
收费项目	起止号码	数量	单价	工本费	手续费	邮电费	
汇票				4.5	5.5		
金　额　小　计				4.5	5.5		
金额合计（大写）	壹拾元整				万 千 百 十 元 角 分　¥　　　　1 0 0 0		

第一联　客户回单

制票：丁娟　　　　　　　　复核：杨船

17．2009 年 1 月 19 日提取 1 000 元现金备用。

中国银行 现金支票存根(湘) DH 20092324 02 附加信息 ＿＿＿＿＿＿ ＿＿＿＿＿＿ 出票日期　年　月　日 收款人： 金　额： 用　途： 单位主管　　会计	中国银行　现金支票（湘）　DH 20092324 02 出票日期(大写)　　年　　月　　日　　付款行名称： 收款人：　　　　　　　　　　　　　出票人账号： 人民币 （大写） 用途：＿＿＿＿＿ 上列款项请从 我账户内支付 出票人签章　　　　　　　复核　　　记账

18－1.

领 料 单

领料部门：生产车间　　　　2009 年 1 月 19 日　　　　　　　编号：002181

材料名称	编号	规格	单位	数量		单价	金　额	记账
				请领	实发			
松子仁			千克	100	100			
白　糖			千克	150	150			
乳化剂			千克	90	90			
稳定剂			千克	60	60			
工作单号			用途	用于松子饮品生产				
工作项目								

审批：李巧巧　　　　记账：　　　　　发料人：彭敏姣　　　　领料人：贺开喜

第二联　会计部门记账

18－2.

领 料 单

领料部门：包装车间　　　　2009 年 1 月 19 日　　　　　　　编号：002182

材料名称	编号	规格	单位	数量		单价	金　额	记账
				请领	实发			
易拉罐			套	40 000	40 000			
商标纸			张	40 000	40 000			
纸　箱			个	1 700	1 700			
工作单号			用途	用于松子饮品生产				
工作项目								

审批：李巧巧　　　　记账：　　　　　发料人：彭敏姣　　　　领料人：张斌

第二联　会计部门记账

18-1．

领 料 单

领料部门：生产车间　　　　　2009年1月19日　　　　　编号：002181

材料名称	编号	规格	单位	数量		单价	金额	记账
				请领	实发			
水杨酸			千克	100	100			
白糖			千克	150	150			
氯化钠			千克	90	90			
糖定剂			千克	60	60			
工作单号			用途	用于产品生产				
工作项目								

审批：李巧巧　　　　　记账：　　　　　发料人：赵秋波　　　　　领料人：资月春

18-2．

领 料 单

领料部门：包装车间　　　　　2009年1月19日　　　　　编号：002182

材料名称	编号	规格	单位	数量		单价	金额	记账
				请领	实发			
包装瓶			套	40 000	40 000			
商标纸			张	40 000	40 000			
纸箱			个	1 700	1 700			
工作单号			用途	用于产品生产				
工作项目								

审批：李巧巧　　　　　记账：　　　　　发料人：赵秋波　　　　　领料人：杨敏

18－3.

产 品 入 库 单

编号：1280497

车间：包装车间　　　　2009年1月19日　　　　仓库：2号库

产品名称	编号	规格	单位	数量	金　额								
					百	十	万	千	百	十	元	角	分
峰泉松子汁			件	510									
合计													

验收：文虎　　　　保管员：李乐　　　　车间：李利　　　　记账：

19－1.

领　料　单

领料部门：生产车间　　　　2009年1月22日　　　　编号：002183

材料名称	编号	规格	单位	数量		单价	金　额	记账
				请领	实发			
松子仁			千克	100	100			
白　糖			千克	150	150			
乳化剂			千克	90	90			
稳定剂			千克	60	60			
工作单号			用途	用于松子饮品生产				
工作项目								

审批：李巧巧　　　　记账：　　　　发料人：彭敏岐　　　　领料人：贺开喜

19-2.

产品入库单

编号：1280498

车间：包装车间　　　　2009 年 1 月 22 日　　　　仓库：2 号库

产品名称	编号	规格	单位	数量	金额								
					百	十	万	千	百	十	元	角	分
峰泉松子汁			件	510									
合计													

验收：文虎　　　　保管员：李乐　　　　车间：李利　　　　记账：陈珍珍

第二联　会计部门记账

20-1.

领 料 单

领料部门：生产车间　　　　2009 年 1 月 25 日　　　　编号：002184

材料名称	编号	规格	单位	数量		单价	金额	记账
				请领	实发			
松子仁			千克	100	100			
白糖			千克	150	150			
乳化剂			千克	90	90			
稳定剂			千克	60	60			
工作单号			用途	用于松子饮品生产			
工作项目								

审批：李巧巧　　　　记账：　　　　发料人：彭敏妓　　　　领料人：贺开喜

第二联　会计部门记账

19-2.

产品入库单

车间：包装车间　　　　　2009年1月22日　　　　　编号：1280498
　　　　　　　　　　　　仓库：2号仓库

产品名称	编号	规格	单位	数量	金额								备注
					百	十	万	千	百	十	元	角 分	
清凉茶多汁			件	510									
合计													

验收：王海　　　　保管员：李名　　　　车间：李利　　　　记账：陈晓玲

20-1.

领料单

领料部门：生产车间　　　　　2009年1月25日　　　　　编号：002184

材料名称	编号	规格	单位	数量		单价	金 额	记账
				请领	实发			
碳酸化			千克	100	100			
白糖			千克	150	150			
氯化钠			千克	90	90			
橘皮剂			千克	60	60			
工作单号			用途	用于配制清凉茶多汁				
工作项目								

审批：李天乐　　　　发料人：陈敏敏　　　　领料人：资余春

20－2.

产 品 入 库 单

车间：包装车间　　　　　2009年1月25日　　　　　编号：1280499
　　　　　　　　　　　　　　　　　　　　　　　　仓库：2号库

产品名称	编号	规格	单位	数量	金 额								
					百	十	万	千	百	十	元	角	分
峰泉松子汁			件	510									
合计													

验收：文虎　　　保管员：李乐　　　车间：李利　　　记账：

第二联　会计部门记账

21－1.

领 料 单

领料部门：生产车间　　　　2009年1月28日　　　　编号：002185

材料名称	编号	规格	单位	数 量		单价	金 额	记账
				请领	实发			
松子仁			千克	100	100			
白 糖			千克	150	150			
乳化剂			千克	90	90			
稳定剂			千克	60	60			
工作单号			用途	用于松子饮品生产				
工作项目								

审批：李巧巧　　　记账：　　　发料人：彭敏姣　　　领料人：贺开喜

第二联　会计部门记账

21-2.

产品入库单

编号：1280500

车间：包装车间　　2009年1月28日　　仓库：2号库

产品名称	编号	规格	单位	数量	金　额								
					百	十万	千	百	十	元	角	分
峰泉松子汁			件	510								
合计												

验收：文虎　　保管员：李乐　　车间：李利　　记账：

22-1.

湖南增值税专用发票

4300092130　　　　　　记　账　联　　　　№ 092346112

开票日期：2009年1月29日

购货单位	名　　称：湖南天湘食品有限公司 纳税人识别号：430207125603241 地址、电话：0731-23869743 开户行及账号：工行株洲延陵支行 225608028621	密码区	7422-27< 9-4-1319<12<> 636<221	加密版本：01 4300091230 002346112
货物或应税劳务名称	规格型号	单位	数量	单价	金　额	税率	税　额
峰泉松子汁		件	2800	67.00	187600.00	17%	31892.00
合计					￥187600.00		￥31892.00
价税合计（大写）	⊗ 贰拾壹万玖仟肆佰玖拾贰元整				（小写）￥219492.00		
销货单位	名　　称：湖南峰泉饮品有限公司 纳税人识别号：430413873408372 地址、电话：衡阳市狮山路188号9174386 开户行及账号：中行来雁支行50813507348132	备注		

收款人：　　复核：　　开票人：陈丽　　销货单位（章）

22-2.

发 货 单

购货单位：湖南天湘食品有限公司　2009年1月29日　　　　　　编号：080139408

产品编号	产品名称	规格	单位	数量		单价	金　额							
				请发	实发		十万	万	千	百	十	元	角	分
	峰泉松子汁		件	2 800	2 800									
合计														

第三联　财务

销售部门负责人：胡文　　　发货人：李乐　　　提货人：纪敏和　　　制单：何意

23-1.

领 料 单

领料部门：生产车间　　　2009年1月31日　　　　　　编号：002186

材料名称	编号	规格	单位	数量		单价	金　额	记账
				请领	实发			
松子仁			千克	100	100			
白糖			千克	150	150			
乳化剂			千克	90	90			
稳定剂			千克	60	60			
工作单号			用途	用于松子饮品生产				
工作项目								

第二联　会计部门记账

审批：李巧巧　　　记账：　　　　发料人：彭敏妓　　　领料人：贺开喜

23－2.

领 料 单

领料部门：生产车间　　　　2009年1月31日　　　　　　　　编号：002187

材料名称	编号	规格	单位	数量		单价	金额	记账
				请领	实发			
重油			千克	1 800	1 800			
工作单号			用途	本月生产车间燃油锅炉耗用				
工作项目								

审批：李巧巧　　　　记账：　　　　　发料人：彭敏妓　　　　领料人：张斌

第二联　会计部门记账

（说明：该公司对重油采用大油罐储存，并采用实地盘存制计算每月重油耗用量。）

23－3.

产 品 入 库 单

编号：1280501

车间：包装车间　　　　2009年1月31日　　　　仓库：2号库

产品名称	编号	规格	单位	数量	金额								
					百	十	万	千	百	十	元	角	分
峰泉松子汁			件	510									
合计													

验收：文虎　　　　保管员：李乐　　　　车间：李利　　　　记账：

第二联　会计部门记账

24.

发料凭证汇总表

2009年1月31日

应贷科目＼应借科目		生 产 成 本	合 计
原材料	松子仁		
	白 糖		
	乳化剂		
	稳定剂		
	商标纸		
	重 油		
周转材料	易拉罐		
	纸 箱		
合 计			

25－1.

湖南增值税专用发票
抵 扣 联 № 008222467

4300084140

开票日期：2009年1月31日

购货单位	名　　　称	湖南峰泉饮品有限公司	密码区	215-1<-12>>　　加密版本：01 3<22>61246=9　4300084140 -83>-X24=241　008222467		
	纳税人识别号	430413873408372				
	地址、电话	衡阳市狮山路188号9174386				
	开户行及账号	中行来雁支行50813507348132				
货物或应税劳务名称	规格型号	单位	数量	单价	金　额	税率	税　额
电	号	度	30000	0.8	24000	17%	4080.20
合计					¥24000		¥4080.20
价税合计（大写）	⊗贰万捌仟零捌拾元整				（小写）¥157950.00		
销货单位	名　　　称	湖南省衡阳市供电公司	备注			
	纳税人识别号	430401019248212				
	地址、电话	湖南省衡阳市八一路11号2257266				
	开户行及账号	建行一支行1038212443				

收款人：李虹　　　复核：张能　　　开票人：彭晓

25 – 2.

湖南增值税专用发票
发票联

4300084140　　　　　　　　　　　　　　　№ 008222467

开票日期：2009 年 1 月 31 日

购货单位	名　称：湖南峰泉饮品有限公司 纳税人识别号：430413873408372 地址、电话：衡阳市狮山路188号9174386 开户行及账号：中行来雁支行50813507348132	密码区	215-1<-12>> 3<22>61246=9 -83>-X24=241	加密版本：01 4300084140 008222467

货物或应税劳务名称	规格型号	单位	数量	单价	金　额	税率	税　额
电	号	度	30000	0.80	24000.00	17%	4080.00
合计					¥ 24000.00		¥ 4080.00

价税合计（大写）	⊗ 贰万捌仟零捌拾元整	（小写）¥ 28080.00

销货单位	名　称：湖南省衡阳市供电公司 纳税人识别号：430401019248212 地址、电话：湖南省衡阳市八一路11号2257266 开户行及账号：建行一支行1038212443	备注	（湖南省衡阳市供电公司 430401019248212 发票专用章）

收款人：李虹　　　　复核：张能　　　　开票人：彭晓

25 – 3.

中国银行
转账支票存根

支票号码　00724028

科　目　_____

对方科目　_____

签发日期　2009 年 1 月 31 日

收款人：湖南省衡阳市供电公司

金　额：¥ 28 080.00

用　途：付电费

单位主管　　　　会计

25 - 4.

电 费 分 配 表

2009 年 1 月 31 日

部门、用途		分配标准(kW·h)	分配率	分配金额(元)
生产车间	生产用	22 000		
	照明用	300		
包装车间	生产用	5 000		
	照明用	100		
公司行政管理部门		2 600		
合　计		30 000		

复核：　　　　　　　　　制单：

26 - 1.

湖南增值税专用发票　　抵 扣 联

4300084140　　　　　　　　　　　№ 008226742

开票日期：2009 年 1 月 31 日

购货单位	名　　称：湖南峰泉饮品有限公司 纳税人识别号：430413873408372 地址、电话：衡阳市狮山路188号9174386 开户行及账号：中行来雁支行50813507348132	密码区	715-1<-12>> 3<22>61246=9 -83>-X24=241	加密版本：01 4300084140 008226742

货物或应税劳务名称	规格型号	单位	数量	单价	金　额	税率	税　额
水		吨	100	2.00	200.00	17%	34.00
合计					￥200.00		￥34.00

价税合计(大写)	⊗贰佰叁拾肆元整	(小写) ￥234.00

销货单位	名　　称：湖南省衡阳市供水公司 纳税人识别号：430401019248211 地址、电话：湖南省衡阳市湘江路121号8457268 开户行及账号：工行一支行100382128792	备注

收款人：彭虹　　　　复核：李能　　　　开票人：张晓

26－2.

湖南增值税专用发票

发 票 联

4300084140　　　　　　　　　　　　　　　　№ 008226742

开票日期：2009年1月31日

购货单位	名　　　　称：湖南峰泉饮品有限公司 纳税人识别号：430413873408372 地　址、电　话：衡阳市狮山路188号9174386 开户行及账号：中行来雁支行50813507348132	密码区	715-1<-12>> 3<22>6436=9 -83>-X24=246	加密版本：01 4300084140 008226742

货物或应税劳务名称	规格型号	单位	数量	单价	金　额	税率	税　额
水		吨	100	2.00	200.00	17%	12.00
合计					￥200.00		￥12.00

价税合计（大写）	⊗贰佰壹拾贰元整	（小写）￥234.00

销货单位	名　　　　称：湖南省衡阳市供水公司 纳税人识别号：430401019248211 地　址、电　话：湖南省衡阳市湘江路121号8457268 开户行及账号：工行一支行100382128792	备注	（湖南省衡阳市供水公司 430401019248211 发票专用章）

收款人：彭虹　　　　复核：李能　　　　开票人：张晓

26－3.

```
中国银行
转账支票存根

支票号码 00724029
科　目 _____
对方科目 _____
出票日期 2009 年 1 月 31 日
收款人：湖南省衡阳市供水公司
金　额：￥212.00
用　途：付水费
单位主管　　　　会计
```

26-4.

中国银行进账单(受理回单) 1

填制日期： 年 月 日　　　第　号

付款人	全　称		收款人	全　称	
	账　号			账　号	
	开户银行			开户银行	
人民币 (大写)			百 十 万 千 百 十 元 角 分		
票据种类			此联不作收款用		
票据张数					
单位主管　会计　复核　记账			受理银行盖章		

此联是收款人开户行交给收款人的受理回单

26-5.

水 费 分 配 表

2009 年 1 月 31 日

部　　门		分配标准(吨)	分配率	分配金额(元)
生产车间	生产用	60		
	一般耗用	6		
包装车间	生产用	10		
	一般耗用	3		
公司行政管理部门		21		
合　计		100		

复核：　　　　　　　　　制单：

27.

2009年1月份工资分配汇总表

发放日期：2009 年 1 月 31 日

应借科目 车间、部门	生产成本	制造费用	管理费用	合　　计
生产车间				
包装车间				
公司管理部门				
合　计				

复核：　　　　　　　　　　　　　　制单：

28.

社会保险费及工会经费计算表

2009 年 1 月 31 日

车间、部门	养老保险 (计提比例：23%)	医疗保险 (计提比例：7%)	工会经费 (计提比例：2%)	合　　计
合　计				

复核：　　　　　　　　　　　　　　制单：

29.

固定资产折旧计算表

2009 年 1 月 31 日

车间、部门	金额(元)
合　计	

复核：　　　　　　　　　　　　　制单：

30.

制造费用分配表

2009 年 1 月 31 日

产品名称	分配标准	分配率	应分配金额

复核：　　　　　　　制单：

31.

产品成本计算单

产品名称：峰泉松子汁　　　　　年　月　日

项　　目	直接材料	直接人工	制造费用	合　　计

复核：　　　　　　　　　　　　　制单：

32.

已销产品成本计算单

2009 年 1 月 31 日

产品名称	单位	数量	单位成本	已销产品总成本(元)

复核：　　　　　　　　　　　　　制单：

33.

营业税金及附加计算表

2009 年 1 月 31 日

项 目	金 额（元）
增值税销项税额	57 324.00
增值税进项税额	28 361.20
增值税进项税额转出	0
应交增值税额	28 962.80
应交消费税	0
应交营业税	0
应交城市维护建设税(7%)	2 027.40
应交教育费附加(3%)	868.88

复核： 制单：

34.

2009年1月末各损益账户期末余额结转表

各损益账户名称	借方余额（元）	贷方余额（元）
主营业务收入		
其他业务收入		
公允价值变动损益		
投资收益		
营业外收入		
主营业务成本		
其他业务成本		
营业税金及附加		
销售费用		
管理费用		
财务费用		
资产减值损失		
营业外支出		
所得税费用		

参 考 文 献

［1］财政部. 会计基础工作规范. 1986
［2］财政部会计资格评价中心. 初级会计实务. 北京：中国财政经济出版社，1999
［3］中国人民银行支付结算管理办公室. 支付结算制度汇编——企业银行正确办理支付结算指南. 北京：新华出版社，2002

图书在版编目(CIP)数据

会计基本技能指导与实训/黄清泉,王峰主编. —长沙:
中南大学出版社,2010.9
ISBN 978-7-5487-0110-1

Ⅰ.会… Ⅱ.①黄…②王… Ⅲ.会计学－高等学校:技术
学校－教材 Ⅳ.F230

中国版本图书馆 CIP 数据核字(2010)第 180908 号

会计基本技能指导与实训

主编 黄清泉 王 峰

□责任编辑	彭达升		
□责任印制	易红卫		
□出版发行	中南大学出版社		
	社址:长沙市麓山南路	邮编:410083	
	发行科电话:0731-88876770	传真:0731-88710482	
□印 装	长沙市宏发印刷有限公司		
□开 本	787×1092 1/16 □印张 15.75	□字数 398 千字	□插页 2
□版 次	2010 年 9 月第 1 版	□2016 年 2 月第 4 次印刷	
□书 号	ISBN 978－7－5487－0110－1		
□定 价	28.00 元		

图书出现印装问题,请与出版社调换

编委会

主　编　吕振乾　丁学兵　全秋月　姚　健

副主编　艾克热木·吐尔逊　冯　钢　董振奇　左晓琳

编　委（按姓氏笔画排序）

　　　　丁学兵　苏州市立医院

　　　　艾克热木·吐尔逊　新疆医科大学第一附属医院

　　　　左晓琳　漯河市中心医院

　　　　冯　钢　北京大学深圳医院

　　　　吕振乾　青岛阜外医院

　　　　全秋月　广东医科大学附属医院

　　　　姚　健　沈阳医学院附属第二医院

　　　　董振奇　北华大学附属医院

前　言

随着医疗技术水平的提高，我国心脏外科专业发展迅速，新方法、新技术不断涌现，诊疗指南不断更新。人们对许多疾病的认识也在不断深化和提高，临床医师必须不断学习才能跟上发展的步伐。为了反映现阶段心脏外科学的发展动态，充分体现心脏外科学的临床诊疗成果，我们特组织了具有深厚理论基础和丰富临床经验的外科专家教授及活跃在临床一线的医师们，他们以自己丰富的临床实践经验为基础，通力合作，分工执笔，编写了本书。

本书首先介绍了心脏外科疾病的症状和体征、心脏外科常规检查、心肌保护与体外循环、心脏外科围手术期处理等心外科基础知识，然后详细叙述了先天性心脏病、原发性心脏肿瘤、心包外科疾病、心律失常、心力衰竭、缺血性心脏病与心肌梗死、心脏外科其他疾病以及心脏移植等内容。

本书力求内容新颖，覆盖面广，重点突出，以满足广大医务工作者的临床需求。本书适合各基层医院的住院医生、主治医师以及医学院校本科生、研究生参考使用。

在编写过程中，由于作者较多，再加上我们的水平有限，疏漏与错误之处在所难免，希望读者见谅，并予以批评指正。

编　者

2019 年 12 月

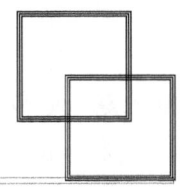

目 录

第一章　心脏外科疾病的症状和体征	1
第一节　症状与病史	1
第二节　体格检查	4
第二章　心脏外科常规检查	7
第一节　普通 X 线检查	7
第二节　心血管造影和 DSA	8
第三节　超声心动图检查	9
第四节　放射性核素检查	11
第三章　心肌保护与体外循环	14
第一节　心肌保护	14
第二节　体外循环基本设备	16
第三节　体外循环管理的基本方法	17
第四节　肝素化和鱼精蛋白中和	18
第五节　体外循环灌注技术	19
第四章　心脏外科围术期处理	23
第一节　术前重要生命脏器功能评价	23
第二节　各种常见症状的处理	36
第三节　手术后并发症的处理	37
第五章　先天性心脏病	42
第一节　房间隔缺损	42
第二节　室间隔缺损	47
第三节　房室隔缺损	55
第四节　右心室流出道及肺动脉狭窄	62
第五节　法洛四联症	66
第六节　肺动脉闭锁	72
第七节　动脉导管未闭	77
第八节　主动脉-肺动脉间隔缺损	81
第九节　主动脉缩窄	84
第十节　头臂血管畸形	89
第十一节　先天性二尖瓣畸形	93
第十二节　左心室流出道梗阻	97

第六章 原发性心脏肿瘤 … 111
- 第一节 心脏黏液瘤 … 111
- 第二节 心脏血管肉瘤 … 116
- 第三节 其他良性心脏肿瘤 … 118

第七章 心包外科疾病 … 122
- 第一节 急性心包炎 … 122
- 第二节 慢性缩窄性心包炎 … 125
- 第三节 先天性心包缺如 … 129
- 第四节 心包囊肿 … 130
- 第五节 心包肿瘤 … 130
- 第六节 先天性心包畸形 … 131

第八章 心律失常 … 132
- 第一节 预激综合征 … 132
- 第二节 室性心律失常 … 135
- 第三节 心房颤动 … 136
- 第四节 Q-T间期延长综合征 … 143

第九章 心力衰竭 … 147
- 第一节 室上性心动过速 … 147
- 第二节 室性心律失常 … 150

第十章 缺血性心脏病与心肌梗死 … 152
- 第一节 缺血性二尖瓣关闭不全 … 152
- 第二节 心肌梗死后室间隔穿孔 … 153
- 第三节 冠心病合并颈动脉疾病 … 154

第十一章 心脏外科其他疾病 … 159
- 第一节 肥厚型心肌病 … 159
- 第二节 心房纤颤 … 164
- 第三节 肺栓塞症 … 169
- 第四节 心脏外伤 … 172
- 第五节 心脏压塞 … 178

第十二章 心脏移植 … 181
- 第一节 术前检查和手术指征 … 181
- 第二节 术前准备 … 182
- 第三节 手术概述 … 184
- 第四节 术后早期监护和治疗 … 185
- 第五节 抗免疫排斥反应治疗 … 187
- 第六节 免疫排斥反应监测技术 … 191
- 第七节 心脏移植术后并发症防治 … 194
- 第八节 异位心脏移植技术 … 196
- 第九节 心肾联合移植技术 … 198

参考文献 … 200

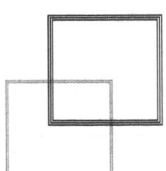

第一章 心脏外科疾病的症状和体征

心脏是人体最重要的器官,被喻为人体的"发动机"。它为人体组织输送新陈代谢所需的各种物质,保证机体的正常活动。心脏大血管一旦有病变,常常累及其他脏器,从而导致全身性损害。心脏大血管病变的手术是一个复杂而细致的过程,不仅创伤大,技术条件要求高,而且对心、肺、肝、肾、脑等主要脏器都有不同程度的影响,而且对那些复杂的心脏畸形和心功能减退的患者具有更大的危险性。

心血管病变手术的成功不仅取决于良好的手术方案和熟练的操作技术,同时也有赖于正确细致的术前准备。这包括:①术前检查:认真进行各种必要的检查,明确病变的部位和严重程度,有无并发其他畸形及脏器的功能状态,做出正确的诊断并进行恰当的处理;②术前药物治疗:根据患者术前情况,针对性地进行相关的药物治疗和调整,可以明显改善患者的全身状态,尽可能地纠正患者心脏和其他有关脏器的功能障碍,提高患者对手术创伤的耐受性;③术前护理和适应性训练:消除患者顾虑,争取使其配合手术,更好地适应术后生活的各种改变;④术前总结和术前讨论:进一步明确诊断,确定手术的适应证和禁忌证,拟订合理的手术方案。

第一节 症状与病史

尽管现在检查的方法日趋完备,各种新的检查手段不断更新,可是有价值的临床资料绝大部分仍来自病史和一般的体格检查。全面、细致、准确地收集病史和体检资料是非常重要的。

详细采集病史和全面体格检查,对于评估患者耐受手术的能力和决定手术方案至关重要。

一、现病史

常见的心血管疾病有关的症状,如胸闷、胸痛、气促、不能平卧、心悸、咳嗽、咯血、下肢水肿、发绀、蹲踞、晕厥等,不仅为诊断提供有用的信息,而且对评估心脏功能状态、病情的转归和预后至关重要。按照美国纽约心脏病学会(New York Heart Association,NYHA)心功能分级(针对慢性心功能不全,见表1-1)和加拿大心血管病学会(Canadian Cardiovascular Society,CCS)劳累性心绞痛的分级标准(针对心绞痛,见表1-2)对患者病情程度进行分级。

表1-1 美国纽约心脏病学会的心功能分级标准

分级	标准
Ⅰ级	患者患有心脏病,但活动量不受限制,平时一般活动不引起疲乏、心悸、呼吸困难或心绞痛
Ⅱ级	心脏病患者的体力活动受到轻度的限制,休息时无自觉症状,但平时一般活动下可出现疲乏、心悸、呼吸困难或心绞痛
Ⅲ级	心脏病患者体力活动明显受限制,小于平时一般活动即引起上述症状
Ⅳ级	心脏病患者不能从事任何体力活动,休息状态下也出现心力衰竭的症状,体力活动后加重

表 1-2　加拿大心血管病学会劳累性心绞痛的分级标准

分级	标准
Ⅰ级	一般日常活动不引起心绞痛，费力、速度快、长时间的体力活动引起发作
Ⅱ级	日常体力活动稍受限制，在饭后、情绪激动时受限制更明显
Ⅲ级	日常体力活动明显受限制，以一般速度在一般条件下平地步行 1 km 或上一层楼即可引起心绞痛发作
Ⅳ级	轻微活动即可引起心绞痛，甚至休息时也可发作

病程的长短、临床症状出现的早晚及诊疗情况也是有效的临床资料。例如，二尖瓣病变症状出现早，但代偿期很长，其病史可迁延十余年甚至数十年。相反，主动脉瓣病变则症状出现晚，一旦出现临床症状，心脏功能很快失代偿，病情迅速恶化。

此外，有些病史本身就对明确诊断极为重要，如发绀型先天性心脏病有蹲踞现象，就应考虑有可能是法洛四联征；有过风湿热或风湿性关节炎的心脏病患者，应考虑风湿性心脏病的可能；对长时间高热的心脏病患者，则需警惕感染性心内膜炎。

二、既往史

1. 过敏史

对某种抗生素药物过敏的患者应避免使用同类型的抗生素。高敏体质的患者则更应警惕。

2. 用药史

术前了解患者用药情况是十分必要的。大部分治疗心脏病的药物应当持续用到手术当日，但某些药物则必须在手术前数日停用。

地高辛、氢氯噻嗪、呋塞米和螺内酯等强心利尿类药物应持续用至手术当日。需要注意的是，对术前长期使用利尿药的患者需监测体内电解质情况。尤其对由心功能不全引起的肝瘀血和水肿的患者，绝对不能因为同时合用排钾和保钾两种利尿药而放松了对电解质紊乱的警惕。

大多数研究都支持阿司匹林的抗血小板作用与体外循环导致的凝血功能异常叠加。术中出血量的增加与近期使用阿司匹林密切相关。阿司匹林抑制环氧酶，阻碍血栓素 A_2 形成，可抑制血小板聚集长达 7～10 d。传统观点认为，阿司匹林一般在术前 1 周左右停用，但这不是绝对的。现在有研究认为，术前停用 3 d 即能有效改善血小板功能，从而减少输血量。更有观点认为，术前持续使用阿司匹林至手术前 1 d 能够降低围术期心肌梗死的发生率并提高存活率。当然，临床上也应该充分考虑那些血小板功能可能存在异常情况的患者，比如尿毒症和血管性血友病患者。一般说来，阿司匹林不会造成严重的术中出血，仔细止血和及时补充血小板是可以防止严重出血的。

氯吡格雷（波立维）通过不可逆抑制血小板二磷酸腺苷（ADP）受体，随后抑制 ADP 介导的血小板糖蛋白 GPⅡb/Ⅲa 受体的激活作用，从而抑制血小板功能。氯吡格雷可在 2～6 h 内产生显著的血小板抑制作用，而这种抑制作用可持续 7～10 d。由于氯吡格雷的半衰期为 6～8 h，近期使用也能抑制外源性输注血小板的功能。对于择期手术患者，术前应停用氯吡格雷 5～7 d。对于急性和亚急性手术患者，外科医师应清楚其可能会导致出血量增多，二次开胸止血的发生率显著增加。

有心房颤动病史，已行机械瓣置换的患者一般都需口服华法林治疗。这些患者应在术前 4 d 停用华法林，并改用低分子肝素抗凝。

所有使用的降压药物应用至手术当日，以期得到良好的血压控制。口服降糖药物应用至手术前日晚上。如果是长效降糖药如氯磺丙脲，应在术前 2～3 d 停药。由于二甲双胍对乳酸代谢有影响，重大手术前也应停用。长效胰岛素，手术前日早晨用量减至平时一半；短效胰岛素，手术前日晚餐用量减至平时一半，以免术前禁食可能发生的低血糖。此外，需要注意的是，使用低精蛋白锌胰岛素的患者有更大的发生鱼精蛋白过敏反应的可能性。

手术前应尽可能对所用的对肝肾功能有影响的药物进行替换或停用，并评估和监测肝肾功能。另一个容易被忽视的情况是，部分有慢性胺碘酮治疗史的患者易在术后表现出肺毒性并发展成为成人呼吸窘迫综合征。成人呼吸窘迫综合征主要表现为呼吸困难、缺氧、放射状浸润、弥散功能下降，并且有很高的死亡率。这在长期大剂量服用胺碘酮的患者中比较常见。严重的肺毒性是心脏手术的禁忌证，避免潜在的诱发因素，如高流量吸氧、体外循环时间过长和过量输液至关重要。偶而，在服用胺碘酮很短的时间里也会出现过敏反应等症状。

3. 住院和手术史

有大隐静脉剥脱和结扎手术史的患者，或有使用大隐静脉行远端血管重建史时，外科医师需考虑如何获得满意的搭桥血管材料。行过左侧根治乳房切除手术的女性患者可能胸部血管有改变，左侧乳内动脉通畅情况可能受损，所以用左内乳动脉行前降支旁路则血供不理想。进行过胸纵隔放射治疗的患者，应充分估计到放疗可能对组织的损伤和粘连性改变，这可能会给开胸操作带来难度。有重要脏器切除手术史的患者，术前要仔细评估残余器官的功能。有开胸和心内操作史的患者，要充分考虑到开胸和心内操作的难度，而且术后止血也会更加困难。

4. 系统回顾

（1）呼吸系统术：后肺部并发症和相关死亡率仅次于心血管系统，居第二位。要重点注意可能削弱肺功能的病史和职业接触史，如慢性咳嗽、咳痰、咯血和呼吸困难等。呼吸系统的危险因素包括慢性阻塞性肺病（COPD）、吸烟、年老、肥胖、急性呼吸系统感染等。无效咳嗽和呼吸道反射减弱，会造成术后分泌物的潴留，增加细菌侵入和肺炎易感性。

有长期吸烟史的COPD患者，可通过肺功能检测准确确定其呼吸器官的损伤程度。尽管轻中度COPD通常并不增加术后死亡率，但重度COPD患者，特别是老年患者及使用类固醇的患者，肺部和胸骨伤口并发症、在重症监护病房时间和手术死亡率显著增加。

主动吸烟患者（每天吸烟超过10支）应在术前2~4周戒烟，最好是戒烟2个月，以减少气道分泌物并改善黏膜纤毛转运功能。尽管这实施起来特别困难，但十分必要。仅在术前数天戒烟作用不大，且有可能增加气道分泌物。

急性呼吸系统感染者，择期手术应推迟至治愈后1~2周；如系急诊手术，需加用抗生素。阻塞性呼吸道疾病者，围术期应用支气管扩张药；喘息正在发作者，择期手术应推迟。

（2）循环系统：患者血压在21.28/13.33 kPa（160/100 mmHg）以下，可不必做特殊准备。血压过高者，术前应选择应用合适的降压药物，使血压稳定在一定的水平，但不要求降至正常以后才做手术。

有病毒性心肌炎病史的患者，须心肌酶恢复至正常水平以后才考虑手术。有心肌梗死病史的患者，应在心肌梗死发生后3个月左右行手术治疗。尤其是有室壁瘤形成的患者，需待心肌水肿消退，瘢痕组织形成以后才更加安全。风湿性心脏病患者风湿活动期，心肌水肿，应激性增加，术后易发生恶性心律失常，应避免行手术治疗，需待红细胞沉降率恢复至正常水平后再安排。主动脉、外周血管疾病可提示有广泛血管粥样硬化，外科医师需注意插管时有斑块脱落等并发症发生的可能。

（3）消化系统：有严重酗酒史的患者发生术中出血、术后肝功能障碍、情绪激动及酒精戒断症状的潜在可能性大。肝功能异常可致某些凝血因子合成障碍，引起术后出血。体外循环手术可加重对肝脏的损害。对于体外循环患者来说，肝功能轻度异常无特殊意义，无须进一步处理。但对有酗酒史的患者，提示可能存在酒精性肝炎或肝硬化。对这一部分患者，术后抗凝也须更加谨慎。有病毒性肝炎、肝功能正常或轻度增高的患者，一般也无须特殊处理。在临床上观察到，乙肝阳性的患者术中渗血更为严重。但肝功能异常的肝炎患者，体外循环术后发生急性肝衰竭的概率明显增加。

对肝硬化的患者，Child-Pugh分级（表1-3）为A级，总胆红素低于34μmol/L、白蛋白高于35 g/L时，通常能够耐受体外循环手术，但发生各种术后并发症，包括感染、出血、胃肠道并发症、呼吸及肾功能衰竭的风险较大。有严重的病毒性肝硬化或酒精性肝硬化（B级或C级）的患者通常不考虑行心外手术，因为这些患者的手术死亡率很高。但如果患者的心脏疾病严重影响其生活质量和生存周期，有严重肝脏疾病的患者也可以成功耐受非体外循环手术。

表 1-3 Child-Pugh 改良分级法

临床生化指标	1 分	2 分	3 分
肝性脑病（级）	无	1～2	3～4
腹腔积液	无	轻度	中、重度
总胆红素（μmol/L）	<34	34～51	>51
白蛋白（g/L）	>35	28～35	<28
凝血因子时间（s）	<4	4～6	>6
分级	A级：5～6分	B级：7～9分	C级：≥10分

有消化道出血史等，手术应激及体外循环可诱发出血，术前需要进一步行内镜检查，同时必须在瓣膜病术前决定是否使用生物瓣。这些患者需要考虑术后使用质子泵抑制剂、H_2 受体阻断剂等。

（4）泌尿系统：女性泌尿系统症状提示泌尿系统感染史，术前必须处理。小儿尿道下裂等尿道畸形并不影响手术，但会使尿管放置发生困难，必要时可先机械性扩张后置入。有肾病史的患者，术前需仔细评估肾功能。孤立肾和肾移植手术史并不是手术禁忌证，但要考虑到评估肾脏的储备功能，并避免使用肾毒性药物。

（5）神经系统：无论是出现短暂性脑缺血发作还是脑卒中等神经系统症状，都会增加围术期脑血管意外的发生率。有神经系统症状、有颈动脉手术病史或者颈动脉杂音存在者，术前均应考虑颈动脉狭窄的可能，通常需要做颈动脉超声检查以评估是否存在颈动脉严重狭窄和血流限制等病变。有过脑卒中病史的患者，一般 3～6 个月后再安排择期手术。

（6）血液系统：常规凝血试验阳性的发现率低，靠凝血因子时间（PT）、活化部分凝血因子时间（APTT）及血小板计数，识别严重凝血异常的也仅占 0.2%。所以，仔细询问病史和体格检查显得尤为重要：询问患者及家属中有无出血和血栓栓塞史；是否输血，有无出血倾向的表现，如是否易发生皮肤瘀斑、瘀点、鼻出血、牙龈及关节出血；手术或者月经是否严重出血；有无不良的饮食习惯，过量饮酒，服用非甾体抗炎药或降血脂药（可能导致维生素 K 缺乏），抗血小板或抗凝治疗等。对临床确定有凝血功能障碍者，择期手术前应做相应治疗；急症手术由于术前没有时间纠正凝血障碍，外科医师应充分考虑可能存在的严重渗血的可能，必要时输注新鲜冰冻血浆和血小板制品。对有血液系统疾病（如血友病等）的围术期处理，需要请血液科医师协助。

（7）内分泌系统：糖尿病患者在整个围术期都处于应激状态，其术后发生卒中、感染、肾功能障碍的风险性和死亡率较非糖尿病患者明显增高。而与非胰岛素依赖型糖尿病患者相比，胰岛素依赖型糖尿病患者术后呼吸衰竭及肾功能衰竭的发生率更高。慢性胰岛素依赖型糖尿病患者可并发中、重度肾及外周血管疾病，可增加术后发生肾功能衰竭的危险。糖尿病对于使用双侧内乳动脉搭桥手术来说是一个相对禁忌证，这种情况下感染的发生率显著增高。

甲状腺功能减退的患者处于低代谢状态，其对麻醉药物的清除缓慢，而从麻醉中复苏较慢，手术后需延长呼吸机支持时间。甲状腺功能亢进的患者处于高代谢状态，可使他们增加发生心肌缺血、血管舒缩不稳定以及心房颤动时心室率不易控制的危险。

第二节 体格检查

应在病历中评价并记录患者的一般情况、精神状态等，并与术后对比。行体外循环手术的患者术前要精确地测量身高和体重，以便推算出体表面积和心排血指数，作为体外循环流量和以后补液、用药的依据。体表面积可以通过查表或公式计算获得：体表面积 $S(m^2)=0.0061 \times 身高(cm) + [0.0128 \times 体重(kg) - 0.1529]$。

测量应该在清晨空腹时进行，小儿应注意减去衣物的重量，尽量减少误差。此外，对于心功能不全的患者，应每日监测体重变化。

1. 生命体征

记录体温、呼吸、脉搏和血压。发热患者需加测体温，并观察热型。

检查脉搏应注意脉搏的速率、节律、紧张度、强弱、波形等情况。检查脉率时除注意脉率的增快或减慢之外，还应注意脉率与心率是否一致。心房颤动、频发室性期前收缩等，脉率少于心率，出现脉搏短绌。脉搏节律是心搏节律的反映，在心律失常时，脉律不整有重要的意义。此外，利用触诊来了解动脉搏动情况，对临床有重要的指导作用。如：水冲脉常见于主动脉瓣关闭不全，也可见于动脉导管未闭、甲状腺功能亢进和严重贫血等；迟脉则主要见于主动脉瓣狭窄；交替脉是左心室衰竭的重要体征，常见于急性心肌梗死、主动脉瓣关闭不全等；奇脉是平静吸气时脉搏明显减弱甚至消失的现象，见于心包积液、缩窄性心包炎和心脏压塞时。

所有患者均应测双侧上肢血压。双侧上肢血压不同提示可能有锁骨下动脉狭窄，这是使用该侧带蒂内乳动脉的禁忌证。此外，也见于一部分主动脉夹层、多发性大动脉炎、先天性动脉畸形和血栓闭塞性脉管炎的患者。先天性心脏病，大室间隔缺损（直径大于 1 cm）和动脉导管未闭的患儿，需加测量四肢血压，以除外可能存在的主动脉缩窄等畸形。

脉压增大 [> 5.3 kPa（40 mmHg）] 主要见于主动脉关闭不全、动脉导管未闭、动静脉瘘等。脉压减小 [< 4.0 kPa（30 mmHg）] 主要见于主动脉瓣狭窄、低血压、心力衰竭、心包积液和缩窄性心包炎等。

2. 头面部

需要植入人工材料（瓣膜、人工血管等）的患者术前应检查口腔，如发现有龋齿应及时治疗，避免术后菌血症引起感染性心内膜炎。但对于严重缺血性心脏病或严重主动脉瓣狭窄患者，选择拔牙治疗时需谨慎，即使是局部麻醉操作也可能引发心脏并发症。

3. 颈部

颈动脉的杂音是颈动脉疾病的一个标志性体征，常提示有颈动脉狭窄的存在，为术后脑血管意外的高危因素，应进一步检查确诊。颈动脉搏动增强见于主动脉瓣关闭不全、动脉导管未闭、主动脉缩窄和严重贫血等情况。双侧颈动脉强弱不等，提示可能有颈动脉血栓形成、多发性大动脉炎等疾病。

颈静脉怒张提示静脉压增高，见于右心力衰竭、缩窄性心包炎、心包积液或上腔静脉阻塞综合征。在三尖瓣关闭不全颈静脉怒张时可以看到颈静脉搏动，与颈动脉搏动位置相近，应注意鉴别。一般静脉搏动柔和，范围弥散，触诊时无搏动感；动脉搏动比较强劲，为膨胀性，搏动感明显。

主动脉弓部瘤时，由于心脏收缩时瘤体膨大将气管压向后下，因而随每次心脏搏动可以触到气管的向下拽动，称为 Oliver 征。

4. 胸部

胸部检查包括胸廓、乳房、肺部和心脏检查。与心脏外科关系最为密切的是心肺检查。肺部听诊是否有哮鸣音、啰音及呼吸音减低，如有肺部感染征象，应结合胸片，确诊后及时治疗，避免因呼吸道插管和机械通气使得肺部感染加剧。

心脏检查包括心前区隆起或凹陷，心尖冲动的位置、强弱和范围的变化，心前区的异常搏动，心前区震颤，心脏相对浊音界。心脏听诊是检查心脏的重要方法，包括心率的快慢、节律的整齐与否、心音的变化、额外心音、心脏杂音和心包摩擦音等。心脏杂音的听诊应注意仔细辨别杂音的最响位置、时期、性质、强度、传导方向及体位、呼吸和运动对杂音的影响。

5. 腹部

腹腔积液导致的腹部膨隆可见于心力衰竭、缩窄性心包炎等，术前应每日监测腹围，而舟状腹的患者提示严重的心源性恶病质，手术的风险和死亡率明显增高。上腹部搏动明显可见于腹主动脉瘤和二尖瓣狭窄或三尖瓣关闭不全引起的右心室增大，应注意仔细鉴别。鉴别方法：可用食指及中指指腹贴于剑突下部，于吸气时指尖感到搏动为右心室增大。如于呼气时指腹感到搏动明显，则为腹主动脉搏动。必要时可行超声波检查。有腹主动脉瘤的患者不宜行主动脉内囊反搏，以防止远端发生动脉粥样硬化性栓塞。

心功能不全的患者需检查有无肝脾肿大、腹腔积液、腹部包块，并做好标记，每日监测肝脏变化。

6. 四肢

术前常规检查桡动脉、股动脉、胫后动脉、足背动脉搏动情况。桡动脉作为有创测压的部位，或者用作冠状动脉搭桥的移植血管时需做 Allen 实验。方法是：令患者握拳，医师用两手分别压迫其桡动脉及尺动脉，嘱患者将手展开，医师放开尺动脉，观察患者手掌变红时间。一般 8 s 以内为阴性，8～15 s 为可疑，大于 15 s 为阳性。如下肢动脉搏动不佳，提示下肢血供不良，则禁忌经股动脉插管行主动脉内囊反搏。检查大隐静脉确认其是否可用作移植血管。

双下肢凹陷性水肿多见于心功能不全，主要是右心功能不全。杵状指（趾），常见于发绀型先天性心脏病、感染性心肌炎、亚急性感染性心内膜炎等，其发生机制一般认为与缺氧等因素引起末梢毛细血管扩张增生有关。

7. 皮肤

皮疹、皮肤上的感染灶，尤其是预计切口部位，应及时进行治疗。

8. 神经系统

神经系统在围术期和（或）手术后受到损害，有神经系统检查阳性表现的患者，常可在心脏手术后病情加重，故术前必须明确诊断，以免发生围术期脑血管意外。对围术期任何基本的神经功能缺陷进行鉴别，可以为手术后神经功能的恶化提供重要的参考。

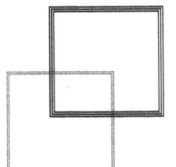

第二章 心脏外科常规检查

第一节 普通X线检查

一、常规检查

(一)透视检查

透视检查是心血管疾病X线诊断中的一项重要方法。其主要优点是：

(1) 根据病情转动患者，从不同角度观察心脏各房室和大血管的情况，进一步立体地了解其形态大小及相互关系；

(2) 可观察心脏、大血管的搏动幅度、心律、心率、心肌张力、心房、心室同步情况等心脏运动功能；

(3) 了解呼吸对心脏、大血管形态和位置的影响，做吸气屏气试验；

(4) 少量胸腔积液和胸膜粘连的鉴别；

(5) 核对或校正因胸廓畸形、体位不正或吸气不足（尤其是婴幼儿）等造成的X线照片上心脏大血管影像的失真。

透视的缺点是影像不够清楚，不能留下记录供复查对比，诊断结果受透视者个人经验与水平影响很大。

(二)X线摄影

1. 后前位

常规采用远距离（靶片距2 m）站立后前位，在平静吸气下屏气投照，应避免深吸气（肥胖和膈高位者除外）或呼气状态下投照，前者可不自觉地造成Valsalva效应，减少回心血量使心影缩小，后者使心脏趋于横位、肺野透明度差，不利于肺血管纹理的分析观察。远距离站立后前位片亦称远达片，心影放大率在5%以下，可用于心脏及大血管的径线测量。

远达片是心脏X线检查的基本体位，要求心影轮廓清楚，穿透适当（透过心影可见降主动脉），肺血管纹理清晰，对比良好。如设备条件许可，以高千伏（电压125～150 kV）和短时间曝光（< 0.01秒）技术效果更佳。配用筛动滤线器有助于进一步改善对比度。

2. 左、右前斜位片

常规摄左前斜位60°（左胸前旋使胸冠状面与胶片成60°夹角）及右前斜位45°（右胸前旋使胸冠状面与胶片成45°夹角），常规食管服钡照片。前者是观察胸主动脉全貌，判断左、右心室和右心房增大和肺动脉圆锥的情况。斜位片与后前位片相结合，可观察双肺门影像。

3. 左侧位

多采用食管服钡投照。为观察心、胸前后径、胸廓畸形、鉴别主动脉瘤或纵隔肿物的适宜体位，兼有左、右前斜位的作用。

二、X线记波摄影

X线记波摄影是应用等速定向移动的多裂隙铅栅在X线记录心脏、大血管边缘机械运动的一种检查方法，现已很少应用。

第二节 心血管造影和 DSA

一、心血管造影

心血管造影是向心脏大血管腔内快速注入造影剂，以显示心脏大血管解剖形态学和（或）血流动力学异常的特殊 X 线检查方法。

心血管造影须一系列技术综合运用，包括大容量 X 线机、快速和连续的记录手段如快速自动换片、X 线荧光缩影片（100mm 或 105mm）、X 线电视录像或 X 线电影及快速向心脏或大血管腔内注入造影剂需用压力注射器等。

（一）X 线机

以 800～1500 kHU X 线管球的主机为佳，条件许可时应用双向设备更为方便。目前多应用 X 线电视录像或 X 线电影。前者记录速度为每秒 25 帧，后者摄影速度一般为每秒 60 帧（40～90 帧/s），可做单帧或连续快速的图像分析，对研究判断解剖形态学异常和精细分析血流动力学异常均十分有利。

（二）高压注射器

高压注射装置是保障在短时间内经导管（85～125 cm）向心腔或靶血管内注入足够量造影剂，造成良好人工对比，使造影成功的必要设备。

（三）造影剂

目前国内普遍使用的仍为 60%～76% 的泛影葡胺类制剂，每次用量按体重计算，一般不超过 1.0～1.5 mL/kg，若因诊断需要必须超量应用时，应注意保持适当间隔时间（至少间隔 30 分钟以上），注意避免在体内滞留过多的造影剂。肝、肾功能不全者应慎用。对泛影葡胺等离子型造影剂过敏或反应明显者，可小心试用非离子型造影剂，如优维显或欧姆尼派克等。

（四）造影导管的选择

心室造影宜选用猪尾型或多个侧孔型导管，主动脉造影时可选用与心室造影相同的导管或先用尾环较小的角度猪尾形导管。使用端孔导管进行主动脉造影时，导管尖端应距主动脉瓣口 2.5 cm 以上，切勿过低。

（五）造影剂注入量与流率

流率是在单位时间（s）内注射造影剂的速度，即每秒注入多少毫升造影剂。注入剂量是造影时注入靶器官或靶血管内造影剂的数量，即按何种流率共注射几秒。

对血流速度快，靶器官或靶血管容量较大的部位（如心室、心房，胸主动脉或肺动脉等）造影时，流率必须要大，才能在短时间内有足够量的造影剂充盈于局部，显示靶部位形态学结构和血流动力学变化，这是造影成功的关键之一。对血管管径小、血容量不大的靶器官或靶血管造影时，流率和注入剂量必须降低，否则会造成意外损害。

二、数字减影血管造影（DSA）

（一）简介

DSA 是用数字化的造影画面，减去数字化的背景画面只余下充盈造影剂的血管影像的造影方法。它是将摄像靶区的背景结构经高性能影像增强器，通过像素小、高分辨率的摄像管和数模转换及对数放大，变成数字化图像（称蒙片 mask）送入计算机甲存储器里，然后用同样方法，再将同部位的造影图像（称动像 living image）送入乙存储器内，由 DSA 控制台指令两者相减后，使背景图像正负相消，只余下因注入造影剂而显影的靶血管影像。其大幅度地提高了密度分辨率，使非减影情况下不能显像的细小血管内低浓度造影剂也能产生良好对比清楚显影。然后应用窗技术进一步改善对比度和清晰度，达到影像诊断要求的最佳照片。

DSA 设备均附有磁盘录像（VDR）或磁带录像（VTR），能实时地看到图像，及时修正或补充检查，对有诊断价值和需要会诊的画面，可用多幅相机选择性地拍成相片。

（二）方式

DSA 根据造影部位和血流速度不同可选用不同方式。由于注药途径不同，分为静脉法（IVDSA）和动脉法（IADSA）两种。前者又分为外围法（穿刺外围静脉由导管针或短导管注药）和中心法（导管送至腔静脉或右心房注药），这种给药方法除能显示相应静脉外，并能较好地显示右心房、右心室、肺动脉等右心系统，造影剂通过肺循环后被稀释，到达左心系统浓度有所降低，对胸主动脉及其主要分支、腹主动脉、肾动脉主干等较大的血管仍可显示，对细小动脉或脏器内血管显示较差。造影剂使用量大，造影剂的浓度要高，显影部位动脉影像重叠为其不足，而相对创伤性较小，方法简便，可在门诊检查，费用低廉为其优点。

IADSA 采用 Seldinger 技术经股动脉插管，将导管选择或超选择插入靶器官或靶血管进行造影。可直接注入靶器官或靶血管，细小血管（1 mm）及其分支亦能清晰显影。它还能使某些器官的实质或肿瘤染色显像，是现今最多用的 DSA 检查方法。

DSA 对主动脉及其主要分支的狭窄、阻塞、畸形（如主动脉弓畸形、缩窄、折曲以及头臂血管主要分支变异等）、主动脉瘤、主动脉夹层、颈部大血管及颅内主要动脉分支、右房右室、肺动脉、左室运动功能障碍以及心腔内占位性肿块或心腔变形有诊断意义。造影剂浓度高，剂量大为其重要缺点。一些患者移动，随意和不随意的运动，如吞咽、呼吸、心跳、肠和胃蠕动等均能带来伪影，应尽量克服。

第三节　超声心动图检查

一、常用技术

目前的心血管病超声诊断包括多种显示技术，以无创伤途径为主，近来还发展了介入性超声。

（一）M 型超声心动图

本法是用单声束通过心脏各层结构所组成的不同层次时间运动曲线图，是最早应用的超声心动技术。其优点是：可分析心脏各层结构的运动速度、幅度、斜率，形象地显示并记录瓣膜高速运动的轨迹；设备简单，价格低廉。其缺点是：结构信息量小，不能表现心脏结构全貌及其相互关系。

（二）二维超声心动图

为显示心脏不同方位、不同深度断层图的技术，是心血管病各种超声检查方法中的基础技术。

1. 成像原理

超声波传播过程中遇到不同声阻的组织界面，则产生回声反射，其强度与两种物质声阻差别成正比，因而能清楚区别液体与软组织。血液在声图上表现为无同声的暗区；正常心肌有较淡回声、纹理纤细而模糊；心内、外膜、瓣膜及大血管壁回声较强且清晰。组织纤维化和钙化时则回声显著增强。检查心脏时需避开肺组织、肋骨和胸骨。近来也开展了经食管探查、手术时经心外膜直接探查及血管内超声检查等。

超声成像一般为 16～30 帧/s，这种速度用人眼观察近于实时成像，可以分析心脏动态功能、瓣膜活动及血流运行状态（多普勒方法）。

2. 常用断面

（1）胸骨左缘心前区检查为最常用和提供最多断面的检查区。

①长轴系列断面：探头的声束扫查方向通过心脏各纵行断面，其中最基本的是左室长轴断面。本断面显示的主要结构包括主动脉根部，左室流入道、流出道，能清晰显示心室的收缩与舒张及主动脉瓣和二尖瓣在心脏不同时相的运动方位。

②短轴系列断面：声束扫查方向从检查长轴的方向顺时针转 90°，找到与心脏长轴呈垂直方向的图像。从主动脉根部到心尖可找到一系列不同水平的短轴断面，但最有实用价值的基本断面有以下三个。

a. 主动脉根部水平短断面：此断面中心为主动脉窦部横断面，正常为圆形、回声均匀的壁同声，中间显示纤细的三个瓣同声。瓣开放时形成近圆形开口，关闭时形成 Y 形关闭线。主动脉前左为右室流出道、左方为肺动脉瓣及主肺动脉的长轴断面，是显示大动脉关系及右室情况的重要断面。

b. 二尖瓣水平左室短轴断面：此水平左室断面，正常时为对称圆形。其前方为左室前壁；左前为侧壁，左后为左室正后壁，后方为左室下壁，右前及右侧为室间隔。二尖瓣口在腔中心部偏后侧。二尖瓣前叶在前，活动度及宽度均大于后叶。二尖瓣正常时，开放口近圆形，关闭时形成向后弯曲的一字形关闭线。

c. 乳头肌水平短轴：此断面最适于观察左室壁运动。室壁组成二尖瓣水平短轴，但其断面位置较低，相当于左室体部，腔内可见两个乳头肌，正常的断面为圆形。

（2）心尖区检查：探头置于心尖搏动处向左下 2 cm 处，扫查方向指向右肩。最基本的断面是心尖四腔图。图像中间为室间隔纵断面，其两侧为左、右心室腔冠状断面，再外侧为左、右室壁的侧方纵断面。图像心室腔深部为二、三尖瓣回声，由二尖瓣前叶与后叶、三尖瓣隔叶与前叶组成。

（3）肋下区检查：此区系列断面适用于观察儿童或成人肺气肿、垂直心等心前区检查难于获得满意结果时。

（4）胸骨上窝检查：此区最适显示主动脉弓降部情况，最常用主动脉弓长轴断面。

（三）超声造影法

在一般声图像上血液不产生信号，表现为无同声暗区。在血液中注入能产生回声的物质，使血流显示回声，借以观察血流途径、方向等称超声造影法，注入的物质则称造影剂。CO_2 对人体无害，弥散快，不易产生气栓，是最常用的。过氧化氢遇血中过氧化酶可分解出氧气微泡，是另一常采用的造影剂。

（四）多普勒超声心动图

多普勒超声心动图包括三种技术，彩色多普勒血流显像（CDFI）、脉冲波多普勒（PW）与连续波多普勒（CW）。CW 与 PW 主要用于定量测定血流动力学资料。CDFI 配合二维超声心动图，显示心脏断面内的血流分布宏观状态。

多普勒超声技术主要用于反映红细胞的运动速度和方向。CDFI 以血流显像方式表现血流状态，以颜色表示方向，一般朝向探头为红色，背离探头显蓝色。以亮度表示速度，速度快则色彩亮度大，流速慢则色彩暗，速度降至显示值以下则完全不呈色。CDFI 还可区分层流与湍流，当为层流时显色单纯，湍流时逐渐加入绿色，组成多种色呈镶嵌状回声区。CDFI 与二维心动图配合，清楚地显示异常血流位置及其与结构的关系。

二、适应证及诊断

日前超声检查对心脏病的应用，可简单归纳如下。

（一）诊断心脏病

1. 心脏异常的诊断

多数心脏病伴有形态改变：心肌病时心肌肥厚或畸形；冠心病心肌梗死室壁变薄；瓣膜病时瓣膜增厚、扭曲、瓣口狭窄，不规则或有关闭不全的裂隙；先天性心脏病的结构缺陷，如间隔缺损、心脏发育不全；结构关系异常，如大动脉转位、心室双出口、心室转位等，特别是对复杂畸形，如完全型心内膜垫缺损、完全型肺静脉异常回流及十字交叉心脏等，均可发现其异常特征而明确诊断。诊断结构异常的心脏病，主要根据二维超声心动图不同断面的异常表现，综合构思其三维立体形态，得出最后结论。

2. 判断心内血流动力学异常

心脏结构异常可导致不同种类及不同程度的血流动力学异常，包括通过狭窄区的高速喷流，通过压差极大的瓣口的高速血流；房室水平的异常分流及心底部分流；循环阻力增加导致相应腔、室的压力增高等。CDFI 能形象地显示这些异常现象，能进行定位，定性及半定量诊断，CW 与 PW 则可定量测定血流速度并根据简化伯努利方程计算相应的压力差，通过推算得出某些腔室压力数据。

（二）评定心脏功能

评定心脏功能适用于各种心脏病患者，M 型心动图可显示心肌各时相位置与厚度变化，能直接判定心肌舒张与收缩特性。M 型和二维心动图均可提供心脏容量变化的信息，计算心搏出量、心输出量与射血分数。多普勒技术可通过测量和计算各瓣口平均流速或流速积分，乘以瓣口面积，得出各瓣口血流量。此外，还可求出返流量、反流分数及分流量情况等。

（三）手术中的应用

近年开展的经食管超声心动图技术及经心外膜检查方法，更清晰的图像可纠正经胸检查时误诊及漏诊病例。经食管检查法观察心房内肿瘤及血栓，房室瓣，特别是人工瓣的反流，显著优于经胸常规检查法。又因其不干扰手术野，有利于手术中应用。手术后关胸前复查可及时发现置换瓣膜功能异常，如瓣周漏、反流、血流不畅等，以及补片后残存漏，流出道疏通不当，观察冠状动脉手术后心肌供血改善等。

（四）介入性超声

介入性超声的应用扩大了超声检查的应用范围。目前应用超声检查可指导开展心导管检查，进行球囊瓣膜扩张术，普通超声与血管内超声配合，进行血管内旋切术等。

三、评价

超声心动图检查，无创伤。患者检查时无须任何准备，可以随时检查及多次重复。多种超声诊断技术的综合应用，能反映心脏结构、功能及血流动力学等多方面的信息。因此本法是广泛应用于多种心脏病的诊断技术。本技术能实时动态观察心脏及血流运动状态，反映各部分运动协调情况等。其缺点是受胸部骨骼及肺内空气影响，探查部位及方向尚有限制，不能全程追踪血管走行。口前超声图像分辨力及信噪比均需进一步改善，以避免误、漏诊及假阳性诊断。对心底部大血管、冠状动脉，以及难以判断部位的复杂病变或不清晰的回声，均需与其他影像技术、心导管检查及其他方法相互配合。

第四节　放射性核素检查

心血管核医学又称核心脏病学，是应用放射性核素示踪原理与显像技术相结合的一种无创伤性诊断检查方法。近年来，由于短寿命放射性核素的应用，如 ^{99m} 锝（^{99m}Tc）的半衰期只有 6 小时，碳（^{11}C）半衰期仅 20.3 分钟，使患者接受的辐射剂量大大减少。单光子发射型计算机体层技术（SPECT）以及正电子发射型计算机体层（PET）均已在国内、外广泛应用。

一、检查方法

（一）首次通过法与平衡法核素心室造影

1. 首次通过法

（1）原理：弹丸式静脉注射（又称团注法）放射性核素后，应用 γ 照相机及数据处理系统测量示踪剂通过右心与左心的全过程，进行定性与定量分析，就可以分别计算左、右心室功能的多项参数，如左、右心室射血分数、肺循环时间、肺血容量、心排血量等。还可以电影显示示踪剂通过心室腔的全过程，观察左、右心室的室壁运动情况。

（2）仪器：可采用多晶体 γ 照相机、数字式 γ 照相机等。

（3）显像剂 Tc 标记的多种化合物：如 Tc 高锝酸盐、Tc-DTIA、^{99m}Tc 植酸盐等。常用剂量为 555～740 MBq（15～20 mci）。本法的优点，从时间与解剖关系上将左、右心室分开，避免了平衡法核素心室造影所遇到的双心室的重叠问题，对右心室功能测定有较大价值。

2. 平衡法

（1）原理：经静脉内注射放射性核素并待其在血液循环中混合均匀后，应用心电图 R 波作为心脏收缩与舒张过程数据采集的门控信号，连续采集心脏从收缩到舒张期的全过程影像并应用电子计算机，描绘左、右心腔内的放射计数随容积而发生的变化曲线，称为时间放射性活度曲线，即心室容积曲线，从而计算左、右心室多项收缩与舒张期功能的指标。

（2）仪器：一般采用单晶体 γ 照相机专用电子计算机数据处理系统，也可作门电路心血池断层显像。

（3）显像剂：常用 ^{99m}Tc-RBC 或 ^{99m}Tc 标记人血白蛋白（^{99m}Tc-HSA），剂量为 740～925 MBq（20～25 mci）。

（4）检查体位：常用前后位（ANT）、30°～45° 左前斜位（LAO）必要时加用 70° LAO 及 30° 左后斜位（LPO）。30°～45° LAO 位显像时，室间隔显示最清晰，左、右心室能清晰分开。因此，常用此体位图像计算左、右心室功能。每例患者的检查时间约为 20～30 分钟。

（5）运动试验：为了评估患者的心脏储备功能，常常采用踏车运动试验。患者在不同仰卧程度进行踏车运动。按 Bruce 方案分级，第一级为 25 W，第二级为 50 W，每级递增 25 W，各级运动 3 分钟，采集患者在不同级别运动时的数据，获得其心脏功能的动态变化。

（二）心肌显像

心肌显像分为心肌灌注显像、代谢显像、受体显像以及梗死心肌显像等几种。

1. 心肌灌注显像

（1）原理：心肌细胞对某些放射性核素或标记化合物有选择性摄取作用，摄取的量与心肌血流灌注成正比。冠状动脉管腔狭窄到一定程度（75%以上），局部心肌血流减少，因而该部位示踪剂的摄取减少，表现为放射性分布稀疏或缺损区。

（2）仪器：

①平面显像：采用γ照相机及数据处理系统，准直器以低能高分辨为好，也可采用低能通用型准直器。检查体位多采用ANT、30° LAO、70° LAO，每个体位采集计数为30万~50万。

②心肌断层显像：采用SPECT，配以低能通用平行孔准直器，探头由45° RAO开始至45° LPO顺时针旋转180°，每6°采集1帧，共30帧，然后根据滤波反投影技术进行图像重建，并以短轴、水平长轴与垂直长轴显示各断层面的放射性分布图。

（3）显像剂目前常用的为：

①^{201}铊（^{201}Tl）：是一价的金属正离子，作用与K^+相似。

②标记化合物：其中以异腈类应用最多。目前认为^{99m}Tc-MIBI性能最好。

（4）运动试验：

①原理：冠心病患者在安静状态下，^{201}Tl心肌灌注显像多为正常，只有在运动高峰时，心肌耗氧量增加，正常心肌的血流量明显增加，而狭窄的冠状动脉不能相应增加，造成该供血区的心肌缺血，^{201}Tl局部摄取减少，心肌显像结果不正常。由于缺血区示踪剂清除也减慢，3小时延迟显像图上可见到^{201}Tl的再分布。因此^{201}Tl运动试验对心肌缺血的诊断有很好的效果。

②仪器与方法：采取活动平板或自行车功率计时行运动。按Bruce方案，采用次极限量法，即运动到预期最大心率的85%或患者出现症状时，由静脉注射^{201}Tl 74MBq 5~10分钟后进行即刻心肌显像，3~4小时后行再分布显像。若应用4小时后再做运动试验。

2. 梗死心肌显像

显像剂有两大类。

（1）^{99m}Tc-焦磷酸盐（^{99m}Tc pyp）心肌显像：其原理为^{99m}Tc-pyp可以浓聚在急性坏死的心肌细胞内，形成异常增高的放射性浓集区，即所谓热区显像，用于急性心肌梗死的诊断。

（2）抗肌凝蛋白单克隆抗体显像（AM）：其原理是心肌细胞内含有丰富的肌凝蛋白，当心肌细胞坏死后，细胞内肌凝蛋白的轻链可释放到血循环内，而肌凝蛋白的重链则残留在细胞内，因而抗凝蛋白的特异抗体可与其结合，形成抗原抗体复合物。应用放射性核素标记AM，即可从体外显示坏死心肌组织的部位与范围。此法灵敏度高，特异性好。

3. 心肌正电子发射型计算机体层显像（PET）

（1）原理：应用小型加速器生产的正电子核素和符合线路的正电子照相机来测定局部心肌血流量以及心肌各种代谢。

（2）仪器：PET照相机，采用电子准直器加符合线路，机械准直器置于探头环之间，用来选择断层面的厚度。

（3）放射性核素：此类核素发射正电子，常用者^{11}C、^{13}N、^{18}F及（^{82}RB）、镓（^{68}Ga）（后两种核素为发生器产生的），它们都是人体的重要组成元素，故参与体内脏器多种生理功能及代谢性变化。

二、适应证及诊断

（一）首次通过法核素心血管造影

1. 上腔静脉阻塞综合征

上腔静脉显影延迟，腔内狭窄或阻塞，侧支循环形成，多见于上纵隔肿瘤压迫。

2. 先天性心脏病分流量测定

（1）左向右分流：利用肺稀释曲线电子计算机，可算出肺循环量（Qp）与体循环量（Qs）的比值，正常人 Qp/Qs < 1.2。此法与心导管检查对照，符合率为 85%。

（2）右向左分流：应用静脉注射 ^{99m}Tc-MAA，用 γ 照相机进行全显像。

（二）平衡法核素心室造影

1. 冠心病的应用

（1）心肌缺血的检测：心功能运动试验是检测心肌局部缺血的灵敏方法。运动高峰时，由于心肌缺血可导致左心整体及局部收缩功能下降，EF 下降。正常心肌的反应则是运动中 EF 增加。此法的灵敏度为 90%。

（2）心功能监测及预后判断：急性心肌梗死患者，左心功能有不同程度受累，随着治疗的好转，心功能亦逐渐恢复，预后是好的。但如果 LVEF < 20%，且持续保持不变或恶化者，预后则差。

（3）室壁瘤的诊断及手术疗效的判断：室壁瘤患者，整体 EF 与局部 EF 均明显下降，心室局部出现反向搏动，位相显像呈现特征性附加位相峰。室壁瘤切除及搭桥术后，患者心功能大多明显恢复，反向搏动消失。

2. 心肌病的诊断

（1）扩张性心肌病：双侧心室扩大，室壁运动普遍低下，LVEF 下降，肺动脉段扩张。

（2）限制性心肌病：右室扩大，左室大小往往正常。收缩期功能正常，而心肌舒张受限，充盈率降低，充盈时间明显延迟。

（3）肥厚性心肌病：左心室腔缩小，室间隔不对称性增厚。LVEF 往往正常或偏高。

3. 瓣膜回流量测定

核素心室造影及傅里叶分析对二尖瓣及主动脉瓣关闭不全患者，可以定量测定瓣膜反流量。中度以上反流患者与外科手术的符合率为 91.7%。

（三）心肌显像

1. 冠心病诊断

心肌灌注显像对冠心病诊断很有价值。^{201}Tl 运动试验对该病诊断的灵敏度与特异性为 80% ~ 90%。心肌断层显像对检出受累的冠状动脉病变更有意义。

2. 冠状动脉旁路手术中的应用

心肌灌注显像对心肌细胞的存活、心肌血流灌注情况的了解提供重要的手段。

3. 心肌梗死患者预后的估价

急性心肌梗死患者的并发症与残废率与心肌损害的部位和范围有关。^{201}Tl 心肌显像确定心肌损害的部位比心电图准确。静脉注射 ^{201}Tl 后连续摄影可以鉴别缺血区的范围及大小。缺损面积大者，预后较差。

4. 新梗死心肌显像

诊断心肌梗死阳性率可达 90% ~ 95%，假阴性 < 4%。

^{111}In 标记的抗肌凝蛋白单克隆抗体心肌显像，对于诊断急性心肌梗死的部位、大小及范围，特异性更高，阳性率可达 96.6%，对心肌梗死患者预后的估价也有较高价值。

三、评价

核医学作为一门新兴的学科，其优点是：由于核素显像技术是采用示踪原子对脏器的功能与代谢的特异性结合作用，核素显像不仅仅是显示该器官或脏器的形态，而且可显示其相应的功能与代谢性变化。其缺点是：图像的分辨率较差，目前所用的 SPECT 及 PET，固有分辨率在 3 ~ 4 mm 内，大大不如 X 线、CT 及磁共振显像技术。近年来，SPECT 的研究又有新的进展，主要朝着提高空间分辨率和灵敏度，减少伪影和多功能、高效、快速的方向发展。如美国推出的三探头 SPECT（prism），其探测速度和效率就比单探头提高了 3 ~ 5 倍，全身环形探头也正在研制中，不久即将问世，希望不久的将来，核素显像技术会有一个大发展。

第三章
心肌保护与体外循环

第一节 心肌保护

心肌保护是指在心脏手术中或手术后所采取的减轻及预防心肌缺血后损伤的策略和方法。心肌缺血再灌注损伤是心肌缺血性损伤的主要原因。缺血再灌注损伤可导致心内膜下心肌坏死，其实质是心肌能量供需失调，临床上表现为低心排血量和低血压。

一、缺血再灌注损伤

心肌缺血再灌注损伤的基本类型包括心肌顿抑、细胞凋亡、心律失常、术后低心排血量综合征。心肌顿抑是指不论心肌在术后是否恢复正常血流，都将持续几小时或几天的损伤。心肌顿抑的心功能不全在术后4h最重，24~48 h完全恢复，一般无细胞超微结构的损伤。细胞凋亡，是孤立的心肌细胞对手术损伤刺激有序变化的死亡过程，与坏死显然不同。其形态变化是多阶段的，互不同步，凋亡细胞最终被分割包裹为凋亡小体，无内容物外溢，不会引起周围的炎症反应。凋亡小体可迅速被吞噬细胞所吞噬。心律失常包括室性心动过速、心室颤动或传导阻滞、发作频率不等。低心排血量综合征则表现为低血压、少尿、四肢湿冷、脉细弱等，是死亡的主要原因。

对再灌注损伤的深入研究现已证明，氧自由基是造成这种损伤的重要因素。心肌通过线粒体的氧化磷酸化过程产生能量，以维持细胞功能和活性。正常情况下氧在线粒体内细胞色素氧化酶中接受4个电子还原成水并产生能量。缺氧再灌注期间由于ATP的消耗，氧分子在还原过程中接受的电子数不足，因而生成有毒性和化学性能极活跃的氧自由基。过量的自由基在体内与很多生化成分，如脂质、蛋白质、核酸等发生反应，破坏组织的化学结构而造成各种损害。

二、心脏搏动状态的保护技术

术前患者应从以下方面加强心肌保护：①增强心肌能量储备：患者术前心肌状态差，尤其在并发糖尿病、肥胖、左心室肥厚、高血压等疾病时，将影响到体外循环后缺血心肌心功能的恢复。术前对这些并发症适当处理和控制，可增加心肌的能量储备，提高术中心肌缺血的耐受性。术前应用极化液（GIK），可提高心肌中三磷腺苷、磷酸肌酸、糖原的储存，增强心肌抗缺血能力，利于术后心功能的恢复。②改善内环境：充血性心功能不全的患者常并发钠、水潴留，心脏负荷加重，应用利尿剂并限制水、钠的摄入。术前纠治低钾血症十分重要，一般应补钾7~10 d。心房颤动并发心室率快者，主要应用洋地黄治疗。③减少心肌氧耗，增加心肌氧供：术前使用α肾上腺素能受体阻滞药能降低儿茶酚胺的水平，减少心脏做功。体外循环前使用钙通道拮抗剂，可延迟或减少心肌的缺血性损害。

术中转流开始后主动脉阻断前的心肌保护也很重要，主要应注意以下两点：①保证心肌的血流灌注：此阶段维持心脏搏动和充分的冠状动脉血流对心肌保护很重要。如果处理不当，易于发生心室颤动，心肌耗氧增加。为保证心脏在此期间的搏动状态，转流开始时应适度控制静脉回流，逐渐加大静脉回流，使心脏射血逐渐向体外循环机射血过渡，防止血压骤降。低温对机体有一定刺激作用，体外循环前对预充液复温，避免冷液对机体的刺激，根据手术进程延迟降温。②心腔充分引流：术中保证心脏的空虚状态是心肌保护的重要措施之一，主要是心腔引流。可减少心脏做功，降低氧耗，防止心脏膨胀致心肌损伤，增加冠状动脉血流。

体外循环中开放升主动脉后，冠状动脉血流恢复，此时宜维持较低的灌注压。多项临床研究表明，该阶段高灌注压可加重再灌注损伤，此时灌注压以维持于 7.8 kPa（60 mmHg）左右为宜，当心脏搏动正常后可提高灌注压力。此时，不宜补充钙剂，否则可加重心肌细胞的钙超载，加重再灌注损伤。在升主动脉开放 5 min 后，心搏正常后补钙较为适宜。

冠状动脉血流恢复后，多种因素可影响心脏复搏，此时应仔细分析原因，具体解决，而不是一味地电击除颤。常见的原因有：①钾代谢紊乱：高钾和低钾都可影响心脏复搏。低钾可使心脏兴奋性增高，高钾可使心脏兴奋性降低。可通过血气分析确定血液钾离子状态。低钾应及时补钾，高钾可通过碳酸氢钠和钙剂处理，血钾仍高可使用胰岛素。②冠状动脉问题：常见的是冠状动脉进气，可顺行灌注停搏液，提高压力和流量。冠状动脉粥样硬化，术前未造影，术中可触摸到冠状动脉条索样或囊球样改变，此时应尽快行冠状动脉搭桥手术。③心率问题：心率快慢可影响心脏复苏。一般婴幼儿患者不耐受心率过慢，心率慢会使心排血量降低。老年患者和冠心病患者不耐受心率过快，心率快可增加心脏做功和氧耗，应尽快寻找原因并纠正。

三、心脏停搏状态的保护技术

（一）晶体心脏停搏液与血液心脏停搏液

1. 冷晶体心脏停搏液

冷晶体停搏液是以高浓度含钾心脏停搏液灌注心脏，使跨膜电位降低，动作电位无法形成和传播，心脏停搏于舒张期，心肌电机械活动停止。低温使心肌基本代谢进一步降低，能耗进一步减少，心肌缺血耐受能力增加。

各种晶体停搏液按所含离子成分和浓度不同可分为低钠无钙的细胞内液型和钠、钙接近正常的细胞外液型两类。细胞内液型主要是减少钙离子内流，使心肌不能收缩而停搏，其代表配方为 Bretschneider 停搏液。细胞外液型主要通过高钾去极化作用使心脏停搏，其代表配方为 St. Thomas 停搏液。

2. 血液心脏停搏液

含血心脏停搏液使心脏停搏于有氧环境，避免心脏停搏前短时间内电机械活动对 ATP 的消耗。心脏停搏期间有氧氧化过程得以进行，无氧酵解降到较低程度，有利于 ATP 保存，较容易偿还停搏液灌注期间的氧债。应用冠状静脉窦持续灌注（或主动脉根部多次灌注），使心肌缺氧减到最低限度。用调整的氧合血心脏停搏液行再灌注，能防止和逆转再灌注损伤，促进心功能恢复。血液的其他作用包括血浆蛋白的胶体渗透压、红细胞的缓冲和抗氧自由基及其他离子和微量元素等，均非晶体液可比。随着临床上广泛的实践，许多资料均证明，应用 4~6℃冷血心脏停搏液灌注，才能使灌注后心温降至 15℃左右，迅速停搏，低温下心脏氧需量显著减少，而摄取的氧量仍远多于需要的量。血液心脏停搏液取材方便，又是自身血液，灌注液可全部回收，故不会导致过度血液稀释，因而多不需应用超滤。

已遭受严重损害的心肌只能在停搏和常温环境下才有机会提供能量生成和修复细胞损害。温血心脏停搏液诱导停搏和终末灌注一样，是对有严重损害的心肌提供修复，以免阻断主动脉后加重缺血性损害。具体方法是：在主动脉阻断前 3~5 min，用 37℃温血心脏停搏液（钾 25~30 mmol/L）500 mL 按每分钟 150 mL 灌注，心脏停搏后阻断主动脉，将心脏停搏液变温水箱转到最低温度降温，继续冷血心脏停搏液灌注 500 mL。以后每 20 min 复灌 1 次，每次 3~5 min，每分钟 80~150 mL，血钾浓度 8~10 mmol/L，维持心电图在等电位线。终末灌注是在手术接近完成，开放主动脉前 3~5 min，用 37℃温血心脏停搏液（钾 8 mmol/L）灌注 500 mL，每分钟 150 mL，然后开放主动脉，保持主动脉压 5.3~8.0 kPa（40~60 mmHg）2~3 min。因心肌在再灌注早期不能耐受高压力灌注，故应短时间降低灌注流量使心肌适应。

（二）停搏液的灌注方法

1. 经主动脉根部冠状动脉灌注

在全身中、浅低温下和插入左心房减压管后，在升主动脉根部前壁经荷包缝线插入心脏停搏液灌注管。灌注管内径成人应 > 2 mm。开始时灌注量可较大，最好在阻断主动脉时间段灌注，以保持主动脉内压力，使主动脉瓣关闭。通常用4℃冷心脏停搏液按200～300 mL/min的速度灌注，成人首次灌注量10～15 mL/kg或视心脏大小及肥厚程度而定。婴幼儿可达30 mL/kg。成人大心脏或冠状动脉狭窄者灌注量可达1 L，平均灌注压为8.0～10.7 kPa（60～80 mmHg），心室颤动时可更高。若压力过低，则心脏停搏液不易到达内膜下心肌。以后每隔20 min补灌一次，灌注量及钾浓度减半，以能维持心脏停搏为准。手术期间如有心电图活动应随时补灌。

2. 冠状动脉口直接灌注

此法常作为主动脉根部灌注的补充，特别在主动脉瓣关闭不全或主动脉瘤手术时适用。切开主动脉后，显露左、右冠状动脉开口，插入专用灌注管，最好用软头插管，以免损伤血管开口部。先灌注左支，按100～200 mL/min灌注200～300 mL，后灌右支150～200 mL。也可只灌一侧占优势的血管，用量400～500 mL。主动脉瓣置换或主动脉瘤手术时，向心腔内倒入4℃生理盐水行心内膜降温，在手术结束时倒入38℃温盐水复温，对心肌保护有利。

3. 逆行冠状静脉窦灌注

逆行灌注的解剖学基础是冠状静脉系统无静脉瓣，故灌注液能在较低压力下由心外静脉进入左、右侧心脏，经毛细血管、小动脉，由冠状动脉口流出。逆行灌注最适合于双瓣置换、主动脉瘤切除，对心脏移植也能减少供心缺血时间。逆行灌注的初灌量为500～600 mL，压力 < 5.3 kPa（40 mmHg）。持续逆行灌注每分钟100～150 mL。注意事项：①逆行灌注时连续监测心电图至等电位线并持续一段时间为止，以后有电活动时适当用高钾液加氧合血混合补灌。②灌注压保持在15～40 mmHg。③术中由于心脏牵拉，可致插管脱入右心房，脱管后压力即降至0.53 kPa（4 mmHg）或以下，心肌颜色苍白，心房膨胀，应立即重新插管。④有永存左上腔静脉开口于冠状静脉窦者不适用，因使溶液注入左上腔静脉致心肌失去保护。

晶体心脏停搏液可用泵管法或重力法灌注。泵管法是将泵管（6.4 mm内径）装入血泵，输入端与心脏停搏液血袋连接，输出端管道远端包于无菌包内递交手术台上，排气后接于主动脉根部灌注管或冠状静脉窦插管灌注。术前准确测定所用泵管每分钟流量。成人灌注量较大，各类手术均适用。重力法适用于小儿。方法是：将心脏停搏液瓶提升到距手术台1.0～1.5 m高度，借瓶内重力灌注，但在瓶口需插入一长达瓶底的进气针。此法无灌注压过高和溜入空气之虑。

第二节 体外循环基本设备

一、体外循环机

体外循环机是由一组泵组成的可以驱动血流按预定方向和速度流动的机械设备，在体外循环中主要起到暂时代替心脏泵血功能、驱动停搏液的功能以及吸引心脏及术野血液的功能等作用。理想的体外循环机应该具备的特点：①必须可以在克服67 kPa（500 mmHg）阻力的同时提供7 L/min的流量。②泵驱动不损害血液的细胞及非细胞成分。③所有与血液接触的部分应该是没有任何无效腔的光滑表面，防止产生血液停滞和湍滞，可随意使用而不污染血泵的固定部件。④流量校正应该确切并且可恢复，以便精确监测血流量。⑤一旦发生断电情况，泵可以手动操作。

二、变温系统

1. 目的

体外循环术中低温最重要的目的就是提供一定程度的脏器保护，使体外循环更加安全。

2. 机制

低温降低氧代谢。机体大部分的生理和生化功能都是在酶促反应下进行的，酶促活动随温度的降低而减弱。在低温状态下，各种耗能减弱，从而使细胞的高能物质得以储存。其最明显的机制是降低了代谢率和耗氧量。低温可抑制内源性损伤因子的释放，如自由基、炎性因子等，还可减少兴奋性神经递质的释放，这在中枢神经系统保护中的意义更加重要。低温体外循环可减少灌注流量，增加血液稀释度，降低氧与血流量的比例，因而同时减少了血液的破坏，降低了术后微栓（固体栓子）的发生率，从而起到脏器保护作用。

三、氧合器

1. 鼓泡式氧合器

氧气经发泡装置形成微小气泡，在氧合室内与血液充分混合成微小气泡，血液与气体直接接触完成氧合的同时进行血液变温，再经特制的去泡装置后成为含氧丰富的动脉血流入储血室。

2. 膜式氧合器

血液与气体不直接接触，通过特制的薄膜完成气体交换的人工氧合装置是膜式氧合器，简称膜肺。与鼓泡式氧合器比较，膜式氧合器具有以下优点：良好的气体交换能力、对血液的损害小、减少栓塞的发生、长时间循环支持、改善脏器功能。

四、体外循环管道和插管

1. 动脉泵管

动脉泵管的选择可根据患者体重及对灌注量的要求选择 6.35 mm（1/4in）、9.53 mm（3/8in）和 12.7 mm（1/2in）的管道。选用适当直径的泵管可以避免泵速过高和减少预充量。

2. 静脉引流管

静脉引流量是维持体外循环灌注流量的基础，而静脉引流管的直径直接影响体外循环静脉引流量。足够大的静脉引流管口径是静脉充分引流和组织灌注的关键。常规手术中，6.35 mm 管适用于体重在 10 kg 以下的患者，9.53 mm 管适用于 10～50 kg 的患者，12.7 mm 管适用于 50 kg 以上的患者。

3. 心外和心内吸引管

心外吸引可保证术野的清晰和血液的回收利用，使用时避免负压过大和泵转速过高。心内吸引管即左心吸引管，主要作用是引流心腔内血流进行减压或吸引心腔内的血液暴露手术野。

4. 动、静脉插管

临床上根据插管位置不同将动脉插管分为升主动脉插管、股动脉插管和腋动脉插管。升主动脉插管是最常用的动脉插管，根据形状不同可分为直端和弯端插管、普通和钢丝加强插管、薄壁高流量插管、成人和婴幼儿插管。主动脉插管口径的选择主要根据患者的体重而定。静脉插管分为上、下腔静脉插管和右心房/下腔静脉二级管，上、下腔静脉插管适用于先天性心脏病的矫治手术和需要切开右心房的手术，二级管适用于无须切开右心房的手术。

第三节 体外循环管理的基本方法

近 10 年来，常温体外循环逐渐推广，大多数体外循环心脏手术仍应与低温结合，尤其是婴幼儿心脏手术仍有必要：①小儿发绀型心脏病术中回心血量多，低温可使之减少；②术中回心血量多，影响心内操作；③婴幼儿对低温耐受性较好；④复杂手术操作时间长，应用深低温低流量可提供脑保护。低温使代谢率降低，从而提高机体对失血、缺血和低灌注的耐受力，延长阻断循环的安全时限。由于流量可相对降低，因而可减轻对血液的破坏。

目前，低温方法包括血流降温和体表降温两种。血流降温适用于一般心脏手术。简单手术用浅低温鼻咽温 30～28℃，较复杂手术可降至 25℃，此温度可使回心血量减少 2/3。特殊情况，如控制术野大出血，可降至 20℃，在低流量或短时间停循环下完成。深低温停循环手术温度应降至 16℃。体重较大或深低温停循环手术应结合体表降温，使体内组织温差缩小，缩短降复温所需的转流时间。

心脏局部降温也是常用的低温方法。冷心脏停搏液灌注心脏后心温多为 0℃ 以下，但心脏温度在

15 min 内通常可恢复至20℃或以上，因此仍需在心外用冰水、冰屑局部降温，结合手术室温度下调降温效果更好。心脏局部深低温应防止心肌和膈神经冻伤。对于切开心脏的手术，向心腔内倒入冰盐水，可使心内膜直接降温，还可洗出组织碎屑，但应注意勿使液体回到灌注液内。

一、预充液

泵管氧合器和灌注管道在插管转流前必须预先充满液体，故称预充液。预充液分晶体液和胶体液两大类。晶体液常用者有平衡液、复方氯化钠、生理盐水、5%葡萄糖等，胶体液包括血液、血浆、人白蛋白和羧甲淀粉。其他多种药液也常在转流前或转流中加于氧合器内，故也应计入预充液量，如氯化钾、硫酸镁、碳酸氢钠、甘露醇、肝素等。

预充液的选择：接近生理性血浆的电解质、渗透压和酸碱值的溶液均可应用。平衡液和复方氯化钠是常用的基础液。5%葡萄糖由于转流中血糖普遍增高，高血糖还可加重脑缺血性损害，故只能少量（＜20%预充量）应用或不用。甘露醇有增加肾血流和利尿作用，一般用量为0.5～0.75 g/kg，手术后不宜应用，以免增加心肌负荷和脑细胞脱水。乳酸复方氯化钠溶液也是应用最广的预充液之一，但用于糖尿病患者可致血糖急性增高。碱性药物碳酸氢钠常用以调节血液pH值，但用量不宜过大，接近血液正常pH值即可。碳酸氢钠、氯化钾、硫酸镁等溶液均应在转流中分次加入氧合器内，避免高浓度药液进入血管引起血压波动。预充液的渗透压也应接近正常（280～300 mmol/L），低渗液增加溶血，使红细胞和肌肉内水、钠增加，此为血液胶体渗透压降低所致，细胞钠钾交换增加导致钾丢失加重，而镁常与钾同时丢失。

胶体预充液对于婴幼儿非常必要。小儿预充液量常大于自身血容量，故需加库血补充。发绀患者血浆成分少，血液稀释量大，故也应加入血浆或白蛋白以补充胶体蛋白。其他如严重贫血和长时间转流时也常有加入血液或白蛋白的必要，以减轻间质水肿。血浆代用品除提高胶体渗透压外，还有改善微循环作用，成人用量限1 L以内。羟乙基淀粉不应在术后应用，以免增加术后出血。

二、血液稀释

血液稀释可改善微循环灌注，减轻酸中毒，减少体外循环多种并发症。常温下血容量正常时血液稀释到血细胞比容（Hct）0.3。Hct低于0.2时氧利用率降低，中、浅低温时机体耗氧量降低，但血液黏滞度增加。血液稀释以Hct达0.20～0.25为度，最低不低于0.16。小儿也可按此标准稀释。一般成人按30～40 mL/kg晶体液预充，即达到血液稀释要求。此液量足够预充泵管氧合器最低液面和灌注管道之需。但小儿体外循环手术，除应使用小的氧合器、泵管和灌注管道外，仍需酌用适量库血。

小儿应用48 h以内库血，成人不超过1周。库血贮存1周血钾可由3.4 mmol/L增至12 mmol/L，游离血红蛋白由0～100 mg/L增至250 mg/L。

血小板数在48 h后已极度减少。白蛋白仅适用于小儿或发绀患者，成人常规手术无须使用。白蛋白用量按1 g/kg给予。1 g白蛋白可保留血管内容量18 mL，半衰期约15 h。

输库血后由于枸橼酸盐使血中游离钙降低，故可在心脏复搏后10～15 min补充氯化钙或葡萄糖酸钙以增强心力，每输100 mL血给钙0.1 g。转流中应保持低钙。

第四节 肝素化和鱼精蛋白中和

肝素通过抗凝血酶Ⅲ起抗凝作用，不仅对凝血酶和纤维蛋白原有抑制作用，而且对凝血因子Ⅻ、Ⅺ、Ⅹ、Ⅸ都有作用。肝素制品来自牛肺或猪肠，后者有较多抗原性，故不如前者。临床上通常以100 U为1 mg计，多数按3 mg/kg给药，＜2 mg/kg可能导致纤维蛋白溶解增多，＞4 mg/kg可能加剧凝血障碍。

全血活化凝固时间（activated clotting time，ACT）监测是体外循环时肝素定量的简便可行的方法。ACT 400 s是最低安全范围，480 s是开始转流的最适抗凝范围。一般在给肝素后5 min测定第1次ACT，以后在45 min复测一次，若ACT不足应及时追加肝素量，通常按100 U/kg。低温下肝素消耗量很少，肝肾功能不全者肝素易在体内积聚，补充肝素时均应按 ACT 值给药。

鱼精蛋白硫酸盐是一种得自鱼精的有机碱，能对抗酸性肝素的作用，中和电荷，阻止抗凝血酶Ⅲ的抗凝作用而使凝血正常。通常按鱼精蛋白与初始体内肝素量的 1∶1 ～ 1.3∶1 给药，也可按停转流前 ACT 值计算所需鱼精蛋白量。鱼精蛋白注入途径，可经心内缓慢（3 ～ 5 min）注入，也可经静脉滴入。心内注射往往失之过快，还是以静脉滴注较好。

鱼精蛋白给药后可有不同程度降压作用，此与血管扩张或心肌抑制有关。临床上快速注射鱼精蛋白时，由于未结合的鱼精蛋白进入冠状动脉后可直接抑制心肌而加重低血压，如经静脉注射或经主动脉注射，则可减少这种未结合鱼精蛋白进入冠状动脉。

为了防止血压下降，注入鱼精蛋白前注意血容量要充足，必要时加速输血或输入高张葡萄糖液，也可给钙剂。如有荨麻疹、皮肤潮红等症状，可给氢化可的松或小剂量肾上腺素。有时也可发生致命性肺血管收缩和右心衰竭，表现为呼吸道阻力显著增加、发绀或有血性泡沫液从呼吸道涌出，心缩无力，血压下降，治疗上除正压给氧控制呼吸，加速输血，应用肾上腺素、皮质激素、钙剂外，无效时可再次肝素化恢复体外循环。为此，体外循环机应在注入鱼精蛋白后再撤。血流动力学稳定，停转流后体内残余肝素不必用鱼精蛋白中和。

鱼精蛋白仅能中和循环中的肝素，又因鱼精蛋白半衰期较肝素短，肝素中和后即使 ACT 已恢复正常，在以后数小时内有时仍发生出血增多，即"肝素反跳"。追加小剂量鱼精蛋白多有效。必要时可做鱼精蛋白滴定和其他有关实验室检查，如血小板、纤维蛋白原测定或鉴定弥散性血管内凝血等。

第五节　体外循环灌注技术

一、低温体外循环

（一）氧合器和动静脉插管选择

依据体重或体表面积选用不同型号的氧合器和动静脉插管号。转流时间长、重症和婴幼儿均宜选膜式氧合器。动脉插管还应以转流中最高流量灌注管压不超 13.3 kPa（100 mmHg）为准。静脉引流量决定于静脉插管截面积和心脏至氧合器落差（约 40 cm）。

（二）转流中的监测

转流中的监测极为重要。在麻醉开始后即由麻醉医师或护士分别安置心电图、导尿管、鼻咽温、直肠温以及动脉压和中心静脉压的插管。动脉压通常经桡动脉插管，测压管保留到术后监护室和供采血做血气分析。复杂手术还应于术中行左心房插管测压。

体外循环机安装时应安好各种压力管和温度探头，包括鼻咽温、直肠温、氧合器动脉血温、水箱水温、冷心脏停搏液温度以及泵压、动脉压、冷心脏停搏液灌注管压，并均能在显示屏上显示和便于调节。泵压、灌注管的气泡监测仪和氧合平面光学报警装置均能自动报警和停泵。术前应保证仪器性能可靠。水箱能在 > 42℃ 时自动停止加温。检测 ACT 和血气分析的采血三通管，均应接好备用。

氧合器、血液回收器、动脉微滤器和相应管道现已有成套灭菌用品。氧合器安装时应先试验水道有无渗漏。膜肺和微滤器要先用二氧化碳通气，便于排净气泡。泵管压紧度要适当。灌注管道连接可靠。特殊用品或管道如左上腔静脉插管、股动静脉插管等也应随时可用，以备不时之需。无论如何，机器应在手术需用之前备好。

（三）转流的开始与结束

体外循环应在动静脉插管后立即开始。通常先插动脉管，腔静脉插管时因小儿体内血容量少，腔静脉管道先预充生理盐水。小儿血管腔细小，也可在插入一个腔静脉管后立即开始转流。开动血泵前灌注师应确知患者已肝素化，动静脉管道在台上无钳夹，再巡视一遍氧流量、动静脉压及体温数值。缓慢开动血泵后，观察泵管灌注压变化，继而逐渐开放腔静脉引流管，保持动静脉压平稳下降，密切观察氧合器血平面，不可过低。在 2 ～ 3 min 内由部分转流过渡到全部转流时预定的流量。血压稳定后即开始血流降温。注意水温和血温温差在12℃内，不宜用冰水降温，在小儿常可因血温降低过快发生心室颤动。鼻咽温或食管温30℃左右开始阻断主动脉，同时行冷晶体或血液心脏停搏液冠状动脉灌注。年龄较大或血压高的患者阻断主动脉时应暂时停泵或减少动脉灌注量，避免主动脉钳夹所致的内膜损伤。

转流中的灌注指标如下：①灌注流量，儿童 2.4 L（min·m²），成人 2.0～2.2 L/（min·m²）。浅低温 28℃以上流量不变，中低温 25℃可减少至 1.6 L/（min·m²）左右。②主动脉压 8.0～13.3 kPa（60～100 mmHg），桡动脉压比主动脉压低 1.3～2.6 kPa（10～20 mmHg）。③中心静脉压 0～0.98 kPa（0～10 cmH$_2$O）。④尿量 2 mL/（kg·h），小儿 1 mL/（kg·h）。⑤血气值 PO$_2$ 13.3～40.0 kPa（100～300 mmHg），pH 值 7.35～7.45，PCO$_2$ 常温 4.5～5.8 kPa（35～45 mmHg），低温 4.0～5.3 kPa（30～40 mmHg），BE+3，SvO$_2$ 65%～75%。不做温度校正。⑥ACT＞480 s。转流中尽量按上述指标调整流量和血气比率，分次在氧合器内补充必要的药物，如氯化钾、硫酸镁、碳酸氢钠、地塞米松、呋塞米和抗生素。心内吸引按回心血量调整吸引泵速。氧合器血气比值多数在 1∶1 左右，PO$_2$ 用混合氧浓度百分数调节，PCO$_2$ 用气体流量增减调节。如 BE 负值过大，则可加入碳酸氢钠。冷心脏停搏液要每 20 min 补充灌注一次，保持心电图在等电位。

按灌注流量指标一般不造成代谢性酸中毒。灌注中平均动脉压通常在开始时偏低，主要是血黏度急速下降所致，儿茶酚胺也被稀释，但在 15～20 min 后应逐渐回升。成人瓣膜手术和搭桥手术常见血压过高，可酌情应用血管扩张药（硝酸甘油、硝普钠或酚妥拉明）。小儿灌注压常较低。灌注压低于 6.7 kPa（50 mmHg），尿量即大减，应注意有无意外失血，如血液进入胸膜腔或腹后壁等处。压力低可致脑供血不足，而高血压可致出血危险。转流中腔静脉管不应部分钳夹，以免发生阻塞性脑瘀血。转流中中心静脉压由于引流管吸引常接近 0，表示引流通畅，不应＞147 kPa（15 cmH$_2$O）。中心静脉压突然升高，提示该引流管梗阻，应立即纠正。

心内主要操作完成后，开始血流复温，水温要随体温逐渐升高，保持温差在 10～12℃。当手术因故延长时，应避免过早复温。

开放主动脉前暂停左心吸引，使左心房内有血液充盈而排出气体。发绀型患者心内回血量多，有时只将吸引减慢即可，因左心停吸时间稍长，可致心脏膨胀。大心脏在缝合房间隔时应向左心房倒入生理盐水，缝合右心房或右心室切口排气前暂时开放上腔静脉阻断带，使血液自切口涌出。心内排气还包括请麻醉师间断膨肺，放低床头，术者抬高心尖，振荡心脏，负压吸引主动脉根部灌注口，必要时用粗针穿刺心室和主动脉，最后开放主动脉阻断钳。心内气体需在血液较多时才能随血液排出，隐窝和肺静脉内空气也不易通过一次膨肺或穿刺即能排净，故上述心内排气操作必须反复多次，特别对大心脏如三尖瓣下移畸形等，主动脉开放或除颤复跳后，仍要观察自主动脉根部造口排出的血液，直至完全无气体排出后再加结扎。开放主动脉钳时要降低灌注流量，因缺血心肌易受高压损伤。3～5 min 后逐渐提高流量，保持动脉压在 8.0 kPa（60 mmHg）以上，使依赖舒张压灌注的冠状动脉得到充分灌注。左心房仍持续减压，以利心肌复苏。心脏持续心室颤动者可给利多卡因（1 mg/kg），用直流电 10～20 J 除颤。

停止灌注的指标如下：①体温接近正常，直肠温不低于 33℃（除非有变温毯保温）；②心电图无缺血图形，未见窦性心动过缓；小儿心率应恢复在 100 次/mm 以上；③动脉压在 10.6 kPa（80 mmHg）以上，降低流量，血压不下降；④术野出血已基本停止；⑤血气分析、血钾测定接近正常或已纠正。

转流停止时要求平稳，缓慢增加心脏工作量。可先拔出一根静脉管，逐步减少灌注量。停机时或停机后继续输血时要同时观察心脏充盈和搏出情况，使动脉压稳定在 10.6～16.0 kPa（80～120 mmHg），左心房压或中心静脉压在 0.7～2.0 kPa（5～15 mmHg）之间。心功能差的患者既要提高右心压力以克服肺动脉阻力，又要防止心脏过胀导致心力衰竭。通常还需应用多巴胺和血管扩张药以增强心缩力。对左、右心发育不良者也要提高前负荷，还需加入低浓度异丙肾上腺素加快心率，以维持心排血量。停机后如动脉压不稳，左心房压力高，应考虑心功能不足。如应用药物无效，则应再次辅助转流或行主动脉内球囊反搏。心率慢或房室传导阻滞者加心外膜起搏。

（四）转流中意外情况处理

转流中可发生多种意外情况，仅举重要者列举如下：①主动脉插管进入管壁夹层：转流开始后灌注泵压急剧升高，插管处可见局部膨胀和血液溅出。有时管头部分在夹层内，部分入主动脉腔内，血液仍能灌入但灌注压仍极高，应立即停泵，防止产生夹层动脉瘤并重新插管，同时钳夹静脉引流管，防止失血。在重新插管时，如失血量过多，要防止心搏骤停。必要时用动脉灌注管行主动脉输血输液。②动脉灌注管大量进气：最常见原因是氧合器动脉血液打空，也可由泵管破裂、脱开，氧合器血平面过低而流量过大，腔静脉回血突然中断等原因造成。如发现灌注管内有大量气泡，应立即停泵，并开动倒泵吸引，同时钳夹腔静脉引流管。如见患者主动脉或颈动脉内有气，表明已发生脑气栓，应立即行上腔静脉逆灌，即：脱开动脉灌注管连接管，排气后接于上腔静脉插管外口，以 1～2 L/min 流量向头部逆灌约 10 min，直至主动脉插管流出的血液无气泡为止。以后改为正常转流并行血液降温。逆灌时改头低位，头部放冰袋，给予地塞米松、硫喷妥钠等药。术后维持浅低温（34℃）24 h。③主动脉中断并发大型室间隔缺损或动脉导管未闭行导管结扎时，有时误扎降主动脉。此因主动脉弓中断，术前常未能确诊。当血管结扎后立即无尿，同时可见两下肢苍白，足背动脉搏动消失。如能及时发现，解除结扎线尚能挽救。为此，对每例动脉导管结扎后，应常规观察有无排尿。

二、常温体外循环

常温体外循环温血心脏停搏液冠状动脉灌注（温心手术）自 20 世纪 90 年代初开始应用于临床。常温手术避免了低温时心肌氧利用和酶活性的抑制等多种不利因素，而持续温血心脏停搏液灌注可使心肌在主动脉阻断期间不发生缺血，从根本上防止或减轻缺血再灌注损伤。温心手术使血管阻力降低，有利于减轻心脏后负荷是另一重大优点。由于心功能改善，降、复温时间大为缩短，自动复搏率多在 90% 以上，主动脉开放后的再灌注时间也明显缩短。

温心手术的基本方法除保持体温和心温较高外与低温法相同。灌注流量仍按 2.4 L/(min·m^2)，Hct 维持于 0.25。血液心脏停搏液初灌钾浓度应为 20～25 mmol/L，灌注量 20 mL/kg，心脏停搏速度一般较冷晶体液慢，但心肌在有氧下停搏，不必要求快速停搏。手术时间长时，也可改用冷血心脏停搏液每 20 min 间断灌注，可避免灌注量过大导致血液稀释和血钾过高。常温体外循环心脏停搏液灌注多数经冠状静脉窦逆灌。

三、深低温停循环

深低温停循环主要应用于 2 岁以内、体重 10 kg 以下的婴幼儿复杂心脏手术，成人心脏大血管手术为控制出血也可经深低温停循环或低流量下参照实行。此法的主要优点是：①手术在完全无血、静止、无心内管道下操作，故更为准确快速；②减少心内吸引，减轻血液有形成分破坏；③减少灌注肺和肺水肿的发生；④缩短体外循环时间。

体外循环装置要求有变温性能好的膜肺或血液变温器，适用于婴幼儿的各种心内插管和微量输液泵。备 24～48 h 库血 200～400 mL。

全身麻醉和气管插管后进行体表降温。可用变温毯降温，也可用多个冰袋分别置头、颈、腋、腹部及腹股沟各处。监测鼻咽温和直肠温。预充应用平衡液。

盐液加适量血浆或白蛋白（10～12 g），婴儿血量常不够总预充量的一半，故多需少量库血预充使转流时血细胞比容 >20%。全身肝素化按 2 mg/kg，预充液内按 20 mg/L，预充血 50 mg/L 给肝素。预充液内还可加入 20 mg/kg 甲泼尼龙和 0.2 mg/kg 酚妥拉明，有助于增强细胞膜稳定性，扩张血管，缩小体内温差。

体外循环开始后继续血流降温。灌注量 100～150 mL/(kg·min)，通常降温至鼻咽温 18～16℃或直肠温 21～18℃。血温达预定幅度后停止转流。灌注师钳夹动脉灌注管，同时经静脉引流管放出体内血液至氧合器和贮血瓶内，放血后钳夹腔静脉管，术者拔出右心房内插管，进行心内手术。灌注师维持膜肺管道内血液自循环，氧流量维持低流量。停循环安全时限为 45 min。

深低温低流量灌注技术与一般低温体外循环相同。用于婴幼儿时的降温方法、预充液配制与停循环相同，但降温程度应比停循环稍高，不低于鼻咽温 22℃，借以保持脑血管自动调节能力。灌注量，婴幼儿 50 mL/(min·kg)，成人 30 mL/(min·kg)。冷心脏停搏液每 20 min 补灌一次。预充液量比停循环者多，故需加一定比例的白蛋白或血浆。术中应用呋塞米，尿少者在复温时加超滤。体外循环时间可为 60～90 min。

深低温低流量灌注的优点是：①回心血流少，手术野显露清晰；②可减少血液有形成分的机械损伤，降低术后并发症发生率；③在深低温下保持了一定的灌注流量，对满足脑组织代谢需要，防止脑损伤更有意义；④机动性强，可根据手术情况决定暂停循环或逐步升温，是在深低温停循环技术上的发展。

四、不停搏体外循环

不停搏体外循环是指体外循环插管后仅阻断上下腔静脉而不阻断主动脉，也不应用心脏停搏液灌注，仍保持心脏搏动的体外循环手术。此法在体外循环早期常用于简单房间隔和室间隔缺损修复或肺动脉瓣狭窄切开等手术，尤其在缝合室间隔缺损时，认为保持心脏搏动可观察对传导束的损伤。随着体外循环的进展和对传导束走行的深入了解，不停搏体外循环已被标准的阻断主动脉和灌注心脏停搏液取代，但不阻断主动脉，却有减轻心肌缺血再灌注损伤的优点，近年来又有不少应用的报道。

不停搏体外循环的适应证包括简单房间隔和室间隔缺损缝合、二尖瓣替换、三尖瓣成形和三尖瓣下移畸形矫治等。术前应确定主动脉瓣功能良好，无关闭不全。

为防止心室颤动和减慢心率，温度保持鼻咽 31～32℃。术中仍应备好用冷心脏停搏液或温血心脏停搏液冠状动脉灌注，以便随时改变体外循环方法。术中应着重防止气栓发生，全身灌注压力保持在平均压 8.0 kPa（60 mmHg）左右，以减少心内回血；心内吸引以看清缺损边缘，便于缝合为宜，不可进入左心。缝合时暂时停止呼吸。闭合缺损最后一针时，膨肺排尽左心气体。二尖瓣替换时切开房间隔进入左心房后可向左心室内插入导管排气，切除瓣叶和缝合人工瓣膜时，要防止牵拉损伤心肌和影响主动脉瓣闭合。最后，在缝合心脏前向心腔内倒入生理盐水，排尽心腔积气。

此手术由于不阻断主动脉和不用心脏停搏液灌注，致手术时间缩短。由于心脏保持搏动，不中断血供，心肌保护较好，这在心功能不良尤其并发三尖瓣关闭不全的大心脏二尖瓣替换术时，较之常规主动脉阻断缺血时间较长者，术后发生低心排血量或心律失常等现象可明显减少。由于手术在心脏搏动下操作，故技术要求较高，初学者不宜采用。

第四章 心脏外科围术期处理

第一节 术前重要生命脏器功能评价

一、肺功能评价

肺功能的评价和监测是心脏手术前后一项极重要的工作内容,因为呼吸的基础是细胞与其周围环境间气体交换及生命过程所必需物质的交换。在进行肺功能评价与监测的同时,应当把循环系统的状态一并加以考虑,进行全面的分析判断,才能予以正确的治疗。在进行呼吸功能评价与监测时,患者的通气功能、氧的传递、血流动力学情况以及组织接受和利用氧的能力是四项最基本的内容。

1. 肺容量的评价

(1) 潮气量:正常人的潮气量一般为 5~10 mL/kg,其中一部分进入肺泡内能够有效地进行肺泡气体交换,即肺泡容量(V_A),另一部分则是进入气道和完全没有血流的肺泡,即为无效腔(V_D),一般的无效腔占潮气量的25%~35%,其值相当于 2 mL/kg。

(2) 每分通气量(V_E):指每分钟患者吸入或呼出的气体量,正常成人约为 6 L/min(5~7 L/min)。

(3) 最大通气量(MVV):正常男性约 100 L/min,女性约 80 L/min,通常也应根据实测值占预计值百分比进行判定。占预计值低于 76% 为异常。MVV 决定于胸廓、气道、肺顺应性、呼吸肌力等综合因素,因年龄、工种、体力等多种因素而有差异。阻塞性呼吸功能不全时 MVV 明显降低,限制性呼吸功能不全时 MVV 可正常或稍降低。

(4) 肺活量(VC):正常为 60~80 mL/(min·kg),是反映通气贮备能力的基本指标。

(5) 功能残气量(FRC):正常人的 FRC 为 35~40 mL/kg,或者占肺总量的 35%~40%,体位改变会影响 FRC 值。

2. 气道压力

(1) 气道阻力:是气体流入肺内的非弹性阻力。

通气阻力 =[峰压 – 呼气末正压(cmH_2O)]/ 吸入气体流速(L/s)。

气道阻力 =[峰压 – 静态压 –PEEP]/ 吸入气体流速(L/s)。

正常值为 2~3 cmH_2O/(L·s)。

(2) 顺应性(Compliance):肺及(或)胸廓的顺应性是指单位压力变化所致的容积变化(ΔV/ΔP)。计算公式为:VT/[平台压 –PEEP]。

正常成人的顺应性为 100 mL/cmH_2O,机械通气患者顺应性较正常人低(一般在 40~80 mL/cmH_2O)。

3. 呼吸驱动力及呼吸做功

此项分为中枢性驱动力、呼吸做功、呼吸肌的力度和耐力以及疲劳、吸气力商(IEQ)等。

4. 吸入及呼出气体(O_2 及 CO_2)的测定

测定动脉血氧分压可了解肺的换气功能和通气功能,同时测定呼出气的氧浓度,可以算出氧耗及组织用氧情况,也可利用测得的动、静脉血的氧浓度用 Fick 法计算出心排出量。监测呼出气体的 CO_2 可以计算无效腔通气、CO_2 产量及其他通气指标。

5. 氧的传送及组织用氧情况

（1）肺的氧合功能：常用 A-aDO_2 及 PaO_2/FiO_2 来评价。

（2）供氧量：单位时间内血液携带氧的含量。供氧量 = 心搏指数 × 动脉血氧含量 ×10。正常范围在 550 ~ 650 mL/（min·m²）。

（3）P_{50}：P_{50} 是一个表达氧离曲线位置的参考指标，它是指当 $SatO_2$ 为 50% 时的 PaO_2。

（4）混合静脉血氧分压（$P\bar{v}O_2$）及氧饱和度（$S\bar{v}O_2$）：可评价心排出量、了解组织的耗氧量及其他影响氧传送的因素。$P\bar{v}O_2$ 正常值为 31 ~ 44 mmHg。低于正常值表明组织的氧供不足或氧的需求增加，常见于贫血、血容量不足、心源性休克、低氧血症、体循环或肺循环的右→左分流、通气/灌注比率失衡、发热、癫痫发作、寒战、疼痛、甲状腺功能亢进等。高于正常值则表明组织耗氧过多、氧流量过大、存在体循环的左→右分流、高压氧治疗、心排出量增加或机体氧需求减少等。$S\bar{v}O_2$ 正常值为 60% ~ 80%。低于或高于正常值的意义与上述的 $P\bar{v}O_2$ 相同，对于临床治疗均有十分重要的参考意义。

（5）可消耗氧（$ConsO_2$）：测定血液中提供给组织可利用的最大限度供氧能力。

6. 换气功能评价与测定

（1）通气/血流比例（V/Q）：肺泡的通气与灌注于肺泡周围毛细血管血流的比例必须协调，才能保证有效的气体交换。正常肺泡通气量为 4 L/min，血流量为 5 L/min，两者比值为 0.8，如果每个肺泡的通气和血流量能保持一定比例，即使绝对量不同，仍可获得较好的气体交换。当肺泡通气量在比例上少于血流量，则 V/Q < 0.8，产生静动脉分流；若肺泡通气量在比例上大于血流量，则 V/Q > 0.8，形成无效腔样通气。无论是哪种形式的通气/血流比例失调均可造成患者的缺氧，但一般不会引起二氧化碳潴留。V/Q 比例目前尚无直接而简便的测定方法。

（2）弥散功能：气体分子通过肺泡膜进行交换的过程称弥散。因 CO_2 弥散能力很强，是氧的 21 倍，故不存在弥散功能障碍，临床上弥散障碍主要指氧，后果是缺氧。肺泡弥散量作为肺功能评价的一种指标，是指肺泡膜两侧气体分压差为 1 mmHg 时，每分钟所透过的气体量（mL）。弥散量大小与肺泡膜的面积、厚度、膜两侧气体分压差、气体分子量及其在弥散介质中的溶解度有关。凡能影响上述种种因素的病变，均可导致氧的弥散功能障碍而导致机体缺氧，如肺组织广泛损害、肺瘀血、肺水肿、肺间质纤维化等。V/Q 比例失调，肺气肿也可减少弥散面积和效益，使弥散量减少。目前，临床常用 CO 吸入法测定弥散功能，CO 与血红蛋白的结合力比氧大 210 倍，除大量吸烟者外，正常人血浆内几无 CO，因此，吸入少量 CO（浓度 0.1% ~ 0.3%）后，利用它通过肺泡膜与红细胞中血红蛋白迅速牢固结合，血浆 CO 分压立即降为零，根据单位时间内 CO 吸收量和肺泡 CO 分压，即可算出 CO 弥散量。用 CO 单次呼吸法测定弥散量，正常值为 200 ~ 277 mL/（kPa·min）[26.47 ~ 36.92 mL/（kPa·min）]。

通过对患者肺功能的测定，可以了解其肺功能的状态，有时还可以利用简单的运动和上下楼梯后的呼吸及心功能情况，帮助了解患者的肺功能储备情况，对于选择手术和制订手术后的治疗护理计划是非常重要的。

二、心功能评价

心功能评价主要指对患者的心血管系统的有关检测和观察参数进行全面评估。常用的参数有心率、血压、心排出量、肺循环和体循环血管阻力等的数值，这些均是重要的生命指标。因此对于心脏病患者进行必要的心脏功能评价与监测具有极其重要的临床意义，不但可以提供进一步治疗的依据，还可以判定患者在围术期对于治疗的反应，也有重要的提示预后的意义。

（一）分类

1. 心率

对于正常窦性心率的患者可以用触摸桡动脉搏动的方法，而对于有心律失常的患者则应该用听诊的方法测定，尤其是对于房颤心律的患者，用触摸外周动脉搏动的方法是不能正确计数的。在现代医疗过程中，重症患者的监护均使用各种生命体征监护仪，可以清晰地反映患者的心电波型和心率、心律，对临床治疗提供宝贵的资料。

2. 血流动力学

血压是血流动力学评估方面的重要指标，血压动力学内容主要包括体循环动脉血压、中心静脉压、右心房压、右心室压、肺动脉压、肺毛细血管楔压、左心房压、体循环血管阻力、肺循环阻力等。

（1）体循环动脉压（BP）：即平时所讲的血压，一般测定的方法可以用普通的水银柱式袖带式血压计或生命体征监护仪上的无创性血压测定（NIBP）或有创血压测定（IBP），前者对于一般的患者是最简便易行的，可以在任何情况下使用，反映的血压参数是准确的。对于重症患者，尤其是循环功能不稳定的患者最好应用有创血压监测，即经桡动脉穿刺进行连续性血压监测，可以实时反映患者的血压变化情况，便于及时发现患者血流动力学的异常而予以相应的处理。正常人的血压为（90～140）/（60～90）mmHg。

（2）中心静脉压（CVP）：将导管插入患者的心房水平的腔静脉内进行测压，可以准确反映患者的静脉压的情况，对于容量负荷的不足或过量，以及心功能不全等均有极好的提示作用，可用于指导临床治疗。其正常值为6～12 cmH$_2$O。中心静脉压测定的插管部位可有多种途径，即经锁骨下静脉、颈外静脉、颈内静脉或大隐静脉、股静脉等。目前一般均使用穿刺的方法置入测压导管。

（3）右心房压力（RAP）：意义与中心静脉压测定相似，反映的是心脏的容量负荷。右心房压力的正常值为1～6 mmHg。

（4）右心室压力（RVP）：可以了解右心室的收缩功能、右心室的后负荷等。右心室压力的正常值：收缩压为15～27.8 mmHg，舒张压为0～6 mmHg。

（5）肺动脉压力（PA）：是重症患者心功能评价中血流动力学测定的一项重要指标，可以反映患者的肺血管阻力情况，如有肺梗死或左心功能不全时，则可以见到肺动脉压力明显增高。肺动脉压正常值：（15～27.8）/（5.3～14.3）mmHg，平均压为20.3 mmHg。

（6）肺毛细血管楔压（PCWP）：是一项非常重要的心功能评价指标，可以间接反映左心房的压力，即左心室的容量负荷，测定PCWP一般均使用漂浮导管（Swan-Ganz导管）。肺毛细血管楔压正常值为8～12 mmHg。

右心房压、右心室压、肺动脉压及肺毛细血管楔压等均可应用漂浮导管（Swan-Ganz导管），插入的途径可为锁骨下静脉、颈外静脉、颈内静脉或大隐静脉、股静脉等。插漂浮导管时，当导管尖端插至右心房水平时（约至45 cm标志处），将1～1.5 mL的气体注入漂浮导管头部的小气囊内，然后继续将导管向前推进，由于气囊的漂浮作用，将导管引经右心室、肺动脉而至一侧的肺动脉的分支内，沿途可分别测定右心房压、右心室压、肺动脉压、肺毛细血管楔压。

3. 心排出量（CO）

（1）热稀释法测定：经漂浮导管的CVP接头快速（3秒内）注入5 mL冰盐水（0～5℃），导管头部的热敏电阻可测定单位时间内血液温度的变化，该温差与心输出量间存在明显相关性。由于此法有一定的误差，故测定时一般至少重复2次，取平均值为其结果。现代的心排量监测仪应用产热线圈或激光产热的方法，仍是利用热稀释原理进行计算，但其结果更准确、误差小，而且受人为因素影响较小。目前已经上市的新型心排量测定仪有美国的Baxter和OptiQ等，可以自动每隔数十秒一次地连续测定心排量。

（2）Fick法：抽取肺动血和股动脉血测血氧含量（无心内左向右分流者），按公式计算：心排出量（CO）=[基础氧耗量（mL/min）/动静脉血氧差（mL）]×1/10。

用心排出量除以患者的体表面积（m^2）即为心脏指数（CI），用心脏指数表示患者的心脏的排血量是更为实用的，因其无论体重大小或是成人、儿童均可以正确表示其心功能。CI的正常值为3.5～4.5 L/（min·m^2）。

4. 周围血管阻力（SVR）

SVR表示心室射血时作用于心室肌的负荷。

计算公式：SVR=（ABP^m–CVP）×7.5/CO×80（dyn）。

正常值：770～1 500（dyn/s·cm^{-5}）。

注：ABP^m=平均动脉压（kPa）。

5. 肺血管阻力（PVR）

正常情况下，PVR只为SVR的1/6。当肺血管病变时，PVR增大，从而明显增加右心室后负荷。

计算公式:PVR=(PAP^m-PCWP)×7.5/CO×80(dyn·s·cm^{-5})。

正常值:100～250(dyn·s·cm^{-5})。

注:PAP^m=肺动脉平均压(kPa)。

6. 左室心搏功指数(LVSWI)

LVSWI指左室每次心搏所做的功。心室做功常用重量单位表示[kg/M·(min·m^2)]。

计算公式:LVSWI=[CI(L·min-1/m^2)×1.055]×[(ABP^m-LVEDP)×7.5×13.6]/1 000。

正常值:3.4～4.2(g·M/m^2)。

注:式中ABP^{m}和LVEDP单位为kPa,LVEDP为左室舒张终末压。

(二)心功能评价时各项检测指标的意义

(1)CVP增高:常见于右心力衰竭、三尖瓣关闭不全、肺动脉瓣关闭不全、肺动脉高压、肺梗死、心脏压塞及容量负荷过重等。右心系统功能不全时,患者常表现为静脉压明显增高,颈静脉怒张、肝大,常易出现胸腹腔积液、腹胀、下肢水肿、颌面部色泽发紫、口唇发青等静脉瘀血的临床表现。CVP降低则常见于血容量不足的情况。

(2)PCWP增高:见于左心功能不全、容量负荷过重等情况,见于心源性休克、二尖瓣狭窄、二尖瓣关闭不全、左心室顺应性下降、血容量过多等。PCWP增高常易引起肺间质水肿,此时尽管听诊不到明显的细湿啰音,但由于呼吸膜的增厚,使肺的气体交换能力明显下降,临床表现为患者出现缺氧症状,亦即胸闷、气急、心率增快等呼吸窘迫症状。PCWP降低则常见于血容量不足等情况。

(3)CI为1.8～2.2 L/(min·m^2)时,表现为组织的低灌注,可以出现低血压;CI<1.8 U(min·m^2)时,则出现心源性休克;而在轻度心排出量降低时[CI为2.3～2.6 L/(min·m^2)],患者可没有低灌注的临床表现,虽然仍可保持血压在正常水平,但此时必将出现面色苍白、手足发冷、尿量减少、烦躁等低心排表现。

(三)注意事项

应用漂浮导管时要检查其头部的气囊是否破裂漏气;注入的气体最好是二氧化碳,因为万一球囊破裂,泄漏的CO_2可以经肺排出而不至于发生严重的气栓并发症。用导管进行左心房测压时必须绝对保证不经此管进入气体,否则会发生脑梗死等严重并发症甚至造成患者死亡。一旦患者情况允许,应尽早去除导管,以防长时间应用后发生栓塞或导管败血症。

三、肾功能评价

重症患者肾功能的状态对于整个机体各个病损脏器功能均有明显的影响。如果肾功能不全或出现肾功能衰竭,则将影响整个治疗效果。因此对于重症患者进行严格的肾功能评价也是一项十分关键的工作。严重的循环功能障碍和呼吸功能不全所造成的低血压以及低氧血症、酸中毒等均可对肾脏构成严重的损害乃至肾功能衰竭。

急性肾功能不全和肾功能衰竭(ARF)即肾脏排泄氮质代谢产物的能力急剧下降,导致氮质代谢产物在机体内大量积聚所形成的氮质血症和水电平衡紊乱,并影响到其他器官功能。

(一)分类

1. 肾前性肾功能衰竭

当休克或有效血容量明显不足时,全身血液重新分配,肾脏的血流量可比正常时减少50%～70%,造成肾小球的有效滤过率(GFR)明显降低,原尿明显减少,机体的排氮排酸能力明显下降,而发生氮质血症和水钠潴留等。早期时,这种病变尚未引起肾小管的坏死,因此如能及时发现和治疗,其病变是可逆的。肾前性肾功能衰竭的常见原因有:大量失血、过度利尿、消化道丢失大量液体、皮肤失水、心力衰竭、药物作用、败血症及高黏滞性综合征等。

2. 肾性肾功能衰竭

肾性肾功能衰竭包括肾实质性坏死和肾小管坏死,其中最为多见的为急性肾小管坏死。该病变常因肾脏血流灌注不足或肾毒性损害所致,其GFR迅速下降而造成急性肾功能衰竭。常见的病因有:休克、败血症、体外循环手术中的灌注技术不良、过多的游离血红蛋白阻塞肾小管、肾毒性药物的作用（如氨基糖苷类抗生素、造影剂、环孢素等）。

3. 肾后性肾功能衰竭

肾后性肾功能衰竭一般由外科疾病所致，如结石、肿瘤、血块等引起的输尿管梗阻；膀胱结石、膀胱肿瘤、前列腺肥大、前列腺肿瘤所致的下尿路梗阻等。

（二）临床表现

1. 肾前性肾功能衰竭

肾前性肾功能衰竭常由水的摄入与电解质严重紊乱所致。由于病因不同，临床表现亦不相同。如患者是因脱水所致，在患者的病史中就可以问及有否呕吐、腹泻、大量失水、大量利尿等情况；由外伤所致的大量失血导致肾功能不全的原因是显而易见的。体征上患者常有脱水的表现，如思维能力差、反应性差、烦渴、尿量明显减少、体重下降、皮肤弹性差、心动过速、静脉塌陷、血压下降等。实验室检查可有血液浓缩、血球压积升高、血尿素氮（BUN）和血肌酐（Cr）升高、BUN/Cr＞20、尿比重＞1.030、尿渗透压＞500 mOsm/（kg·H_2O），尿钠＜20 mmol/L、排钠分数（FE_{Na}）＜1%。

2. 肾性肾功能衰竭

急性肾小管坏死所造成的肾功能衰竭发生以后，绝大部分患者出现少尿或无尿，肾毒性损害者则先呈非少尿型肾功能衰竭，而后转为少尿型。一些患者常因严重的氮质血症和水、电解质平衡的紊乱而出现相应的症状，特别是血容量负荷的过度增加所引起的充血性心力衰竭、肺水肿、高血压、代谢性酸中毒以及神经精神症状等；有的患者则由于高血钾而致严重的心律失常乃至心脏停搏。实验室检查患者的血 BUN 明显升高、高血钾、高血钙、高血镁、尿渗透压＜350 mOsm/（kg·H_2O），尿钠＞40 mmol/L、排钠分数（FENa）＞1%、低血钠、代谢性酸中毒。

急性肾小管坏死的临床过程可分三期：

（1）初期：从肾功能不全至确定肾功能衰竭时止。

（2）维持期：数小时至数周或更长。少尿患者肾功能往往在 10～16 d 内恢复；非少尿患者的恢复时间为 5～8 d。急性肾功能衰竭的并发症多发生在此期内。

（3）恢复期：肾功能开始改善，血 BUN 和 Cr 逐渐降至正常。非少尿患者开始进入多尿期，此时宜注意严重水电解质紊乱的发生。肾功能通常在 4 周内恢复，偶有数月甚至长达一年始恢复者。有的患者如原先有肾实质性疾病，则肾功能不能恢复至进一步正常水平。

3. 肾后性肾功能衰竭

肾后性肾功能衰竭系外科性肾功能衰竭，皆有原发病灶的存在，也同时有相应的临床症状。经病史的询问和仔细的体检，不难做出诊断。

（三）肾功能监测内容

1. 尿量

尿量正常范围＞0.5～1 mL/（kg·h），也是肾灌注充分的一个指标。少尿：成人＜500 mL/d，儿童＜200 mL/d。

2. 肌酐（Cr）清除率

血 Cr 正常值＜50～130 μmol/L，肾功能不全时＞200 μmol/L。但是术后肾损害 12～24 小时以后，血 Cr 才开始升高。肌酐清除率和每小时尿量均出现异常时，提示肾小球滤过功能减低。

3. 尿常规

急性肾功能衰竭时，比重：1.010～1.040，尿钠：＞20 mmol/L。肾小管功能可用尿钠/尿 Cr 与血 Cr 之比来评价，正常值＜1。若其值＞1 时，提示肾小管功能减低。

4. 血 BUN

血 BUN 正常值为 7.5 mmol/L，氮质血症时＞15 mmol/L，其增加的幅度可以帮助判断肾功损害的程度，每天增加的幅度越大，其病情越重。

5. 动脉血气分析

肾功能衰竭时，pH < 7.4，BE 的负值增加。

6. 血清 K^+

血清 K^+ 肾功能衰竭时 > 5.5 mmol/L。

（四）无尿或少尿的处理

（1）明确病因：包括血容量不足、低心排、低血压及低氧血症、顽固性酸中毒、严重溶血、大剂量的血管收缩药的应用、肾功能不全、急性肾功能衰竭等。术中和术后发生较长时间的低血压时，要警惕发生肾功能衰竭的可能性。

（2）血容量不足：较多见。可根据中心静脉压低、左房压低、心率快、烦躁不安、每小时入量 < 50 mL、血红蛋白素 < 10 g/dL、使用镇静药后血压下降等综合判断。补足容量后尿量增加。

（3）低心排：较多见，其实质为肾灌注不足。患者循环波动较大、心动过速、四肢凉、多汗、中心体温高，甚至肝大、下肢水肿。治疗应增加容量负荷，静脉使用毛花苷 C 或地高辛 0.2 mg/次，每 4 h 1 次，力争达到洋地黄化量（0.03 mg/kg）增加心肌收缩力改善心功能。根据动脉血压的情况，静脉持续输入多巴胺 + 硝普钠，提高动脉血压增加肾灌注，改善心肌的收缩力和顺应性。然后再用呋塞米（10～20 mg/次，IV）等利尿剂。

（4）术中、术后的低血压及低血氧可导致肾功损害：治疗时注意补足血容量、纠正酸中毒、延长呼吸机使用的时间、停止补钾、少量多次静脉给碳酸氢钠（20～40 mL）以碱化尿液保护肾功、使用小剂量 [2～5 μg/(kg·min)] 多巴胺提高肾灌注压、限制蛋白摄入。以上治疗 24 小时无效时，改用腹膜透析或血液透析。

（5）酸中毒时，肾血管收缩，影响患者肾血管的滤过性，要及时纠正。溶血的患者，应尽早碱化尿液保护肾功，液体入量要足，要大剂量利尿。因病情需要使用大剂量血管收缩药的患者，要同时使用硝普钠 0.5～2 μg/(kg·min)，缓解肾血管收缩。

（6）急性肾功能衰竭：限制水、钠的摄入，停止补钾，保证每天 10 460 kJ 的热量（每克葡萄糖为 17 kJ），禁止蛋白质和氨基酸的摄入（必需氨基酸除外），维持循环稳定，保证肾灌注。丙酸睾酮 10 mg/次，im，qd；或苯丙酸诺龙 25 mg/次，im，qd，可减少蛋白的分解，增加蛋白的利用。纠正酸中毒，高钾可用钙剂拮抗，葡萄糖酸钙或氯化钙 500 mg/次，稀释后静脉内缓慢输入；同时可输 4∶1 的葡萄糖胰岛素液（4 g 葡萄糖 + 1 单位胰岛素），使细胞外的高钾向细胞内转移。在少尿期要保证患者的基本热量，维持循环和全身一般情况的稳定，等待多尿期的到来。若血钾、BUN 进行性增高，要及早进行腹膜透析或血液透析。

（五）腹膜透析

（1）肾功能衰竭时的肾功能替代方法，方便、易行。

（2）适应证：BUN ≥ 30 mmol/L、血清 K^+ > 6.5 mmol/L、Cr ≥ 800 μmol/L、有水中毒症状、循环功能尚稳定。

（3）透析液选择：有较多配方可供选择，原则上透析液的电解质成分和渗透压应与血浆相似，方可收到良好的效果（表 4-1）。

表 4-1 透析液的参考配方表

成分（g）	Legrarin 配方	Grollman 配方
NaCl	6.1	6.0
KCl	0.35	0.3
CaCl$_2$	0.23	0.25
MgCl$_2$	0.05	0.17
NaHCO$_3$	2.2	3.0
葡萄糖	20～80	30
渗透压（mOsm/kg）	390	465

透析液又分为两部分：

①原液配方：NaCl 6.3 g + $CaCl_2$ 0.3 g + 葡萄糖 30 g，加水至 1 000 mL。

②使用时每 500 mL 的原液中加入：

50% 的葡萄糖 20 mL；

5% 的碳酸氢钠 35 mL；

肝素 6.25 mg；

1% 的普鲁卡因 2.5 mL；

氨苄西林 1.0 g。

（4）透析方法：每 2～6 h 1 次，注意加温。成人：1 000 mL/次，儿童 300～800 mL/次。严格记录透析液的出入量，根据透析效果用 50% 葡萄糖液来调整透析液的渗透压。腹膜透析无效时，血钾、BUN 持续上升时，可采用血液透析。

（5）监测：复查血 K^+，每天 2～3 次。查血 BUN、Cr，每天 1 次。注意透析液出量的性状。必要时做常规化验、蛋白测定及细菌培养。

（六）血液透析

（1）肾功能衰竭时的肾功能替代疗法，疗效确切，设备要求高。

（2）适应证：

①有明显的尿毒症早期症状；

②水中毒；

③血 BUN > 40 mmol/L 或血 BUN 每天增加 > 10 mmol/L；

④进行性酸中毒；

⑤血 K^+ > 6.5 mmol/L。

（3）透析方法：选用标准血透机及配套用品。根据病情需要，制订透析计划。开始可以每天 1 次，以后逐渐延长透析间隔。

（4）监测：检查透析机工作状态。做透析前、后血液化验对比，包括血 K^+、BUN、Cr、血气、透析液统计。

（七）治疗要点

1. 肾前性肾功能衰竭

针对病因进行积极治疗。血容量不足者，迅速补充血容量，预防肾功能由功能障碍恶化为器质性肾功能衰竭。应保证尿量在 1～2 mL/（kg·min）。有心功能不全者，应插入漂浮导管监测患者的中心静脉压（CVP）、肺毛细血管楔压（PCWP）以及心脏指数（CI），以了解补液的量和心功能、肾功能损害的程度，同时指导临床治疗与观察。

2. 急性肾小管坏死

静脉注射袢利尿药呋塞米 80～500 mg，无效时可在 1 小时后重复应用（大剂量应用袢利尿药可造成听神经损伤）。限制水分摄入、限制钠和钾摄入、限制蛋白摄入 [0.6/（kg·d），透析开始后增加至 1.0/（kg·d）]。要保证患者的能量供给 [以糖为主，每日应给 105～209 kJ/（kg·d）]。高钾时可用钙拮抗之，或用高糖加胰岛素静脉滴注以降低血钾浓度。为了减少患者的分解代谢，可间断应用合成激素，如 ACTH 等。如果患者已经出现如下情况，应及时进行透析治疗（血液或腹膜透析均可应用）。

（1）血钾 > 6.5 mmol/L。

（2）水钠潴留导致的心力衰竭、严重高血压或肺水肿者。

（3）严重代谢性酸中毒，pH < 7.20 或血 HCO_3^- < 12 mmol/L。

（4）出现尿毒症脑病、出血性胃炎、尿毒症性心包炎。

（5）血 BUN > 30 mmol/L、血肌酐 > 530 μmol/L。

（八）注意事项

肾功能衰竭的治疗一是要及时明确诊断，二是要处理积极，三是要有耐心，因为患者一般情况均比较危重。一般说，内科疾病发生的 ARF 的死亡率为 20%～50%，而外科疾病的死亡率为 60%～70%，在治疗中，只要积极认真进行每一项治疗（包括原发病的治疗），患者的肾功能是可以逐渐恢复的，不需要长期依赖透析治疗。总的来说，积极的预防和早期的诊断处理在肾功能的维护和治疗中是至关重要的。

四、中枢神经系统功能评价

中枢神经系统功能的评价主要包括患者的意识、瞳孔大小和反应以及运动、感觉和反射等神经系统的状态。中枢神经系统功能评价分类如下。

1. 意识状态

根据患者对刺激（问话或致痛）所产生的反应程度、清醒水平及维持清醒时间来判断其意识状态。

（1）意识障碍的分类：

①意识模糊：意识能力轻度下降，但仍保留基本反应与简单的精神活动，其注意力和记忆力减弱但理解和判断能力基本正常。

②嗜睡：呈持续性睡眠状态，对外界刺激仍有反应，可被唤醒，有一定的言语及运动能力，可述说自己的症状，并可服从医生的指令完成动作。一旦刺激去除则又陷入睡眠状态。

③朦胧：比嗜睡深但又比昏迷浅，患者处于深睡状态，给予强刺激后方能唤醒，不能正确回答问题，反应迟钝，醒后立即又回复到昏睡状态。

④昏迷：意识完全丧失，不能唤醒，反射减退或消失，根据其程度又分为深、浅昏迷。

（2）特殊的意识状态：

①谵妄状态：意识模糊伴知觉障碍，注意力丧失与精神活动性兴奋，患者烦躁不安、对刺激的反应增强。

②去皮质状态：可有视、听反射，双上内收，肘、腕关节屈曲僵硬，双下肢过伸强直并稍内旋，系大脑脚以上内囊或皮质的损害。

③去大脑状态：全身肌张力增高，上肢过伸强直，下肢过伸内收并稍内旋，头后仰，严重时呈角弓反张状态，系中脑损伤病变。

④无动性缄默：表现为缄默不语、四肢不动的特殊意识障碍，系中脑至间脑的上行激活系统的部分性破坏所致。

⑤植物状态：表现为缺乏高级神经活动而长期存活的一种特殊状态，系严重脑缺血缺氧所致的损害。

2. 颅压监测

颅压监测是脑功能评价中不可缺少的重要内容。颅压升高，可使脑血流量下降或停止，又可使脑组织移位或突出而产生严重后果。

颅压监测的部位有脑室内、硬脑膜下和硬脑膜外等，近年来有人用监测鼓膜压力的方法间接测定颅压的改变。

脑室内测压分为脑室内插管外接传感器和脑室内插管外接储液囊安放在骨孔内再接传感器两种方法。硬脑膜外压监测是将传感器直接置于硬脑膜表面，该法安全且颅内感染率低。

正常状态下，颅压为 15 mmHg 以下，如高于 20 mmHg 则为颅内高压，当颅压超过 41 mmHg 时则预后不佳。

3. 瞳孔是脑功能评价中的重要指标

（1）一侧瞳孔缩小：天幕裂孔疝早期可出现，继而瞳孔扩大。

（2）双侧瞳孔缩小：脑桥出血或吗啡鸦片类药物中毒，亦可见于脑室或蛛网膜下隙出血。

（3）一侧瞳孔扩大：见于中脑受压，如合并同侧视力急剧减退，则应考虑同侧眼动脉或颈内动脉闭塞。

（4）双侧瞳孔散大：对光反应消失，系中脑的严重损伤。

（5）Horner 综合征：下脑干或颈交感神经受累。

4. 眼球活动

（1）水平性凝视麻痹：双眼视向病灶侧，为半球病变；双眼视向健侧或瘫侧则为脑桥外展副核受损。

（2）双眼上视不全致呈下视位注视：为后联合病变，提示松果体附近病损。

（3）病灶侧眼球内收不全：提示为脑干病变。
（4）双眼球固定：提示脑干广泛病变。
（5）双侧眼球分离：多见于脑干病变或深昏迷。
（6）双侧眼球游走浮动：见于桥脑出血或梗死。
（7）前庭动眼反射消失：脑干前庭-外展动眼反射径路中断，预后不佳。
（8）垂直性眼球震颤：中、桥或桥、延脑交界病变。
（9）旋转性眼球震颤：脑桥病变。
（10）持续性水平性眼颤伴眩晕而无耳鸣：脑干内病变。

5. 反射和病理反射

（1）一侧角膜反射或浅反射消失：对脑的局限性病变有定位意义。
（2）双侧对称性腱反射消失合并病理反射：全脑广泛性病损或深昏迷时出现，无定位价值。

6. 脑电图和脑地形图

脑电图和脑地形图对于脑功能的评价亦有一定的帮助，可结合临床病征进行选择性应用，尤其对于意识不清的患者的脑部病变程度可有预后判断的参考作用。

（1）慢波型意识障碍：脑电图表现为广泛性的高幅 δ 或 θ 波。意识障碍越重，慢波周期越长、波幅越高、数量越多。其主要见于大脑半球病变。
（2）α 波型的意识障碍：病变多见于脑干。
（3）β 波型的意识障碍：又名 β-昏迷，多系脑干外伤或血管病引起。
（4）纺锤波型意识障碍：为低位脑干继发性或功能性损害时所见，常见于迁延性昏迷；一般预后较好。
（5）发作波型持续性意识障碍：多见于肝昏迷或脱鞘性脑病。
（6）平坦波形意识障碍：为深昏迷的脑波类型。
（7）癔症性脑波型：临床似是昏迷，实则意识清醒，脑电波检查正常。可区别真假昏迷。
（8）严重度评分（表4-2）。

表4-2　Glasgow-Pittsburgh 昏迷评分表

A. 睁眼动作		3. 两侧反应不同	3分
1. 自动睁眼	4分	4. 大小不等	2分
2. 言语呼唤后睁眼反应	3分	5. 无反应	1分
3. 痛刺激后睁眼反应	2分	E. 脑干反射	
4. 对疼痛刺激无睁眼反应	1分	1. 全部存在	5分
B. 言语反应		2. 睫毛反射消失	4分
1. 有定向力	5分	3. 角膜反射消失	3分
2. 对话混乱	4分	4. 眼脑及眼前庭反射消失	2分
3. 不适当的用语	3分	5. 上述反射均消失	1分
4. 不能理解语言	2分	F. 抽搐	
5. 无言语反应	1分	1. 无抽搐	5分
C. 运动反应		2. 局限性抽搐	4分
1. 能按吩咐做肢体活动	6分	3. 阵发性大发作	3分
2. 肢体对疼痛有局限反应	5分	4. 连续大发作	2分
3. 肢体有屈曲逃避反应	4分	5. 松弛状态	1分
4. 肢体异常屈曲	3分	G. 自发性呼吸	
5. 肢体直伸	2分	1. 正常	5分
6. 肢体无反应	1分	2. 周期性	4分
D. 瞳孔光反应		3. 中枢过度换气	3分
1. 正常	5分	4. 不规则或低呼吸	2分
2. 迟钝	4分	5. 无	1分

注：A至G大项的总分为35分，最差为7分，最好为35分。

7. 常用的神经系统检查方法

（1）一般检查：

①意识状态：嗜睡、昏迷、意识模糊、谵妄等。

②精神状态：感情淡漠、兴奋躁动、多语、错觉、妄想等。

③脑膜刺激征：颈强直、凯尔尼格征、布鲁津斯基征等。

④头部和颈部：面容表情、强迫头位等。

⑤躯干及四肢：体位改变情况，四肢活动情况。

⑥眼底镜检查：颅压升高时，可见视神经盘水肿、充血、隆起、边缘模糊。颅内出血时，可见视网膜内出血或渗出。脑血管异常或动脉硬化时，可见视网膜动脉硬化、迂曲延长、动脉变细（与静脉之比＜1∶1）。

（2）神经系统检查：

①瞳孔：最常用的检查为瞳孔的大小、是否对称、对光反应如何。

②颈部：颈强直揭示脑部受刺激、脑膜炎症、蛛网膜下隙出血、颅压升高等。

③运动神经：

A. 肌力：若两侧力量显著不等时，有重要意义。

B. 肌张力：有锥体束疾患时，肌力减低而肌张力增强，虽然肌张力增强但肢体的运动范围受限。

④生理反射：

A. 浅反射：Ⅰ. 角膜反射：深昏迷的患者可消失。Ⅱ. 腹壁反射：患者有锥体束疾患时消失。Ⅲ. 提睾反射：男性患者有锥体束疾患时消失。

B. 深反射：Ⅰ. 膝腱反射：患者在极度衰弱时可减弱，昏迷时消失，有锥体束疾患时增强。Ⅱ. 跟腱反射：患者在极度衰弱时可减弱，昏迷时消失，有锥体束疾患时增强。Ⅲ. 二头肌反射：患者在极度衰弱时可减弱，昏迷时消失，有锥体束疾患时增强。Ⅳ. 三头肌反射：患者在极度衰弱时可减弱，昏迷时消失，有锥体束疾患时增强。

⑤病理反射：

A. 巴宾斯基征：患者有锥体束疾患时，意识不清或深睡时出现。

B. Hoffmann征：患者有锥体束疾患时，拇指作屈曲及内展运动。

C. 阵挛：膝阵挛和踝阵挛出现，揭示膝腱反射和跟腱反射显著增强，可见于锥体束疾患或精神高度紧张的患者。

8. 颅压（ICP）的监测

（1）方法：腰穿测压或侧脑室穿刺测压。

（2）腰穿测压：正常值为 7～8 cmH$_2$O。颅压增高 ＞ 20 cmH$_2$O。

（3）腰穿禁忌证：颅内占位性病变时，不能常规经腰穿测压，否则易诱发脑疝形成。

（4）侧脑室穿刺测压：测得压力略低于腰穿值，但结果更可靠。

（5）穿刺液的常规和生化检查。

①颜色：正常为无色水样流体。蛛网膜下隙出血时，脑脊液呈均匀淡红色，离心后上清液呈淡红色或黄色。

②蛋白含量：正常为 200～400 mg/L。脑出血或蛛网膜下隙梗阻时，脑脊液呈白色云雾状或混浊状，蛋白含量增高。

③细胞计数：正常为（0～8）×10^6/L，多为淋巴细胞。蛛网膜下隙出血时，细胞数增加，以红细胞为主。化脓性脑膜炎时，细胞数显著增加，以白细胞为主，性状可呈脓样，甚至出现凝块。

④葡萄糖含量：正常为 500～800 mg/L。蛛网膜下隙出血时增高。

⑤凝结度：正常脑脊液静置 24 小时不会凝结。脑膜炎症时，由于纤维蛋白原增加及细胞数增多，可出现凝块，静置 1～2 小时后可见脑脊液凝结。

⑥氯化物：正常为 700～760 mg/L。

五、肝功能评价

肝脏是人体重要的代谢脏器,亦即人体的化工厂,其主要生理功能如下。

(1)代谢功能:糖、脂类、蛋白质的同化、贮藏和异化;核酸代谢、维生素的活化和贮藏,激素的灭活及排泄;胆红素及胆酸的生成;铁、铜及其他重金属代谢等。

(2)排泄功能:对胆红素和某些染料的排泄。

(3)解毒功能:对化合物的氧化、还原、水解、结合等。

(4)凝血因子和纤溶因子的生成等。

对肝功能的评价是心脏外科诊治过程中一项必不可少的重要工作,特别是绝大多数心脏外科手术治疗时必须要对人体进行肝素化,而后还要应用鱼精蛋白进行中和肝素;有的患者在瓣膜置换术后要进行抗凝治疗。如果肝功能有异常则可能影响机体的凝血与抗凝的平衡,会给患者带来危险。如果术前患者有明显的肝功能异常而未能检测出,则体外循环手术对肝功能的影响是极大的,有时会发生致命性的肝功能损害;而不良肝功能又可引起肺、肾、心等多种重要脏器的进一步损害。因此,在行心脏手术前必须对肝功能进行细致的评估,以决定下一步治疗方案。

(一)分类

1. 蛋白代谢功能

肝脏是蛋白代谢的主要器官,如白蛋白、糖蛋白、脂蛋白、凝血因子和纤溶因子以及各种转运蛋白等均系肝细胞合成,当肝功能受损时这些蛋白质的合成减少。γ球蛋白虽非肝脏合成,但当肝脏内单核细胞系统受到免疫刺激作用时,则γ球蛋白的生成亢进。因此,测定血清蛋白水平和分析其组化的变化,可以了解肝脏对蛋白质的代谢功能。

2. 糖代谢功能

肝脏是糖代谢的主要器官,在维持血糖的稳定性方面起主要作用。肝脏的实质性损伤时,引起肝脏的糖代谢异常。

3. 脂类代谢功能

肝脏除合成内源性胆固醇和脂酸等脂类外,还摄入外源性脂类和由脂肪组织而来的游离脂肪酸。它们在肝脏中合成三酰甘油、磷脂等,组成极低密度脂蛋白(VLDL),还合成高密度脂蛋白(HDL)和卵磷脂-胆固醇-酰基转移酶(LCAT)。肝脏还能将胆固醇异化为胆酸、磷脂及胆固醇入胆汁中。

4. 胆红素代谢功能

胆红素每天生成250~500 mg,这种胆红素是非极性的游离胆红素(间接胆红素)在血液中和白蛋白结合,在肝细胞膜上和白蛋白分离后,胆红素被肝细胞摄取和肝细胞中的Y、Z受体蛋白结合,移至内质网,在此再和其他物质结合。结合胆红素(直接胆红素)主要是在二磷酸尿苷转移酶的催化下生成双葡萄糖醛酸胆红素。

5. 血清酶学检测

酶蛋白含量约占肝脏总蛋白含量的2/3。在肝脏受到实质性损害时,某些酶从受损伤的肝细胞中溢出入血,使其在血清中的活性增高;有些酶在肝细胞病变时生成减少或病理性生成亢进。

(二)肝功能不佳的临床表现

1. 蛋白代谢异常

急性重症肝炎时,虽然已有肝功能受损,但由于γ球蛋白生成增多,因此,总蛋白并不降低。亚急性重症肝炎时,总蛋白常随病情的加重而减少,若有进行性减少时,则提示可能发生了肝坏死。白蛋白逐渐下降,则预后不良;治疗后白蛋白上升,提示治疗有效;白蛋白减少至2.5 g/dL以下,易发生腹腔积液。A/G倒置见于肝脏损害严重、病变范围较大。血清总蛋白>8 g/dL称为高蛋白血症,主要由球蛋白增加所致,见于有硬化、慢性炎症、M-蛋白血症、恶性淋巴瘤等。血清总蛋白<6 g/dL称为低蛋白血症,见于慢性肝病、结核、慢性营养障碍、恶性肿瘤等。肝炎病情加重后,白蛋白,α、β球蛋白减少,而γ球蛋白增多。肝硬化时,白蛋白中度或高度减少,$α_1$、$α_2$和β球蛋白也有下降趋势,γ

球蛋白明显增多。肝细胞癌时，其电泳图像与肝硬化相似，但常有 α_2 球蛋白增高，偶可出现甲胎蛋白区。硫酸锌浊度试验（ZnTT）、麝香草酚浊度试验（TTT）在肝炎、肝硬化的诊断中有意义。甲胎蛋白（AFP）在原发性肝癌时呈阳性反应（> 500 ng/mL）。癌胚抗原（CEA）在转移性肝癌时血清浓度增高（> 5 ng/mL）。异常凝血因子（APT）增高（> 30 ng/mL）提示肝细胞肝癌。肝功能极度衰竭或血液不能正常流经肝脏时，血氨值明显升高（> 600 μg/dL）。

2. 糖代谢异常

肝脏可将半乳糖合成为糖原。肝实质性损伤时，对半乳糖的代谢功能降低，或由于门静脉和体静脉之间发生病理性或人工性（TIPSS procedure）短路，血液中的半乳糖清除率降低。

3. 脂类代谢异常

阻塞性黄疸时，总胆固醇增加（> 230 mg/dL）。肝细胞受损时，因胆固醇的酯化发生障碍，血中胆固醇酯的比例减少；在肝硬化和严重肝炎时，血中总胆固醇减少。阻塞性脂蛋白-X（LP-X）是在各种原因所致的胆汁瘀积、阻塞性黄疸时出现在血液中的异常脂蛋白，可用以鉴别黄疸的类型及判断预后。

4. 胆红素代谢的监测

黄疸指数在 7～15 U 时为隐性黄疸，> 15 U 时为显性黄疸。此指数达 100 U 以上时多见于阻塞性黄疸和肝炎；胆石性梗阻指数多在 100 U 以下，肿瘤性阻塞时此指数多在 100 U 以上；50 U 以下多为溶血性黄疸。直接胆红素（SDB）增高 > 35% 见于阻塞性黄疸或肝细胞性黄疸、< 40% 的黄疸多为溶血性黄疸。

5. 肝脏酶谱监测

丙氨酸氨基转移酶（ALT）升高见于急性肝炎，若为重症肝炎时，一度上升的转氨酶可随病情的恶化而降低，表明功能肝细胞的减少。肝硬化活动期 ALT 轻度或中度升高，代偿期为正常或微升。ALT 与黄疸分离表明大量肝细胞坏死。亮氨酸氨基肽酶（LAP）在血清中的活性增高时，见于阻塞性黄疸、肝内胆汁瘀积、肝癌或其他肝内占位性病变及胆管系统疾病。碱性磷酸酶（ALP）在阻塞性黄疸时明显增高。γ-谷氨酰转肽酶（γ-GT）主要存在于肝细胞浆和毛细血管内皮中，当肝细胞或毛细胆管受损时，γ-GT 明显升高。其他尚有单胺氧化酶（MAO）、脯氨酰羟化酶（PH）、鸟嘌呤脱氨酶（Gu）和多种血清同工酶（isoenzyme）可供肝功能评估。

根据患者的临床体征，结合临床体检的资料和肝功能监测的结果，不难对患者的肝功能进行恰如其分的评价，对于心脏外科患者是具有实际临床意义的。

六、凝血系统功能评价

人体有正常的凝血功能，因此正常人体内的抗凝与凝血总是处于一种平衡状态，一旦这种平衡被打乱，患者则会出现明显的出血倾向，有时会引起致死性的大出血，因此对于准备进行手术治疗的心脏外科患者来说，进行凝血功能方面的评价也是至关重要的工作。

（一）分类

有许多种疾病可以存在凝血功能障碍，大体上可分为如下几种。

1. 先天性凝血因子缺乏

在凝血因子中，除因子Ⅲ、Ⅳ以外，其他各种血液凝血因子都可有先天性缺乏，其中较为常见的有因子Ⅷ缺乏（血友病 A，可分为轻、中、重三型）；因子Ⅸ缺乏（血友病 B）；因子Ⅺ缺乏（血友病 C）；先天性因子Ⅻ和因子Ⅰ质和量的异常。

2. 获得性凝血因子缺乏

多数凝血因子由肝脏合成，严重的肝脏疾病可以引起凝血因子合成障碍。因子Ⅱ、Ⅶ、Ⅸ、Ⅹ 依赖维生素 K 的参与在肝脏中合成。各种原因造成的维生素 K 吸收不良或肠内维生素 K 合成不足均可导致维生素 K 依赖的凝血因子缺乏而引起出血。

3. 消耗性凝血功能障碍

许多危重病变、创伤及脓毒败血症等患者均可发生播散性血管内凝血（DIC），产生的机制是血管内皮损伤后,暴露胶原激活因子Ⅻ,组织因子Ⅲ及其他促凝物质大量进入血循环,以及破坏的红细胞及血小板释放的磷脂及其他促凝物质。这三种因素启动了内生及外生凝血系统,使血液处于高凝状态,引起广泛的小血管内凝血,继而消耗了大量血中凝血因子和血小板而致广泛出血。最后凝血过程中形成的凝血酶、受损伤组织中或血管内释放的激活物质以及激活的因子Ⅻ等都使血液中的纤溶酶原转变为纤溶酶,阻止纤维蛋白形成,干扰因子Ⅷ、血小板聚集和释放反应导致低凝状态而出血,称为继发性纤溶亢进。

4. 获得性过多纤维蛋白溶解症

此病症主要由于:①纤溶酶原活化素释放过多,促使纤溶酶原转化为纤溶酶,继而引起纤维蛋白(原)及因子Ⅴ、Ⅷ分解成纤维蛋白(原)降解产物(FDP)而致临床出血;②纤溶酶原活化素破坏减少;③获得性纤维蛋白溶解(白血病末期可见到);④DIC发展过程中的一个组成部分。

5. 血小板量与质的缺陷

各种原因(先天性、药物性、尿毒症、骨髓增生性疾病、异常丙球蛋白血症等)所致的血小板数量的减少或质量的不佳均可引起临床出血症状。

(二)凝血功能异常者的临床表现

各种原因所致的出血性疾病临床上经常见到,由凝血因子异常而有出血倾向患者,有时不太容易马上诊断明确,必须仔细询问其有关的病史和征象,如以往刷牙时牙龈易出血、碰撞后体表容易有紫斑或有的患者平时体表有出血性紫癜等症状和体征综合判断,推测其可能存在有属于凝血因子方面的疾病而做进一步的深入检查。有的患者表现为呕血、咯血或便血等,一般情况下,出血性疾病的临床表现是显而易见的,通过过细的临床体检和实验室检查一般不难查出。

与外科手术有关的出血性疾病的诊断一般也是比较容易的,如大量输注库血或体外循环手术以后均可引起凝血功能障碍,作相应的化验检测可以帮助鉴别诊断。

(三)凝血功能评估的方法

(1)对于凝血因子缺陷所致的出血性疾病可以检测凝血因子,一般均可以明确诊断。

(2)血小板的数量可以通过临床检验获得,而血小板的质量的检测则必须进行详尽的有关的生化检查方可明确,血液病实验室的检测对于凝血功能方面的评价的作用是十分有价值的。

(3)大量输血或体外循环心内直视手术以后的凝血功能障碍在平时的临床工作中就应十分注意防止发生。如为DIC,凝血因子时间(PT)延长、激活的部分凝血活酶时间(APTT)延长、凝血酶时间(TT)延长、纤维蛋白原含量减少、血小板计数下降、血中FDP含量增高、血浆鱼精蛋白副凝固试验(3P试验)阳性和循环中红细胞有棘形改变及破坏。

(四)凝血功能异常者的治疗

(1)对于血小板因素引起的出血性疾病的治疗,既要对症治疗,也要对因治疗,一般均要标本兼治。①原发病症进行治疗;②药物所致者停用或减少药物用量;③肾上腺皮质激素有保护血小板的作用;④出血严重时,有条件的应输注浓缩的血小板;⑤晚近有报告DDAVP(脱氨-d-精氨酸加压素)可以改善血小板的功能;⑥有些中药可以促使血小板增生和增强凝血功能。如果循环中有血小板抗体则效果较差,因而对于需多次输注血小板者,最好用HLA(人类白细胞抗原)相配的亲属的血小板比较合适。而输入无关者的血小板,一般在3~8周后体内出现血小板抗体。

(2)凝血因子缺乏的疾病则应根据检测的结果予以替代治疗,一般比较简便的方法是输注富含凝血因子的血浆,在应用的过程中应注意患者的心肺功能情况,因为血浆可以增加血液的胶体渗透压和心脏的容量负荷,心肺功能不良者必须注意缓慢输入,免得造成患者的心功能不全或发生肺水肿。浓缩的凝血酶复合物富含因子Ⅱ、Ⅷ、Ⅸ等;DDAVP有促使Ⅷ因子释放的作用,可用于轻型血友病甲患者;纯化因子Ⅸ(商品名为Alphanine)可用于血友病B患者;补充维生素K和去除肠道维生素吸收不良或维生素K合成不足;血浆置换治疗某些严重的凝血因子障碍患者。

(3)DIC的治疗:积极处理原发病;纠正凝血缺陷,原发病如能迅速好转,则可以输注血小板或新鲜冰冻血浆。如已有严重出血或出血倾向,或原发疾病及其所致DIC均不能很快控制,则应考虑应用肝素。一般先用低剂量5~10 U/(kg·h),持续静脉滴注,但具体用量有个体差异。如果临床情况好转，血液学指标恢复，则又可逐渐减量；如有血管创伤或颅内出血，肝素应用必须十分慎重。当 DIC 晚期以及有继发性纤溶时，一般应在使用肝素的基础上同时应用 6-氨基己酸，首次剂量 5.0 g，静脉滴注，以后 0.5～1.0 g/h，维持到临床情况好转。近年来临床上开始应用的低分子量肝素（low molecular weight heparin，LMWH）抗 Ⅹa 因子的作用强于抗 Ⅱa，它具有较强的抗血栓形成作用。低分子量肝素的不良反应小、效果好。血小板聚集抑制剂对于出血性疾病也有一定的治疗作用，如可用双嘧达莫以及复方丹参制剂等。

（4）抗纤维蛋白溶解的治疗方法除去除病因以外，常用的纤溶抑制药物有 6-氨基己酸、氨甲苯酸、氨甲环酸或抑肽酶等。

（5）其他：大量输血时应定时予以补钙，以防因低钙所致的凝血功能不全；体外循环时应用肝素量不可过大，手术结束时应用鱼精蛋白中和肝素时既不可不足，也不可过量，否则可因其引起凝血功能障碍而导致严重的后果。有的患者长期应用阿司匹林、双嘧达莫等抗血小板凝聚的药物或具有活血化瘀作用的中药等，必须停用此类药物至少两周以上才能进行体外循环心脏手术，否则会造成出渗血不止而使关胸等操作十分困难和术后大量创面出血而发生致命性危险。

第二节　各种常见症状的处理

一、发热

手术后患者通常都有发热，大多属于机体对手术创伤的反应性发热，不需特殊处理。术后 3～4 d 发热持续不退，应考虑感染或静脉炎等并发症的存在，应进一步做检查。

手术后发热如热度不高，患者无多大不适，可不作处理，但作密切观察，不要随便使用抗生素。热度较高者（39℃），一般应采取降温措施，如酒精擦浴、冰袋置于体侧和头部、针刺曲池穴等，以减轻患者的不适，也可应用药物降低体温，常用水杨酸盐类或吩噻嗪类药物，前者通过出汗来降低热度，后者直接作用于丘脑下部，造成周围血管舒张散热而降低热度。在小儿高热时不宜应用水杨酸盐类退热，以免出汗过多引起虚脱。

手术后 3～4 d 体温仍持续升高者，应着手寻找感染灶。首先检查手术切口有无红肿、硬结和压痛增加等感染现象。其次检查留在体内的插管，如静脉营养导管、留置导尿管等的情况。再次检查呼吸系统有无肺不张或肺炎；泌尿系统有否肾盂肾炎或膀胱炎等。如有发现，应即采取相应的治疗，如拔除导管、应用抗生素、引流伤口等。

二、疼痛

麻醉作用消失后，患者开始感到切口疼痛。手术后 24 h 内疼痛最为剧烈，常需药物止痛。凡是增加切口张力的任何动作，如咳嗽、翻身，都能使疼痛加剧，迫使患者不愿多动。2～3 d 后疼痛显著减轻，不需再用止痛药物，而且轻微活动也不致引起疼痛加剧。疼痛的程度虽与手术部位和创伤大小有关，但更与患者的耐受力有关。除手术切口的疼痛外，有时尚有肠蠕动从抑制到恢复时的不规则肠绞痛，患者感到痛的位置不固定。待 48～72 h 后肠蠕动恢复正常，开始排气后，这种肠绞痛即消失。有时肠绞痛可以比较剧烈难忍，但不宜应用解痉剂止痛，以免影响肠蠕动的正常恢复过程。

小手术后的切口疼痛口服止痛片或可待因后，基本上可以止痛。大手术后的 24 h 内，切口疼痛需用吗啡或麦啶才能止痛。如一次注射后疼痛不能解除而又无恶心、呕吐反应的，可在 6～8 h 后再注射一次。如果注射吗啡或麦啶后出现呕吐，应改用其他止痛药物。总之，应适时和适量地应用止痛药，尽可能解除患者的切口疼痛，使患者有良好的睡眠休息。

三、恶心、呕吐

麻醉反应是手术后恶心、呕吐的常见原因，其他原因有颅内压增高、糖尿病酸中毒、尿毒症、水和电解质紊乱、低钾、低钠和胃潴留等。在腹部手术后，出现反复呕吐，要怀疑并发急性胃扩张、肠梗阻。恶心、呕吐如为麻醉或药物（如吗啡、麦啶）所引起，可在麻醉剂和药物作用消失后自行停止，不需做特殊处理。对其他原因所致的呕吐，应查明原因，并进行相应的治疗。如果原因不明，可应用阿托品、甲氧氯普胺或氯丙嗪，疗效较好。

四、腹胀

腹胀多因腹部手术时，胃肠道受到显露和手术操作刺激所引起。腹膜后手术，如脊柱手术和肾切除术等也常引起手术后腹胀。手术后腹胀通常是胃肠道功能受到抑制，肠腔内积气过多所致，这种胃肠道功能受抑情况一般仅持续2～3 d，胃肠道蠕动恢复，肛门排气后，腹胀即自行消退，不需特殊处理。如腹胀严重，可给患者放置胃管作持续性胃肠减压，或放置肛管减压。其他如芒硝外敷脐部，针刺足三里、气海、天枢、大肠俞等穴位，也有减轻腹胀的作用。因为严重腹胀可使膈肌升高，运动受限，影响呼吸功能，也可压迫下腔静脉，影响血液回流，还会影响胃肠吻合口和腹壁切口的愈合，故必须予以处理，尽可能减轻腹胀的程度。

手术后数日仍不排气，且腹胀持续不消，又无肠鸣音的，要怀疑腹膜炎或其他原因所致的肠麻痹。如腹胀伴有阵发性绞痛，又有肠鸣音亢进，甚至有气过水声或金属音，则往往提示为粘连性或其他原因所致的机械性肠梗阻。严重的上腹部或全腹胀，有重物压迫的感觉，且伴频繁呕吐者，要考虑并发急性胃扩张的可能。上述这些情况均需积极进行相应的处理，不能随便认为是手术后腹胀，以免贻误病情。

五、呃逆

呃逆是因为不规则的膈肌痉挛性收缩，同时声门关闭而产生的一种特殊声音。手术后发生呃逆者并不少见，持续不断的呃逆使患者极为烦恼，影响休息和睡眠。术后8～12 h内发生的，多属神经刺激反射所致，常可自行停止。术后发生的持续较久的呃逆，要首先考虑有无胃潴留、胃扩张，其次是有无膈下感染。

手术后早期发生的呃逆，一般常先用压迫眶上缘治疗，有时很有效果。也可针刺天突、鸠尾、内关、足三里等穴位和短时间吸入二氧化碳。如怀疑有胃潴留，应插胃管进行胃肠减压。如检查未能发现明显的原因，而一般措施无效时，可肌内注射哌甲酯，在颈部用0.25%的普鲁卡因作膈神经封闭。

六、尿潴留

手术后尿潴留多发生在腹部和肛门会阴手术后。全身或椎管内麻醉后排尿反射受抑制，切口疼痛引起膀胱括约肌反射性痉挛，以及患者不习惯在床上排尿等都是尿潴留的常见原因。这些原因引起的暂时性尿潴留通过适当的治疗，患者即能较快地恢复自动排尿。

手术后尿潴留容易并发尿路感染。为了防止手术后尿潴留的发生，对手术后6～8 h尚未排尿的患者，应在下腹部耻骨上区作扪诊和叩诊检查，如发现有明显的浊音区，甚至可扪得胀大的膀胱时，表明已有尿潴留，须及时处理。如无禁忌，应协助患者坐于床沿或立起，可以促使患者自行排尿。其他促使排尿的措施也可选择应用，例如下腹部作热敷，针刺关元、中极、足三里等穴位，注射卡巴胆碱，用止痛镇静药解除切口疼痛等。不能奏效时，应及早进行导尿，不宜等待太久，以免加重尿潴留，增加患者的痛苦和发生尿路感染的机会。如导尿发现尿量超过500 mL者，应留置导尿管1～2 d，使膀胱保持在收缩状态，可以有利于膀胱壁的逼尿肌恢复舒缩力，减少尿路感染的发生。

老年男性患者有前列腺肥大，或施行盆腔广泛手术如直肠癌根治术后，由于骶前神经损伤，影响膀胱功能而引起的尿潴留，须留置导尿管一段时期，才能逐渐恢复排尿能力。

第三节　手术后并发症的处理

手术后并发症虽不能绝对防止，但做好手术的准备和手术后处理，则可极大程度地防止手术后并发症的发生或减轻并发症的严重程度。手术后并发症的种类虽很多，但可归纳为两类，一类是各种手术后都可能发生者，如手术后出血、切口感染、切口裂开、肺部并发症、尿路感染、化脓性腮腺炎和静脉血栓形成等；另一类是在各种特定手术后发生的特殊并发症，例如甲状腺切除术后的甲状旁腺功能减退、肠切除和吻合术后的肠瘘等。本节重点介绍前一类的并发症。

一、手术后出血

手术后出血是引起术后低血压的常见原因之一。患者在手术后不久出现失血性休克的一些临床表现，经抗休克治疗后，休克现象和各种检测指标无好转，或反有加重，或者一度好转而接着又恶化者，中心静脉压低于正常，尿量偏少，都表明有低血容量和手术后出血。

手术后出血的原因大致有：①手术时止血不完善，如血管结扎不牢，或缝扎线结扎过紧以致血管被切割；②小动脉断端处于痉挛状态或暂时被血凝块封闭而未被发现有出血而未结扎，手术后动脉舒张或血凝块松动而致继发性出血；③渗血未能完全控制。因此，手术时要注意止血，检查手术野，确定无出血点后才关闭切口。

手术后出血主要表现为失血性休克，一般缺少明显的局部症状或体征。在腹部手术后出血的患者，可能有腹部膨胀和切口渗血较多，但腹部压痛不明显。有怀疑时，可做腹腔穿刺，协助诊断。胸腔手术后出血比较容易发现，因为胸腔手术后一般都放置胸腔引流管。如管内持续流出血液达数小时，且每小时引流出血液量在 100 mL 以上，则表明胸腔内有出血。胸部 X 线摄片显示胸腔积液。

凡诊断为手术后活动性出血的，均须再次手术，取出血液和血块，寻找出血点，予以妥善处理。

二、切口并发症

1. 切口感染

文献上记载术后切口感染率为 3% ~ 4%。其发生的原因是多因素影响：①年龄与切口感染率的关系很密切，随着年龄的增加而成正相关。②糖皮质激素的应用，较未用此种激素者切口感染率高 1 倍以上。③肥胖肯定增加切口感染发生的机会，其发生率较体重正常者高 1 倍。④营养不良能够削弱机体的免疫力，使伤口易于感染。⑤手术时间愈长，切口感染的机会愈大，据统计，手术时间为 30 分钟者，术后伤口感染率为 3.6%；若超过 6 小时的手术，伤口感染率可高达 18%。⑥放置引流物的伤口易感染，约为 11%，而未用引流物的伤口，感染率为 5%。⑦术后切口感染率随手术前住院时间延长而增高。⑧局部情况，如局部组织缺血、坏死、血肿、异物等都削弱了切口部的抵抗力，使细菌繁殖具备了条件，易发生感染。

一般在术后 3 ~ 4 d 内切口的疼痛加重，伴有脉率加快和间歇性低热，检查伤口，可发现伤口红肿，且压痛加剧。如患者术后即用抗生素，伤口感染的上述症状和体征可延迟出现，程度较轻，不易发现，甚至延迟至伤口内形成脓肿后才被发现。

凡临床表现提示有切口感染者，应采取切口分泌物做革兰染色检查和细菌培养，必要时在切口压痛明显处，在无菌条件下拆除缝线，将切口撑开观察，并取脓液作涂片和培养。由于切口在 7 ~ 10 d 内正处在愈合阶段，切缘黏合尚不牢固，容易撑开，疼痛不大，做上述处理时不必用麻醉。

严格无菌操作规程，伤口内尽量减少异物和坏死组织的遗留，以及充分止血防止伤口内形成血肿等，都是预防伤口感染的有效措施。一般认为预防性应用抗生素并不能明显地减少无菌手术伤口的感染。但对胃肠道等污染手术，在术前、术后 3 d 内全身性应用抗生素可有助于减少伤口的感染。对进行肠切除术后的腹部切口用抗生素溶液冲洗后缝合，可降低伤口感染率。用碘仿溶液冲洗切口的方法也可以减少伤口感染的发生。

一旦确定伤口感染后，应将缝线拆除，分开并冲洗伤口，纱条引流、换药。手术后感染伤口经敞开引流后一般不需要全身性应用抗菌药物。但面部切口感染或切口感染疑有菌血症或伴有扩展性蜂窝织炎者应加用抗生素，以防感染扩展至颅内或全身。一般应根据细菌培养及药敏来选用抗生素。

2. 切口裂开

腹部切口的裂开大多发生于正中线或腹直肌分离切口，发生于腹部横行切口和胸部切口的较少。容易发生伤口裂开的情况有：①患者营养不良，组织愈合能力低；②切口缝合技术有缺点，如打结不紧，缝合时麻醉不佳致腹膜有撕裂；③切口内积血、积液感染；④多量腹腔积液、癌症、肥胖、低蛋白血症等；⑤手术后咳嗽、呃逆、呕吐、喷嚏和用力排便等使腹内压力突然增加，使缝合的切口受到过大的张力；⑥经过切口拉出结肠作造口或放置引流条。

腹部切口裂开一般发生在手术后1星期内，此时胶原纤维尚未或仅开始长入，对张力的耐受性很差。症状常出现在手术后第5天，表现为从伤口流出较多的血性液体，有时患者感到伤口"崩裂"。腹部切口裂开有两种：①完全裂开：检查时可见缝线断裂，网膜或肠袢从伤口内脱出，伴有较多的血性渗液流出；②切口部分裂开：深层组织裂开而皮肤缝线全部完整，网膜或肠袢从腹腔脱出达皮下，直至缝线拆除后才被发现。更有少数则因皮肤伤口愈合而未能发现深层的裂开，直至以后形成切口疝才被发现。

对估计容易导致伤口裂开的患者，采取下列措施：①手术时用减张缝线，即在分别缝合腹壁各层的基础上，加用全层腹壁缝合，缝线采用尼龙线或不锈钢丝；②患者咳嗽时，采取平卧，可以减轻咳嗽时横膈突然大幅度下降所增加的腹内压力；③及时处理腹胀；④用腹带作适当的腹部包扎，也有一定的预防作用。

腹部切口完全裂开者，用无菌湿布覆盖保护下将患者送往手术室立即进行缝合，要选择能使肌肉松弛好的麻醉，以达到缝合满意。切口裂开后，常有肠麻痹，在手术中或手术后即开始胃肠减压。切口再缝合后，一般在两周内愈合，缝线可在14 d后拆除。切口部分裂开者，不出现肠梗阻，一般可不重作缝合，待以后形成切口疝后，再择期作切口疝修补术。继发于感染的切口部分裂开，肠袢或网膜往往暴露于伤口底部，由于已与伤口粘连，不致再进一步脱出，如不发生肠梗阻，可暂不手术。在感染控制后，切口往往可以通过肉芽组织生长而愈合。

三、肺部并发症

呼吸系统并发症是手术后很容易发生的并发症，以肺不张最常见。肺炎、肺脓肿和脓胸等多继发于肺不张。肺水肿和肺栓塞不多见。

1. 肺不张

肺不张占所有的手术后肺部并发症的90%。有关手术后并发肺不张的发生率的报道颇不一致，其原因是对肺不张的诊断标准不统一，发生率为1%~80%。一般说来，胸腹部手术后发生肺不张较多，而腹部手术中又以上腹部手术为多。

（1）病因：肺不张的主要原因为气管支气管阻塞和通气不足或呼吸不良。支气管分泌的改变，排出机制有缺陷和支气管管径的变小都可引起气管支气管阻塞。手术后，尤其是胸部和上腹部手术，由于肋间肌和膈肌运动受到影响，加上体位和活动受限，呼吸功能受到影响，以致肺组织的弹性回缩减弱，肺泡和支气管内易于积聚分泌液，并逐渐变稠，且不易被咳出。支气管被堵塞后，肺泡内的气体不能呼出，而被组织间液和血液吸收，肺泡内压力降低，肺泡壁收缩，导致肺不张。吸烟、哮喘、肥胖和肺气肿都是术后患者容易发生肺不张的重要因素，因为这些因素可以造成支气管阻塞或通气不足。此外，麻醉和止痛药对呼吸中枢的抑制性影响，伤口疼痛，胸腹部包扎过紧，体位的固定制动，均能限制深呼吸和咳嗽，影响痰液排出，加重支气管的阻塞，造成肺不张。放置的鼻胃管会刺激咽喉部增加分泌和促使分泌物被吸入呼吸道，也是一个导致肺不张的因素。呕吐物的吸入则是另一个原因。

（2）临床表现：肺不张所致的症状一般出现于手术后的第1个24 h内，术后48小时后很少发生，一般表现为突然发热和心跳加速，除大块肺不张外，肺不张的呼吸道症状常很轻微，易被忽略。仔细进行肺部检查可以发现肺底后部有啰音，呼吸音减低，有支气管呼吸音。大块肺不张时，可出现呼吸困难、发绀和血压下降等，体检可发现气管和心脏移向患侧。X线检查可见到阴影。但在早期病例，虽已听诊查得支气管呼吸音，但仍可无X线改变发现。血气分析显示PO_2下降，PCO_2正常或降低，则可明确诊断。如果肺不张持续不消失，临床即出现肺炎的一些表现。少数肺不张可导致肺脓肿。

（3）防治：预防肺不张的措施主要有：①手术前进行呼吸训练：胸部手术的患者作腹式深呼吸练习；腹部手术者做胸式深呼吸练习，以增进吸气功能，且有减轻术后伤口疼痛的好处。②减少肺泡和支气管内的分泌液：术前至少停止吸烟 2 周，因吸烟常能引起支气管炎，术后气道内分泌物更会加重，容易引起肺不张；有急性上呼吸道感染病的患者应尽可能在感染消退后做手术。③防止术后呕吐物吸入呼吸道。④促使呼吸道排出分泌液：全身麻醉结束时，吸尽气管和支气管内的分泌物；定期协助患者作有效的咳嗽、变换体位，或作物理疗法，协助咳痰；继续指导患者做好深呼吸，促使肺膨胀。尽早离床活动对咳痰有较好的帮助。

治疗可从以下几方面着手：①定期用双手按住伤口两侧，限制腹部活动的幅度，患者在尽力吸足一口气后，再用力咳嗽、吐痰。②遇有痰液黏稠不易咳出时，可用蒸气吸入、超声雾化器或口服氯化铵等祛痰药，使痰液变稀薄，易于咳出。③如患者无力咳嗽或经上述措施痰液排出不理想时，可用导管插入气管或支气管吸痰，或作支气管镜吸痰。④时常更换体位，可有利于支气管内分泌液的排出。⑤不用或少用能够抑制呼吸的镇静药或止痛药。

2. 肺水肿

手术后肺水肿比较少见，但后果严重，主要表现为呼吸急促、困难，咳出大量粉红色泡沫状痰液。听诊有许多湿性啰音，而以肺底部或肺的下垂部位最为明显。湿性啰音的位置可随体位而改变。手术后肺水肿多见于老年、体弱、有心脏病的患者，婴幼儿手术后也可发生肺水肿。

手术后肺水肿主要由血容量突然增加，如输血、输液过多、过快，引起心力衰竭而造成。预防它的发生很重要，故手术后输血补液时，要防止速度过快和数量过多。

治疗措施包括：①立即停止输液或减慢速度，给予利尿剂，加速体内水分的排出，降低血容量。②使用呼气期终末正压（PEEP）呼吸器，可提高血氧分压和减轻肺水肿。③对心力衰竭，可给毛花苷 C 0.4 mg 加入 50% 葡萄糖溶液 20 mL 中，做静脉缓慢注射；必要时，4 h 后再注入 0.2 mg。④经上述治疗无效或效果不明显，而血压尚能维持者，可用苄胺唑啉 5 mg，做静脉缓慢注射，可使周围毛细血管床舒张，迅速减轻心脏负荷，使病情改善。

四、化脓性腮腺炎

由于手术前准备和手术后处理的不断改进，近年来，患者在手术后并发化脓性腮腺炎的已明显减少。化脓性腮腺炎是一种严重的手术后并发症，容易在老人和衰弱患者中发生，在这些患者中，死亡率可高达 20%。

有 10%～15% 的腮腺炎为双侧性。腮腺左右叶发生感染的机会相等。患者年龄在 70 岁以上的占 75%。腮腺炎最易发生在腹部大手术后、股骨颈骨折、消耗性疾病和严重损伤的患者中。

1. 病因和发病机制

一般认为化脓性腮腺炎的发生和口腔卫生不佳、缺水、使用抗胆碱能药物有关。致病菌绝大部分为葡萄球菌。因口腔卫生不佳和不能进食，以致腮腺分泌减少，细菌易从腮腺导管口进入导管。在早期，炎症表现为较大的腮腺导管内有炎性细胞积聚，细小的导管并无炎症，以后便有腮腺实质的多发性小脓肿形成，并逐渐汇聚为较大的脓肿。炎症继续发展，脓液可穿破腮腺包膜，侵入周围组织，并可扩散至颈部深筋膜间隙；向后至外耳道和向外至面部皮肤。

2. 临床表现

腮腺炎可在手术数小时至数周后发生。患者有腮腺部疼痛，一般为单侧，但也可发展为双侧疼痛。检查发现患侧腮腺轻度肿大，伴有剧烈压痛。腮腺腺体内有众多纤维组织隔，故极少出现波动征。手术后腮腺炎发展迅速，病情严重，常有同侧面、颈部的蜂窝织炎。患者常有高热和白细胞计数增高。

3. 防治

手术后化脓性腮腺炎在极大程度上是可以预防的。其措施包括补充液体防止患者发生缺水和做好患者的口腔卫生处理。抗生素的预防性应用，一般并无预防腮腺炎的作用。

确定为腮腺炎后，应通过挤压腮腺导管获得脓液，做脓液培养和药物敏感试验。先给对葡萄球菌有效的广谱抗生素，以后根据培养和药物敏感试验结果来调整抗生素的种类。在发病的最初 48 h 内，如疼痛剧烈，可考虑给小剂量的放射治疗，以减少腮腺的分泌，使疼痛减轻。但放射疗法并不能改变腮腺炎的病情演变。如病情无好转，应早期作切开引流术，不宜拖延过久（超过发病后的 5 d），更不能期待波动征出现后再作引流。可在耳前作切口，至颌角为止。潜行剥离皮下组织，显露腮腺。用止血钳戳穿包膜后，顺面神经分支的走行方向分开腮腺组织。应作多处切开，以利引流。松填皮肤切口，以利引流。

五、尿路感染

手术后发生尿路感染的基本原因是尿潴留。尿潴留使膀胱过度膨胀，膀胱肌肉无力再收缩，排尿不尽，需多次导尿或留置导尿管，即使在严格的无菌操作下，尿道内的细菌有时也会带入膀胱内，引起感染。膀胱内有残余尿时，极易发生感染。因此，尿路感染多先发生在膀胱，肾盂肾炎是膀胱炎上行感染所致。

1. 临床表现

急性膀胱炎的主要症状是尿急、尿频、尿痛，有时尚有排尿困难，除有时有发热外，一般无全身症状。尿液检查有较多的红细胞和脓细胞。急性肾盂肾炎常为单侧，女性发病较多，主要症状为全身发冷、发热，肾区疼痛，肋脊角有叩击痛。白细胞计数增高，尿液检查有红细胞和脓细胞。根据临床表现和尿液检查，诊断尿路感染一般不准。最好作中段尿镜检和培养。镜检中可以发现有大量白细胞和细菌；培养可以明确菌种，如培养为阳性，应做药物敏感试验，以便选择抗生素。

2. 防治

防止和尽早处理尿潴留，是预防尿路感染的最有效措施。由于尿路感染的致病菌大多是革兰染色阴性的肠源性细菌，可先应用对上述细菌有效的抗菌药物治疗，以后根据培养和药物敏感试验结果再作调整。还需多补充液体，以增加尿量，以及使排尿通畅。如尿潴留量超过 500 mL 时，应留置导尿管，保持膀胱处于排空状态。解痉药如颠茄类药物和使尿液碱化的药物如碳酸氢钠，也常被用来解除膀胱颈痉挛和减轻酸性尿液对膀胱的刺激，以改善症状。

六、下肢深静脉血栓形成

在我国，下肢深静脉血栓形成的发生较少。它好发于手术后，特别是涉及盆腔和髋关节的手术，患者制动和卧床较久，具备下肢深静脉血栓形成的三大因素——血流缓慢、血管壁损害和血液高凝。

大多数的下肢深静脉血栓形成在手术开始后的 48 h 内起病。手术后深静脉血栓形成发生于左下肢的较多，可分为周围型和中央型两类，前者占绝大多数，位于小腿腓肠肌静脉丛，后者位于髂、股静脉。腓肠肌静脉丛血栓可向近侧蔓延，髂股静脉血栓可向远侧扩展，以致累及整个下肢，这种混合型在临床上最多见。

1. 临床表现

周围型的症状轻微或有隐痛，往往被患者和医护人员所忽略。待血栓蔓延到肢体主干静脉，症状才比较明显。一般有脉率持续增速，体温轻度升高。中央型出现患肢疼痛、肿胀、局部压痛和浅静脉扩张。在诊断上，要注意早期症状，如脉率有持续增速，又找不到原因时，应考虑下肢深静脉血栓形成的存在。可对小腿腓肠肌作扪诊检查，如发现有压痛，做 Homans 或 Neuhof 试验，阳性提示有腓肠肌静脉丛血栓形成，必要时，可做深静脉造影术。髂股静脉血栓形成有典型的症状和体征，诊断不准，做超声波、电阻抗体积描记法检查和深静脉造影，可确定诊断。

2. 预防和治疗

下肢深静脉血栓形成如发现和治疗较晚时，常能引起下肢深静脉功能不全，给患者带来很大痛苦。下肢深静脉血栓脱落，顺静脉血流进入肺动脉，能引起肺栓塞，表现为突然出现呼吸困难、胸痛和咯血，甚至发绀和休克，死亡率极高，因此要重视下肢深静脉血栓形成的预防。常用的方法有术后加强踝关节的伸屈活动和腓肠肌电刺激法，以加速血液回流，防止静脉内血液瘀滞；注射小剂量肝素抗凝和低分子右旋糖酐祛聚，以消除血液的高凝状态。早期治疗在很大程度上可以防止下肢深静脉功能不全的发生。周围型静脉血栓形成实际病期不超过 3 d 者，用尿激酶溶栓疗法。中央型静脉血栓形成，病期在 48 h 以内者，可施行手术，切开静脉，取出血栓，72 h 以内者，可用溶栓疗法。对病期超过 3 d 的混合型病变，仅能应用肝素和香豆素类衍化物做抗凝疗法，以防止血栓蔓延。以后血栓再通，但下肢深静脉功能已不能恢复。

第五章 先天性心脏病

第一节 房间隔缺损

一、概述

房间隔缺损（atrial septal defect，ASD）是指原始房间隔在发生、吸收和融合过程中出现异常，导致房间隔上出现异常孔状缺损，其位置、形状、大小不定，但都会造成左、右心房腔直接相通。本节主要叙述继发孔型房间隔缺损，此类房间隔缺损较为常见，占先天性心脏病的10%～20%。约10%的继发孔型房间隔缺损可以合并部分型肺静脉异位连接（partial anomalous pulmonary venous connection，PAPVC），指两侧肺静脉中任何1支或2～3支未与左心房连接，而与体静脉或右心房连接。

二、病理解剖

继发孔型房间隔缺损位于冠状静脉窦口的后上方，根据房间隔缺损部位的不同将其分为5种类型。

（一）中央型或称卵圆孔型

中央型或称卵圆孔型是房间隔缺损中最常见的一种类型，约占70%，位于房间隔的中部，相当于卵圆窝的部位，缺损四周边缘大多较为完整。

（二）上腔型

上腔型又称静脉窦型缺损（sinus venosus ASD），位于房间隔上方，缺损与上腔静脉入口没有明确的界限，卵圆窝仍在正常位置。这类缺损常并发右肺静脉异位，连接到上腔静脉，或连接到上腔静脉和右心房交汇处。

（三）下腔型

缺损位于房间隔的后下方，缺损下方大都没有完整的边缘，它和下腔静脉入口相延续，下腔静脉瓣和缺损边缘相连。

（四）冠状静脉窦型（coronary sinus ASD）

此类缺损较为罕见，通常是无顶冠状静脉窦畸形（unroofed coronary sinus syndrome）的一部分，当冠状静脉窦上壁完全缺如时，冠状静脉窦口也就成为房间隔的缺损。

（五）混合型

混合型兼有上述两种以上类型的巨大房间隔缺损，常见的有卵圆孔型缺损与下腔型缺损融合成一个大缺损。

三、病理生理

房间隔缺损的血流动力学改变的基础是心房水平存在左向右分流，分流量大小主要取决于房间隔缺损的大小和左、右心房之间的压力阶差，以及体循环和肺循环血管阻力。由于肺循环可容纳大量血流，因此，即使肺循环血量达到体循环的2倍，也仍能维持正常的肺动脉压力。患儿可无明显症状，活动亦不受限。单纯继发孔型房间隔缺损患者并发严重肺血管病变较少，如果患儿较早出现严重肺动脉高压，应该考虑合并原发肺动脉高压的可能性。

随着患者年龄增长，分流时间延长，肺小动脉逐渐产生内膜增厚和中层肥厚，肺动脉压力逐渐升高，右心室负荷加重。一般患者会在青年期以后出现症状，病情进展也往往加速。有些病例病变进一步发展，肺小动脉发生闭塞性病理改变，肺动脉压越来越高，右心负担不断加重，最终导致心房水平经房间隔缺损的右向左分流。进入此阶段后，患者症状明显加重，可出现咯血、发绀、心房纤颤、慢性右侧心力衰竭等艾森门格（Eisenmenger）综合征表现。

合并部分型肺静脉异位连接病变，肺血管病变比单纯房间隔缺损发展得快，且较严重。合并单支肺静脉异位连接时，对血流动力学影响不大，但合并多支肺静脉异位连接存在时，有较大量的左向右分流则会产生明显血流动力学改变，肺动脉高压发生早且严重，甚至在较小年龄发生艾森门格综合征。

四、临床表现

（1）单纯继发孔型房间隔缺损的患者，在婴幼儿期多数可以无任何症状，部分患儿易患呼吸道感染。但也有部分患儿在婴儿期即出现哭闹或喂奶后气促，在幼儿期出现活动耐力低，剧烈活动后心悸气促等表现。巨大房间隔缺损，特别是合并有部分肺静脉异位引流时，由于左向右分流大，患者在婴儿期就可能出现心力衰竭表现。

（2）多数患者在青少年期以后开始出现症状，表现为劳力性心悸气促，伴有严重肺动脉高压患者，可出现阵发性心动过速、心房纤颤等表现，进一步加重可以出现发绀、右侧心力衰竭，表现为下肢水肿、肝大、心源性恶病质等。

（3）个别患者会因为早期出现发绀就诊，这类患者多数是下腔型房间隔缺损，由于血液层流原因，当胸腔内压增高时，大部分的下腔静脉回流血液会直接进入左心房，导致没有明显肺高压的情况下发生发绀症状。

（4）体格检查，房间隔缺损的患儿多数较为瘦小，胸骨左缘心前区隆起伴收缩期抬起，第2、3肋间可闻及轻度吹风样收缩中期杂音，肺动脉瓣区第2心音亢进伴呼吸周期固定分裂。左向右分流量大的患者，可在三尖瓣区闻及轻度舒张中期杂音。

五、辅助检查

（一）心电图

多数患者心电轴右偏，伴有不完全性右束支传导阻滞，右心室肥厚伴劳损。

（二）X线检查

肺野充血，右心房、右心室增大，肺动脉段突出，主动脉结小。透视下可见肺门舞蹈症。有心力衰竭的患者可表现肺间质水肿。右肺静脉与下腔静脉异位连接，则可见弯刀样阴影。

六、诊断及鉴别诊断

（一）诊断

上述临床表现均能提示房间隔缺损诊断，临床确诊主要依靠彩色多普勒超声心动图检查，可明确右心房、右心室增大，房间隔连续中断，并可见左向右血流分流频谱。彩色多普勒超声心动图检查还可以明确心脏合并畸形的存在和评估肺动脉高压的严重程度。经食管超声心动图检查，对于明确部分分流不明显房间隔缺损诊断，以及了解缺损周围结构和发现合并畸形，明显优于经胸心脏超声检查。

单纯继发型房间隔缺损患者，通过彩色多普勒超声心动图检查多数可以获得确诊，并不一定需要心导管检查和选择性心脏造影。但是对于合并重度肺动脉高压的患者，心导管检查仍是判断手术可否进行的重要依据。心导管检查和选择性心脏造影对于明确肺静脉异位连接的部位及分流的程度，以及有无其他合并畸形具有重要的意义，40岁以上的成年患者，术前应该进行冠状动脉造影。

（二）鉴别诊断

1. 轻型肺动脉瓣狭窄

轻型肺动脉瓣狭窄需与继发孔型房间隔缺损相鉴别。肺动脉瓣狭窄胸骨左缘第2肋间杂音较响，肺动脉瓣第二音减弱，X线示肺血管稀少。彩色多普勒超声心动图显示肺动脉瓣口狭窄而无房间隔缺损。右心导管检查右心室与肺动脉间有收缩压差而无心房水平的分流。

2. 原发性肺动脉扩张

肺动脉扩张在肺动脉瓣区有收缩期喷射音，心电图异常，X线显示肺动脉干扩张，但无肺充血，心导管检查无心房水平分流，超声心动图可助确诊。

3. 原发性肺动脉高压

体征及心电图类似房间隔缺损，特别需要与房间隔缺损并发肺动脉高压鉴别。X线均可见右心房、右心室增大，肺动脉干扩张，远端肺动脉变细变小，心电图示右心室肥厚，心导管检查有肺动脉压升高。彩色多普勒超声心动图可直接显示房间隔缺损有无回声中断而确诊。

4. 注意并发心脏畸形的存在

常见的并发畸形包括动脉导管未闭、主动脉缩窄、部分肺静脉异位连接、二尖瓣关闭不全、三尖瓣关闭不全。另外，继发孔型房间隔缺损约1%的患儿可并发二尖瓣狭窄（又称Lutembacher综合征）。应警惕这些并发畸形的存在，超声心动图仔细检查均可发现。

七、自然病程和预后

房间隔缺损患者的自然预后相对是比较好的，只有1%左右的患儿在1岁以内出现心力衰竭的表现，仅约0.1%的患儿可能因心脏情况恶化在1岁以内死亡。在10岁以内发生明显肺动脉高压（肺血管阻力 > 4 U/m^2）的患者约为5%。但在20岁以后，发生肺血管病变的比例明显增高，患者开始出现劳力性心悸气促症状，甚至发展成为艾森门格综合征，失去手术矫治机会。

合并部分肺静脉异位引流的患儿出现症状早，发生肺动脉高压也早，且较严重。有报道称居住在高原地区的房间隔缺损患儿，肺血管病变出现较早，且严重，约15%的患儿在10岁前即发生严重肺动脉高压。

分流量较小的卵圆孔型房间隔缺损可能在1岁以内自行闭合，有报道称此类缺损1岁以内自行闭合的比例可达20%左右，在1岁以后很少有自行闭合。

八、治疗

房间隔缺损是心脏外科最先开展的心内直视手术之一，近年来又有了新的发展。经皮心导管介入封堵已成为中央型小直径房间隔缺损的有效治疗手段。经胸小切口非体外循环下心脏超声引导下直接封堵房间隔缺损也已获得成功。有报道采用全胸腔镜或机器人成功进行了房间隔缺损修补。

尽管有很多进展，但是在全静脉复合麻醉气管插管，经胸前正中切口纵劈胸骨入路，浅中低温体外循环心脏停搏液灌注心肌保护下手术修补，仍然是房间隔缺损外科治疗的规范和常规技术，近、远期疗效确切，利于术中异常情况处置和合并畸形的发现和处理。以下仍以此为基础，分别叙述不同类型房间隔缺损的修补技术。

（一）手术适应证和禁忌证

1. 适应证

（1）房间隔缺损患者有明显右心室容量负荷加重的情况，就应该手术治疗。以往手术治疗的最佳年龄是5岁以内，近年来主张在1~2岁手术治疗，可以避免长期右心室负荷过重导致的不良影响。

（2）一些患儿房间隔缺损大，左向右分流量大，伴明显肺动脉高压，出生后反复患感冒、肺炎或心力衰竭，应积极进行药物治疗，控制肺部感染和心力衰竭后，尽早进行手术治疗。但房间隔缺损的病儿很少需要在新生儿期进行手术治疗，建议等到出生2~3个月以后，肺血管阻力从胎儿高阻力状态有所下降以后，进行手术治疗。

（3）在成年人发现房间隔缺损，中等量以上左向右分流，即使无明显症状，也应该及时手术治疗。

（4）对于卵圆孔未闭的治疗是非常有争议的。一般认为，卵圆孔开放，但卵圆窝处左右两侧房间隔膜组织对合良好，形成功能性闭合者，或缺损较小（< 4 mm），分流量小，无症状，可以不进行手术治疗。对于卵圆孔未闭，分流明显，有右心负荷加重情形，或者患者有高凝状态，易发血栓栓塞者，可以考虑行经皮心导管介入封堵。

2. 禁忌证

房间隔缺损患者的手术禁忌证是不可逆的严重肺动脉高压。右心导管检查肺血管阻力明显升高达 $8 \sim 12\,U/m^2$，且不随运动降低，Qp/Qs < 1.3，为手术禁忌。

（二）术前准备

（1）大多数房间隔缺损患者临床症状不明显，诊断明确后，只需按一般心脏直视手术准备。

（2）呼吸道感染是婴幼儿期常见的表现之一，术前应给予较好的控制，以利术后顺利康复。并发肺动脉高压而又未形成手术禁忌者，术前应视病情给予治疗。可口服或静脉滴注血管扩张药物。

（三）手术切口

经胸前正中切口纵劈胸骨是常规的和最常用的入路，近年有多种切口被探索和选用，如胸前正中低位部分纵劈胸骨切口、右前外侧经肋间开胸切口、右侧腋下直切口等，这些切口的优点是美容和可能减少患者创伤，但共同的不足是增加建立体外循环的难度和风险，或者需要经股动静脉插管建立体外循环，对于一些合并畸形的处理较为困难，有一定的学习曲线和风险。创新技术和方法的探索，应该始终以患者的安全为中心，在熟练掌握常规手术和积累一定经验的基础上谨慎开展。

（四）体外循环建立和心肌保护

采用正中切口，剪开心包悬吊后，应先行心外探查。观察心脏大小、形态，各房室大小及比例，主、肺动脉直径及比例，有无异常冠状动脉、肺静脉异位连接和永存左上腔静脉及回流部位。肺动脉干若能触及粗糙收缩期细震颤，可能提示并发肺动脉瓣狭窄；短暂用手指阻断肺动脉血流，肺动脉干远端仍可触及细震颤时，提示有动脉导管未闭。

肝素化后，先插主动脉灌注管，在婴幼儿房间隔缺损患儿，由于心房水平左向右分流导致主动脉相对较细小，要细心选择合适大小的灌注管。插管时也要格外注意，以免插管位置不当，或者反复插管时出血过多，导致低血压，甚至心脏停搏，同时也要防止损伤主动脉后壁。我们主张上下腔静脉均采用直角管直接分别插管，以利于合并畸形的处置。应该常规放置左心房引流管，既可作为探查肺静脉回流的标志，也可防止术中心脏膨胀和肺瘀血，利于心肌保护和防止肺部并发症，对于完善心脏排气和防止栓塞并发症也有意义。

开始体外循环后，在升主动脉根部置放心脏停搏液灌注管，适度降温后，钳闭主动脉，灌注心脏停搏液，心脏停搏保护心肌。房间隔缺损修补可以在不使用心脏停搏液灌注不阻断主动脉，心脏跳动下进行，可以避免或减轻心肌缺血和再灌注损伤，但要注意防止气栓并发症。

心脏停搏后，做右心房斜切口，牵开切口行心内探查。明确房间隔缺损类型、大小；是否并发肺静脉异位连接；冠状静脉窦位置、大小；三尖瓣关闭不全情况；经三尖瓣口探查有无并发右心室流出道狭窄、室间隔缺损和肺动脉瓣狭窄；经房间隔缺损还可探查是否并发二尖瓣关闭不全、狭窄和三房心等畸形。

（五）手术方法

1. 中央型房间隔缺损修复术

（1）直接缝合房间隔缺损：适用于中央型缺损，直径较小，且周围房间隔组织发育好。

采用4-0（成年人）或5-0（儿童）涤纶线先在缺损下缘缝一"8"字缝合，向上做连续缝合，至最上一针时，停左心房引流，可以灌注心脏停搏液，利用回心血充盈左心，膨肺排除左心气体，收紧缝线关闭房间隔，再向下做双层连续缝合，结扎，完成心内修补。

（2）房间隔缺损补片修补术：如果中央型房间隔缺损直径较大，或周边组织较薄弱，或左心房发育较小，以及儿童患者应该采用补片修补。

多选用不经处理的自体心包片修补，也可以采用涤纶补片。先于缺损周边缝牵引线固定补片，然后采用4-0（成年人）或5-0（儿童）涤纶线连接缝合，将缺损缘与补片缝合，最后一针收紧前先排除左心房内积气。

（3）中央型房间隔缺损并发右肺静脉异位连接矫正：中央型房间隔缺损可并发右肺静脉异位连接，如右心房，手术中部分切除肺静脉开口附近的房间隔残余组织，扩大房间隔缺损，然后剪取较缺损口面积稍大之自体心包或涤纶补片进行连续缝合修补。于肺静脉开口前方，可用数针带垫片无创线做间断褥式缝合，缝于右心房壁，以免单纯连续缝合线撕脱。缝线需与肺静脉开口保持 0.5 cm 以上的距离，以防肺静脉回流不畅。

2. 上腔型房间隔缺损修复术

上腔型房间隔缺损也称静脉窦型房间隔缺损，往往并发右上肺静脉异位连接到上腔静脉或者上腔静脉与右心房结合处。建立体外循环时，上腔静脉插管应高于右肺静脉异位连接处，采用直角管。套上腔静脉阻断带，应该避开和防止损伤右上肺静脉。

为防止损伤窦房结，可从右上肺静脉根部做一小切口，向下延长至右心房上部后外侧做纵向切口。按缺损情况修剪补片成葫芦形，上端伸入上腔静脉。补片后缘缝于肺静脉开口前方，保证肺静脉导入左心房途径通畅，为防止修复房间隔缺损补片影响上腔静脉回流，在上腔静脉与右心房切口上部加用心包片以加宽，补片前方进针切勿过深，以免损伤窦房结。

3. 下腔型房间隔缺损修复术

（1）补片修补下腔型房间隔缺损：此类房间隔缺损直径较大，与下腔静脉入口处无组织残余，且其后缘也多数仅残余薄弱组织，甚至直接为心房壁，因此，我们主张对于此类缺损应该采用补片修补。修复方法已如前述，但要注意，在下腔静脉缘，组织较为薄弱，缝针要确切，避免残余缺损。缝线可适当偏向左心房侧，避免收紧缝线时，发生荷包效应，导致下腔静脉开口狭窄。还要注意避免将下腔静脉开口隔入左心房的错误的发生。

（2）合并右肺静脉异位连接入下腔静脉的矫正：此类畸形少见，但手术处理比较复杂，根据不同病变，有以下矫正方法供选择。由于吻合期间须阻断肺静脉，可能引起严重的右肺瘀血，手术应在体外循环降温至 25℃时，低流量灌注或体循环下临时拔除下腔静脉插管进行。

肺静脉异位连接膈上段下腔静脉矫治术：由于肺静脉开口位置较高，可将右心房下部切口向下腔静脉延长，进一步分清肺静脉开口，向下扩大房间隔缺损，根据肺静脉开口情况修剪长条补片一块，补片下缘缝于肺静脉开口下方，将肺静脉开口经下腔静脉内侧壁经扩大的房间隔缺损下方隔离入左心房，在经下腔静脉入口时，注意防止造成梗阻。待补片下半两侧均缝至房间隔缺损中部时，重新插入下腔静脉管并恢复正常流量体外循环并复温，应用连接缝合继续完成房间隔缺损上半部缝合。在修补缺损前下缘时，应避免伤及冠状静脉开口前区，为了防止心内补片造成下腔静脉梗阻，缝合心房壁切口时，在下腔静脉至右心房段切口需应用补片加宽。

肺静脉异位连接膈下段下腔静脉矫治术：由于肺静脉开口位置较远，或开口于肺静脉，经右心房切口不能修复，则可在低温低流量体外循环下于膈肌上结扎右肺静脉干，然后离断，将右肺静脉干与左心房后壁左侧吻合，或将右肺静脉干切断，近端剪成斜面与左心房做端-侧吻合。也有作者将右肺静脉干切断，与右心房侧壁吻合，然后按右肺静脉引流入右心房扩大房间隔缺损后，应用补片覆盖右肺静脉在右心房开口经房间隔缺损，隔入左心房。

4. 冠状静脉窦型房间隔缺损修复术

此型房缺损非常罕见，其前缘紧靠房室结区，应采用补片修补，在前缘缝合时，避免进针过深，可以偏向冠状窦内缝合，避免损伤房室结。

九、并发症及防治

继发孔型房间隔缺损和（或）部分肺静脉异位连接术后恢复多较平稳，可按心脏直视手术常规处理，一般很少出现严重并发症。主要并发症有：

（1）心律失常：以室上性心律失常多见，如房性期前收缩、结性期前收缩、窦性心动过缓或心房纤颤等，多为短暂发作，及时治疗后多能恢复。

（2）急性左心功能不全：继发孔房间隔缺损，尤其是缺损大，左向右分流量大的患者，左心发育相对较差，围术期容量负荷过重，如输血、输液过多过快等，均有引发肺水肿的可能。术中、术后应适当限制输血、输液量。对术前有心功能不全，特别是年龄较大的患者，术后应给予强心（地高辛）和正性肌力药物支持，包括多巴胺、多巴酚丁胺微泵输注。

（3）右心功能不全和肺静脉高压：多见于成年人和手术前即并发有肺动脉高压的患者，术中特别是停止体外循环后和关胸前常规测量肺动脉压并及时处理，对这类患者，即使术后肺动脉压有明显下降，仍应给予适量扩血管药物治疗，重症肺动脉高压的高危患者术后应注意安静，充分给氧，预防肺动脉高压危象的发生。

十、疗效评价

单纯继发孔型房间隔缺损手术疗效良好，且随着外科麻醉、转流技术的进步，手术死亡率已降至1%以下。手术死亡原因与年龄、心功能及肺动脉高压程度有关，年龄小于1岁或大于45岁、肺血管阻塞性病变伴肺动脉高压及心力衰竭者是增加手术危险性的主要因素。

第二节 室间隔缺损

一、概述

先天性室间隔缺损是由胚胎期原始室间隔发育障碍而在左右心室之间形成的异常交通，引起心室水平左向右分流的一种最常见的先天性心脏病，占先天性心脏病的12%~20%。

二、病理解剖

室间隔按解剖分为膜部、流入道部、肌部和流出道部，按组织类型系由纤维膜性间隔和肌性间隔两部分组成，肌性间隔又包括流入道间隔、心尖小梁部间隔和流出道间隔或称圆锥间隔，室间隔缺损主要发生于膜部间隔和肌性间隔及其交界处。室间隔缺损多为单发性，也可见多发性。

虽然室间隔缺损是最为常见的先天性心脏畸形，但室间隔缺损的分型和命名方案迄今难以统一。本文按解剖分型叙述。

（一）膜部室间隔缺损

膜部室间隔缺损约占手术治疗单纯室间隔缺损病例的80%，可细分为以下几种。

1. 单纯膜部室间隔缺损

此类型仅限于膜部间隔的缺损，缺损边缘为纤维结缔组织组成，缺损边缘可与三尖瓣隔瓣组织粘连。由于三尖瓣在室间隔上的止点位置较二尖瓣止点平面低，一部分膜部室间隔位于左心室和右心房之间，如果这部分缺如就形成左心室-右心房通道。

2. 膜周型室间隔缺损

这类缺损通常较大，邻近三尖瓣前瓣与隔瓣交界，与中心纤维体、三尖瓣前瓣、隔瓣和主动脉瓣都有复杂的毗邻关系。

（二）流入道部室间隔缺损

流入道部室间隔缺损位于三尖瓣隔瓣下方，又称房室管型或隔瓣下室间隔缺损，后缘直接由三尖瓣环构成，前缘是肌肉，呈新月形。

（三）肌部室间隔缺损

缺损的边缘完全为肌肉组织构成，可以发生于室间隔肌部的任何部位，但常见于中部、心尖部和前部。其常为多发性，甚至呈乳酪状缺损。希氏束行径距这类肌性室间隔缺损边缘较远。

（四）流出道部室间隔缺损

流出道部室间隔缺损又称圆锥室间隔缺损或漏斗部室间隔缺损，可分为2个亚型：

1. 动脉干下型室间隔缺损

此类型缺损位于两大动脉瓣下，其上缘仅是一纤维组织缘将主动脉和肺动脉瓣隔开。邻近主动脉右冠状动脉瓣下方，可合并主动脉瓣右冠状动脉瓣脱垂。

2. 嵴内型缺损

此类型缺损占室间隔缺损的 5% ~ 10%，位于圆锥间隔内，缺损均为肌肉缘，其上缘和后下缘常常有一肌束将其与肺动脉环和三尖瓣环分隔开。这类缺损缘远离希氏束，手术时一般不会损伤传导组织。

3. 混合型室间隔缺损

此类型缺损是指巨大的室间缺损不限于一个部分，而可能是多个部分或几种类型的室间隔缺损融合在一起。

三、病理生理

室间隔缺损血流动力学变化主要取决于缺损大小、两侧心室压力阶差和肺血管阻力变化。

室间隔缺损大小变异很大，可以从筛孔状大小到几乎整个室间隔缺失。习惯上按室间隔缺损大小大致分成 3 类。

（一）大型室间隔缺损

缺损大小等于或大于动脉口，称为大型室间隔缺损。这类缺损室间隔缺损阻力小或无阻力，阻力指数 < 20 U/m^2，所以又称非限制性室间隔缺损。右心室收缩压接近或等于左心室收缩压，肺/体血流比率的高低取决于肺血管阻力状况。

（二）中等大小室间隔缺损

缺损大小大约为主动脉口的 2/3，称为中等大小室间隔缺损。血流经室间隔缺损阻力增大，右心室收缩压升高，不超过左心室收缩压的 1/2。肺/体循环血流比率在 2.5 ~ 3.0。

（三）小型室间隔缺损

此类缺损小于主动脉口的 1/3，右心室收缩压一般无明显变化，或稍有升高。肺/体循环血流比率增高较少，可超过 1.5。经室间隔缺损阻力指数 > 20 U/m^2，又称限制性室间隔缺损。多发性小缺损面积相加可类似大缺损的血流动力学变化。

大型室间隔缺损分流量取决于肺血管阻力的高低。肺血管阻力的产生开始是由于肺动脉痉挛，当压力逐渐升高，肺小管内膜和肌层逐渐肥厚，发生器质性变化，阻力增加，最终由动力型肺动脉高压发展成为阻力型肺动脉高压。右心室压力继续升高，最后接近或超过左心室压力。与此同时，左向右分流量逐渐减少，出现双向分流，最后甚至形成右向左的分流，此时肺血管已发生不可逆性变化。

肺动脉高压程度一般按肺动脉收缩压与主动脉收缩压的比值分为 3 级，轻度肺动脉高压的比值 ≤ 0.45；中度肺动脉高压对比值为 0.45 ~ 0.75；严重肺动脉高压比值 > 0.75。肺血管阻力也可以分 3 级，轻度增高者肺血管阻力 < 7 U/m^2，中度为 8 ~ 10 U/m^2，重度 > 10 U/m^2。

四、临床表现

（一）症状

小型缺损分流量小，一般无明显症状。缺损较大，分流量较大者，常有劳力性心悸气急，活动受限。

大型室间隔缺损，可反复发生肺部感染，重者在婴幼儿期，甚至新生儿期可死于肺炎或心力衰竭，多数病例经过药物治疗，肺炎和（或）心力衰竭得到控制，肺血管阻力随之增高，分流量减少，肺部感染和充血性心力衰竭发生的次数逐渐减少，但心悸气急仍持续存在，活动耐力下降。一旦发生右向左分流，临床可出现发绀，此时已至病变晚期。

（二）体征

分流量较大的患者，左胸向前凸出或呈鸡胸样，这是由于扩大的右心室将胸壁向前方顶起所致。心尖冲动区能触到有力的冲击感，在心底部和心前区的不同部位能听到收缩期吹风性杂音和触及细震颤。

杂音多于出生后 1 周内发现，少数于出生后 2 ~ 3 周才出现。分流量大者尚可在心尖听到一短促舒张期隆隆性杂音，系大分流量引起二尖瓣相对性狭窄所致。肺动脉压升高者，肺动脉瓣区有第二音亢进和分裂。出现右向左分流时除口唇发绀外，上述心杂音和细震颤可减轻甚至消失。但肺动脉瓣区第二音更加亢进，甚至出现舒张期肺动脉瓣反流性杂音。

（三）胸部X线检查

缺损小，分流量少者，心脏和大血管形态正常，中等大小的室间隔缺损，左心室扩大，肺血增多，肺动脉圆锥隆凸。大缺损大分流量病例的左、右心室均可扩大，肺动脉段明显扩张，肺野充血。大型室间隔缺损合并严重肺动脉高压和肺血管阻力严重升高者，左、右心室扩大程度反而较轻，周围肺血管影变细，但肺门血管影浓而增粗。

（四）心电图

小型室间隔缺损，心电图大致正常，左心室扩大者在左侧心前区导联R波电压增高，T波高耸，右心室负荷增大时可见双心室肥厚，或右心室肥厚，右束支阻滞。

（五）彩色多普勒超声心动图

这是一项非常重要的无创性常规检查方法，不仅能够显示室间隔缺损部位、大小，而且能发现合并畸形。应用彩色多普勒对小型室间隔缺损和多发性肌部缺损诊断的敏感性更高，但是一个大的膜周型室间隔缺损合并肌部缺损时有时容易漏诊肌部缺损，值得注意。

（六）心导管和心血管造影

术前通过心导管检查计算心室水平分流量、肺/体循环血流比值和肺/体动脉收缩压比值，对较大儿童和成年人室间隔缺损合并肺动脉高压病例明确手术适应证，对指导围术期处理及判断手术疗效仍有重要价值。

五、诊断及鉴别诊断

依据典型的临床症状和体征，诊断室间隔缺损并不困难。彩色多普勒超声心动图检查可以确定室间隔缺损的类型，而且可以鉴别诊断有无其他心内畸形，为手术提供可靠依据。儿童大型室间隔缺损伴重度肺动脉高压者，应进行心导管检查，以便进一步了解肺循环高压程度和肺血管阻力。

室间隔缺损伴艾森门格综合征时出现发绀，需要和法洛四联症及其他先天性发绀型心脏病鉴别。从发绀出现时间、肺动脉瓣区第二音强弱、胸部X线肺纹理变化和有无肺动脉干凸出等做出初步判断，确诊需靠超声心动图和彩色多普勒检查，疑难病例可同时进行心血管造影以协助诊断和鉴别诊断。

六、病程演变和自然预后

室间隔缺损的病程演变和自然预后，主要决定因素是缺损的大小和出生后肺血管阻力的变化。胎儿期由于肺没有膨胀，肺血管阻力高。出生后随着肺膨胀，肺小血管伸张，氧分压升高，使肺血管内产生缓激肽——促使肺血管扩张和阻力下降，但由于中层肌肉仍肥厚，肺阻力可保持中等度升高。出生后几周，肺血管阻力变化的快慢与幅度大小直接影响新生儿的生存。

（一）患儿早期死亡

新生儿在出生后1~2周很少须手术处理，大型室间隔缺损病例出生后一般于2~3周肺血管阻力逐渐下降到正常，左、右心室内压力阶差加大，自左向右分流量增加，肺循环血流量增加，左心容量负荷加重，婴儿可于出生后2~3个月，因肺静脉高压肺水肿和急性左侧心力衰竭死亡。婴幼儿如在出生后6个月内出现心力衰竭，反复上呼吸道感染和心力衰竭，生长发育迟缓，1岁内死亡率大约为9%，2岁内死亡者可高达25%。有的患儿可能与基因缺陷有关，出生后肺血管阻力不下降，肺血管一直保持胎儿型，表现为肺高压持续状态，患儿很快出现右向左分流而丧失手术机会。

（二）晚期发展为艾森门格综合征

大型和一些中等大小室间隔缺损患者，肺血管阻力逐渐升高，而且随着年龄增长，肺血管病变逐渐加重，自左向右分流逐渐减少，肺血管阻力严重升高，超过体循环血管阻力，出现心内双向分流，进而转变为以右向左分流为主，口唇明显发绀，出现慢性右侧心力衰竭、红细胞增多症、大咯血、脑脓肿、脑梗死等临床表现，称为艾森门格综合征。多数在10岁以后出现，但也有报告在2岁前后，甚至更早就可能发生。患者多在40岁以前死于顽固右侧心力衰竭和其他严重并发症。

（三）缺损自然闭合

小型室间隔缺损有一定自然闭合的可能，多发生在1岁以内，4岁以内闭合率约为34%，96%的自然闭合发生在6岁以前。自然闭合者室间隔缺损自然闭合的机制是：①膜部缺损边缘与三尖瓣隔瓣和部分前瓣叶贴近，进而粘连而逐渐闭合；②肌性缺损随着间隔肌肉发育而逐渐缩小，或边缘因血流的冲击而纤维化或内膜增生；③血栓形成或细菌性心内膜炎治愈，缺损由赘生物闭塞。大型缺损合并肺动脉高压则鲜见自然闭合。

（四）主动脉瓣脱垂和关闭不全

约5%室间隔缺损病例可发生主动脉瓣关闭不全，多见于膜周型和动脉干下型室间隔缺损，多在10岁以内逐渐出现，到成年进一步恶化。当主动脉瓣关闭不全加重时，由于室间隔缺损被脱垂的主动脉瓣叶部分堵闭，心室水平左向右分流常可减少。

（五）继发右心室漏斗部狭窄

有5%～10%大型室间隔缺损合并大量左向右分流病例，在婴幼儿期可出现右心室漏斗部狭窄，主要为漏斗部肌肉肥厚所引起，其程度随年龄增长而加重。

（六）感染性心内膜炎

单纯室间隔缺损患者感染性心内膜炎的年发生率为0.15%～0.3%，多见于15～20岁病例，赘生物常位于右心室内，脱落后可造成肺梗死。

七、治疗

在全静脉复合麻醉气管插管，经胸前正中切口纵劈胸骨入路，浅中低温体外循环心脏停搏液灌注心肌保护下进行外科手术修补，仍然是室间隔治疗最为确切和可靠的治疗手段。但近年来不断进行着新的技术方法探索，有作者报道了经皮心导管介入封堵室间隔缺损，经胸小切口非体外循环下心脏超声引导下直接封堵室间隔缺损获得了成功，采用全胸腔镜或机器人成功进行室间缺损修补也获得成功。这些技术的适应范围比较局限，扩大应用和远期疗效尚有待进一步观察。

（一）手术适应证

1. 新生儿和婴儿期大型室间隔缺损

反复感冒、肺炎，表现为严重难治性充血性心力衰竭或肺功能不全时，应在出生后3个月内进行手术治疗。如药物治疗有效，可推迟到6个月后，在这以后肺血管阻塞性病变会进行性加重，当左向右分流>2∶1，或肺血管阻力>4 U/m^{2}时应及时手术治疗。多发性肌部缺损伴肺动脉高压者，手术修复困难，死亡率高，主张先行肺动脉环缩术，待2～3岁后二次手术解除环缩，修补缺损。

2. 限制性室间隔缺损

临床无明显症状，胸部X线片和心电图无明显改变，随访过程无肺动脉压增高趋势，1岁内尚有自然闭合的机会，手术可以延迟到2岁以后或学龄前进行。

3. 动脉干下型缺损

即使症状不明显，因可能发生主动脉瓣脱垂，手术应该在4岁以内进行。

4. 室间隔缺损合并重度肺动脉高压

肺血管阻力>8 U/m^2，肺/体循环血流比值休息时为（1.5～1.8）∶1，或当中度运动时下降为1.0∶1（因体循环周围血管扩张和体循环血流增加，而固定的肺血管阻力妨碍了肺循环血流的增加），有静息时发绀，或运动时发现动脉血氧饱和度明显下降（右向左分流增加），不宜进行手术治疗。对于这类患者有必要进行心导管检查，给予异丙肾上腺素0.14 mg/（kg·min）静脉滴注并测定肺血管阻力，假如肺血管阻力下降到7 U/m^{2}以下，可以慎重考虑手术治疗。

5. 肌部多发性室间隔缺损

尤其是乳酪型合并严重肺动脉高压、低体重、心功能差的病例，应在婴儿期积极行肺动脉环缩术。

（二）术前准备

室间隔缺损患者术前除按一般心脏直视手术准备外，对反复出现肺炎和充血性心力衰竭者，特别要加强准备。

（1）伴有充血性心力衰竭者，可应用地高辛、利尿药等药物治疗，以纠正心力衰竭，改善心功能；有喂养困难和生长迟缓者，必须给予营养支持。

（2）对伴有重度肺动脉高压者，应常规应用扩血管药物减轻前、后负荷，首选的是硝普钠，以每分钟 $2 \sim 3 \mu g/kg$ 的速度静脉滴注，成年人 25 mg/d，根据病情应用 $7 \sim 10$ d 后手术，可以降低肺血管阻力，提高手术安全性。

（3）如有咳嗽、咳痰及肺部啰音者，应在控制心力衰竭的基础上，选用适当的抗生素治疗，以防止呼吸道感染。

（4）如果药物治疗效果不明显，决定立即手术前尚须注意检查有无并发动脉导管未闭、主动脉瓣下狭窄和主动脉缩窄等畸形，以便采取相应治疗方案。

（5）伴有感染性心内膜炎者，原则上先选用敏感的抗生素，给予有效的治疗，感染控制后进行手术。对感染难以控制的病例，在应用高效广谱抗生素治疗 $1 \sim 2$ 周后，限期手术。对伴有赘生物随时有脱落危险，或已脱落，造成大面积肺梗死时，即使在感染活动期也必须进行急诊手术。

（三）手术方法

尽管有多种切口可采用，但常规采用正中切口进胸。首先进行心外探查，注意有无动脉导管未闭或其他心脏畸形。当伴有较大直径的动脉导管未闭时，必须在体外循环开始前予以游离阻断，以避免转流后发生窃流和严重的肺部高灌注性肺水肿。手术一般在全麻中度低温体外循环和含血心脏停搏液灌注心脏停搏下进行。

心脏切口的选择取决于根据室间隔缺损和医生的经验和习惯，通常有右心房径路、肺动脉径路、右心室径路和左心室径路。在个别复杂病例，如混合型和多发性室间隔缺损有时需做多个切口。我们主张按室间隔缺损类型选择心脏切口，当无法确定缺损的解剖位置时，可以先做一个右心房小切口，探明缺损位置，再确定合适的径路手术修复。

1. 膜部室间隔缺损修补术

膜周型缺损经右心房切口进行修补，显露清楚，方便操作，对右心室功能影响也较小。

（1）膜部小缺损，周边纤维环较完整，可采用直接缝合，即应用间断带小垫片褥式缝合。如缺损邻近三尖瓣隔瓣，带垫片缝线一侧可缝于距三尖瓣环 $1 \sim 2$ mm 的隔瓣根部，另一侧缝于缺损的对侧缘上。心脏传导组织在此型缺损后下缘左心室侧走行，注意避免损伤。

（2）膜周型缺损补片修补术，牵开三尖瓣前瓣和后瓣后，膜周型室间隔缺损多可得到较好显露。若缺损显露欠佳，可从隔瓣游离缘向三尖瓣环方向切开瓣叶，直至离瓣环 $3 \sim 4$ mm。补片可略大于缺损。新生儿、婴幼儿用 5-0 或 6-0 缝线，年长儿童用 4-0 带小垫片缝线进行缝合。第一个缝线可从圆锥乳头肌止点开始，顺时针方向缝合，距缺损肌肉缘 $5 \sim 7$ mm 进针，由缺损缘的右心室面出针，缝线应有一定深度，但以不超过间隔厚度的 1/2，避免损伤走行于缺损后下缘左室心内膜下的传导束。缝合至三尖瓣环时，带垫片褥式缝线可置于隔瓣根部距瓣环 2 mm，注意将缝线置于腱索下方。在缺损后上缘邻近主动脉瓣，即三尖瓣隔瓣与前瓣交界处，有时仅有很少组织与主动脉瓣环隔离，缝线可从三尖瓣前瓣根部和心室漏斗皱襞进针，此时可从主动脉根部灌注少量心脏停搏液，看清主动脉瓣后再进针，避免损伤瓣膜组织，然后缝针转至室上嵴缝合。缘线分别穿过补片相应部分，将补片送下后结扎缝线。剩余室间隔缺损边缘可应用往返连续缝合。也有作者提倡使用连续，或间断褥式结合连续缝合修补术。

2. 流入道型室间隔缺损修补术

此类缺损又称房室管型或膈下型室间隔缺损，该类缺损常被三尖瓣隔瓣掩盖，后缘为三尖瓣环，缺损呈半月状，直径较大，均需补片修补。修补时先在三尖瓣隔瓣缘置 2 根牵引线牵开三尖瓣隔瓣和腱索，一般可显露其下方缺损。若遮盖室间隔缺损的瓣膜和腱索无法牵开，可于三尖瓣隔瓣根部距瓣环 3 mm 处环形切开三尖瓣，并将切开瓣叶牵开，隔瓣下方缺损即可得到良好显露。应用 $3 \sim 5$ 个带小垫片间断褥式缝合，缝于缺损后下缘，缝线只能置于右心室面，如前所述，顺时针方向缝合抵达三尖瓣环时，缝线穿过三尖瓣隔瓣根部，然后转向缺损上缘。缺损前上缘已远离传导组织，在这个部位缝线可穿透肌缘进行缝合，直至完全闭合缺损。

3. 流出道型室间隔缺损修补术

动脉干下型室间隔缺损宜采用肺动脉切口径路，距肺动脉瓣环 1.5 cm 做横切口，牵开切口，即可显露缺损。干下型室间隔缺损比较大，上缘紧接肺动脉瓣环下方，主动脉右冠瓣窦或脱垂的瓣叶可覆盖缺损，甚至凸向右心室流出道。必须进行补片修补，切忌将主动脉瓣作为室间隔缺损上缘进行直接缝合。要细心修剪补片，使其与缺损形状和大小相适应。缺损上缘应用 4-0 或 5-0 带垫片聚丙烯线做间断褥式缝合，缝于肺动脉瓣窦内的瓣环上，缝线穿过补片上缘并结扎。其余边缘，可进行连续缝合，也可一周都用带垫片聚丙烯线做间断褥式缝合，然后缝合肺动脉切口。嵴上型和嵴内肌性缺损全为肌肉缘，可经右心室流出道做横切口，应用补片修补。

4. 肌部室间隔缺损修补术

肌性间隔前部缺损只能经右心室切口显露，且有时不容易发现，因为这类缺损常被隔束和粗大肌小梁掩盖，切断连接于膈束和右心室前壁的肌束，方能清楚显露。这类缺损一般主张应用补片修复和带垫片间断褥式缝合方法，值得指出的是室间隔缺损前缘预置平行褥式缝线时进针不宜过深，避免损伤冠状动脉前降支。为了防止上述并发症，Breckenrdige 等对靠近右心室前壁室间隔多发性缺损提出了另一种修复方法，先经右心房通过三尖瓣口初步探查和确定这类缺损部位和数目，于缺损相应部位做右心室纵切口，切口距离冠状动脉左前降支最好在 1 cm 以上，牵开右心室切口，再经右心室面观测缺损数目和大小，采用 2 条聚四氟乙烯条或涤纶条，1 条放在心内，另 1 条放在右心室前壁外侧近室间隔部位，应用多个褥式缝合从心内穿过涤纶条和缺损后缘，再在相应部位穿出右心室前壁和心外的垫条，一般缝上 3~4 个褥式缝合，收紧缝线，结扎后即可将缺损牢固闭合。挤压呼吸囊，检查缺损缝合处有无漏血，或残余缺损，心内操作完毕，应用 3-0 缝线连续或间断缝合右心室切口，缝线必须贯穿右心室壁全层，并可应用 2~3 个带小垫片褥式缝线加固缝合。

心尖部多发性缺损。若经右心室切口修复，常常遗漏小缺损，造成修补不完善，主张采用左心室切口径路。手术可先通过右心房切口经三尖瓣口探查缺损部位，然后将纱布垫置入心包腔内将心尖垫高，于左心室尖部少血管区距左前降支 1 cm 处做一短的鱼嘴状切口，长为 25~30 mm。向上延长切口时要防止损伤二尖瓣前乳头肌。应用拉钩牵开室壁切口，显露室间隔缺损。缺损缘在光滑的左心室面很容易辨认，从左心室面观多为单一缺损，也须注意是否有多个或高位缺损存在，以防遗漏。此类缺损均须应用补片修补，假如为多个缺损，而且彼此邻近，亦可应用一块大补片覆盖全部缺损上，应用 4-0 无创缝线做间断褥式缝合。由于左心室腔内压力高，闭合左心室壁切口时，应加用带小垫片无创缝线做间断褥式缝合，或应用聚丙烯无创缝线进行双层连续缝合和涤纶垫条加固，缝线必须穿过心室壁全层。

对于乳酪状多发肌部室间隔缺损婴儿，可采用肺动脉带束术。于肺动脉绕带上端的主肺动脉上做一个荷包缝线，将测压针头或导管分别插入肺动脉远端和近端。主肺动脉带束缩窄程度可参考以下指标：①将束带远端肺动脉收缩降低到正常范围（30 mmHg）；②根据体循环压变化来决定，随着束带收紧，远端肺动脉压力下降，体循环压力开始上升，当体循环压达到平稳时适可而止；③肺动脉主干缩小到原来直径的 1/3~1/2，使右心室与肺动脉压力阶差达到 50 mmHg，或使肺动脉压降至体循环压的 50%。当束带收缩到适当程度后，立即将束带在原位间断缝合，并将束带牢固地固定在肺动脉主干上。拔除肺动脉上测压针头，结扎预置荷包线，彻底止血。术中注意要点：①在做肺动脉环缩术前应先放置好中央静脉测压管和动脉测压管，以监测动脉压及评估带缩术的效应；②若体循环压力过低，可静脉滴注儿茶酚胺类药物，因在低心排血量下难以精确估计肺动脉合适的束窄程度；③营养不良的婴儿在成功的肺动脉环缩术后，病情好转，生长发育迅速，环缩程度会变得过紧。对这类婴儿术后必须定期随访观察。

5. 合并心脏畸形手术处理

（1）室间隔缺损合并动脉导管未闭：室间隔缺损合并动脉导管未闭的发生率约为 10%，多数患者可以在术前明确诊断。但合并较细小的动脉导管，尤其是在严重肺动脉高压的患者，动脉导管分流不明显，可能会遗漏较大的动脉导管（所谓"哑型"导管）。漏诊较大直径动脉导管，在术中会导致严重的后果。因而，对每个接受室间隔缺损修补的手术患者都应该警惕有无合并动脉导管。

切开心包后，应该注意探查肺动脉有无震颤。如果开始体外循环转流，肺动脉张力不下降，甚至更加膨胀，同时伴有静脉回流减少，心脏膨胀，动脉压难以维持。或者切开右心房或右心室时，有大量动脉血液回流，这些情形都高度提示并发动脉导管，应该及时明确和加以处理。

对于术前明确合并有较大直径的动脉导管未闭时，必须在体外循环开始前予以游离阻断，以避免转流后发生窃流和严重的肺脏高灌注性肺水肿。如果术中体外转流后才发现合并动脉导管，可以降低灌注流量，从心外手指压迫导管，直接切开肺动脉，用带气囊尿管或专用器械封堵导管，用带垫片4-0涤纶线从肺动脉内间断褥式封闭导管。

经正中切口结扎动脉导管，应该避免损伤喉返神经和损伤导管后壁发生大出血，尤其应该明确解剖关系，避免误扎左肺动脉或降主动脉。

（2）室间隔缺损合并主动脉缩窄：室间隔缺损合并主动脉缩窄并不少见，有报道发生率高达15%~20%，且经常合并主动脉弓发育不良。术前查体时注意准确测量上下肢血压，详细的心脏多普勒超声检查，必要时可以进行CT或磁共振血管造影，多数可以明确诊断。

如果室间隔缺损直径较小（<0.5mm），无明显肺动脉高压，可以考虑经左侧开胸仅纠治主动脉缩窄，室间隔缺损可能自行愈合，或者后期经介入手段封堵室间隔缺损。

对于较大室间隔缺损合并主动脉缩窄患儿，目前治疗策略尚有争议。一些作者认为对于有大量左向右分流和严重心力衰竭的婴儿患者，可以采用左侧开胸纠治主动脉缩窄，同时做肺动脉带束环缩。也有作者主张采用2个切口同时纠治室间隔缺损和主动脉缩窄，先经左外侧开胸矫治主动脉缩窄，然后正中切口修补室间隔切口，认为可以避免深低温停循环，左侧开胸也利于充分显露和纠治缩窄畸形。

近年来，越来越多的作者主张采用胸前正中切口同期纠治室间隔缺损和主动脉缩窄，应用深低温停循环或深低温低流量灌注技术，切除缩窄段主动脉后行扩大端-端吻合，或者加宽缩窄段和发育不良的弓部主动脉。

（3）室间隔缺损合并主动脉瓣关闭不全：主动脉瓣脱垂和关闭不全多见于膜周型和动脉干下型室间隔缺损，在膜周型缺损多见无冠状动脉瓣脱垂，而在动脉干下型缺损以右冠状动脉瓣脱垂常见。

对于轻度主动脉瓣脱垂和轻度主动脉瓣反流者，应该尽早补片修补室间隔缺损，室间隔缺损补片可以对主动脉瓣环起到支撑和加强作用，防止瓣叶进一步脱垂和关闭不全加重。

对于中度以上主动脉瓣关闭不全，则应该先修补室间隔缺损，然后经主动脉切口，精确折叠脱垂的主动脉瓣叶，紧缩固定，必要时可部分关闭瓣膜交界。手术中应该在体外循环开始后，尽早放置左心引流，防止左心室膨胀。

在一些严重的病例，主动脉瓣叶重度发育不良或者继发严重的瓣叶卷曲、纤维化，甚至钙化，可能需要进行瓣膜替换，在儿童可能还需要同时加宽主动脉根部。

八、并发症及防治

（一）完全性房室传导阻滞

完全性房室传导阻滞发生率为1%~2%，多与手术损伤传导束有关。从解剖上准确界定各类缺损，掌握房室传导束行径，是防止发生传导阻滞的关键，术中应避免对其钳夹、牵拉、吸引和缝合。术中可拆除可疑缝线，重新修补缺损。心表面安装临时起搏导线，进行临时起搏。如果术后1个月后仍未能恢复，应安放永久起搏器。

（二）室间隔缺损残余漏

室间隔缺损残余漏发生率据统计为1%~5%。多见于以下几种情况：缝线撕脱或组织割裂；术中显露不良；转移针位置不当；留有缝隙，或为多发性室间隔缺损被遗漏。因此在缺损修补完后要膨肺，于直视下确认修补完善；心脏复跳后及时打诊右心室细震颤是否消失；术中超声心动图可提高残余室间隔缺损检出率，争取在术中及早发现和及时处理。

部分室间隔缺损残余漏是术后早期发现的，心前区收缩期杂音为消失或再度出现，经胸部超声心动图和彩色多普勒检查可确立诊断。如撕裂较小，患者无症状，可暂时密切观察，有时可自行闭合。如果残余左向右分流量较多（Qp/Qs > 1.5：1），或出现心力衰竭症状，应及时再次手术修复。随着介入性室间隔缺损封堵技术的发展及经验积累，对于较大儿童或成年患者，有学者认为应用介入封堵技术是治疗室间隔缺损残余漏的首选方法。

（三）三尖瓣或主动脉瓣反流

室间隔缺损补片或介入性治疗的封堵伞如果压住三尖瓣腱索，使其活动受限，会引起三尖瓣反流。主动脉瓣损伤则多由于缝合膜周型或干下型缺损缝针误伤瓣叶所致，应以预防为主，如反流严重，应及时手术修复。

（四）肺动脉高压危象

肺动脉高压危象是术后严重并发症，可发生在反应性较强的肺血管病患者，主要表现为肺动脉突然急剧升高，超过体循环水平，右心房压亦上升，左心房压下降，体循环压下降和休克。诱发因素包括气管吸痰、低氧和高碳酸血症、代谢性酸中毒、高浓度正性肌力药物应用和烦躁不安等。处理方法可给镇静药和肌松药，吸入高浓度氧和过度通气。如 $PaCO_2$ 维持 35 mmHg 以下，前列环素静脉滴注，可能是治疗肺动脉高压危象的最佳药物。NO 吸入被认为特别有效。

九、疗效评价

（一）手术效果

室间隔缺损修补术手术死亡率目前在许多医学中心已逐渐下降到 1% 以下，大龄单纯室间隔缺损手术死亡率已接近零。多发性室间隔缺损和有心脏畸形并存的室间隔缺损手术死亡率仍较高，此类室间隔缺损手术死亡率为 5% ~ 10%。早期死亡原因，主要是急性心力衰竭，可能与重症婴幼儿手术前已存在心功能不全，加上手术对心肌创伤和保护不良有关。术前反复呼吸道感染和严重肺功能不全，是造成少数婴幼儿术后死亡的主要原因。影响手术死亡率的因素如下。

1. 年龄

手术患者年龄越小，病情越重，特别是新生儿，手术死亡率越高。

2. 室间隔缺损类型

单纯室间隔缺损手术死亡率很低，多发性室间隔缺损是增加手术死亡的一个重要因素，因为病情重，修复困难，可能残留缺损。

3. 肺动脉压力和阻力

肺动脉压力轻度及中度增高者手术死亡率低，伴有严重肺动脉高压者手术死亡率明显增高，主要死于进行性肺血管病变。

4. 室间隔缺损伴心血管畸形

此项包括合并动脉导管未闭、主动脉瓣关闭不全，均会增加手术复杂性和延长体外循环时间，因而术后并发症和手术死亡率亦增加。

5. 术后严重并发症

此项包括完全性房室传导阻滞和室间隔缺损残余漏，并发完全性房室传导阻滞者死亡率甚高。

室间隔缺损修补术后晚期死亡率在 2.5% 以下，少数死亡病例和严重心律失常有关，主要为心室纤颤和完全性房室传导阻滞。在术前肺脏管阻力明显升高者，术后部分病例的肺血管病变可能进行性恶化，最终造成右侧心力衰竭和死亡。

（二）存活质量分析

1. 生长发育

儿童，特别是婴幼儿大型室间隔缺损修复术后前 10 个月内生长发育明显改善，体重增加，症状也随之消失。Weintraub 等指出出生后 6 个月内修复大型室间隔缺损，大多数病例到 5 岁以前的体重、身高和头围都发育正常，出生时低体重婴儿除外，仅体重增加。

2. 心脏功能

儿童，特别是2岁以内的婴幼儿，室间隔缺损修补术后晚期心功能均基本恢复正常。Craham等报告室间隔缺损修补术后1年检查，发现左心室终末舒张压、每搏排血量、射血分数均恢复正常。大儿童室间隔缺损修补术后症状虽然消失，左心室扩大和左心室功能有的难以完全恢复正常，提示大型室间隔缺损应该在1～2岁进行手术。

3. 肺动脉高压

术前的肺血管阻力和年龄是影响室间隔缺损修补术后晚期肺动脉压恢复的两个决定因素，手术时肺血管阻力越低，年龄越小，术后肺血管病变越容易恢复或接近正常。2岁以上进行手术者25%的病例手术后2～11年肺血管病变仍进行性发展和造成过早的晚期死亡。另有报道，术前肺动脉高压和高肺血管阻力（>10 U/m^2）病例中大约有25%于术后5年内死于肺动脉高压。然而有部分患者随访了20年，肺动脉高压和高肺血管阻力既不发展，也不改善，仅日常活动量受到一定限制。术前肺血管阻力轻至中度升高（8 U/m^2），不同年龄组预后都比较好。

4. 心律失常

（1）室性心律失常：室间隔缺损修复术后晚期发生严重室性心律失常和猝死者不多见，Houye（1990）报道应用动态心电图随访一组术后晚期病例，室性期前收缩发生率为40%，但全部患者均无症状，未观察到1例发生室性心动过速，手术经心房切口病例发生率比经心室切口者少，年轻手术病例发生率也较低。

（2）右束支传导阻滞：经右心室切口修复室间隔缺损，术后右束支传导阻滞的发生率有报道高达80%。Gelband等认为和右心室切口有关。Rein等报道经右心房切口修复膜周型缺损，新的右束支传导阻滞发生率为34%～44%，部分病例可能和手术缝合膜周缺损后下缘时损伤右束支有关。右心房切口比右心室切口发生率低。右束支传导阻滞的临床重要性一直有争议，有待进一步研究。

（3）双束支传导阻滞：室间隔缺损修复术后有少部分患者术后出现右束支传导阻滞伴左前半束支阻滞，其发生率为8%～17%，这类并发症的预后如何尚有不同认识，有的作者认为可能和晚期发生完全性房室传导阻滞及猝死有关，因为双束支传导阻滞损伤的部位可能比完全性右束支传导阻滞更靠近主干，危险性自然更大。

（4）完全性房室传导阻滞：单纯室间隔缺损修复术后完全性房室传导阻滞发生率在有经验的单位现已下降到1%以下，这与对传导束在各类室间隔缺损中的行径有了深入的了解和改进修复技术有关。但其在多发性室间隔缺损修复病例中仍稍高。

5. 室间隔缺损残余漏

小的残余分流临床随诊报告为3%～11%，在血流动力学上虽无明显影响，但因为这类患者有发生感染性心内膜炎倾向，应严密随诊，有条件者可考虑导管介入封堵术。

6. 医源性三尖瓣和主动脉瓣损伤

这类并发症虽不多见，仍有散在报道，有的在术后立即发生，也有报道在术后几个月后杂音才逐渐出现。术后三尖瓣或主动脉瓣出现轻度关闭不全，对血流动力学无明显影响，可随诊观察，严重者明显影响预后。

第三节　房室隔缺损

一、概述

房室隔缺损，既往也称为房室通道缺损和心内膜垫缺损，是由于心内膜垫组织发育障碍导致房室孔分隔不全，并伴有房室瓣形态和功能异常的一组心脏畸形，约占先天性心脏病的4%。

二、病理解剖

对于房室隔缺损的病理和发生机制争议非常多。房室隔缺损一组病理形态差异极大，又因为同属程度不同的原始心内膜垫发育障碍，而具有以下共同的病理特征：①房室隔组织缺损或完全缺如，包括房间隔前下内侧部分和室间隔流入道部分，室间隔流入部缺损表现为室间隔在房室瓣隔叶附着处呈勺状凹陷，隔叶瓣环距心尖距离和左心室隔面长度短缩；②房室瓣畸形，表现为形态、数目、结构和瓣下结构位置和形态异常，左右房室瓣环融合；③主动脉根部由于左右房室瓣环融合而发生前上位移，失去了与左右房室瓣环的楔嵌位置，左心室流出道延长呈"鹅颈"状畸形；④房室结易位到右心房下壁，房室束经由三尖瓣隔瓣和二尖瓣后下桥瓣结合处进入室间隔左心室侧；⑤冠状静脉窦口形态和位置异常等。

临床上通常将房室隔缺损分为部分型、完全型和过渡型三种病理类型。

（一）部分型房室隔缺损

部分型房室隔缺损主要包括原发孔房间隔缺损伴有或无房室瓣畸形，无室间隔缺损。原发孔房间隔缺损呈半月形，位于房间隔的前下方，部分病例可并发继发孔房间隔缺损，甚至整个房间隔缺如，形成单心房。部分型房室隔缺损有两个完整的房室瓣环，房室瓣直接附着在室间隔上缘，其左侧房室瓣通常呈三瓣叶结构，以往称之为二尖瓣前瓣裂，发生裂缺的两个瓣叶边缘常常增厚和卷曲，有时可有异常腱索存在。三尖瓣隔瓣常发育不全，如瓣裂或部分缺如。

（二）完全型房室隔缺损

完全型房室隔缺损的病理特征主要包括：①原发孔房间隔缺损，可同时合并有继发孔房间隔缺损；②左右房室瓣环和房室瓣叶融合，形成一组复杂的多瓣叶房室瓣结构，融合的瓣叶称为前后共同瓣叶，也称为"前桥瓣叶"和"后桥瓣叶"；③流入部室间隔缺损；④主动脉瓣向前上移位，房室结和传导束异位。

Rastelli 根据前桥瓣叶形态及其腱索附着点将完全型房室间隔缺损分成三型：A 型临床最常见，约占 75%。其病理特点是前桥瓣完全分隔为左上及右上两个瓣叶，各自借其相应的腱索附着于房室隔嵴上，左上瓣完全位于左心室上方，右上瓣完全位于右心室上方。C 型约占 25%，其前桥瓣叶呈漂浮状态，瓣下无腱索附着于室间隔嵴上，瓣下形成巨大的室间隔缺损。B 型临床罕见，其病理形态介于 A 型和 B 型之间，左上瓣跨越室间隔嵴，通过腱索与室间隔右侧的乳头肌相连。

（三）过渡型房室隔缺损

过渡型房室隔缺损是介于部分型与完全型房室隔缺损之间的病理类型。病变包括原发孔房间隔缺损，有两组分开的左右房室瓣结构，房室瓣一部分直接附着，另一部分靠腱索间接附着于室间隔，在腱索之间形成限制性流入部室间隔缺损。

在完全房室隔缺损病理分析中，双侧心室的均衡性对于手术治疗方式的选择具有重要意义。Bharati 和 Lev 等根据前后桥瓣跨越室间隔，以及共同房室瓣与左右心室发育的关系，将完全房室隔缺损分为双侧心室均衡型、右心室优势型和左心室优势型。以双侧心室均衡型为多见，但有 10% 左右的患者存在左心室或右心室发育不全。严重者类似单心室病理变化。

（四）合并畸形

完全房室隔缺损合并心脏畸形非常多且复杂。完全型房室隔缺损患者中占 5%～10% 可合并法洛四联症中占 0.8%～2%。其解剖具有完全型房室隔缺损和法洛四联症的特征，有四联症的漏斗部狭窄和主动脉横跨，完全型房室隔缺损的房室瓣畸形以及此两畸形的室间隔缺损融合而成的泪滴形缺损。完全型房室隔缺损多为"C"型，少数为"A"型。3.1%～6.7% 完全型房室隔缺损合并右心室双出口，其解剖特征为右心室出口合并完全型房室隔缺损的房室的房室瓣畸形和两者融合的室间隔缺损。3%～4% 完全型房室隔缺损合并完全性大动脉转位，其解剖特征为完全性大动脉转位合并完全型房室隔缺损的房室瓣畸形和室间隔缺损。

其他合并心脏畸形包括继发性房间隔缺损、双上腔静脉、肺动脉异位连接、多发型室间隔缺损、动脉导管未闭、主动脉弓畸形和无顶冠状静脉窦等。房室隔缺损可以是一些复杂心脏病的一部分，可合并内脏异位综合征。

三、病理生理

房室隔缺损的病理生理取决于心房间交通、室间交通和房室瓣关闭不全程度，以及合并畸形等。

在部分型房室隔缺损无室间隔交通，往往有大的房间左到右分流。在小到中度房间交通的病例，仅有左心房与右心房压力阶差。如有大的心房间左到右分流和轻度或二尖瓣关闭不全时，则引起右心室容量超负荷，与继发孔房间隔缺损的病理生理相同，严重者可有心排血量和动脉血氧饱和度下降。如有严重二尖瓣关闭不全时，二尖瓣反流从左心室直达右心房，从而心房间左到右分流增加，因左和右心室容量超负荷，可在1~3岁儿童甚至婴儿产生充血性心力衰竭。产生心力衰竭的主要原因为左心室发育不全、左侧房室瓣特别左下瓣叶缺如、主动脉下狭窄和肺动脉高压。成年人部分型房室隔缺损可产生心房颤动或扑动和心功能不全。

完全型房室隔缺损有大的房间交通和室间交通，其中15%~20%合并中到重度左侧房室瓣关闭不全。在婴儿时期由于大的心室间左到右分流，往往引起左心室为主的容量超负荷和充血性心力衰竭。同时肺动脉压力升高达到体循环压力水平，文献报道平均肺血管阻力（PVR）在出生至3个月时为 (2.1 ± 0.9) U/m^2，4~6个月时增加到 (4.1 ± 2.6) U/m^2，7~17个月后已是 (5.7 ± 3.0) U/m^2。在1岁时可产生Health-Edward分级的3~4级肺血管病变，2岁时产生3~5级的肺血管病变，80%死于2岁以内。如合并主动脉下狭窄、主动脉狭窄或先天愚型，则充血性心力衰竭发生更早，肺血管病变更重。

完全型房室隔缺损合并法洛四联症，或右心室双出口和完全性大动脉转位的全部或大多数病例均合并肺动脉狭窄或闭锁，出生后有不同程度的发绀，很少在婴幼儿时出现充血性心力衰竭。

四、临床表现

（一）症状

部分型房室隔缺损有大的原发孔房间隔缺损和轻度二尖瓣关闭不全患者，可在10岁以内无症状。有中度和重度二尖瓣关闭不全者症状出现较早，有运动性心悸和气短以及进行性充血性心力衰竭等症状。Manning报道115例部分型房室隔缺损的心内修复，其中11例（占10.5%）在婴儿时因充血性心力衰竭手术。在40岁以上部分型房室隔缺损病例，往往出现心功能减退、心房颤动和肺动脉高压。

完全型房室隔缺损的患者往往在1岁以内时出现症状，甚至在新生儿产生进行性充血性心力衰竭，内科治疗难以控制。在临床上出现呼吸困难和加快，周围循环灌注和生长发育差。少数病例在生后心力衰竭并不明显，但在1~2年出现静息时发绀，产生肺动脉高压和严重阻塞性肺血管病变，即Eisenmenger综合征。

在完全型房室隔缺损合并法洛四联症、右心室双出口和完全性大动脉转位的病例，全部或大部分合并右心室流出道阻塞或肺动脉闭锁，生后有发绀，很少出现充血性心力衰竭。少数右心室双出口无肺动脉狭窄者，则在新生儿时出现充血性心力衰竭，在1岁左右产生严重肺血管病变。

（二）体征

在部分型房室隔缺损的患者，大多数生长和发育正常。在胸骨左上缘听有相对肺动脉狭窄产后的收缩期柔和杂音和固定性心音分裂，在心尖区可有二尖瓣关闭不全引起收缩期反流性杂音。在婴儿有重度二尖瓣关闭不全时，可出现心跳快和肝大等充血性心力衰竭体征。在40岁以上的患者因房性心律失常产生心悸和心功能减退等症状。

在完全型房室隔缺损的患者，在婴儿时往往出现呼吸快、呼吸困难和肝大等进行性充血性心力衰竭的症状，生长发育迟缓，部分病例有先天愚症。在胸骨左上缘听有收缩期射血性杂音、第二心音固定性分裂和亢进，从心前区到心尖有室间隔缺损的房室瓣关闭不全产生的收缩期反流性杂音。在心尖部亦可听到大量血流（包括房间和室间左到右分流和二尖瓣关闭不全的血流）通过房室瓣产生的舒张期辘辘性杂音。在4~5岁后往往伴有严重肺动脉高压和阻塞性肺血管病，静息时可出现发绀，胸骨左上缘听有收缩期杂音和肺动脉关闭不全引起的泼水性舒张期杂音。在完全型房室隔缺损合并法洛四联症、右心室双出口和完全性大动脉转位的患者，大多数在生后出现发绀，但很少出现心力衰竭体征。

五、诊断及鉴别诊断

依据临床表现和辅助检查，房室隔缺损的诊断并不困难，重要的是深入和详细分析患者的病变特征，全面掌握患者的病理生理进程，把握正确的手术时机和制定个性化的手术方案。主要诊断依据如下。

（1）临床症状和体征。

（2）心电图：部分型房室隔缺损病例具有典型的心电图表现：P-R 间期延长（一度房室传导阻滞），电轴左偏，aVF 导联主波向下。其他非特异性改变包括右心房增大、右心室肥大或双心室肥大。

（3）胸部 X 线片：可表现为肺血增多，右心房右心室增大，左心房左心室增大，肺动脉凸出和主动脉结变小。出现艾森门格综合征时，肺血减少。

（4）超声心动图：二维彩色多普勒超声心动图检查对明确诊断房室隔缺损具有非常重要的价值，而且通过超声心动图检查还可以明确瓣膜异常的性质，室间隔缺损和房间隔缺损的大小、形状及并发的畸形及房室瓣反流的程度，以上信息将有助于外科医生制定手术方案和评估疗效。超声心动图的征象包括心腔扩大，左心室流出道变窄变长，房室瓣环下移，二、三尖瓣环等高级瓣膜分裂等畸形。新近的三维实时动态超声心动图检查，对于术前房室瓣的形态分析和成形设计具有重要的参考意义。

（5）心导管和选择性心血管造影：多普勒超声心动图检查的进步，能无创明确诊断，并能提供非常有价值的外科治疗信息，因此，大多数部分型和过渡型房室隔缺损病例已经无须进行心血管造影检查。对于完全型房室隔缺损者有学者提出应对 6 个月以上的患儿常规进行导管检查，目的是测量和计算出肺血管阻力，为能否进行根治手术和判断预后提供重要参考依据。完全型房室隔缺损的左心室流出道变狭窄且拉长，选择性心血管造影可显示典型的"鹅颈征"，分析手术对左心室流出道的影响。

根据一般临床表现，包括心电图和胸部 X 线片，可提示房室隔缺损诊断。二维超声心动图检查即可确立诊断。须和继发孔房间隔缺损、肺动脉瓣狭窄、单纯室间隔缺损等进行鉴别。房室隔缺损患者合并心脏畸形较多，应该重视。

部分型房室隔缺损患者的预后较好，在部分型房室隔缺损伴有轻度二尖瓣关闭不全者，其自然历史与大的继发孔房间隔缺损患者相仿，年轻时无症状。在 40 岁以后，约有 30% 的患者出现心房颤动和心功能不全；在 60 岁以后则多数产生心房颤动和心力衰竭。文献报道有生存至 79 岁而手术者，手术后活到 89 岁。有 10%~20% 患者在婴儿时期出现心力衰竭和严重症状，多数由于二尖瓣双瓣口、左侧单一乳头肌、主动脉下狭窄或主动脉缩窄而致的严重二尖瓣关闭不全，如不早期手术，多死于 10 岁以内。

完全型房室隔缺损患者预后极差，如不早期外科治疗，多在幼儿时死亡。主要原因为婴儿时期出现充血性心力衰竭，1 岁以后产生阻塞性肺血管病。Berger 等报道 39 例完全型房室隔缺损的尸解，发现未手术者中 65% 死于 1 岁以内，85% 死于 2 岁内，96% 死于 5 岁内。在出生后 1~2 岁婴幼儿死亡主要原因为大的心室间左到右分流和中到重度二尖瓣关闭不全引起的充血性心力衰竭和肺部感染。完全型房室隔缺损患者的严重肺血管病从出生 1 岁后开始发现，在 2 岁时就可能较为普遍。

六、治疗

（一）手术适应证和禁忌证

1. 适应证

由于房室间隔缺损没有自行愈合的可能，且病情发展的结果是进行性心功能恶化和继发肺血管病变，因此，原则上一经诊断明确均应进行手术治疗。手术时机的选择需参考病变类型及自身的技术条件。

（1）部分型房室隔缺损：大多数患者症状出现较晚，多在体检时发现，既往主张在学龄前进行治疗。近些年来随着体外循环技术及监护技术的进步，心内直视手术渐趋低龄化并且手术的安全性大大提高，因此多主张早期在 2 岁以内手术，可减轻房室瓣受损的程度，有利于瓣膜的修复重建和功能恢复。如存在明显的二尖瓣反流、主动脉缩窄、二尖瓣畸形及主动脉瓣下狭窄者更应提前手术。对于少数伴有严重的二尖瓣关闭不全有充血性心力衰竭表现者需要急症手术。

（2）过渡型房室隔缺损：与部分型病例相似，若心室水平分流量大，手术应尽早进行。另外，小型室间隔缺损发生心内膜炎的概率高，因此，也主张早期手术。

（3）完全型房室隔缺损：此类患儿较早发生肺动脉高压和肺血管梗阻并不少，文献报道1岁以内有65%的患儿死亡，而96%的患儿已有肺血管病变。因此，一般主张在1岁以内进行根治手术，但关于此年龄段的最佳手术时机尚存在争议，多数学者提议在3~6个月手术，近些年有关新生儿期进行根治手术的病例报道逐渐增加。有学者认为，尽早进行手术干预，不仅可以阻止肺血管梗阻性病变的发展，而且更有利于瓣膜的修复和功能恢复。

2. 禁忌证

患儿发绀明显往往提示肺血管发生严重的梗阻性病变，心导管检查发现肺血管阻力（PVR）> 10 U/m^2，吸氧以及降压实验无效时，被列为手术禁忌。完全型房室隔缺损合并法洛四联症或右心室双出口，肺动脉发育极差者，不适合心内修复，仅做姑息手术。

（二）术前准备

（1）改善心脏功能有充血性心力衰竭，先用洋地黄和利尿药等内科治疗，如短时间内科治疗无效，亦应早期手术。

（2）对于伴有严重肺动脉高压的患者，进行吸氧治疗，并选用扩张血管药物，如硝普钠、前列腺素E_1或一氧化氮等，降低肺血管阻力。

（3）防止呼吸道感染如患者咳嗽、咳痰以及肺部有干、湿啰音，应在控制心力衰竭的基础上选用适当的抗生素，防止呼吸道感染。

（三）手术方法

对于房室隔缺损患者，术前综合分析临床、超声心动图和心血管造影等资料，详细分析和准确掌握患者的病变特点，尽可能完全明确合并畸形，特别是要分析房室瓣病变形态、瓣下结构、房室瓣组织缺失情况，心室发育均衡和主动脉下狭窄等严重畸形，确定个体化的手术方案和计划。然后根据病情，尤其是患者心力衰竭程度和肺动脉高压进程，适时进行手术治疗，对于减少手术死亡率和并发症具有重要的意义。

房室隔缺损的主要手术方式包括双心室矫治术，心室发育不均衡者进行1个半心室矫治或按单心室方式纠治，危重新生儿患者行肺动脉带束术等姑息手术。

房室隔缺损心内修复术目的在于闭合原发孔房间隔缺损和（或）室间隔缺损而不产生心脏传导阻滞，以及将房室瓣分为二尖瓣和三尖瓣两部分和尽量减少和不发生术后二尖瓣关闭不全。

全麻、气管内插管维持呼吸，仰卧位。胸部正中切口，保留一大块心包准备修复原发孔房间隔缺损用。在无名动脉下方插入主动脉灌注管，直接插入直角上、下腔静脉引流管，经未闭卵圆孔或继发孔房间隔缺损插入左心减压管。部分型房室隔缺损多在1岁以上儿童时手术，采用中度低温（25~26℃）体外循环。在完全型房室隔缺损应在出生后3~6个月施行心内修复，应用深低温（18~20℃）低流量体外循环，个别病例需要在深低温停止循环下手术修复。应用冷血心脏停搏液间断冠状动脉灌注保护心肌。

1. 部分型房室隔缺损修复术

平行右侧房室沟做右心房切口，牵开心房切口，探查心内有无其他畸形。明确二尖瓣、三尖瓣和原发孔房间隔缺损的病理解剖结构，按下列步骤实施手术。

（1）探查二尖瓣：向左心室内注入冷生理盐水测试二尖瓣闭合状况，了解瓣膜发育情况及瓣膜反流的部位。

（2）修复二尖瓣裂缺：先缝合二尖瓣裂缺，从瓣叶根部直至邻近瓣口中心第一组腱索附着处，应用4-0到5-0聚丙烯线间断缝合。特别注意要在自然状态下将二尖瓣裂隙完全对齐缝合，防止扭曲和变形。小婴儿由于二尖瓣瓣叶菲薄，则应用带心包片的间断褥式缝合，防止撕裂。如有二尖瓣脱垂，则做缩短腱索术。再次左心室注水了解瓣膜闭合是否满意。同时测量二尖瓣开口的大小，防止二尖瓣狭窄。

双孔二尖瓣畸形多见于部分型房间隔缺损者，术前易漏诊，是影响手术近、远期效果的重要因素。病理特征表现为两孔不等大，中间有纤维组织分隔，每孔均有各自对应的瓣叶，并通过腱索与相应的乳头肌相连。较小的孔称为副孔，其瓣膜功能一般正常。术中应注意不能切断两孔之间的纤维分隔，否则会造成二尖瓣严重反流。如果二尖瓣膜开口面积较大，可缝合裂缺，若瓣口面积较小，裂缺可不缝合或部分缝合。

（3）二尖瓣瓣环成形：二尖瓣裂缺修复后，若左心室注水发现瓣膜中心处有反流，多为瓣环扩大所致。此时需要在一侧或两侧瓣环交界处进行瓣环成形术，以缩小瓣环。可用3-0带垫片涤纶缝线在交界处做瓣环折叠褥式缝合。

（4）修补原发孔房间隔缺损：用自体心包片修补房间隔缺损，光滑面位于左心房，用4-0或5-0聚丙烯缝线连续缝合固定。有两种缝合方法：① McGoon法：从二尖瓣大瓣裂基底部中点开始，逆时针方向沿其瓣环根部连续缝合，逐渐过渡到缝至房间隔缺损的上缘；将另一头缝线继续沿瓣环根部顺时针缝合，避过窦房结危险区，经由二尖瓣根部直接转移至房间隔缺损边缘顺时针方向缝至房间隔缺损上缘，会合后结扎，将冠状静脉窦口隔入右心房。② Kirklin法：从二尖瓣和三尖瓣交界处开始，沿三尖瓣隔瓣根部下行，经瓣环向后绕过冠状静脉窦至右心房游离壁过渡到房间隔缺损，顺时针方向缝合，到房间隔缺损上缘会合，结扎，将冠状静脉窦口隔入左心房。一般认为缝合位置在二尖瓣基部，可以有效避免损伤传导束造成三度房室传导阻滞。

（5）三尖瓣成形：术中应常规探查三尖瓣膜，部分病例因三尖瓣环扩大、隔瓣裂缺或缺如而发生反流，需要同期进行三尖瓣成形。

（6）合并左上腔静脉引流至冠状静脉窦者，如有大的无名静脉时可以结扎。左、右上腔静脉之间无交通者，应将冠状静脉窦口引流至右心房，其方法有二：① Pall方法：如上法缝合不经冠状静脉窦口后方，而是缝在窦口与房室结之间，经扩大的窦口内缘缝至缺损边缘。② McGoon方法：将心包直缘缝在左下瓣叶根部至缺损下缘。后一方法比较安全，可防止房室结和心脏传导束的损伤。

2. 过渡型房室隔缺损修复术

手术步骤及方法与部分型房室隔缺损相同，修补室间隔缺损时可采用3-0涤纶缝线带垫片间断褥式缝合，需要注意的是应仔细探查三尖瓣隔瓣下的缺损，注意多发性室间隔缺损，以免遗漏。

3. 完全型房室隔缺损修复术

完全型房室隔缺损的纠治方法较前两种复杂，手术一般在中度（28℃）低温体外循环下进行，对于新生儿可采用深低温体循环方法。手术成功的关键是精确修复房室瓣，尤其是左侧房室瓣；避免损伤传导束和防止左心室流出道梗阻。纠治方法包括单片法、改良单片法和双片法。

（1）单片法：修补的材料有自体心包片、膨体聚四氟乙烯（Teflon）、聚四氟乙烯（polytetra-fluoroethylene，PTFE）以及涤纶补片等。通过右心房切口进行修补。根据室间隔缺损的大小和形状、房室瓣环前后径、房间隔缺损的大小，剪裁成相应大小的心包片。如前后桥瓣未分隔，则需要在室间隔嵴上方相对应的桥瓣部位预定分割线，在其右侧剪开前后桥瓣，尽可能地保留左侧房室瓣面积，并应用褥式缝合将二尖瓣前后瓣裂拉拢。应用3-0涤纶线带垫片间断褥式缝合将补片结扎固定在室间隔嵴上，注意在室间隔缺损的后下缘宜采取远离或超越缝合方法，以免损伤房室束。然后采用简单褥式缝合法将左房室瓣上、下瓣叶悬吊固定于补片上。间断缝合修复二尖瓣裂缺，左心室注水了解是否有反流，必要时需进行二尖瓣环成形。将贯穿左心房室瓣和心包片的间断褥式缝线分别穿过右房室瓣根部，收紧这些缝线，将瓣膜固定于室间隔上方适当高度。用同一补片修补原发孔房间隔缺损。间断缝合修补三尖瓣裂，注水了解是否有反流，部分病例需要做三尖瓣环成形。

（2）改良单片法：也称为简化单片法或直接缝合法，即将共同房室瓣直接缝合在室间隔嵴上以关闭室间隔缺损，可采用自体心包片修补原发孔房间隔缺损。有两种方法可供选择。一种是"三明治"法，即采用3-0涤纶线带垫片间断褥式缝合，从室间隔缺损的右心室面进针。对于Rastelli A型病例，缝线穿过房室瓣的二尖瓣部分后，再穿入心包片；对于Rastelli C型病例，缝线穿前后桥瓣后再穿心包片，第一针的缝合位置是在室间隔缺损的中点，然后沿其前后缘依次缝合，室间隔缺损后下缘采取远离缝合方法，以避免损伤传导束。布线完毕后依次打结固定，将桥瓣压向室间隔嵴的右侧面，然后用5-0聚丙烯线连续缝合心包片以修补原发孔房间隔缺损。另一种方法是先采用间断褥式缝合法将桥瓣压向室间隔嵴的右侧面，并打结固定，然后再用自体心包片修补原发孔房间隔缺损。二尖瓣前瓣裂缺均采用1号丝线间断缝合修补，术中采用注水试验探查房室瓣修复情况。

（3）双片法：根据室间隔缺损的大小和形状裁剪相应的涤纶或聚四氟乙烯补片置入室间隔右侧，以3-0涤纶线带垫片间断褥式缝合固定。将左上、下桥瓣在中心对合后悬吊于室间隔缺损补片上，采用1号丝线间断缝合修补二尖瓣裂缺，并根据注水试验决定是否行二尖瓣环成形术，用5-0聚丙烯缝线将二尖瓣根部缝合于室间隔缺损补片上缘及心包补片之间类似于"三明治"。连续缝合心包补片，修补原发孔房间隔缺损。

4. 完全型房室隔缺损并发法洛四联症修补术

做平行右心房切口。观察房间隔缺损和室间隔缺损以及房室瓣的病理解剖，大多数病例为"C"形完全型房室隔缺损。经右心室纵切口，切除漏斗部肥厚肌肉，偏向室间隔嵴的右侧切开前桥瓣到瓣环，完善显露室间隔缺损全貌。剪裁聚四氟乙烯补片呈泪滴形，上部为半圆形，下部为三角形。将补片下部弧形缘缝合至缺损下缘右心室面，从后瓣环下部室间隔开始缝合直达缺损上部，均用间断带垫片的褥式缝合。环绕主动脉瓣口将补片缝至缺损上部应用5-0聚丙烯线将心包片连续缝合或间断缝合至前后桥瓣至房室瓣环之间的室间隔缺损补片的直缘上，此处缝合必须缝在前后桥瓣最佳对合点，平行室间隔至瓣环；而且在此处的室间隔缺损补片长度应相当于测试房室瓣环前后直径，否则会产生二尖瓣关闭不全或狭窄。测试左侧房室瓣的闭启情况，间断缝合左上瓣叶和左下瓣叶裂隙。应用心包片闭合原发型房间隔缺损，将冠状静脉窦口放在左侧。最后做右心室流出道补片和缝合右心房切口。

此畸形如有右心室发育不全，其容量约为正常的2/3时，可同时施行此畸形的心内修复和双向腔肺动脉分流术。遇有左心室和（或）右心室发育不全时，如符合Fontan手术的标准，可做双向腔肺动脉分流术或全腔静脉与肺动脉连接手术。

5. 合并右心室双出口的心内修复

右心室双出口合并主动脉下和靠近两大动脉室间隔缺损的手术方法，基本上与合并法洛四联症相同。有肺动脉狭窄应做右心室流出道补片或右心室到肺动脉的心外管道。合并肺动脉下室间隔缺损者，可施行完全型房室隔缺损心内修复和闭合室间隔缺损以及大动脉转位术。合并远离两大动脉室间隔缺损者，多合并肺动脉闭锁或严重狭窄，可考虑应用双向腔肺动脉分流术或全腔静脉与肺动脉连接。

6. 左心室流出道阻塞的修复

在完全型房室隔缺损中，左心室流出道阻塞并不多见，有时为术后并发症。应根据其阻塞类型，选用不同的手术方法。由于过多的瓣膜和腱索凸至左心室流出道或隔膜，引起局限性主动脉下狭窄，可经主动脉瓣口切除。如为广泛性隧道式狭窄，则做改良Konno手术。将示指通过主动脉瓣口放入左心室，经右心室纵切口平行左心室流出道切开漏斗部室间隔。经室间隔切口切除左心室面肥厚肌肉，并用补片扩大和修复此切口。

七、并发症及防治

（1）室间隔缺损残余分流：多发生在室间隔缺损的后下缘，细束分流可以允许观察，绝大多数可以闭合。如残余缺损较大，引起血流动力学改变并导致心功能不全时，应立即修补。

（2）心房水平的残余分流：多由于缺损修复不全或补片撕脱所致，应再次手术修复。

（3）二尖瓣关闭不全：房室隔缺损手术远期效果取决于有无残余二尖瓣反流。少部分患者术后存在不同程度的二尖瓣关闭不全。术中左心室注水试验的可靠性较差，停机后采用经食管超声评估二尖瓣修复情况，能有效地提高二尖瓣修复成功率。大多数术后早期轻至中度的二尖瓣反流患者长期随访病情无明显变化，若存在中度以上的反流，则病情会进行性加重，心脏进行性扩大，容易出现心力衰竭，需要再次手术进行二尖瓣成形或瓣膜置换术。

（4）心律失常：房室隔缺损患者术后可以出现多种类型的心律失常，包括窦性心动过缓、结性心律、室上性心动过速及完全性房室传导阻滞等。若心律失常对血流动力学有影响，可用抗心律失常药物治疗。完全性房室传导阻滞是一种严重的心律失常，采用McGoon法和Kirklin法修复部分型房室隔缺损时，两者发生完全性房室传导阻滞的概率无差异。由于完全型房室隔缺损病例的传导束是沿室间隔缺损的后下缘走行，因此，后下缘采用远离和超越的缝合方法可有效避免完全性房室传导阻滞的发生。当术中发生完全性房室传导阻滞时，大多数是暂时性的，多为术中牵拉所致，一般首先采用普鲁卡因和冰生理盐水刺激房室沟，部分病例可以恢复，若无效则应该拆除后下缘数针重新缝合，并启用心脏临时起搏器，40%～50%的病例术后2～4周可恢复窦性或结性心律。4周以上未恢复者应考虑置入永久起搏器。

（5）术后肺动脉高压危象：术前肺动脉高压程度、患儿年龄、是否并发 Down 综合征、术后残余二尖瓣反流程度及室间隔缺损残余分流等都是引发术后肺动脉高压的重要因素，甚至可以导致肺高压危象。一旦患儿脱机困难，应及时检查心脏畸形纠治是否彻底，若发现残余病变应立即手术修复。另外，应采取充分镇静，适当过度通气，血管扩张药，如硝普钠、米力农、一氧化氮以及加强呼吸道护理等措施。并发 Down 综合征患儿术后容易发生肺高压危象，且难以治疗，死亡率高。

八、疗效评价

部分型房室隔缺损术后早期的死亡率为0.6%～4%，完全型房室隔缺损术后早期死亡率为5%～13%，三种手术方法的效果大体相同。单片法的最大优点在于操作简便，主要适用于大龄儿童，不适用于婴幼儿，因为单片法需要切开前后共同瓣，然后再缝合于补片上，可损失瓣膜面积25%。而双片法的主要优点是利用相应大小和形状的室间隔缺损补片可以将左侧房室瓣抬高至合适高度，从而降低了左心室流出道梗阻发生率，尽可能保留房室瓣功能。另外，"三明治"式的夹缝法将左侧房室瓣置于室间隔和房间隔缺损补片之间，将补片撕裂的危险性降到最低。但对于 Rastelli B 型和 Rastelli C 型病例，无论是单片法还是双片法，术中往往需要分割共同瓣，影响瓣膜的完整性。Fortune 指出，桥瓣的分割是导致术后瓣膜反流的危险因素，保留桥瓣的完整性能改善瓣膜的功能，降低再手术率和死亡率。合并复杂畸形和肺动脉高压是术后早期死亡的最主要原因。

改良单片法最早由 Wilcox 提出，适用于过渡型房室隔和室间隔缺损较小的完全型房室隔缺损，以后 Nicholson 对 Wilcox 方案进行了改进。他在心包补片上加用一条涤纶片，其目的不仅在于提高修补的强度，减轻瓣膜组织的张力，而且能够使前后共同瓣靠近以增加中心汇合区的瓣膜面积，最大限度地保证新的房室瓣的功能，尤其是二尖瓣，降低术后瓣膜反流概率。另外，还可以提升二尖瓣的前瓣，避免发生左心室流出道梗阻。该小组报道自1995年用此法连接手术纠治72例，平均年龄4个月，手术死亡率2.5%（2/72）。20%的患者有轻微残余室间隔缺损，不需再手术。66%左心房室瓣功能正常，轻度反流29%，中度反流5%。术后早期无左心室流出道梗阻。平均随访3.3年，远期无须房室瓣修复或置换。无远期左心室流出道梗阻，无远期死亡。波士顿儿童医院 Mora 一组34例手术病例中，患儿，包括新生儿，平均体重5.6 kg，其中左心室优势型3例，右心室优势型6例。术前室间隔缺损小型6例，中等9例，大型19例。并发心脏畸形包括右心室双出口、法洛四联症者。术后无死亡，无左心室流出道梗阻，没有因房室瓣反流而须再手术者，术后无重度二尖瓣反流。

与传统双片法和单片法相比，改良单片法最主要的特点是：①手术操作简便，体外循环转流及心肌缺血时间短。②不需要剪开共同瓣，保证了瓣膜结构的完整性，改善了瓣膜功能，术后反流发生率很低。有学者提出直接将桥瓣缝合在室间隔嵴上会降低左侧房室瓣环的高度，有造成左心室流出道梗阻的可能性，因此目前对改良单片法的适应证意见分歧较大。多数学者认为改良单片法主要适用于小至中等大小、新月形的室间隔缺损，尤其适用于新生儿及婴幼儿。

第四节 右心室流出道及肺动脉狭窄

一、概述

右心室流出道及肺动脉狭窄是常见的心脏畸形之一，占先天性心脏病的12%～18%。右心室流出道及肺动脉狭窄可单独存在，也可合并室间隔缺损、房间隔缺损、卵圆孔未闭，甚至其他更复杂的心脏畸形。狭窄的部位包括从右心室到肺之间的解剖梗阻，可发生在肺动脉瓣、右心室漏斗部、肺动脉主干及其分支。有时上述两种或三种狭窄合并存在，造成肺少血和右心室射血阻力升高，严重者可导致右心功能不全。

二、流行病学

右心室流出道及肺动脉狭窄通常是在儿童期得到诊断和治疗，但有些严重的右心室流出道及肺动脉狭窄患者可以生存到成年期，偶尔会在成年后才首次诊断出来。单纯的肺动脉瓣狭窄大约占有先天性心脏病的10%。发病女性稍多于男性。

除非在新生儿期出现重度狭窄，大部分的右心室流出道及肺动脉狭窄患儿能够存活下来。轻度右心室流出道及肺动脉狭窄的患者，长期生存与正常人群有差异，轻度右心室流出道及肺动脉狭窄不会逐渐加重，相反，肺动脉瓣开口常随着身体生长而增大，然而，重度右心室流出道及肺动脉狭窄如不处理，梗阻会逐渐加重；严重的右心室流出道及肺动脉狭窄患者，有60%的患者在明确诊断10年内需要干预治疗。

三、病理解剖与病理生理

（一）肺动脉瓣狭窄

单纯肺动脉瓣狭窄大约占所有先天性心脏病的10%。常见的病理改变是3个半月瓣在交界部分融合，收窄瓣口，中央形成圆顶穹隆状结构，向肺动脉突出。由于血流的"喷射效应"，狭窄后的肺动脉扩张，扩张范围可达左肺动脉。肺动脉前壁变薄，张力减低，用手指可触及由血流喷射所产生的收缩期震颤。

另一种病理改变是肺动脉瓣环及瓣膜发育不良。瓣膜形状不规则，瓣叶明显增厚，瓣膜活动度减低。瓣叶由黏液样组织组成，延展至血管壁。瓣环通常很小，肺动脉主干也发育不良，没有狭窄后肺动脉扩张。大约2/3的先天性侏儒痴呆综合征患者会出现这类肺动脉瓣狭窄。

严重的肺动脉瓣狭窄会引起瓣下的右心室肥厚，造成漏斗部狭窄，加重右心室流出道梗阻。右心室因梗阻显著扩大，严重者呈球形，右心房也明显扩大。严重的肺动脉瓣狭窄，导致右心室腔的顺应性下降，如果合并有卵圆孔未闭、房间隔缺损或者室间隔缺损，可能引起双向分流或右向左分流，出现发绀。

（二）右心室流出道狭窄

由于漏斗部肌壁增厚，形成管状狭窄。狭窄部的形态和位置与室上嵴及其连续的壁束和隔束的异常有关，整个漏斗部形成一条狭长的通道。狭窄部位可仅局限于漏斗部的入口处。往往肺动脉瓣环和瓣膜正常，没有明显的狭窄后肺动脉扩张。右心室壁明显增厚，右心房也可扩大。

双腔右心室是一种非常罕见的畸形，发生于漏斗部的下部，右心室流出道的纤维肌束收缩变窄，形成纤维肌肉隔膜，将右心室分成两个大小不等的心腔；上方为稍有扩大而壁薄的漏斗部，下方为肥大的右心室。隔膜的开口径大小决定了右心室流出道梗阻的程度。

（三）肺动脉瓣上狭窄

肺动脉瓣上狭窄是指肺动脉干，左、右肺动脉及更远端分支的梗阻，狭窄可为一处，但更常见的是多处狭窄。如果肺动脉瓣上狭窄局限，常伴有狭窄后扩张；但如果狭窄段长或肺血管弥漫性发育不良，则不会发生狭窄后扩张。

肺动脉瓣上狭窄常合并各类先天性和获得性疾病，包括风疹、先天性肝内胆管发育不良征（Alagille Syndrome）、皮肤松弛症、先天性侏儒痴呆综合征（Noonan Syndrome）、先天性结缔组织发育不全综合征（Ehlers-Danlos Syndrome）和威廉斯综合征（Williams Syndrome）等。

四、临床表现

右心室流出道及肺动脉狭窄的临床表现与狭窄的程度有关，狭窄越重，症状越明显，也越严重。

（一）症状

轻度狭窄患者没有症状或症状轻微。中度狭窄患者的常见症状有活动耐力差、易疲劳，劳累后心悸、气促等。婴幼儿期可有呼吸困难、乏力、喂养困难，其症状可随年龄增长而加重。个别患者因右向左分流，也可出现发绀。晚期可出现右侧心力衰竭症状，如静脉充盈、外周水肿和发绀等。在极少数情况下，患者可出现劳力型心绞痛、晕厥或猝死。

（二）体征

体征一般发育尚可，严重狭窄者发育较差。胸骨左缘心前区可扪及抬举样搏动，提示有重度的右心室流出道及肺动脉狭窄。若为肺动脉瓣狭窄，在胸骨左缘第 2 肋间可扪及明显的收缩期震颤，小儿或胸壁较薄的成年人尤其明显，是提示瓣膜狭窄的重要体征之一。在胸骨左缘第 2 肋间闻及粗糙的收缩期喷射样杂音，随吸气增强，向左锁骨下区和左腋部传导。随着瓣膜狭窄加重，喷射样杂音强度增加，持续时间延长，高峰延迟。肺动脉瓣区第二心音减弱或消失。收缩期杂音和第二心音减弱或消失，是肺动脉瓣狭窄的重要体征。

若为右心室流出道狭窄，收缩期震颤及杂音常以胸骨左缘第 4 肋间最明显，听不到肺动脉瓣的开瓣音。

若为肺动脉瓣上狭窄，可听诊到连续、柔和的杂音。

如通过未闭的卵圆孔、房间隔缺损、室间隔缺损产生右向左分流，可出现发绀。

五、辅助检查

（一）心电图检查

心电图上右心室肥厚的程度与右心室流出道及肺动脉狭窄的严重程度直接相关。轻度狭窄者，约 50% 的心电图正常或只有轻微的电轴右偏。中度狭窄，可观察到电轴右偏，Rv，振幅增高。重度狭窄者，电轴极度右偏，Rv，振幅 > 20 mm，可出现右心室心肌劳损和肺型 P 波。

（二）胸部 X 线检查

正位 X 线胸片显示心脏轻度或中度增大，肺血管纹理稀少，肺野清晰。如 X 线胸片提示右心缘增大，提示右心房也扩大。有心力衰竭的婴儿，因右心房扩大，心影可呈球形。侧位片可见增大的右心室与前胸壁接触面增加。即使只有轻度的肺动脉瓣狭窄，窄后扩张也会导致主肺动脉、左右肺动脉影明显凸出。右心室流出道狭窄时，由于右心室肥大，心尖上翘。心腰低平或凹陷。

（三）超声心动图

超声心动图可明确诊断，应用二维及多普勒技术可全面评估右心室流出道及肺动脉的情况。通过二维成像，可以观察到增厚呈穹隆状的肺动脉瓣，反射增强，开放受限；右心室前壁及室间隔增厚，右心室流出道变窄，肺动脉呈狭窄后扩张。可测量右心室大小和收缩功能、右心房大小和肺动脉直径。

右心室流出道狭窄时，可见右心室流出道内流速明显升高，形成收缩期射流，多普勒超声可估测流出道的压差和口径。

肺动脉狭窄时，肺动脉瓣口处流速升高，形成收缩期射流，射血时间延长，多普勒检查可估测肺动脉瓣的跨瓣压差、瓣口面积，确定病变的位置和严重程度。

（四）心导管检查和肺动脉造影

本病大多数可经临床检查和超声心动图明确诊断，心导管检查和造影不常规进行。如果临床检查和心脏超声结果明显不符，进行心导管检查可以明确诊断。

1. 右心导管检查

正常人右心室收缩压与肺动脉干的收缩压一般均相等。如有压力阶差，一般不超过 10 mmHg；凡右心室压力显著升高，肺动脉压力降低或正常，右心室与主肺动脉压力阶差超过 10 mmHg 以上者，即可诊断为肺动脉瓣狭窄。根据右心室压力升高和瓣口狭窄的程度，分为轻度、中度、重度和极重度 4 种（表 5-1）。

将心导管从肺动脉逐渐拉回到右心室，瓣膜狭窄者可显示明显压力阶差和压力曲线的改变，收缩压突然升高，波形呈高而尖的心室波，而舒张压降低；如从肺动脉至右心室连续测压，出现移行区，提示右心室漏斗部有肌性狭窄存在。

2. 心血管造影

右心室造影可显示右心室漏斗部狭窄的部位和程度，瓣口狭窄的程度、主肺动脉及其分支狭窄的程度和位置。如为肺动脉瓣狭窄，造影显示主肺动脉明显扩张，造影剂较淡，从狭窄的肺动脉口喷出较浓的造影剂。如为右心室流出道狭窄，可见造影剂滞留在右心室内。如有主肺动脉或其分支狭窄，可见狭窄前后扩张的肺动脉，另外，心导管造影检查还可了解是否存在合并畸形。

表 5-1　右心室压力和瓣口狭窄程度

瓣口狭窄程度	压力 (mmHg)			瓣口直径 (mm)
	收缩压	平均压	压力阶差	
轻	<60	<25	<40	>15
中	61~120	26~45	40~100	1~15
重	121~180	46~65	>100	5~10
极重	>180	>65	>100	<5

六、鉴别诊断

（一）房间隔缺损

房间隔缺损患者由于右心系统血容量增多，右心室前负荷增加，右心室收缩射血时易产生肺动脉瓣相对性狭窄。听诊时在胸骨左缘第 2 肋间可闻及柔和的收缩期杂音，超声心动图可探及肺动脉瓣血流加速，有时误诊为肺动脉瓣狭窄。依据听诊时肺动脉瓣第二心音亢进，有时分裂，X 线胸片显示肺血增多等不难鉴别。但应注意房间隔缺损合并肺动脉瓣狭窄。

（二）室间隔缺损

小的室间隔缺损患者可无症状，体格检查闻及胸骨左缘第 3、4 肋间收缩期杂音，高位室间隔缺损的杂音部位可位于左侧第 2 肋间，有时易与肺动脉瓣狭窄混淆。但室间隔缺损往往肺动脉瓣第二心音亢进，杂音粗糙，X 线胸片显示肺血增多，双心室增大，超声心动图可见明显的跨室间隔血流，不难鉴别。

（三）法洛四联症

有时法洛四联症患者的心脏听诊，X 线胸片等与肺动脉口狭窄者极为相似，均可闻及胸骨左缘第 2 肋间收缩期杂音，第二心音减弱，X 线胸片显示肺血减少及右心室扩大。但法洛四联症患者多有蹲踞现象及发绀，X 线胸片显示上纵隔增宽，超声心动图可见室间隔缺损及主动脉骑跨现象。

（四）三尖瓣下移畸形

严重三尖瓣下移畸形患者表现为发绀，右心扩大及肺血相对减少，有时易与严重肺动脉瓣狭窄合并右侧心力衰竭混淆。但三尖瓣下移畸形患者肺动脉瓣区无收缩期杂音，右心室无肥大，而以右心房扩大为主，多有右束支传导阻滞。超声及心导管检查可测知三尖瓣及肺动脉瓣情况及右心室-肺动脉有无压力阶差，两者不难鉴别。

（五）主动脉窦瘤突入右心室流出道

未破裂而突入右心室流出道的主动脉窦瘤有时可致右心室流出道梗阻，临床表现与单纯右心室流出道狭窄相似，但主动脉窦瘤（多见于成年人）既往无心脏杂音。合并室间隔缺损者，心脏杂音性质与部位与单纯右心室流出道狭窄者不同。超声心动图可观察到主动脉窦扩大，窦壁破坏及向右心室流出道突出的囊袋，与单纯右心室流出道肌性狭窄不同。有时需术中探查才能鉴别。

（六）特发性肺动脉扩张症误诊为肺动脉瓣狭窄

特发性肺动脉扩张症是指肺动脉在正常动脉压力下而发生原因不明的扩张，临床表现多无症状，肺动脉瓣听诊区可闻及收缩期杂音，偶可闻及喀喇音，有时误诊为肺动脉瓣狭窄。前者右心室多无肥大，有时肺动脉瓣第二心音略亢进，无右心室-肺动脉压力阶差，可资鉴别。

七、治疗

（一）介入治疗

传统上，右心室流出道及肺动脉狭窄均由外科手术治疗。1982 年，有报道对肺动脉瓣狭窄进行经皮穿刺球囊导管瓣膜成形术。目前，对于单纯的肺动脉瓣狭窄，经皮球囊瓣膜成形术已成为儿童、青少年及成年人患者的首选治疗方法。任何患者跨肺动脉瓣压力阶差 > 50 mmHg，都应考虑经皮球囊瓣膜成形术。

目前，也有报道使用肺血管球囊成形术，并置入可扩展的金属支架，来治疗肺动脉瓣上狭窄。金属支架可以克服阻力成功置入，但随患者年龄增长，如何再次扩张支架，仍然很成问题。

（二）手术治疗

手术一般在体外循环下进行。单纯肺动脉瓣狭窄，可直视下进行瓣膜交界切开。右心室流出道狭窄，则需要切开右心室流出道，切除肥厚心肌和隔膜，疏通右心室流出道，必要时心包补片加宽。若为右室流出道狭窄合并肺动脉瓣环发育不良及主肺动脉狭窄，则须将心室切口内上延伸，经肺动脉瓣环达主肺动脉远端，再用自体心包加宽修补，扩大后的肺动脉瓣环直径参考标准为：1岁以内瓣环直径为8～10 mm；1～10岁瓣环直径为11～13 mm；11～14岁瓣环直径为14～16 mm；15岁以上瓣环直径为17～20 mm。

对于主肺动脉及其分支的狭窄，可沿血管长轴切开管壁，用补片加宽狭窄的管径。右肺动脉加宽时，可横断主动脉以方便显露。

其他合并畸形，在术中予以处理。

八、并发症及防治

（一）残余梗阻

1. 原因

残余梗阻由右心室流出道肥厚肌束切除不彻底或右心室流出道及肺动脉瓣环未用补片加宽或加宽不够等造成。

2. 对策

若术后肺动脉瓣跨瓣压差＞50 mmHg或右心室收缩压力＞75 mmHg，应再次手术加宽肺动脉瓣环及右心室流出道。若残余梗阻合并肺动脉瓣及三尖瓣关闭不全，则易发生右侧心力衰竭，必须处理。

（二）术后低心排血量综合征

1. 原因

术后低心排血量综合征由狭窄解除不彻底，或右心室流出道补片过宽影响右心室收缩功能所致，也可由严重肺动脉口狭窄致严重右心室肥厚及心肌纤维化引起。术前心功能差者术后更易发生低心排。

2. 对策

应给予正性肌力药物及扩血管药物。存在较重残余梗阻或补片过宽，导致心功能难以改善者，应考虑再次手术矫正。

九、疗效评价

婴幼儿和成年人经皮穿刺球囊扩张瓣膜成形术的主要死亡率以及外科手术死亡率均趋向于零。

右心室流出道及肺动脉狭窄术后，症状可减轻或完全缓解。年龄较大的患者，手术后症状也有明显改善，心功能有所提高。大多数患者扩大的右心室可恢复正常，三尖瓣关闭不全消失或减轻，右心室收缩压下降至正常范围。

经皮穿刺球囊扩张瓣膜成形术后，少数病例的压力阶差仍＞50 mmHg，需要外科行跨瓣环补片扩大手术。对于残余右心室流出道狭窄，如右心室压高，压力阶差＞50 mmHg，也须进行再次手术，加宽流出道。

第五节 法洛四联症

一、概述

法洛四联症（Tetralogy of Fallot，TOF）是最常见的发绀型先天性心脏病，其发病率占各类先天性心脏病的10%～15%。典型的TOF有4个特点，包括右心室流出道梗阻（漏斗狭窄）、室间隔缺损、主动脉骑跨（右旋）和右心室肥大，但也可合并房间隔缺损等其他畸形。TOF的基本病理是右心室漏斗部发育不良，而导致室间隔漏斗部前向左转，引起对位不良。这种对位不良决定了右心室流出道梗阻的程度。绝大多数TOF患儿需要外科手术治疗。随着体外循环、心肌保护和手术技术的进步和完善，各大医学中心临床结果提示手术并发症和死亡率很低，远期效果良好。

早在1672年，Stensen就首次描述了该病。1888年，Fallot第一次精确地描述该病的临床表现及完整的病理特征，后人以他的名字命名该病。

尽管TOF早就可以得到临床诊断，但直到20世纪40年代，仍没有什么好的治疗方法。心脏内科医生Taussig与外科医生Blalock合作，在1944年Blalock为一个TOF婴儿做手术，首创了锁骨下动脉和肺动脉之间的BT分流手术。这项开创性的外科技术为新生儿心脏手术开启了一个新的时代。其后逐渐出现了从降主动脉到左肺动脉的Potts分流、从上腔静脉到右肺动脉的Glenn分流，以及从升主动脉到右肺动脉的Waterston分流。

Scott于1954年首次进行了TOF心脏直视手术。不到半年，Lillehei使用控制性交叉循环，第一次成功进行了TOF根治手术。第二年，Gibbons的体外循环的到来，确立了心脏手术的另一个历史时代。从那时起，外科技术与心肌保护取得许多进展，TOF治疗也取得了巨大进步。

二、流行病学

（一）发病率

每10 000出生婴儿中，有3～6个TOF发生，属于最常见的发绀型先天性心脏病。在其他哺乳类动物，如马和大鼠中，也可观察到TOF。虽然在大多数情况下，TOF呈散发性和非家族性，但TOF患病父母的后代，其发病率可达1%～5%，并且男性比女性更易罹患该病。TOF常合并心脏外畸形，如唇裂和腭裂、尿道下裂，以及骨骼及颅面畸形。最近的遗传研究表明，一些TOF患者可能有22q11.2微缺失和其他亚微观转录的改变。

（二）病因学

虽然遗传研究表明有多因素在起作用，大多数的先天性心脏病病因并不清楚。TOF的产前高危因素包括孕产妇风疹（或其他病毒性疾病）、营养不良、酗酒、年龄超过40岁和糖尿病。唐氏综合征患儿更易罹患TOF。

（三）自然病史

不是所有TOF婴幼儿都需要早期手术，但如果不进行手术治疗，TOF的自然病程预后不良。病情的进展取决于右心室流出道梗阻的严重程度。

如不进行手术，TOF的死亡率逐渐增加，从2岁时的30%到6岁时的50%。出生后第一年的死亡率最高，然后在10岁前保持恒定。可活到10岁的TOF患者不超过20%，可活到20岁的TOF患者少于10%。能活到30岁的患者大多数会出现充血性心力衰竭。也有个别患者因其畸形造成的血流动力学影响很小，其寿命与正常人相似。

据预测，TOF合并肺动脉闭锁的患者，预后最差，只有50%的机会可活到1岁，8%的机会活到10岁。如果不进行治疗，TOF还面临额外的风险，包括栓塞造成卒中、肺栓塞和亚急性细菌性心内膜炎。

三、病理解剖

法洛四联症（TOF）的患者可出现范围广泛的解剖畸形。法洛四联症最初描述的4种畸形包括：①肺动脉狭窄；②室间隔缺损；③主动脉右旋造成的骑跨；④右心室肥厚。目前，学术界公认的TOF的最重要特征是：①漏斗部或瓣膜狭窄引起的右心室流出道梗阻（RVO-TO）；②室间隔缺损为非限制性，并且对位不良。

（一）右心室流出道梗阻

临床上大多数的TOF患者，由于右心室血流排空受阻，右心室的收缩压会不断增高。漏斗部室间隔的前移和旋转决定了右心室梗阻的部位和严重程度。如果梗阻相邻肺动脉瓣，病变会更重。

（二）肺动脉及其分支

肺动脉的大小和分布差异很大，可能闭锁或发育不良。左肺动脉缺如比较少见。有些病例存在不同程度的外周肺动脉狭窄，进一步限制了肺血流量。

肺动脉闭锁造成右心室与主肺动脉没有血流沟通。在这种情况下，肺血流依赖于未闭的动脉导管或来自支气管动脉的侧支循环。如果右心室流出道梗阻轻微，大的左向右分流或大的主肺侧支会使肺血流量过大，造成肺血管病变。在75%左右的TOF患儿中，存在不同程度的肺动脉瓣狭窄。狭窄通常是由于瓣叶僵硬，而不只是交界融合所造成的。绝大部分TOF患者的肺动脉瓣环都有狭窄。

（三）主动脉

主动脉向右移位和根部的异常旋转导致主动脉骑跨，即主动脉有不同的程度起源自右心室。在某些患者，超过50%的主动脉可能源自右心室，可能因此出现右位主动脉弓，导致主动脉弓分支异常起源。

（四）合并畸形

合并畸形很常见。合并房间隔缺损的TOF也称所谓的法洛五联症。其他合并畸形包括：动脉导管未闭、房室间隔缺损、肌性室间隔缺损、肺静脉异位引流、冠状动脉畸形、肺动脉瓣缺如、主肺动脉窗以及主动脉瓣关闭不全等。

冠状动脉的解剖也可能是不正常的。其中一种情况是，左前降支（LAD）发自右冠状动脉近端，在肺动脉瓣环下方，横跨右心室流出道。TOF病例中，这种LAD异常大约占9%，这种异常增加了跨肺动脉瓣环补片的风险，有时需要使用外管道。室缺修补时，异常LAD容易受损。有时，右冠状动脉起源于左冠状动脉。

四、病理生理

TOF的血流动力学取决于右心室流出道梗阻的严重程度。一般情况下，由于存在非限制性的室间隔缺损，左、右心室的压力相等。如果梗阻非常严重，心内分流是从右到左，肺血流量也会显著减少，在这种情况下，肺血流量主要依赖于未闭的动脉导管或支气管侧支血管。

五、临床表现

（一）症状

临床表现与解剖畸形的严重程度有直接的关系，大多数TOF婴幼儿会有喂养困难，发育受限。合并肺动脉闭锁的婴儿，如果没有大的主肺侧支，随着动脉导管的闭合，会出现重度发绀。也有些患儿因为有足够的肺血流量，不会出现发绀；只有当他们的肺血流量不能满足生长发育的需要时，才出现症状。

刚出生时，一些TOF婴儿并不显示发绀的迹象，但之后在哭泣或喂养过程中，他们可能出现皮肤发绀，甚至缺氧发作。在较大的TOF儿童中，最有特征性的增加肺血流量的方式是蹲踞。蹲踞具有诊断意义，在TOF患儿中有高度特异性，增加周围血管阻力，从而减少跨室间隔缺损的右向左分流量。随着年龄增长，劳累性呼吸困难进行性加重。较大的儿童中，侧支血管可能破裂导致咯血。严重发绀患者，可因红细胞增加，血黏稠度高，血流变慢而引起脑血栓，若为细菌性血栓，则易形成脑脓肿。

会加重TOF患儿发绀的因素有：酸中毒、压力、感染、姿势、活动、肾上腺素受体激动药、脱水、动脉导管闭合。

TOF主要的分流是经室间隔缺损，血流从右到左进入左心室，产生发绀和血细胞比容升高。轻度肺动脉狭窄可能会出现双向分流。一些患者，漏斗部的狭窄极轻，其主要的分流是从左到右，这种现象称为粉红色TOF。虽然这类患者可能不会出现发绀，但往往会有体循环中的氧饱和度下降。

（二）体征

大多数患儿比同龄儿童瘦小，通常出生后就有嘴唇和甲床发绀；3～6个月以后，手指和足趾出现杵状。

通常在左前胸可扪及震颤。肺动脉瓣区和胸骨左边可听到粗糙的收缩喷射性杂音。如右心室流出道梗阻严重（肺动脉闭锁），杂音可能听不到。主动脉瓣区第二心音通常是响亮的单音。在缺氧发作时，心脏杂音可能会消失，提示右心室流出道和肺动脉收缩变窄。如存在大的主肺侧支，可听诊到连续杂音。

六、辅助检查

（一）实验室检查

红细胞计数、血红蛋白及血细胞比容均升高，与发绀的程度成正比。通常，动脉血氧饱和度降低，多数在 65%～70%。由于凝血因子减少与血小板计数低，严重发绀的患者都有出血倾向。全血纤维蛋白原减少，导致凝血酶原时间和凝血时间延长。

（二）X 线胸片

最初 X 线胸片可能无异常；逐渐会出现明显的肺血管纹理减少，肺动脉影缩小，右心室增大，心尖上翘，呈现经典的"靴形心"。

（三）心电图

心电图显示右心室扩大引起的电轴右偏，常有右心房肥大，不完全右束支传导阻滞约占 20%。如果心电图没有提示右心室肥厚，则 TOF 的诊断可能有误。

（四）超声心动图

超声心动图显示主动脉骑跨于室间隔之上，内径增宽。右心室内径增大，流出道狭窄。左心室内径缩小。多普勒彩色血流显像可见右心室直接将血液注入骑跨的主动脉。目前，彩色多普勒超声心动图可以准确诊断动脉导管未闭、肌性室间隔缺损或房间隔缺损，还可以较为准确地提示冠状动脉的解剖，轻松观察瓣膜病变。在许多医疗机构，TOF 手术前仅用超声心动图来做诊断。

如果存在多发室间隔缺损、冠状动脉异常或远端肺动脉图像不清楚，则需要进一步检查。

（五）磁共振成像

磁共振成像（MRI）可以提供主动脉、右心室流出道、室间隔缺损、右心室肥厚和肺动脉及其分支发育情况的清晰图像。磁共振成像可以测量心腔内压力、压差和血流量。磁共振成像的缺点包括：较长的成像时间，患儿需要镇静以防止运动伪影。此外，在磁共振隧道成像时，无法观察到患儿的病情变化。

（六）心导管检查

不是所有 TOF 患者均需要进行心导管检查。如果超声心动图对心脏畸形描述不清晰，或肺动脉及其分支情况不明，或怀疑有肺动脉高压导致的肺血管病变，心导管检查则非常有帮助。

心导管检查通过血管造影，了解心室、肺动脉的大小。心导管可以获得各个心腔和血管的压力和氧饱和度资料，发现任何可能的分流。如之前做过分流手术，在根治手术前要进行造影。心导管造影还可以确定冠状动脉异常。

七、诊断及鉴别诊断

（一）诊断

TOF 有典型的临床特征，可以很快做出初步的临床诊断。如出生后早期出现发绀，呼吸困难，活动耐力差，喜蹲踞，胸骨左缘收缩期杂音及肺动脉第二心音减弱，红细胞计数、血红蛋白、血细胞比容升高，动脉血氧饱和度减低，X 线胸片示肺血减少，靴形心，心电图示右心室肥大等，即可做出诊断。确诊依据超声心动图、心导管及心血管造影检查。

（二）鉴别诊断

主要依靠超声心动图、心导管和心血管造影检查，对其他的发绀型心脏畸形进行鉴别。

1. 大动脉转位

完全性大血管错位时，肺动脉发自左心室，而主动脉发自右心室，常伴有心房或心室间隔缺损或动脉导管未闭，心脏常显著增大，X 线片示肺部充血。如同时有肺动脉瓣口狭窄则鉴别诊断将甚困难。

2. 三尖瓣闭锁

三尖瓣闭锁时三尖瓣口完全不通，右心房的血液通过未闭卵圆孔或心房间隔缺损进入左心房，经二尖瓣入左心室，再经心室间隔缺损或未闭动脉导管到肺循环，X 线检查可见右心室部位不明显，肺野清晰。有特征性心电图，电轴左偏 -30° 以上，左心室肥厚。选择性右心房造影可确立诊断。

3. 三尖瓣下移畸形

三尖瓣下移畸形时，三尖瓣的隔瓣叶和后瓣叶下移至心室，右心房增大，右心室相对较小，常伴有心房间隔缺损而造成右至左分流。心前区常可听到 4 个心音；X 线示心影增大，常呈球形，右心房可甚大；心电图示右心房肥大和右束支传导阻滞；选择性右心房造影显示增大的右心房和畸形的三尖瓣，可以确立诊断。

4. 右心室双出口伴肺动脉狭窄

本病临床症状与 TOF 极相似，但本病一般无蹲踞现象，X 线检查显示心影增大，心血管造影可确诊，右心室双出口与法洛四联症主要鉴别点为主动脉瓣与二尖瓣前叶无解剖连接。

5. 肺动脉口狭窄合并心房间隔缺损

本病发绀出现较晚，有时在数年后，蹲踞不常见。胸骨左缘第 2 肋间的喷射性收缩期杂音时限较长，伴明显震颤，P2 分裂，X 线检查除显示右心室增大外，右心房也明显增大，肺动脉段凸出，无右位主动脉弓，肺血正常或减少，心电图右心室劳损的表现较明显，可见高大 P 波。选择性心血管造影，发现肺动脉口狭窄属瓣膜型，右至左分流水平在心房部位，可以确立诊断。

6. 艾森门格综合征

室间隔缺损、房间隔缺损、主肺动脉窗或动脉导管未闭的患者发生严重肺动脉高压时，使左至右分流转变为右至左分流，形成艾森门格综合征。本综合征发绀出现晚；肺动脉瓣区有收缩喷射音和收缩期吹风样杂音，第二心音亢进并可分裂，可有吹风样舒张期杂音；X 线检查可见肺动脉总干弧明显凸出，肺门血管影粗大而肺野血管影细小；右心导管检查发现肺动脉显著高压等，可鉴别。

八、治疗

（一）药物治疗

手术是法洛四联症（TOF）发绀型患者最有效的治疗。药物治疗主要是为手术做准备。大多数婴儿有足够高的氧饱和度，通常可进行择期手术。新生儿急性缺氧发作时，除了吸氧和静脉注射吗啡之外，将他们放成胸膝体位，可能是有用的。重度缺氧发作时，可静脉注射普萘洛尔，减轻右心室流出道漏斗部的肌肉痉挛，增加肺血流量。逐渐加重的低氧血症和缺氧发作是 TOF 早期手术的指征。无症状的 TOF 患儿不需要任何特殊药物治疗。

（二）外科治疗

TOF 的早期手术的风险因素包括以下内容：低出生体重儿、肺动脉闭锁、合并复杂畸形、以前多次手术、肺动脉瓣缺如综合征、低龄、高龄、严重肺动脉瓣环发育不良、肺动脉及其分支发育不良、右心室／左心室收缩压比值高、多发性室间隔缺损、合并其他心脏畸形等。

1. 姑息手术

姑息手术的目标是不依赖动脉导管，增加肺血流量，使肺动脉生长，为手术根治创造机会。有时，婴儿肺动脉闭锁或 LAD 冠状动脉横跨右心室流出道，无法建立跨肺动脉瓣环的右心室 - 肺动脉通道，而可能需要放置外管道。

虽然可以使用人工管道，肺动脉极其细小的婴幼儿或许不适合在婴儿期一期根治。这些婴儿需要的是姑息而不是根治手术。姑息手术有各种类型，但目前首选的是 Blalock Taussig 分流术。

Potts 分流术会引起肺血流量不断增加，而且在根治手术时，拆除分流难度大，现已放弃。Waterston 分流术有时还用，但也存在肺动脉血流过大的问题。这种分流方法还会造成右肺动脉狭窄，通常根治手术时，需要进行右肺动脉成形。由于会造成之后的根治手术困难，Glenn 分流术也已经不再使用。

鉴于上述各种分流术存在的问题，改良 Blalock Taussig 分流术，即在锁骨下动脉和肺动脉之间使用 Core-Tex 人工血管连接，是目前首选的方法。Blalock Taussig 分流术具有以下优点：①保留了锁骨下动脉；②双侧均适合使用；③明显减轻发绀；④根治手术易于控制和关闭分流管道；⑤良好的通畅率；⑥降低医源性体肺动脉损伤的发生率。

根据各家报道，改良 Blalock Taussig 分流术的死亡率 < 1%，然而，改良 Blalock Taussig 分流术也有一些并发症，包括术侧手臂发育不良、指端坏疽、膈神经损伤和肺动脉狭窄。

姑息分流术的效果，会因患者手术年龄和分流手术类型而不同。

其他类型的姑息手术，目前已经很少使用。这其中包括非体外循环下右心室流出道补片扩大术。这种手术可能会损害肺动脉瓣，造成心包重度粘连，肺动脉血流量过多会导致充血性心力衰竭，因此，这种手术仅限于 TOF 婴儿合并肺动脉闭锁和（或）肺动脉发育不全的治疗。

在新生儿危重患者中，如果存在多个医疗问题，可通过导管球囊进行肺动脉瓣切开，以增加血氧饱和度，从而避免急诊姑息手术。但是，在新生儿中，这种操作有引起肺动脉穿孔的风险。最近一项研究表明，在有症状的新生儿 TOF 患者中，进行分流手术或根治手术，其死亡率和结果相近。

2. 根治手术

一期根治是 TOF 最理想的治疗方式，通常在体外循环下进行。手术的目的是修补室间隔缺损，切除漏斗部狭窄区的肌束，消除右心室流出道梗阻。在体外循环转机前，以往手术放置的主－肺分流管要先游离出来并拆除。之后，患者在体外循环下接受手术，其他的合并畸形如房间隔缺损或卵圆孔未闭，也同期修补关闭。

3. 手术选择

TOF 是一种进展性的心脏畸形，大多数患儿需要外科手术治疗。外科根治最佳的手术年龄仍存在争议，但多数学者主张早期根治手术，理由是：①能促进肺动脉和肺实质的发育；②避免了体肺分流术给左心室带来的容量负担，保护了左心室功能；③避免了体肺分流不当造成肺血管病的危险；④心内畸形早期得到矫治，避免了右心室肥厚，避免了肺动脉血栓形成、脑脓肿、脑血栓及心内膜炎等并发症；⑤避免了右室内纤维组织增生，术后严重心律失常发生率明显降低；⑥促进心脏以外器官发育；⑦避免二次手术的危险，减轻家属心理和经济负担。

现在大多数的外科医生建议 TOF 一期根治，目前结果很好。新生儿 TOF 应用前列腺素维持动脉导管开放，发绀可以得到控制，大大减少了 TOF 的紧急手术。对危重紫绀缺氧婴儿，外科医生现在有足够的时间来评估患者的解剖并进行一期根治手术，而不必采用主动脉－肺动脉分流术。

TOF 一期根治，避免了长时间的右心室流出道梗阻和继发的右心室肥厚、长期的发绀和侧支血管形成。一期法洛四联症 TOF 根治的风险因素包括：冠状动脉异常、极低体重儿、肺动脉细小、多发性室间隔缺损、合并多种心内畸形。

4. 术后处理

所有婴幼儿心内直视手术后都转入儿童重症监护病房。术后必须密切观察血流动力学指标，等心脏和呼吸功能稳定后再去除气管插管和呼吸机。需要保持适当的心排血量和心房起搏，来维持体循环的末梢灌注。患者应每天称重，来指导出入液体量。心脏传导阻滞患者应该安置临时的房室起搏器。如果 5~6d 后还不能恢复正常传导，患者可能需要置入永久心脏起搏器。

九、疗效评价

（一）手术结果

TOF 外科矫治的结果良好，并发症和死亡率都很低。到目前为止，经心室切口和经心房切口进行畸形矫治的两种手术方法，没有发现有手术死亡率的差异。

偶尔术后有些患者的右心室／左心室压力比明显升高，原因有多种，包括室间隔残余分流、残余右心室流出道狭窄等。这些患者往往病情恶化，必须尽快通过超声心动图检查找出原因，并通过再次手术来纠正右心室高压的病因。研究表明，术中保持肺动脉瓣环的完整性，可减少再手术率。

随着技术的进步，新近报道显示，婴儿早期一期根治的效果良好。总体而言，不论是一期矫治或是主－肺分流术后的二期根治，大多数研究系列报道的死亡率为 1%~5%。同样，婴幼儿接受姑息分流手术的死亡率也很低，为 0.5%~3%，术后 20 年的生存率为 90%~95%。

低温、心脏停搏液、深低温停循环等心肌保护技术的进步，使更小的婴儿得到更精确的解剖矫治，手术效果优良。不过，1 岁前接受根治手术的婴儿，与 1 岁以上的患者相比，其手术风险会增加。

（二）再手术

文献表明，约 5% 的患者需要再次手术。早期再手术的指征包括室缺残余分流或残余右心室流出道梗阻。

TOF 患者对室缺残余分流的耐受能力很差，因为这些患者不能耐受急性增加的容量负荷。TOF 矫治术后，小的室缺残余分流比较常见，通常没有临床意义。大的室缺残余分流，或者右心室流出道狭窄压差 > 60 mmHg，都要考虑紧急再手术。再手术的风险不大，但结果可显著改善。右心室流出道再梗阻，可能是由于肌肉纤维化或肥大引起。有时，肺动脉瓣反流会加大，并伴有右侧心力衰竭。出现这种情况，通常需要进行肺动脉瓣置换。生物瓣比机械瓣不容易产生血栓，因此是肺动脉瓣置换的首选。

（三）并发症

早期的术后并发症包括心脏传导阻滞与室缺残余分流。室性心律失常较为常见，也是术后晚期死亡的最常见原因。据报道，在TOF矫治术后10年内的患者中，因室性心律失常猝死的占0.5%。在早期手术的患者中，心律失常发生率<1%。同大多数的心脏术后患者一样，心内膜炎的风险是终身的，但比没有根治的TOF患者要小得多。

（四）预后

在现阶段，通过心脏手术，单纯的法洛四联症（TOF）儿童远期生存率很高，具有优良的生活质量。长期结果数据表明，虽然有些人运动能力稍差，但大多数的生存者纽约心脏协会心功能分类为Ⅰ级。有报道称，患者晚期的室性心律失常猝死率为1%～5%，原因不明。对于TOF矫治术后的患者，长期进行心脏监测是必要的。

（五）未来和争议

目前，有些TOF患者已经在第一次手术后生活了15～20年。这些患者所遇到的主要问题是肺动脉瓣反流不断加重，其中一些需要进行肺动脉瓣置换术。接受了肺动脉瓣生物瓣置换的患者，只有时间才知道这些瓣膜能持续多长时间。不过，目睹过去10年来经皮穿刺技术与组织工程的巨大进步，外科手术所起的作用可能会下降。

第六节 肺动脉闭锁

肺动脉闭锁有两种类型，一种是室间隔完整的肺动脉闭锁，另一种是伴有室间隔缺损的肺动脉闭锁。

一、室间隔完整的肺动脉闭锁

（一）概述

室间隔完整的肺动脉闭锁是较少见的发绀型先天性心脏病，占先天性心脏病的1%～3%，占新生儿发绀型先天性心脏病的25%。未经治疗50%死于新生儿期，85%死于6个月，仅2.5%能活至3岁。室间隔完整的肺动脉闭锁是指肺动脉瓣闭锁同时伴有不同程度的右心室、三尖瓣发育不良，而室间隔完整的先天性心脏畸形。

肺动脉瓣叶在发育时无法相互分离的胚胎学机制尚不清楚。流经三尖瓣和右心室的血流明显减少可能是导致肺动脉闭锁合并三尖瓣和右心室发育不良的原因。

（二）病理解剖

本病并非单纯的肺动脉病变，病理变化涉及右心室、三尖瓣及冠脉血管。室间隔完整的肺动脉闭锁很少伴有主-肺动脉大侧支血管形成。

1. 肺动脉闭锁

肺动脉瓣呈隔膜样闭锁，瓣叶融合为拱顶状，漏斗部或肺动脉干闭锁少见。肺动脉瓣环和肺动脉干多近正常，亦可严重发育不良。

2. 右心室及三尖瓣

Bull和de Leval将本病分为3型：Ⅰ型，右心室的流入部、小梁部和漏斗部均存在；Ⅱ型，漏斗部缺如，流入部、小梁部存在；Ⅲ型，只有流入部分，其余两部分均缺如。三尖瓣几乎都有不同程度的发育不良，从三尖瓣重度狭窄到三尖瓣环扩张，亦可呈Ebstein畸形样改变。通常可通过三尖瓣瓣环的直径来判断右心室的发育程度，借以指导选择手术方式。

3. 冠状动脉循环

约10%室间隔完整的肺动脉闭锁患儿有1支或几支主要冠状动脉狭窄或闭锁。在狭窄或闭锁段远侧的冠状动脉通常经过右心室与冠状动脉床之间的心肌窦状隙交通来获取血供。这种冠状动脉畸形最常见于三尖瓣关闭正常而右心室腔小的患儿，冠状动脉循环依赖于右心室高压的逆行灌注，又称右心室依赖型冠状动脉循环。

（三）病理生理

由于心房水平存在右向左分流，故出生时即发绀，而且仅在动脉导管开放时患儿才能生存。患儿生后肺血流量和动脉血氧饱和度完全取决于动脉导管的直径。血流进入存在盲端的右心室后可自三尖瓣反流入右心房，或在心肌收缩时通过心肌窦状隙或交通支进入冠状动脉循环。动脉导管出生后收缩或功能性关闭将引起肺血进一步减少，加重低氧血症和代谢性酸中毒，甚至死亡；而心房水平右向左分流不足（仅为卵圆孔未闭），右心房高压可导致体循环瘀血和低心排血量。对于存在右心室依赖型冠状动脉循环的患儿，一旦右心室压力因流出道梗阻解除而降低时，冠状动脉灌注不足，将导致严重心肌缺血而死亡。

（四）临床表现

出生后随着动脉导管的逐渐闭合，发绀和气促进行性加重。生长发育障碍，常有活动后心悸气促，蹲踞少见。如有主－肺动脉大侧支血管形成，则发绀较轻而易患呼吸道感染，甚至充血性心力衰竭。三尖瓣关闭不全时可伴有右侧心力衰竭的表现。听诊可闻及动脉导管的杂音及三尖瓣反流的收缩期杂音，杂音强度与动脉导管的血流和三尖瓣反流的大小有关。

（五）辅助检查

1. 胸部 X 线

无明显三尖瓣反流时心影大小正常，如有三尖瓣重度关闭不全时，则心影呈进行性增大。双侧肺血不同程度减少，肺动脉段平直或凹陷，主动脉结增宽。

2. 心电图

右心房扩大，P 波高尖，右心室发育不良，左心室电势占优。

3. 超声心动图

超声心动图可显示右心室流出道缺如，主肺动脉与漏斗部分离，此为首要诊断特征。其不仅能显示肺动脉瓣或漏斗部闭锁以及右心室和三尖瓣的形态学，也能显示右心室腔的组成和大小、室壁厚度，三尖瓣的形态、启闭功能及瓣环大小，未闭动脉导管形态及左心室腔的大小及功能。并可测得房间隔缺损大小以及肺动脉干及其分支的发育程度。在某些病例，超声心动图可提示冠状动脉瘘的存在。

4. 心导管和心血管造影

心导管和心血管造影主要用于确认有无冠脉畸形。心血管造影可显示冠状动脉狭窄或闭锁段以及心肌接受唯一右心室来源血供的区域，即依赖右心室的冠状动脉血管。同时其还可显示右心室腔大小、三尖瓣的发育以及右心室漏斗部盲端，亦可显示肺动脉干盲端及左、右肺动脉状况，从而测量漏斗部至肺动脉盲端间的分隔距离，明确是单纯瓣膜闭锁还是同时涉及漏斗部闭锁。

（六）诊断及鉴别诊断

1. 诊断

患儿出生时发育正常，但第 1 天即有发绀。随着动脉导管的闭合，发绀加重并伴呼吸窘迫，出现难治性代谢性酸中毒，心前区杂音不明显或有连续性杂音。胸部 X 线片示肺野缺血，心影不大，临床应首先考虑本病。明确诊断主要依靠多普勒超声心动图及心导管和心血管造影。诊断中应明确动脉导管的粗细、左右心室压力、未闭卵圆孔和房间隔缺损大小、三尖瓣瓣环直径及瓣膜形态、开口大小、反流程度、右心室腔容量、右心室三部分的发育情况、右心室心肌窦状间隙及其左右冠状动脉交通支部位、冠状动脉分布和有无狭窄等。

2. 鉴别诊断

室间隔完整的肺动脉闭锁的鉴别诊断要点包括：新生儿发绀、轻柔的收缩期杂音或连续性杂音、肺纹理减少等。鉴别诊断主要应与其他发绀型先天性心脏病相鉴别，如重度肺动脉瓣狭窄、法洛四联症、肺动脉闭锁合并室间隔缺损、三尖瓣下移畸形、三尖瓣闭锁、单心室、完全性大动脉转位、永存动脉干等。

（七）治疗

1. 手术适应证

室间隔完整的肺动脉闭锁的诊断本身即为手术指征，但目前尚无适合所有病例并获得一致认同的治疗策略，个体化的治疗经验相对有限。一期手术的处理原则主要有3个基本方式：单独解除右心室流出道梗阻；解除右心室流出道梗阻伴体-肺动脉分流；单独行体-肺动脉分流。一期治疗方案必须平衡手术风险与长期功能结果。一期治疗的基本目标是在最大限度减少死亡的同时使最终双心室修补的可能性最大化。

（1）新生儿阶段应立即行体-肺动脉分流术或肺动脉瓣切开术，但两者通常需同时进行。

（2）如果存在右心室依赖型冠状动脉循环，则不宜行右心室流出道成形术或肺动脉瓣切开术，以免右心室压力下降造成心肌坏死，体-肺动脉分流术是唯一的选择。

（3）三尖瓣的大小（以Z值表示）与右心室的发育程度接近正相关。可将三尖瓣的发育情况作为选择手术方式的依据之一。

①轻度右心室发育不良：三尖瓣的Z值在0～-2。治疗目的是促进右心室发育及行最低程度的治疗干预。初期治疗包括右心室减压和建立右心室-肺动脉连续性，房间隔缺损必须保持开放以保证早朝房内右向左减压。其中，约50%的病例由于术后低氧而须另行体-肺动脉分流术。

②中度右心室发育不良：三尖瓣的Z值在-2～-3，具有双心室矫治的可能，宜行右心室流出道重建术伴体-肺动脉分流术。此术式保留了右心室发育潜能使后续双心室矫治成为可能。

③重度右心室发育不良：三尖瓣的Z值≤-3，宜单独行体-肺动脉分流术。三尖瓣的Z值在-3～-4，二期可行一个半心室矫治或一又四分之一心室矫治。三尖瓣的Z值＜-4，单心室修复则是唯一的选择。

2. 术前准备

第一时间静脉输注前列腺素E_1以保持动脉导管开放。纠正代谢性酸中毒，如有灌注不足，则须正性肌力药物支持。对重症的呼吸窘迫患儿，可在镇静、肌松下用低浓度氧进行机械通气。

3. 手术方法

（1）一期手术：术式的选择：右心室腔发育稍差但接近正常，仅为肺动脉瓣膜闭锁，可单行肺动脉瓣切开术；右心室的3个部分存在或仅漏斗部消失者，宜在体外循环下行右心室流出道重建术，同时行改良体-肺动脉分流术（因右心室顺应性差，单纯行右心室流出道重建术死亡率高）；右心室的漏斗部和小梁部均不存在，仅做体-肺动脉分流术；对于依赖右心室的冠状动脉异常者，仅能做体-肺动脉分流术。

（2）二期手术：目前对室间隔完整的肺动脉闭锁的治疗概念是分二期手术。二期手术的原则是经一期术后如右心室发育良好则二期行双心室修复术或称解剖矫治术，即关闭未闭卵圆孔或房间隔缺损，解除右心室流出道残余梗阻。

①双心室修复术：姑息术后密切随访超声观察右心室发育和三尖瓣环大小，如发育已明显改善则再行心导管检查。二期双心室修复的年龄以12～18个月为宜。二期解剖矫治的手术指征：经一期术后右心室发育不良已转为轻至中度；右心室腔发育指数RVI≥11；三尖瓣周径（TVC%）和三尖瓣直径（TVD%）已达正常的95%以上；心房水平从重度转为轻度右向左或双向分流；三尖瓣反流从重度转为轻度。

②一个半心室修复术：如用球囊导管堵闭房间隔缺损及体-肺分流管后，虽然右心室流出道是通畅的，但患儿不能忍受，右心房压＞2.67 kPa（20 mmHg），心排血量明显下降，则可考虑行本术式。手术包括：去除体-肺动脉分流，闭合房间隔缺损，保留右心室-肺动脉通道及行双向Glenn术。

③1¼半心室修复术：右心室发育差，不能耐受一个半心室修复术，需保留房间隔缺损。

④分期单心室修复术：体-肺动脉分流术后6个月行双向Clenn术，2～4岁行全腔静脉肺动脉连接术。

（八）并发症及防治

右心室流出道重建和体-肺分流术后右心室顺应性差，需心肺支持治疗。当存在肺动脉瓣反流和三尖瓣反流时，体-肺分流的血流在舒张期反流至右心室和右心房，引起循环分流，出现低心排血量表现，此时常需增加肺循环阻力并减低体循环阻力或手术干预减少体-肺分流。低心排血量的另一个原因是冠状动脉供血不足，因有依赖右心室的冠状动脉循环存在，有时术前用心血管造影也很难确诊，此时可再结扎右心室流出道，以提高右心室压力，再现冠状血流。体-肺分流术后出现肺血仍不足，在排除吻合口狭窄外，应保持动脉导管开放。

（九）疗效评价

室间隔完整的肺动脉闭锁的右心发育程度不一，术后生存率高低相差较大。有随访研究指出，右心室发育不良、冠状动脉异位、低出生体重、三尖瓣的反流程度及右心室扩大或肥厚是影响术后远期疗效的重要因素；右心室依赖性冠状动脉循环为严重并发畸形，是婴幼儿早期生存重要的危险因素。

二、肺动脉闭锁合并室间隔缺损

（一）概述

通常将肺动脉闭锁合并室间隔缺损归入法洛四联症的最严重型，但它们的治疗和结果却明显不同。这种畸形的基本特征是肺动脉闭锁且在右心室和肺循环之间没有直接的管腔连续。这些患者存在固有肺动脉发育不良闭锁和多发的主-肺动脉侧支血管形成。这种畸形的心内形态和法洛四联症非常相似，两者的区别在于右心室和肺动脉之间完全缺乏连续性，且肺动脉血供只能完全依靠心外途径。本病又称假性永存动脉干、法洛四联症合并肺动脉闭锁。本病约占先天性心脏病的2%，部分患儿伴有锥-干-面部综合征。

在胚胎发育过程中，右侧和左侧第6对背侧主动脉弓和来自原始前肠的肺芽动脉丛融合失败且和主动脉存在持续的连接，从而导致肺动脉闭锁和主-肺动脉侧支血管形成。这种畸形常与染色体22q11缺失相关。

（二）病理解剖

肺动脉闭锁合并室间隔缺损的病理解剖特征是肺动脉不同部位发育不良与闭锁，肺实质内的肺动脉分布不均及肺动脉血供来源的无规律性。大型膜周或对位不良型室间隔缺损位于主动脉瓣下，右心室肥厚，主动脉右旋。根据固有肺动脉的发育情况及肺血来源，分为3种类型：①Ⅰ型：有固有肺动脉，导管依赖型，无主-肺动脉大侧支血管形成；②Ⅱ型：有固有肺动脉及主-肺动脉大侧支血管形成；③Ⅲ型：无固有肺动脉，主-肺动脉大侧支血管为唯一肺血来源。

（三）病理生理

肺动脉必须有心外的体动脉支供血方能生存，最常见源自动脉导管和降主动脉，但约有10%来自冠状动脉，尤以左冠状动脉为多见。更为复杂的是体动脉支一根或数根供应一个或几个肺叶（段），由于过度灌注而发生肺动脉高压，其中部分体动脉支与肺动脉连接处有明显狭窄，从而避免了发生肺血管梗阻性病变。但供应肺的动脉侧支过分狭窄，则限制了肺血管和肺实质的发育。

（四）临床表现

青紫的严重程度取决于心外体动脉支供应肺动脉血流的多少，以及肺血管在肺实质内的分布。临床表现类似重症法洛四联症，呈青紫气促，活动受限。少数患儿体动脉分支粗大，与肺动脉连接处无狭窄，则症状上表现为轻度青紫或无青紫。有的甚至出现充血性心力衰竭和肺血管梗阻性病变。

（五）辅助检查

1. 脉搏氧饱和度测定

侧支形成过度和处于发生充血性心力衰竭危险的患儿的静息脉搏氧饱和度通常高于90%。如肺血流不足，则低于75%。

2. 胸部X线

正位心影似靴状，主动脉弓常在右侧。肺血流过量则表现为肺血多，如果发生充血性心力衰竭，心影则相应扩大，反之则表现为肺血少，心影正常或偏小。由于不同肺段的血供或过量或不足，故也会表现出明显的肺灌注区域性差异。

3. 心电图

出生时心电图正常，随年龄增长呈现出右心室的异常肥厚，肺血多时则有双心室肥厚和左心房肥大。

4. 超声心动图

确定心内解剖，明确右心室流出道、肺动脉瓣、肺动脉干及中央共汇是否存在。导管依赖性的瓣膜性或肺动脉干闭锁，其共汇及分支发育良好，可仅依靠超声心动图确定诊断，但在确定侧支和外周肺动脉解剖方面存在限制。

5. 心导管检查

确定主肺动脉侧支的解剖；通过逆行肺静脉楔入血管造影确定固有肺动脉的解剖，可见"海鸥"征；确定肺的 20 个肺段每一段的血供，即肺段是由固有肺动脉的分支供应，还是由侧支血管供应，或是否存在双重血供；确定固有肺动脉与侧支血管是否存在交通及其部位；明确侧支血管与其他纵隔结构（尤其是气管和食管）的解剖关系；根据侧支远端压力评估肺血管病变。

（六）诊断及鉴别诊断

1. 诊断

通过超声心动图、选择性升主动脉造影、逆行肺静脉楔入血管造影可明确体动脉支的来源、走向、数量及肺动脉各支分布。如果为单根体动脉支供应肺动脉，须估计其分流量和肺动脉阻力。如果为多根体动脉支供应，则肺血流动力学测定困难，其结果必然影响疗效。

2. 鉴别诊断

严重青紫者须与法洛四联症、大动脉转位、三尖瓣闭锁、右心室双出口或单心室伴严重的肺动脉狭窄或闭锁及梗阻性完全性肺静脉异位连接相鉴别；青紫不重或肺血过多的心力衰竭者须与室间隔缺损、房室间隔缺损、动脉导管未闭、右心室双出口或单心室而无肺动脉狭窄、永存动脉干及无梗阻的完全性肺静脉异位连接相鉴别。

（七）治疗

1. 药物与介入治疗

（1）前列腺素 E_1：导管依赖性的婴儿须输注前列腺素 E_1 来维持导管开放，直到通过其他有效方式获得肺血。

（2）心导管介入治疗：

①弹簧圈堵塞具有双重血供肺段的侧支血管；

②利用球囊扩张导管扩开多发的外周狭窄或置入支架。

2. 手术治疗

（1）手术适应证。

①有固有肺动脉，导管依赖型，无主-肺动脉大侧支血管形成（Ⅰ型）。此型患者的心包内肺动脉及其共汇一般发育良好，主肺动脉缺如者在根治时需置入人工管道，而主肺动脉发育良好时可行 REV 或类似于法洛四联症根治术中的右心室流出道重建。当 McGoon 比值 > 1.2 或 Nakata 指数 ≥ 150 mm^2/m^2 时可考虑行根治术；当无条件行根治手术时，可考虑右心室流出道重建或体-肺动脉分流术。

②有固有肺动脉及主-肺动脉大侧支血管形成（Ⅱ型）。此型的外科治疗目前主要有 3 种观点：a. Reddy 等主张一期经正中切口行单源化手术，尽可能多地恢复肺段正常生理功能，并争取同期关闭 VSD；b. dUdekem 和 Brizard 等认为单源化术后的主-肺动脉大侧支血管甚至固有肺动脉均会出现不同程度的狭窄，导致远期效果不佳，进而认为主-肺动脉大侧支血管不宜融合，而应行右心室流出道重建或体-肺动脉分流术，促进固有肺动脉发育，达到条件后再行根治术；c. 介于两者之间，主-肺动脉大侧支血管与固有肺动脉有交通者可将其通过手术或介入关闭，单独供血的主-肺动脉大侧支血管应行单源化手术。此型患者应通过计算"新的肺动脉指数"（需将侧支直径考虑在计算范围之内）来判断可否行根治术，对不满足根治条件者应行右心室流出道重建或体肺动脉分流术和（或）同期单源化手术。

③无固有肺动脉，主-肺动脉大侧支血管为唯一肺血来源（Ⅲ型）。此型外科治疗目前的主要观点：a. 一期经正中切口行单源化手术；b. 尽可能多地恢复肺段正常生理功能；c. 尽量避免人工材料（右心室肺动脉管道除外）；d. 尽早手术；e. 术中对新肺动脉进行流量测试。亦有学者倾向于行分期单源化手术，是否能够关闭室缺取决于"新的肺动脉指数"。

（2）手术方法：

①体-肺动脉分流术：可分为：a. 中心分流，有多种方式：Waterston 分流术、Potts 分流术、Melboume 分流术等；b. Blalock-Taussig（B-T）分流术：目前多采用改良 B-T 分流术。

②右心室流出道重建术：以管道、补片等方式重建右心室与肺动脉连接，既能作为姑息手术也能作为根治术的一部分，当行姑息手术时，应注意重建后通道应小于正常值，以限制肺血流。姑息手术可使这些患者肺动脉指数明显增加，但在根治术时，仍可能需要用自体心包扩大肺动脉分支。

③单源化手术：即将主-肺动脉大侧支血管连接于固有中央肺动脉（Ⅱ型）或人工管道重建的中央肺动脉（Ⅲ型）的一种手术方式。此手术变化较大，没有固定术式。单源化的原则：a. 尽可能行自体组织间的吻合，避免使用人工材料；b. 最大限度地广泛游离和延长主-肺动脉大侧支血管以及设计合理的侧支重建路线；c. 尽可能在非体外循环下进行大侧支单源化连接，同时将小侧支结扎，随着侧支的结扎，当氧饱和度下降至最低限时，建立体外循环，体外循环开始前必须控制所有侧支，随后将剩余的主动脉-肺动脉大侧支血管单源化。对于全肺动脉指数 > 200 mm^2/m^2 者可关闭室缺，而对于低于 200 mm^2/m^2 者可通过建立肺循环旁路（肺动脉-左心房）测定肺动脉压力以判定可否关闭室缺，即当体外循环流量达到 2.5 L/(min·m^2) 时，平均肺动脉压力 < 3.33 kPa（25 mmHg），可关闭室间隔缺损，否则开放室间隔缺损。根治术毕必须保持右心室和左心室收缩峰压的比值低于 80%。比值 > 80% 时，必须在关胸前再次打开室间隔缺损。术后心导管检查可显示右心室流出道重建术或外周肺动脉树的梗阻部位，以便通过进一步手术加以改善，或者更常见的是直接使用导管介入技术加以矫正。

（八）并发症及防治

1. 残余梗阻

各吻合口血流通畅与否，通过二维超声心动图或肺灌注扫描了解有关肺灌注、肺段发育。

2. 右心功能不全

右心功能不全可继发于肺动脉发育不良，末梢血管狭窄或肺动脉梗阻性病变，肺内血管畸形，手术困难，药物治疗不奏效，预后差。

3. 肺功能障碍

肺功能障碍通常是肺血管树解剖畸形，发育不良，血供异常，导致相应肺段、肺泡发育异常，肺功能异常所致。其治疗困难，即使手术有时亦不能彻底解决，难以达到理想或接近生理的血供。

（九）疗效评价

本病预后较差，根治术后早期死亡率差异较大。根治术早期或晚期死亡的主要原因是继发于肺动脉发育不良，末梢血管狭窄或肺动脉梗阻病变，引起右心室高压、右心室衰竭而死亡。

第七节 动脉导管未闭

一、概述

动脉导管未闭（patent ductus arteriosus，PDA）是一种常见的先天性心血管畸形，在先天性心脏病中其相对构成比为 5% ~ 20%。动脉导管是连接肺动脉和降主动脉的血管管道，胎儿期肺尚无呼吸作用，故大部分血液不进入肺内，由肺动脉经动脉导管转入主动脉。其主要功能是将含有氧气和养料的右心室血转运至主动脉，以满足胎儿代谢的需要。出生后随肺部呼吸功能的发展和肺血管的扩张，动脉导管失去其作用而逐渐闭塞。出生后若导管依然开放，即为动脉导管未闭。

动脉导管未闭女性发病多于男性，两者之比为 2∶1，且多见于儿童和青年。妊娠初期感染病毒的母亲，其子女易患肺动脉口狭窄和动脉导管未闭；柯萨奇 B 病毒感染的孕妇易产下动脉导管未闭或心室间隔缺损的婴儿。早产尤其体重低于 2 500 g 的婴儿患动脉导管未闭和心室间隔缺损的较多，与没有足够的发育时间有关。高原地区氧分压低，患动脉导管未闭和心房间隔缺损的婴儿较多。

近来由于分子生物学的发展，发现越来越多的先天性心脏病有共同基因的缺失。动脉导管未闭呈多基因规律，子女再显风险率为 3.4%～4.3%，同胞为 2.6%～3.5%。一致性病损占 50%。

二、病理解剖

一般动脉导管未闭位于降主动脉近端距左锁骨下动脉起始部 2～10 mm 处，与肺总动脉 干左肺动脉根相通。其上缘与降主动脉交接呈 40° 锐角，下缘则交接呈 110°～160° 钝角。导管的长度一般为 5～10 mm，直径则由数毫米至 1～2 cm。其主动脉端开口往往大于肺动脉端开口。其形状各异，大致可分为 5 型。①管形：外形如圆管或圆柱，最为常见；②漏斗形：导管的主动脉侧往往粗大，而肺动脉侧则较狭细，因而呈漏斗状，也较多见；③窗形：管腔较粗大但缺乏长度，酷似主肺动脉吻合口，较少见；④哑铃形：导管中段细；主、肺动脉两侧扩大，外形像哑铃，很少见；⑤动脉瘤形：导管本身呈瘤状膨大，壁薄而脆，张力高，容易破裂，极少见。

持续性未闭动脉导管，在组织学既与两侧的大动脉不同，亦与胎儿期的动脉导管有所不同。其内膜相对较厚，有一未断裂弹力纤维层，与中层分隔。在中层黏性物质中平滑肌呈螺旋形排列，其间尚有不等量弹性物质，形成薄层，因而其管壁接近主动脉化。此外成年人的导管，尤其在主动脉端开口附近和近端肺动脉可有粥样硬化病变，甚至钙化斑块。长期的血流冲击，加腔内压力增高可使导管扩大，管壁变薄，形成动脉瘤。

三、病理生理

（一）左向右分流

在无并发症的动脉导管未闭，由于主动脉压力不论在收缩期或舒张期总比肺动脉高，产生连续的肺动脉水平的自左向右分流，临床上产生连续性杂音，肺充血。分流量的多少取决于主动脉与肺动脉之间的压力阶差大小、动脉导管的粗细以及肺血管阻力的高低。

（二）左心室肥大

由于未闭动脉导管的自左向右分流使肺血流量增加，因而左心房的回血就相应增加，左心室的容量负荷增加，加之左向右分流使体循环血流减少，左心室代偿性地增加做功，从而导致左心室扩大、肥厚，甚至出现衰竭。

（三）右心室肥大

未闭的动脉导管较粗时，分流至肺动脉血量大者可引起肺动脉压增高，最后导致右心室肥厚、扩张，甚至衰竭。

（四）双向分流或右向左分流

随着病程的发展，肺动脉压力不断增加，当接近或超过主动脉压力时，即产生双向分流或右向左分流，转变为艾森门格（Eisenmenger）综合征，临床上出现差异性发绀。

（五）周围动脉舒张压下降，脉压增宽

这是由于在心脏舒张期，主动脉的血液仍分流入肺动脉，体循环血流量减少所致。

四、临床表现

（一）症状

动脉导管未闭导管细、分流量少者，可无症状，常在体检时发现心脏杂音；中等大小的动脉导管未闭，分流量随着出生后数月肺血管阻力下降显著增加，易有感冒或呼吸道感染，发育不良；动脉导管未闭导管粗、分流量大的婴儿可在生后数周发生左侧心力衰竭伴呼吸急促、心动过速和喂养困难。

（二）体格检查

在胸骨左缘第 2 肋间听到响亮粗糙的连续性机器样杂音，向左锁骨下窝或颈部传导，局部可扪及震颤；肺动脉明显高压者则仅可听到收缩期杂音。肺动脉瓣区第二心音亢进。分流量较大者，心尖部还可听到柔和的舒张期杂音。周围血管体征有脉压增宽、洪大，颈部血管搏动增强，四肢动脉可扪及水冲脉和听到枪击音等体征，但随肺动脉压升高，分流量下降而不显著，以致消失。

五、辅助检查

（一）心电图

导管细小分流量小者正常或电轴左偏。分流量较大者示左心室高电压或左心室肥大。分流量大者有左心室肥大或左、右心室肥大的改变，部分有左心房肥大。心力衰竭者，多伴心肌劳损改变。

（二）胸部 X 线检查

心影正常或左心房、左心室增大，肺动脉段突出，肺野充血，肺门血管影增粗，搏动增强，可有肺门"舞蹈"。近 50% 患者可见主动脉在动脉导管附着处呈局部漏斗状凸起，称为漏斗征。有肺动脉高压时，右心室亦增大，主动脉弓增大，这一特征与室间隔缺损和房间隔缺损不同，有鉴别意义。

（三）超声心动图

左心房和左心室内径增宽、主动脉内径增宽，左心房内径/主动脉根部内径 > 1.2。多普勒彩色血流显像可见分流的部位、方向、估测分流量大小及缺损的位置。扇形切面显示导管的位置及粗细。

（四）右心导管检查

一般不需心导管检查。右心导管可发现肺动脉血氧含量高于右心室。右心室及肺动脉压力正常或不同程度的升高。部分患者导管从未闭的动脉导管由肺动脉进入降主动脉。

（五）选择性心血管造影

选择性主动脉造影可见主动脉弓显影的同时肺动脉也显影，有时还可显出未闭的动脉导管和动脉导管附着处的主动脉局部漏斗状膨出，有时也可见近段的升主动脉和主动脉弓扩张而远段的主动脉管径较细。

六、诊断及鉴别诊断

（一）诊断

根据典型的杂音、X 线检查、心电图和超声心动图检查，可以相当准确地诊断本病。

（二）鉴别诊断

1. 主 – 肺动脉间隔缺损

连续性机器声样杂音更响，位置较低（低 – 肋间）且向右。超声心动图可见肺总动脉主动脉增宽，其间有缺损。右心导管检查时心导管由肺动脉进入主动脉的升部，逆行升主动脉造影见升主动脉与肺总动脉同时显影。如发生肺动脉显著高压出现右至左分流而有发绀时，其上、下肢动脉的血氧含量相等，这点与动脉导管未闭也不相同。

2. 主动脉窦瘤破入心腔

杂音同动脉导管未闭相似，但患者多有突然发病的病史，如突然心悸、胸痛、胸闷或胸部不适、感觉左胸出现震颤等，随后有右侧心力衰竭的表现。

3. 室间隔缺损伴有主动脉瓣反流

本病杂音多缺乏典型的连续性，心电图和 X 线检查显示明显的左心室肥大，超声心动图和右心导管检查可助鉴别。

4. 其他

其他如冠状动静脉瘘、左上叶肺动静脉瘘、左前胸壁的动静脉瘘、左颈根部的颈静脉营营音等左前胸部类似连续性机器声样杂音，超声等有助于鉴别。

七、治疗

（一）内科治疗

内科治疗主要是并发症的处理，如肺炎、心力衰竭及细菌性心内膜炎等。新生儿动脉导管未闭，可试用吲哚美辛（消炎痛）治疗，以促使导管的关闭。如不能奏效，即须行动脉导管未闭手术。

（二）外科治疗

宜在学龄前选择手术结扎或切断导管即可治愈。如分流量大症状重者可于任何年龄手术。成年以后动脉逐渐硬化脆弱，动脉导管未闭手术危险性增大。即使肺动脉压力升高，只要仍由左向右分流，也应施行手术，以防发展成为逆向分流，失去手术机会。并发细菌性心内膜炎者，最好在抗生素控制感染2个月后施行动脉导管未闭手术。

气管插管麻醉，置患者右侧卧位，行后外侧开胸切口，经第4肋间进胸。在肺动脉干扪及震颤即可证实诊断。于迷走神经后方或膈神经之间切开纵隔胸膜，充分显露降主动脉上段和导管的前壁，再将导管上下缘和背侧的疏松组织分离。如导管粗短，最好先游离与导管相连的降主动脉。注意保护喉返神经。

1. 结扎法

结扎法适用于婴幼儿导管细长者，在未闭导管的主和肺动脉端分别用粗丝线结扎。肺动脉压较高，导管较粗大者必须在控制性降压下结扎，以免撕裂管壁出血，或未能将管腔完全闭合。亦可先在导管外衬垫涤纶片再结扎。

2. 切断法

切断法适用于导管粗短的患者用无创伤钳分别钳夹未闭导管的主、肺动脉侧，边切边缝合两切端。成年人肺动脉明显高压病例，尤其疑有动脉壁钙化者，最好行胸骨正中切口，在低温体外循环下阻断心脏血循环，经肺动脉切口缝闭动脉导管内口，较为安全。

3. 电视胸腔镜钳闭导管术

此法适用于婴儿。对于一些特殊病例，如合并其他先天畸形需同期手术；合并肺动脉高压，尤其是成年人；亚急性心内膜炎或主动脉弓部降部钙化；窗形动脉导管未闭；合并高血压者；结扎后再通者；堵塞后栓子脱入肺循环等，可选择在体外循环支持下完成。

（三）介入性治疗

用非手术法，经导管送入微型弹簧伞或蘑菇伞堵住动脉导管。近年来有人经皮穿刺股动脉和股静脉，分别插入导管至降主动脉上端和肺动脉，而引入细条钢丝。然后将一塑料塞子塞入股动脉（Porstmann法）或股静脉（Rashkind法），由心导管顶端沿钢丝顶入动脉导管将其堵塞。这种不剖胸堵塞法对细小导管的闭合有很高的成功率。

八、并发症及防治

（一）术中大出血

这是最严重且常导致死亡的意外事故。发生大出血的破口较隐蔽，通常在导管后壁或上角。出现大出血，手术医师应保持镇静，迅速用手指按压出血部位。暂时止血后，吸净手术野血液，若降主动脉已先游离（切忌乱下钳夹），可牵起条带，用两把动脉钳阻断主动脉上下血流，同时钳夹导管，然后切断导管，寻找出血破口，再连同切端一并用3-0或4-0无创伤聚丙烯缝线做连续或"8"字形间断缝合。如降主动脉未先游离，用示指按压暂时止血后，立即肝素化，紧急建立体外循环，分别在左锁骨下动脉根部和降主动脉或左股动脉插入动脉供血管，切开心包于右心耳或右心室流出道插入静脉引流管，迅速建立转流，并行血液降温。然后游离导管邻近的降主动脉，钳夹降主动脉的导管两端，切断缝合导管和裂口。

（二）喉返神经损伤

损伤原因：①分离纵隔胸膜过程中伤及迷走神经；②分离动脉导管时直接伤及喉返神经；③结扎动脉导管时，特别在婴儿，不慎将喉返神经一并扎入；④切断缝合动脉导管时，钳夹或缝及喉返神经。熟悉局部解剖关系，操作中注意保护，少做不必要的分离，并于喉返神经表面留一层纤维结缔组织，可明显减少损伤机会。

（三）急性左侧心力衰竭

急性左侧心力衰竭常发生于阻断导管后，患者心率增快，吸出泡沫痰或血性分泌物，听诊闻及肺部啰音，及时给予对症治疗。

（四）假性动脉瘤

假性动脉瘤为极严重的并发症，由局部感染或手术损伤造成，常于术后2周发热，声音嘶哑或咯血，左前胸听诊有杂音，造影可确诊，及时体外循环下修补。

（五）术后高血压

术后高血压多见于粗大导管闭合后，可持续数天，药物控制避免脑部并发症。

九、预后

预后具体视分流量大小而定，分流量小者预后好，许多患者并无症状且有些寿命如常人。但分流量大者可发生心力衰竭，有发生右至左分流者预后均差。接受手术者一般均较好，手术死亡率低于0.5%，几乎无并发症。个别患者肺动脉或动脉导管破裂出血可迅速死亡。

第八节 主动脉－肺动脉间隔缺损

主动脉－肺动脉间隔缺损（aortopulmonary septal defect，APSD）是一种因动脉圆锥在主动脉和肺动脉异常分隔引起的一种少见先天性心脏病。此病由Elliotson在1830年首先发现并描述，是4种间隔缺损中发生率最低的一种，占先天性心脏病的0.2%左右。此病有多种命名，包括主－肺动脉窗、主－肺动脉交通、主－肺动脉瘘等。

一、病理解剖

APSD绝大多数是单一病变，且好发于主动脉左侧壁。APSD的两组半月瓣正常，缺损直径变化大，较大缺损可见动脉瘤样扩张。1979年Richardson提出了APSD的经典分类，即Ⅰ型为近端缺损，位于升主动脉壁内，主动脉窦上方；Ⅱ型为远端缺损，位于升主动脉后壁，常靠近右肺动脉起源处；Ⅲ型实际上是一侧肺动脉异常起源于升主动脉。Mori等对分型进行了改良，Ⅰ型和Ⅱ型同Richardson分类法，Ⅲ型被定义为主、肺动脉隔完全缺损。1994年Ho又在Mori分类的基础上细分出Ⅳ型，即中间型。目前流行的Jacobs分类法与Ho等的分类法相似，即近端缺损型、远端缺损型、完全缺损型和中间型（图5-1）。

APSD常并发其他心血管畸形，如动脉导管未闭、主动脉弓离断或主动脉缩窄，还可并发法洛四联症、大动脉转位、右冠状动脉起源异常、主动脉瓣下狭窄、房间隔缺损等。

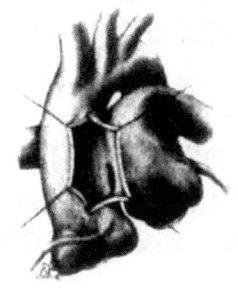 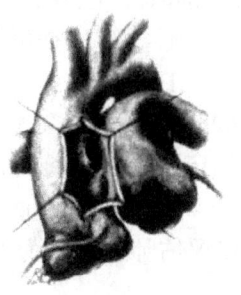 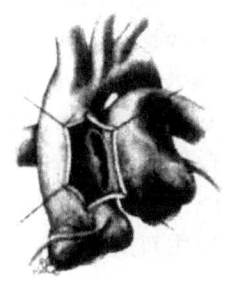 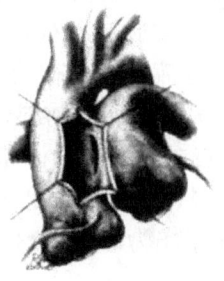

Ⅰ型：近端缺损　　Ⅱ型：远端缺损　　Ⅲ型：完全缺损　　Ⅳ型：中间型缺损

图5-1　主动脉－肺动脉间隔缺损分型

二、病理生理

APSD的血流动力变化与动脉导管未闭相似，左到右分流量主要与缺损大小和肺血管阻力有关。缺损较小时，分流量较少，症状不明显或无症状；当缺损较大时，分流量较大，肺动脉血流明显增加，肺动脉扩大，患者较早出现充血性心力衰竭，并可引起肺小动脉痉挛，内膜增厚，纤维增生，管腔狭窄，引起肺动脉高压，晚期可发展成艾森门格（Eisenmenger）综合征，失去手术机会。

三、临床表现

由于多数患儿缺损较大，临床上可出现气促、发育差、喂养困难、反复呼吸道感染及心力衰竭等症状。体检时发现心脏扩大，胸骨左侧第3～4肋间听及连续机器样杂音，可触及震颤，水冲脉（+）。脉压增大。当出现肺高压时，胸骨左侧第3～4肋间仅听及收缩期吹风样杂音，或杂音不明显，但P2亢进。

四、辅助检查

1. 心电图

心电图无特异性，往往表现为右心室、左心室或双心室肥大，有时也能观察到左侧心房增大。

2. X线胸片

心影增大，肺血增多，肺动脉段凸突，甚至呈瘤样扩张，主动脉结一般不大，肺充血程度与心功能不全有关。胸片的表现也不是特异的。

3. 超声心动图及彩色多普勒超声检查

心脏超声是诊断APSD首选的辅助检查。但对于心脏超声在确诊APSD方面的作用，国内外学者报道的结果有差异。国内多组病例报道，APSD的超声确诊率在40%～80%。而国外多数学者认为绝大多数APSD的位置、大小及合并畸形，通过超声基本都能得出诊断，初次确诊率可高达92%。

关于超声心动图检查，多数学者认为探查除常规切面外，重点应该探查高位肋间胸骨旁大动脉短轴切面、剑突下双动脉长轴切面及胸骨上窝主动脉弓长轴切面，观察主肺动脉间隔回声缺失的部位、大小、分流情况，同时应注意检查是否合并其他心内畸形。

对较小的APSD，二维超声不易显示缺损，主要依靠彩色多普勒超声诊断，探及缺损部位的红色或蓝色血流则可诊断为APSD。经外周静脉注入声振微气泡行心脏声学造影可清晰显示血流走行，是APSD重要的超声心动图辅助诊断，尤其是在鉴别假性回声脱失或确定是否存在动脉间分流及分流方向方面起重要作用。

4. 心导管检查及选择性心血管造影

在超声心动图问世以前，心导管检查和选择性血管造影是诊断APSD必不可少的检查。随着超声设备和技术的不断发展，国外学者认为超声基本可以取代有创的心导管检查及选择性血管造影，仅有部分冠脉起源不清或并发肺动脉高压的年长患儿需行心导管检查，以评价是否适合手术。也有学者认为年龄>6个月的患儿应该常规行心导管检查，以评估肺血管阻力。

心导管检查在评价APSD患者的肺动脉压力、肺循环阻力等血流动力学参数和评估手术的可行性方面有不可替代的作用，而且对于诊断和鉴别诊断也很有价值。如右心导管经主肺动脉进入升主动脉，或左心导管经升主动脉进入右心室则可提示APSD。另外，心导管检查可测定肺动脉内不同部位的血气，这可推断血液分流部位及有无合并畸形。心血管造影对APSD的缺损部位、范围及并存畸形基本均能做出明确诊断。升主动脉右前斜位造影观察主、肺动脉同时显影是确诊APSD的直接征象。

APSD的心血管造影确诊率受投射体位的选择和临床操作者熟练程度的影响，国内报道心血管造影确诊率为85.7%，其中以将Ⅱ型APSD误诊为PDA多见。因其有创，而且受投照体位的限制、解剖结构的重叠，近几年作为诊断APSD的应用有所减少。但在评估肺血管阻力方面，心导管检查还是必要的。

5. MRI

随着MRI设备不断更新，心脏MRI临床应用得到了快速发展，其能够对心血管实行任意方位、多层面成像，利用MRI的"黑血"和"白血"技术无须造影剂即可显示心脏及大血管的形态学和血流动力学情况。目前国内外关于MRI诊断APSD的准确率未见明确报道，但均认为对于APSD缺损部位和大小均能很好显示，可以为一些超声不能确诊的APSD提供诊断依据。对于检出APSD合并的一些畸形，MRI也具有独特的优势。

MRI也有不足之处，其检查时间长、费用高，而且不能实际测量各心脏、血管的压力、阻力及血氧情况。

6. 64排螺旋CT

随着多层螺旋CT及三维重组技术的发展，64排CT已逐步成为先天性心脏病诊断的新方法。与16排、32排CT比较，64排CT分辨率更高，层厚更薄，辐射计量减少。64排CT可以从整体上全面、立体、直观地观察心脏的结构并判断其与大血管的关系。既往研究表明，64排CT对复杂先天性心脏病心脏畸形的诊断敏感性、特异性、准确性均高，尤其对主动脉、肺动脉发育、APSD、永存动脉干、主动脉缩窄、主动脉弓离断及肺静脉畸形引流等具有很高的诊断价值。

五、诊断及鉴别诊断

APSD 通过临床表现和上述辅助检查，均可明确诊断。诊断过程中应注意与动脉导管未闭、主动脉窦瘤破裂、冠状动脉瘘、室间隔缺损合并主动脉瓣关闭不全等先天性心脏病相鉴别。

动脉导管未闭：动脉导管未闭临床上多见。动脉导管未闭的连续性机器样杂音位置更高，一般在第 1、2 肋间更响。当发生艾森门格综合征时，动脉导管未闭的发绀为差异性，即下肢更明显。而 APSD 发生发绀时为全身性。行右心导管检查时，在动脉导管未闭，导管易经肺动脉进入降主动脉，而 APSD 易进入升主动脉。行主动脉造影时，在动脉导管未闭，肺动脉与降主动脉同时显影，而 APSD 则为肺动脉与升主动脉同时显影。在动脉导管未闭，心脏彩超、CT 及 MRI 检查均可在降主动脉与肺动脉分叉处发现异常通道。

主动脉窦瘤破裂：一般为突发胸痛，病程进展快，易出现急性左侧心力衰竭，胸骨左缘的连续性杂音位置较低，舒张期较响，心脏彩超可见主动脉窦扩张突入心腔，并可探及分流信号，行主动脉造影时，可见升主动脉与窦瘤破入的心腔同时显影。

冠状动脉瘘：比较少见，连续性杂音较轻，位置较低，舒张期较响，心脏彩超可见异常扩大的冠状静脉窦及扩张的冠状动脉；主动脉造影时可见扩张的冠状动脉及冠状动脉与瘘入的心腔同时显影。

室间隔缺损合并主动脉瓣关闭不全比较常见。杂音在胸骨左缘第 3、4 肋间处，为不连续的收缩期吹风样杂音和舒张期叹息样杂音。心脏彩超可发现室间隔缺损和主动脉瓣返流，右心导管显示左向右分流在心室水平处，主动脉造影可见造影剂反流至左心室，左、右心室同时显影。

六、治疗

（一）手术适应证和禁忌证

APSD 经明确诊断应尽早手术治疗。如果病情允许最好在出生后 3 个月内手术。如已合并艾森门格综合征则为手术禁忌，只能内科非手术治疗或行心肺移植术或肺移植术 +APSD 矫治术。

（二）介入治疗

近几年，国内外均有应用介入的方法成功封堵 APSD 的报道。介入治疗的适应证仅限于缺损较小，且离半月瓣较远和冠状动脉开口清晰可见的患者。应用介入方法治疗时需要对缺损准确定位，即能完全闭合主动脉 – 肺动脉间隔缺损，又不影响左冠状动脉开口血流和主动脉瓣叶的功能。

（三）手术方法

自 1948 年波士顿儿童医院 Gross 首次完成 APSD 纠治手术以来，已有多种手术方式应用于 APSD 的纠治。单纯结扎已建议不宜选用，因脆弱组织有发生出血的危险。切断后缝闭因可造成主动脉或肺动脉狭窄，现在也很少应用。目前也不主张经肺动脉补片闭合缺损，因术中不易辨清冠状动脉开口的位置。

目前更多的学者采用体外循环下经主动脉补片修补 APSD。做胸骨正中切口，充分游离主动脉，行高位主动脉插管，以便于放置阻断钳和修补。根据患者的年龄和体重，可采用单根右心房或双根腔静脉插管。体外循环开始后圈套左、右肺动脉，修补可在深低温停循环或体外循环下进行，阻断主动脉后垂直切开主动脉前壁，仔细检查冠状动脉开口，保证冠状动脉开口在补片的主动脉侧，选用人工材料补片，补片不能太大，以免术后补片凸向肺动脉内引起肺动脉狭窄。如果有冠状动脉起源于肺动脉，亦必须将其隔在主动脉侧。伴发的心内、外畸形应同期纠治。

七、并发症及防治

术后常见并发症类似大的室间隔缺损或动脉导管未闭。因术前往往存在肺动脉高压，因而肺部并发症较常见，因此有肺动脉高压者应注意及时应用血管扩张药物防治肺动脉高压危象。重症患者适当延长呼吸机辅助时间，对难治性肺动脉高压可给予一氧化氮吸入，并注意加强呼吸道管理，积极防治肺部并发症。

八、疗效评估

目前多数先天性心脏病治疗中心的 APSD 的手术效果良好，手术死亡率已接近 0。而且由于目前普遍采用补片修补，发生主动脉瓣上狭窄和肺动脉狭窄的可能性很小。若无合并畸形，长期效果良好。年龄较长的婴儿和儿童，其手术结果取决于肺血管疾病的严重程度和可逆性。Burkhart 报道，APSD 术后 5 年、15 年和 25 年的实际生存率分别达到 98%、94% 和 86%，免除再手术和心导管再干预率 5 年、15 年和 25 年分别为 85%、76% 和 51%。

第九节 主动脉缩窄

一、概述

主动脉缩窄（coarctation of aorta，CoA）是一种先天性主动脉管径的狭窄。CoA 通常位于靠近左锁骨下动脉起始部和主动脉与动脉导管或导管韧带连接处的远端之间。少数情况下，CoA 也可以发生在左颈总动脉与左锁骨下动脉之间。

CoA 是一种并非少见的先天性心脏病，患病率占先天性心脏病的 5%～7%，尸检发现为 1 : 3 000～1 : 4 000。单纯性的 CoA 男性更常见，但在复杂性 CoA 中无性别差异，男女罹患比例约为 2 : 1。

二、病理解剖

CoA 常为局限性，位于左锁骨下动脉起始部远端，在动脉导管开口或导管韧带的附近。狭窄部位也可在动脉导管或导管韧带的近端。长段狭窄可累及主动脉弓横部，常并发左心室流出道狭窄及室间隔缺损。CoA 的病理改变主要为主动脉后壁突向腔内的嵴状突起，局部的中层增厚，内膜增生，组织结构由平滑肌、胶原、弹性纤维组成。嵴状突起使局部主动脉管壁呈偏心性狭窄，相对于嵴性突起的主动脉外壁则凹陷。狭窄远端主动脉因血流动力学改变而扩张。

CoA 按传统方法分为两型：导管前型（婴儿型）和导管后型（成人型）。但因其不能确切地反映临床与病理的联系，目前临床上已很少采用这种分型方法。目前临床上更多地将 CoA 分为单纯 CoA、CoA 并发室间隔缺损、CoA 并发复杂心内畸形及峡部发育不良或弓发育不良型。也有根据狭窄的范围将 CoA 分为局限性 CoA 和管状 CoA。还有将 CoA 分为单纯性 CoA（伴或不伴动脉导管未闭）和复杂性 CoA，即并发其他心内畸形（除外动脉导管未闭）。

CoA 常见合并畸形包括二叶式主动脉瓣、室间隔缺损、动脉导管未闭和各种二尖瓣病变，也可能合并先天性主动脉狭窄、主动脉瓣闭锁和左心发育不良综合征及大动脉转位。50% 以上伴有 Taussin-Bing 异常的患者可合并 CoA。各种遗传因素有一定作用，已有家族性发生的报道，在 Turner 综合征患者中 15%～36% 患 CoA。伴严重的合并缺陷的人较单纯 CoA 更倾向合并管状 CoA 或主动脉弓发育不全。

三、病理生理

CoA 可以明显增加左心室后负荷，导致左心室壁代偿性肥厚增生。对于新生儿期患者，动脉导管的关闭可以使左心室后负荷急剧升高，从而导致患儿迅速出现充血性心力衰竭，甚至休克。对于 CoA 较轻的患者，由于侧支血管的建立，左心室后负荷的增加也可以表现为一个相对缓慢的过程，这部分患者可能没有明显症状。

如果 CoA 合并其他心内畸形，其病理生理将发生较大的变化。室间隔缺损是 CoA 最常见的合并畸形之一，它会加重左向右的分流量，导致肺血流量进一步增加，左心室前负荷也会相应增加。如果合并左心系统其他部位的狭窄，如主动脉瓣狭窄、主动脉瓣下狭窄等，都会导致左心室后负荷的进一步升高。

在 CoA 中，缩窄上部血压升高，下部血压降低。血压的变化取决于缩窄程度，流经缩窄部位的血流量和缩窄上下部位侧支血管建立的影响。侧支血管主要起自锁骨下动脉及其分支，包括胸廓内动脉、肩胛动脉、颈动脉、椎动脉及腹壁上动脉和脊髓动脉等。这些侧支血管持续扩张，一般在大龄儿童及成人患者的胸部 X 检查可看到肋骨下缘的切迹。这些扩大的侧支动脉足以维持下半身器官功能和发育。

四、临床表现

CoA 的临床表现差异很大，一部分患者可能没有任何明显症状，直到出现并发症，如高血压时才得以发现；而另一部分患者在出生后不久即可表现为心功能不全、休克等临床征象。

出现症状的年龄取决于缩窄的位置、严重程度和合并畸形。

新生儿期重度 CoA，其缩窄部位通常位于与动脉导管相对应的主动脉壁，可在出生后第 1 个月即表现出循环系统衰竭。胎儿期主动脉弓部血流由左心室负担，而降主动脉的血流则由右心室通过动脉导管负担。后者对于下半身的血供取决于高肺血管阻力和动脉导管的持续开放。出生后，如果存在严重的 CoA，在动脉导管关闭后，下半身的血供将受到限制，导致股动脉搏动减弱，以至于最终消失。患儿表现为苍白、倦怠及低灌注状态。由于肺血流增加或可能存在的肺水肿，可出现继发性的心动过速。胸部 X 线片提示肺瘀血，心影扩大。心电图可呈现持续性存在的右心室高帆压。动脉血气分析提示进行性代谢性酸中毒。虽然存在肺水肿，但动脉 PO_2 往往正常。如果酸中毒不能及时纠正，患儿可以表现出继发性脏器损伤，包括肾衰竭、肝衰竭、坏死性肠炎、抽搐，最终死亡。

对于年龄稍长的患儿，如果丰富的侧支循环得以建立，可通过适当的内科治疗控制病情的发展。最常见的症状为心动过速及发育迟缓。患儿常表现为烦躁、多汗、喂养困难及发育迟缓。如果侧支循环能够快速建立，同时积极进行内科治疗，有时可以避免外科介入。

在婴儿期，一部分轻度或中度 CoA 的患儿有可能并不被发现。儿童或成年人患者表现为运动耐受力差，可会有下肢疲劳。如果侧支循环丰富，即使是严重的 CoA，也仍然可以没有明显症状。但体检中可以发现患儿的上肢血压高，股动脉搏动减弱。由于侧支循环的存在，单纯依靠测量上、下肢血压并不能确定 CoA 的严重程度，但可以发现上下肢存在的压力阶差。

大龄儿童和成年人常出现难以解释的高血压或高血压的并发症，部分患者可多年无症状和维持有活动能力的生活，出现的症状包括头痛、鼻出血、视力障碍和劳力性呼吸困难。有些患者可出现脑血管意外（继发于 Willis 环动脉瘤、感染性心内膜炎等）、主动脉夹层及主动脉破裂，还有不少患者是通过对高血压评估或检查而听到心脏杂音被发现的。

五、辅助检查

（1）心电图（ECG）：婴儿 ECG 可示右心室、左心室或双心室肥大，心动过速常见。在大龄儿童和成人，ECG 可正常或示左心室肥大伴劳损。这些表现都是非特异性的。

（2）胸部 X 线检查：胸部 X 线片可发现心脏增大、左心室肥大。心力衰竭的婴儿可示心脏显著增大和肺充血，继发于增粗扭曲的肋间血管的肋骨切迹是 CoA 特有的 X 线征象。年龄长的患者，如没有肋骨切迹征，表明侧支循环很差。由主动脉近端扩大、主动脉缩窄和狭窄后扩张形成了的"3"字征也是 CoA 特征性 X 线片上的表现。

（3）心血管造影：心血管造影是诊断 CoA 最经典的方法，也曾是诊断 CoA 的金标准。它可显示狭窄的部位和范围，累及大血管和侧支循环的范围，压力差和合并的心脏畸形可分别由心导管测定和评估。但在目前，已经很少有人选择这种有创的检查方法来诊断 CoA。

（4）超声心动图：适用于新生儿及婴幼儿期的患者。此年龄段的患儿胸腺较大，包裹主动脉弓。因此，可以获得高质量的主动脉弓及峡部影像。还可以利用多普勒超声检查确定缩窄段血流速度，并估测压力阶差。婴幼儿期过后，胸腺开始萎缩，降主动脉近段为肺包裹，通过超声心动图来评估 CoA 的难度明显增加。

（5）多层螺旋 CT（MDCT）及磁共振成像（MRI）：MDCT 和 MRI 可以很精确地评估主动脉缩窄和范围程度以及主动脉弓和降主动脉近段的发育情况。对于儿童及成年患者，主动脉的形态学病变是 MDCT 和 MRI 所最擅长诊断的病种，它优于其他各种无创性检查手段。在评估侧支血管方面，也同样可以提供非常理想的影像学资料，还可以通过数据重建技术获得逼真的三维影像。

六、诊断及鉴别诊断

CoA 的症状并无特异性。当临床上发现高血压、上下肢收缩压存在压力差,心前区左侧和背部肩胛骨之间听到收缩期杂音,股动脉搏动减弱或消失,即应疑为 CoA,做进一步的辅助检查,包括心脏彩超和 CT 等,以明确诊断。临床上,在先天性心脏病的查体中,均要求常规测定四肢的血压,以避免漏诊 CoA。

七、治疗

1. 药物治疗

药物治疗只是 CoA 术前的治疗措施之一。当患儿伴充血性心力衰竭等并发症时,药物治疗可以改善心功能,以提高手术的安全性和成功率。静脉持续滴注前列腺素 E_1（PGE_1）可使很多新生儿的动脉导管重新开放,使下半身获得血流灌注,严重的代谢性酸中毒和经常存在的少尿症可以得以纠正。经过药物治疗和适当的术前准备,危重婴儿的病情稳定可使手术矫治能在最佳条件下完成和降低死亡率。

2. 手术治疗

（1）手术适应证和时机。

①新生儿期患儿,症状明显且内科治疗无效时。

②如患者无症状,但上肢血压较正常平均值高出两个标准差,影像学资料提示主动脉直径狭窄超过 50%。

③CoA 伴左侧心力衰竭或进行性低灌注状态,应及时手术。

④年龄是影响患者术后生存和效果的重要因素,尽早手术已经成为共识。远期高血压的发生率与手术年龄呈正相关,早期治疗可避免远期高血压的发生,< 3 岁患儿术后持续性高血压发生率低。

⑤并发心内外畸形的处理原则：a. 新生儿并发大型室间隔缺损,应先解除主动脉缩窄同时行肺动脉环缩术,以减少肺血流量,延缓肺血管阻塞性病变的发生,二期修复室间隔缺损;b. 1 个月以上的婴儿可同期手术修补室间隔缺损及解除主动脉缩窄;c. 并发主动脉瓣狭窄或动脉导管未闭应同期手术矫正。

（2）手术禁忌证。

①主动脉严重发育不全伴弥漫性硬化或钙化病变。

②心、肺、肝、肾等重要脏器功能严重受损,估计无法耐受手术者。

目前一般认为,无论是利用血压袖带、拉管或多普勒超声心动图,所测得的跨缩窄区压力阶差都不能作为手术与否的决策因素,影像学资料才是手术与否的决定因素。

（3）手术方式：CoA 有多种手术方式,应根据患者的病变情况选择最佳的手术方法。

①缩窄段切除及端 - 端吻合（图 5-2A）：这是最经典的治疗 CoA 的手术方法,主要应用在缩窄段较局限,长度不超过 2.5 cm 的患者。在缩窄段降主动脉近、远端各放置一把无创血管钳,切除缩窄段,吻合时将上、下端的血管钳靠拢,应用 4-0 或 5-0 Prolene 进行连续缝合。

②锁骨下动脉翻转片主动脉成形术（图 5-2B）：完全松解左锁骨下动脉后在其第一分支处结扎。椎动脉必须结扎以防止锁骨下动脉窃血现象。经缩窄段做纵向切口并延续到锁骨下动脉以便裁制成一带蒂片。切除缩窄段后壁造成梗阻的突起,将锁骨下动脉带蒂片转向下以扩大缩窄区。带蒂片必须具有总够长度以超越梗阻。此法的优点包括无人工合成材料,减少游离,缩短主动脉钳夹时间和有可能促进吻合口生长,因为其没有围绕四周的切口缝线。

③补片主动脉成形术（图 5-2C）：适用于缩窄段较长但缩窄不太严重,切断后不能够吻合者。先切断动脉导管或韧带,在缩窄近、远端主动脉上各放置一把血管钳,切开狭窄段,切除腔内膜性狭窄组织,根据需加宽尺寸剪裁一块长椭圆形人工血管或同种血管补片,应用 4-0 或 5-0 Prolene 线连续缝合,加宽主动脉缩窄段。

④缩窄段切除、人工血管移植术（图 5-2D）：适用于缩窄段较长并且缩窄严重,切断后不能够吻合或不适于补片成形者。切除主动脉缩窄段,应用人工血管或同种血管端 - 端吻合重建主动脉的连续性。

⑤人工血管旁路移植术（图 5-2E）：不切除主动脉缩窄段,直接在升主动脉或左锁骨下动脉根部和降主动脉之间做人工血管旁路移植术。

⑥缩窄段切除加扩大端－端吻合术（图5-3）：这是目前多数学者建议的手术方式。充分游离降主动脉、动脉导管或动脉韧带、左锁骨下动脉、左颈总动脉、无名动脉及主动脉弓，直到认为在将缩窄段主动脉切除后，吻合口没有过度张力为止。在主动脉弓近心段放置血管钳，将主动脉弓及左锁骨下动脉、左锁总动脉及部分无名动脉一并阻断，在第1和第2肋间动脉之间置入降主动脉阻断钳。切除缩窄段主动脉及动脉导管或导管韧带，将主动脉弓切口向近心端扩大，必要时可扩至无名动脉对开处，用Prolene线行端－端或端－侧连续吻合术。

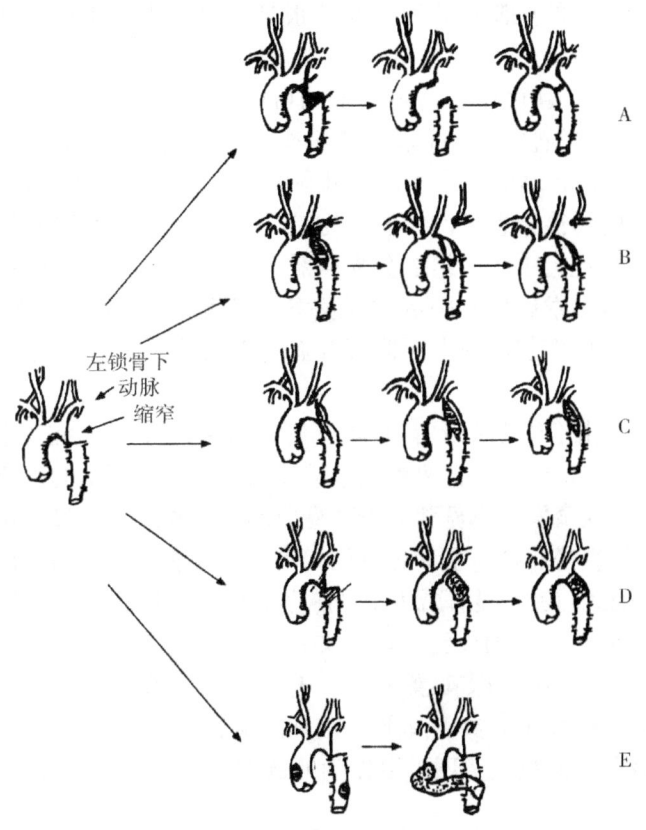

图 5-2 主动脉缩窄矫治的手术方式

A. 缩窄段切除及端－端吻合；B. 锁骨下动脉翻转片主动脉成形术；C. 补片主动脉成形术；D. 缩窄段切除、人工血管移植术；E. 人工血管旁路移植术

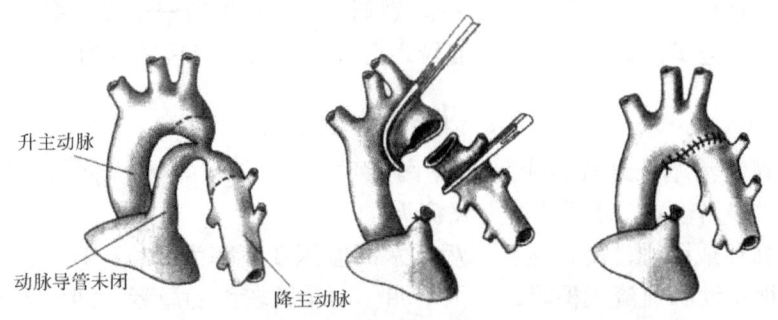

图 5-3 主动脉缩窄段切除加扩大端－端吻合术

从以上可以看出，CoA的手术方法多种多样。经临床长期随访证实，单纯切除缩窄段加端－端吻合术和补片主动脉成形术，因再缩窄率高现在已较少应用。补片主动脉成形还有发生动脉瘤的可能。锁骨下动脉翻转片主动脉成型术因未能去除残余导管组织及不能矫治主动脉弓发育不良，长期随访也有较高的残余梗阻发生，还发现会影响患儿左上肢发育，现在也较少应用。而缩窄段切除加扩大端－端吻合术由于彻底切除了动脉导管组织，保存了左锁骨下动脉，可将切口延至主动脉弓下方或接近升主动脉，可同时矫治主动脉弓发育不良，未用人工材料，是比较合乎解剖和生理的术式。因此，该术式在婴幼儿患

者中得到了广泛的应用，取得了满意的效果。而人工血管置换或旁路移植术仅适用于成年人 CoA。

3. 介入治疗

由于 CoA 外科手术有一定的风险，单纯性 CoA 的手术死亡率为 2%~4%，术后并发症发生率可达 5%~10%，自 1982 年 Singer 等首次应用球囊扩张以来，CoA 逐步成为介入治疗的对象。随着高压球囊导管和血管内支架的问世，介入治疗已成为 CoA 的主要治疗方法之一。

（1）动脉球囊成形术：CoA 球囊成形术自 20 世纪 80 年代开展后，迅速成为该病的治疗方式之一。球囊血管成形术解除主动脉狭窄的机制被认为是在扩张时引起了狭窄处血管内膜和中层纵行撕裂，使病变部位内径增大，从而扩大了主动脉缩窄的管腔横截面积。但 CoA 球囊成形术也可引起术后主动脉夹层、主动脉瘤等多种并发症，并且存在较高再狭窄的可能性。由于可能在扩张部位产生残余狭窄或复发，或动脉瘤及夹层形成，对单纯性 CoA 行球囊成形术还未得到广泛的接受。对于年龄较小的患儿，尤其是新生儿和婴幼儿，到底应选择球囊成形术还是外科手术，还存在较大争议。

主动脉缩窄经外科手术后再狭窄患者，目前认为是 CoA 球囊成形术的最佳适应证。CoA 手术后血管周围被纤维组织包绕并形成粘连，手术时组织分离困难，极易出血，而且不易显露再狭窄的管腔，即使成功地对再狭窄进行外科手术，术后仍有一定的复发率。球囊成形术则可以避免分离组织粘连及其由此引起的并发症，即使球囊扩张后引起内膜中层撕裂及血管破裂等并发症，由于血管周围纤维组织包绕也不致引起大量出血。

（2）主动脉支架置入术：由于球囊成形术后再狭窄和主动脉瘤等并发症发生率偏高，促使人们进一步探索采用支架置入术治疗 CoA。理论上，支架置入术较球囊成形术有更多的优势：由于支架的支撑作用，可以防止主动脉弹性回缩，再狭窄发生率显著低于球囊成形术，同时可以降低主动脉夹层的发生；此外，由于支架置入术时选择的支架直径通常与主动脉直径相等，而球囊成形术为取得更好的治疗效果，选择的球囊通常大于主动脉直径，因此前者可显著减少主动脉壁的损伤，降低术后主动脉瘤的发生率。

关于 CoA 的支架置入术的疗效，国外已有较多文献报道。从多数报道的结果看，针对不同的年龄和缩窄处的解剖特点，人们采用了不同的支架置入术，效果均比较满意。支架置入术的成功率远远高于球囊成形术和外科手术，而并发症发生率显著降低，尤其是覆膜支架，其主动脉瘤、主动脉夹层等并发症较普通支架进一步降低。而且，覆膜支架还可以作为 CoA 外科手术和介入治疗出现并发症之后的一种补救手段。

支架术虽然取得了满意的疗效，但仍存在一些争议，如患儿发育问题、对主动脉分支血管的影响、支架移位等问题。一般而言，对于长管状和主动脉弓发育不良型 CoA，外科手术和支架置入术均可考虑；对充分发育的青少年和成年人，支架置入术具有安全、高效和微创等优势，为首选治疗方式。对于 1 岁以内患儿应以手术为主，而儿童患者，尤其是获得性 CoA 和再缩窄患者，多主张行球囊成形术。随着支架材料的改进和技术进步，支架置入术可能最终会成为多数患者首选的治疗方式。

八、并发症及防治

主动脉缩窄的外科矫治术已经较为成熟，其手术死亡率为 2%~4%。但如并发复杂心内畸形或术前病情严重者手术死亡率仍较高。术后主要并发症为：

（1）术后反常高血压或顽固性高血压：术后反常高血压发生率为 5%~10%、主要表现为术后上、下肢血压较术前高，而主动脉血流无梗阻，病因不明。而年龄较大的患者，即使手术成功，术后仍可能出现顽固性高血压，这可能与肾素-血管紧张素-醛固酮系统及压力感受器调定点发生改变有关。术后有高血压者应给予血管扩张药降压，减轻心、脑负荷，避免发生脑血管意外。

（2）脊髓缺血性损害：表现为下肢轻度瘫痪、完全性截瘫等。发生率为 0%~4%。发生原因与术中降主动脉阻断时间长、侧支循环发育不良、脊髓血管变异及结扎多对肋间神经有关。

（3）乳糜胸：术中游离血管时可能损伤胸导管或淋巴管而导致术后乳糜胸。经非手术治疗无效应考虑结扎胸导管。

（4）主动脉再缩窄：发生率 10%~60%，以婴幼儿缩窄段切除加端-端吻合术发生率最高。其原因包括：①缩窄段切除不够；②吻合口未能随婴幼儿生长发育而增长，特别是采用连续缝合限制了吻合口的增长；③残留导管组织；④吻合技术不当等：当再缩窄发生时，应再次手术矫正。

（5）假性动脉瘤或瘤样扩张：多见于补片成形术后。发生原因与主动脉内膜损伤、同种血管片的退行性病变及补片的感染有关。须再次手术治疗。

九、疗效评估

未治疗的 CoA 的自然病程取决于出现症状时的年龄和合并畸形。有症状的婴儿死亡率很高，取决于缩窄的严重程度和存在的合并畸形。能存活到成年的患者预计寿命大大降低。在一组 104 例 CoA 的报道中，平均死亡年龄 35 岁。最常见的死亡原因为主动脉破裂、感染性心内膜炎、充血性心力衰竭和脑血管意外。手术治疗可显著延长 CoA 患者的预计寿命，但不可能完全正常。

手术矫治的结果取决于有无主动脉弓发育不全、矫治时年龄、矫治选用的方式以及存在的合并畸形。CoA 长期预后受很多临床因素及血流动力学影响。残余或再发性狭窄最常发生在婴儿，不管是采用外科手术切除或经皮球囊血管成形术。手术方式不同对远期疗效有明显的影响。婴幼儿行缩窄段切除端－端吻合者再缩窄发生率可达 33%～54%。而应用左锁骨下动脉翻转片行主动脉缩窄成形术者再缩窄发生率明显低于端－端吻合者。应用补片成形术者再缩窄率发生率低，但术后晚期可发生假性动脉瘤。最近的手术随访结果表明，应用扩大的端－端吻合术可以降低复发性 CoA 的发生。

总之，CoA 一旦确诊应尽早治疗，以避免晚期高血压的发生。经皮球囊扩张术是再狭窄治疗的首选方法，新近发展的经皮主动脉球囊扩张加腔内带膜支架移植术进一步完善了介入性治疗技术，有更大的发展空间。切除加扩大的端－端吻合术适用于新生儿和小婴儿，特别是位于弓降部狭窄者。对并发心内畸形的复杂性 CoA，一般建议纵劈胸骨经纵隔修复心内畸形和同期切除缩窄段加扩大端－端吻合。

第十节　头臂血管畸形

一、概述

头臂血管是指主动脉弓在胸内的主要分支血管，包括锁骨下动脉、无名动脉和颈总动脉。先天性头臂血管畸形是指主动脉弓的这些主要分支的起源、大小、位置、形态、路径、连接或数量等先天性发育畸形：这类先天性畸形在先天性心脏病尸解中占 3%，临床患病率 0.7%～1.0%。畸形的解剖类型较多，包括双主动脉弓、迷生右锁骨下动脉、右位主动脉弓伴左侧动脉导管未闭或左侧动脉韧带、无名动脉压迫。迷生左肺动脉又称肺动脉吊带，临床上可以引起不同程度的气管和（或）食管压迫症状，统称环状血管症。

头臂血管畸形的外科治疗始于 1945 年，波士顿儿童医院 Cross 对双主动脉弓进行离断手术，1948 年他首次对无名动脉压迫综合征行无名动脉胸骨后悬吊术。1953 年 Potts 首次进行肺动脉吊带的修复。1982 年 Idriss 对复杂的肺动脉吊带伴气管环狭窄进行手术治疗。

二、病理解剖

在胚胎发育的早期，最原始的心血管系统是动脉干，绕过头肠腔的外侧，在脊索的前方形成一对原始主动脉。以后原始主动脉的头侧卷曲，形成两组背侧和腹侧主动脉，在背侧和腹侧主动脉间先后形成 6 对腮动脉弓。腮主动脉弓的最终演变为第 1 对、第 2 对和第 5 对腮动脉弓早期退化，第 3 对形成左、右颈总动脉，右第 4 对为右侧无名动脉的起始部，左侧第 4 对形成主动脉弓，第 6 对腮动脉弓的腹侧形成左、右肺动脉起始部，左侧的远端演变成动脉导管，左侧背侧主动脉演变成降主动脉，而右侧则退化。

血管环畸形是腮动脉和主动脉弓的发育过程中发生异常，产生不同类型的头臂血管畸形，出现许多类型的环状血管畸形。

（一）双主动脉弓

左右第四腮动脉弓均留存发育，就形成了双主动脉弓。升主动脉分为两个主动脉弓，左前弓按照正常走行经过气管前方至左侧，右后弓跨过右侧支气管，走行于气管和食管的右侧和后侧。然后，两个主动脉弓在动脉导管处汇合形成降主动脉，或不汇合形成双降主动脉。动脉导管或韧带可以双侧存在单独存在（左侧较常见）。双主动脉弓可以完全通畅或部分通畅，彼此发育可以不同。左侧颈总动脉和左锁骨下动脉往往起于左前主动脉弓，无名动脉多起于右后主动脉弓。双主动脉弓绕行于气管和食管，可以压迫气管和食管，从而导致临床的呼吸和吞咽困难等症状。

（二）右位主动脉弓

右第 4 腮动脉弓留存发育而左侧退化，就形成右位主动脉弓，分为两种类型。

1. 前位型

主动脉弓位于气管前方，与降主动脉皆位于右侧，与正常位置呈镜像反位。少数动脉导管或韧带位于右侧与右肺动脉连接。多数动脉韧带仍位于左侧，从左肺动脉绕过气管和食管的后方，与右位主动脉弓连接，形成一完全性环状组织环绕气管和食管，称为 Neuhauser 畸形。右位主动脉弓同时合并其他畸形，包括法洛四联症、永存动脉干等，单独存在的较少见，称为 Abbott 畸形。

2. 后位型

主动脉弓跨过右侧支气管，再向左绕过气管和食管后壁。降主动脉与正常走行一致。右位主动脉弓发出的分支常呈镜像反位，先是左侧无名动脉，左侧颈总动脉，随后为右侧锁骨下动脉，也可以存在两支无名动脉。

（三）肺动脉吊带（迷生左肺动脉）

正常的左肺动脉缺如，畸形左肺动脉起于纵隔右侧的右肺动脉干，绕过右侧支气管，在气管和食管间行走连接于左肺，从而压迫右侧支气管和气管、食管产生临床症状。

（四）正常主动脉弓伴分支畸形

1. 迷生右锁骨下动脉

右锁骨下动脉为主动脉弓的第四分支，起于左锁骨下动脉远端的降主动脉，根部常扩大形成憩室状。80% 的迷生血管绕过食管后壁，15% 的穿过气管和食管之间。本畸形多数无临床症状，少数可以产生压迫食管导致吞咽困难。

2. 无名动脉

无名动脉起于主动脉弓的左侧，绕过气管前壁，可以压迫气管导致呼吸困难。

3. 左侧颈总动脉

左侧颈总动脉起于主动脉弓的右侧，斜跨气管前方，或起于无名动脉，压迫气管导致呼吸困难。

（五）主动脉弓长度或连接畸形

1. 颈部主动脉弓

主动脉弓从第 3 腮动脉弓发育，是罕见的畸形。多数病例升主动脉、主动脉弓和降主动脉都位于右侧，常合并无名动脉畸形。动脉韧带和食管后主动脉可以形成环绕气管和食管的血管环。

2. 主动脉弓离断

主动脉弓离断（interrupted aortic arch，IAA）又称主动脉弓缺如，是指升主动脉与降主动脉之间没有连接，是一种罕见的先天性心血管畸形，误、漏诊率及手术死亡率高。在胚胎时期第五到第七周时，主动脉弓发育异常引起连续性中断的先天性心脏病，一般病情比较少见，约占先天性心脏病的 1%～4%。先天性主动脉弓离断常常与室间隔缺损、动脉导管未闭合并存在，称为"先天三联"，部分与拇指畸形并存成为"Halt-Oram"综合征。不合并上述畸形的单纯型罕见。中断以远的弓、降主动脉通过未闭导管提供的右心血供应体循环。

三、病理生理

头臂血管畸形如不合并其他畸形，常不产生临床症状。但在少数病例，由于血管环或纤维血管环对气管或食管产生不同程度的压迫，可以出现一系列的呼吸困难或吞咽困难等症状，严重的可产生死亡。

四、临床表现

此病主要表现为环状血管引起的气管或食管压迫综合征。

在婴儿期症状出现的早晚与血管环的解剖类型和压迫严重性有关，主要表现为呼吸道症状，可以出现呼吸时喘鸣，严重的伴有呼吸困难、气急、咳嗽。吸气相出现胸骨上区和剑突下区明显凹陷。呼吸困难多为持续性，常伴阵发性发作，尤其在进食时。为了减轻气管受压症状，患儿喜采取过度头后仰位，在双主动脉弓病例中较常见。容易合并反复发生肺炎和呼吸道感染。进食时因吞咽困难出现呕吐。

在儿童期，一般压迫症状可以有所缓解，临床症状改善，但是合并感染或其他病变，可以加重吞咽困难或呼吸道压迫症状。

成年期出现症状多由畸形动脉硬化增粗、扩张导致。呼吸困难症状较少见，主要表现为食管压迫导致的进食时间延长，呕吐和吞咽困难，可以出现严重的营养不良。

五、辅助检查

（一）X线胸片

对怀疑头臂血管畸形的患者首先进行前后位和侧位 X 线胸片检查。依据主动脉弓的位置和气管的关系，初步评价是左位或右位主动脉弓，或是双主动脉弓。当气管位置无法确定，应该考虑双主动脉的可能。右位主动脉弓或双主动脉弓侧位片可见气管压迫导致的狭窄，单侧右肺过度通气提示迷生左肺动脉（肺动脉吊带）。正常 X 线胸片可以除外血管环。

（二）钡剂食管造影

钡剂食管造影是最可靠的初步诊断血管环的方法。由于异常的主动脉弓或其分支造成食管内钡剂特殊的形态，可以诊断血管环的类型。双主动脉弓或右位主动脉弓伴左侧韧带在食管后壁显示深的持续压痕。在前后位片上显示双侧食管压痕提示双主动脉。右位主动脉弓伴食管后左锁骨下动脉常产生朝向左肩部的斜行压痕。而高的从左向右斜行压痕提示迷生右锁骨下动脉。迷生左肺动脉（肺动脉吊带）为食管前部压痕。诊断确定血管环的特殊类型，单纯依靠 X 线胸片和食管造影仍不可能。

（三）计算机断层扫描

计算机断层扫描（CT）在诊断头臂血管畸形方面非常准确。大部分病例可以根据主动脉弓和头臂动脉的形态直接诊断，然而在某些病例，诊断需要依靠动脉分支的形态、主动脉弓的位置以及气管的局部狭窄的表现。"四动脉现象"即在横断面上显示主动脉弓头端由 2 支背侧锁骨下动脉和 2 支腹侧颈动脉构成，提示右位主动脉弓伴迷生左锁骨下动脉。

在无名动脉压迫综合征和肺动脉吊带，CT 可以直接显示血管的起源和对气管的压迫程度。气管的狭窄程度有助于确定外科手术方法。

（四）磁共振影像

磁共振影像（MRI）适合纵隔血管结构成像。冠状面和矢状面成像有助于疑难病例的诊断。

（五）支气管镜检查

支气管镜的检查主要应用于存在呼吸道压迫症状但尚未明确诊断的病例。不同水平的气管压迫有助于判定双主动脉弓或右位主动脉弓伴左侧韧带。支气管检查可以排除其他原因导致的呼吸压迫症。在肺动脉吊带的病例，可以明确是否合并完全性气管环。

（六）超声心动图

尽管超声心动图可以检查主动脉弓畸形，但是由于超声显示窗口的限制，并非诊断头臂血管畸形的主要方法。但是对于除外同时合并心内畸形有明确意义。

（七）心导管检查

在 CT 和 MRI 检查出现后，心导管检查应用于头臂血管畸形的检查逐渐减少，仅当患者合并先天性心脏病畸形时才进行心导管检查。

六、治疗

对于所有有症状的患者都有手术指征。几乎所有血管环的患者，甚至无症状的患者，将来都可以出现明显的气管症状。

（一）术前准备

有呼吸道严重压迫症状的婴儿，术前准备非常重要。应用抗生素，清除呼吸道分泌物，控制呼吸道感染。对于营养不良的患者，给予补充容量，静脉营养或输血，增加手术耐受力。

（二）麻醉和切口

选用气管插管麻醉，插管应超越气管压迫部位。有术者主张任何血管畸形都采用左前外侧切口，经第3肋间进胸。目前，大部分术者左侧第4肋间后外侧切口显露病变更清楚。胸骨正中切口适用于无名动脉或左颈总动脉压迫气管前壁。

（三）手术基本过程

（1）双主动脉弓经左侧胸切口进胸，探查主动脉弓，根据两个弓及其分支的情况行左前弓切断缝合或右后弓切断缝合。约75%的病例左前弓细小，在左颈总动脉和左锁骨下动脉远端的行左前弓汇入降主动脉的部位切断左前弓并缝合。约14%的病例左前弓粗大，需要保留，在右后弓汇入降主动脉的部位行右后弓切断缝合。术后需要充分分离气管和食管周围的纤维粘连，避免残余压迫。

（2）右位主动脉弓伴左侧动脉导管未闭或左侧动脉韧带经左侧胸切口进胸，切断动脉导管或动脉韧带即可解除症状。

（3）肺动脉吊带手术路径可以采用经右胸切口、左侧胸后外侧切口或胸部正中切口，目前临床常用的是经左侧胸后外侧切口进胸。在迷生左肺动脉起源处切断该动脉，将切断的左肺动脉远端移位到气管前，与肺动脉主干吻合。

（4）迷生右锁骨下动脉手术路径可以采用经右颈部切口、左侧胸后外侧切口或胸部正中切口。在迷生右锁骨下动脉的起源处切断该动脉，游离食管和血管间粘连组织，将切断的右锁骨下动脉远端移位至右颈部，与升主动脉直接吻合或用人工血管连接。

（5）无名动脉异常，经胸骨正中切口，切断异常的无名动脉，移位至升主动脉右前方，与升主动脉直接吻合或用人工血管连接。

七、并发症

主要并发症包括气管软化、气管和支气管损伤、肺动脉栓塞（多发于肺动脉）。

1. 气管软化

由于气管长期受压迫，一旦血管畸形矫治，部分患者可以出现气管塌陷导致呼吸道梗阻，应及时给予处理。

2. 气管和支气管损伤

因为畸形血管和气管或支气管粘连，术中游离时损伤气管或支气管，导致气管或支气管胸膜瘘。

3. 左肺动脉栓塞

左肺动脉栓塞多发生于迷生左肺动脉行血管矫治术。其原因与左肺动脉发育不全、血管成形术后成角畸形、吻合口狭窄等有关。

八、疗效评价

先天性头臂血管畸形的手术治疗除迷生左肺动脉以外效果都较好。手术死亡率＜5%，死亡原因多为肺炎或呼吸衰竭。早期迷生左肺动脉矫治手术的死亡率高达31%～50%，死亡原因多与合并气管或支气管狭窄有关，术后左肺动脉栓塞发生率高。近年来手术效果明显提高，波士顿儿童医院报道27例手术，无手术死亡，远期死亡3例，2例死于术后肺部并发症。

第十一节　先天性二尖瓣畸形

一、概述

先天性二尖瓣畸形是指二尖瓣装置，包括瓣上、瓣环、瓣叶、腱索、乳头肌的一个或几个部分发育异常，导致二尖瓣狭窄或关闭不全，有时也可两者同时存在，但不包括心内膜垫缺损、左心室发育不良、矫正型大动脉转位等的畸形在内。该类畸形极少为单发，常合并其他心内畸形，尤其是左心系统及主动脉发育异常。1902年，Fisher首次报道了先天性二尖瓣狭窄中的先天性二尖瓣瓣上隔膜；1959年，Starkey首次报道了先天性二尖瓣狭窄和关闭不全的心内直视手术经验；1964年，Young和Robinson成功地报道了为1例10个月大的婴儿进行了瓣膜置换术；1976年Capentier阐释了先天性二尖瓣畸形的分类，并提出了先天性二尖瓣畸形的系列手术处理策略。此后，随着心外科技术的进步，二尖瓣的成形及瓣膜置换手术死亡率明显降低。

此病患病率占先天性心脏病的0.3%～0.6%。占临床病例的0.21%～0.42%。60%左右合并有其他畸形，包括左心室流出道梗阻、室间隔缺损、房间隔缺损、主动脉缩窄、主动脉瓣下狭窄、右心室双出口、冠状脉起源异常等。

二、解剖病理

根据二尖瓣关闭不全和（或）狭窄的存在与否，二尖瓣畸形分成二尖瓣关闭不全和二尖瓣狭窄两大类型。

1. 先天性二尖瓣狭窄

先天性二尖瓣狭窄可发生于二尖瓣环上、瓣环以及瓣下3个不同水平，1976年Capentier根据乳头肌是否正常提出了先天性二尖瓣狭窄的病理分型。

（1）瓣膜狭窄、乳头肌正常。

①交界融合：瓣叶正常，瓣膜交界部融合增厚，乳头肌直接与交界部连接，可无腱索或腱索缩短。

②瓣膜组织过多和双孔二尖瓣：二尖瓣装置正常，但腱索间空隙被异常瓣膜组织填塞，部分患者，过多的瓣膜组织连接前后叶，形成附属开口，即双孔二尖瓣。

③瓣上环：左心耳下方，二尖瓣瓣环上方或直接附着于二尖瓣瓣环、瓣叶上的环状纤维隔膜，近年来又将二尖瓣瓣上环细分为瓣膜上型和瓣膜内型，并有研究认为两种类型的发生机制及预后存在差别。

④瓣环发育不良：二尖瓣环较正常小20%～50%，但二尖瓣结构及左心室容积基本正常。

（2）瓣膜狭窄、乳头肌异常。

①降落伞形二尖瓣：是先天性二尖瓣狭窄中最常见的病变。二尖瓣前、后叶腱索附着于单一乳头肌或主要的一个乳头肌而另一乳头肌发育不良。近年来，其又细分为真性降落伞样二尖瓣和降落伞样不对称二尖瓣。两者发生机制及预后略有不同。

②吊床形瓣：缺少2个正常的乳头肌，代之以多个乳头肌附着于左心室后壁上方，乳头肌向后面及上方移位造成二尖瓣狭窄。前叶腱索跨过二尖瓣口连接于对侧乳头肌形成吊床样外观。

③乳头肌缺如：很少引起二尖瓣狭窄，多数为混杂的腱索附着于心室壁，腱索间隙无开口。

2. 先天性二尖瓣关闭不全

对于先天性二尖瓣关闭不全常用的分类方法有两种，其一是根据畸形的部位分为：

（1）瓣环畸形：主要是瓣环（尤其是后瓣环）的扩大和变形。

（2）瓣膜畸形：包括瓣叶裂隙、三叶二尖瓣，瓣叶缺如，交界处瓣膜缺如、瓣叶孔洞。

（3）瓣下畸形：主要有腱索缺如，腱索、乳头肌延长。

另外一种为Carpentiar根据二尖瓣瓣叶的活动情况提出的3种病理分型：

（1）瓣叶活动正常型：如瓣叶裂隙、瓣环扩大、交界区瓣叶组织缺损等。

（2）瓣叶活动过度型：主要指瓣叶脱垂，腱索纤细延长、腱索断裂、乳头肌延长均可导致前叶或后叶脱垂，左心室收缩期瓣尖脱入左心房侧。

（3）瓣叶活动受限型：瓣叶运动受限伴乳头肌正常包括交界融合，腱索缩短；瓣叶运动受限同时伴异常乳头肌主要包括降落伞形二尖瓣或吊床样二尖瓣伴瓣叶发育不良，及乳头肌发育不良或未发育，造成关闭不全。

先天性二尖瓣关闭不全的各种病理改变中，最为常见的病理改变是瓣环扩大，其次是瓣叶脱垂。

二尖瓣是由胚胎的心内膜垫和原始左心室小梁发育而成的。在胚胎的第4周背侧和腹侧心内膜垫横向内侧面生长，把房室管分为心房和心室两部分。第5周和第6周心房和心室完全分开，同时二尖瓣与三尖瓣也被隔开。在第6周和第7周二尖瓣叶由心内膜垫及其附近组织生成，与此同时，乳头肌和腱索也由左心室原始小梁的肌肉生成。直到第24周，左心室小梁缓慢融合成2个明确的乳头肌。瓣叶和腱索组织逐渐改变原有的肌肉特征而变成菲薄、柔软的胶原组织。二尖瓣环是由心脏的纤维结构组成的，它包括左、右纤维三角和连接二者的前瓣环，其余部分为二尖瓣后瓣环。二尖瓣环是经过一系列左侧房室沟处的分隔而形成的在胚胎心腔，房室沟处心内膜垫表面心肌组织沉积和压迫，导致该部心肌细胞退化，在房室口处除了希氏束外，其余心肌连接中断。上述二尖瓣装置发育过程的一个或某个成分发育异常，即可导致二尖瓣狭窄或关闭不全的发生。尚未确定先天性二尖瓣畸形的相关基因。

三、病理生理

对于先天性二尖瓣狭窄患者，由于二尖瓣口有效面积减小，导致左心房压与肺静脉压升高，肺瘀血，继而肺动脉与右心室压力增高。肺毛细血管静水压升高，迫使水分进入肺间质及肺泡腔，最终导致肺水肿。支气管静脉瘀血累及细支气管，引起气道阻力增加、肺顺应性下降。作为一种代偿机制而发生的肺血管收缩，导致右心室压力升高，右心室肥厚。随着病情进展，肺小动脉内膜增厚、中层肥大，导致持续肺动脉高压。最终，右心功能出现衰竭，肺血流减少，继而体循环血流减少。如果心脏排血量严重减少，将会发生合并肝、肾功能不全的终末期脏器衰竭，休克、代谢性酸中毒。右心功能衰竭，导致体静脉瘀血、肝大、腹水、下肢水肿。

对于先天性二尖瓣关闭的患者，可经历慢性代偿期和失代偿期两个阶段。在前一阶段，二尖瓣反流使左心室收缩期，一部分血流从左心室回流到左心房，而在舒张期这部分血液又回流入左心室，从而左心室舒张末期容量增加和左心室腔扩大。同时，反流血液进入左心房，使左心房扩张，以适应左心房室间反流所致的左心房容量增加，左心房对容量负荷增大的代偿，使得肺循环和右心室的压力在这一阶段无显著变化。左心房的顺应性改变降低了左心室的后负荷，而且，左心室的扩张和肥厚增加了心肌收缩力，这些变化使得左心能够保持后负荷不变，尽管反流的比例可能比较高，但通过增加每搏量的代偿作用，左心室维持了正常的心排血量。慢性失代偿阶段：当左心室不能维持足够的前向血流时，就进入了失代偿阶段。当左心室收缩性开始下降，左心室收缩末期容积增加，左心室舒张期压力增加，使左心房压力增加，并增加了左心房后负荷，并进一步影响左心室射血，并产生了一个往复循环，使左心室功能不断下降。而且，舒张末期容积和收缩末期容积增加，导致肺动脉充血。尽管左心室前向射血分数较代偿期阶段降低，由于大量的二尖瓣反流，左心室整体射血分数可能是正常的。随着二尖瓣反流程度的加重，左心室整体射血分数下降，肺静脉压力的持续升高，导致肺动脉高压，并最终导致右侧心力衰竭。

四、临床表现

二尖瓣重度狭窄患儿，在没有足够大的房间交通情况下，出生后很快将会因急性肺水肿而发生呼吸窘迫。如果合并房间隔缺损，患儿则会表现为肺血多而体循环血量减少症状。二尖瓣轻度或中度狭窄患儿，在渡过新生儿期之后，会出现低心排血量和右心功能衰竭症状，如反复肺部感染、生长停滞、喂奶时疲惫、大汗、呼吸急促以及慢性咳嗽等。在大龄儿童，则会出现活动受限、运动耐力差、易疲劳等症状。肺瘀血则表现为逐渐加重的呼吸困难症状，开始时表现为活动后呼吸困难，后期可出现夜间阵发性呼吸困难、端坐呼吸，甚至出现急性肺水肿症状，在病史较长的大龄患儿，还可出现由于左心房增大而造成的局部压迫症状，如吞咽困难，声音嘶哑、胸痛等。二尖瓣关闭不全患者临床症状轻重，取决于反流程度。轻度反流通常无症状，随着反流量的增加，患儿可出现活动耐力差、多汗、生长发育迟缓，进食困难等症状。增大的左心房压迫左主支气管，可引起下呼吸道感染和心源性哮喘。儿童通常对二尖瓣反流有良好的耐受能力，直到20～30岁症状才逐步显现，但此时，可能心脏已处于失代偿期而很快出现心力衰竭。二尖瓣轻度或中度狭窄患儿体格检查，末梢循环及脉搏正常，心尖部听诊第一心音增强，舒张期逐渐增强的低频隆隆样杂音。二尖瓣重度狭窄者，末梢循环差，脉搏细弱心音减弱，手足发凉，心脏抬举样搏动，心尖部听诊第一音减弱，舒张期杂音可因心力衰竭而减弱。二尖瓣关闭不全患儿可见呼吸频率、心率增快，心尖冲动向左下方移位。心前区可出现由左心房搏动和心尖冲动所共同构成的双搏动现象。心脏浊音界扩大。心尖部听诊可闻及典型的收缩期高调、吹风样杂音，向左腋下传导，第一心音减弱，第二心音分裂。

五、辅助检查

（1）心电图检查：先天性二尖瓣狭窄可显示左心房或双心房扩大、右心室肥厚波形。在儿童，出现心房颤动者很少见。先天性二尖瓣关闭不全可见P波增大、中度以上反流尚可出现左心室肥厚，当肺动脉高压发生后可出现右心室肥厚波形。

（2）胸部X线片：二尖瓣狭窄可见左心房扩大、肺静脉瘀血、肺动脉扩张、右心室扩大。二尖瓣关闭不全见左心房、左心室增大，肺瘀血改变，左心房增大压迫左主支气管，导致左肺不张。

（3）超声心动图：是最重要的也是必需的辅助检查，可提供瓣膜形态、瓣叶活动情况、瓣口面积、各心腔大小、跨瓣压差、心室腔压力以及心脏功能等重要数据，确定瓣膜反流的程度，评估左心室功能，推测肺动脉高压程度，并对手术方法的选择提供参考。

（4）磁共振（MRI）和CT扫描：一般不需要此项检查，除非要明确瓣下结构的畸形改变。其不适合婴儿期的患者。

（5）心导管检查：目前仅在二尖瓣球囊扩张术中使用。

六、诊断及鉴别诊断

通过询问病史、了解症状及体格检查，可以做出初步诊断；确诊须经超声心动图检查。超声心动图检查不仅可以判断二尖瓣狭窄或关闭不全的病因、病情程度，还可以明确合并的心内畸形。

七、治疗

1. 手术适应证

（1）二尖瓣狭窄手术适应证：

①症状严重或临床上出现严重肺静脉高压征象的患儿应立即进行手术治疗，若症状尚未急迫，最好在6个月后手术。

②症状较轻，但有严重肺动脉高压表现者，应在18个月以前手术。

③狭窄程度较重者可出现轻度症状，需使用利尿药物治疗，心脏中度以上增大时，建议手术治疗。

（2）二尖瓣关闭不全手术适应证：

①有反复呼吸道感染、进行性心脏扩大、心力衰竭、严重肺动脉高压及喂养困难、生长发育受限者应尽早手术。

②重度二尖瓣膜反流患者应及早手术。

③中度反流、无症状而左心室功能低下或中度左心室功能障碍的患者，应手术治疗。

④中度反流、无症状而轻度左心室功能障碍者应尽量推迟到6岁以后择期手术。

2. 手术方法

（1）先天性二尖瓣狭窄的修复手术：

①交界融合：交界切开术，瓣下融合的腱索按附着瓣膜边缘分界向下切开。

②瓣膜组织过多和双孔二尖瓣：多余瓣膜组织切除。

③瓣上环：瓣上狭窄环切除术，切除过程中注意勿损伤瓣叶。

④瓣环发育不良：目前无法手术矫治。

⑤降落伞形二尖瓣：降落伞形二尖瓣本身不一定需要手术，但导致二尖瓣口明显狭窄，需行交界切开、乳头肌劈开术。

⑥吊床形瓣：交界切开，如显露左心室困难可切开后叶以充分显露瓣下结构，将多余的乳头肌和纤维组织切除，劈开乳头肌使腱索得以延长。该组畸形一般成形效果欠佳，通常需要瓣膜置换。

（2）先天性二尖瓣关闭不全的二尖瓣修复：由于儿童二尖瓣瓣叶的柔韧性及顺应性均比成年人好，使得大部分二尖瓣关闭不全患儿行二尖瓣修复术成为可能。另外，二尖瓣修复术可保留二尖瓣瓣下装置以及术后无须抗凝血，因此一直是先天性二尖瓣关闭不全的首选术式。

根据二尖瓣关闭不全的不同病理解剖特点，二尖瓣成形有多种手术方式。

①瓣环畸形修复：对于二尖瓣瓣环扩大患者或交界增宽患者可采用交界折叠术以及后瓣叶部分切除+瓣环折叠术，对10岁以上患者还可以应用成形环以矫正瓣环扩大所致关闭不全。

②瓣膜畸形修复：

a. 瓣叶裂：包括前叶裂和后叶裂，前叶裂多见。如裂隙小可直接缝合，如裂隙较大可用经戊二醛处理的自体心包片修补裂隙。

b. 瓣叶缺损：前叶缺损处理方式同前叶裂，后叶缺损的矫正方式为滑动瓣叶成形术：将后瓣沿两侧瓣环切下，对缘缝合，相应瓣环折叠后再将后瓣缝合于瓣环上。

c. 三叶二尖瓣：手术目的为消除瓣膜反流，而不是恢复正常的二尖瓣结构，通过左心室内注水试验，确定反流部位后，缝合明显反流处的瓣叶裂隙，通常还需行瓣叶前外、后内交界折叠术。

③瓣下畸形修复：腱索缺如（断裂）、腱索延长、乳头肌延长，主要导致瓣叶脱垂。

a. 腱索缺如：Ⅰ级腱索缺如或断裂，可将瓣叶边缘固定于Ⅱ级腱索上，或将腱索缺如部分的瓣叶矩形切除+瓣环折叠以矫正畸形。

b. 腱索延长：可行腱索缩短术：在乳头肌尖端纵切出一沟，用5-0线在沟的双侧缝合，并绕过腱索，拉紧缝线将腱索埋在沟内，然后缝合乳头肌切口。另外人工腱索亦可应用于腱索缺如或腱索延长的患者。

c. 乳头肌延长：乳头肌折叠或缩短术，前者室间隔乳头肌延长部分折叠并固定，后者是指在乳头肌上方心室壁做一纵沟，将延长的乳头肌部分包埋其中，然后缝合切口。

（3）二尖瓣机械瓣置换术：适用于二尖瓣成形效果不佳或成形困难的患者。一般选用双叶机械瓣。尽可能放入适当大的人工瓣。在瓣环不能放入型号最小的二尖瓣机械瓣时，注意不要勉强放置过大型号的机械瓣。通常有两种解决方法。一是采用将机械瓣瓣环置于二尖瓣环上的方法，后方的缝线应尽可能靠近但勿牵涉左、右下肺静脉开口，前方的缝线应从房间隔右心房面进针、左心房面出针，将垫片留在右心房面，以保证机械瓣瓣环基座组织的强度；二是可以选用大小合适的主动脉机械瓣，将其开口方向倒置朝向左心室进行置换。

（4）左心房-左心室外管道置入：此种方法适用于严重二尖瓣环狭窄，采用修复或瓣膜置换术无法解除血流梗阻者。应用带人工瓣的人造血管管道，吻合在左心房外壁和左心室尖部，使左心房血大部分经此，心外管道进入左心室。

八、并发症及防治

（1）二尖瓣关闭不全：二尖瓣修复术后轻中度二尖瓣关闭不全者对术后的短期和长期生存率以及生活质量影响不大可考虑强心、利尿非手术治疗。如为重度关闭不全则应考虑再次行修复术，也应考虑改行瓣膜置换。

（2）低心排血量综合征：为二尖瓣狭窄及关闭不全矫治术后或二尖瓣置换术后的主要并发症之一，治疗上应及时补充血容量；应用正性肌力药物增强心肌收缩力；应用扩血管药物降低心脏前后负荷；保证足够通气，防止缺氧和二氧化碳潴留；纠正酸碱失衡；治疗心律失常。二尖瓣修复术后，突发低心排，则可能发生瓣膜修复处撕拖，须及时检测瓣膜修复效果。

(3) 呼吸功能不全：主要由于合并肺血管阻塞性病变、肺部感染所致，应适当延长辅助通气时间，视病情和血气分析结果确定治疗方案，包括进一步行气管切开治疗或逐步脱离呼吸机。

(4) 三度房室传导阻滞：二尖瓣置换术二尖瓣后内侧交界进针过深或选用的机械瓣型号过大压迫所致，前者应拆除相应的缝线，重新进针；后者应改用较小型号的机械瓣。在关胸时应放置起搏导线。

(5) 血红蛋白尿：常见于瓣膜成形术后，残留二尖瓣关闭不全，早期治疗包括补充容量及利尿，并限制活动，如出现贫血需间断输注洗涤红细胞，经上述治疗多数患者可在2～3周恢复，如非手术治疗效果不佳可再次试行瓣膜成形或行瓣膜置换术。

(6) 瓣膜置换并发症：包括左心室破裂、瓣周漏、感染性心内膜炎，抗凝血相关的出血、血栓形成等并发症。

九、疗效评价

对于先天性二尖瓣狭窄，手术预后根据其病理类型及合并畸形情况预后有较大差别，如为瓣上隔膜远期预后良好，而合并左心多发梗阻性病变则预后较差。瓣膜成形比瓣膜置换远期结果更好。对于二尖瓣关闭不全的手术矫治，死亡率现已由早年的20%～40%，降至目前的5%以下，瓣膜成形患者亦明显优于瓣膜置换的患者。晚期结果，Chauvaud等报道10年生存率86%，其中瓣膜修复组88%，瓣膜置换组51%，瓣膜修复组再手术率15%，再次手术主要是瓣膜成形效果不佳更换机械瓣及因年龄增长更换更大型号的机械瓣。

二尖瓣修复手术早期死亡率从以往接近20%下降到3%左右，而瓣膜置换的死亡率15%左右。二尖瓣修复手术死亡原因包括左侧心力衰竭、肺动脉高压及因瓣膜置换而出现的血栓栓塞和出血等。

第十二节 左心室流出道梗阻

左心室流出道解剖结构包括主动脉瓣下、瓣膜和瓣上3部分，先天性左心室流出道梗阻（LVOTO）是指存在于主动脉瓣膜、瓣下、瓣上的一个或多个水平的狭窄，并导致了左心室流入道和主动脉狭窄段远端存在收缩压差的一组先天性心血管畸形，在先天性心脏病中的发生率占3%～10%。LVOTO多为单发，以主动脉瓣狭窄最常见，占60%～75%，瓣上和瓣下的狭窄分别占15%～20%和5%～10%。LVOTO本身通常能够行双心室矫治，但如作为左心发育不良综合征或Shone综合征的一部分则需行以Norwood手术为开端的单心室矫治。

一、先天性主动脉瓣狭窄

（一）概述

主动脉瓣狭窄是左心室流出道梗阻中最常见的病理类型，是由瓣膜发育障碍和瓣叶增厚融合所引起，伴有瓣叶形态异常和黏液性变，瓣膜平面横截面积减小。根据主动脉瓣发育异常程度不同，主动脉狭窄患儿左心室流出道的梗阻程度相应不同，而使得该类患儿的临床表现相应存在很大差异。轻度狭窄患儿在婴儿期常无症状，直到儿童期或成年后症状才逐渐显现，而在重度狭窄患儿（约占10%），在新生儿期即出现体循环依赖动脉导管，当动脉导管关闭后临床症状非常危重，表现为体循环灌注不良、肾衰竭和代谢性酸中毒需尽早治疗。

先天性主动脉瓣狭窄占全部先天性心脏畸形的3%～5%，该病男性患儿多见，男女患病比例为4∶1，在白种人儿童中的发病率高于黑种人和西班牙裔儿童。

（二）病理解剖

先天性主动脉瓣狭窄按瓣叶数目可分为：单瓣、二瓣或三瓣畸形等。以二瓣畸形最常见，约占67%，其次为三瓣畸形，约占30%，单瓣畸形约占3%。单瓣畸形：瓣膜呈拱顶状或隔膜样，瓣膜开口可位于瓣环中心，也可偏向一侧，仅一处交界痕迹，或无交界痕迹，瓣叶活动多受限严重，出现症状早，多见于新生儿和婴幼儿。二瓣化畸形：主动脉瓣二瓣化畸形为最常见的先天性心脏畸形，人群发病率为1%~2%，但并非所有的主动脉瓣二瓣化畸形均产生主动脉瓣狭窄，据报道约63%的主动脉瓣二瓣化瓣膜的功能基本是正常的。二瓣化多数为左右瓣叶，二瓣叶均增厚，前后交界粘连融合，瓣口呈裂缝形，长轴多为矢状面。左瓣叶通常较大，瓣叶内可有一横行嵴，为正常左和右冠状动脉瓣间发育不全的交界残迹。右冠状动脉和左冠状动脉的主动脉瓣有时也只留有交界痕迹。少数情况下可为前后瓣叶，瓣口为冠状面。三瓣化畸形的各个瓣膜大小常不相等，以右冠状动脉瓣发育不全者居多。瓣叶增厚，3个交界可分辨，瓣口狭窄位于中央，并呈圆顶状，而且随着血流的不断冲击，可使瓣膜，特别是游离缘变厚，发生硬化或钙化，使狭窄进行性加重。

在新生儿危重性主动脉瓣狭窄的患儿，有时很难分清其瓣叶是单瓣叶还是双瓣叶。瓣膜组织原始，呈黏液或胶质状性质，外观上未成熟且发育不完全。通常合并左心结构发育不全，也有可能有严重的心内膜纤维弹性组织增生，对左心室顺应性造成重大影响。

（三）胚胎发育与分子生物学

主动脉瓣和肺动脉瓣起源于胚胎期动脉干内皮下组织，由主动脉和肺动脉的螺旋状间隔进行分割行完成发育，若主动脉-肺动脉间隔旋转分割发生障碍，动脉干根部即分隔不均。当右前嵴（腹嵴）与左后嵴（背嵴）的旋转程度不等时，发育成主动脉部分的动脉干就会比正常偏小，半月瓣发育也不充分，于是形成主动脉瓣狭窄或瓣环细小。目前尚未能确定是否有基因与主动脉瓣狭窄的发生相关，但主动脉瓣二瓣化畸形在Turner综合征以及家族性主动脉瓣二瓣畸形患者（X染色体单体）中较常见，为今后的研究提供了参考。

（四）病理生理

主动脉瓣狭窄的基本血流动力学改变为左心室排血受阻，其病理改变程度取决于狭窄程度，如果左心室和主动脉的压力阶差不超过50 mmHg，主动脉瓣口面积 > $0.7cm^2/m^2$ 体表面积，心排血量可以通过代偿机翻满足机体的需要；当瓣口面积 < $0.5 cm^2/m^2$ 体表面积时，通过瓣孔的血流即不能满足机体的需要，患者可出现临床症状。根据左心室与主动脉收缩压差大小可判断主动脉瓣狭窄程度：如压差 > 25 mmHg，即可诊断狭窄；25~49 mmHg 为轻度；50~79 mmHg 为中度；80 mmHg 以上为重度狭窄。中度以上主动脉瓣狭窄的患者即可出现血流动力学的改变。

（1）左心室向心性肥厚：主动脉瓣狭窄增加了左心室射血阻抗，造成了跨瓣压差，此时，心室内压力峰值超过了主动脉收缩压，左心室室壁张力增加，刺激了左心室室壁增厚及向心性肥厚，肥厚程度与室内压力升高程度平行。

（2）冠状动脉供血不足及左心室心内膜下心肌缺血：可导致心绞痛，甚至猝死。主要原因包括：①左心室向心性肥厚伴顺应性降低，导致左心室舒张末压的升高，相对于升高的左心室舒张末压，主动脉舒张末期血压相对降低，冠状动脉灌注减少；②肥厚心肌压迫心内膜下血管导致心肌灌注不足；③左心室收缩压高于主动脉收缩压，收缩期冠状血管无灌注。

（3）左心室心肌纤维化：胎儿期子宫内心内膜缺血导致心肌梗死，进而可造成心内膜纤维弹性组织增生。纤维弹性组织增生的范围可能非常大，在左心室腔内形成纤维层，心肌丧失，被纤维组织所代替，导致心脏收缩、舒张功能减低，收缩性及顺应性下降。主动脉瓣的狭窄程度决定了心室纤维化的程度。轻度狭窄患儿可无明显纤维化。而在重度狭窄的新生儿及婴儿，在子宫内就已经发生心室肥厚并可能有一定程度的纤维化。

（4）为了对抗左心室流出道的梗死，左心室收缩期延长，左心室舒张末期压力升高，导致左心房压升高，肺瘀血，进而肺动脉以及右心室的压力升高，右心室心肌肥厚，右侧心力衰竭。

（5）重度主动脉瓣狭窄的新生儿及婴幼儿在胎儿阶段由于左心室射血减少，导致包括二尖瓣、左心室、主动脉瓣和主动脉弓发育不良。部分新生儿由于严重的左心室流出道梗阻、左心室发育不良及左心室功能不全，左心系统不能支持体循环，这样体循环和冠状动脉的灌注依赖动脉导管，患者可能出现不同程度的发绀，尤其是下半身。如果动脉导管出生后早期关闭，患者出现循环衰竭，包括低血压、少尿和代谢性酸中毒。

（6）升主动脉狭窄后扩张：升主动脉管壁的弹力纤维、胶原纤维遭到破坏，局部管壁变薄，形成狭窄后扩张。

（五）临床表现

新生儿及婴幼儿主动脉瓣狭窄：重度主动脉瓣狭窄患儿在新生儿期就有明显的充血性心力衰竭的临床表现，包括喂养困难、呼吸增快、易激惹及外周灌注不足的临床表现，包括周围动脉搏动减弱、皮肤苍白和肢体发凉、毛细血管充盈减慢。

由于心排血量降低及左心室功能障碍，心前区收缩期杂音可不明显，心前区震颤也不多见。如果合并动脉导管未闭，可出现右向左分流，导致发绀。如果头臂动脉有充足的来自升主动脉的血流，腹部和下肢灌注的血来自氧饱和度较低的动脉导管，可以表现为差异性的发绀。

年长儿主动脉瓣狭窄：年长患儿通常为主动脉瓣轻中度狭窄，约3/4是两瓣畸形，生长发育较好，通常无症状，而是在体检时发现心脏杂音而就诊。但随着年龄增长，会逐渐出现易疲劳、心绞痛等症状，并可出现心内膜炎或瓣膜钙化。每年有0.3%的患者出现自发性细菌性心内膜炎，并与狭窄严重程度和外科手术不相关。每年有1.2%~19%的患者会发生猝死，原因是严重的主动脉瓣狭窄和心肌缺血引起的心律失常。体格检查表现为心尖冲动剧烈、主动脉瓣听诊区收缩期杂音。心前区及胸骨上窝可及震颤和收缩期杂音是因为收缩期射血引起，如果有主动脉瓣反流，可以有舒张期杂音。如左心室重度肥厚还可闻及第四心音。

（六）辅助检查

心电图表现为典型的左心室肥厚或双心室肥厚。肥厚程度与跨瓣压差相关。运动后心电图表现为ST段压低，对指导轻度狭窄患者的治疗有一定的帮助。

X线胸片显示心脏轮廓增大和肺瘀血表现。X线胸片显示心脏正常、增大或左心尖较钝。青少年阶段可以显示狭窄后扩张。

在新生儿，超声心动图可提供完整的解剖和血流动力学信息，包括瓣膜形态、瓣环大小、左心室肥厚程度、左心室收缩功能，是否有心内膜弹性纤维组织增生以及合并畸形，通过测定压力阶差评估主动脉瓣狭窄程度。但如果存在右向左分流和心室功能下降，这种方法可能会低估主动脉瓣狭窄程度。超声心动图还能检查升主动脉和动脉导管的血流方向。这种信息对评估左心室能否承担体循环的作用和进行两个心室的修补有重要作用。近年来兴起的胎儿超声心动图还能进行宫内诊断，评估心室大小和功能，帮助预测生后主动脉瓣狭窄的程度；三维超声心动图可更清楚地了解主动脉瓣膜形态，从而对是进行球囊扩张还是进行瓣膜切开提供参考。

心导管检查可直接测量左侧和右侧的压力及跨瓣的收缩压差，评估瓣叶形态、主动脉瓣环大小、主动脉和二尖瓣的功能和心室的功能等。对于准备行主动脉瓣球囊扩张的患者，心导管检查是必要的。由于在行心导管检查时，患者处于麻醉镇静状态下，因此测得的左心室流出道峰值压差可能比超声心动图评估的结果低，此时须慎重考虑是否需要介入治疗。另外，心导管检查还可应用于评估继发于收缩功能障碍的左心室舒张功能障碍以及合并多水平梗阻（如合并二尖瓣狭窄、主动脉瓣下狭窄）时血流动力学的准确评估。

（七）诊断及鉴别诊断

本病主要应与主动脉瓣上狭窄、主动脉瓣狭窄畸形相鉴别，超声心动图可明确狭窄部位，心血管造影中主动脉瓣狭窄与主动脉瓣下狭窄和主动脉瓣上狭窄也有不同表现。主动脉瓣狭窄造影可见收缩期主动脉瓣穹顶样膨隆及血流喷射，并可见升主动脉狭窄后扩张。主动脉瓣下狭窄，也可见血流喷射，无瓣膜穹顶样膨隆的表现，瓣下隔膜或狭窄可在造影中发现，并通常伴有主动脉瓣轻度关闭不全。主动脉瓣上狭窄造影可见主动脉瓣上方的狭窄带，冠状窦增大及冠状动脉扩张常见。

（八）治疗

1. 手术适应证

（1）新生儿和小婴儿：新生儿或小婴儿如出现严重的低心排血量及代谢性酸中毒，需尽早应用前列腺素E_1以维持动脉导管开放，改善体循环氧和，缓解代谢性酸中毒。当患儿一般状况缓解后尽早手术治疗。在进行治疗前确定患儿是否合并左心室发育不良至关重要。如左心室发育尚可，则行瓣膜切开的手术效果良好，但如合并左心室发育不良，则行双心室矫治效果不佳，只能施行 Norwood 手术和以后的单心室矫治，并且即使先期尝试行双心室矫治后因左心室难以承担体循环负荷而退回行单心室矫治手术效果依然不好，因此一开始就做出正确的判断至关重要。目前常用的判断标准是由波士顿儿童医院的 Rhodes 于 1991 年根据超声心动图测量左心结构提出的 Rhodes 评分，包括：①左心室长轴直径与心脏长轴直径的比值 < 0.8；②主动脉根部直径指数 < 3.5 cm/m^2；③二尖瓣面积指数 < 4.75 cm/m^2；④左心室质量指数 < 35 g/m^2，如果存在两项或两项以上，单纯主动脉瓣成形手术死亡率为 100%，仅能行 Norwood 手术。如果存在一项或以下，手术死亡率 < 8%。另外先天性心脏外科协会（CHSS）针对 320 例病例进行了一项多中心研究，并提出了预测 5 年生存的 Logistic 多元回归方程，可用来协助预测行双心室修复或 Norwood 手术的风险，计算方法详见先天性心脏病外科医师协会网站。

（2）年长儿童及成年人：如果存在心绞痛、昏厥和充向性心力衰竭等临床表现，并且跨瓣收缩压差 > 50 mmHg，均有绝对的手术适应证。如果跨瓣收缩压差 > 75 mmHg，即使没有临床症状也应该手术介入，跨瓣压差 < 50 mmHg，但心电图显示左心室肥厚及心肌缺血表现（主要是 ST 段压）也应该手术干预。无症状的轻度反流建议长期周期性非创伤性检查随访，如狭窄加重需手术治疗。跨瓣收缩压差在 50 ~ 75 mmHg 患者，临床症状不明显，可继续观察，定期随访，如狭窄有加重趋势，则须考虑手术治疗。

2. 手术方法

（1）经皮球囊瓣膜成形术：经皮球囊瓣膜成形术是新生儿及小婴儿重度主动脉瓣狭窄的主要治疗手段之一，自 1983 年首次应用以来，技术和设备均有明显改进，但其仍是一种姑息性质的手术，大多数患者在儿童阶段最终还需要再次手术处理主动脉瓣。球囊导管的血管进路非常重要，新生儿可以考虑脐动脉，较大儿童可以考虑股动脉，但如果存在主动脉缩窄或弓中断，有人报道选用颈动脉。该技术也可应用于年长儿，并可进行重复球囊扩张。经皮球囊瓣膜成形术短期和中期治疗效果可以与外科瓣膜切开手术相当，但长期效果仍有待观察。如果存在瓣膜发育不良、瓣环小和主动脉反流，应当视为经皮球囊瓣膜成形术的禁忌证。成年人主动脉瓣成形再狭窄率较高，不推荐使用。

（2）瓣膜切开术：在经皮球囊瓣膜成形术开展以前，以及球囊成形技术未普及的国家和地区，大部分患者通过外科瓣膜切开手术得到成功治疗，手术方式包括：体外循环下的直视瓣膜切开术和非体外循环血流阻断下瓣膜切开以及闭式瓣膜切开术。由于非体外循环下手术技术在手术时限及手术精确度方面的限制，现已很少应用，目前的主流手术方式是体外循环直视下瓣膜切开术。主动脉阻断后注入心肌停搏液，主动脉垂直切口向无冠状动脉瓣延伸。仔细探查瓣膜的解剖切开瓣交界的融合，应该保留交界离主动脉壁 1 ~ 2 mm。即使主动脉瓣开放直径轻度增加，术后跨瓣压差也明显下降。瓣膜切开应该适当保守，避免过度切开造成主动脉瓣反流。

（3）主动脉瓣置换术：

①主动脉瓣膜置换的适应证包括：a. 青春期后或成年患者，如瓣膜严重发育不全，继发纤维化或钙化等病变，不宜行瓣膜切开或瓣膜成形术者；b. 球囊扩张失败或切开术后瓣膜再狭窄者；c. 并发主动脉瓣严重关闭不全者，需行主动脉瓣置换术。换瓣年龄应尽量拖后，这样一方面可置换较大号人工瓣避免再次换瓣，另一方面也减少了抗凝血时间和并发症的发生。可供选择的瓣膜种类包括机械瓣、同种主动脉瓣、异种生物瓣、自体肺动脉瓣（Ross 手术）。

②主动脉瓣置换瓣膜类型：选择主动脉瓣置换应根据患者的状况和需求来选择瓣膜的类型。对于年龄 < 35 岁或主动脉瓣或主动脉根部存在感染的患者首选 Ross 手术；对于年龄在 35 ~ 65 岁的患者首选机械瓣；但如患者为有妊娠、分娩、哺乳要求的女性患者以及其他不能耐受抗凝血治疗或难以进行抗凝血治疗患者和运动员，可选用 Ross 手术或同种主动脉瓣；对于 > 65 岁的患者来说，应考虑选择生物瓣，尤其是无架生物瓣。中期研究结果表明无架生物瓣优于有架生物瓣，有架生物瓣可使用生物材料时，作为其次的选择。

③手术方法：机械瓣、异种生物瓣置换的手术方法详见后天性心脏病主动脉外科章节。本节着重介绍同种自体肺动脉瓣 – 主动脉瓣置换（Ross 手术）、同种主动脉瓣置换以及某些特殊情况的处理方式。

A. 自体肺动脉瓣 – 主动脉瓣置换（Ross 手术）：1967 年由 Ross 首先报道采用该手术治疗主动脉

瓣病变。因可提供优良的血流动力学性能、自体肺动脉瓣的生长潜能、无须抗凝血治疗、心内膜炎再发率低等优势，目前是35岁以下主动脉瓣狭窄患者的首先术式，在婴幼儿可应用。行Ross手术的条件是肺动脉瓣需功能良好，无狭窄或关闭不全，主、肺动脉瓣环直径相差≤5 mm。Ross手术包括以下主要3个步骤：a. 采取自体肺动脉带瓣管道；b. 主动脉瓣置换；c. 重建右心室流出道。

采取自体肺动脉带瓣管道：常规建立体外循环，分离主、肺动脉间隔，游离主肺动脉上至右肺动脉水平，下至主动脉根部。于肺动脉分叉前横断肺动脉主干，检查肺动脉瓣开放、关闭是否良好；在肺动脉瓣下5 mm处横断切开右心室流出道前壁。在近室间隔处，用剪刀小心剥离肺动脉和右心室流出道的后壁，仔细分清层次，注意避免损伤前降支及第一间隔支；锐性分离主肺间隔和主肺动脉根部后壁，在后壁和冠状动脉之间有一潜在疏松组织间隙，钝性分离后可达主肺动脉根部，两侧剪开，彻底分离主、肺动脉。在摘取肺动脉瓣的过程中，应紧靠肺动脉侧分离，保护左冠状动脉主干、左前降支，防止损伤冠状动脉导致心肌梗死、束支传导阻滞。取下肺动脉瓣后，将其置于4℃生理盐水中保存。

主动脉瓣置换：Ross手术主动脉瓣置换方法大致可分为3种。a. 冠状动脉口下瓣膜置换：切除病变主动脉瓣，修剪肺动脉瓣下多余的脂肪及肌肉，只保留瓣下肌肉约2 mm。分别将3个肺动脉瓣联合顶点固定于主动脉瓣联合上1 cm处。保留肺动脉后窦，修剪其余两瓣窦的肺动脉壁，呈弧形显露出左、右冠状动脉开口，随后自最低点向两边将肺动脉壁与残留主动脉连续缝合，缝合主动脉切口。该方法由于植入后瓣膜容易变形，发生反流，血流动力学效果不佳，目前应用较少。b. 主动脉内柱形瓣膜置：切除主动脉瓣膜后将带肺动脉瓣的肺动脉移植入主动脉腔内，瓣膜与原主动脉位置相一致。左、右冠状动脉开口与肺动脉做端-侧吻合。将肺动脉包入主动脉腔内。该方法植入的肺动脉受自体主动脉壁的限制，活动性差，易造成移植物的扭曲，引起瓣叶关闭不全。另外，植入的肺动脉与原主动脉之间有一隔层，一旦隔层内出现血液充盈便可造成冠状动脉开口梗阻等严重并发症；c. 主动脉根部置换。现多采用此方法，该方法保留了完整的肺动脉瓣叶及肺动脉，移植后瓣叶对合良好，术后不易发生瓣膜关闭不全，且瓣环和瓣叶的生长不受周围组织的影响。切除主动脉瓣根部保留冠状动脉有两种方法：其一，左、右冠状动脉从主动脉壁呈纽扣样切下；其二，从主动脉左、右冠状动脉之间纵行切开，左冠状动脉开门保留为舌状与主动脉远端相连，右冠状动脉开口为一纽扣样。主动脉根部水平状切除。间断或连续吻合肺动脉近端与主动脉根部，三个瓣窦的位置与原来主动脉瓣窦相一致。肺动脉端与主动脉远端吻合。行主动脉根部置换，吻合口处加用心包条，以防心脏复跳后主动脉后壁出血，同时防止术后肺动脉瓣环急性扩张。

重建右心室流出道：采用同种肺动脉带瓣管道重建右心室流出道。将其远、近两端分别与右心室切口、肺动脉残端吻合。

B. 同种主动脉瓣置换：手术在低温体外循环下进行，正中切口进胸，高位主动脉捕管，单管引流。阻断后，行升主动脉斜切口，主动脉切口不能低于交界上方1 cm，以便于缝合，切除病变瓣叶和测定瓣环大小后，选择内径比主动脉瓣环直径小2～3 mm的同种瓣。于同种主动脉瓣交界顶端上方5 mm处切断同种血管，U形剪除3个主动脉窦部或保留无冠状动脉窦，修剪瓣下多余组织。接着将同种主动脉右冠状动脉窦对向患者左冠状动脉，使同种瓣的肌肉缘与后方二尖瓣大瓣纤维组织相对，而同种瓣纤维组织部分在前右方，位于患者室间隔上方，原来的右瓣成为新的左瓣，以避免前方的肌肉对肌肉缝合，导致缝合组织隆起，尔后将同种瓣内面外翻，显露其下缘，于交界下方水平连续缝合近端。当缝至膜部间隔位置时，为了避免传导束的损伤，应紧靠瓣环下或穿过瓣环缝合。再将外翻的同种瓣拉回，使瓣脚上翻到主动脉根部，于主动脉瓣交界上方5 mm处褥式缝合固定好瓣脚。此时应注意调整好三个瓣脚之间的距离，避免瓣膜结构变形，随后从左冠状动脉窦底部开始，依次将受体主动脉壁与同种瓣上缘做连续缝合，每根缝线与交界褥式缝线打结。一般来讲，直径19 mm的主动脉根部可放内径16 mm的同种瓣而无明显的血流动力学阶差。

C. 同种主动脉根部置换：对于合并左心室流出道梗阻或瓣环发育不良的患者可选择同种主动脉根部置换术。建立切口及体外循环与同主动脉瓣置换相同。行升主动脉斜切口，探查主动脉和左心室流出道。先从左冠开口处切除主动脉后壁，然后切口直跨二尖瓣大瓣，至膜部间隔上方时要稍微偏高，以免损伤传导束，再向右将主动脉完全切断。注意保留左、右冠状动脉开口四周 3 mm 以上的主动脉壁呈纽扣状，以备移植。在室间隔前方应留有一定的纤维组织以利缝合。此时任何主动脉瓣下狭窄将被充分显露，可切除使阻的纤维组织和肌肉。小心游离冠状动脉至横窦，注意不要剪破主肺动脉。选择合适大小的同种血管，将其下缘间断或连续缝合至左心室流出道。瓣膜的置入方向可与正常解剖位置相同，或如同主动脉瓣置换一样将同种瓣旋转 120°，使右冠状动脉开口转向患者左冠状动脉，使吻合更牢固。然后连续缝合同种血管上端与患者主动脉远端切口。最后行左、右冠状动脉移植。

主动脉根部置换与同种瓣置换比较有两大优点：①与主动脉根部作为一个功能的统一体置入，瓣膜更容易维持其关闭功能；②根部整体移植的瓣的直径要比单纯瓣膜移植大得多。

D. 主动脉瓣环发育不全的处理：主动脉瓣环发育不全是临床上治疗较为困难的情况。主动脉瓣环狭窄由于主动脉根部细而无法置入合适的人工瓣膜。若置换过小人工瓣膜，则术后血流动力学得不到保证出现难以克服的低心排血量和反复的左侧心力衰竭，并且还容易形成血栓和造成溶血。为了克服在细小主动脉根部进行瓣膜置换的困难，目前采用较多的手术方法有：主动脉后瓣环扩大的 Nicks 手术、Manoguia 手术；主动脉前瓣环扩大的 Konno 手术。

Nicks 手术 1970 年由 Nicks 等首先提出。纵行切开升主动脉，切口延向无冠状动脉窦或左冠状动脉窦或无冠状动脉窦交界处延伸，并切开瓣环，注意切口不能切入二尖瓣的前瓣叶，但是要切入主动脉瓣和二尖瓣之间的纤维连接区域内。选择适宜大小的瓣膜进行主动脉置换，采用经戊二醛处理的自体心包片或 Dacron 补片，或自体心包与 Dacron 相重叠的双层补片缝于扩大部分的人工瓣膜缝合缘和扩大的主动脉切口。这种手术的优点是手术操作比较简易，安全性较大。其缺点是扩大瓣环的程度有限，一般扩大主动脉瓣环 3～4 mm，只适应于轻度主动脉瓣环发育不全的患者。

Manoguian 手术：由 Manoguian 等于 1979 年首先提出。经左、无冠状动脉瓣交界切开主动脉后壁和主动脉瓣环，切口延伸入二尖瓣的前瓣，将前瓣切开，其二尖瓣的切口不宜太长，一般切开 1 cm 左右，因为手术使得二尖瓣上升，如果二尖瓣切口太长，则可能造成二尖瓣关闭不全。使用戊二醛处理过的自体心包来关闭二尖瓣的缺损，同时扩大主动脉瓣环和主动脉根部。Manoguian 手术可扩大瓣环 1.5 cm 左右，还可根据需要切开左心房，对于中度主动脉瓣环发育不全的患者，这是一种比较理想的手术方法。该手术可一并用同种异体组织进行主动脉根部置换。在这种情况下，主动脉同种带瓣管道的二尖瓣组织部分可扩大主动脉瓣环。在将患者的二尖瓣与同种异体主动脉带瓣管道的二尖瓣组织进行缝合时，应非常小心，因为这一区域的撕裂会导致二尖瓣反流。

主动脉瓣环的前部扩大技术：

Konno 手术：1975 年由 Konno 等首先提出。该术式通过切开室间隔和右心室流出道，以扩大左心室流出道和主动脉根部，从而有效地加宽瓣环。一般可使主动脉瓣环周径扩大 50%。就扩大主动脉瓣环的程度来说，Konno 手术是当前所有手术方法中最为理想的一种。但手术操作复杂，心脏创伤大，术后并发症多。切开冠状动脉右冠状动脉瓣和左冠状动脉瓣间的交界，在紧靠肺动脉瓣环近端右心室流出道做一横向切口，注意不要损伤邻近的肺动脉瓣。然后将剪刀的一叶通过主动脉切口置于左心室腔内，另一叶经右心室切口置于右心室腔，由此切口可连接主动脉与右心室。切开室间隔，切口长度视需要扩大瓣环程度而定，如合并主动脉瓣下隧道型狭窄，则室间隔切口必须足够长以达隧道型狭窄的下方，但要终止于圆锥乳头肌上方，以免损伤传导束。剪除主动脉瓣，同时按切开瓣环的大小取 Docron 补片或心包片，用间断褥式带垫片将补片固定于室间隔的右心室面，当补片缝线缝合止于主动脉瓣环后，放入机械瓣，采用常规间断或褥式将人工瓣缝合环缝于瓣环上，补片侧的缝合环则采用水平的褥式缝线穿过涤纶片，在右心室面打结。然后，连续缝合涤纶片至主动脉瓣以上以扩大并闭合主动脉切口。该手术存在的缺点和风险包括需要永久抗凝血，瓣周漏合并溶血，以及硬质的机械瓣突入右心室流出道。

Ross/Konno 手术：最初报道 Konno 手术是为了置入尺寸足够大的机械瓣，将 Ross 手术与 Konno 手术相结合，可对合并主动脉环发育不良的患者行自体肺动脉瓣 - 主动脉瓣置换术。Ross/Konno 手术技术要点同前，所不同的是应该注意所取的肺动脉漏斗部组织要比经典 Ross 手术更多一些，要用间断带垫片缝针将自体肺动脉缝合到 Konno 切口上，并需要做第二层加强缝合，以确保没有 VSD 形成。

(九)并发症及防治

(1)主动脉瓣关闭不全:瓣膜球囊切开及直视手术瓣叶交界过度切开,可造成瓣膜撕裂,主动脉瓣关闭不全及大量反流,术中可出现停机困难和急性左侧心力衰竭。术中不宜过分扩张或切割瓣叶,如发现瓣膜关闭不全应考虑行成形术或瓣膜置换术。

(2)主动脉瓣交界切开后再狭窄:主动脉瓣狭窄合并有左心室流出道肌束肥厚,如手术解除不彻底可致术后再狭窄。另外,主动脉瓣球囊扩张、交界切开均为姑息性手术,约有30%的病例在术后10年内可出现再狭窄,常需二次手术。

(3)机械瓣功能障碍:机械原因或血栓形成导致瓣膜功能障碍;生物瓣和同种瓣的钙化、衰败。

(4)Ross手术的并发症:包括冠状动脉损伤所致心肌梗死、心律失常,新建主动脉瓣关闭不全、右心室流出道替代物功能障碍以及远期主动脉根部(窦部和窦管交界)扩张。

(十)疗效评价

由于本病的临床表现从单纯无症状的主动脉瓣二瓣化畸形到新生儿危重症主动脉瓣狭窄,病情程度变化极大,本病的预后取决于瓣膜的解剖特点、狭窄程度及治疗的效果。

在新生儿阶段,发达国家成熟的心脏病中心经皮球囊瓣膜成形术与手术瓣膜切开术的早期死亡率和再次手术概率相当,两项技术均较好地改善了手术后左心室的射血分数和左心室质量/容积比,并且球囊扩张技术通过颈动脉穿刺可以在床边扩张严重的主动脉瓣狭窄,避免了血流动力学不稳定患儿到导管室的搬动,因此有成熟的心脏中心已基本弃用了瓣膜切开手术。但在大多数心脏中心,手术切开瓣膜仍是新生儿期主动脉瓣狭窄治疗的主要选择,并能够较好地改善临床症状。但两种技术均只能被视为姑息性治疗而不是最后的治愈。许多患者由于进行性主动脉瓣反流、狭窄和两者兼之而需要再次手术。主动脉瓣置换术疗效肯定,加强术后维护和管理,可使疗效长期保持。自体肺动脉瓣移植的优点使得Ross手术10年存活率达90%以上,术后10年肺动脉瓣失功率为6%~20%,而10年和25年免于因同种肺动脉瓣失功所致移植物置换率为91%和84%。目前该病新生儿期手术死亡率仍很高(9%~33%),远期效果也差,15年存活率仅27%。1岁以上心功能及瓣膜发育较好的患儿,手术死亡率不足1%,15年存活率为90%,远期效果较好。

二、先天性主动脉瓣下狭窄

先天性主动脉瓣下狭窄是指主动脉瓣下部分即左心室流出道的血流梗阻。临床常见解剖类型包括局限型主动脉瓣下狭窄、管型主动脉瓣下狭窄,少见的类型还包括异常二尖瓣组织附着所致左心室流出道狭窄。"弥漫性主动脉瓣下狭窄"原指"肥厚性梗阻性心肌病",建议避免使用,以免造成混淆。尽管主动脉瓣下狭窄被认为是先天性心脏畸形,该病很少在新生儿或婴儿中出现,大多数患者于青少年或壮年期发病,并且该病具有较高复发率,提示其可能是一种获得性疾病。

(一)流行病学

先天性主动脉瓣下狭窄发生率约占全部先天性心脏病的1%,占左心室流出道梗阻患者的15%~20%。男女发病比例为2:1~3:1,尽管男性患者与女性主动脉瓣下狭窄患者间自然病史与术后经过无明显差别,但研究显示更多的男性患者接受了再次手术。与先天性主动脉瓣狭窄不同,单发的先天性主动脉瓣下隔膜在新生儿期和婴儿期很少得以发现。在一些患者中是在其他先天性心脏病矫治术后随访中发现的。

(二)病理解剖

主动脉瓣下狭窄的病理解剖变异很大,但可分为以下3类:

(1)局限型主动脉瓣下狭窄:占全部主动脉瓣下狭窄的70%~80%,多为半月形或完整的纤维隔膜样组织构成左心室流出道不全阻塞,位于主动脉瓣下5~15 mm处,可分为两种类型:①隔膜型:纤维组织薄膜多数位于主动脉环的左及右冠状动脉瓣下方,少数累及无冠状动脉瓣下,并与二尖瓣根部相连。②纤维肌性狭窄:此型较多见。大部分距主动脉瓣环5~15 mm,狭窄孔直径6~13 mm,游离缘为纤维组织,基底为肌性组织,多附着于右冠状动脉窦下方延及二尖瓣前叶。

（2）管型主动脉瓣下狭窄：约占12%，由于左心室流出道的纤维肌性隆起而形成流出道隧道样狭窄，并向左心室腔内延伸。室间隔/左心室壁厚度比值常接近1.0。其应与肥厚梗阻性心肌病相区别。后者有室间隔极度肥厚及动力学梗阻，同时合并有二尖瓣前叶收缩期异常活动，室间隔/左心室壁厚度比值常>1.5。

（3）二尖瓣畸形所致左心室流出道狭窄：极少见，主要是由于二尖瓣腱索附着在室间隔上和心内膜附属组织附着在二尖瓣前瓣叶的心室面上，并在收缩期时突入流出道，造成左心室流出道狭窄。

25%~50%的患者合并其他心脏畸形，包括动脉导管未闭、室间隔缺损、房间隔缺损、主动脉瓣狭窄、主动脉瓣狭窄并关闭不全、二尖瓣关闭不全、主动脉弓中断，永存左上腔静等，也可以是左心发育不良综合征及Shone综合征的一部分。

（三）胚胎发育与分子生物学

主动脉瓣下狭窄的胚胎发育与病因学原理尚不明确。目前认为与遗传易感性、左心室流出道的解剖特点、其他心脏畸形所致的左心室流出道血流动力学异常，以及外科手术后所造成的流出道血流湍流均可能有关，但没有明确的相关基因，也很少存在家族性发病。

主动脉瓣下狭窄的出现可能与一些异常的解剖形态基础相关，并因此导致了异常的细胞增殖和由于异常血流模式所致的形态改变。这些解剖学特点包括：①长而狭窄的左心室流出道；②主动脉-室间隔间的陡峭夹角；③二尖瓣-主动脉间的距离增加；④主动脉的骑跨；⑤局部心肌异常隆起。异常的血流模式如果又存在于具有遗传易感性的心肌细胞，就可以导致主动脉瓣下狭窄的发生。同时，上述解剖特征使得血流在室间隔处的剪切力增加，进一步刺激了心内膜心肌细胞在左心室流出道的异常增殖，而形成了纤维肌性嵴。另外，主动脉瓣下狭窄的一种可能的血流动力学基础是合并其他先天性心脏病患者术后左心系统血流动力学的改变，使得血液出现湍流及室间隔缺损承受的剪切力增大。隔膜造成更多的湍流，也会造成主动脉瓣叶的损伤。随后的增厚和扭曲会造成瓣叶无法对合或直接脱垂而导致主动脉瓣关闭不全。在一些情况下，纤维隔膜可能延伸到主动脉瓣叶的下表面，引起进一步的扭曲并加重反流。

隧道样主动脉下狭窄也可是一种见于较早期切除单纯性主动脉下隔膜后的继发性病变。最初切除后造成的瘢痕以及成形异常的左心室流出道可能会造成渐进性的纤维肌性增生，并产生隧道样的左心室流出道。从室间隔延伸到二尖瓣前瓣叶心室面的纤维条索，将二尖瓣向前下方牵拉，使二尖瓣参与到隧道样左心室流出道的形成。

（四）病理生理

主动脉瓣下狭窄的病理生理与先天性主动脉瓣狭窄相似。轻度主动脉瓣下狭窄可无明显血流动力学改变，一般无严重左心室排血受阻，婴幼儿期也多无症状出现，大多数患者青少年或壮年期发病；中至重度主动脉瓣下狭窄可致左心室射血阻力增加，引起左心室收缩压升高，心肌向心性肥厚，心肌向心性肥厚反过来又进一步加重左心室流出道梗阻。主动脉瓣下狭窄可将左心室流出道分隔成高压腔和低压腔。如合并的室间隔缺损位置较低，位于高压腔，将产生大量左向右分流，可较早出现严重的肺动脉高压；如室间隔缺损位置较高，位于低压腔，则肺动脉高压出现较晚。

高速血流喷射所产生的震荡和涡流可导致主动脉瓣叶受损伤，瓣膜增厚，主动脉瓣关闭不全和感染，在主动脉瓣下狭窄的患者中，近65%的患者存在主动脉瓣关闭不全，而且即使在主动脉瓣下狭窄解除后，反流仍继续存在。当合并主动脉瓣关闭不全时，除了压力负荷增加外，容量负荷亦增加，心腔扩大，可出现肺瘀血和充血性心力衰竭。另外，当合并主动脉瓣关闭不全时，主动脉舒张压降低，冠状动脉灌注减少，加之由于左心室肥厚，左心室氧耗增加，将导致心肌缺血，并可能发生猝死。

另外主动脉瓣下狭窄即使是彻底切除，仍有复发可能。

（五）临床表现

（1）症状：与主动脉瓣狭窄类同，症状发生早晚及轻重与梗阻程度有关。其与前者的不同点是很少在新生儿和婴儿期出现症状，即使狭窄已经很严重。单发的主动脉瓣下隔膜由于其病程存在进展过程，以及无明显症状，因此通常诊断较迟，患者经常是在因无症状性心脏杂音就诊时得以诊断。当出现症状时，大部分已是有中、重度左心室流出道梗阻的儿童，青少年或20岁以下的成年人。

（2）体征：主动脉瓣区可触及收缩期震颤，闻及收缩期喷射性杂音（一般无舒张期杂音），向右颈部传导，伴肺动脉瓣区第二心音增强，主动脉瓣区第二心音减弱或分裂。杂音位置可能较上动脉瓣低，于胸骨左缘第3～4肋间最明显。有时心尖部可听到舒张中期杂音，这是由于瓣下梗阻限制二尖瓣前叶的活动所致。

（六）辅助检查

（1）X线：除了没有或较少见典型的升主动脉狭窄后扩张外，与主动脉瓣狭窄X线表现相同。

（2）心电图：多见左心室肥厚或双心室肥厚，伴左前分支传导阻滞以及室性期前收缩。

（3）超声心动图：为诊断瓣下狭窄的首选方法，可用于确定狭窄部位及流出道受累程度，瓣膜的关闭情况，左心室肥厚程度及收缩、舒张功能，主动脉狭窄后扩张的程度，以及合并畸形等，并可提供狭窄部位的流速和压差，为手术提供参考。

（4）心导管和心室造影：从左心室到主动脉连续测压可记录到压力的变化。压差大小反映梗阻的程度，左心室造影可见主动脉瓣下有带状或三角形透明区或切迹，部分患者可显示有左心室肌性流出道肥厚变窄。

（5）CT和MRI：CT和MRI对于瓣下狭窄的显示，尤其靠近瓣口较近者，均有一定限度。对距瓣口有一定距离的瓣下狭窄，CT可见小的第三心腔，并能显示左心室形态、肌块以及射血分数等功能异常，有助于病变程度的判断。瓣下狭窄MRI所见与主动脉瓣狭窄相似。

（七）诊断及鉴别诊断

根据特殊杂音及超声心动图检查，单纯主动脉瓣下狭窄多可明确诊断，但同时合并其他心脏畸形时易于漏诊，必要时应行心导管及心室造影等检查。

（八）治疗

1. 手术指征

单发主动脉瓣下隔膜的手术指征目前仍有争议。由于本病进展较快，并可导致主动脉瓣受损，因此有观点认为应尽早手术干预，但尽早干预却又面临术后高复发率，再次手术，甚至是左心室流出道狭窄解除后仍出现主动脉瓣反流的可能。因此，在进行了综合分析之后，目前认为是心导管测量左心室流出道峰值压差（多普勒平均压差）< 30 mmHg并且无左心室肥厚，则暂不处理，持续观察；当压差 > 50 mmHg，则均应手术治疗；压差为30～50 mmHg，如出现临床症状，或虽无临床症状但ECG提示ST-T改变也应考虑手术治疗。隧道样主动脉瓣下狭窄，无论压差如何，均应尽早手术干预。

2. 手术方法

（1）经主动脉纤维隔膜切除术：升主动脉斜切口，近端达无冠状动脉窦，牵开主动脉瓣叶显露瓣下纤维隔膜组织。先从右冠状动脉瓣底部纤维肌肉处垂直切开，深度达纤维下肌肉，然后环行向两侧将纤维隔膜切除。在右冠状动脉瓣和无冠状动脉瓣交界处仅剔除其下纤维组织，要保留其下肌肉，此处是膜部间隔，应避免损伤传导束。某些病例，纤维组织会延伸到一个或多个主动脉瓣叶的下表面，或二尖瓣前瓣叶的心室面。可主要通过锐性分离，在保证瓣叶不受损伤的前提下，将隔膜分离下来。

（2）经主动脉纤维隔膜切除并室间隔肌肉切开或室间隔肌肉切除术：对于合并有流出道室间隔肌肉肥厚的患者，在切除纤维隔膜后，从主动脉左、右冠状动脉瓣交界下垂直切开室间隔肌肉，长度超过狭窄处，深度约为狭窄厚度，可解除流出道狭窄；如能切除宽度4～10 mm的一条肌肉，解除梗阻效果更佳。首先在室间隔做2个平行切口，第1个切口在左右瓣交界下方，恰好在二尖瓣装置的右侧，第2个切口在右冠状动脉瓣中间的下方，逐渐加深切口并向下延伸，然后在右冠状动脉窦下做一横切口将两切口相连，再用剪刀或手术刀去除这块肌肉。对于在单纯性主动脉下隔膜的处理中是否切除部分室间隔来重塑左心室流出道，尚有争议。一些中心认为心肌切除可通过扩大和重塑流出道而减少了流出道内的湍流，并对所有发生单发性隔膜的患者都进行心肌切除。而另外一些中心，认为肌肉切除后的手术瘢环形成会增加复发性左心室流出道梗阻的风险，我们在实践中也支持这一观点。

（3）改良主动脉心室成形术（改良Konno手术）：重度主动脉瓣下狭窄但未合并有主动脉瓣环狭窄，无须置换主动脉瓣叶时，可采用改良Konno术。手术方法类似Konno术。常规建立体外循环横向切开主动脉壁,在距肺动脉瓣下2 cm横向切开右心室流出道,用直角钳或术者示指通过主动脉切口伸入左心室流出道,顶住室间隔。于室间隔右心室侧扪诊,在钳端或示指端引导下切开室间隔,检查左心室流出道,尽可能切除瓣下狭窄肥厚组织。以圆形涤纶片关闭室间隔切口右心室面,从而增加了左心室流出道周径,扩大左心室流出道。连续缝合或用自体心包片加宽右心室流出道与主动脉切口(图5-4)。

(4)主动脉心室成形术(Konno手术):主要适用于同时合并有主动脉瓣环狭窄的隧道样主动脉瓣下狭窄患者。

(5)主动脉根部置换术:包括同种主动脉根部置换及自体肺动脉-主动脉置换术,同样适用于主动脉瓣环发育不良合并弥漫性左心室流出道梗阻患者。该方法的主动脉和心脏的切口与Korulo手术相似。

(6)左室主动脉带瓣外管道:适用于重度瓣下狭窄,或再次手术患者。从心尖分流入主动脉的部位通常有4处可供选择,这4处分别为升主动脉、降主动脉、腹腔动脉上腹主动脉和肾动脉下腹主动脉(图5-5)。除心尖-降主动脉转流时须采用左侧后外标准开胸切口外,其余均采用胸骨正中切门,并可延伸至腹上区。目前更趋向于合理地直接解除流出道狭窄的方法降主动脉、腹主动脉。此类手术现已很少。

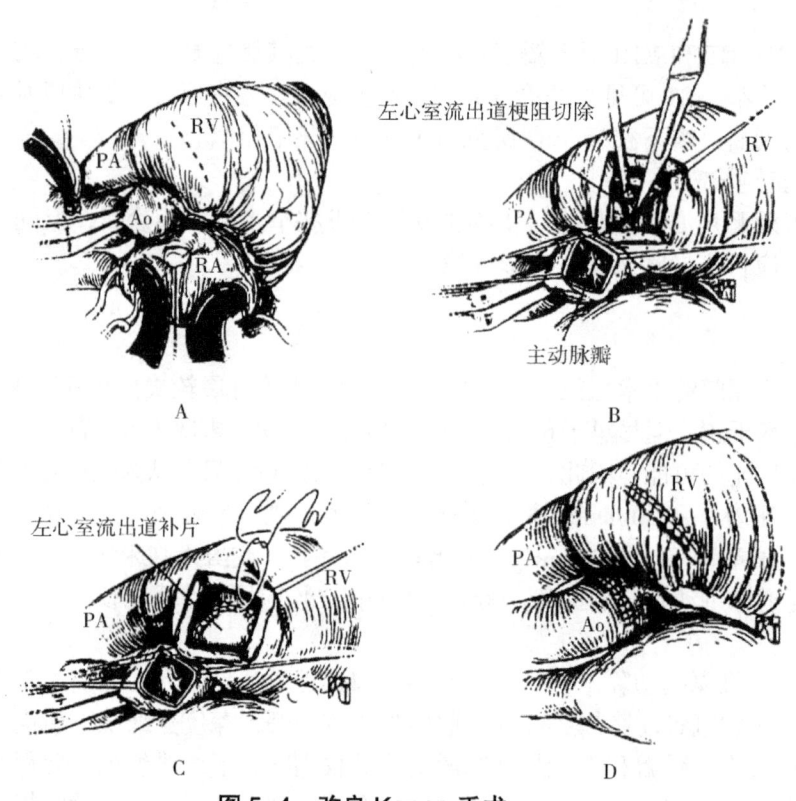

图5-4 改良Konno手术

A. 主动脉阻断,根部灌注心肌停搏液,虚线显示右心室切口和主动切口;B. 主动脉切开显露主动脉瓣,切开主动脉瓣环下室间隔,注意避开房室结和传导束;C. 切开室间隔,以补片修补并扩大室间隔缺损;D. 缝合右心室和主动脉切口;Ao:主动脉;PA:肺动脉;RA:右心房;RV:右心室

(九)并发症

(1)主动脉瓣和(或)二尖瓣损伤:发生率<2%,主要是术中对瓣膜的牵拉用力过大,切割肌块时刀锋伤及瓣膜,造成瓣膜损伤。

(2)不同程度的房室传导阻滞:多因第1切线过度偏右(偏向无冠状动脉瓣)所致,完全性房室传导阻滞的发生率为2%~5%。

(3)医源性室间隔缺损:发生率<2%,原因是进刀切割轴线偏向右心室腔,对室间隔最肥厚部位的判断失误。

(4)感染性心内膜炎:主要见于已发生主动脉瓣损伤的患者,可造成主动脉瓣反流,加重充血性心力衰竭。

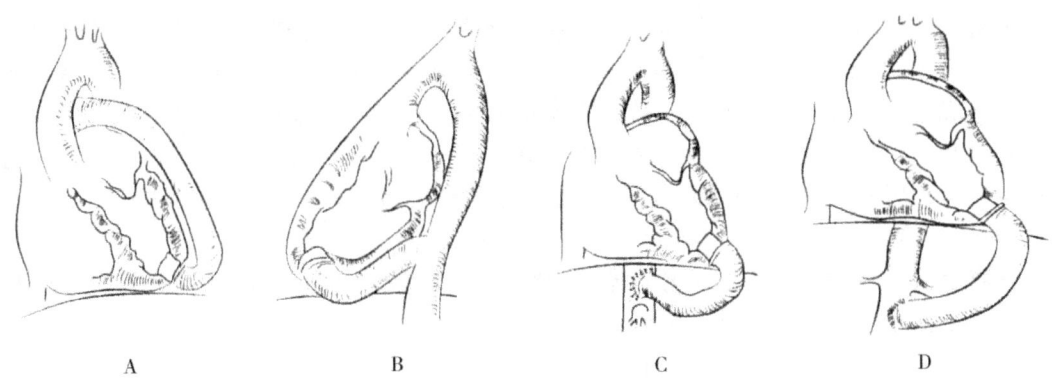

图 5-5 左心室 – 主动脉带瓣外管道手术

A. 心尖 – 升主动脉转流；B. 心尖 – 降主动脉转流；C. 心尖 – 腹腔动脉上腹主动脉转流；D. 心尖 – 肾动脉下腹主动脉转流

（十）疗效评价

术后 15 年生存率为 85% ~ 95%，晚期死亡主要与左心室流出道残留狭窄及再次手术有关。术前左心室流出道压差 > 50 mmHg，隧道样狭窄，主动脉瓣下隔膜去除不完全，手术时年龄小于 10 岁，均是术后再发主动脉瓣狭窄的危险因素，上述患者随访 10 年以上在狭窄的发生率甚至高达 10% ~ 50%。Ross-Konno 手术可能有助于降低隧道样主动脉瓣下狭窄的发生率。目前，在大多数心脏中心，总体手术死亡率低于 3%。手术死亡原因与狭窄类型、有无合并主动脉瓣与瓣环狭窄、有无合并重度肺动脉狭窄、有无合并多水平狭窄及心内其他畸形有密切关系。

三、先天性主动脉瓣上狭窄

先天性主动脉瓣上狭窄是主动脉窦管交界以上的局限性或弥漫性狭窄导致左心室流出道梗阻的先天性心脏病，在左心室流出道梗阻性病变中此型最少见。

（一）流行病学

先天性主动脉瓣上狭窄占全部先天性心脏病的约 0.05%，在全部先天性左心室流出道狭窄中所占比例为 5% ~ 10%。主动脉瓣上狭窄发病形式有 3 种：①散发性，最为常见，占全部主动脉瓣上狭窄的 50% 以上。②属 Williams 综合征的心血管系统表现的一部分。1961 年 Williams 等描述了主动脉瓣上狭窄伴有少见的"小精灵样"面容，智力发育迟缓，高钙血症，多发性外周肺动脉狭窄等，称为 Williams 综合征或"小精灵综合征"。③常染色体显性遗传病，具有家族性。

（二）病理解剖

1. 病理分类

本病依狭窄的程度、范围和形态，分为 3 种类型。

（1）隔膜型：在主动脉窦上缘形成由纤维或纤维肌肉构成的中心有孔的隔膜，主动脉外形无改变，约占 25%。

（2）壶腹型（环状狭窄）：在主动脉瓣水平因主动脉中层和内膜增厚形成纤维肌肉嵴引起主动脉根部的环形狭窄，同时可有一段主动脉变细，占 50% ~ 70%。

（3）发育不良型（条索样狭窄）：主动脉窦远端整个主动脉发育不全，甚至可累及主动脉弓，造成头颈部血管梗阻，占 25% 以下。

其中隔膜型和壶腹型又称为局限型主动脉瓣上狭窄，发育不良型又称为弥漫型主动脉瓣上狭窄，狭窄段有内膜增厚和中层肥厚，伴纤维和弹力组织增生。

2. 冠状动脉异常

主动脉瓣上狭窄常合并冠状动脉异常，左、右冠状动脉均可受累，可表现为冠状动脉开口狭窄、冠状动脉狭窄、冠状动脉扩张和早期粥样硬化。冠状动脉开口狭窄：可由于增厚的主动脉瓣与发育不良的窦管连接处粘连，将冠状动脉开口与乏氏窦和主动脉管腔隔开所致，也可因狭窄部位的主动脉内膜增厚累及主动脉窦部导致冠状动脉开口狭窄。左冠状动脉开口狭窄较右冠状动脉狭窄更为多见。冠状动脉本身的狭窄：多见于弥漫性狭窄和大年龄患者，因冠状动脉内膜增生、纤维化、发育不良、断裂、弹性蛋白层缺失，造成血管内膜和中层不能延续，中层增厚并且发育不良所致，近端的病变较远端严重。对于冠状动脉开口及走行均未受累的患者，由于冠状动脉开口处于狭窄近端，高压的血流灌注可引起冠状动脉可以明显扩张、扭曲、中层增厚以及早期的动脉粥样硬化等。

3. 其他合并畸形

主动脉瓣上狭窄约有1/3合并有主动脉瓣增厚、二瓣畸形，偶有主动脉瓣环发育不全和瓣下狭窄。最常见的其他心血管畸形为多发性外周肺动脉狭窄，并可产生严重的右心室高压和右心室肥厚。合并肺动脉瓣狭窄不常见。弥漫性肺动脉主干狭窄主要见于弥漫性主动脉瓣上狭窄的患者，一般有家族史，并且婴儿期猝死率较高。其他少见的合并畸形包括锁骨下动脉和颈动脉起始处狭窄、主动脉缩窄等。

（三）胚胎发育与分子生物学

确切的主动脉瓣上狭窄病因至今未明。患有Williams综合征的患儿与7q11.23上的弹性蛋白基因杂合性缺失或突变有关。这也提示了弹性蛋白与该病的发生相关。对于散发的主动脉瓣上狭窄，至今无明确的危险因素，而家族性主动脉瓣上狭窄通常由常染色体显性遗传所致。

（四）病理生理

对于冠状动脉开口及走形均未受累的患者，由于冠状动脉开口处于狭窄近端，冠状动脉收缩期灌注压与左心室收缩压等高，高压的血流灌注可引起冠状动脉明显扩张、扭曲、中层增厚，内膜增生和早期的动脉粥样硬化表现。收缩期冠状动脉血流增加，但在心肌供血的舒张期，冠状动脉血流明显减少而造成心肌缺血。由于左心室排血受阻，左心室压力负荷增加，收缩压升高所致的左心室心肌肥厚，则进一步加重了心肌缺血。另外，主动脉高速r流冲过狭窄部可产生Coanda效应，使右上肢血压高于左上肢。另外，主动脉瓣上狭窄还可导致冠状动脉开口狭窄，感染性心内膜炎。由于左心室肥厚和冠状动脉病变，发生猝死较常见。

（五）临床表现

（1）症状：婴儿期很少发生症状，常在儿童期出现症状，某些患者在20～30岁出现症状。可有活动量下降，活动后心悸、气短等。由于冠状动脉受累，瓣上狭窄患者较其他左心室流出道狭窄患者更早也更多出现心绞痛症状，也更容易发生晕厥和猝死。

（2）体征：主动脉瓣区可触及收缩期震颤，并闻及喷射性收缩期杂音，强度比主动脉狭窄时高，一般无主动脉舒张期杂音。由于喷射性血流导致的Coanda效应，使右上肢血压高于左上肢为主动脉瓣上狭窄的特有改变。不足50%的瓣上狭窄合并有Williams面容，也称"小精灵脸"综合征：头颅小，圆脸，额宽而前突，鼻梁宽平，眼距大，肉眦赘皮，内斜视，长人中，唇厚，虹膜呈星茫状，偶有角膜及晶状体浑浊，耳郭较大，牙齿形成低下，下颌发育差，发音低哑或呈金属音，智力迟钝，性格温和。在婴儿可有高钙血症，以无Williams面容的患儿较多见。高钙血症的发生率<5%。

（六）辅助检查

（1）X线胸片：与主动脉瓣狭窄相似，但心脏常无增大，左心室肥厚增大多较主动脉瓣或瓣下狭窄为轻，无升主动脉狭窄后扩张或升主动脉反而缩小，心右缘上段凹陷为其特征之一。

（2）心电图：多表现为左心室肥厚，如冠状动脉受累可出现左心室肥厚合并ST-T改变，偶有室性异位心律，如出现右室流出道梗阻，可出现右心室肥厚表现。

（3）超声心动图检查：M型超声可见主动脉腔内膜样回声或某一部位明显变窄。二维超声心动图示主动脉瓣上冠状动脉窦上缘水平有环形狭窄或弥漫性主动脉狭窄。多普勒超声心动图示五彩镶嵌血流提示主动脉瓣上梗阻及冠状动脉开口狭窄。连续多普勒可通过探测狭窄部位的血流速度推算压力阶差，作为判定手术指征的依据。

（4）心血管造影和心导管检查：左心室+升主动脉造影可见主动脉窦上狭窄形态、范围，可见主动脉窦部及冠状动脉扩张，右心室及肺动脉造影可用于明确有无外周肺动脉狭窄。心导管检查可明确狭窄前后段压差，数据较超声心动图更为精确，可作为确定手术指征的可靠依据。在心血管造影及心导管检查中有因冠状动脉事件造成心搏骤停的报道，实施该项检查时应注意严密观察。

（5）CT和MRI：CT及重建对于瓣上狭窄，尤其是升主动脉的发育不全，诊断效果良好。MRI适于显示隔膜型局限性狭窄和不同程度的升主动脉的发育不良。

（6）基因诊断：可通过商品化的"Williams探针"行染色体荧光原位杂交（FISH）检测确定染色体7q11.23缺失用于确诊Williams综合征。

（七）诊断及鉴别诊断

从儿童的特征性面容、临床表现和特殊检查能做出临床诊断。但临床上鉴别主动脉瓣膜、瓣下和瓣膜狭窄是较为困难的。虽然超声心动图检查有助于做出诊断，但往往对瓣上狭窄的病变估计偏轻，而且诊断合并的心血管畸形，如肺动脉狭窄、主动脉狭窄和主动脉瓣或二尖瓣关闭不全，主要依靠心血管及选择性心血管造影术。

（八）治疗

1. 手术适应证

手术适应证与其他左心室排血受阻性疾病相同。跨狭窄段收缩期压差 > 50 mmHg，心电图示左心室肥厚和ST-T改变，胸部X线示心脏增大，临床有心绞痛、昏厥和心功能不全或合并其他严重心脏畸形均为手术指征。

2. 手术方法

（1）局限性主动脉瓣上狭窄：

①单片法：适用于轻到中度主动脉瓣上狭窄患者。在狭窄部位纵行切开升主动脉，切口向无冠状动脉瓣窦延伸，切除升主动脉内狭窄的隔膜或纤维环，用泪滴形涤纶或膨体聚四氟乙烯补片作主动脉成形。单片扩大技术有较好的远期血流动力学效果，但没有完全去除主动脉瓣上狭窄的病理解剖异常，也没有对主动脉根部的几何形态和主动脉瓣叶的正常对合进行塑形。

②Doty法：也称"倒置分叉补片技术"，最早由Doty描述，适合中度或中-重度主动脉瓣上狭窄，且不合并左冠状动脉窦狭窄。升主动脉前壁做倒"Y"形切口，并分别延伸到无冠状动脉瓣窦和右冠状动脉瓣窦。其中右冠状动脉瓣窦切口的延长是在右冠状动脉开口的左侧。切除内膜隆起的狭窄环后，取人形涤纶片，与升主动脉切口边缘行连续缝合，以扩大升主动脉。这项技术比泪滴状补片扩大对主动脉根部起到更对称的塑形效果。

③Brom法及改良：适用于严重类型的主动脉瓣上狭窄，特别是合并左冠状动脉窦狭窄的患者。在主动脉窦管连接处横断升主动脉，然后纵向切开无冠状动脉瓣窦、左冠状动脉瓣窦和右冠状动脉瓣窦，切口在右冠状动脉开口的左侧和左冠状动脉开口的右侧。用三块三角形补片或自体心包片扩大瓣窦，这样主动脉瓣对合较好而且恢复主动脉根部的几何形态，窦管连接处的直径与主动脉瓣环直径一致。然后将整形好的窦管连接部与升主动脉做端-端吻合。1993年Myers等对上述技术进行改良，同样是纵向切开3个主动脉瓣窦，升主动脉远端裁剪成3个三角形的悬垂片，分别与三个瓣窦缝合（图5-6）。这样恢复了主动脉根部的结构，优点是采用自体组织修补，有生长潜能，手术后血流动力学稳定，但主动脉的顺应性可能不如经典Brom法。

（2）弥漫性主动脉瓣上狭窄：

①升主动脉和动脉弓联合补片成形：需要深低温停循环或深低温低流量对主动脉弓的头臂血管进行灌注。在升主动脉前壁做一纵切口，并成弧形转到远端升主动脉的小弯处，然后再越过主动脉弓的下表面，到达超过左锁骨下动脉开口的地方。在较小的儿童中，使用戊二醛处理过的自体心包补片，而在较大的儿童中，则使用涤纶补片。将补片缝合到跨过主动脉弓的下表面位置上。

②同种主动脉外管道置入或左心室主动脉带瓣管道。

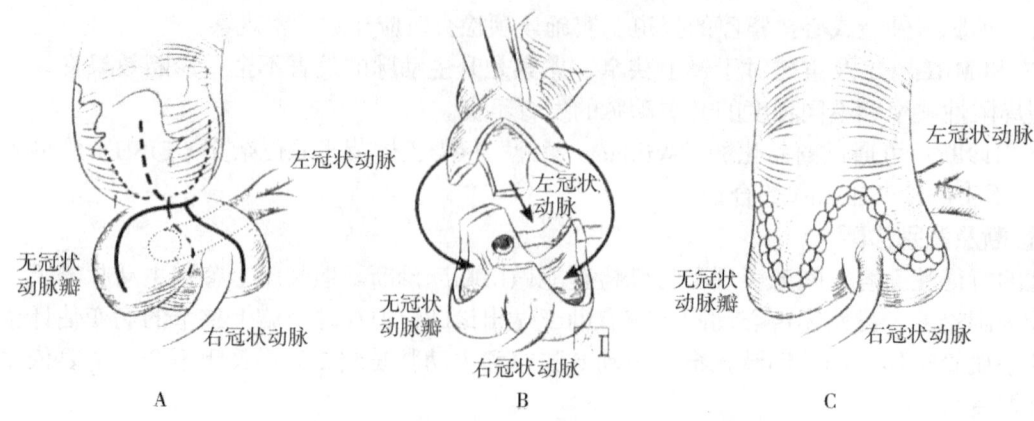

图 5-6　Myers 自体主动脉扩大 3 个主动脉窦的手术技术

A. 虚线示升主动脉切口；B. 主动脉根部分别向三个窦底部切入，升主动脉远端裁剪成 3 个三角形的悬垂片，分别扩大 3 个瓣窦；C. 完成主动脉瓣窦部扩大，不用同种血管片或人工补片

（九）并发症

（1）主动脉瓣关闭不全：局限型补片在一个或两个主动脉窦扩大加宽部分主动脉，可能因此而改变整个主动脉瓣环的形态和力学构造，形成主动脉瓣关闭不全，采取三瓣法加宽主动脉壁可能减少此类并发症的发生。

（2）主动脉的瓣上再狭窄：局限型或弥漫型的主动脉瓣上再狭窄，增厚的纤维内膜缺乏进一步生长发育的潜力，随着年龄的增长，修复的狭窄部位并无扩张的趋势，会造成再次狭窄而影响手术的远期效果。

（十）预后

瓣上狭窄的手术效果与病变的类型、严重程度以及合并的心血管畸形有密切关系。局限型主动脉瓣上狭窄手术的死亡率很低，远期手术疗效尚满意。弥漫型主动脉瓣上狭窄手术的死亡率可达 10%，对于合并外围肺动脉狭窄或瓣上狭窄严重，术后的压力不能下降的病例，结果差。瓣上狭窄广泛的病例，术后晚期并发症的发生率高，容易产生主动脉假性动脉瘤、主动脉夹层动脉瘤和细菌性心内膜炎等，严重影响远期的成活率和治疗效果。

第六章 原发性心脏肿瘤

第一节 心脏黏液瘤

一、概述

心脏黏液瘤（cardiac myxomas）是最常见的原发性心脏良性肿瘤。Silverman报告其占心脏良性肿瘤总数的66.7%。

多发性黏液瘤可发生在同一心腔或两个心腔，国内还有同在3、4个心腔出现的报告。国内文献报告多发性黏液瘤患者的年龄较轻，出现症状至确诊的病程较短，肿块大小不一，瘤蒂均附着于房间隔上，肿瘤与周围组织易发生粘连和堵塞瓣膜口，发热、贫血、血沉增快等症状较单发者更加明显，心动图表现异常者较多见。

黏液瘤患者的年龄自2.5~83岁，也有出生3个月发病的报告，平均年龄51岁。华中科技大学同济医学院附属协和医院心血管研究所报道的88例中，40岁以上者62例，占70.5%。说明发病年龄多数在40岁以上，提示对高龄疑似瓣膜病患者，应警惕有心脏黏液瘤的可能。性别以女性居多，国外报告76%的患者为女性，国内阜外医院病例组中男女之比为1∶1.27，华中科技大学同济医学院附属协和医院心血管研究所病例组中男女之比为1∶1.7。

有研究表明，黏液瘤具有家族性发病倾向，曾有研究者对6对患者的亲属进行超声检查，发现4名亲属患有心脏肿瘤；国外文献报道有3名病例属于同一家族。因此对患者家属进行常规超声检查是必要的，尤其是多发性黏液瘤患者更应如此。

二、解剖

1. 肉眼观

黏液瘤通常有一个纤维血管蒂附着于心内膜，蒂的长短、粗细各异，长者可达3~5cm，短者瘤体几乎直接与心壁相贴；粗者截面直径可达3~4cm，细者仅0.2~0.3cm。蒂附着处多在心内间隔，尤以左房侧房间隔卵圆窝区好发，极少附着于房室瓣。瘤体形态各异，多呈球形、椭圆形或有深浅不一的切迹与分叶状，也有葡萄状或息肉状肿瘤，直径多在5~6cm，小者约1cm，大者可充满整个心腔。肿瘤多呈透明或呈淡黄色半透明胶冻状，质软且脆，常可见大小不等、散在的紫色、暗红色的出血灶。瘤体多有完整包膜，表面呈胶冻样，可有血栓附着。瘤体可发生变性、坏死、钙化。质脆、分叶状、表面粗糙、活动度大的黏液瘤易发生破碎脱落而造成栓塞。瘤体重量差异很大，国内报道最重达500g，最轻仅有3g。

2. 镜下观

黏液瘤的病理特征类似于机化的栓子，其细胞来源并不是真正的新生物。组织学、超微结构和免疫组化检查表明，黏液瘤起源于间质细胞的异性扩散。也有些学者认为黏液瘤来源于心内膜细胞。Ribbert认为心脏黏液瘤起源于胚胎发育期心内膜黏液组织残余。由于在房间隔卵圆窝周围常有这种组织残留，从而可解释黏液瘤绝大部分发生于这一特定区域。Drr认为黏液瘤增生部分为心内膜组织成分，而黏液样基质为退行性病变组织。

（1）光学显微镜：观察肿瘤细胞有小的、圆形、卵圆形或边缘不规则的细胞核，以及中等量的胞质存在。细胞被黏液样嗜酸性基质包绕，基质又由类似软骨素的嗜酸性黏多糖组成。细胞和基质通常呈酸性染色阳性，反之基质为嗜碱性染色。弹性纤维、平滑肌细胞、胶原和钙质均能看到，其他细胞成分包括淋巴细胞、浆细胞和罕见的成纤维细胞等。薄壁的血管类似于原始毛细血管。

（2）电子显微镜（简称：电镜）：电镜下观察黏液瘤细胞大约有四种超微结构表现类型：成纤维细胞样、肌成纤维细胞样、上皮样和原始间叶细胞。黏液瘤细胞均属于间叶细胞，大多数为梭形及星芒状，即使是上皮样的黏液瘤细胞，也缺乏成熟的上皮连接，且没有基底膜。而肌成纤维细胞样的瘤细胞胞质内可见密斑、Z带样物质及成束的肌丝。肿瘤细胞具有细胞间连接区域，有散在染色质的单个细胞核、粗面内质网、游离的核糖体、线粒体、高尔基复合体和胞质碎片。扫描电镜可见黏液瘤被内皮所覆盖，并有内皮线状裂隙。

综合观察黏液瘤在组织学上显微和超微结构的改变，说明黏液瘤的本质是一种真性肿瘤，而非退行性改变的血栓。心脏黏液瘤细胞可能起源于具有多潜能的原始间叶细胞，可出现不同方向的分化。尽管黏液瘤在组织上为良性，在生物学行为上亦罕见有浸润房间隔而发展为恶性者。但偶有报道黏液瘤为恶性，种植和转移生长于远处的脑和骨组织中。国内总结562例心脏黏液瘤病例，仅有3例诊断为恶性。

三、诊断

1. 临床表现

心脏黏液瘤的临床表现多而复杂，且无特征性，其表现主要取决于瘤体的所在位置、大小、形状、生长速度、蒂的长短、活动度、有无碎片脱落、瘤体内有无出血、变性或坏死、患者反应性等。临床表现一般可归为三类：

（1）全身症状：由于黏液瘤自身出血、变性、坏死，可引起发热、贫血、乏力、关节痛、荨麻疹、食欲差、体重下降，甚至呈恶病质。尤其是左房黏液瘤，可引起左房扩大压迫食管，阻碍进食。瘤体堵塞肺静脉，导致肺瘀血，可引起反复咯血。尚有血沉增快、血清蛋白电泳异常（白蛋白减少，球蛋白增多）。国内有血沉记录的243例中增快者192例，占79.0%，一般在30～70 mm/第1 h，平均32.2 mm/第1 h。活动性头晕、疲乏、气促是最通常的症状。免疫学检查研究发现，黏液瘤患者出现症状时，抗心肌抗体效价增高，肿瘤切除后效价降低。这些常见的全身症状可能被诊断为胶原性血管疾病。

（2）栓塞现象：黏液瘤由于组织疏松、脆弱，其碎片或肿瘤表面血栓脱落是造成栓塞最常见的原因，栓子随着血流运动可以引起体动脉或肺动脉栓塞。栓塞脑动脉而出现脑栓塞，导致患者晕厥、昏迷甚至偏瘫；肠系膜动脉栓塞导致急腹症，肢体动脉栓塞导致肢体缺血性剧痛和青紫，肺循环阻塞导致呼吸困难和发绀。栓塞的发生与病程长短和瘤体大小无关，发生率可高达40%，其中脑栓塞最常见，约占栓塞的50%。

引起栓塞的解剖部位取决于肿瘤位置和（或）心内分流是否存在。左心肿瘤栓子进入体循环，导致脑、肢体和内脏血管栓塞。在栓子取出后对之进行组织学检查，常可对心内肿瘤做出诊断。因此注意检查栓子非常重要，尤其在出现瘀斑时，对皮肤和肌肉进行活检，可证实血管内肿瘤栓子的存在。多个系统的栓塞产生的症状可酷似全身性血管炎或感染性心内膜炎。特别是出现发热、关节痛、体重下降、血沉增快等更加容易混淆。对于年轻患者，在栓塞发生以前并无脑血管疾病且心电图为窦性心律者，应高度怀疑有心内肿瘤的存在，并注意与感染性心内膜炎或二尖瓣脱垂相鉴别。

位于右心系统的肿瘤脱落的碎片或栓子，以及通过左-右心内分流来自左心的栓子都可以引起肺梗死或肺动脉栓塞和肺静脉高压。事实上，这种严重的肺动脉高压和继发性肺心病主要是由于右房黏液瘤的慢性复发性栓子所致。

由于肿瘤栓子大小不同（数毫米至数厘米），被栓塞的动脉大小不同（自微小动脉至大动脉），所以栓塞波及范围差异很大，临床表现或轻或重也差异悬殊。轻者仅出现一过性晕厥，重者可发生昏迷、瘫痪、肢体坏死，甚至终身残疾或死亡，也可以没有明显栓塞征象。

（3）心脏表现：心脏肿瘤引起心脏出现的特殊表现为心律失常和传导障碍、心内血流阻塞。症状与肿瘤解剖部位、组织学类型、瘤体大小、活动度等密切相关。小的瘤体可以没有症状，大的瘤体则可引起血流机械梗阻。蒂长而活动度大者易影响房室瓣功能。

心肌肿瘤最常引起传导和心律异常。如果肿瘤位于房室结区域，可引起房-室传导异常。各种心律失常都可发生，包括房颤、房扑（伴有或不伴传导阻滞）、房性心动过速、交界性心律、室性期前收缩、室性心动过速、室颤等。阜外医院报道的148例心脏黏液瘤患者中，心电图异常者有105例，占70.9%，因此尽管黏液瘤位于心腔内，但当其引起心腔压力改变、心脏负荷增加时，则可影响心脏电生理活动。或瘤组织浸润、压迫心壁时，都可引起心律失常或传导阻滞。

2. 体格检查

从前述关于心脏黏液瘤在各心腔的分布可见，绝大多数黏液瘤位于左心房。左房黏液瘤由于瘤体大小、活动度不同，可引起不同程度的血流机械性阻碍和影响房室瓣功能。在舒张期瘤体阻塞二尖瓣口，而出现隆隆样杂音，酷似二尖瓣狭窄。当瘤体引起二尖瓣脱垂为主时，则只能在收缩期听到吹风样杂音，但这样的情况为数不多，而多数呈双期杂音。少数病例可听到肿瘤扑落音。由于瘤体的阻塞致左房压增高，随之出现肺瘀血，患者常有活动性心慌、气短、头晕、咯血等症状。因此临床上易被误诊为风湿性二尖瓣疾病。

虽然左房黏液瘤的临床症状是非特异性的，但当症状的出现与体位改变相关时，常提示存在左房黏液瘤可能。杂音可随体位的改变而改变，被认为是心脏黏液瘤的特征性体征，但据统计国内只有1/3患者具有这种体征。出现这些情况，提示肿瘤活动度较大，随时有引起栓塞死亡的危险，应予以高度重视。医生在临床工作中，术前预先了解患者处于何种体位时最舒适，何种体位最难受。在手术过程中，当出现心律失常、血压异常时，立即调整患者体位，往往可起到确实效果。

右房黏液瘤的发病率在全部心脏黏液瘤中居于第2位，国内统计仅占5.1%。右房黏液瘤常出现右心功能衰竭的表现，包括发绀、颈静脉怒张、外周组织水肿、腹腔积液和肝脏肿大等。右心力衰竭常呈进行性加重，常因肿瘤阻塞三尖瓣血流或引起三尖瓣反流被误诊为Ebstein畸形、三尖瓣狭窄、缩窄性心包炎、类癌综合征、上腔静脉阻塞综合征和心肌病等。右房高压还可通过卵圆孔出现左-右分流，导致患者出现气喘、发绀、杵状指（趾）等症状。体检常可发现有外周组织水肿、颈静脉怒张、肝脏肿大和腹腔积液征。当瘤体部分性阻塞三尖瓣血流或引起三尖瓣反流时，可闻及舒张早期隆隆样杂音，也可合并收缩期吹风样杂音。若杂音随呼吸或体位发生改变时，应高度怀疑右房黏液瘤的存在。

位于心室的黏液瘤更罕见，右室黏液瘤的发病率据国内统计仅占1.48%。右室黏液瘤可引起右室充盈或血液输出障碍，常表现为右心功能不全或衰竭，临床上可表现为颈静脉怒张、肝脏肿大、腹腔积液等症状，甚至可发生晕厥、猝死。体格检查时常可在胸骨左缘闻及收缩期杂音和舒张期杂音。当瘤体波及肺动脉瓣口时，可出现酷似肺动脉狭窄或关闭不全的表现，易被误诊为肺动脉狭窄、限制性心肌病、三尖瓣疾病等。但右室黏液瘤病程进展较肺动脉瓣狭窄、三尖瓣疾病更加迅速，可以此特点初步鉴别。

左室黏液瘤是四个心腔中最少见的，早期常无症状或只表现为心律失常。当瘤体占有一定的空间并影响左心功能时，则可出现乏力、气促、胸痛，甚至晕厥或左心功能衰竭。文献报道有肿瘤栓子栓塞冠状动脉引起心肌梗死的病例。体检可发现收缩期杂音和随体位改变而变化的杂音和血压变化。左室肿瘤的表现可酷似主动脉瓣和瓣下狭窄、心内膜弹性纤维组织增生症、冠状动脉疾病，应慎重加以鉴别。

3. 实验室检查

实验室检查患者可有白细胞增多、红细胞增多、血沉增快、溶血性贫血、C反应蛋白增加等。随着血液循环中IgG含量增加，免疫电泳检查可发现血液免疫蛋白水平异常增高。但这些结果通常只是提示有炎性自身免疫性疾病，而与肿瘤的位置和大小无关，故对诊断缺乏特异性支持。

近来发现黏液瘤患者血液白介素6水平上升，并与某些症状相关，包括淋巴结肿大、肿瘤转移、心室肌肥厚、发热等。Suzuki等研究发现，黏液瘤内未成熟间充质细胞可分泌IL-6。IL-6是机体在急性期反应、免疫反应等过程中发挥重要作用的一种多功能蛋白，是炎症因子之一，可刺激肝细胞释放急性期蛋白，诱导急性期反应，引起贫血、血沉增快等临床症状。异常增高的IL-6可促进过量B淋巴细胞分化为 IgG 分泌细胞，并产生多克隆 IgC，从而引起机体体液免疫调节紊乱。黏液瘤患者临床症状及免疫学异常与黏液瘤组织产生过量的 IL-6 有关。有研究发现，所有黏液瘤组织都产生 IL-6，但并非所有黏液瘤患者均表现出临床症状和免疫学异常。Soeparwata 等认为黏液瘤患者血清 IL-6 超过一定阈值时才能引起临床症状和免疫学异常，且血清 IL-6 水平与黏液瘤大小相关。IL-6 在心脏黏液瘤发生和发展过程中的确切作用仍需要进一步研究。

4. 其他诊断性检查

（1）胸部 X 线：胸片表现虽然不是特异性的，但也可表现为心脏普遍肥大、个别心腔扩大、肺静脉瘀血等。偶尔会出现的特异性表现是由于肿瘤钙化产生的心脏局部高密度影。这些发现通常出现在右房或右室黏液瘤，但大多数黏液瘤患者的胸片是正常的。

（2）心电图：同胸部平片相似，心电图表现也是非特异性的，包括心腔扩大、心肌肥厚、束支传导阻滞、电轴偏移等。不到 20% 的患者可出现持续性心房纤颤。

（3）心脏超声：二维超声心动图对于黏液瘤的诊断和评价是最有帮助的，准确性几乎可达 100%，从而取代了传统心血管造影技术，但冠状动脉造影术通常仍用于 40 岁以上且具有其他手术指征的患者，以排除冠心病可能。经胸超声检查可提供外科手术所需的所有信息，而经食管超声心动图（transesophagealechocardiography，TEE）可以提供肿瘤大小、位置、移动度、基底宽度等最有用的信息。TEE 的分辨率最低可到 1～3 mm，优于经胸超声心动图。应在手术前应用 TEE，尤其可探测到左房后壁、房间隔和右房，由于这些部位应用经胸超声检查不能很好显示，因此可用于排除双房多发黏液瘤。

① M 型超声心动图（M-mode echocardiography）：自 1959 年通过超声心动图首次报道一例左房黏液瘤以来，该技术使心脏黏液瘤的检出率极大提高，为手术提供了重要帮助。M 型超声心动图对心脏黏液瘤的诊断具有特殊价值，尤其是可与二尖瓣狭窄鉴别，具有无创、简便、安全、准确率高的优点。其特征性的表现为黏液瘤呈云雾状回声。

② 二维超声心动图（two-dimensional echocardiography，2DE）：更优于 M 型超声心动图，可以探查肿瘤部位、数目、大小、形状、瘤蒂情况、表面特征、声阻抗值、瓣膜梗阻情况及与瘤体有无粘连，重点应探查对于手术帮助最大的瘤体数目、有无蒂及其附着部位。但要注意的是有文献报道较大的、无活动的、质地均匀的左房黏液瘤由于其声阻抗值与血液的相近而易漏诊。二维超声心动图目前已被广泛使用，准确率几乎可达 100%，是首选的检查方法，已取代了心血管造影术在心内肿瘤诊断中的地位。

（4）心血管造影术（angiocardiography，ACG）：过去心血管造影术在心血管疾病诊断上具有重要作用，文献报道诊断阳性率可达 94%。选择性心血管造影可显示心腔内的充盈缺损，提示存在占位性病变。但对活动度较大的心脏黏液瘤，一般速度的造影难以提供清晰的影像。而且心导管术有引起瘤组织破溃、栓子脱落的危险，也可导致心壁穿透、感染等并发症，因此目前已很少用于心脏肿瘤的检查，除非有某些特殊的诊治适应证，如为显示四个心腔和体、肺循环而其他方法难以满足诊断和鉴别诊断要求者可采用心血管造影术。

（5）电子计算机断层扫描（computerized tomographic scan，CT）：目前采用电子束（electron beam）和螺旋（spiral）CT 检查心脏肿瘤。通过预先注射造影剂，对比增强后以血流成像方式，肿瘤表现为心腔内充盈缺损，不同心动周期中可见肿块移动情况，电影成像方式更适于观察肿瘤动态变化情况。CT 的缺点在于心脏和呼吸运动形成伪影，影响判读；需要预先注射造影剂，患者存在过敏危险；优点在于显示钙化灶敏感，检查费用较 MRI 和心血管造影低廉，目前在临床上已被逐渐广泛使用。

（6）磁共振成像（magnetic resonance image，MRI）：MRI 无须注入对比剂便可显示心肌、心腔、心包及其与周围结构的相互关系，是心脏肿瘤与心旁肿块诊断和鉴别诊断的重要无创性技术。MRI 自旋回波（SE）心电图门控技术可清楚地显示心腔内肿块的形态大小、有无瘤蒂及其附着部位。左房黏液瘤有蒂，多附着于房间隔，瘤体常呈分叶状或比较平整。信号强度多呈中等，比较均匀；有的病例信号强度较高或较低，前者提示瘤体组织水分较多，后者提示纤维成分较多。若瘤体内存在钙化灶，则可使信号不均匀；收缩和舒张末期成像时，可见肿块分别嵌入二尖瓣口或进入左心室和退回左心房内。梯度回波的快速成像与周围血流信号对比肿瘤表现为低至中等强度信号区，电影显示更适合于观察不同心动周期肿块的活动情况。但由于检查费用较高,不将其作为心脏黏液瘤的常规检查。

四、手术适应证

对于心脏黏液瘤原则上一旦诊断就应手术治疗。由于心脏黏液瘤瘤体质软而脆,活动度大,易发生破碎脱落引起栓塞和远处种植,而且随时可因瘤体移动阻塞瓣膜口导致晕厥甚至猝死,因此手术应及时进行。患者持续发热及血沉明显增快并不是绝对手术禁忌,因为只有切除肿瘤才能从根本上缓解症状。对于少数发生脑栓塞昏迷和已处于恶病质患者则应慎重。

五、术前准备

患者入院后应采用自我感觉症状较轻的合适体位,绝对制动,以防止体位剧烈变动时引起肿瘤移位导致血流阻塞而死亡。对于术前无明显症状或轻度充血性心力衰竭的患者可按一般心脏病手术进行准备;对于中度以上的充血性心力衰竭患者应积极行强心利尿治疗,尽量促进心功能好转,但无须等到心功能恢复正常再手术;对于存在急性肺水肿的患者,应在静脉给予多巴胺等强心药物的同时,行气管插管,采用呼气末正压通气,条件允许时力争急诊手术。

六、手术方法

1. 麻醉和体外循环手术

这两项均应在全身麻醉、中低温体外循环下进行。麻醉诱导过程应尽量平稳,减少对患者的刺激,避免呛咳、挣扎及肌束颤动;气管插管时动作应轻柔,麻醉过程应力求平稳控制心率和血压,防止心率过快或血压骤然升高而导致肿瘤栓子脱落引起栓塞或阻塞瓣膜口。建立体外循环时动作应轻柔,套带和插管时避免过多挤压心脏。手术中应加强心电图和血压的监测。

2. 手术径路

心脏切口选择合适与否,对显示瘤体、找出瘤蒂并连同蒂附着处的一部分心壁或间隔组织一起完整取出肿瘤极其重要。随着心血管病治疗的进展,对心脏黏液瘤的手术径路已取得较为统一的认识,即沿胸骨正中切口进入,对左房黏液瘤选择纵行切开右心房,切开房间隔卵圆窝进入左房的手术径路,主要理由包括下面四点:

(1)切开房间隔,通常瘤体就在视野下,容易寻找瘤蒂,便于完整切除和取出肿瘤。

(2)若为罕见的多发性黏液瘤,由此径路可探查右心房、右心室,以排除黏液瘤穿越心间隔侵入右侧心腔的可能性。

(3)便于摘除右心房肿瘤,也可通过三尖瓣口切除右心室肿瘤。

(4)方便同时处理房室瓣,进行瓣膜切除修复或置换术。

但采用右心房-房间隔切口也存在不足之处,包括:

①上下腔静脉需分别置束带,放置引流管。

②需切开房间隔,切除瘤体后又需缝闭或修补,从而延长了心内操作时间,增加心脏创伤。

但总体上说这种径路可作为通用切口,但也可以采用双房切口,以便于探查心脏的四个心腔与肺动静脉的开口。对位于心室的黏液瘤,为显露良好,避免损伤腱索和乳头肌,应根据实际情况,考虑采用其他手术径路,如对位于右室流出道的肿瘤可行右室前壁切口;对于左室黏液瘤可行左心尖切口,但应注意防止冠状动脉损伤。

3. 切除范围

应完整切除肿瘤及其蒂部周围至少 0.5 cm 的健康房间隔或心内膜组织,对恶性可能性大者适当扩大切除范围,但应防止损伤传导系统;对于左心室黏液瘤应适量切除肿瘤根部周围左室心肌和乳头肌,应避免切破左室壁。切除的房间隔缺损可直接缝合或以自体心包片或涤纶补片修补。如肿瘤累及二尖瓣、三尖瓣、瓣环或乳头肌,应同时切除受累瓣膜,范围较小者行瓣膜修复术,无法修复时则行瓣膜置换术,以防止术后肿瘤复发。最后以生理盐水反复冲洗心腔,清除残留的肿瘤碎片。

4. 手术重点

（1）防止肿瘤碎裂或脱落：黏液瘤质地疏松易碎，故建立体外循环时操作应轻柔，对于右房中瘤体较大或位置靠近上下腔静脉开口处的肿瘤，宜使用直角插管（图6-1）并在放置时避免暴力戳破瘤体或改行股静脉转流；为防止瘤体破裂，可先不置左心引流管或切除肿瘤后再放置。严禁心外探查以避免挤压肿瘤；切除的瘤体力争一次性取出，夹持肿瘤动作应轻柔准确，切不可用力拉扯、钳夹，以防止瘤体破碎脱落；切除后应仔细反复冲洗心腔，清除可能残留的肿瘤碎片。

（2）彻底切除肿瘤：为防止肿瘤复发，切除范围至少应包括肿瘤根部周围至少0.5 cm的正常组织，对于被侵犯的瓣膜、瓣环和乳头肌组织，应一并切除后再行修补或置换术，但应避免过度切除引起的损伤，尤其是对位于右室流出道或左室的黏液瘤，应防止过度切除导致狭窄或室壁穿孔。

（3）防止传导阻滞：对于根部位于Koch三角区的黏液瘤，切除时应避免损伤心脏传导系统，造成术后三度传导阻滞。

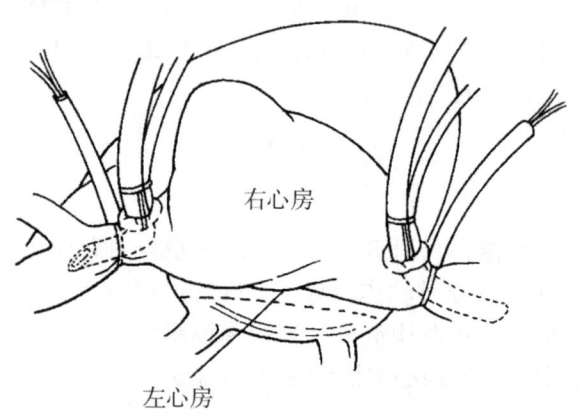

图6-1 上腔静脉直角插管

七、术后管理

术后严格控制液体特别是胶体的输入量与速度，防止发生急性左心功能衰竭和肺水肿。应注意有无传导阻滞和体循环栓塞的症状和体征。国外文献统计心脏黏液瘤的围术期死亡率为 0 ~ 14.3%，死因主要为右心功能衰竭。近年来随着新的诊断技术在临床上的应用，绝大多数患者可在术前确立诊断，因此手术安全性、切除率和治愈率也有明显提高。华中科技大学同济医学院附属协和医院心血管研究所收治的59例手术患者中，除1例术后3天死于低心排，其余均痊愈出院。

八、预后

心脏黏液瘤手术切除的远期效果良好，患者心功能多可恢复正常。据国外文献报道，大多数左房和右房黏液瘤手术治疗后随访10 ~ 15年仍良好生存。但文献报道有5% ~ 14%的复发率，复发时间多在术后4年左右。复发后仍可手术治疗。黏液瘤原位复发的可能原因有：手术切除不彻底、肿瘤残留和肿瘤恶性变，而发生不同部位、多中心起源的复发则多见于家族性黏液瘤病，与遗传因素有关。文献报道家族性黏液瘤病多见于右心系统黏液瘤的患者，因此对右心黏液瘤术后的患者应加强定期随访心电图、胸片和超声心动图，要求术后4年内每半年复查1次，4年后每年复查1次，及时发现和治疗肿瘤复发和转移。

第二节　心脏血管肉瘤

一、概述

心脏血管肉瘤（cardiac angiosarcoma）是起源于血管内皮细胞或向血管内皮细胞方向分化的间叶细胞的恶性肿瘤，是最常见的心脏原发性恶性肿瘤，约占总数的37%，发病年龄最常见为20 ~ 50岁，平均为40岁;发病率男性较女性高2～3倍。肿瘤多起源于右心系统,位于右心房者占80%。肿瘤呈浸润性生长,往往侵犯邻近组织和器官,并较早发生远处转移,临床上缺乏特异性表现,多为近期迅速进展的充血性心力衰竭,内科治疗效果不佳或反复发作。可同时伴有持续性低热、顽固性胸痛、间断小量咯血、骨骼疼痛等全身症状。部分患者在发病时即有远处转移,手术根治性切除率较低,肿瘤对放疗和化疗的敏感性不佳,总体上治疗效果不好,多数患者生存期不超过1年。

二、解剖

血管肉瘤可位于心脏的任何部位,绝大部分位于右心系统,尤其是右心房;肿瘤多向心腔内生长,可不同程度地充盈心腔,并浸润至心肌层及心外膜,心包亦可受累,且常伴有血性心包积液或填塞。肿瘤亦可原发于或侵袭腔静脉系统,引起相应阻塞症状。肉眼观呈紫红色或暗红色肿块,边界不清,易出血,瘤体切面多为含血的海绵状区域包绕着灰白色实性灶。

光镜下可见血管肉瘤浸润心房肌层,瘤组织内有很多不规则血管腔,部分区域呈自由交织的血管网,内衬异形内皮细胞。管腔内空虚,或有少量蛋白液,也可见少许红细胞和游离的异形内皮细胞。分化程度好的内皮细胞呈轻度异形,细胞呈梭形或圆形,胞核呈椭圆或圆形。部分异形肿瘤内皮细胞异形性明显,胞核肥大而深染,核仁明显,易见核分裂象,并有病理性核分裂象;胞质红染,类似上皮样细胞。大部分肿瘤细胞呈单层,少数呈多层,或可见肿瘤细胞呈乳头状突入管腔内。

三、诊断

1. 临床表现

心脏原发性血管肉瘤的临床症状取决于肿瘤生长部位、大小和侵犯范围。肉瘤在心肌壁内生长的患者,肿瘤广泛侵及心肌和心包脏层,出现大量血性心包积液或心脏压塞。肿瘤侵及右心房壁或在房内生长,常可导致房性心律失常。肉瘤向心腔内生长的患者,肿瘤侵及三尖瓣,引起瓣口狭窄和关闭不全,出现右心功能衰竭。由于肿瘤阻塞右心房腔静脉入口处或腔静脉内血栓形成,出现上、下腔静脉阻塞综合征。瘤栓或血栓脱落可造成肺梗死,大面积的肺梗死导致急性肺动脉高压和肺源性心脏病。

2. 体格检查

根据肿瘤生长部位和侵犯情况患者可以出现相应的体征,但都缺乏特异性,因此对于40岁以上短期内出现顽固反复或进展迅速的充血性心力衰竭或顽固性血性心包积液的患者,应警惕心脏血管肉瘤的可能性。

3. 实验室检查

实验室检查结果与体格检查一样缺乏特异性,如血沉加快、C反应蛋白增加、肝功能异常等,与免疫机能异常或肿瘤远处转移相关。

4. 其他诊断性检查

(1)超声心动图:超声心动图检查操作简单、实时显像、即时测量,对早期发现心脏内肿瘤具有不可或缺的价值,是心脏肿瘤诊断的首选方法。它可以明确肿瘤所在部位和附着点,初步诊断肿瘤的大小,对手术具有直接指导作用。但超声心动图常难以全面显示肿瘤向心腔内外扩展情况,也不能准确反映肿瘤与周围组织的结构关系,在显示肿块侵犯程度及组织特性上的作用不如CT及MRI,因此对心肌附壁肿瘤的诊断或心脏内外占位性病变的鉴别诊断有一定限度。

(2)电子计算机断层扫描:血管肉瘤在CT扫描上表现为突入心腔内的边界清晰的宽基底、低密度的不规则肿块影,并向邻近组织结构膨胀性积压生长,出血坏死常见;或者是沿心包弥漫性浸润生长的肿块影,相对于血液等密度或低密度。增强扫描时呈不均匀强化。由于CT具有显示钙化和脂肪组织的高度特异性,因此对鉴别诊断具有重要意义。随着16排、64排螺旋CT的使用,其时间分辨率高和后期图像处理能力强大,能够为诊断提供更加丰富的依据。

(3)磁共振成像:MRI为理想的无创性诊断心肌肿瘤的影像学方法,可清晰显示瘤体的组织学特性;采用不同体位扫描可对瘤体精确定位,并了解瘤体与心脏其他组织之间的解剖关系;心脏电影序列还可动态观察瘤体随心脏运动的情况，显示肿瘤活动度和对腱索、乳头肌的影响，有助于制定手术方式。其还能评价心功能，判断心肌灌注及心肌活性。心脏血管肉瘤的 MRI 标准或快速自波回旋序列（SE）扫描表现为轻度高信号，Gd-DTPA 强化后进行标准或快速 SE 表现为瘤体明显强化，T_2 加权（T_2WI）表现为高信号，T_1 加权（T_1WI）高信号可以是局部或外周的，或可以认为是由血液产生，T_1WI 或 T_2WI 呈菜花状或强化不均匀，呈周边强化的日光放射状。

（4）其他：心脏 X 线片主要用于初步检查和筛选诊断，可表现为心影不规则增大、心包积液，类似三尖瓣狭窄或肺动脉瓣狭窄征象，也可无异常征象。胸片可以发现肺组织转移灶。心电图检查可发现有心律失常。

四、手术适应证

由于心脏血管肉瘤发病时部分患者已有远处转移，故对于没有远处转移证据的患者应遵循早发现、早治疗的原则。对于已有广泛远处转移的患者则不宜手术，应行放疗和化疗。

五、术前准备

由于心脏血管肉瘤呈浸润性生长，多侵犯邻近组织和器官，临床上表现为近期迅速进展的充血性心力衰竭，因此术前在静脉给予多巴胺、多巴酚丁胺等强心药物的同时，积极完善术前常规检查，限期手术，必要时急诊手术治疗。

六、手术方法

由于心脏原发性血管肉瘤罕见，并缺乏特征性临床症状，因此很难早期发现。医学影像学的发展使早期发现肿瘤成为可能，但最后确诊仍需通过活检或手术切除标本的病理学诊断。心脏血管肉瘤与其他肿瘤的治疗一样，应早发现、早手术切除治疗，力争完全切除肿瘤。若肿瘤侵犯范围广泛，则可通过姑息性切除肿瘤缓解血液阻塞症状。对可疑心肌血管肉瘤的病例术中应将被侵及的心壁全层切除，范围宜广，必要时使用涤纶布修复，以防止肿瘤复发。

心脏原发性血管肉瘤预后很差，不治疗患者的平均生存时间为 3 个月，手术辅以术后放化疗患者的生存时间为 3～12 个月。完全切除肿瘤患者的生存时间比姑息性切除患者长，术后辅助放化疗对延迟肿瘤复发和转移有一定疗效。

第三节　其他良性心脏肿瘤

一、流行病学

通常，原发心脏肿瘤是罕见的。在尸解研究中，总体患病率波动于 0.002%～0.25%。

良性心脏肿瘤在总体人群中非常罕见。在所有的心脏肿瘤中，75% 为组织学良性。黏液瘤代表约 75% 的良性肿瘤，而骨骼肌瘤（5%～10%）和纤维瘤（4%～6%）的发生少见。

全身栓塞是最常见的并发症。其在 25%～50% 的病例中呈现典型症状。栓塞可以随之而来的缺血和可能的梗死形成，发生于任何远端器官，包括大脑、下肢、肾和心脏（冠状动脉）。当查找任何产生栓塞的原因时，心脏肿瘤应包含在其鉴别诊断中。骨骼肌瘤常在其早期表现出流入/输出道梗阻（即心力衰竭）或心律失常，并且是切除术的典型指征。

黏液瘤好发于女性，由于患病率低，无男女比例的精确报道。

黏液瘤是成年人中最常见的心脏肿瘤，骨骼肌瘤儿童中最常见（其次是总体最常见的良性心脏肿瘤），纤维瘤罕见并且易发生于儿童中。

二、病因病理

心脏肿瘤的病因目前不明，有些与临床上一些综合征相关或相伴发。这些综合征包括 Gorlin 综合征、Carney 综合征等。

Gorlin 综合征由以下情况组成。
（1）多发性痣样基底细胞癌、下颌部囊肿和纤维肉瘤及骨骼畸形。
（2）各种皮肤异常，包括粟粒疹、表皮样囊肿、睑板腺囊肿及粉刺。
（3）与髓母细胞瘤、脑脊髓膜瘤、卵巢纤维瘤／纤维腺瘤、心脏纤维瘤、胎儿骨骼肌瘤及肠系膜淋巴管或乳糜囊肿有关。

当患者被怀疑诊断 Gorlin 综合征时，应警惕该患者可能伴发心脏肿瘤。

Carney 综合征：Carney 综合征是一个由心脏黏液瘤、内分泌功能亢进和局部皮肤色素沉着组成的综合征。与 Carney 综合征有关的黏液瘤在切除术后存在高复发风险。

三、临床表现

任何患者以栓塞并发症，或者以流入或输出道梗阻（即左侧心力衰竭或右侧心力衰竭）的症状、体征就诊，应该考虑有心脏肿瘤的存在。

下面为常见症状及其产生的机制。

（一）心力衰竭症状
（1）由肿瘤累及或异常心肌功能所致，也可因肿物生长于心腔室致使心腔相对闭塞，心排血量减少所致。
（2）亦可因肿瘤生长造成左心室流出道梗阻导致心力衰竭。
（3）舒张期杂音可能表示由于肿瘤压迫或生长所致的瓣膜功能损害。

（二）心悸
肿瘤累及传导系统可造成心悸或晕厥发作。

（三）猝死
这一症状可在多达 33% 的患者中发生。

（四）晕厥
晕厥发作可能与心律失常有关。

（五）其他相关表现
黏液瘤的发生常来自心内膜，并且其大小在 1 ~ 20 cm 波动，绝大多数发生于左心房（86%），其余的生长于右心房。它们趋向生长于卵圆窝，但是发现其可以出现在心房的任何位置。心室或瓣膜的位置罕见。

骨骼肌瘤是壁内肿瘤，其代表性为体积较小，最常牵涉左心室（80%）或右心室（15%）。

纤维瘤最常累及室间隔或左心室游离壁。只有 < 10% 的病例报道有心房或大血管牵连。不同于黏液瘤，肿瘤栓塞不常见。肿瘤生长能取代或直接累及二尖瓣和主动脉瓣，并导致血流动力学上显著的瓣膜狭窄或关闭不全。

症状与肿瘤对左心室几何形态、灌注和射血方面的影响直接相关。此外，心律失常，特别是猝死和房室传导异常是常见的症状，这是由于肿瘤对房室结和传导系统的破坏造成的。良性肿瘤的存在可以没有症状，在偶尔的查体时被发现。

四、辅助检查

（一）实验室检查
血培养可以确诊或除外心内膜炎的诊断。

（二）影像学检查
1. X 线胸片

放射线检查结果常是无异常的，可能存在心脏轮廓扩大或纵隔增宽，常提示心脏局灶性钙化和纤维瘤的典型特征，尤其在儿童中。

2. 超声心动图检查

在对有栓塞并发症、无法解释的心脏杂音，以及心力衰竭体征和症状患者的评价中扮演着主要的角色。

心脏超声心动图检查对病史和（或）体格检查提示瓣膜功能不全或有心内膜团块的患者是最好的诊断性检查。其具有鉴别组织特性、位置、形态学和移动性的能力，以及其非侵入的、快捷的、没有电离辐射作用的特点，使超声心动图检查成了标准的诊断性方法。

经胸超声心动图检查结果模棱两可时，经食管超声心动图检查是需要的，因其在对心房和大血管观察可得到较好的图像。

3. MRI

患者心脏团块一旦明确，MRI 在确定肿瘤累及程度和细胞特征上是非常有用的。T_1 和 T_2 加权像可提供有关组织学特性的有价值的线索。自旋回声相强度有助于辨别心脏肿瘤。MRI 不能明确用来辨别良性和恶性肿瘤。鉴别肿瘤的良性和恶性需要组织学诊断。

某些小型研究表明 MRI 对原发性心脏肿瘤比超声心动图更具敏感性和特异性，但是没有大型研究证明 MRI 的收益高于超声心动图。

对于含糊的超声心动图结果，MRI 可用来鉴别腔内肿瘤是来自血栓还是肥大的乳头肌。

4. CT 扫描

CT 扫描常应用在评价可能存在的胸廓恶性肿瘤中，但其结果可能提示为原发性心脏肿瘤。CT 扫描结果可提供有关组织学特性的线索，对于中心钙化提示心脏纤维瘤。即使在心电门控技术上的发展，对心脏肿瘤的诊断，CT 扫描的价值也不会高于超声心动图的检查价值。

5. 心导管心血管造影

对于已知的心腔内肿物患者，由于存在显著的导管诱发的肿瘤栓塞风险，心室造影术是相对禁忌的。对于可能存在冠状动脉疾病高危风险又要接受外科手术治疗的患者，单纯的冠状动脉造影是必要的。对在心血管造影期间偶然发现的肿物，操作时要特别小心，将导管致使肿块破裂的情况降到最低，以防止产生全身栓塞的并发症。心室造影术显示灌注不足时提示心腔内肿块。

6. 心电图检查

没有特异性改变和（或）存在电轴左偏。复极异常，与心肌梗死或缺血患者的结果相似。

五、诊断及鉴别诊断

（一）诊断

患者有典型的症状，如心力衰竭表现、头晕或晕厥、栓塞表现等；体征：肿物位于左心房者可有类似二尖瓣狭窄的舒张期杂音，位于左心室者可有收缩期杂音或者收缩期喀啦音，肿物位于右侧心腔者三尖瓣听诊区可出现杂音。上述症状、体征结合影像学检查，如超声心动图、CTA、MRI 等，多能够做出心脏肿瘤的诊断。但是有关良性与恶性肿瘤的诊断，则需要等待病理的最终诊断。

（二）鉴别诊断

1. 心房血栓

心房血栓参见心脏黏液瘤。

2. 肥厚型梗阻性心肌病

肿瘤生长于左心室流出道的患者需要与肥厚型梗阻性心肌病相鉴别。患者同样可出现呼吸困难、心悸等症状，查体心前区可发现杂音、心率加快等表现。超声心动图检查对于心脏肿瘤的患者可发现心腔内占位；而肥厚型梗阻性心肌病的患者则提示左心室流出道有梗阻的表现，如可见增厚的室间隔突入左心室流出道，同时左心室流出道血流速度加快。对于肥厚型梗阻性心肌病的患者，心导管检查左心室与左心室流出道之间出现压力阶差，左心室舒张末期压力增高，压力阶差与左心室流出道梗阻程度呈正相关。对于心脏有占位的患者，则不宜进行心导管检查。

3. 感染性心内膜炎

部分心内膜炎患者，特别是心脏检查有明确赘生物的患者，在患者体温正常时如发现心内有占位时需要与心脏肿瘤相鉴别。心内膜炎患者的赘生物多位于主动脉瓣或二尖瓣等瓣膜组织，造成不同程度的瓣膜功能异常，甚至腱索断裂，超声心动图检查出现相关瓣膜关闭不全的表现；查体时出现心前区杂音；赘生物组织的体积多数小于被发现时的肿瘤组织；心内膜炎患者多数会有较长时间的高热病史，血液培养（患者有发热时）有时会找到致病细菌。而心脏肿瘤患者，多没有较长时间的高热病史，心脏查体出现杂音的患者也少于心内膜炎患者，超声心动图检查一般只存在心腔内占位，仅个别患者瓣膜组织变形后出现关闭不全等表现。

4. 原因不明的其他部位转移癌

有时心脏内的占位可能是其他部位恶性肿瘤转移所致，需要与良性肿瘤鉴别。恶性肿瘤心脏转移瘤患者经过其他检查，如 X 线胸片、相关器官超声检查可能会发现肿瘤的原发部位。从肿瘤的生长方式可有一定鉴别价值，如心内良性肿瘤多突入心腔，肿瘤附着的蒂较长，而恶性肿瘤多呈浸润生长，附着部位基底宽，不呈蒂状表现。心脏的 CT 检查以及超声心动图检查可提示肿瘤生长方式的不同。另外，心脏右侧房、室占位的患者，恶性肿瘤的可能大于左侧，应格外注意鉴别。

5. 肺栓塞

肺栓塞参见心脏黏液瘤的鉴别诊断。

六、治疗

目前对心脏良性肿瘤，内科治疗无效。

对于典型良性肿瘤来说完全外科手术切除术是可治愈的。

由于黏液瘤有栓塞的高危风险，所以推荐尽快地治疗，而致命的心律失常则不能做出这样的决定。典型的切除术是在心脏停搏下的肿瘤切除术。有在巨大的不能被切除的肿瘤患者中进行心脏移植的报道。

如果可能的话，应该切除纤维瘤，因为其有造成心脏血流阻抗、心室异常收缩和异常传导的可能。在心脏纤维瘤中，致命性的心律失常也是一种风险。基于以上原因，即使在无症状的患者中，为保证心室功能、瓣膜功能及传导系统功能正常，心室肿瘤也应该切除。

七、并发症

并发症同心脏黏液瘤。

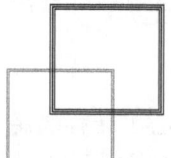

第七章
心包外科疾病

心包呈锥形位于中纵隔，前后分别与胸骨和胸椎体疏松相接，下与横膈中央腱紧密联结，上端紧邻无名静脉下缘形成返折，包绕升主动脉和上腔静脉。心包由两层组织构成：脏层为单层间皮细胞形成的透明的浆膜，即心外膜；壁层为弹性纤维和胶原组成的较为坚韧的纤维膜。临床所谓心包，实际是指壁层。两层之间形成一个浆液性滑囊，内有少量（15～50 mL）液体起润滑作用，使心脏在腔内自由活动而不受摩擦。心包的作用主要有两个：①保持心脏在纵隔的位置，防止其移位和扭曲，并阻止邻近感染向心脏蔓延；②防止心脏在负荷突然增加时发生过度扩张和膨胀。另外，心包还有调节和其他功能，如心包的机械感受器可以调节脾脏的收缩，并降低血压；心包液含有免疫成分。引起心包疾病的病因有感染、外伤、肿瘤、自身免疫病和出血等。如果心包腔内被突然增多的液体或血充满，就会发生心包填塞。而感染和瘢痕引起心包变厚皱缩，并粘连于心脏，就形成缩窄性心包炎。心外科临床实践中最常见的心包疾病为慢性缩窄性心包炎，急性心包炎、心包肿瘤、心包囊肿等也较为多见，先天性心包缺损较少见。

第一节 急性心包炎

急性心包炎是心包膜的脏层和壁层的急性炎症，可以同时并发心肌炎和心内膜炎，也可以作为唯一的心脏病损而出现。

一、病因

急性心包炎几乎都是继发性的，可由多种致病因素引起，常是全身疾病的一部分，或由邻近组织病变蔓延而来。它的病因实质上是各种原发的内外科疾病，可因感染、结缔组织异常、代谢异常、损伤、心肌梗死或某些药物引起，部分病因至今不明。临床上以非特异性、结核性、化脓性、风湿性较为多见。近年来，由于抗生素药物的广泛应用，细菌性和风湿性已明显减少，而急性非特异性心包炎以及心肌梗死、尿毒症和肿瘤等引起者渐趋增多。国外资料表明非特异性心包炎已成为成年人心包炎的主要类型。国内报道则仍以结核性心包炎居多，其次为非特异性心包炎。除系统性红斑狼疮性心包炎外，男性发病率明显高于女性。

急性心包炎的病因分类如下。

1. 感染性心包炎

感染性心包炎根据发病率高低，病原体有结核性、化脓性（细菌性）、病毒性、真菌性和寄生虫性。化脓性心包炎常见的致病菌为链球菌、肺炎球菌和葡萄球菌，但革兰阴性杆菌如大肠埃希菌、沙门菌的感染也在增加。感染侵入心包有四种途径：①肺炎和脓胸病例，细菌自肺和胸膜直接或经淋巴途径进入心包腔；②疖、脓肿和骨髓炎等化脓性感染引起的脓毒症，致病菌经血液循环进入心包腔；③胸部外伤细菌带入心包腔和手术后血心包导致感染；④膈下或肝脓肿穿破膈肌进入心包腔。

2. 代谢性心包炎

代谢性心包炎由其他器官或组织系统疾病引起的心包炎，如风湿热、系统性红斑狼疮、甲状腺功能减退、心包切开术后综合征、心肌梗死后综合征、透析治疗、肾移植和艾滋病等。

3. 放射性心包炎

放射治疗可引起心包炎、全心炎，加速冠心病的发生。

4. 外伤性心包炎

心脏挫伤或导管穿透伤、心包积血，刺激心包引起炎症反应。

5. 药物性心包炎

某些药物也可引起心包炎，如肼屈嗪、普鲁卡因胺、苯妥英钠、异烟肼、保泰松和甲硫氧嘧啶等。

6. 肿瘤性心包炎

胸腔脏器，包括心脏的肿瘤，浸润或转移至心包可引起心包炎，常见的肿瘤有肺癌、食管癌、乳腺癌、恶性胸腺瘤及淋巴瘤等。

二、病理

心包炎的炎症反应范围和特征随病因而异，可为局限性或弥漫性。病理变化有纤维蛋白性（干性）和渗出性（湿性）两种，前者可发展成后者。炎症开始时，壁层和脏层心包出现纤维蛋白、白细胞和内皮细胞组成的渗出物。以后渗出物中的液体增加，则成为浆液纤维蛋白性渗液，量最多可达 3 L。外观呈草黄色，清晰，或由于含有较多的白细胞及内皮细胞而混浊。如含有较多的红细胞即成浆液血性。结核性心包积液呈浆液纤维蛋白性或淡血性，化脓性呈稠厚的脓液，肿瘤性心包积液常呈血性。炎症反应常累及心包下表层心肌，少数严重者可累及深部心肌，甚至扩散到纵隔、膈和胸膜。急性纤维素性心包炎的炎症渗出物常可完全溶解，在 2～3 周内吸收，或较长期存在，愈合后可残存局部细小斑块、普遍心包增厚，或遗留不同程度的粘连。如果炎性渗出物量多、稠厚，则不易被吸收，引起机化，为结缔组织所代替形成纤维瘢痕，甚至心包钙化，最终发展成缩窄性心包炎。

三、病理生理

心包渗液是急性心包炎引起一系列病理生理改变的主要原因。急性纤维蛋白性心包炎或少量积液不致引起心包内压力升高，故不影响血流动力学。当心包腔内积液达 200 mL 以上时，心包无法伸展以适应其容量的变化，使心包内压力急骤上升，即可引起心脏受压，限制心脏的舒张，心室舒张期充盈减少，周围静脉压升高，心排血量降低，血压下降。此时机体通过代偿升高静脉压以增加心室的充盈，增强心肌收缩力以提高射血分数，加快心率使心排血量增加，升高周围小动脉阻力以维持动脉血压。如心包渗液继续增加，心包腔内压力进一步增高，则机体失代偿，导致心排血量显著下降，循环衰竭和发生休克，此临床情形称为心脏压塞或称心包填塞。当心包渗液引起心包填塞时，吸气时脉搏强度可明显减弱或消失，称为奇脉。主要机制为吸气时肺血管容量明显增加，室间隔向后移位，心包腔内压力更加增高，左心室充盈不足。

四、临床表现和诊断

1. 症状

心包炎的症状包括：①心前区疼痛：常于体位改变、深呼吸、咳嗽、吞咽或左侧卧位时加剧，坐位或前倾位时减轻。疼痛通常局限于胸骨下或心前区，常放射到左肩、背部、颈部或上腹部；②心包填塞的症状：可出现呼吸困难、烦躁不安、发绀、水肿甚至休克；③心包积液对邻近器官压迫的症状：肺、气管受压迫引起通气受限制，加重呼吸困难；④气管受压可产生咳嗽和声音嘶哑；⑤食管受压可出现咽下困难症状；⑥全身症状：如发冷、发热、心悸、出汗、乏力等。

2. 体征

心包摩擦音是急性心包炎最特异的体征，具有确诊价值。在胸骨左缘第 3～4 肋间、胸骨下部和剑突附近最清楚，深吸气、身体前倾或俯卧位时增强。随着心包积液的增多，心包摩擦音逐渐消失，出现心包积液体征。心尖冲动减弱、消失或出现于心浊音界左缘内侧处，心浊音界向两侧扩大、相对浊音区消失。少数患者在胸骨左缘第3、4肋间可听得舒张早期额外音（心包叩击音）。快速心包积液可引起急性心包填塞，出现明显的心动过速，如心排血量显著下降，可产生休克的表现。当渗液积聚较慢时，静脉压显著升高，可产生颈静脉怒张、肝大、腹腔积液和肝-颈静脉反流征阳性等体循环瘀血表现。脉压减小，脉搏细弱，可出现奇脉。左肺下叶不张时，左肩胛骨下有浊音区，语颤增强，并可听到支气管呼吸音（Ewart征）。

3. X线检查

透视可显示心脏搏动减弱或消失。当心包渗液达到250 mL以上时，可出现心影向左右增大，心缘的正常轮廓消失，并随体位改变而移动，直立时呈烧瓶状或水滴状，卧位时呈球形。X线摄片显著增大的心影伴以清晰的肺野，或短期内几次X线片出现心影迅速扩大，常为诊断心包渗液的早期和可靠的线索。

4. 心电图检查

60%～80%的患者可有心电图改变。全导联QRS低电压为特征性改变，ST段抬高，T波平坦或倒置，可并发房性心律失常，如房性期前收缩、房性心动过速、心房扑动或心房颤动。在风湿性心包炎中可出现不同程度的房室传导阻滞。

5. 超声波检查

超声心动图能探测出心包腔内积液量和部位，以及心包内肿瘤、凝块、心包增厚及钙化，并能引导心包穿刺。液性暗区大于2 cm可诊断为大量心包积液。超声波检查是一种简便、安全、灵敏和正确的无损性诊断方法。

6. CT检查

CT检查是常用的诊断方法之一，可明确有无心包积液及其性质、有无心包增厚和钙化。

7. 磁共振显像

磁共振显像能清晰地显示心包积液的容量和分布情况，并可分辨积液的性质。非出血性渗液大都是低信号强度。尿毒症、外伤、结核性液体内含蛋白和细胞较多，可见中或高信号强度。其对肿瘤性心包炎有较大的诊断价值，可发现原发性或转移性肿瘤的存在。

8. 心包穿刺

有心包积液时，可行心包穿刺，将渗液作涂片、培养等细菌学检查和找病理细胞，有助于明确病因。心包液测定腺苷脱氨基酶（ADA）活性≥30 U/L，对诊断结核性心包炎具有高度特异性。可采用胸骨左旁途径或剑突下左肋缘途径。

五、治疗

急性心包炎的治疗包括对原发疾病的病因治疗、解除心包填塞和对症治疗。大部分患者可望获得痊愈，部分病例可遗留心肌损害或发展成缩窄性心包炎。

1. 一般治疗

急性期应卧床休息，呼吸困难者取半卧位，吸氧，胸痛明显者可给予镇痛剂，必要时可使用可待因或哌替啶。加强支持疗法。

2. 抗结核治疗

结核性心包炎时应尽早开始抗结核治疗，并给予足够的剂量和较长的疗程，直到结核活动停止后1年左右再停药。

3. 抗生素治疗

这种治疗方法包括全身抗生素应用及心包腔内注入抗生素。

4. 心包穿刺

心包穿刺是治疗严重心包填塞中急症引流最有效的方法，也用于诊断病因不明的心包积液。穿刺方法有两种：①胸骨左旁途径：患者半卧位，于前胸左侧第四至第五肋间距胸骨2～3 cm处刺入穿刺针。向后内方推进，推入时抽吸注射器，抽到脓液时停止推入，避免损伤心脏和冠状血管。抽液不宜过快。②剑突下左肋缘下途径：患者半卧位，于下背部垫一薄枕，用长10 cm的穿刺针，从剑突和左肋缘间的尖角处插入。针和腹壁呈45°角向上后内推进，同时吸引注射器，直至心包腔内抽出脓液。胸骨左旁途径易穿破胸膜和污染胸腔，并有刺伤冠状血管的可能，剑突下左肋缘途径方便安全。为了预防损伤心脏，可将心电图心前区导联夹在穿刺针根部，连续记录心电图，当针尖与心脏表面接触时，QRS波变为倒置，而穿刺针退出时QRS波恢复正常（图7-1）。现在心包穿刺多在心超引导下完成，更加安全。穿刺成功后，可通过导丝向心包腔内置入单腔深静脉导管或猪尾巴心导管，作持续引流，避免反复穿刺。

5. 心包开窗引流术

此方法适用于急性化脓性心包炎，心包内大量积脓，或大量心包积液需反复穿刺者。剑突下心包开窗术是治疗心包疾病最常用的开放性外科处理，可获得良好心包引流，置入引流管尚可延长排空。手术可在局部麻醉或基础麻醉下进行，皮肤切口于剑突正中并略向下延长数厘米，切除剑突。切开心包之前应先穿刺。心包窗口宜在4 cm大小。

6. 心包切除术

有下列情况者，应考虑心包切除术：①心包腔包裹性积脓；②心包切开引流不够通畅；③未能控制感染者。采用左前外侧第5肋间切口，注意保护乳内动脉及膈神经。切开心包前需穿刺确诊。切开心包并剥开包裹性心包腔，排除脓液、纤维肉芽组织。尽量切除显露的心包，冲洗干净心包腔，放置胸膜腔引流管。围术期除加强抗生素外，需积极营养支持疗法。心包切除也可应用胸腔镜下完成。

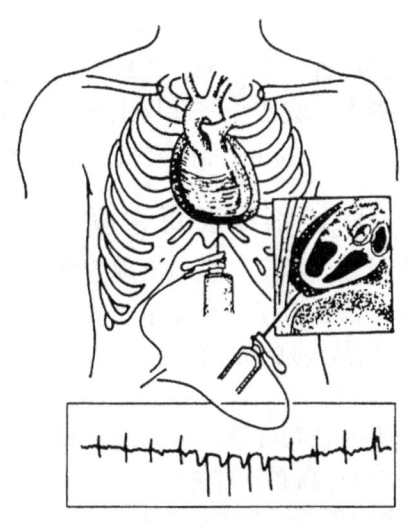

图7-1 急性化脓性心包炎穿刺

针尖与心脏表面接触时，QRS波变为倒置，而穿刺针退出时QRS波恢复正常

第二节 慢性缩窄性心包炎

慢性缩窄性心包炎是由于心包壁层及脏层的慢性炎症病变，引起心包纤维化及增厚、粘连，甚至钙化，使心脏的舒张和收缩受限，从而降低心脏功能，造成全身血液循环障碍的疾病。

一、病因

几乎任何一种心包炎均可能进一步导致心包的慢性纤维化和增厚。多数病例急性阶段症状不明显，待缩窄性心包炎的表现明显时往往已失去原有疾病的病理特征。慢性缩窄性心包炎的主要病因是结核菌感染。但许多病例因为长期抗结核药物治疗，在发生心包缩窄时，结核病变的证据已经消失，即使将切除的心包做病理检查和细菌学检查，能证实为结核的大约也仅为30%。其次是化脓性感染。外伤性及非外伤性心包积血引起缩窄性心包炎者约占10%。近年来，心脏手术后并发本病者有所增加。风湿性心包炎很少引起心包缩窄。

二、病理改变

早期心包腔可有积液，心外膜上附着一层很薄的纤维素或纤维组织。随着病情进展，心包脏层和壁层广泛粘连、增厚和钙化，之间无明显分界面，心包腔闭塞，成为一个纤维瘢痕组织外壳，紧紧包裹和压迫整个心脏和大血管根部，也可以局限在心脏表面的某些部位，如在房室沟或主动脉根部形成环状缩窄，及在腔静脉入口处形成狭窄环。心包厚度常为 0.2～0.5 cm，也可厚达 1 cm 以上，而在心室及膈面，瘢痕往往更坚厚。瘢痕组织主要由致密的胶原纤维构成，呈斑点状或片状玻璃样变性，有时瘢痕组织内有结核性干酪样物质、脓液、肉芽组织。心包病变常累及贴近其下的心肌，可呈斑块嵌入心肌内。缩窄的心包影响心脏的活动和代谢，有时导致心肌萎缩、纤维变性、脂肪浸润和钙化。早期缩窄性心包炎出现心外膜下心肌萎缩，晚期广泛性萎缩，心室壁厚度明显比正常薄。也可由于慢性炎症浸润，发生局灶性心肌炎，造成部分心肌纤维化。

三、病理生理

缩窄性心包炎主要的病理生理变化是由于缩窄的心包限制双侧心室的正常活动。在心室舒张期间，由于心脏受到增厚坚硬的心包束缚，明显地限制了心脏的舒张，心室内压快速升高，心脏的充盈血量减少，静脉血液回流受阻，体静脉系统压力增高，使身体各脏器瘀血。同时，由于心脏充盈血量减少，心脏长期受瘢痕组织束缚使心肌萎缩，心肌收缩力降低，心排血量减少，引起各脏器动脉供血不足。在体力活动时或在严重缩窄时，主要靠增加心率来维持每分钟的心排血量。由于肾血流量减少，造成肾对钠和水的潴留，使血容量增加，导致静脉压进一步增加，出现颈静脉怒张、肝大、腹腔积液、胸腔积液、水肿等一系列体征，少数患者出现脾肿大。腹腔积液和周围水肿的程度不呈比例是本病的一大特点。在房室沟及大血管根部出现环形缩窄时，可产生相应部位瓣膜的功能障碍。

四、临床表现和诊断

缩窄性心包炎的起病隐匿，进展缓慢，常不自觉地出现症状，病程长短不一，长者可达十余年。多数患者在出现主要症状及明确诊断时，已有 1 年半至 2 年的病史。体征常比症状显著，即使在后期，已有明显的循环功能不全的患者亦可能仅有轻微的症状。

1. 症状

症状的主要临床表现为进行性呼吸困难和疲乏。劳累后呼吸困难常为缩窄性心包炎的最早期症状。后期可因大量的胸腔积液、腹腔积液将膈抬高和肺部充血，以致休息时也发生呼吸困难，甚至出现端坐呼吸。有时腹腔积液为首发症状，大量腹腔积液和肿大的肝脏压迫腹内脏器，产生腹部膨胀感。此外可有乏力、胃纳减退、眩晕、衰弱、心悸、咳嗽、上腹疼痛、水肿等。阵发性夜间呼吸困难和急性肺水肿少见。

2. 体征

心浊音界正常或稍增大。心尖冲动减弱或消失，心音轻而遥远。部分患者在胸骨左缘第 3、4 肋间可听到舒张早期额外音（心包叩击音）。心率常较快，一般是窦性，可出现房性期前收缩、心房颤动或心房扑动等。绝大多数患者有颈静脉怒张，且随吸气明显（Kussmaul 征）。可见浅静脉充盈，部分患者口唇发绀。静脉压可升高至 20～40 cmH$_2$O，出现肝大、腹腔积液、胸腔积液、下肢水肿等。约 10% 的患者出现脾肿大。缩窄性心包炎的腹腔积液较皮下水肿出现得早，且多属大量，皮下水肿出现较迟和较轻，且主要分布于下肢及腰骶部。此外，心排血量减少使动脉收缩压降低，静脉瘀血，反射性引起周围小动脉痉挛使舒张压升高，因此脉压变小。有时出现奇脉。

3. 实验室检查

部分患者可发现有低蛋白血症，并有贫血改变。个别病例可有肝功能异常及黄疸。

4. X 线检查

X 线检查显示心影正常或稍大，心脏轮廓不规则、僵直。肺门影增大，肺血增多，有时可见结核病灶。50%～90% 的患者可见胸腔积液，如单侧胸腔积液而无纵隔移位则是缩窄性心包炎的重要征象。

心包钙化也是 X 线改变的主要证据，与临床特征共存即可明确诊断。

5. 心电图

所有患者都有心电图异常，但无特异性改变。多数患者表现为 QRS 低电压，T 波低平或倒置，P 波增宽且有切迹。部分患者有房性心律失常，其中多数为房颤。

6. 超声心动图检查

超声心动图检查可显示心包增厚、粘连或积液，舒张中晚期心室舒张受限，室间隔和左心室壁的活动反常，腔静脉增宽。

7. CT 及磁共振

CT 及磁共振可明确显示心包增厚及钙化的程度和部位，心包增厚达 4 mm 即可诊断，多数病例超过 6 mm。高速 CT（UFCT）更为准确。磁共振是诊断缩窄性心包炎的最佳无创性检查，可准确测量心包厚度以及右心房扩张与右心室缩小的程度（图 7-2）。

8. 心导管检查

如无创性检查方法未能明确诊断时，可行右心导管检查。右心房、肺动脉及左心房在舒张末期压力相等是诊断本病的标志。右心室内压在舒张早期迅速下降，随后快速升高，继而在舒张中、晚期压力呈平高线，称之为"平方根征"，也支持本病的诊断。

根据病史和临床体征，结合超声心动图和 CT 或磁共振等检查，大多数患者的诊断并无困难。局灶性心包钙化并不是缩窄性心包炎的特异性表现，尚需结合外周静脉压升高（> 20 mm）确诊。少数病例为了明确诊断需要施行心导管检查。缩窄性心包炎需与肝硬化、结核性腹膜炎、充血性心力衰竭和心肌病等相鉴别。

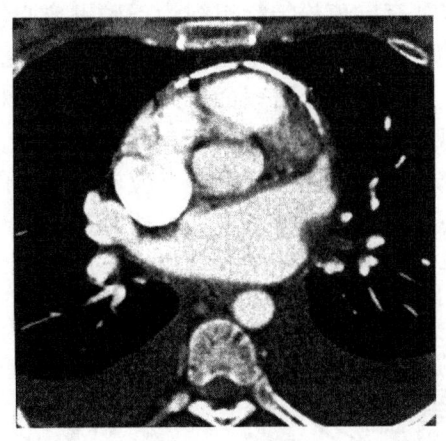

图 7-2 缩窄性心包炎的 CT 表现

五、治疗

缩窄性心包炎的首选处理为外科手术，适用于任何可耐受手术的有症状患者。手术目的是剥除增厚的心包膜和钙化的斑块，解除它对心脏的压迫，使心脏恢复舒缩功能。应及早施行心包剥离术，病程过久，心肌常有萎缩和纤维变性，将影响手术效果。

1. 手术的适应证与禁忌证

缩窄性心包炎诊断明确，即应手术治疗。患者情况较差时，如进食少，腹腔积液严重，肝肾功能差，血浆蛋白低下，心率在 120 次/分以上，血沉快等，应保守治疗。待病情稳定及情况好转，再行心包剥脱术。老年患者伴有严重心肺疾病不能耐受手术者为禁忌。

2. 手术前准备术

手术前应加强全身支持，给予低盐及高蛋白饮食，补充维生素。对严重贫血、低蛋白血症者，应多次少量输血和血浆或输注白蛋白。肝功能减退有明显出血倾向者，可口服维生素 K_1。肝大、腹腔积液和周围水肿明显者，应给予利尿剂并注意水、电解质平衡。经过治疗胸腔积液及腹腔积液量仍较多时，应行胸腹腔穿刺放水，以增加肺活量及减轻腹腔内压力，有利于膈肌的呼吸运动。心率过快者可酌情小剂量应用洋地黄类药物。除明确为非结核性缩窄性心包炎之外，抗结核治疗应不少于6周，最好为3个月。

3. 手术方法

（1）手术径路：①胸骨正中切口：此手术入路能够充分显示心脏前面及右侧面，有利于剥离和直接切除上下腔静脉和左右心室前方增厚的心包，尤其是右房室沟部的瘢痕组织。术后对呼吸功能影响小，目前绝大多数病例采用此切口。其缺点是，左心室膈神经后的心包部分及心尖部分显露较差，但有学者认为膈神经后的心包不必切除。②左胸前外侧切口：患者仰卧，左背垫高20°，左臂向上悬吊。作左前胸第5肋间切口进入胸腔。分离、切断、结扎左侧胸廓内血管并横断胸骨。此种切口的优点是单侧开胸，创伤小，对呼吸功能的影响也小。左心显露好，右室及上、下腔静脉显露较差。③双侧胸前横切口：经双侧第4肋间切口，横断胸骨。切断结扎两侧胸廓内血管进入胸腔。此切口优点是手术野暴露良好，可兼顾心脏左右两侧，能彻底切除心包，术中有意外发生也便于处理。其缺点是切口较长，创伤较大，术后肺功能影响大，并发症较多，恢复慢，较少采用。

（2）心包切除范围及顺序：心包切除范围应包括上下腔静脉、心房、心室和大血管区域，并切除心外膜的缩窄病变部分。心肌萎缩不严重者，左右应超过两侧膈神经并注意保护膈神经；上方至大血管基部；下方至心尖部并切除一部分膈面心包膜。上下腔静脉入口处纤维组织坚厚造成腔静脉环形狭窄，必须切断该处环形狭窄的心包膜以松解之。心肌萎缩者彻底切除心包后可能出现低心排综合征。切除时应按照先流出道后流入道的循序。切除顺序是：心尖、左室前壁和侧壁、右室前壁、右室流出道及心底大血管根部、右房室沟、上下腔静脉。

（3）心包剥脱方法：剥离应由左心室部位开始。在接近心尖区作一小切口，用刀片逐次划开增厚的心包，增厚的心包与外膜之间常常有层疏松结缔组织为正确剥离心包的分界面。切开增厚心包后可见红润的心肌向外膨出，有明显搏动。沿此分界面交替运用锐性和钝性的方法剥离心包（图7-3）。助手轻轻用钳子提起心包片，术者以左手轻压在心脏表面可充分显露。如粘连较疏松，可用手指套纱布或花生米钳予以钝性分离，分离时的用力部位应在心包面上，动作须轻柔。遇到条索或条带状粘连或粘连致密时，需用剪刀或手术刀片锐性分离。如粘连过分紧密，应放弃原来的分离部位而在其他位置重新切开分离。因纤维索沉积不均，粘连松紧不一，粘连甚紧处可暂绕过以后再作处理。随着心包剥离范围的扩大，心脏跳动会逐步增强。心包膜已分出一定范围时可作十字形切口，不必急于切除，以便于遇到心肌撕破出血时可用心包缝盖止血。

钝性分离　　　　　锐性分离

图7-3　心包剥脱方法

剥离心包膜时既需彻底剥除纤维组织，又应避免损伤心肌和冠状血管。心包膜已有钙化时剥离应特别小心。有时钙化心包包绕房室沟，宜松解切断钙化环，消除对房室沟的压迫。如钙化斑块嵌入心肌内，勉强剥离极易撕破心肌。这时可切除斑块周围的纤维组织，留下钙化斑块，对心功能无重大影响。如心肌水肿或萎缩，需分期切除心包，初期小范围剥离仅限左右心室面，以免招致急性心室扩大，心力衰竭。

心包机化良好且非常易于剥离者，心包应完全剥离切除。如术中出现心律失常，循环不稳定或心肌颜色发白，心脏扩大，心肌收缩无力，剥离操作需适可而止，主要部位（左、右心室面及下腔静脉缩窄环）剥脱即可。同时应用地高辛及利尿制剂，尽快完成手术，以提高手术安全性。术后必要时给多巴胺等正性肌力药物。

4. 手术并发症

（1）低心排出量综合征：在心包剥离过程中，由于心室快速充盈、膨胀，产生急性低心排。因此，术中应限制液体入量，应用呋塞米排除过多液体以减轻心脏负担并注意电解质平衡。在左心室解除缩窄后，给予毛花苷C快速洋地黄化强心。术后12～48小时之内，应用多巴胺等儿茶酚胺类药物。如对药物反应较差，低心排不能纠正，可使用主动脉内气囊反搏。

（2）心室颤动及心搏骤停：是术中最危险的情况。剥离心包时操作应细致轻柔，避免过度牵拉和压迫。发生心律不齐或心跳减弱时，应暂时停止手术片刻，并静脉滴注1%利多卡因溶液控制。一旦发生心室颤动，应即予电击除颤，必要时建立体外循环。

（3）膈神经损伤：如损伤膈神经，可造成膈肌的矛盾呼吸运动，影响气体交换，不利于呼吸道分泌物的排出。所以术中应尽可能随同膈神经多保留脂肪及软组织。

（4）冠状动脉损伤：在分离前室间沟和房室沟时，要格外注意，勿损伤冠状动脉。遇到该部位有局限的钙化斑块时，可以留置不予处理，不可勉强切除。

（5）心肌破裂：对于嵌入心肌的钙化病灶，可作岛形保留，不可勉强剥除。当界限不清，严重粘连时，可将增厚的心包作井字切开，部分地解除心肌表面束缚。万一发生心肌破裂时，可以利用游离的心包片缝盖在破裂口的周围。

5. 手术后处理

（1）一般处理：常规吸氧，密切观察血压、呼吸、脉搏、心率及尿量变化。注意保持引流管的通畅，如渗血较多者，可适量输血。

（2）强心利尿：术后严格控制输液量，继续给予利尿药物，减轻水钠潴留。心包剥脱后心功能改善，尿量增加，常发生低钾血症，应注意补钾。给予洋地黄制剂强心治疗。

（3）预防性应用抗生素：除常规应用抗生素外，对于结核性心包炎，术后半年至1年内应维持正规抗结核药物治疗。

6. 手术效果

手术疗效取决于术前病变程度。术前病变属进展期、心功能为Ⅲ～Ⅳ级、严重腹腔积液、周围水肿和右室舒末压增高者，均预后不良。住院死亡率约为4%～6%，疗效满意者达80%。影响晚期生存的主要因素仍是术前心功能状态，而与手术入路无明显关系。约2%的患者缩窄性心包炎复发或第一次手术不彻底，需再次手术。

六、预后

如及早进行心包剥脱术，大部分患者可获得满意的效果。病程较久者因心肌萎缩和心源性肝硬化，预后较差。如不经手术治疗，病情将恶化。少数病例长期带病，生活和工作都受到严重限制。

第三节　先天性心包缺如

先天性心包缺如是一种少见的先天性异常，可以是完全缺如，也可仅涉及左侧、右侧或膈面的全部或部分心包。其中以部分的或完全的左侧心包缺如最多见，约占80%。多见于男性。大约35%伴有心脏或肺部的畸形。该病是由于胚胎期第1周胸膜心包膜发育缺陷所致，膈面心包缺损则由于横膈的发育缺陷所致。

一、病理生理

心包对心脏有一定保护作用，具有限制心脏活动和防止心脏急性扩张等功能，并保持心脏的最佳功能位置，亦有预防邻近脏器，如胸膜腔或肺部感染直接蔓延的作用。心包完全或部分缺如时，心脏活动剧烈，可使大血管承受较大的张力或扭曲而产生胸痛等症状。亦可由于部分心脏经心包缺损处疝出，甚至发生嵌顿而导致心绞痛样发作，严重者可致猝死。

二、临床表现和诊断

完全性心包缺损通常无明显的血流动力学改变，故多无症状，多在手术中偶然发现。少数患者可有胸痛、头晕、出汗、气短等症状，胸痛和气短多在体力活动后发生，可能因缺乏心包的固定作用，造成大动脉扭曲所致。部分心包缺损者可有明显临床症状，主要为胸痛，此外有气促、晕厥，甚至猝死。主要原因是左心耳或左心室自缺损处疝出，增厚的心包边缘致胸膜、心肌的粘连或冠状血管受压。体检胸骨左缘第2肋间隙及心尖区常可听到收缩期喷射性杂音，有时在心尖区可听到舒张中期杂音。X线检查时，心包完全缺如者可见心脏左移，主动脉结、肺动脉及心室形成左心缘的三个突出的弧。左侧心包部分缺损时，可见肺动脉和心耳异常突出，超声心动图可见右心室容量增大的图形，如有心室腔增大，室间隔呈矛盾运动。注射气体至左侧胸腔，右侧心包腔内有积气。CT或MRI对诊断有帮助。

三、治疗

完全性心包缺损者多不需要特殊治疗。如有症状，即为手术适应证。右侧缺损可引起上腔静脉梗阻，膈面心包缺损多伴有膈肌缺损，可致腹腔大网膜疝入心包腔，必须手术治疗。部分心包缺损造成左心室嵌顿或左心耳疝出，则须紧急手术。胸部手术时发现心包缺损，应根据缺损大小决定是否需要纠正。小于3 cm的缺损，一般不必手术；大于3 cm的缺损，为防止形成嵌顿及血栓形成，可用涤纶补片或牛心包补片修补。心包缺损的手术方法包括心包切除、直接缝合或应用补片修补。

第四节 心包囊肿

心包囊肿是发生于心包的囊肿，常附着于心包外壁，为良性病变，极少引起压迫症状。

一、病理

心包囊肿为先天性发育异常，在体腔发育过程中形成。有单房或多房，由囊状薄壁的间皮细胞组成，囊内含有浆液或清水状液体。特点是：①壁薄，几乎透明；②囊内含有液体，有的则与心包相交通，液体量可达1 000 mL以上；③囊壁内为一层内皮细胞组织。囊肿部位和大小不一，可发生在心包任何部分，但最常见部位为右侧心膈角处，亦可发生在较高位置，甚至延伸至上纵隔。囊肿随患者体位改变而改变形状，囊肿过大则可压迫邻近器官而产生症状。

二、临床表现

典型的心包囊肿表现为中年人胸片上的无症状性肿物。大多数患者无自觉症状，少数患者有胸闷、胸痛、气急、咳嗽、心悸和吞咽困难等。巨大囊肿压迫胸内重要脏器，可危及生命。

三、诊断和治疗

胸部X线检查可见心膈角处有明显阴影，深呼吸和体位改变时阴影形态和大小都有明显改变。超声检查可确定囊内液体，对诊断有一定帮助。特异性诊断可能须依赖CT。如CT显示心包旁囊性肿物，其内液体密度与水一致，则可确诊为心包囊肿。如囊内密度不均或呈高密度，则不能确定诊断。应用人工气胸方法可排除肺内囊肿。心包囊肿无症状者不需手术，囊肿有压迫和感染症状时，需施行手术切除。在施行其他心脏手术中如发现心包囊肿，也应一并切除。

第五节 心包肿瘤

原发性心包肿瘤罕见，而继发性肿瘤的发病率则为原发肿瘤的20～40倍。原发性良性心包肿瘤有脂肪瘤、分叶状纤维性息肉、血管瘤和畸胎瘤。原发性恶性心包肿瘤有间皮细胞瘤和肉瘤。继发性肿瘤则是从胸腔内肺、纵隔、淋巴源性等恶性肿瘤直接蔓延或转移而来，扩散累及心包，最常见的是支气管肺癌和乳癌。

一、临床表现

很多心包肿瘤早期无症状与体征。晚期的症状与体征可大致分为两类：①心包肿瘤本身引起的症状与体征如间皮细胞瘤或肉瘤引起的心包腔内出血、恶性心包肿瘤引起的发热、乏力和胸部疼痛及闷胀不适；②心包肿瘤所引起的心包填塞症状与体征如干咳、气促、端坐呼吸。少数病例可闻心包摩擦音，心包渗液导致心包填塞时出现类似"缩窄性心包炎"的症状与体征。X线检查显示心影扩大、心包积液，心包上有肿块。超声心动图检查可显示突出于心包的肿块和心包积液。CT和MRI检查可明确心包肿瘤的诊断，并提示部分肿瘤的部位和性质。

二、诊断

如有下列情况，应高度警惕心包肿瘤的可能：①心影轮廓异常，局部突出而不规则；②反复发作心包渗液，特别是血性渗液；③无明显原因、难以控制的心力衰竭，特别是有显著静脉压升高、肝脏肿大、腹腔积液或持久性水肿者；④无法解释的胸痛，有脉压小、奇脉和上腔静脉阻塞现象等。超声心动图、CT和MRI检查可明确诊断。有时心包肿瘤直接侵犯心脏，很难鉴别原发于心包或心脏。

三、治疗

原发性心脏肿瘤一旦确诊，应尽早手术切除。多采用胸骨正中切口，对肿瘤显露好，并方便建立体外循环，有利于彻底切除肿瘤。手术的原则是尽可能完整地切除肿瘤并保持或恢复心脏的完整性和功能。根据肿瘤部位及大小选择手术方式：若肿瘤侵犯左右心房，可部分或大部切除心房壁而不致出现明显的心脏功能障碍，但需完善地重建心房。如累及腔静脉或升主动脉等大血管，可利用牛心包片和人工血管等材料一并重建。若肿瘤侵犯房室瓣，则同期行瓣膜替换术。肿瘤估计难以彻底切除者，可行部分切除，辅以化学治疗、免疫治疗、放射治疗、核素治疗等，以减轻心包填塞，改善血流动力学。

心包良性肿瘤切除或引流心包积液可得到满意结果。心包原发性恶性肿瘤发现皆较晚，治疗多系减轻症状为主。不论采用哪种方式，均以争取较长时期缓解症状、提高生活质量为目的。

第六节 先天性心包畸形

多数的先天性心包畸形是无症状的，通过心脏外科手术或与心脏不相关的检查偶然发现，三分之一伴有心脏、骨骼、肺脏的畸形。心包的部分缺损是常见的发育不良，70%多发生于左侧，是由于左总静脉的过早萎缩所致，单纯右侧心包缺失或心包全部缺失发生比例分别是17%和13%。右侧的Cuvier管参与形成上腔静脉，并参与右侧胸膜以及右侧心包的闭合，因此右侧心包缺失会致命。磁共振可以在不应用造影剂的情况下，很好地显示心包的状况，CT和超声心动图可以很好地评估心包的厚度和缺失的部位及程度。虽然完全的心包缺损临床意义不大，但一侧的缺损往往存在着潜在的问题，它增大了心脏的活动度，可使心脏移至胸膜腔里，造成左房或左室的嵌顿。可以通过心包切除术或心包补片修补缺损的心包，上述两种术式效果明显。

心包囊肿是一种常见的中纵隔肿物疾病，发生率仅次于淋巴瘤。75%心包囊肿的患者无临床症状，70%位于右肋膈角，22%位于左肋膈角。囊肿多不与心包腔相通，典型的为单腔、光滑、直径小于3 cm。

症状多为胸痛、气短、咳嗽，以及压迫和炎症引起的心律不齐，偶可发生继发感染。临床多用增强CT检查作为该病的诊断和远期随访方法，以及对无症状患者的观察方法。经皮穿刺吸引术后，3年复发率为30%。硬化病的患者，在穿刺抽吸术后囊肿复发是减少的。心包囊肿手术切除的指征包括囊肿直径过大、引起症状、患者过于担心以及怀疑恶性肿瘤。胸腔镜辅助下心包切除术已被广泛应用，前纵隔的心包囊肿多可应用微创的胸骨下纵隔镜的手术方式解决。开胸手术是一种可以广泛接受的技术。外科手术是唯一可以根治心包囊肿的方式。

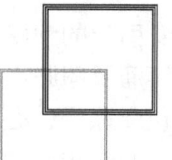

第八章 心律失常

第一节 预激综合征

一、概述

预激综合征是因心电图表现预激特征而命名的。

预激综合征归类于心脏传导失常，其危害是心律失常的发生，因此也列入心律失常之中，其病因是正常房室传导系统以外存在先天性的房室附加通道（旁路），同一患者可有多种旁路。30%～40%合并于先天或后天心脏病，60%～70%无器质性心脏病。三尖瓣下移的约 10%～25% 有 B 型预激综合征。

由于心房的部分冲动经旁路，在正常传导系统下传到达之前，传到心室，使心室局部提前激动，即所谓预激。旁路和正常传导通路的并存，两者传导性和不应期的不同，使得容易发生折返环，并发心动过速，呈室上性心动过速（室上速）、心房颤动或心房扑动，而室上速也可转变成房颤，或和房颤两者在同一患者身上出现，房颤房扑有时可发展为室颤。

预激综合征多发生于健康人，常呈反复心动过速发作的病史。一般来说预后良好，但也可因心室纤颤而突然死亡。所以，对有明显症状的患者应进行药物治疗。如果药物治疗无效，则需介入治疗或外科手术治疗。

二、解剖与电生理基础

房室连接部位是外科治疗的重要解剖部位。房室连接又可分为两个部分，即环连接部和非环连接部；环连接部包括二尖瓣环和三尖瓣环；非环连接部为附着于主动脉瓣下与二尖瓣之间的膜样间隔。

二尖瓣环为附着于左房室啰音边缘的纤维性组织，是心脏支架的一部分。三尖瓣环也是心脏纤维支架的组成部分。瓣环略呈三角形，其中一个角即相当于隔瓣前端，与中心纤维体相连。二尖瓣环和三尖瓣环并不完全在一个平面上，三尖瓣环平面略低于二尖瓣环平面，只是在中心纤维体处两个房室瓣环相连接。三尖瓣隔瓣瓣环向前横跨膜样间隔中部，将膜样间隔分为两半，即膜部间隔心房部分与心室部分。

中心纤维体（又称右纤维三角）为连接于主动脉后叶瓣环、二尖瓣瓣环、三尖瓣瓣环之间的纤维组织。前面为膜部间隔和左心室流出道，尾部是 Todaro 腱，与下腔静脉瓣相延续。中心纤维体周围有房室结区的许多传导系纤维，房室束也从心房穿过中心纤维体进入心室。左纤维三角为主动脉左叶瓣环外侧与二尖瓣瓣环相连接的纤维结构。在左右纤维三角之间的区域即二尖瓣与主动脉瓣膜样连接部分，是房室沟水平唯一心房肌和心室肌不连续的地方。因此，在这一区域没有附加旁路通过。

在膜部间隔部位重要的解剖结构是 Koch 三角，三角的下缘是三尖瓣隔瓣叶瓣环，上缘是 Toclaro 腱，它从下腔静脉走向房间隔并附着于中心纤维体上，三角的基部大致为冠状窦左缘。三角顶点正对着膜部间隔的心房部分。房室结在 Koch 三角内，房室结呈半圆形或三角形，从后向下跨越左右心房，房室结发出的 His 束走行于膜部间隔下方。

心脏十字交叉区域和连接后间隔区域为锥形脂肪区，锥体的顶部是右纤维三角，基底部是后十字交叉部的心外膜，锥体两侧是左右心房，在右纤维三角处融合成房间隔。这个锥体间隔内含有脂肪、冠状动脉分支、冠状窦及来自左右心室汇入冠状窦的心静脉支。了解此结构便于处理后间隔的附加旁路。

做电生理检查时，用四根多极电极导管起搏和记录心电活动。电极导管放置在右心房、右心室、His束及冠状窦。分别在窦性心律、右心房起搏和右心室尖起搏时间12导联心电图做记录，根据预激中的QRS波群特点确定附加旁路的位置。

在正常窦性心律时，房室传导可分别通过正常或附加旁路。由于房室结传导延迟的特性，附加旁路并不常常表现。QRS波群形态和PR间期的变化部分依赖于通过附加旁路到心室的电传导，如果对房室结的延迟传导作一定的干扰，例如提前心房去极化或提高迷走神经张力，那么都将会引起附加旁路传导，从而使预激的心电图特点更加明显。室上性心律失常中的预激综合征包括顺行性室上性心动过速、逆行性室上性心动过速及房扑和房颤。顺行性心动过速最常见，原因是大的折返环电传导顺行通过正常房室结，激动心室肌，再逆行通过附加旁路激活心房肌，心房激活在心室激活之后。逆行性心动过速，激活心室的电兴奋是顺行通过附加旁路激动心室肌，而再逆行通过正常的房室结传导系统激动心房肌。如果将附加旁路消融或手术切断，就会制止上述心动过速的发生。

隐匿附加旁路如果为逆行性传导，在窦性心律中的QRS波群形态是正常的。在房颤中如果顺行性传导只通过房室结——His系统，则心室率和QRS波群形态与没有附加旁路患者的心室率和QRS波群形态相似。

附加旁路的成功切断依赖于术前附加旁路的准确定位。判断是否有多发性附加旁路以及判断附加旁路是否为心律失常的病因。

近些年来，心外膜标测和手术结果证明附加旁路除了主动脉-二尖瓣环处外，还可以发生在房室环的任何部位。术前根据心电图、电生理学研究对附加旁路定位具有重要意义。Sealy为了使附加旁路定位方便，利于手术治疗，从房室沟水平将心脏划分为四个区域：左心室游离壁、后间隔、右心室游离壁、前间隔。Oren等对439例患者进行的电生理学检查发现，55%附加旁路位于左心室游离壁，25%位于后间隔，14%位于右心室游离壁和6%位于前间隔，多发性附加旁路的发生率为5%~10%。Cuiraudon根据附加旁路与心脏房室环和非环部分的关系，将附加旁路分为典型性附加旁路和不典型性附加旁路。典型性附加旁路与房室环关系紧密，它们位于房室沟内并跨越二尖瓣环或三尖瓣环，连接心房肌和心室肌，又可分为三型：心外膜型：大多数附加旁路位于心外膜下；心内膜型：少数附加旁路位于心内膜下，需采用心内膜手术技术才能切除；心外膜、心内膜间型。不典型性附加旁路位于非瓣环连接部。根据手术资料，术中常温心跳下的连续房室结和附加旁路的心电监测，不典型性附加旁路位于以下三处：位于心房膜部间隔右侧的心房肌内（para-hisian前间隔旁路）；覆盖叶间三角的左心房肌内（不典型后间隔旁路）；膜部间隔内（膜部间隔旁路）。大多数前间隔附加旁路是不典型附加旁路，其他部位的附加旁路如左心室游离壁、右心室游离壁和后间隔的大多数附加旁路为典型旁路。

三、诊断

（一）临床表现

单纯预激无症状，并发室上速时症状与一般室上速相似，发生在无器质性心脏病的年轻患者，频率200次/min以下，持续时间较短者，大多仅有突然心悸感。在有器质性心脏病基础，频率超过200次/min，发作持续时间长者，可引起心脑等器官供血不足症状，重者猝死。并发房扑250次/min，可导致室颤，易致死。

（二）体格检查

并发室上性心动过速时心率、心律与一般室上性心动过速相似，并发房扑时心律同样整齐，房颤时则心律绝对不齐。并发房扑或房颤时心率多在200次/min左右，尚可因发生休克、心力衰竭而有相应的体征。心室率极快，如300次/min时，听诊心音可仅为心电图上心率的一半，提示半数心室收缩不能产生有效的机械收缩。预激综合征伴随于器质性心脏病，如三尖瓣下移畸形、梗阻型心肌病则可能有相应的体征。

(三）实验室检查

1. 心电图

预激综合征的临床特征是心动过速发作，不发作时大多数具有心电图特征。诊断主要靠心电图，其心电图上表现的特点包括：短 P-R 间期（小于 120 ms）。QRS 波群起始部粗钝，与其余部分形成挫顿，即所谓的预激波 [Delta（Δ）波]，其中 Δ 波和 V_1 导联均向上者称 A 型，均向下者称 B 型。宽的 QRS 波群（≥ 120 ms）。继发性 ST-T 改变。根据 Delta 波、电轴、心前区 R 变化，可判断附加旁路在心室的左侧、左后侧、后室间隔、右侧和室间隔区。

尽管确定附加旁路及多发性附加旁路需要电生理检查，但在某些右心房心内膜标测不能进行的病例中，可通过 12 导联心电图的结果来大致判断附加旁路的位置。

2. 电生理

电生理检查目的：①确定正常房室传导系统和附加旁路的功能；②诱发患者的临床心律失常和潜在的心律失常，明确发病机制；③确定旁路传导在患者心律失常中的作用；④检测附加旁路的前向、逆向有效不应期，小于 300 ms 有治疗意义，小于 270 ms 则有可能诱发心室纤颤；⑤提供解剖定位。

四、手术适应证

无症状又无器质性心脏病者无须手术，有下列症状者可考虑手术：顽固室上性心动过速，特别是年轻患者发作频繁，对药物反应差，或每次发作均难以控制，严重威胁生命，影响工作及生活；射频消融失败者；在电生理检查时，心房起搏后发生快速室性心动过速（大于 200 次/min），特别是异常传导束的前向传导不应期短，有可能因房颤而诱发室颤者。需要手术的心血管病合并预激即使无症状，也宜在术前做好诊断及电生理检查，便于手术中将异常通道切断，以免术后发生严重的与预激相关的心律失常。

五、术前准备

近些年来，多主张在术前做电生理检查，并准备好在术中的心外膜标测，以便精确地手术。

六、手术方法

其手术术式根据手术进路的不同分为两种，即经心内膜手术和经心外膜手术切断附加旁路。

手术时先做心外膜标测，方法有人工标测和计算机标测两种。标测后作选择性手术。

经心内膜手术切除附加旁路，需要切开心房显露心内膜，要常规插管，建立体外循环，阻断主动脉，经主动脉根部灌注停搏液，在心脏停搏下操作。可做的手术有左侧游离壁附加旁路切断术、右侧游离壁附加旁路切断术、后间隔附加旁路切断术，以及前间隔附加旁路切断术。经心外膜入路切断附加旁路，不需要进入心脏内操作，不必建立体外循环，直接在跳动的心脏上进行手术，并可同时进行心电图监测，这样能很快判断出是否准确地切除了附加旁路，而且该手术是在持续心电监护的条件下，不易损伤正常的传导系统，与心内膜技术相比较为安全，手术时间短，更易被患者接受。可以做的手术有左侧游离壁附加旁路切断术、后间隔附加旁路切断术，以及右游离壁附加旁路切断术。虽然心外膜技术比心内膜技术具有更多优点，但是在下述情况下仍应采用经心内膜切除附加旁路：①多发性附加旁路；②冠状动脉回旋支位于要分离的区域上；③有左上腔静脉存在；④不典型附加旁路；⑤合并其他心脏疾患，需同时手术治疗；⑥经心外膜手术失败，需再次手术。

七、术后处理

附加旁路被切断后，心电图有以下几方面的特征：体表心电图 Delta 波消失，P-R 间期延长，QRS 电轴和图形恢复正常，导联 I，aVL，V_5 和 V_6 出现 Q 波；心外膜电图显示心房参考与心室参考记录的 A-V 间期大于 120 ms；心房调搏已不能诱发室上性心动过速的发作及随着频率增快而出现的房室传导文氏现象；重复心外膜标测则显示预激点消失。因此，在手术操作结束，无论经心内膜还是心外膜手术，近些年来都主张再行心外膜标测，鉴定附加旁路是否完全被切断。如果附加旁路没有切断或还有其他附加旁路存在，则还需重新定位再次手术。

其他术后处理与一般心脏手术后相似。

八、疗效

自1968年Sealv第1次手术治疗预激综合征至今已有近40年的历史，经过不断的发展，手术日趋安全，手术效果令人满意。手术死亡率从早期的3%下降到1%左右，近98%的附加旁路能够成功地被切断。术后永久性心脏传导阻滞的发生率从5%下降到接近0。可能发生的手术并发症有术中心动过速发作、术后心律失常、心脏传导阻滞及冠状动脉损伤等。

第二节　室性心律失常

一、病因和发病机制

室性心律失常是心源性猝死的主要原因，临床多有反复发作室性心动过速（室速）病史。室速可发生于冠心病、非冠心病的器质性心脏病及无明显器质性心脏病，主要发生于冠心病的室速又称缺血型室速，发生于后两种情况的室速可归纳为非缺血型室速。

若以缺血型和非缺血型来划分，室速的发病机制如下。

1. 缺血型室速

（1）冠心病急性心肌缺血或梗死：主要是折返，在早期可能有异常自律性增强或触发活动。

（2）慢性冠心病：陈旧性心肌梗死，在梗死与较正常的组织间产生折返，手术后瘢痕，也可成为折返基础。

（3）在冠心病尚可出现，虽有慢性损伤，而难以找到起源病灶，或虽有急性缺血伴心绞痛，而机制不明的室速，其心电图表现为QT正常的多形性室速。

2. 非缺血型室速

（1）心肌病：①扩张型心肌病，机制为心肌内折返。1/3以上属于束支折返。②先天性右室发育不全，因脂肪组织通壁浸润，右室漏斗部、尖部和后基底部活动减弱和瘤样膨出，局部心肌内折返导致室速。

（2）心脏病手术后：如右室流出道切口补片或心外管道处瘢痕致正常心肌产生折返。

（3）无明显器质性心脏病的室速（特发性室速）：其中室速有起源于左室后下间隔附近，机制为折返，也有起源于右室流出道或漏斗部，机制为自律性增强或触发活动。

二、临床表现

室速的发作，起始和终止常较突然，症状主要取决于室速持续时间，时间长心脑血管供血不足症状明显，重者可猝死。

体格检查除基础心脏病体征外，主要为快而规则的心律，心率多在160～200次/min。

三、诊断和鉴别诊断

主诉心悸突然开始突然终止，发作时听诊心律快而规则，心电图相当于3次以上成串室性早搏，QRS时限>120 ms者几乎均可诊断为室速。

在室上速室上性搏动伴室内传导差异时，QRS也表现增宽；而当室速起源于His束下方时，QRS无增宽，这两种少见情况可使鉴别诊断困难，常需His束电图确诊。His束电图H-V关系异常（H不见，H与V分离或H在V前而H-V间期显著短于正常）、心室晚电位阳性可确诊为室速。

四、治疗

1. 手术适应证

室速反复发作，持续时间长，症状明显，药物难以控制或副作用不能耐受，经术前电生理检查基本明确心律失常发源和（或）折返部位适应手术，各种类型室速手术适应证及与消融或安装起搏器之间的选择如下。

（1）缺血型室速。

①慢性冠心病：持续性（一阵持续≥30 s）室速或室速患者同时有冠状动脉架桥和（或）室壁瘤切除指征者；但若左心功能明显障碍难以耐受手术，目前认为，宜安装埋藏式自动复律除颤器（第一代PCD，第二代AICD）。射频消融治疗持续性室速已有散发病例的经验，化学消融的疗效及并发症有待观察。

②心肌缺血或梗死：梗死后4~6周内为手术禁忌，头两天也是安装AICD禁忌。

③QT正常的多形性室速：无论慢性冠心病或急性缺血引起的均不能手术，而前者引起的适应AICD。

（2）非缺血性型室速：适应手术者也适应射频消融，随医师经验而选择。此外，先天性QT延长综合征（肾上腺素依赖的尖端扭曲多形性室速）适应作左侧胸腔高位交感神经切除。

（3）室速患者发生心源性猝死经抢救存活者：这些患者年内复发率高达60%，应手术；但若为实验室不能诱发或药物无效，或为抗药的持续性室速也是日前安装AICD的适应证。

2. 手术方式

（1）缺血型室速。

①环行心内膜心肌切除术：术后低心排综合征及死亡率高，目前有弃用的倾向。

②心内膜病灶切除术：a. 经标测后切除梗死区和室壁瘤外周径25%~40%范围的局部心内膜，多数效果满意；b. Moran作了改良，不管引起心律失常的部位，而作纤维化心内膜的广泛切除，在不宜切深的部位，如主动脉和二尖瓣瓣环及乳头肌附近，则作局部冷冻加以补充，效果满意。

（2）非缺血性型室速，分别有：①右室流出道瘢痕切除更换补片；②特发性室速右室游离壁局部孤立术和室间隔多点冷冻；③非缺血性心肌病（扩张型心肌病）右心室室性心律起源处孤立术和冷冻；④右心室发育不全右心室后基底部心律失常起源处孤立术。

第三节　心房颤动

心房颤动（房颤）是成人最常见的心律失常之一。血流动力学损害，不规则心室率引起的不适以及血栓形成和血栓栓塞是其主要的危害。确诊房颤并不困难，但需警惕房颤隐蔽地合并着病窦。治疗房颤已确定迷宫手术是根治慢性房颤的最佳方法，2001年4月的最近新英格兰医学杂志文献综述对此亦作了充分肯定。我国经常施行的二尖瓣替换术同期施行迷宫手术，这样的结合使迷宫手术易于实施。我们认为在风湿性的心脏瓣膜病多发的国家，迷宫手术更具有广泛开展的前景。

一、病因和发病机制

各种疾病导致的心房异常，通常为炎症或纤维化，是发生房颤等心律失常的基础，另外，房颤的发作通常需要触发因子，包括自主张力的改变、心房壁张力的急慢性改变、心房异位病灶等心房局部因素都可成为房颤的触发因子。

房颤绝大多数发生在有器质性心脏病的患者，其中以风湿性二尖瓣病变、冠心病最为常见，亦见于心肌病、甲状腺功能亢进、心包炎、房间隔缺损及其他病因的心脏病。无器质性心脏病证据或高血压史的房颤称为特发性房颤或单纯性房颤，可能是由于心房纤维化区使患者易罹患心律失常，或由于心脏对自主神经刺激的易感性增加，或者由于心房局限性心肌炎所致。

发病机制有两种学说，异常自律性学说和环行运动或多处微折返学说，目前多数学者认为上述两种学说都不可能单独圆满解释，最可能是心房内一个或几个异位起搏点产生的冲动，在心房内传布过程中发生多处微型折返。也有认为在心房的任何部位有多源的大折返环分裂成子环，不规则传向心室所致。

有人认为，最近发现的一种现象可能是房颤的第二种明确机制：通常位于或接近肺静脉处有一个快速发放位点，这些位点的电活动在体表心电图上与房颤相仿，或更常见的是，在异位活动短暂发作后转化成触发典型的房颤。

二、临床表现

房颤的常见症状为心悸、胸闷及惊慌。心室率接近正常且无器质性心脏病的患者，可无明显症状。但发生在有器质性心脏病，尤其是心室率快而心功能较差时，可导致心搏量明显降低、心脑供血减少的症状，头昏甚至晕厥。房颤易引起左房血栓及脑部等栓塞并发症。典型体征是心律完全不规则、心音强弱不等及脉搏短绌。

三、诊断和鉴别诊断

1. 诊断的确立

主诉心悸，听诊心律完全不规则，心音强弱不等，心室律多快速，120～180次/min，当心室律低于90次/min或高于150次/min时，心律不规则可不明显。有脉搏短绌，心率愈快，脉搏短绌，脉搏次数少于心搏次数愈明显。心电图P波消失，代之以房颤波即可诊断房颤。1年以上的持续性或阵发性房颤称为慢性房颤。

2. 鉴别诊断

①房颤与其他不规则心律的心律失常，如频发期前收缩、室上性心动过速或房扑伴有不规则房室传导阻滞等的鉴别，可由心电图检查做出判断。②房颤伴完全性束支传导阻滞或预激综合征时，心电图表现酷似室性心动过速。仔细辨认房颤波以及P-R间距明显不规则，有助于确诊房颤。③房颤伴频率依赖性心室内传导改变与室性异位搏动的鉴别，前者畸形的QRS波群与前一次心搏有固定配对间距，而后者无固定间距等常规心电图表现可作鉴别。

四、治疗

临床上对房颤有比较实用的分类和相应的治疗原则。

1. 新诊断的房颤

首先应追查引起房颤的原因，并尽可能做出去除病因的治疗；对房颤本身的治疗有抗心律失常药物治疗和抗凝治疗，必要时作心律复转。

2. 反复阵发性房颤

①除了65岁以下、无高血压或潜在心脏疾病，如同所有其他阵发性心律失常者，都应接受长期抗凝治疗；②抗心律失常药物治疗。

3. 持续性房颤

房颤一旦持续七天以上，自发转复的可能性极小，这种情况可确定为持续性房颤。其治疗有：①心脏电复律；②长期抗凝；③控制心率。

4. 药物难治性房颤

房颤的治疗大体可分为药物治疗和非药物治疗。对药物难治性房颤的治疗，目前可分为以下三类：

（1）介入、起搏或除颤器治疗。

①介入疗法：a. 房室结消融和植入除颤器。b. 局部消融：对肺静脉中的异位病灶施以射频消融，或将肺静脉与心房进行分离。

②起搏器治疗：为预防阵发性房颤，有双位点心房起搏（右房加冠状窦口）和双房起搏（右心房加冠状窦中部或远端）。

③除颤器治疗：植入置入性心房除颤器，其恰当作用仍不确定，可能仅用于被证实对其他治疗有抵抗性，有明显阵发性症状，很小比例的患者。

上述三种治疗方法，常要付出外加的代价，或适用性不广。

（2）"导管迷宫"：实际上也是一种用介入手段的疗法，但作者试图用射频能量制造心房损伤，"复制手术迷宫的疗效"，称为"导管迷宫"。这种操作颇费时间，且与严重并发症的危险相关。也曾有关于试图将损伤限制于右心房的方法，对"导管迷宫"进行"改良"并缩短操作时间的报道，有局外人称之为"单侧迷宫""右侧迷宫",也曾引起国内学者为之评论,甚至认为是"方向",将代替迷宫术;但最近文献也认为,其初步结果提示复发率高,且单纯在右心房造成损伤,不可能预防心律失常复发。日前应将"导管迷宫"视为实验性的研究。

(3) 迷宫手术。

①手术适应证的衡量: a. 慢性房颤: 1年以上的持续性或阵发性房颤,药物治疗若无效或不能耐受。 b. 血栓栓塞: 发现左房血栓或有暂时或永久性神经缺损史。 c. 原发病: 有心脏病需要手术而又未失去时机,可同期作房颤手术,这一指征几乎是可绝对主张的,即使有朝一日慢性房颤可用不是手术的其他方法治疗,只需要作心脏手术,房颤手术可同期进行。当然,也确有另一些情况,例如在二尖瓣替换术后房颤自然消失,但我们观察,这种情况只发生在房颤病史短的患者,房颤病史已超过1年的慢性房颤,换瓣术后即使房颤转为窦律,但绝大多数可能复发。无器质性心脏病的短期房颤应保守治疗。缩窄性心包炎不宜房颤手术。 d. 病窦综合征: 房颤时易漏诊病窦,去除房颤后或房颤间歇病窦出现可致严重后果。以下情况应排除房颤合并病窦: Ⅰ. 慢性房颤未用药物而伴缓慢心室率; Ⅱ. 阵发性房颤,若合并病窦则也是慢-快综合征的一种类型; Ⅲ. 年龄大,年龄≥75岁窦房结细胞仅剩下正常人的10%; Ⅳ. 心房大小正常的房颤比心房扩大者较多合并病窦。动态心电图检查对病窦有较高诊断价值。术前明确病窦可作同期安装起搏器准备。 e. 预激综合征或房室结折返的室上速: 如房颤是由预激并发则按预激综合征治疗;目前对房室结折返,内外科都不乏治疗方法。 f. 再次手术: 心脏病术后作迷宫手术,因粘连而难度增加,但不少学者曾报告包括再次手术的成功。 g. 手术禁忌证: Cox列出的手术禁忌证: Ⅰ. 左心功能重度不全; Ⅱ. 肥厚型心肌病; Ⅲ. 怀疑心肌病,伴有中等或中等以上的心室功能不全。

②手术方式的选择: 标准的Cox迷宫Ⅲ型手术具有: a. 治愈房颤(99%~100%); b. 恢复左、右心房收缩功能; c. 避免包括窦房结在内的心房起搏复合区受手术损伤等优点。其明显优于左房孤立术和过道手术,同时,优于迷宫Ⅰ型、Ⅱ型、各种"改良"的迷宫术及"单侧迷宫手术"。不必电生理检查和因为几乎都有同期手术,大多的同期手术在二尖瓣,均可获得比往常好得多的显露,主动脉阻断时间增加有限,因而被广泛采用。正确地使用冷冻消融不仅可以减少心房切开而且能保证疗效;微创范围手术是最新进展,已有实验性研究的初步结果提示,该手术可以在心脏跳动中进行而不需体外循环。

标准迷宫Ⅲ手术和同期瓣膜手术可做如下安排,有利于减少主动脉阻断时间:①主动脉阻断前完成右房切割。②主动脉阻断后完成房间隔和左房切割及其切口缝合;根据需要可完成同期心瓣膜等手术。③开放主动脉钳后完成右房切口缝合;根据需要可完成三尖瓣成形术。

标准Cox迷宫Ⅲ型手术(Cox/mage Ⅲ procedure)的主要程式如下:

A. 作胸部正中切口,纵向劈开胸骨,纵行切开心包膜。

B. 全身肝素化后作主动脉插管。在上腔静脉与右心房连接处的上方约2 cm处作荷包缝线,用直角管插入上腔静脉引流管。下腔静脉插管荷包缝线作在下腔静脉与右心房连接处的靠前侧,有利于以后在其下缘作进入下腔静脉的切口和缝合切口,一般也选用直角管作插管。

C. 作右心房切口。

a. 右心耳切口: 离上腔静脉前侧与右心房连接处至少2 cm的右心耳部位,切除右心耳(图8-1)。

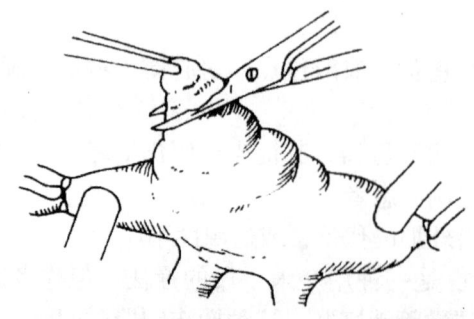

图8-1 右心房的第一个切口: 切除右心耳

b. 右心房游离壁切口: 提起右心耳残端,在右心耳的上一切口中点开始切开右心房游离壁约

2 cm，这一切口与右房室沟平衍（图 8-2）。

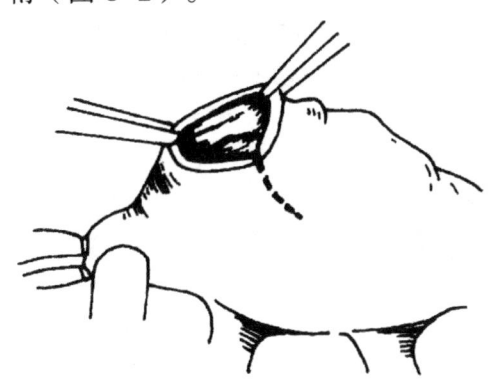

图 8-2　右心房的第二个切口：右心房游离壁切口

c. 右心房后纵切口：右心房第 1 个切口。此切口应尽量靠后，以避免损伤窦房结，可在带蓝色的右心房游离壁与较厚实带白色的右心房后壁之间切开。下端达下腔静脉入口处下腔静脉，但宜立即缝合至下腔静脉插管上方 1 cm 处，以防在以后的操作中撕裂。继续向上切开，上端达上腔静脉入口的上腔静脉侧后壁（图 8-3）。

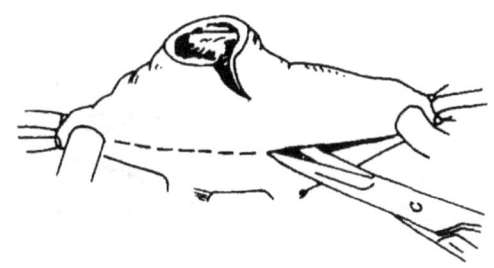

图 8-3　右心房的第三个切口：右心房后纵切口

d. 右心房第四个切口：即与右心房后纵切口垂直的切口。此切口在下腔静脉插管口上方约 1 cm，切开右心房游离壁，向前向上牵起游离壁即见此切口与三尖瓣之间的右心房心内膜（图 8-4），向三尖瓣环延长此切口，全层切开后即见房室沟脂肪垫，为离断可能残留于脂肪垫表面的心房肌纤维，可使用小圆刀片或神经拉钩离断。由于在三尖瓣瓣环往往有右心房和右心室组织的相互折叠，为防止可能有纤维残留，传导电脉冲通过切口，因此，在切口的三尖瓣瓣环端施加冷冻，用 3 mm 冷冻探头，-60℃，2 min。用 4-0 prolene 缝线自该切口顶端起缝合约 1/2 该切口（图 8-5 至图 8-7）。

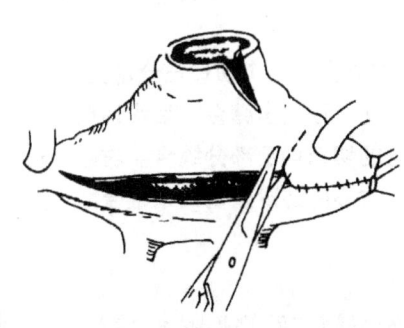

图 8-4　与右心房后纵切口垂直的右心房游离壁切口：约于下腔静脉插管口上方 1 cm 与右房后纵切口构成"T"形。后纵切口下端已缝合

图 8-5　向上向前牵起右心房游离壁，显露此切口与三尖瓣之间的右心房心内膜（图中以虚线表示）

e. 右心房前壁切口：即右心房第五个切口（图 8-8）。此切口开始于右心耳切除后的前中基部，接着将右心房游离壁向上向前牵起，充分显露右心房前中部内表面的心内膜，其外大多与房室沟脂肪垫相邻，然后将此右心房前中部切口延长达三尖瓣平面，用小圆刀片或神经拉钩离断脂肪垫表面的心房肌

纤维，同样，为了防止可能有纤维残留，传导电脉冲通过切口，而在切口的三尖瓣瓣环端施加冷冻（图8-9），用3 mm冷冻探头，-60℃，2 min。然后在三尖瓣环切口顶端开始用4-0 prolene线向心耳方向完全缝闭此右心房切口。至此，右心房切口已全部完成（图8-8至图8-11）。

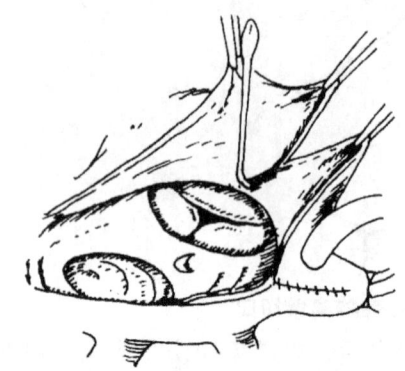

图8-6　右心房第四个切口已向三尖瓣环延长，图中为应神经拉钩离断残存的心肌纤维

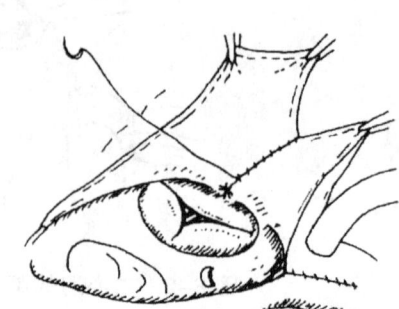

图8-7　右心房第四个切口三尖瓣端已缝合至房室沟顶部平面

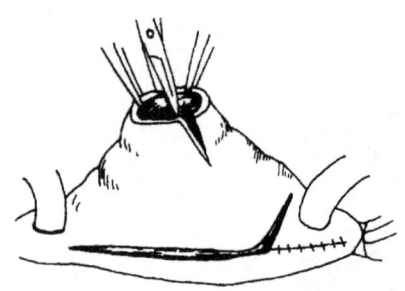

图8-8　右心房第5个切口

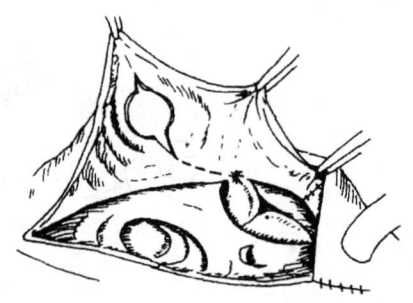

图8-9　向上向前牵起右心房游离壁，显露右心房前中部内表面心内膜虚线示将要延长的切口

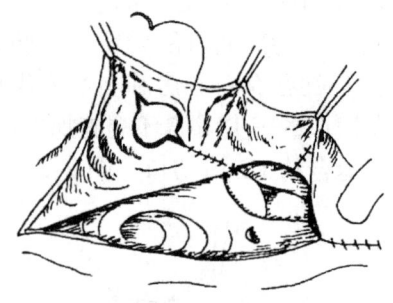

图8-10　右心房前壁切口的三尖瓣环端用神经拉钩离断残存的心肌纤维并冷冻后，开始连续缝合

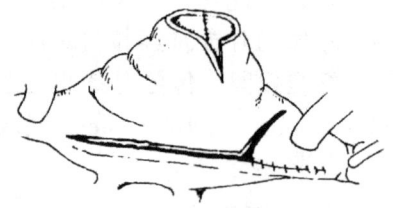

图8-11　右心房的5个切口已全部完成。右心房前壁切口已完全缝合，后纵切口和与其垂直的切口均已部分缝合。右心耳已切除。右心房游离壁切口未缝合

D. 作左心房和房间隔切口及切口的缝合。

a. 左心房右纵切口：如同作二尖瓣手术的切口，此切口位于房间沟后侧（图8-12）。

b. 房间隔切口：开始于房间隔的后上部位，上腔静脉开口下方2～3 cm处，切断厚实的卵圆窝前缘，然后朝冠状静脉窦方向切开卵圆窝组织本身，止于卵圆窝底部（图8-13）。

c. 隔离肺静脉开口的切口：左心房右纵切口向下延续，在二尖瓣与肺下静脉开口之间切开左心房后游离壁，左心房右纵切口向上延续，绕过左肺上静脉开口左上缘，两者会师完成隔离肺静脉开口的切口（图8-14）。

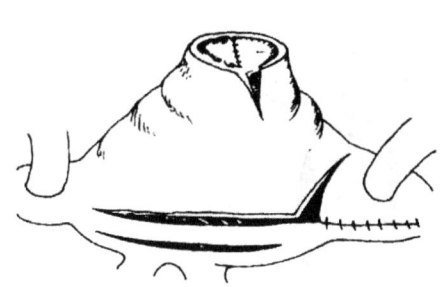
图 8-12 左心房右纵切口

图 8-13 房间隔切口

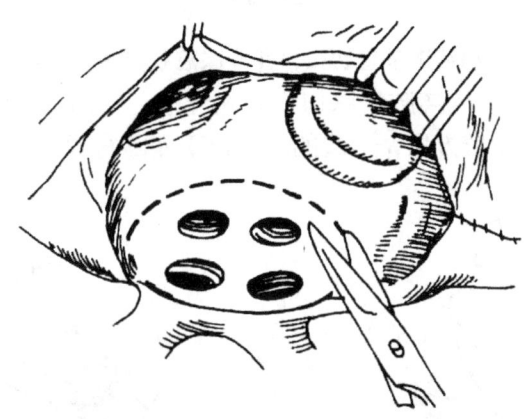
图 8-14 经房间隔切口牵开，显露左房（图中表示隔离肺静脉开口的切口将要完成）

d. 切除左心耳：将左心耳向内翻转，然后切除左心耳（图 8-15）。缝合左心耳切口，并在左心耳切口下缘至隔离肺静脉切口之间（图 8-16），用 1.5 cm 冷冻探头，-60℃，2 min 冷冻。

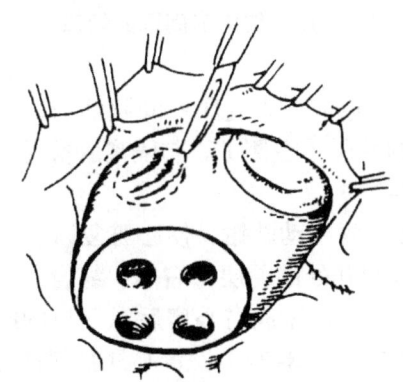
图 8-15 左心耳翻转，并切除

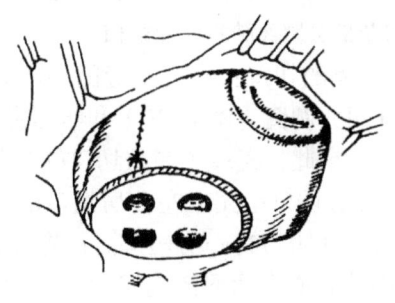
图 8-16 缝闭左心耳切口，左心耳切除，至肺静脉切口之间施加冷冻

e. 左心房后下垂直切口：自二尖瓣后叶瓣环中点至隔离肺静脉切口，切开房壁全层，用小圆刀片或神经拉钩离断残存的心肌纤维，切口下脂肪垫中有冠状静脉窦，切断其前侧的结缔组织，剖离冠状静脉窦后，对其施行一周的冷冻，用 1.5 cm 冷冻探头，-60℃，3 min 冷冻（图 8-17）。缝闭切口。如需要做二尖瓣手术，可接着完成。缝合左心房后下垂直切口及部分隔离肺静脉切口（图 8-18）。

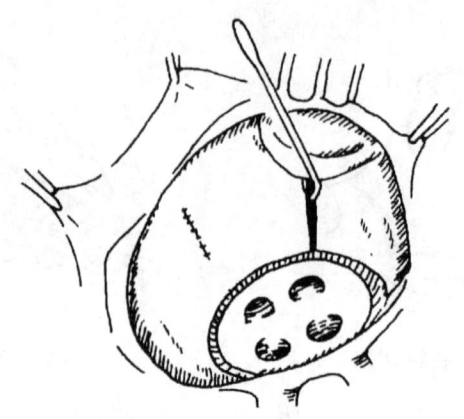

图 8-17　左心房后下垂直切口，并冷冻冠状静脉窦（钩端所点处）

f. 缝闭隔离肺静脉切口：缝闭隔离肺静脉切口时先缝上、下两边（图 8-18），再缝闭下边达房间隔平面，然后再缝闭上边，操作比较方便，下边的缝线止于卵圆窝顶部（图 8-19）。

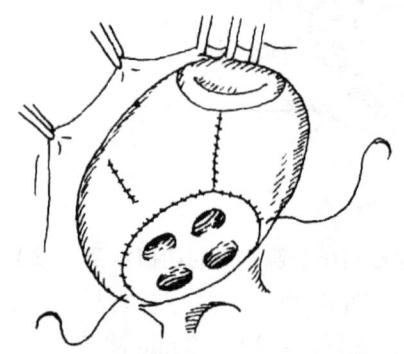

图 8-18　缝合部分左心房后下垂直切口及部分隔离肺静脉的切口

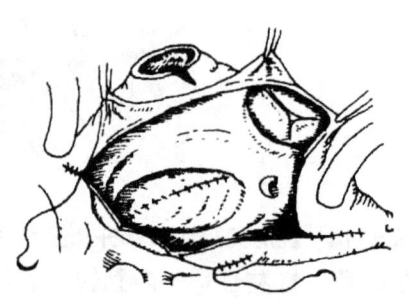

图 8-19　缝闭房间隔的切口

g. 缝闭房间隔的切口：在完全缝闭隔离肺静脉切口的上边前，先缝闭房间隔切口，自卵圆窝底部开始，向右上缝闭卵圆窝（图 8-20）和卵圆窝前缘切开处的后层（左侧），与隔离肺静脉开口切口的上边缝合"会师"。至此，完成了左房切口的全部缝口（图 8-21）。

E. 缝闭右心房切口：完成左心房切口的缝闭后，接着开放主动脉钳，使心脏复跳；在开放主动脉后，完成尚未完全缝闭的右心房切口。首先，将卵圆窝前缘切开处的前层（右侧）缝合，接着从房间隔缘开始缝闭一小片右心房后侧游离壁。完成"T"形切口的缝闭；完成右心房后纵切口的缝闭；缝闭右心耳切除切口和右心房游离壁切口。右心房切口全部缝闭完毕（图 8-22），置心外膜起搏导线。至此完成了标准 Cox 迷宫Ⅲ型手术的全过程（图 8-23）。

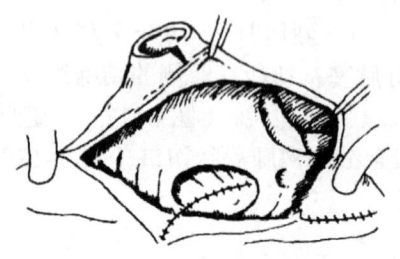

图 8-20　缝闭卵圆窝

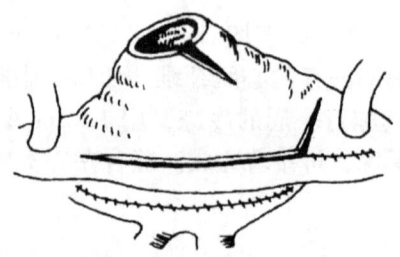

图 8-21　左房切口缝合完毕

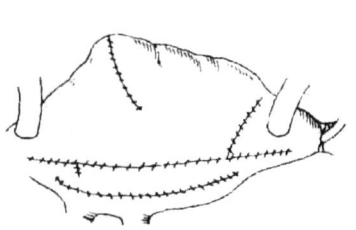

图 8-22 右房切口缝合完毕

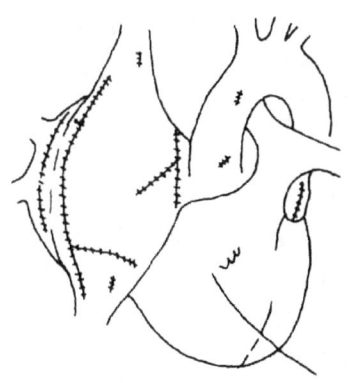

图 8-23 标准 Cox 迷宫 Ⅲ 型手术完毕，置心外膜起搏导线

五、手术并发症及其处理原则

最常见的并发症为术后早期房性心律失常和心脏内分泌有关的体液潴留，晚期偶有房颤复发，但与术前不同，可用药物控制或治愈，体液潴留用安替舒通可预防。出血并发症一般宜在心脏停搏中加垫片缝合止血。在切割过程中，遇到切断的冠状动脉分支出血，宜立即单独缝扎止血，遇到切口缘组织脆弱，宜作充分游离后另加垫片减张缝合，以预防术后出血。

第四节　Q-T 间期延长综合征

Q-T 间期延长综合征（long QT syndrome，LQTS）是指具有心电图上 Q-T 间期延长、室性心律失常、晕厥猝死的一组综合征，可能伴有先天性耳聋，由 Meissner 于 1856 年首次临床报道。1953 年 Muller 描写了 LQTS 的 ECG 特征。LQTS 临床主要表现为严重心律失常（如多形室性心动过速或尖端扭转形室性心动过速）导致的突发性晕厥和猝死。它是婴儿及年轻人猝死的主要原因之一，故是一种危险的少见心脏疾病。本症不少患者具有家族性，包含两种综合征，如贾-兰-尼综合征（Jervell-Lange-Nielsen syndrome）和罗-瓦综合征（Romano-Ward syndromc）。前者伴有耳聋，后者不伴有耳聋。分子遗传学研究揭示，LQTS 是一种心肌细胞膜离子通道基因异常引起的遗传性心脏疾病。迄今在常染色体 3、4、7、11 和 21 上已经发现了多组 LQTS 基因。除了药物治疗外，LQTS 的部分患者往往需要外科手术治疗。基因治疗将是今后努力的方向，也是解决本症的最终治疗。

一、病因

LQTS 的根本原因是心肌离子通道基因突变引起离子通道蛋白的功能异常，造成心脏电生理紊乱而产生一系列的心电图改变和心律失常。在此基础上，由于：①电解质平衡失调，如低血钾、低血镁和低血钙；②药物作用，如 Ⅰa 类抗心律失常药物，如奎尼丁、丙吡胺、胺碘酮等，三环类抗忧郁药；或者③心肌因先天性某些酶系的缺乏而引起代谢异常等都可加重心脏电生理的紊乱而出现 LQTS。

此外，在 LQTS 患者中发现心脏神经及传导组织有明显的结构异常。窦房结传导组织、心肌内和神经结周边区的有髓鞘和无髓鞘神经以及胶质细胞有破坏性改变。窦房结传导组织有灶性纤维化和心肌退行性病变及窦房结细胞凋亡。

自主神经系统的功能改变可以诱发某些家族性 LQTS 患者发生晕厥。通常这类患者的晕厥发生在交感神经兴奋时。

二、分类

1. 先天性与后天性

LQTS 可分为两类：①先天性，或称家族性：有两种遗传变异临床类型。一种表现为常染色体隐性遗传，称为贾-兰-尼综合征（Jervell-Lange-Nielsen syndrome），多伴有耳聋和离子缺乏性贫血。另一种表现为常染色体显性遗传，称为罗-瓦综合征（Romano-Ward syndrome），患者听力正常。②后天性：常因电解质紊乱，如低镁血症或低钾血症，或接受抗心律失常药物治疗，尤其是Ⅰa类抗心律失常药物。

2. 间歇依赖型与肾上腺素能依赖型

由于LQTS发生严重心律失常多有某些触发因素，临床上则根据不同触发因素将其分为两型。①间歇依赖Q-T间期延长综合征，即间歇依赖型（pause dependent）。此型患者多形室性心动过速或尖端扭转型室性心动过速常由期前收缩后长间歇触发或心动过缓时的长P-R间期触发，多见于后天性LQTS。②肾上腺素能依赖Q-T间期延长综合征，即肾上腺素能依赖型（adrenergic dependent）。室速由交感神经兴奋触发，如运动、突然的情绪波动、紧张等。其常见于先天性LQTS，如贾-兰-尼综合征和罗-瓦综合征。

3. 遗传基因类型

从分子遗传学的角度，根据不同的LQTS基因引起细胞膜不同离子通道功能异常，Q-T间期延长综合征有六种不同的遗传基因类型，如LQT1、LQT2……LQT6。LQT1的LQTS基因为KVLQTI（在常染色体11p15.5），LQT2为HERG（在常染色体7q35~36），LQT3为SCN5A（在常染色体3p21~24），LQT4在常染色体4q25~27，LQT5为KC-NEI（在常染色体21），LQT6为MiRP1（在常染色体21q22）。这些基因包含了突变的钾或钠离子通道蛋白的遗传密码，导致合成的离子通道蛋白功能异常。

三、临床表现

由室性心律失常造成的突发性心悸、眩晕、重者晕厥、抽搐、猝死。肾上腺素能依赖型患者症状常发生于用力、运动、惊恐和激动等交感神经张力增高时，或蛛网膜下腔出血、自主神经系统手术时。外源性肾上腺素也能够诱发产生症状。先天性LQTS患者常表现为此型。有家族史。贾-兰-尼综合征表现为常染色体隐性遗传，患者有耳聋和离子缺乏性贫血。罗-瓦综合征表现为常染色体显性遗传，患者听力正常。间歇依赖型患者症状发生于心动过缓或有长间歇的期前收缩时。获得性LQTS常表现为此型。同时伴有电解质紊乱，营养不良的相应临床表现，如消瘦、乏力、脱水等，或正在接受某些药物治疗，尤其是抗心律失常药物，如奎尼丁、胺碘酮等。

四、心电图检查

心电图检查是诊断本症的重要依据。多数患者在任何时候均有Q-T间期和QTc延长。发作期与非发作期的延长程度可以有所不同，以发作期延长更甚。有些患者仅在运动时表现Q-T间期延长。同时有"R on T"的室性早搏诱发室性心动过速的表现。肾上腺素能依赖型患者发病时心率加快，U波波幅增高，QTU间期延长，然后出现多形性室性心动过速或尖端扭转形室性心动过速，最终可致心室颤动。间歇依赖型患者有心动过缓，或长代偿间歇的期前收缩。

五、其他检查

运动试验时部分患者的Q-T间期可随心率的加快而延长，QTc延长。其他可进行24 h动态心电图检查和心律变异分析、晚期后电位、复极早期后电位等临床心脏电生理检查。

基因学检查可以检测到LQTS基因，是诊断本症的重要依据。此外，还需进行血电解质的测定。

六、诊断和鉴别诊断

1. 诊断

具有上述临床表现并有Q-T间期延长和室性心律失常可以确立诊断。获得性LQTS有临床服药史及血电解质紊乱。先天性LQTS有家族史，LQTS基因检测阳性。根据遗传特性，有否耳聋可区分贾-兰-尼综合征（Jeryell-Lange-Nielsen syndrome）和罗-瓦综合征（Romano-Ward syndrome）。通过了解症状发作的诱因和发作时ECG记录不难区分肾上腺素能依赖型和间歇依赖型LQTS。

2. 鉴别诊断

本症应与其他引起晕厥、抽搐的疾病鉴别。如体位性晕厥、癫痫、脑血管疾病、低血糖反应等。

七、治疗

1. 治疗策略

Q-T 间期延长综合征是一种引起婴儿及青年人反复晕厥和猝死的心脏疾病。患者反复晕厥和猝死的年发生率分别为 5% 和 1%。晕厥乃致命性心律失常所致。因此，LQTS 患者在首次晕厥发生后的 10 年内，有 50% 的患者猝死。对此，LQTS 的治疗目标是有效地防止致命性心律失常的发生。

对于肾上腺素能依赖型的多数患者，应用倍他阻滞剂和/或心脏起搏即可得到有效控制。同时避免引起交感神经兴奋的活动。无效者则选用左颈-胸交感神经切除或植入型心脏自动除颤复律器。

获得性 LQTS 患者发生的室性心律失常多为间歇依赖型，以提高心率为原则。可应用心脏兴奋剂或心脏起搏，同时消除引起 Q-T 间期延长的原因，如纠正电解质紊乱等。

无论是间歇依赖型或是肾上腺素依赖型，超速抑制均可有效地控制室性心动过速。对上述治疗不能控制致命性心律失常发作，反复心脏骤停的患者，可采用其他手术治疗直至心脏移植。

在病因治疗上则采用基因治疗，以彻底消除心肌离子通道功能异常。我们期待在此领域的重大突破。

先天性 LQTS 治疗原则：

（1）首选倍他阻滞剂（普萘洛尔或纳多洛尔）。

（2）倍他阻滞剂治疗失败或禁忌者：左颈-胸交感神经切除。

（3）心率缓慢或间歇依赖型恶性心律失常：安装起搏器加 β 受体阻滞剂。

（4）上述三项治疗无效时：①安装自动心脏除颤复律器；②尝试钙通道阻滞剂（penti-somide）或 α 受体阻滞剂；③如在左颈-胸交感神经切除术后及 β 受体阻滞剂治疗下仍然心率较快，晕厥发作，尝试右颈-胸交感神经切除。

2. 药物治疗

对于先天性 LQTS 患者反复发作晕厥，倍他阻滞剂的控制症状有效率为 75%~80%。因此，对肾上腺素能依赖型首先选用倍他阻滞剂治疗，同时避免引起交感神经兴奋的活动。常用倍他受体阻滞剂如普萘洛尔作为首先治疗，其用量根据疗效逐步增加，最多可达 100~150 mg/d。苯妥英钠 0.1 g，每日 3 次；卡马西平 10 mg，每天 3~4 次也有效。交感神经阻滞药如胍乙啶、利血平等也可应用。对间歇依赖型的治疗以提高心率为主，为此，除寻找病因加以去除或纠正外，对症治疗可用异丙肾上腺素、阿托品。硫酸镁 1~2 g 静脉注射也有效。有早期或延迟后除极者则考虑用维拉帕米、镁盐、异丙肾上腺素、阿托品等。

3. 手术治疗

（1）手术方式及其选择：先天性 LQTS 的手术治疗方式有：①窦房结切除加心房起搏术；②原位自体心脏移植术；③左星状神经结切除术；④左颈-胸交感神经切除术；⑤原位异体心脏移植术几种。窦房结切除加心房起搏术和原位自体心脏移植术由于手术创伤比较大目前很少采用。交感神经切除术由于效果确切，手术创伤小而被广泛应用。早期采用前胸锁骨上径路左星状神经结切除术，因 Horner 综合征发生率高达 90%，而改用后胸径路左颈-胸交感神经切除术。随着微创伤外科技术的发展，电视辅助胸腔镜技术日趋普及，胸腔镜辅助左颈-胸交感神经切除术是目前 LQTS 治疗的常规手术。根据多年的临床实践，多数学者认为交感神经链切除范围应是 T_{1-4} 胸交感神经链，包括星状神经结全部或下 2/3。

对于抗交感治疗无效的 LQTS 患者，致命性心律失常反复发作，有人采用原位自体心脏移植术或原位异体心脏移植术。原位自体心脏移植术的基本方法同原位异体心脏移植术，只是术中在主动脉及肺动脉处进行去神经处理。

（2）手术适应证：左颈-胸交感神经切除术适用于先天性 LQTS，反复晕厥，β 受体阻滞剂治疗无效或 β 受体阻滞剂应用禁忌的患者，有致命性心律失常发生的患者，尤其适用于肾上腺素依赖型患者。通常采用胸腔镜辅助手术。而对有胸腔粘连等胸腔镜手术困难者，采用保留胸肌的微创伤胸部切口手术。

自体心脏原位移植术或异体心脏原位移植术适用于有心脏骤停，心肺复苏记录的患者，药物治疗和一般常规手术治疗无效时采用。

（3）手术时机：由于 LQTS 是一种可以致命的心脏疾病，一经确诊，内科治疗无效时即应及早手术治疗。

八、手术并发症

左颈-胸交感神经切除术后可能出现左眼睑下垂（Horner 综合征），左手少汗、无汗或背部出汗，术后出血等并发症。应用胸腔镜辅助手术能有效地控制症状的发作而极少发生 Horner 综合征。心脏移植的术后并发症则较多。

九、疗效的评价

由于左颈-胸交感神经切除不能改变遗传基因突变引起的心肌细胞膜离子通道蛋白功能异常和心脏神经及传导组织的病变，术后 QTc 间期难以恢复正常。Q-T 间期则因心率的改变而变异较大。术后患者 Q-T 间期可以有所缩短，但很难恢复正常。因此，LQTS 的疗效评价很难以 Q-T 间期缩短来衡量。通常以晕厥的有效控制、猝死概率下降来衡量。Q-T 间期缩短预示症状控制的概率较大。

由于 LQTS 是一种复杂的遗传性心肌细胞膜离子通道异常疾病，有多种 LQTS 基因类型，还存在心肌传导组织的结构异常，以左颈-胸交感神经切除消除交感神经兴奋不能从根本上解决基因突变问题，也不能消除体液中肾上腺素的影响，因此部分患者术后仍有晕厥发生甚至猝死，应对此引起高度重视。为了消除体液中肾上腺素的影响，进一步提高疗效，术后应使用 β 受体阻滞剂。病情危重患者有充分理由考虑心脏移植。

第九章 心力衰竭

第一节 室上性心动过速

随着临床心电生理研究的迅速发展和射频技术的逐渐成熟,绝大多数室上性心动过速的患者可经射频消融术治愈。少数射频消融失败者则进行外科治疗。另一方面,并发器质性心脏病和心脏结构异常的室上性心动过速采用射频消融难以成功,也需要外科治疗。

一、预激综合征

预激综合征是因心电图表现预激特征而命名的,发生率为 0.1% ~ 0.31%。诊断预激综合征主要靠心电图,不同旁路引起的预激有不同的心电图特征。外科常在矫正三尖瓣下移畸形时,同期手术治疗其并发的预激综合征。

(一)病因与发病机制

预激综合征的病因是正常房室传导系统以外存在先天性的房室附加通道(旁路),同一患者可有多种旁路。30% ~ 40% 的预激综合征并发先天或后天性心脏病,60% ~ 70% 无器质性心脏病。三尖瓣下移畸形中约 10% ~ 25% 有 B 型预激综合征。由于心房的部分冲动经旁路,在正常传导系统下传到达之前,传到心室,使局部心室提前激动,即所谓预激。旁路和正常传导通路的并存,两者传导性和不应期的不同,使得容易发生折返环,并发心动过速,表现为室上性心动过速、心房颤动或心房扑动。

已知的旁路及其引起的特征如下:①房室旁路(Kent 束):最为常见,起源于心房,除在二尖瓣前瓣和主动脉根部之间连接的区域外,几乎可从房室环的任何部位直接进入心室壁。若房室旁路的传导为前向,表现为心室由房室结和房室旁路两者激活的心电图特征,即 W-P-W 综合征。若为逆向,在窦性心律时心电图正常,但仍可导致折返性心动过速,称为隐匿性预激综合征。②房结(James 通路)、房希旁路:起源于心房肌,绕过房室结进入 His 束或左右任一束支。③结室、束室旁路(Mahaim 纤维):起源于 His 束,直接进入心室肌。

(二)临床表现

单纯预激无症状,并发室上速时症状与一般室上速相似,多发生在无器质性心脏病的年轻患者。频率 200 次/分以下,且持续时间较短者,大多仅有突然心悸感。在有器质性心脏病基础,频率超过 200 次/分,发作持续时间长者,可引起心脑等器官供血不足症状,重者猝死。并发房扑 250 次/分,可导致室颤,易致死。

(三)诊断

预激综合征的临床特征是心动过速发作,正常窦性心律时大多数具有心电图特征。诊断主要靠心电图:①典型预激综合征(W-P-W 综合征):P-R 间期 < 0.12 秒,QRS 时限 > 0.11 秒,QRS 波群起始部粗钝,与其余部分形成挫顿,即所谓的预激波(Δ 波),继发性 ST-T 波改变。其中 Δ 波和 QRS 在 V1 导联均向上者称 A 型,均向下者称 B 型。②短 P-R 综合征(LGL 综合征):P-R 间期 < 0.12 秒,QRS 正常,无 Δ 波。③变异型预激综合征:P-R 间期正常,QRS 增宽,有 Δ 波。

心向量图可作为诊断依据，其特征是各个面上 QRS 环起始部分运行缓慢，成一直线，持续可达 0.08 秒。以后突然转向并以正常速度继续运行，QRS 环运行时间可超过 0.12 秒。His 束电图和体表或心外膜标测有助于鉴别各型预激和旁路定位，在确诊旁路是否参与心动过速折返环方面起重要作用。

（四）治疗原则

1. 手术适应证

目前外科手术治疗预激综合征的主要指征是射频导管消融失败的病例。消融失败或并发器质性心脏病而未失去手术时机者，应选择手术。三尖瓣下移畸形并发的 B 型预激综合征，两者可选择同期手术治疗。

2. 手术方式

预激综合征外科手术的目标是切断引起综合征的附加旁路。异位的房室旁道可根据其经房室环进入心室壁的位置，人为地分为 4 个区域：左心室游离壁（46%）、右心室游离壁（18%）、前间隔（10%）和后间隔（26%）。手术的关键步骤之一就是采用各种定位标测方法，准确测定出异常传导束的位置。一般都在心包切开后作心外膜标测，平行体外循环中切开右房作心内膜标测，确认术前诊断，术毕复跳后再作标测验证效果。心内膜手术用于切断附加旁道的心室端，而心外膜手术则用于切断附加旁路的心房端。对不同旁路目前选择的方法如下。

（1）左室游离壁旁路切断。

①经心内膜途径（图 9-1）：心脏停搏后通过左房切口显露二尖瓣环，经二尖瓣后瓣环上 2 mm 处切开心内膜，于房室沟脂肪垫和室壁顶部之间的平面进行解剖分离，直至心外膜下。切口用 5-0 聚丙烯线连续缝合。

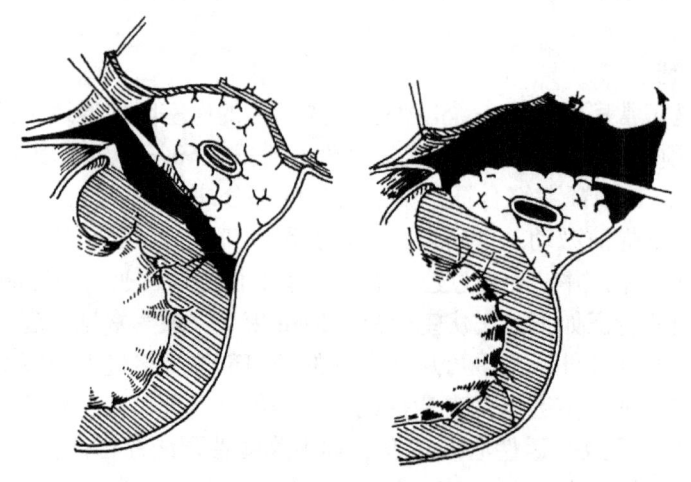

图 9-1　经心内膜途径左室游离壁旁路切断

左图为切开心内膜和心房肌后，于脂肪垫与左室顶之间作剖
离；右图示切口两端各有一向瓣环的垂直切开，切口已缝合

②经心外膜途径：心跳停跳后抬高。在房室沟心房侧心外膜折返处作切口，于脂肪垫与心房壁之间作分离，达到二尖瓣后叶瓣环水平并略向下延伸至心室顶。

（2）后间隔旁路切断（图 9-2）：经平行房室沟的右心房切口显露 Kock 三角，沿三尖瓣隔瓣环上 2 mm 作切口，向后间隔间隙分离脂肪垫直至二尖瓣环。

（3）右室游离壁旁路切断（图 9-3）：因靠近瓣环处心房肌与心室肌多有直接对接，在三尖瓣下移畸形中，这种对接较常见。为切断太靠近瓣环的右室游离壁附加旁道，可用下述方法之一补充：①切开房、室肌交接处，完全显露瓣环；②瓣环处施加冷冻；③在切口两端向瓣环各做一垂直切口。

（4）前间隔旁路切断（图 9-4）：心内膜途径较为可靠。右心房切口，沿三尖瓣前瓣环上 2 mm 切开至前瓣环中部，分离脂肪垫至右心室漏斗部下方。

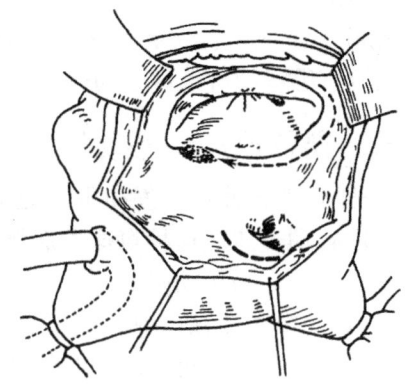

图 9-2　后间隔旁路切断切口

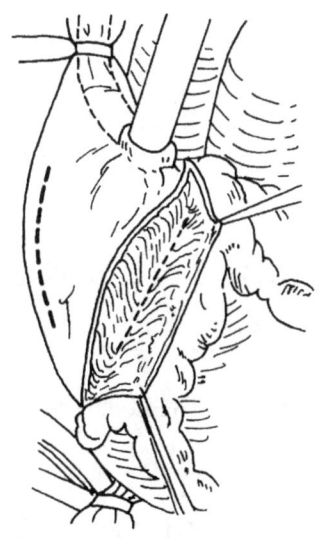

图 9-3　右室游离壁旁路切断切口

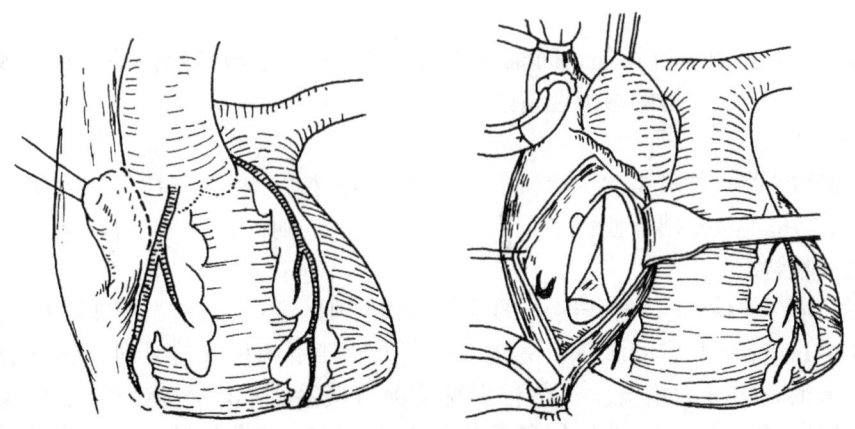

图 9-4　前间隔旁路切断切口

左图示心房侧心外膜切断前间隔旁附加旁路；右图示沿三尖瓣前瓣环切开右心房心律失常

（五）疗效评价

预激综合征外科手术治疗的成功率接近 100%，在选择性非复杂病例手术死亡率 ≤ 0.5%。主要并发症为暂时性心脏传导阻滞、出血等。

二、房室结折返性心动过速

房室结折返性心动过速临床上主要表现为阵发性室上性心动过速，其发病机制可能为房室结周围存在有可使冲动折返的一快一慢两个传导通道。1982年前唯一的外科治疗药物无效的房室结折返性心动过速的方法是切断His束。但由于手术引起完全性房室传导阻滞，所有患者需植入永久性起搏器。之后有分散的冷冻技术和用手术切开结周组织治疗房室结折返性心动过速的方法，取得临床效果。

三、异位性房性心动过速

异位性房性心动过速又称自律性房性心动过速，其发生原因是心房某一部位的自律性病理性的增高，使该部位成为新的起搏点，产生房性心动过速。这种自律性病灶可位于右房、左房或房间隔。对于术前和术中能满意确定其部位的异位病灶，如在易于切除的部位，可予以直接切除，不宜切除的部位可用冷冻废除。但大部分病例在全身麻醉时异位病灶被抑制，并对程序电刺激无反应，因此不能准确定位。目前已提出了替代的外科手术，在保存正常房室传导的同时使产生心律失常的心房组织与心脏其他部分隔离，如左房隔离术。

第二节 室性心律失常

室性心律失常是心源性猝死的主要原因，临床多有反复发作室性心动过速病史。室速可发生于冠心病、非冠心病的器质性心脏病及无明显器质性心脏病者，主要发生于冠心病的室速又称缺血性室速，发生于后两种情况的室速可归纳为非缺血性室速。

一、缺血性室性心动过速

（一）病因和发病机制

1. 冠心病急性心肌缺血或梗死

正常和非正常心肌间的不均一性正是发生自律性或折返性心律失常的解剖基础。这些表现常是短暂的，并易于用药物控制。

2. 慢性冠心病

陈旧性心肌梗死，在梗死与较正常的组织间产生折返。手术后瘢痕也可成为折返基础。这些缺血性损伤所致的心肌慢性改变而产生的室速通常难以控制并对药物无反应。

3. 其他

在冠心病中尚可出现虽有慢性损伤，而难以找到起源病灶，或虽有急性缺血伴心绞痛，而机制不明的室速，其心电图表现为QT正常的多形性室速。

（二）临床表现

室速的发作，起始和终止常较突然。症状主要取决于室速持续时间，时间长心脑血管供血不足症状明显，重者可猝死。体格检查除基础心脏病体征外，主要为快而规则的心律，心率多在160~200次/分。

（三）诊断和鉴别诊断

主诉心悸突然开始突然终止，发作时听诊心律快而规则，心电图相当于3次以上成串室性期前收缩，QRS时限>120 ms者几乎均可诊断为室速。在室上速伴室内传导差异时，QRS也表现增宽。当室速起源于His束下方时，QRS无增宽。这两种少见情况可使鉴别诊断困难，常需His束电图确诊。His束电图H-V关系异常（H不见，H与V分离或H在V前而HV间期显著短于正常）、心室晚电位阳性可确诊为室速。

（四）治疗

1. 手术适应证和禁忌证

室速反复发作，持续时间长，症状明显，药物难以控制或不良反应不能耐受，经术前电生理检查基本明确心律失常发源和（或）折返部位者为适应证。

（1）慢性冠心病：适应证为持续性（一阵持续≥30秒）室速或室速患者同时有冠状动脉搭桥和（或）室壁瘤切除指征者。但若左心功能明显障碍难以耐受手术，目前认为宜安装埋藏式自动复律除颤器（ICD）。射频消融治疗持续性室速已有散发病例的经验，化学消融的疗效及并发症有待观察。

（2）急性心肌缺血或梗死：梗死后 4～6 周内为手术禁忌，头两天也是安装 ICD 禁忌。

（3）QT 正常的多形性室速：无论慢性冠心病或急性缺血引起的均不能手术，而前者引起的适应 ICD。

（4）室速患者发生心源性猝死经抢救存活者：这些患者年内复发率高达 60%，故应手术；但若为实验室不能诱发或药物无效，或为抗药的持续性室速也是目前安装 ICD 的适应证。

2. 手术方式

（1）环形心内膜心肌切除术：手术环绕心肌梗死或室壁瘤之外正常心肌的整个一圈行心内膜和心室切开，但术后低心排综合征及死亡率高，目前已被临床弃用。

（2）心内膜病灶切除术：①局部心内膜切除术：经标测后确定致心律失常的起源部位，切除梗死区和室壁瘤的局部心内膜纤维化组织，多数效果满意；②广泛性心内膜切除术：Moran 作了改良，不管引起心律失常的部位，而作纤维化心内膜的广泛切除；③Cox 在不宜切深的部位，如主动脉和二尖瓣瓣环及乳头肌附近，作局部冷冻加以补充。

二、非缺血性室性心动过速

（一）非缺血性心肌病

非缺血性心肌病多为扩张型心肌病，机制为心肌内折返。1/3 以上属于束支折返。通常有双室弥散性扩张及散在的纤维化，心动过速起源于右心室。手术方法为右心室室性心律起源处孤立术和冷冻。

（二）先天性右室发育不全

其特征为脂肪组织通壁浸润，引起右室漏斗部、尖部和后基底部活动减弱和瘤样膨出，机制为局部心肌内折返致室速。右心室发育不全的临床特征是顽固性室性心动过速，可起源于右室三个病例区域中的一个或全部，标准心电图显示一种类似左束支阻滞的图形。手术方法包括右心室后基底部心律失常起源处孤立术和完全性右心室游离壁隔开术。

（三）无明显器质性心脏病的室速（特发性室速）

此项是指一种心律失常是患者有心脏病的唯一临床表现。室速有起源于左室后下间隔附近，机制为折返，也有起源于右室流出道或漏斗部的，机制为自律性增强或触发活动。手术方法包括起源于右室游离壁的局部孤立术和起源于室间隔的多点冷冻。

（四）Q-T 间期延长综合征和阵发性扭转性室性心动过速

Q-T 间期延长综合征是指具有心电图上 Q-T 间期延长、室性心律失常、晕厥猝死的一组综合征，可能伴有先天性耳聋。它是婴儿及年轻人猝死的主要原因之一。伴随 Q-T 间期延长综合征的室性心动过速常是一种独特的扭转性室性心动过速。其心电图特征包括：①通常由室性复合波后的一个室性期前收缩引起发作；②心动过速时连续的 QRS 波群显示一种电轴起伏的扭转；③发作常自行停止。外科治疗此种心律失常主要是试图改变心脏的神经支配，包括左星状结切除术、左颈 – 胸交感神经切除术。

（五）心脏手术后

心脏手术后如右室流出道切口补片或心外管道处瘢痕致正常心肌产生折返，手术可将右室流出道瘢痕切除更换补片。

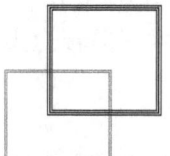

第十章 缺血性心脏病与心肌梗死

第一节 缺血性二尖瓣关闭不全

冠心病患者有 20% 左右发生缺血性二尖瓣关闭不全（ischemic mitral regurgitation，IMR），缺血性二尖瓣反流主要由冠心病心肌缺血/心肌梗死引起乳头肌功能不全、左心功能不全、瓣环扩大等因素造成。根据美国心脏学会（AHA）2006 年的最新资料，同时处理合并的 IMR 手术死亡率是单纯搭桥的 3~6 倍。

一、病理生理

急性 IMR 者，多因急性透壁心梗引起二尖瓣乳头肌断裂而导致。因左心房没有代偿性扩大，所以，左房压急剧上升而发生急性肺水肿，进一步加重心肌缺血和左心功能不全，甚至发生全心衰。急性 IMR 多数在早期死亡，50% 左右可活过 1 个月转为慢性，因此宜及时手术。

慢性 IMR 者，多因乳头肌功能不全或腱索慢性延长等引起。在心梗发作数月后，逐渐出现 IMR，由于左房代偿性扩张，因而肺水肿表现并不慢性，主要表现为慢性左心衰竭。

二、临床症状

根据二尖瓣反流的时限及反流程度的差异，临床表现不尽相同。患者一般表现为心绞痛症状明显加重，同时出现胸闷、呼吸困难等心功能不全的症状。若为急性心梗合并 IMR，则患者可出现急性肺水肿和循环衰竭。

三、手术指征

冠心病患者伴轻至中度 IMR，如果左房和左室大小正常，左室功能也正常，可以仅行 CABG（冠状动脉旁路移植术）；但对中度和中度以上 IMR 者，伴心室功能已经减退，特别是心脏已经明显扩大者，需要积极处理；对有陈旧性下壁 Q 波心梗，左室功能明显减退患者，IMR 处理应更加积极，以提高术后远期的无心血管事件率及生存率。

对存在多种手术危险因素的中度 IMR 患者，单纯搭桥可能降低手术死亡率，需要综合考虑，决定是否同时处理 IMR。冠状动脉靶血管的条件也是影响手术指征的重要因素，我们认为，对手术前左心室 EF（射血分数）< 30% 的严重左心室功能不全患者，只要冠状动脉靶血管条件良好，预期能够进行满意的心肌血运重建，手术指征可以适当放宽；但如果冠状动脉弥漫性病变伴左心功能明显低下，决定手术时应慎重。

四、手术技术

胸骨正中切口，主动脉、上下腔分别插管。有条件者，可使用 TEE（经食管超声心动图）。术中 TEE 评价 IMR 时，应保证心脏良好的前后负荷，否则可能低估 IMR 的程度，影响手术方案。术中一般先行桥血管的远端吻合，再行二尖瓣置换或成形术，最后完成近端吻合；若合并室壁瘤，则切除理室壁瘤，再行瓣膜操作。

IMR 的治疗有二尖瓣成形和二尖瓣置换。从发病机制来看，IMR 主要是因为瓣环明显扩大或瓣下装置（腱索、乳头肌）异常，而瓣叶常常无明显异常病变。瓣膜修复仍有明显优势。二尖瓣成形可明显改善左室功能和几何形状，完全避免与人工瓣相关的并发症，降低手术死亡率，提高患者生存质量和远期效果，所以对 IMR 患者应尽可能争取行瓣膜成形术。当然，如果没有把握，考虑到手术安全，也可选择瓣膜置换术，术中尽可能多保留瓣下装置。本节重点介绍二尖瓣成形术。

目前常用的成形方法包括：二尖瓣成形环的植入、人工腱索的使用、腱索转移技术、瓣叶部分切除成形、双孔技术、Sliding 技术的应用等。各种二尖瓣成形技术均需联合使用二尖瓣成形环，提高远期效果。

对于因二尖瓣环扩大或因乳头肌移位引起腱索乳头肌功能不全引起的 IMR，单纯植入二尖瓣成形环可取得满意效果。这种方法最容易被初学者掌握。在成形环植入前，先在左右纤维三角处各缝一针褥式缝合，再根据两纤维三角之间的距离和二尖瓣前瓣叶的大小选择合适大小的成形环。通常选择小于实际测量大小的成形环。目前临床常用的主要是对称性二尖瓣成形环，有 O 形和 C 形两种。虽然在 IMR 患者中瓣环扩大主要是因为后瓣环扩大引起，理论上采用 C 形环将后瓣环缩小即能纠正 IMR，但二尖瓣的前后径扩大也是导致前后瓣叶不能满意对合的重要原因，因此，O 形环可以保证更满意的远期效果。

由 Alfieri 开展的二尖瓣双孔成形技术（edge-to-edge）因操作简单、即时效果令人满意而广泛应用，主要用于治疗二尖瓣退行性病变，但远期效果并不令人满意。Bhudia 等的研究显示，虽然手术死亡率并不高（2%~4%），但对 IMR 效果不能令人满意，术后 3 个月无反流的比例仅 40%，中度以上反流高达 14%，并随着时间推移不断上升，部分患者短期内需要二次手术，目前认为，该技术不作为 IMR 的首选。

人工腱索和腱索转移技术因需要经验的积累未能得到广泛普及，目前多采用 4-0Gore-Tex 线行人工腱索，手术中的关键是调整人工腱索到一合适长度。Sliding 技术主要用于后瓣脱垂，手术中要特别注意后瓣叶不能太宽，否则容易产生左室流出道梗阻。

第二节　心肌梗死后室间隔穿孔

心肌梗死后室间隔穿孔罕见，约占心肌梗死的 1%~2%，但预后非常差。最早的描述见于 Latlum 在 1845 年的尸检报告中。1934 年，Sager 建立了心梗后室间隔穿孔的诊断标准，但直到 1957 年，才由 Cooley 提出并创造心梗后室间隔穿孔的外科修补手术，并证实了手术才是其最有效的治疗手段。心梗后室间隔穿孔完全不同于先天性室缺，两者在治疗上亦存在很大差别。25% 的患者在 1 天内死亡，50% 在 1 周内死亡，80% 在 4 周内死亡，仅有 7% 能活到 1 年以上。因此，一旦确诊，均需手术治疗。

一、病理

心梗后室间隔破裂穿孔可在心梗几小时至 2 周内发生，最常发生于心梗后的 1~4 天。这种破裂往往是由于相关冠脉发生严重梗阻且无足够的侧支循环形成。一般最常累及前隔，即室间隔前部和心尖（LAD 梗阻），约占 60%，只有 20% 左右累及后隔（右冠状动脉梗阻）。前部的缺损手术处理较为简单，后部缺损通常比较棘手，往往有多个室缺或合并室壁瘤，位置多靠心底部，部分可累及房室瓣环。

二、病理生理

与先天性室缺不同，心梗后室间隔破裂主要表现为心功能的恶化，严重程度取决于心梗面积的大小和左向右的分流量。急性左向右分流后，体循环血量锐减，而肺血增加，肺瘀血和水肿，使得原本因急性心梗、可能伴有室壁瘤或缺血性二尖瓣反流的心脏负担更为严重，继而发生低心排和心源性休克。

三、临床表现

患者主要表现为心源性休克、尿少、肺水肿、低心排血量综合征以及全身重要脏器的灌注不足等。心梗患者若听诊闻及明显的收缩期杂音，应高度怀疑室间隔穿孔的可能。

四、诊断

患者在心梗 2 周内，尤其在 1 周内，突然出现胸痛和血流动力学的变化。最典型的体征是新出现的粗糙的、全收缩期杂音，以胸骨左缘第 3、4 肋间最为明显，可触及震颤。患者病情急剧恶化，表现为充血性心衰和心源性休克。胸片提示心影扩大、肺瘀血。心电图提示前壁、下壁等心梗。超声心动图可明确室缺的大小、位置、分流量和心功能的状况，以及是否合并室壁瘤、二尖瓣关闭不全等。心导管检查可以明确心内分流量、检测肺动脉压。

五、手术指征

室间隔破裂穿孔，病情凶险，一旦确诊即是手术指征。但穿孔早期，室缺周围组织脆弱易碎，不易缝合，而且往往合并有大面积心梗和心源性休克，血流动力学不平稳，一般不考虑急诊手术。可经积极的内科治疗，包括放置 IABP 等。若病情继续恶化，则可考虑急诊手术；若病情渐平稳，可待 2 周后，最好在 6 周后，破口周围组织已经纤维化，修补较为容易。

六、手术技术

术前常需放置 IABP（主动脉内球囊反搏），一般不用硝普钠或硝酸甘油等扩血管的药物，尽管它们可以减少左向右的分流量，但常常会带来低血压和冠脉灌注减少的后果。术中放置 Swan-ganz 导管，监测肺动脉压、心排量和肺毛细血管压。胸骨正中切口，主动脉、上下腔分别插管，常规放置左房减压管。若同时行冠脉搭桥，则先行桥血管的远端吻合，并经桥血管灌注心肌保护液。

心脏停搏后，前间隔穿孔采用 LAD 左侧 1～2 cm 平行切开左心室心尖部梗死区。破口较小，周围有纤维化者可直接缝合；较大穿孔者需补片修补。后间隔穿孔一般不建议直接缝合，可采取左心室下壁距 PDA 1～2 cm 切口。需完全切除梗死心肌，缝合进针时，应贯穿后间隔和膈面的右心室游离壁，双侧加涤纶片固定。

室间隔穿孔往往存在较为严重的冠脉严重，同期需行完全再血管化。若存在二尖瓣或三尖瓣乳头肌功能障碍并引起相应瓣膜关闭不全，则需行相应的瓣膜修补成形术，必要时需行瓣膜置换术。

七、术后并发症

（1）低心排血量综合征：为术后最常见的并发症。除术中加强心肌保护外，围术期放置 IABP 可有效防治低心排的发生，IABP 在升高血压的同时，增加冠脉尤其是右冠的灌注，可有效防治右心衰竭。有条件的单位，可以考虑使用体外循环膜肺（ECMO）和左心辅助装置。

（2）出血、呼吸功能不全、肾功能不全和室缺再通。

第三节 冠心病合并颈动脉疾病

动脉粥样硬化是一种全身性的病变，既可以发生在冠状动脉导致心肌缺血，引起心绞痛、心肌梗死、心功能衰竭，亦可以发生在颈动脉引起脑缺血，产生头痛、头晕、脑卒中，还可发生在肾脏、下肢等部位产生肾脏、下肢缺血而导致肾衰竭、间歇性跛行、肢端坏死等严重并发症。动脉粥样硬化可单独发生于某一器官，也可同时发生于多个器官。冠心病合并颈动脉病变是一种难以处理的棘手病变，对每一个心脏外科医生都是一个严峻的挑战。因为其不仅增加了冠状动脉旁路移植手术死亡率，更为严重的是增加了围术期脑血管意外，特别是脑卒中的发生率。一旦围术期发生脑卒中，不仅延长住院时间，增加医护难度，增加医疗费用，而且也影响患者的生活质量和生存时间，对患者、患者家庭及整个社会都是一种灾难。

一、围术期脑卒中的发生率、原因和机制

冠状动脉旁路移植手术后，脑卒中的发生率文献报道为 0.5%～8.9%，且与患者的年龄关系密切。Gardner 等报道，小于 45 岁时，脑卒中发生率为 0.2%，60 岁时上升为 3.0%，若年龄大于 75 岁，脑卒中的发生率高达 8.0%。Tuman 等也报道，若 CABG 时患者小于 65 岁，术后脑卒中发生率为 0.9%，若大于

75岁则高达8.9%。

脑卒中主要是心脏或大血管内粥样硬化斑块或血栓脱落造成的脑栓塞，也可由气栓、左心房血栓、心肌梗死后左心室内的血栓、左心室引流管、左心导管等引起的细小栓子脱落造成脑栓塞，脑卒中亦可由颅内出血、血管痉挛、术中脑灌注不足等引起。

升主动脉粥样硬化斑块脱落是导致脑卒中的重要原因之一，粥样硬化斑块可因体外循环的升主动脉插管、心肌停跳液的插管、升主动脉阻断钳或侧壁钳的使用而脱落。

颈动脉斑块脱落是导致脑卒中的又一重要因素。冠状动脉旁路移植患者合并颈动脉狭窄发生率为2.4%~14%。合并颈动脉狭窄时，心脏手术后围术期脑卒中或暂时性脑缺血的发生率明显高于无此并发症的患者。Brenner报道，合并颈动脉狭窄时，心脏手术后，围术期的脑血管意外发生率为9.2%，而无颈动脉狭窄患者则为1.3%。Faggioli报道，大于60岁的患者若颈动脉狭窄大于75%，脑卒中的发生率为15%，而同年龄但无颈动脉狭窄时，脑卒中的发生率约为0.6%。Berens的研究更显示出，心脏术后脑卒中的发生率与颈动脉狭窄程度密切相关，若颈动脉狭窄低于50%，术后脑卒中的发生率为2.5；狭窄大于50%时，脑卒中发生率为7.6%；当颈动脉狭窄大于80%或单侧颈内动脉闭塞时，脑卒中的发生率即高达10.9%。颈动脉狭窄导致术后脑卒中的确切机制不十分确定。除了斑块脱落造成脑栓塞外，颈内动脉粥样硬化狭窄亦可使脑血流量明显减低，特别是在体外循环时，更易引起脑供血不足，因此，在合并颈内动脉狭窄时，体外循环动脉灌注压至少应大于60 mmHg，尽可能地保证大脑的血供，降低脑卒中的发生率。但约有半数脑卒中发生在术后早期而不是发生在术中，可能与体外循环时出凝血因子受破坏引起的出、凝血功能紊乱有关。

二、颈动脉狭窄的诊断

1. 临床表现

颈动脉狭窄的主要临床症状有两大类：一类为急性脑缺血，可表现为偏瘫、失语、昏迷等，即脑卒中（中风）。其特点是多见于50岁以上的男性患者，常在睡眠中发病，病情进展较慢，数小时甚至1~2天其症状达到高峰，为脑梗死所致，神经系统功能很难完全恢复，常留有不同程度的后遗症。另一类为慢性脑缺血，可出现头痛、头晕、耳鸣、记忆力及理解力减退等。一侧上下肢感觉异常，麻木、刺痛、一过性失明或短暂黑矇，一过性脑缺血或短暂性脑缺血发作，发病突然，历时短暂，大多无意识障碍，出现过一过性发音不清，一侧肢体麻木、无力等。历时数分钟或数小时，24小时内可完全康复而无后遗症，但可反复发作。

2. 体格检查

颈动脉狭窄无明确特异性体征，可在颈部扪及震颤及闻及收缩期杂音，但不能以此作为诊断依据，因为随着狭窄程度的加重，杂音可逐渐减轻甚至消失。颈动脉触诊不但不能诊断，相反有导致斑块脱落脑栓塞的危险。

3. 诊断性检查

（1）多普勒超声：多普勒超声检查有二维和三维超声两种方法，不论是二维还是三维，多普勒超声检查均能直接将探头置于颈动脉表面进行扫描，多普勒超声检查可显示颈动脉病变的长度、内膜增厚的程度、管腔狭窄的程度、斑块的厚度及是否有溃疡，并可测定血流速度，是一种简便可行的无创伤检查方法。其缺点是不能区别管腔是几乎闭塞还是完全闭塞，同时其精确性与检查者的经验有十分密切的关系。有下列情况时，均应做颈部多普勒超声检查：①颈部听到杂音；②有脑卒中病史；③有一过性脑缺血病史；④合并严重的周围血管疾病；⑤高龄患者。

（2）颈动脉造影：颈动脉造影检查能清楚地显示颈动脉的走行和病理变化，如狭窄程度、有无溃疡或内膜血栓，同时也能显示病变远端的血供情况和侧支循环的情况，是一种非常精确的诊断方法，适用于超声检查怀疑颈动脉严重病变者，有神经系统症状且颈动脉有杂音者无须行无创检查，可直接进行颈动脉造影。但颈动脉造影是一种创伤性检查，有引起主动脉内膜撕裂、斑块脱落导致脑栓塞、穿刺等引起胆固醇性栓塞、肾动脉栓塞等严重并发症的可能，同时也增加患者的经济负担，因此是否需行颈动脉造影检查要慎重考虑决定。

（3）磁共振血管造影：磁共振血管造影是一种新的无创检查方法，能清楚显示颈动脉病变，同时还避免了颈动脉造影检查带来的一系列脑血管并发症，在颈动脉狭窄的诊断上应用逐渐增多。MRI（核磁共振成像）具有良好的软组织对比和任意平面成像的优点，黑血技术和白血技术结合应用，使得MRI能够清晰显示血管外壁和管腔的改变，比血管造影能更好地显示颈总动脉和颈内动脉斑块的范围和分布，测量病变血管壁的总体积并准确确定斑块的性质，同时能够更准确地确定狭窄的程度和显示斑块内溃疡的形成。在评价颈动脉狭窄方面，CE-MRA与DSA（数字减影血管造影）具有较好的一致性，对颈动脉重度狭窄，其敏感性为93%～100%，特异性为85%～100%。

（4）多排螺旋CT——CTA（血管造影）：CTA具有安全、无创伤的优点，对测量颈动脉粥样硬化斑块导致的管腔狭窄具有高度敏感性和特异性；对于重度狭窄（70%～99%）和闭塞，CTA的敏感性可达89%～100%，特异性为94%～100%。

CTA检查颈动脉的优势不仅在于能获得与DSA相似的血管造影图像，而且能通过多种重建方式清晰显示颈动脉斑块和血栓形成；而DSA检查时，钙化斑块不显影，并可能在减影片上造成伪影。因此，颈动脉CTA图像显示钙化斑块的敏感性日益受到重视。由于富含脂质的软斑块、纤维帽变薄以及斑块内出血的不稳定斑块、纤维帽破裂的溃疡性斑块与卒中的危险直接相关，而脂质、钙斑、纤维组织、出血的CT值不同，CTA图像亦可以较清楚地区别软斑块和钙化斑块。

目前CTA还存在一些局限和不足：①早期的螺旋CT由于CT球管热容量有限，因此不能对颈动脉全程进行检查。目前多层螺旋CT的球管热容量较大，不但能满足颈动脉全程扫描的要求，还能进行大范围的体部血管成像；②CTA检查需要快速注射100～120 mL造影剂，患者存在造影剂反应或毒性的可能；③CTA仍为有放射性损害的检查手段；④CTA图像重建处理需要医师具备良好的血管解剖知识和一定操作经验，否则可能造成假象。

三、颈动脉狭窄的治疗

颈动脉狭窄的治疗方法有药物治疗、血管成形加支架治疗和外科手术治疗等不同的治疗方法。尽管到目前为止，内膜剥脱手术在延长生命和降低神经系统并发症方面是否优于药物治疗仍有争议，但大宗试验结果表明，不论术前有无症状，手术治疗均有明显的优越性。1991年，北美的一项有症状的颈动脉内膜剥脱试验结果显示，手术治疗组2年后脑卒中的危险性为9%，而药物治疗组为26%，其中致命性脑卒中手术组为2.5%，远低于药物组的13.1%（P＜0.001）。欧洲颈动脉外科试验的2 518例患者中，3年时手术治疗的死亡、围术期脑卒中、同侧缺血性脑卒中及其他类型脑卒中加起来总发生率为12.3%，而同期药物治疗组为21.9%（P＜0.01），其中致命性脑卒中手术组为6%，而药物治疗组则高达11%，对无症状患者手术治疗的效果也同样优于药物治疗。对1 662例无症状颈动脉狭窄患者进行对照观察，结果是5年手术组的同侧脑卒中加上手术死亡和围术期脑卒中总发生率为5.1%，远低于内科药物治疗组同侧脑卒中的11%。Wholey等统计3 129例颈动脉支架治疗的患者，术后小卒中的发生率为2.49%，大卒中为0.96%。Alexandre总结了1995—2000年治疗的77例颈动脉支架置入的结果，成功率为100%，并发症的发生中，可逆性的事件为4.4%，小中风发生率为1.5%，大的卒中率为2.9%。

1. 颈动脉内膜剥脱术手术适应证

美国血管外科协会（SVS）在2008年明确规定，对于无中枢神经系统症状的患者，颈动脉狭窄≥60%即有手术指征；对于有症状的患者，≥50%即有手术指征。指南中特别强调介入治疗绝不适用于无症状的患者，除非该患者合并手术危险因素，如术后再次出现的狭窄、同侧颈部放疗手术史、锁骨下颈总动脉狭窄或对侧声带已麻痹等。双侧颈动脉病变，一般先处理病重的一侧，择期再行另一侧手术，若条件允许也可行同期双侧手术，但应警惕术后脑高灌注的发生。

2. 手术方法

可行一侧颈丛神经阻滞麻醉，亦可行全身麻醉，两种麻醉方法各有优缺点。颈丛神经阻滞麻醉时，患者清醒，便于观察脑功能的变化，并能及时发现不能忍受血流阻断之病情。全身麻醉较安全。仰卧位，头部抬高 10°～15°，肩下垫枕使颈后伸并转向对侧。转动头部时应缓慢轻柔，以防动作粗暴引起碎片脱落或对侧颈动脉/椎动脉发生高度狭窄或阻塞而发生急性缺血性脑卒中。沿胸锁乳突肌前缘做斜形切口，上端起自耳垂平面，下端止于第 3 气管软骨环。离断颈阔肌以及颈外静脉，勿伤耳大神经。锐性分离颈动脉前结缔组织，暴露颈总动脉、颈内动脉和颈外动脉并分别套带，注意保护上方的舌下神经分支及下后方的迷走神经。全身肝素化（0.5～1 mg/kg）以后，分别阻断颈总动脉、颈外动脉、颈内动脉以及甲状腺上动脉。此时由于脑部灌注仅靠椎动脉系统和对侧颈内动脉灌注，所以需要保持较高的动脉灌注压力，常常将动脉收缩压提高到 150～130 mmHg，以保证脑的灌注。切开颈动脉并剥离增厚的内膜。上端至颈内、颈外动脉内膜正常处用手术刀切断或用锋利剪刀剪断内膜，下端至颈总动脉内膜正常处离断，血管内侧面用肝素水反复冲洗，以完全除去残留的内膜。若颈内或颈总动脉偏细，为防止缝合后颈动脉狭窄，可用心包补片、静脉补片、人工血管补片等加宽缝合。缝合完毕开放颈动脉的顺序应是先开放颈总动脉，再开放颈外动脉、甲状腺上动脉，最后开放颈内动脉，目的在于将可能残存于血管内的组织碎片及空气排入颈外动脉系统，以防止发生脑梗死。于颈外动脉外放置一硅胶管或硅胶片做引流，然后逐层缝合切口。如局部手术野无渗血，也可以不放引流直接缝合。手术中颈动脉阻断时间最好不要超过 25～30 分钟，否则可能需要放置临时分流器，防止脑部长时间供血不足，减少手术后卒中的发生率。

术后监测心电图和血压，维持血流动力学平稳，避免血压过高或过低。严密监测颈内动脉血流，一旦怀疑颈动脉内血栓形成，应立即打开切口探查。同时应继续抗血小板聚集治疗，以防血栓形成。

四、冠心病合并颈动脉狭窄的手术治疗

当冠心病患者需行冠状动脉旁路移植手术，又合并颈动脉狭窄需行颈动脉内膜剥脱手术时，怎样选择手术方案，是一个非常棘手的问题。需根据病情、医生的习惯等多种因素综合考虑，总体来说有以下两种方法。

1. 分期手术

分期手术即将颈动脉内膜剥脱手术和冠状动脉旁路移植手术分两次施行。其中，先行颈动脉内膜剥脱，再行冠状动脉旁路移植称为分期手术；而先行冠状动脉旁路移植再行颈动脉内膜剥脱，则称为反分期手术。

因为颈动脉内膜剥脱仅需局部麻醉，创伤小，在患者血流动力学稳定的情况下，特别是双侧颈动脉严重狭窄、症状明显时，先行颈动脉内膜剥脱，数天后再行冠状动脉旁路移植是一种较好的选择。这种方法的最大风险是围术期心肌梗死。

若循环系统不稳定，特别是无症状的颈动脉狭窄时，可采用先行冠状动脉旁路移植，待循环稳定后，再行颈动脉内膜剥脱的反分期手术。这种方法的主要危险是为围术期脑部并发症。近来，由于冠状动脉旁路移植手术技术的改进，采用非体外循环心脏跳动下旁路移植术，血流动力学稳定，避免了体外循环期间脑的低灌注损伤和升主动脉上的插管操作及体外循环和低温损伤，围术期脑卒中的并发症大大降低。采用反分期手术将是一种上佳选择，条件是外科医生必须熟练掌握心脏跳动下旁路移植的技术。

2. 同时手术

同时手术即在一次麻醉下完成颈动脉内膜剥脱和冠状动脉旁路移植两种手术。最早的文献记载是 Bemhard 于 1972 年报道的 15 个病例，此后，此类文献逐渐增多。同时施行两种手术的好处是避免了颈内动脉内膜剥脱时心肌梗死并发症的发生，和施行心脏旁路移植手术时脑卒中的发生，有时这甚至是唯一可行的手术方案。当然，一次麻醉下完成两种手术，住院天数、医疗费用等均比两种分开手术节省，对患者、医院、社会均有益处。同时施行颈动脉内膜剥脱和冠状动脉旁路移植的标准方法是麻醉后先行颈动脉内膜剥脱，但皮肤切口暂不完全缝合，放置引流片后稀疏缝合数针，再开胸建立体外循环，然后完成冠状动脉旁路移植手术，不过在颈动脉内膜剥脱时，另一组医生可同时在腿上采集大隐静脉，以节省手术时间。

Rizzo 等采用在暴露颈动脉后即开胸，放置体外循环插管但不开始体外循环，待颈动脉内膜剥脱完成后才开始体外循环，完成冠状动脉旁路移植手术的方法。为使手术更安全，可在颈动脉需要加宽补片缝合时使用自体心包。

Minami 于 1989 年介绍了一种改良的手术方法，即在体外循环下，先后完成颈动脉内膜剥脱和冠状

动脉旁路移植手术。其优点是肝素化脑血栓形成的概率明显下降，低温可以减少脑氧消耗量，有利于脑保护，同时血流动力学能得到保障，行颈动脉内膜剥脱时不需要使用分流技术。Minami 报道，用这种改良的方法施行颈动脉内膜剥脱和冠状动脉搭桥手术 116 例，手术死亡率为 1.7%，脑卒中的发生率为 4.3%。Weiss 于 1992 年亦报道了 23 例在体外循环、中度低温（20℃）、主动脉阻断下行颈动脉内膜剥脱和旁路移植手术结果，仅 1 例死亡，全组没有脑部并发症发生。此种方法的缺点是延长了体外循环时间和主动脉阻断时间，这是与近年来心外科医生积极努力缩短体外循环和主动脉阻断时间的趋势不相符的。同时，低温的损伤也是其不足之处，现代心外科医生在冠状动脉旁路移植时，采用浅低温、常温技术就是为了避免低温损伤。

3. 术后处理要点

一般来讲，同期施行颈动脉内膜剥脱和冠状动脉旁路移植手术后的早期处理，与单纯冠状动脉搭桥手术无明显区别，术后维持血流动力学稳定不但有利于心脏恢复，同时也有利于脑功能恢复，术后早期可应用利尿剂减轻水肿。

关于抗凝治疗问题，一般不主张应用强的抗凝治疗。冠状动脉旁路移植术后常规应用阿司匹林治疗，对颈动脉内膜剥脱术后直接缝合或应用静脉补片修补的患者来说已经足够，除非应用人工材料补片修补颈动脉或对侧颈动脉有严重病变未处理，特别是有溃疡斑块时，在确定无手术野出血后可考虑应用肝素，随后改为华法林等长期抗凝治疗。术后阿司匹林应用的时间，国外一般从术后 6 小时开始。作者采用在单纯冠状动脉旁路移植手术后第一次进食时开始，效果良好。术后近期桥体血栓形成率极低。如果在冠心病合并严重颈动脉狭窄时，不采用分期手术，也不采用同期手术，仅单纯行冠状动脉旁路移植术，术后脑卒中的危险性极高，应在确定无手术野出血后，立即应用肝素抗凝，对预防脑卒中是较为有利的。

五、冠心病合并颈动脉狭窄处理方案

1. 颈动脉内膜剥脱术（CEA）

现行 AHA（美国心脏协会）指南推荐颈动脉狭窄 50% ~ 99% 的有症状患者，若其围术期卒中或死亡风险不超过 6%，可进行 CEA。对于无症状患者，AHA 指南推荐狭窄在 60% ~ 99%，围术期卒中或死亡风险不超过 3% 的患者可进行 CEA。2005 年美国神经病学学会指南推荐，符合标准的患者年龄应在 40 ~ 75 岁之间，并且预期寿命至少 5 年。

2. 颈动脉支架术

颈动脉支架术是 CEA 合理的替代手段，尤其对 CEA 治疗存在高风险的患者。虽然没有随机研究比较带有和不带有血栓保护装置（EDPs）的血管内支架术（CAS）的差异，但看起来使用 EDPs 对于降低 CAS 过程中的卒中风险是至关重要的。CAS 前后要求进行细致的神经功能评估。医疗保险和补助服务中心（CMS）的报销仅限制在合格机构和医生所使用的经食品和药品管理局（FDA）批准的支架以及在治疗狭窄超过 70% 的有症状高危患者和纳入 B 类调查装置免除试验或批准后研究的高危患者中（狭窄大于 50% 有症状患者，狭窄大于 80% 无症状患者）所使用的 EDPs。目前，缺少充分的证据支持 CAS 可用于狭窄小于 80% 的无症状高危患者，或不具有高危特征的任何患者。正在进行的随机试验将会明确，未来 CAS 在低危患者中的作用。对于无症状高危患者，需要进一步研究来确定 CAS 与最佳药物治疗之间的优劣。

冠心病患者合并颈动脉狭窄时的诊断、治疗方案有时很难确定，Minami 报道了他们的处理方案，很有特色且很实用。所有冠心病患者在行冠状动脉旁路移植手术前，要特别注意周围神经系统和中枢神经系统的病史和症状，然后行多普勒超声检查。若多普勒超声检查发现颈总动脉或颈内动脉狭窄大于 50%，则行颈动脉造影检查。若颈动脉造影显示狭窄大于 75%，即行冠状动脉搭桥加颈动脉内膜剥脱手术。若多普勒超声检查显示颈动脉狭窄大于 75%，又有症状，即行冠状动脉旁路移植加颈动脉内膜剥脱手术。若是无症状性狭窄，再行二氧化碳刺激的头颅多普勒超声检查。如灌注储备能力减低，不论有无颈动脉狭窄症状，即行冠状动脉旁路移植加颈动脉内膜剥脱；若灌注储备能力正常，但有明显的血栓形成，或有形态学病变如溃疡性病变等，也需要行颈动脉内膜剥脱；若没有溃疡性病变，可单纯行冠状动脉旁路移植术，但需要给予抗凝治疗并定期超声多普勒复查。

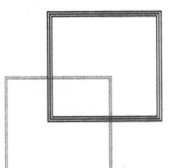

第十一章 心脏外科其他疾病

第一节 肥厚型心肌病

一、病因

肥厚型心肌病可能与基因变异有关，常有家族遗传性的特征。这种基因变异多发生在 14 对染色体的长臂，与 β 肌球蛋白重链的基因变异有关。此外还有其他肌蛋白基因变异，如肌钙蛋白 T、肌钙蛋白 I、α 原肌球蛋白以及肌球蛋白的结合物、蛋白 C 等的变异。到目前为止，已发现大约有 8 种基因变异与肥厚型心肌病有关。对一些散发的、无家族性的肥厚型心肌病尚未明了其发病的原因。

此外，在肥厚型心肌患者中，还发现某些血管活性物质有异常增高的表现，如在肥厚型心肌病有异常的儿茶酚胺受体。体内儿茶酚胺增多或内分泌紊乱可使心肌增厚，出现与肥厚型心肌病相似的心脏病理改变。

二、临床表现

（一）症状

（1）肥厚型心肌病可发生于任何年龄段，多在 30～40 岁出现，表现差异较大，有的患者虽然有心肌病，但无症状，可持续数年之久。

（2）猝死常发生于年轻患者，猝死前无任何征兆，多为突发性，有可能与恶性心律失常有关，常有家族猝死史。

（3）呼吸困难可发生于多数肥厚型心肌病患者中，与活动有关。心力衰竭发生，呼吸困难的症状明显并经常出现，特别是在舒张期功能明显降低的患者中。

（4）心绞痛及晕厥的症状常发生在左心室流出道梗阻及二尖瓣反流的患者，静息时这些患者的左心室流出道压力阶差很小，一旦活动此压力阶差可迅速上升达到 100 mmHg，严重影响了左心室的射血，导致上述症状产生。心绞痛的发生要注意与冠心病的鉴别。晕厥与脑供血不足有关。

（二）体格检查

在有左心室流出道梗阻的患者中，常有明显阳性特征。其表现为心尖冲动有明显抬举感，心尖部第一心音增强，在胸骨右或左缘 2～4 肋间可听到全收缩期喷射样杂音，向心尖及心底部放散。如有二尖瓣反流，还可听到二尖瓣反流的杂音，杂音表现在心尖部收缩期呈吹风样。

心律失常，肥厚型心肌病患者可出现舒张期奔马律，此外还常见心房颤动和室性期前收缩、室上性心动过速、室性心动过速等心律失常。一旦发生心律失常，这些患者的心室舒张功能迅速变坏，是发生心脏猝死的重要原因。

（三）特殊检查

1. 心电图

常见的改变有 ST 段及 T 波的改变，左心室肥厚的心电图改变。单纯室间隔肥厚的患者，则肥厚性心电图改变不明显。有时心电图的改变较难与冠心病区别。

2. 超声心动图

这是诊断肥厚型心肌病的主要检查方法，可以明确指出心室肥厚的部位，并定量估测左心室流出道梗阻、流速、阶差等。其特征有：①心室肥厚的不对称性，室间隔与左心室后壁心肌厚度比值 ≥ 1.5：1。②室间隔的厚度 ≥ 15 mm，运动幅度降低 < 5 mm。③左心室流出道狭窄 < 20 mm。④二尖瓣前叶收缩期前向移动可以同时存在瓣叶关闭不全。⑤左心室腔正常或向心性变小。

在超声心动图检查时，还应确定其分型，梗阻性或非梗阻性十分重要。有时诱发手段如 Valsava 动作或吸入亚硝酸异戊酯的方法，有助于左心室流出道梗阻的判断。

3. 心导管检查

心导管检查一般可不选用，如需冠状动脉造影或心肌活检，或需要导管测压时方可采用。

4. 核素检查

核素检查包括 MRI 检查，可提供心脏肥厚状态、心功能、心血池心肌扫描的资料；可了解心室腔大小，进行心功能计算等。

5. 基因检查

近年来有证据表明，该病病因与 14 号染色体长臂及 13 号染色体的外显子变异错位有关。基因诊断可能是从分子生物学水平面进行诊断分析，对基因治疗有否帮助尚需研究证明。

三、诊断

对所有怀疑肥厚型心肌病的患者都要详细问病史及查体，包括心电图、X 线胸片、超声心动图检查。这样做是为了明确诊断及分组以评估患者病情，在计算流出道压力阶差和二尖瓣反流程度以及评估左心室舒张功能方面，多普勒超声心动很有必要。而造影对评估左心室舒张及收缩功能很有帮助，对准备行手术治疗，非侵入检查不能明确诊断以及评估药物作用时，血流动力学及造影检查是必需的。

四、非手术治疗预后

（一）死亡

每年死亡的患者主要为猝死，这在未成年和年轻患者中最常见，且随时有可能发生。充血性心力衰竭可导致死亡，在 50 岁以下的患者中，主要是那些有心房颤动和/或左心室功能不全的年龄较大的患者。

（二）猝死

猝死的高危因素是年纪轻，有晕厥病史，血流动力学状态不稳定，有家族猝死史和室性心律失常等。快速心律失常发生猝死的危险是其他情况的 8 倍。心律失常常见于以下情况：肥厚较重，流入和流出道梗阻，左心室肥厚或劳损，晕厥病史。这些患者应该接受适当的抗心律失常治疗。尽管一般认为，室性心律失常是晕厥、心搏骤停、猝死的原因，但不是唯一的，其他因素还包括左心室流出道完全梗阻、非同步收缩、心脏阻滞、无旁道的房性心律失常和心肌梗死。若由于左心室压力感受器激活而引起外周血管不适当的舒张会给静息梗阻的患者带来更严重后果，因为血管舒张会加重左心室流出道梗阻。一些患者在剧烈运动时出现晕厥或晕厥前症状，若是以上原因，引起的晕厥最终会导致室颤和死亡。研究表明，非侵入性电生理检查对明确心脏停搏的机制很重要，程序电刺激应在治疗中应用。

（三）充血性心力衰竭

充血性心力衰竭经常出现在心房颤动、有或无左心室功能恶化的患者中。肥厚型心肌病患者早期左心室功能是超乎寻常的，而后期恶化并很少与舒张相关，这可能是由于进行性心肌纤维化或因冠脉情况引起的心肌梗死。这类患者的死亡可以是突然发生或因心房颤动而发生。在无流出道梗阻时，应对患者进行常规抗心力衰竭治疗。我们认为应尽一切努力恢复正常窦性心律。

（四）感染性心内膜炎

静息梗阻的患者可能发生感染性心内膜炎，有学者报道，其发生率为 5% ~ 10%，感染累及二尖瓣和主动脉瓣，导致二尖瓣和主动脉瓣反流。肥厚型心肌病发生的感染性心内膜炎与其他心脏病并发的感染性心内膜炎治疗相同，若能行手术治疗，术前应弄清哪个瓣膜受累。因为不知道感染性心内膜炎是否也发生于隐性梗阻或非梗阻的肥厚型心肌病中，所以建议只在静息梗阻的患者中预防性应用抗生素。

五、治疗

以下3种情况需药物和外科治疗：①收缩期左心室流出道梗阻；②舒张功能受损；③房性和室性心律失常（非持续性室性心动过速）。肥厚型心肌病由于病变类型和功能影响不同，其治疗方法亦各异：①非梗阻或隐匿型梗阻均宜采用药物治疗，包括钙拮抗药或受体阻滞药等。②梗阻性患者，首先可试用药物治疗，无效时或不能耐受药物不良反应者，则应手术治疗。也有人认为，对梗阻性肥厚型心肌病应以手术治疗为首选。

1. 静息性梗阻

由于肥厚程度重，这类患者常表现为舒张功能受损，房性或室性心律失常，左心室流出道梗阻，治疗包括负性肌力药物减少射血早期流速，减少漏斗效应或减轻梗阻和二尖瓣反流。

β受体阻滞药用于治疗静息梗阻已有20年历史，在梗阻及症状较轻时这些药物的应用可产生最大效果，而有明显梗阻的患者获益有限。

钙离子通道阻滞药用于治疗梗阻性及非梗阻性肥厚型心肌病已有10～15年历史。这些药物的负性肌力作用可降低左心室流出道梗阻，但是它们的血管扩张作用在一定程度上削弱了上述作用。

当静息梗阻患者已服用足量药物仍有明显症状，或当药物治疗不耐受或不满意时，可考虑行外科"肥厚心肌切除术"。

2. 隐性梗阻

大多数隐性梗阻的患者心肌肥厚有限，因此舒张受损较轻，心律失常较少。但是，此类患者的肥厚心肌沿肌性主动脉分布，有潜在梗阻危险。这类患者治疗可用β受体阻滞药。丙吡胺或钙离子通道阻滞药也可用于隐性梗阻的患者，但是应该注意，丙吡胺有使舒张受限的不良反应，而钙离子通道阻滞药有潜在诱发梗阻的危险。

3. 非梗阻性肥厚型心肌病

钙离子通道阻滞药用于治疗该型肥厚型心肌病，是通过降低肌质网内Ca^{2+}的浓度，改进收缩舒张不同步性，增加冠状动脉灌注而改善左心室舒张功能。左心室收缩改善通过后负荷降低来实现。然而，这些应该注意药物的负性肌力作用可以降低左心室收缩功能。

4. 心律失常治疗

静息梗阻患者更易出现房性或室性心律失常，发生心房颤动的患者均与左心房扩大有关，这常见于静息梗阻，而其他肥厚型心肌病亚组很少见。心房颤动使血流动力学发生很大变化，并使临床情况恶化，必须采取措施恢复窦性心律。静息梗阻的患者发生心房颤动是手术治疗的指征。治疗房性心律失常的一线药物包括奎尼丁、普鲁卡因胺，还有丙吡胺。Ⅰ类抗心律失常的药物可以减少恶性室性心律失常的发生，如果效果不好，则可选用胺碘酮。研究表明，应用胺碘酮的患者临床症状可得到缓解，这与抗心律失常作用无关，具体机制尚不清楚。

5. 其他治疗

（1）肥厚型心肌病的外科手术治疗：在左心室流出道梗阻的患者中，有明显室间隔的肥厚者，可选择外科手术的方法，将肥厚并引起流出道梗阻的室间隔心肌切除。手术可达到降低流出道阶差，使症状改善和降低死亡率，减少二尖瓣反流的目的。手术应在有经验的心脏外科中心进行，其总手术死亡率<2%，而药物治疗组在3%～4%。

（2）预防高危患者的猝死仍然是治疗的重要问题：对于有频发室性心律失常、晕厥史或心源性猝死的患者应安装自动除颤起搏器（ACID），应用电生理检查可对患者进行评估。

（3）双腔起搏：应用双心室起搏是一种较新的方法，其治疗原理是使压力阶差下降，使心室发生缓慢重塑，保持房室同步收缩，使收缩期的室间隔减少对流出道的阻力，增加流出道的宽度。双腔起搏还有可改变心室起搏的顺序、收缩力降低等益处。

（4）室间隔消融术：经皮穿刺腔内间隔心肌消融术（Percutaneous Transluminal Septal Myocardial Ablation，PTSMA）是一种介入治疗手段，其原理是通过导管注入无水乙醇，闭塞冠状动脉的间隔支，使其支配的肥厚室间隔心肌缺血、坏死、变薄、收缩力下降，使心室流出道梗阻消失或减轻，从而改善梗阻性肥厚型心肌病患者的临床症状。

六、手术治疗

（一）手术适应证

自 1960 年 Cleland 报道采用手术治疗梗阻性肥厚型心肌病以来，目前使用最普遍的手术方法是心室间隔部分肌肉切除术。对此类肥厚型心肌病的外科治疗，所采用的手术方法包括经主动脉室间隔肥厚心肌切除术及心尖主动脉分流术；手术的目的均为解除左心室流出道梗阻。流出道梗阻解除后减轻二尖瓣前瓣收缩期前向运动，减轻二尖瓣的反流。

临床症状明显，内科治疗无效，左心室流出道收缩期压差 > 6.7 kPa（50 mmHg），二维超声心动图或选择性左心室造影显示室间隔明显突入心腔，以及心功能 Ⅱ 级以上者，均为手术指征。左心室流出道压差在 10.7 kPa 或 13.3 kPa（80 mmHg 或 100 mmHg）以上，无症状的儿童也应考虑手术治疗。

（二）术前准备与术后处理

术前需进行超声心动图、心导管和心血管造影检查，充分了解左心室流出道梗阻类型和程度，同时了解二尖瓣关闭不全程度，以便正确选择手术方式。40 岁以上的患者如有明显心绞痛症状，应行冠状动脉造影术，以了解有无冠心病。

肥厚型心肌病由于左心室明显肥厚，降低了心室的顺应性，在术后监护时必须注意将左心房压力维持在 2.1~2.4 kPa（16~18 mmHg），以保证手术后早期有足够的前负荷。

（三）手术方式

经主动脉行室间隔部分肌肉切除术已成为治疗梗阻性肥厚型心肌病的标准手术方法。对无并发症病例经主动脉做室间隔肥厚心肌切除术能很好地缓解左心室流出道压差，较经左心室、经左心房或经右心室行室间隔肥厚心肌切除术更为简单和方便。少数病变特殊的病例也可选择应用左心室主动脉分流术或二尖瓣置换术。

1. 心室间隔部分心肌切除术

心室间隔部分心肌切除术一般在中度低温体外循环和心脏停搏下进行手术，左心尖插管引流，加强心肌保护。

（1）经主动脉室间隔肥厚心肌切除术：这是目前常用的一种手术方法。在升主动脉前壁做一斜切口，下端延伸至无冠窦。将安装于成角刀柄的 10 号刀片尖端对准左、右冠状动脉瓣交界下方，即距右冠状动脉瓣瓣环下 2~3 mm 处切入肥厚的室间隔组织。切割深度应控制在 15~20 mm，刀片插入室间隔并伸向心尖 40 mm，向心腔方向切割，第 1 切口完成后，在第 1 切口右方或顺时针方向 10 mm 处即右冠状动脉开口下方，应用同样方式做与第 1 切口平行的第 2 个切口，将示指伸入触摸此两切口情况，必要时可用手指加压以加深切口。然后可用刀片或剪刀从右冠状动脉瓣下方切除两切口间的肥厚室间隔组织。

（2）经主动脉和左心室切口室间隔肥厚心肌切除术：先做主动脉根部斜切口，如上所述将右冠状动脉瓣牵向前方，显露肥厚的室间隔组织，应用小圆刀片在右冠状动脉瓣下方的室间隔肥厚肌肉上做两平行切口，直接向下方延伸，注意不要向右下，以避免损伤 His 束或左束支。向下方延伸切口时，应在直视下进行，如肥厚的室间隔无法显露或显露不清，不要盲目将切口向心室深部延伸。特别是经主动脉切口扪诊发现左心室流出道肌性梗阻较深，或当切除肥厚肌块后下方仍有残余的梗阻，或须切除乳头肌基部至心尖的肥厚肌块时，都应加左心室切口。

应用主动脉和左心室切口的优点是能在直视下切除足够的肥厚心肌组织，特别是解除室间隔下方的梗阻更为方便。但左心室切口对术后心功能有一定影响，所以能经主动脉切口充分解除左心室流出道梗阻时，尽可能不加用左心室切口。

（3）经右心室室间隔肥厚心肌切除术：升主动脉根部做一横切口，术者以示指伸入左心室流出道探查，扪清狭窄情况。然后于右心室流出道前壁做一纵切口，显露肥厚的室间隔。在左心室腔内的示指指引和帮助下，由室间隔右心室面均匀地切除肥厚的心肌组织块。操作中注意勿损伤三尖瓣、腱索和乳头肌。室间隔肥厚肌块切除后，室间隔游离度增大，心室收缩时可被推向右心室侧，从而使左心室流出道梗阻得到改善。该手术方法疗效不经左心切除确切，目前已基本弃用，但对术前有严重右束支传导阻滞和（或）右心室流出道也有明显梗阻的病例，仍有一定价值。

2. 心尖 - 主动脉分流术

该手术适用于左心室流出道弥漫性梗阻或呈管状狭窄者，或同时合并主动脉瓣环狭窄时。从心尖分流入主动脉部位有4处可供选择：①升主动脉；②降主动脉；③腹腔动脉上方腹主动脉；④肾动脉下腹主动脉。其中以腹腔动脉上方腹主动脉为首选。其优点是：①延长胸部正中切口至上腹部即可显露此段腹主动脉，且不必进入胸膜腔；②一旦心尖 - 主动脉分流导管内的生物瓣衰坏需要再次换瓣时，不必开胸。手术步骤如下：

做胸部正中切口延伸至上腹部，将心包与腹腔切口相连。切断肝三角韧带，将肝左叶向右牵开，在膈肌和腹腔动脉间显露腹主动脉。用无损伤血管钳部分钳闭腹主动脉，在动脉前壁上做纵向切口，长约3 cm，选择口径与长度适当的带瓣导管与腹主动脉做端 - 侧吻合，一般用4-0无创缝线做连续缝合。

建立体外循环，诱导心脏停搏。用圆筒刀于左心室尖部少血管处切除1块心肌。3-0带小垫片的双针缝线沿切口周边做一圈间断褥式缝合，缝线由心外穿过全层心肌，由心尖切口引出，然后分别穿过心尖接管的缝合环相应部分，将心尖插管插入左心室，予以结扎固定。将心尖放回心包腔，开放升主动脉阻断钳。心脏复搏后，用电刀将正对心尖接管部位的膈肌切开，将心尖接管远端穿过膈肌切口，同移植于腹主动脉上的带瓣导管近端对合，用3-0无创缝线做端 - 端吻合。排除导管内积气，开放心尖 - 主动脉分流。逐步停止体外循环，按常规缝合胸腹部切口。

3. 二尖瓣置换术

Cooley首先介绍了应用二尖瓣置换术治疗梗阻性肥厚型心肌病，认为切除二尖瓣前叶可解除流出道梗阻，有人曾尝试此方法进行40例二尖瓣置换术治疗肥厚型心肌病，平均年龄（40±12）岁，室间隔厚度（23 + 5）mm，均合并中或重度二尖瓣反流，全组无死亡，远期随访无SAM征，无传导异常。对肥厚型心肌病选用二尖瓣置换手术应持慎重态度。具有以下情况时，可考虑置换二尖瓣：①由于严重二尖瓣关闭不全而导致充血性心力衰竭，应用室间隔肥厚心肌切除术未能改善或无法改善其功能。②二尖瓣有器质性病变，包括细菌性瓣膜炎等。此外，由于此类患者瓣膜未增厚，缝合时要特别注意防止瓣周漏的发生。另外，近年来还有进行二尖瓣成形技术，包括缘对缘等技术进行治疗，可以在治疗二尖瓣反流的同时，减轻左心室流出道的狭窄。

（四）手术时特殊情况的处理

（1）要记住肥厚的室间隔位于前方和流出道右壁，术中予以充分显露为保障手术成功的先决条件。为此主动脉切口要够大，在向前拉开右冠状动脉瓣的同时，要应用带光源的压板保护二尖瓣前叶。从右心室外侧压迫心脏可使室间隔更易进入手术野。

（2）在左右冠状动脉瓣交界下方做肥厚心肌切口时不宜过分偏左，否则可能切穿左心室侧壁和引起大出血。在判断不清时，可用手指在心腔内外进行探查有助于定位。

（3）经主动脉切口进行手术之病例有发生医源性室间隔穿孔的报道，由在非直视下切除过多的室间隔心肌所引起。故当切口向下延伸时要避免盲目切割，必要时可加用左心室切口来完成。

（4）手术时发生完全性房室阻滞并不多见。但当术前有完全性右束支传导阻滞，术中又损伤左束支时，亦会产生心脏完全性传导阻滞。因此，手术必须牢记希氏束之行径，其位于膜部室间隔后下缘且紧靠无冠和右冠状动脉瓣交界下方分出左、右分支。故切除肥厚心肌最安全的部位应在左、右冠状动脉瓣交界处下方和右冠状动脉口之间，切口适当偏左，以防损伤传导束。

（5）体外循环前后应常规测量主动脉和左心室压力，以了解左心室流出道梗阻解除程度。术前有二尖瓣关闭不全病例，手术时同时应用经食管超声多普勒检测二尖瓣闭合功能。

（五）术后并发症

1. 心脏传导阻滞

完全性房室传导阻滞为一种严重并发症，发生率为3%～5%。应以预防为主。一旦发生，应及时安置心脏起搏器。至于束支传导阻滞的发生率虽较高，一般对预后无甚影响，不需处理。

2. 医源性室间隔缺损

医源性室间隔缺损发生率约为3%，多见于主动脉切口组，一旦发生应及时应用补片进行修补。

3. 创伤性主动脉瓣和二尖瓣关闭不全

创伤性主动脉瓣和二尖瓣关闭不全发生率约5%。手术中注意牵开和加保护，此类瓣膜损伤即易避免；对严重者须进行心脏瓣膜置换术。

4. 围术期心肌梗死

围术期心肌梗死可偶发于心肌切除部位，患者可无冠心病史，现已很少发生。

（六）手术结果

手术可使左心室流出道压差迅速得到解除，二尖瓣收缩期前向运动消失或减轻，原有二尖瓣关闭不全消失或好转。据Mohr对115例观察，左心室流出道收缩压差可由术前（9.3±5.1）kPa[（70±38）mmHg]下降到术后（1.2±1.5）kPa[（9±11）mmHg]，合并的二尖瓣关闭不全有75%随着肥厚心肌切除得到明显改善或消失。随着上述血流动力学的改善，90%病例症状消失或得到不同程度的改善，心功能由术前的（2.3±0.9）级提高到（1.4±1.2）级。

Mayo Clinic报道手术治疗115例，随访16年，亦取得满意的效果，手术死亡率为5.2%，晚期死亡率为11%，5年存活率为84%±5%。10年手术存活率为76%，16年约为53%。手术死亡率的高低与术后左心室流出道残余压差＞2.0 kPa（15 mmHg）和年龄（＞65岁）有关，但与术前症状、心功能分级、术前压力阶差或是否合并二尖瓣关闭不全等无关。

死亡原因：早期低心排血量约占67%，残余二尖瓣关闭不全和慢性充血性心力衰竭各占17%左右。晚期死亡中有42%为猝死，其原因不明，25%可能为卒中。

第二节　心房纤颤

心房颤动（房颤）是一种室上性心动过速，以心房活动不协调为特征，伴有心房收缩和舒张功能进行性恶化，心电图表现为规律的P波消失，代之以快速、颤动样心房波（f波），f波在形状、振幅、时长上的变异明显而且不规律。

心房颤动可以分为以下几类：初次发现的心房颤动、复发的心房颤动、阵发性心房颤动、持续性心房颤动、长久性心房颤动。其主要特点如下：

1. 初次发现的心房颤动

不管心房颤动有无症状或者是否能够自限，第1次被确诊的心房颤动为初次发现的心房颤动。初次发现的心房颤动可以是阵发性心房颤动，也可能是持续性心房颤动。

2. 复发的心房颤动

患者有2次或2次以上心房颤动发生时，心房颤动被认为是复发的。

3. 阵发性心房颤动

复发的心房颤动如果能够自发终止，则定义为阵发性心房颤动。

4. 持续性心房颤动

当心房颤动持续超过7天时，则定义为持续性心房颤动。持续性心房颤动可以被药物和直流电转复。

5. 长久性心房颤动

电转复失败的或者不愿尝试转复的心房颤动定义为长久性心房颤动。

一、病理生理

心房颤动时在窦房结功能完整的情况下通常伴有快速不规则的心室反应；而在房室传导阻滞或室性、房室结性心动过速时可能出现规律的 R-R 间期。因此，心功能受损、心室律（率）紊乱和心房附壁血栓形成是心房颤动患者的主要病理生理特点。

二、流行病学

心房颤动是人类最常见的心律失常，国际上对心房颤动的流行病学调查表明，普通人群中有 0.5%～1% 患有心房颤动，心房颤动男性多于女性。根据 Framingham 研究，心房颤动人群中男女年龄校正后的比率为 1.7：1。中国的心房颤动总患病率为 0.61%，和国际上相关研究结果类似，中国男性心房颤动总患病率约为 0.9%，稍高于女性的 0.7%。中国心房颤动患病率同样呈现出随年龄增长显著增高的趋势，80 岁年龄组心房颤动患者患病率为 7.5%。心房颤动发病率随年龄增长而迅速升高，80 岁时每年接近 10% 预期发生心房颤动。心房颤动的最重要也是危害最大的并发症之一是脑卒中。胡大一等对中国心房颤动住院病例多中心对照研究结果显示，住院患者心房颤动的脑卒中患病率达 24.8%。

三、发生机制

理论上，心房颤动的发生机制涉及两个主要特征：1 个或多个自律性增高的快速除极灶以及存在 1 个或多个折返回路，也就是常说的触发机制与维持机制。目前较为一致的观点认为，阵发性心房颤动的机制主要是触发机制，而在瓣膜病等心房基础病变的持续性心房颤动的机制则主要是折返机制起作用。频繁发作的阵发性心房颤动由于心房重构的作用，会转变为持续性心房颤动。尽管传统上认为心房颤动时心房不规律电活动的触发方式是紊乱的或随机的，但有证据表明，心房颤动在空间上来说还是有规律可循的。

四、治疗

（一）药物治疗

心房颤动的药物治疗有 3 个方面的目的：控制心室率、恢复窦性心律和抗凝血治疗。

1. 控制心室率是房颤药物治疗的第一步

大多数房室传导功能正常的患者，控制心室率是必要的手段。一般来说，当临床情况决定紧急处理时，可静脉应用快速起作用的钙通道阻滞药或 β 受体阻滞药，但只有少数患者会出现如此紧急的血流动力学改变。在多数患者，口服短效的钙通道阻滞药或 β 受体阻滞药就足够了，长效药物用于长期的临床应用。较弱的房室结阻滞药物地高辛主要用于房室结功能病变患者、单一药物不能有效控制房颤的或合并心力衰竭的辅助治疗。心率需要控制的范围较难确定，但临床上，静息心率 < 80 次/分，活动时心率增加小于静息心率的 90% 是可以接受的。有些患者对经典的钙通道阻滞药或 β 受体阻滞药无反应，可以选用胺碘酮。不管选择何种药物，控制心室率是最重要的，因为长时间的快速心率不但导致严重症状，还会使部分患者的左心室功能受损。

2. 节律控制是药物治疗的重要策略

它有两方面的内容：恢复窦性心律和防止复发。可以通过直流电或药物的方法来转复心房颤动心律。选择性电转复的成功率可达 95% 以上。由于电转复时患者心房颤动的基础仍然存在，故其近期和远期复发率均较高。药物转复虽然成功率较低，但患者容易接受，应用广泛。经典的Ⅰa 类和Ⅰc 类抗心律失常药物口服和静脉应用都有良好的效果。Ⅰc 类药物对于终止近期发生的心房颤动效果更佳，并可经过口服或其他途径应用，静脉 ibutilide（伊布利特）和口服 dofetilide（多非利特）为其代表。ibutilide 控制新近发生的心房颤动效果良好，并对心房扑动高度有效。其最主要的不良反应是尖端扭转性室性心动过速。dofetilide 宜用于住院期间需口服药物控制的心房颤动患者，其对持续性心房颤动的转复率为 30%。同 ibutilide 一样，其主要的不良反应也是尖端扭转性室性心动过速，主要发生于用药早期。胺碘酮在心房颤动的急性期转复方面得到较广泛的应用，尤其是大剂量静脉使用胺碘酮常在数小时内转复。心房颤动非发作期间的窦性心律维持方面是药物治疗的最大问题，至今没有任何药物能在大样本人群中安全有效地应用。在充血性心力衰竭患者的安全有效的药物为 dofetilide 和胺碘酮，在冠心病患者中索他洛尔、dofetilide 和胺碘酮可供选择。

3. 抗凝血治疗是心房颤动治疗中的最重要问题

因为栓塞可给患者造成灾难性的后果，不管是何种心房颤动类型或选择何种治疗方案，只要没有禁忌就应该考虑抗凝血治疗。在药物或电转复之前亦需要抗凝血治疗一段时间。华法林是最常用和有效的抗凝血药物，对于低中度风险或高危患者又不能使用华法林时，可以选择阿司匹林治疗。

（二）非药物治疗

1. 经典的迷宫手术

Cox 迷宫手术始于 1987 年 9 月。在迷宫手术之前有几种外科治疗手段，包括左心房隔离、希氏束消融及回廊手术。这几种手段并不能消除心房颤动，不能降低血栓形成的风险。

Cox 等通过对心房颤动犬心外膜标测发现：①在双心房游离壁有大面积的不连续区域。右心房：上、下腔静脉，右心耳；左心房；4 个肺静脉口和左心耳。围绕这些不连续区域可以形成大的折返环。②打断这些心房不连续区域潜在的传导途径可以消融心房颤动。

基于此电生理研究成果 Cox 等认为，理想的心房颤动治疗手段应是：①打断所有导致心房颤动维持和发展的潜在折返环；②恢复窦性心律；③允许心房来源的冲动激活全部心房肌，保持心房功能。

为实现上述目的 Cox 等设想：①切口环绕窦房结，只在其一侧留有出口，这样可以保持窦房结血供不受损害，同时保证窦房结冲动只从一个方向传出。②切口设置保证冲动波阵到达所有心房并最终到达房室结。③切口设置窦房结发出的冲动波阵不会折返。基于此理念，Cox 等通过多次动物实验设计了 Cox 迷宫手术。

手术成功率各中心报道有所不同，在 79%～99%。Mayo 心脏中心随访了从 1993 年 3 月至 2002 年 12 月行迷宫手术的 335 例患者，其中慢性心房颤动 175 例、阵发性心房颤动 160 例。术前为孤立性阵发性心房颤动的患者术后 5 年为非心房颤动心律的为 90%，术后 10 年为 64%；术前为孤立性慢性心房颤动患者术后 5 年为非心房颤动心律 80%，术后 10 年为 60%；心房颤动合并二尖瓣手术的患者术后 5 年为非心房颤动心律的为 68%，术后 10 年为 41%。但由于迷宫手术操作复杂，出血和起搏器并发症较高，体外循环时间较长，因此世界上仅有少数医疗单位病例报道。

2. 新型心房颤动消融术的能源选择

目前已有的心脏外科手术消融能源包括射频、微波、冷冻、超声、激光。除冷冻能量外，其他绝大多数的能量都是通过热能来进行消融的。这些方法的侵入性伤害明显少于 Cox 迷宫手术，操作简便，降低了并发症率。但这些能量源及其装置具有各自的特点。现时在评价能量源效能时需要考虑的标准：是否能够制造有效阻断心房组织的电传导；能否有效穿透心外膜脂肪；消融是否迅速，是否会造成并发损伤；能否应用于任何所需要消融的解剖部位等。

（1）射频消融（Radiofrequency）：射频能量最早应用于导管介入治疗心律失常，但目前已为外科消融手术的最主要的能量源。热能消融的最佳温度在 50～100℃。射频能量通过细胞和细胞间隙，造成组织产生热阻力并导致细胞破裂，造成永久性的组织损伤和电传导的阻滞，其所达成的温度一般为 60～80℃。试验表明，在心房组织表面以 70～80℃消融 1 分钟，可以达到 3～6 mm 的消融深度，通常情况下能够满足透壁和阻断电传导的要求。

（2）微波消融（Microwave）：微波能量通过探头传递到组织中，组织中的水分吸收了这些能量会发生自旋、振动，并且由于摩擦产生热量（将电磁能转换为热能），组织温度将升到 50℃以上，发生热损伤。不像射频和冷冻能量，微波在心肌中好的渗透性使得心内膜下得到直接照射，克服了心内血液的冷却作用，从而产生一条永久性的透壁消融线。

（3）冷冻消融（Cryoablation）：冷冻消融在心律失常的外科治疗中应用历史最悠久，早期即在 Cox 迷宫手术中起着重要的作用，典型用途是在三尖瓣、二尖瓣环以及冠状窦处进行点状消融（Spot lesions），罕有导致冠状动脉旋支狭窄的报道。在目前所有的能量源中，只有冷冻能量得到FDA的批准，应用于所有心律失常的治疗（不仅仅是心房颤动）。

冷冻消融的优点在于：能够较好地保存心房肌组织结构；能够较好地保存心内膜的光滑性；在介入治疗时患者的疼痛较轻；目前在心脏直视手术中经常作为心房消融经线的补充消融；也有研究应用冷冻能量完成整个手术消融径线。

（4）激光消融（Laser）：激光消融的原理在于引起组织细胞内水分子的谐波振动，从而产生动能和热能，达到细胞损伤的目的。此装置适用于心内膜和心外膜的消融。其技术核心在于光纤传导装置，而不是激光本身。该装置有一个有发散作用的尖端，包含有聚硅酮颗粒，这些颗粒可以使激光与光纤呈垂直的角度发散，并且同时有光镜装置对光束进行反射，使得能量只在一个方向对房壁进行消融，保证了消融的精确性。该系统一般选择波长为980 nm，原因在于此波长能够有效地穿透心肌组织，同时不会使组织变色，但同时由于房壁消融线的颜色改变不明显，故需要在操作时对消融路线的位置加以细心把握。目前全球范围内激光消融的治疗例数并不多，但应用范围较广。无论开胸直视手术，还是胸腔镜下微创消融均已有报道，但仍需要更多的临床实践证明其有效性。

（5）高强度聚焦超声（High-Intensity Focused Ultrasound，HIFU）：HIFU是目前全球最先进的外科手术消融能源。高强度聚焦超声的工作原理在于超声能量引起组织细胞振动，或摩擦而产生热量，导致细胞破坏，并且该能量同时消融心肌组织和心外膜脂肪组织；但对于血管系统，由于流动的红细胞相邻距离较大，使得无法摩擦产热，从而保证了血管壁的无损伤性。其主要优势体现在：消融线的一致性、透壁性和连续性最佳。原因在于超声能量高度聚焦广泛目标组织，首先穿透心外膜脂肪聚集于心内膜层，聚集点远端能量立即分散，不会损伤额外组织，并且瞬间高强度能量聚焦定位，分点分层消融，这样可以将血液冷却作用降低到最小；而且该系统的一大特点是频率、能量、时间控制的能量定位，由心内膜至外膜分层递减，进行性完成透壁损伤，从而保证了消融线的一致性、连续性和透壁性。并且组织学观察显示，该能量不会对重要的组织结构，特别是冠状动脉血管造成损伤，因此，可以理想完成左心房峡部的心外膜消融（其他任何能量源都无法达到）。在临床经验中，HIFU的平均消融时间为2.2分钟，全部在不停搏下完成。

（6）β-射线（β-Radiation）：近年来又有一种新型的消融能源——β射线显示了在心房颤动外科消融中的应用潜力。该能源首先应用于治疗冠状动脉支架置入后存在的狭窄，但由于在介入治疗中显示了其出色的安全性，故已有研究探讨能否将该能源应用于心房颤动的外科消融。Cuerra等在犬实验中使用β射线进行了心房的线性损伤观察，结果发现，其制造的消融线连续性极佳且无血栓形成的风险，表明β射线可能会成为未来心房颤动消融治疗的一种新型能源。

3. 心脏直视手术中的心房颤动射频消融术

单极消融技术的代表主要是射频单极系统为细长的可塑性笔式结构，其能量集中于射频笔尖端，可以集中快速地向心房组织发散射频热能，辅以盐水冲洗，能够有效地穿透心房壁，达到理想的透壁消融效果。单极笔式消融系统的优势在于操作的方便性、技术的易掌握性、学习曲线短，更重要的是能够达到任何需要消融的心房解剖及电生理位点，即消融线的连续性好，不容易形成消融裂隙。同时对二次心脏手术、心外膜粘连严重的患者，单极系统是首选的消融工具。此外还有应用加长单极（20 cm）进行微创停搏消融手术的研究报道。

但是对于风湿性心脏病合并的心房颤动治疗，由于心房组织的病变通常较重，尤其在合并心房血栓的情况下，心房壁的厚度明显增加，甚至合并钙化，此时单极射频消融系统的穿透性受到影响，同时该系统没有消融透壁性的客观检测功能，因此消融的透壁性会受到明显的局限，从而对心房组织病变严重的长久性心房颤动患者，治疗欠佳。

采用心房内、外膜联合消融技术，可以有效地改善上述单极射频消融系统的缺陷。该技术使用单极射频笔，对同一道消融线采用心房内、外膜两侧消融，方法简单可行，同时对于提高透壁性有着重要意义。相关的病理研究证实：在进行盐水灌洗的条件下，内、外膜联合消融技术在一定程度上可以达到完全透壁的效果。

双极射频消融系统与单极射频消融系统不同，双极系统为钳式结构，正负电极分别嵌于消融钳的钳头，使用时将目标心房组织钳夹于正负电极之间，然后发放射频能量，在双极系统特有的透壁性监测系统提示下，平均约10秒便可完成一道透壁消融，操作方便、快捷，效果可靠。利用该系统实行射频Cox-Ⅲ型迷宫术，平均耗时仅6分钟左右，明显缩短了心肌缺血的时间，而且总体疗效约较单极射频系统提高10%左右。

双极射频系统有着阻抗感应装置，根据组织阻抗的变化来进行透壁反馈，从而精确判定消融的时间；同时在应用双极射频钳进行操作时，该系统仅消融钳夹的心房组织，消融线精细度达到1~2 mm，对周围组织无明显影响，在相当大的程度上避免了左右心房组织的广泛损伤和瘢痕化，这些都是窦性心律转复后心房有效收缩恢复的基础。

但是在操作过程中，双极钳不能达到所有的消融部位，最好需要结合单极消融或冷冻消融等共同完成整个操作。

4. 微创胸腔镜心房颤动射频消融术

从治疗原则及其所适应患者的角度来讲，心房颤动总体上可分为两大类：一为阵发性和孤立性心房颤动，即不合并严重器质性心脏疾病的心房颤动患者；二为在器质性心脏疾病基础上并发的心房颤动。以上述分类为基础，目前心房颤动的治疗方法可分为两大类：一为导管介入消融技术，其适应人群主要为第一类，即阵发性、孤立性心房颤动；二为心脏外科手术消融技术，其适应人群为第二类，即合并需手术解决心脏疾病，如瓣膜病、冠心病、先天性心脏病等患者并发的心房颤动。

长期以来，由于适应人群的不同，上述两种心房颤动治疗手段一直并行发展。而对于后者来讲，随着微创心脏外科技术的发展，目前外科治疗心房颤动的范围正突破原有的适应证，而向着导管介入的主要对象，即孤立性和阵发性心房颤动的治疗领域进行扩展。目前全球范围内报道的微创消融技术已有：Wolf mini-maze消融手术（干式射频）、机器人辅助的冲洗式射频消融手术、微波消融手术、高强度聚焦超声消融手术等。这些技术的总体特点是手术切口小，应用先进的消融能源装置，在心脏不停搏的状态下进行心外膜的消融，优势为对患者的损伤小，操作精准而快速，并发症少且疗效高等。

目前就治疗理念、技术难度、临床开展时间、治疗例数、中长期疗效，以及推广应用的可行性等方面来评价，微创消融治疗心房颤动的代表性技术应当为胸腔镜辅助下的Wolf mini-maze微创手术。

Wolf mini-maze微创手术是于2002年开始的临床施行并逐渐完善的心脏外科手术，其主要适应人群为孤立性心房颤动和阵发性心房颤动患者，主要特点为快速、有效、方便且安全。主要操作包括4项：双侧肺静脉的广泛隔离、左心房的线性消融、心外膜部分去神经化以及左心耳的切除操作。

Wolf mini-maze微创手术治疗心房颤动的特点：①以阵发性心房颤动的关键机制为治疗基础，例如，双侧肺静脉隔离、左心房线性消融、迷走神经消融等，而这些操作均较导管消融更直观、简便而有效；②切除了左心耳，从根本上消除了因心房颤动而导致的血栓形成和栓塞风险；③患者无须经历导管消融中长时间的X线暴露，无放射性损伤；④患者无须经历传统心脏手术中正中胸骨劈开的痛苦；⑤在治疗过程中，安全性好，心脏处于正常的搏动状态，无须心肺转流，因此对患者的损伤很小；⑥在直视或监视下进行，消融线路清晰、准确，并且完全可以避免如肺静脉狭窄等并发症的发生，并且与导管消融相比，术后出现房速等心律失常的概率极低；⑦操作时间整体为1.5~4小时，手术室内便可拔出气管内插管，患者恢复清醒；⑧术后几乎无疼痛，恢复快，手术感染的发生率极低，平均住院时间仅为3~5天；⑨有效性高，根据国际上的报道，以阵发性心房颤动为主要的治疗对象，并且也包括严格选择的持续性心房颤动患者，6个月时，总体治愈率可达到90%左右，并且患者无服用抗心律失常药物及抗凝血药物，术后2年的总体治愈率为80%；⑩费用低，总体住院费用约为导管消融的70%~80%。

根据保守估计，目前中国大陆的阵发性和孤立性心房颤动患者有800余万，这无疑是需要重点干预的心房颤动人群之一。然而在我国，微创心脏外科手术治疗心房颤动还处于刚刚起步阶段，无论是理论基础、治疗观念、手术适应证、手术疗效，还是该技术可能对心房颤动治疗格局产生的影响等仍有待于通过技术推广和临床试验来深化。目前就国外已有的经验来看，与导管消融技术相比，Wolf mini-maze微创手术高达90%的单纯心房颤动治愈率、低并发症率，较低的治疗费用使其有着令人振奋的应用前景。无论是从理论层面还是技术角度，该技术可能带给我们的不仅是一种新型有效的治疗方法，更是治疗理念的更新和提高。

第三节　肺栓塞症

Laennec 早在 1819 年即对肺动脉栓塞作了描述并认识到与深静脉血栓的密切关系。随后医学家对肺动脉栓塞的三大要素，即血流瘀滞、高凝状态以及血管壁损伤有了更深入的认识，但直至今日肺栓塞症仍是致死和致残的主要病因。

据估计在美国出现症状的肺栓塞患者约为 63 000 例，其发病率在 20 世纪 70 年代中期约相当于急性心肌梗死的半数，并为脑血管意外的 3 倍。而由慢性肺栓塞症所导致的肺高压则由于症状不典型而难以估计其发病率。

虽然肺栓塞可由肿瘤、感染性栓塞、心内膜炎赘生物以及包括医源性在内的多种异物所致，但最重要的致病原因是静脉血栓性栓塞。

一、急性肺栓塞症

肺栓塞症临床上可分为急性肺栓塞和慢性肺栓塞两大类型。急性肺栓塞患者 10%～20% 在 48 小时内死亡。其余患者则可由各种不同的机制促使栓塞逐渐有不同程度的消散。机体对肺栓塞的反应不仅仅取决于栓子的大小和肺血管床的原先状态和阻力，而且亦受到内分泌和神经反射等因素的影响。在原先无心、肺疾病的肺栓塞造成肺血管床 20% 及以下的阻塞时其临床症状轻微，当急性肺栓塞对肺血管床的阻塞超过 50%～60% 时才影响到心排量。与慢性肺栓塞不同的是急性肺栓塞由于原先正常的右心室不能产生较高的收缩压，如在慢性肺栓塞中的右心收缩力。因而即使较广泛的急性肺栓塞肺动脉压可能保持正常，而肺动脉平均压升至 30～40 mmHg 时实际上已有严重的肺高压存在。

（一）临床表现

急性肺栓塞的临床表现变化较多症状和体征常缺少特异性。最常见的症状是气促和胸痛，有发绀的不超过 20%。心电图表现常有心动过速以及非特异性 ST 段和 T 波的改变。实际上心电图的主要价值在于排除心肌梗死。胸部 X 线片可能有肺血减少和线状肺不张等改变，但亦均无特异性，其价值亦在于排除其他胸内病变。

（二）诊断

目前最有效的诊断是对于情况稳定的患者采用放射性核素肺通气/灌注（V/Q）扫描，亦即肺血流图。它是重要的诊断方法之一，常作为怀疑肺栓塞症时的初始检查，诊断特异性可达 96%。但有些肺部病变亦可影响肺的灌注，如气胸、胸液、肺瘀血、二尖瓣病变等。最确切的诊断方法是肺动脉造影，但在危急情况下难以实现。如较大分支有阻塞存在即应考虑成立肺栓塞的诊断。胸部 CT 检查亦能有助于做出诊断。经食管心脏超声检查可显示肺总动脉和大分支中血栓阻塞。临床有症状的肺栓塞症的患者可见到右心室容积、收缩力的异常，亦可能有三尖瓣关闭不全。最近的血管内超声检查可在床边经静脉径路进行，有助于确诊。

（三）预防

对各种大手术的病例均应考虑预防深静脉栓塞，尤其是老年或有其他高危因素的患者。预防的最有效措施是手术前 2 小时先皮下注射肝素 5 000 U，并在术后每 8 小时重复，直至患者能下床活动。这一措施一般可有效防止术后出现深静脉血栓和肺栓塞，而无其他血稀释扩容剂如右旋糖苷类的不良后果。

（四）支持治疗和溶栓治疗

急性肺栓塞后患者生存的自然病程取决于栓塞的碎裂和随后的溶解，因而溶栓治疗是合理的措施。临床溶栓治疗后血流动力学常有明显改善以及心超声检查有右心室功能改善的效果。一般可先以尿激酶 4 400 U/kg 开始，以后每小时再给 4 400 U/kg。亦可采用链激酶 25 000 U 作初始剂量，以后再给以 100 000 U/h。近年亦有报道采用 rTPA 50～100 mg 在 2～6 小时内滴入。

（五）急性肺栓塞肺动脉取栓术

手术适应证：对于急性肺栓塞有望获生存的患者并无手术适应证，因患者的血栓自溶机制可使栓塞消散。手术适用于血流动力学严重障碍并诊断明确者。此外对血流动力学不稳定但又为溶栓治疗禁忌者亦应手术取栓。

Tredenlenburg 首先于 1908 年经胸施行肺动脉栓塞取出但未获得生存。1962 年 Sharp 首次采用体外循环下取栓术获得成功。

胸骨正中切口进入心包腔内后上、下腔静脉分别绕带。体外循环转流开始后纵向切开肺总动脉并分别或结合应用镊子、吸引器以及带囊导管取出血栓。有时需短时间阻断升主动脉以利远端肺动脉内的操作。带囊导管虽适用于拉出远端的血栓，但应慎重，以免损伤肺动脉。急性肺栓塞取栓术的总死亡率文献中报道相差较大，为 10% ~ 80%，而无并发心脏停搏者则为 100% ~ 20%，但发生过心脏停搏者手术死亡率超过 60%。

（六）下腔静脉阻隔术（Caval Interruption）

对于经过介入治疗取栓或手术取栓的患者，有学者主张采用下腔静脉阻隔术并结合抗凝治疗以预防肺栓塞再次发生。其适应证是：①存在再次发生肺栓塞的可能；②慢性肺栓塞症合并肺动脉高压的患者。经过各种不同方法和各种器材临床应用后目前已从下腔静脉结扎、部分缝闭或折叠等逐渐发展改进至腔静脉内滤栓器置入。Einclelter 等首先经静脉置入特制导管可临时预防肺栓塞。随后又有学者设计气囊、夹子以及能达到逐渐闭塞管腔的伞状器材。目前被认为最有效的有 Greenfield 滤栓器。这是一种圆锥形伞状滤栓装置，全长约 4.5 cm，置入后不影响静脉内血流，能捕捉 3 mm 或稍大的血栓。其长期疗效良好，通畅率高达 97%，栓塞复发率约 5%。此滤栓器可经颈静脉或股静脉置入。

抗凝治疗极为重要，术后应常规给华法林抗凝。为与手术中和术后早期的肝素治疗配合，其覆盖期不应少于 5 天才能停止肝素。至于华法林抗凝时间应持续多久，一般认为至少 4 个月较为安全。在有诱发肺栓塞因素的患者中则应适当延长。

二、慢性肺栓塞症

慢性肺栓塞症所致的肺高压其确切发病率的估计尚无直接的资料。根据美国每年有 600 000 例急性肺栓塞症中约有 500 000 人能获生存来估计大致应在 10 000 人左右。这些患者的预后与肺高压的严重程度密切相关。文献报道肺动脉平均压 > 30 mmHg 者的 5 年生存率约为 30%，超过 50 mmHg 者的 5 年生存率仅为 10%。

文献报道内科治疗包括抗凝血管扩张以及溶栓治疗措施并不能影响慢性肺栓塞的预后。尤其栓塞可能影响支气管循环而出现组织坏死。因此外科手术肺动脉内膜剥脱的成功可使远端供血区的肺组织恢复气体交换的功能。

（一）临床表现

慢性肺栓塞症的临床表现常可能是隐匿性的，一般发展至晚期超过 50% 的肺血管阻塞后才出现症状。此外其两个主要症状——活动后气促和疲劳乏力都是非特异性的。其他可能出现的症状有劳累后胸痛、咳嗽和咯血等。体征亦不恒定，如有血流性杂音常提示肺动脉有狭窄或支气管动脉有血流增多。上海瑞金医院资料表明呼吸困难占 69.66%，胸痛 22.47%，咳嗽 21.3%，下肢疼痛 15.73%，咯血 13.48%，发热 13.48%，晕厥 6.74%，一般均认为不明原因的呼吸困难是最常见的症状。

常规检查如胸片、心电的结果难以与非栓塞症的肺高压相鉴别。肺动脉段扩大和右心室扩大肥厚可有助于诊断。心超声检查发现与急性肺栓塞症相似的有心脏扩大以及三尖瓣反流。如能观察到近端肺血管如在肺总动脉和左、右肺总动脉中有慢性机化血栓则有助于确立诊断。经食管和经支气管的超声检查可提高发现的阳性率。

（二）诊断

慢性肺栓塞症的诊断可由肺血流扫描图确立。主要需鉴别的是原发性肺高压，其特征是肺血流扫描图属正常。CT 检查可有助于明确诊断，至少能证实肺总动脉和肺叶动脉内有阻塞存在。螺旋 CT、电子束 CT 增强扫描可直接显示肺血管。此外磁共振的应用如自旋回波和梯度回波脉冲系列扫描对肺总动和左、右肺动脉主干的栓塞有一定的诊断价值。右心导管检查和肺动脉造影不仅是标准的确诊手段，亦是估计手术风险和手术径路所必需的。肺动脉造影可见血管腔不规则，充盈缺损，或突然中断。采用非离子化造影剂高压注入左、右肺动脉内常可为患者所耐受。

术前检查亦应包括明确患者的凝血机制有无异常。

三、肺栓塞症肺动脉高压的外科治疗

（一）适应证

术前准备应包括右心导管检查和肺动脉造影，测量肺动脉压和肺动脉及其分支的解剖学。手术的决定除根据肺栓塞症合并肺高压的诊断确立外，尚需考虑全身情况以及症状的严重程度。手术适应证是慢性肺栓塞能以手术方法解除阻塞，并且肺血管阻力已超过 300 dyn/$(s \cdot cm^{-5})$。根据 Jamiesen 的经验，以上适应证并非绝对。随着医学的发展远端栓塞或肝肾功能损害属可逆性者亦可考虑手术。尤其对一侧肺栓塞的年轻患者无法忍受活动后气促症状者。他们手术患者的年龄分布从 15 岁直至 81 岁。术前宜先置入下腔静脉滤栓器。开始以华法林抗凝直至手术前，并在术后持续抗凝。

（二）手术径路

已由单侧开胸切口发展至双侧径路，因而采用正中胸骨切开和体外循环转流作为基本方法。有些学者采用深低温停循环法。肺栓塞的取栓必须双侧。这是一个原则性的观念。慢性肺栓塞右心室必然肥厚，亦必有肺动脉压显著增高。如采用单侧径路又无体外循环保护，在钳闭一侧肺动脉时很可能导致血流动力学不稳定，手术风险显著增大。切开心包后于升主动脉作高位供血管插入，并作上腔及下腔静脉插管绕带，按常规体外循环转流降温。经右上肺静脉置减压引流管，主动脉根部灌注心肌保护液。为获得静止无血手术野，清除肺动脉内血栓及内膜剥脱合并低温宜在中度以下（20℃）。有学者主张使动脉血温与肛门温差保持 10℃ 左右。其主要根据手术医师对病变清除时间与难度的估计而定，并无统一标准。血稀释可有助于改善微循环以及低温时血黏度的增加，红细胞容积一般控制在 18%～25%。主动脉钳闭后心室颤动发生以前或心脏停搏以前宜在肺动脉总干内插入减压管。降温的同时将升主动脉与上腔静脉游离。上腔静脉游离至无名静脉并与右肺动脉完全分离。右、左肺动脉的游离均应在心包内进行，避免穿破胸膜。右肺动脉游离至上叶、中叶动脉发出部。牵开升主动脉，在右肺动脉作切开向右延伸直至右下肺动脉根部。将上腔静脉牵向右侧有利显露。应强调肺动脉切口，应保持在中线并只能作一个切口。在此中线切口作上叶动脉内膜剥脱较切开上叶动脉更为容易。总的切口远端深及肺下叶动脉的限度应根据以后肺动脉切口缝合的难度决定，以尽量能在最短的切口内完成内膜剥脱为原则。

先将较松易于取下的血栓摘除，一般在降温过程中可以完成。如支气管动脉侧支循环并不影响操作，一般均能找到内膜剥脱的分离面。如侧支循环量影响操作则宜作深低温短暂停循环（20 分钟以内）。慢性肺栓塞症合并肺高压的治疗不仅仅是摘除松软的血栓，亦应作肺血管的内膜剥脱术。早期手术失败的原因之一是仅作血栓摘除而未作内膜剥脱。有 500 例以上手术治疗经验的 Jamieson 指出肺动脉血管床在切开后直接观察下一般见不到栓塞物，如外科医师经验不足将误认为内膜正常，不做进一步内膜剥脱，最终影响手术疗效，一旦剥离面找到后逐渐轻柔地牵拉不仅可拉出肺叶动脉，还可拉出肺段动脉甚至更远端的肺动脉内膜。必须耐心地轻轻牵拉各级动脉内膜，直至拉出内膜末端成尖形尾状为止。停循环的时间一般不应超过 20 分钟。在有经验的外科医师操作下，单侧肺动脉取栓内膜剥脱术均能在此时间内完成。右侧肺动脉内膜剥脱完成后右肺动脉切口以聚丙烯缝线（5-0）作连续缝合关闭切口。切口必须一次缝妥，如有出血在循环恢复后再作加缝将遇较大的困难和麻烦。如严格控制停循环时间在 20 分钟以内辅助性脑保护措施包括逆行灌注并无必要，但两次停循环之间应有 15 分钟的转流灌注。左肺动脉的取栓及内膜剥脱在心包内切开肺总动脉向上延伸至左上叶动脉根部。取栓与内膜剥脱的方式与右侧相同。左侧内膜剥脱的最困难处是作左下叶动脉内膜剥脱。因其位于左总支气管后方不能在直视下观察进行，如遵循继续轻柔牵引并根据其行程方向恰当施力亦可凭术者的感觉逐渐全部拉出。

内膜剥脱完成后肺动脉切口缝妥后即应恢复转流并升温，升温时仍应保持动脉血温与肛门温度差 10℃。复温过程中应切开左房，探查有无血栓存在，并观察有无卵圆孔未闭，如有，应予缝闭。由于术后肺高压下降有一过程,如出现右向左分流将导致低氧血症。至于三尖瓣反流,一般在右心功能改善后均能自行减轻或消失,而不需作成形修复术。逐渐停止转流结束手术。

手术切口按常规逐层缝合,但需加强心包引流,最好多置1根并留置5~7天。因肺栓塞症患者术后心包渗液量较多,持续时间亦较长。

(三) 术后处理

术后开始抗凝治疗在拔除引流管前以双嘧达莫20 mg每4~6小时1次,静脉内给药。可辅以阿司匹林300 mg/d口服。以后以华法林口服,维持凝血酶原时间为正常的1.5~1.6倍或INR2.0~3.0。

术后处理亦直接关系到疗效。除术后血容量的精确控制外,术后右心功能调控呼吸支持和管理极为重要。

如前述术后抗凝治疗慢性肺高压持续时间较长的病例,其肺高压消退有一过程。虽然大多数患者的肺高压术后即开始消退,一般均在24小时后开始逐渐消退。慢性肺栓塞症在肺动脉内膜剥脱后可并发肺的再灌注水肿,严重的甚至可导致死亡(1%~2%)。术后低氧血症一般均可发生,仅程度不同而已。这就需依靠呼吸支持和处理直至并发症消失为止。

据加州大学圣达戈分校医学中心500例治疗总结慢性肺栓塞肺高压的手术死亡率为9%。但从1990年以来,随着经验的积累和手术方法的改进,在最后200例中死亡率已降至4%。长期随访发现患者术后血流动力学和呼吸功能均能保持显著改善。心功能从NYHA Ⅲ级或Ⅳ级改善至Ⅰ级。欧洲的报道亦获得术后心功能明显改善,在术后生存随访的65例中有62例心功能恢复至NYHA Ⅰ~Ⅱ级。目前的态度是慢性肺栓塞症内科治疗不能逆转其进行性恶化的病程。手术治疗难度较高,尤其对内膜剥脱手术要求更高。但外科手术疗效确切,目前已获近期和远期均令人鼓舞的疗效。

第四节 心脏外伤

一、穿透性心脏损伤

尽管有迅速的院前转运和立即的确定性救护,穿透性心脏损伤患者在入院前仍有50%~85%业已死亡。如能幸存到达医院,经积极处理,其预后则令人非常满意。刀刺伤者尤为如此,有人报道52例心脏刀刺伤存活率高达98%。与之相反,枪击伤的存活率较低,即使在急诊开胸的情况下,存活率也仅20%。说明遇到这类患者时,不要惊慌失措,更不要轻易放弃抢救机会,而应将患者尽快转运到最近的医疗单位处理。如在急诊室接受这类患者,应立即送至手术室或请专科医生到急诊室施行紧急剖胸术。

1. 损伤机制和部位

除刀刺伤、枪击伤或由飞散物体造成的心脏损伤外,医源性心脏损伤,尤其是近年来用于诊断和治疗心脏病变的心内导管、起搏电极、心脏手术后的测压导管等所引起的心脏损伤病例也逐年增多。

确定心脏损伤的确切位置非常重要。虽然心脏位于胸骨后,但来自肋弓下或背后的创口均可伤及心脏。右心房、右心室位于胸骨的右面并紧靠胸骨,左心室尖在第5肋间锁骨中线。刀、钻、冰锥等可对心脏造成低速性损伤,枪击伤则为高速性并可导致更严重的组织损伤。心腔和大血管所占据前胸壁范围的比例为:右室55%,左室20%,右房10%,大血管10%,腔静脉5%。所以,右心室受伤的概率远大于左心室,约42.4%,左心室32%,右房15.3%,左房5.8%,接近1/3的损伤累及1个以上心腔。冠状动脉损伤约5%,其中最常见为前降支损伤。单纯瓣膜和室间隔损伤较少。小的心脏穿透伤可能自行封闭或愈合,特别右心室因内压低且肌肉相对较厚,自行封闭或愈合的可能性较大。Karrel综合1 802例心脏贯穿伤发现,伤及各心腔的机会依次为右室765例,左室594例,右房277例,左房105例,心包内大血管61例。

心脏创口的出血可被坚韧的心包所局限,但如损伤严重,可引起纵隔和胸腔积血。通常心脏压塞有三个典型体征,称为Beck三联征,即低血压、心音遥远、静脉压升高。但在心脏穿透性损伤患者仅60%存在所谓三联征,其余患者可因为大量失血而出现低血压和低静脉压。

2. 临床表现

心脏穿透伤在临床上有两种不同特征性表现:

（1）心包损伤后血液流入胸腔，形成进行性血胸，最终以低血容量性休克迅速致死，此以枪弹伤为多。

（2）如心包裂口不能将心脏创口的出血引流，则形成血心包，导致急性心脏压塞，多见于刺伤者。心包囊由纤维结缔组织形成，相对不易扩张。正常时心包囊内有 50 mL 液体起润滑作用，当心脏创伤出血形成血块则可将心包创口封闭，形成心脏压塞；如果心包内液体迅速增加到 150～200 mL。心脏舒张期充盈受限，收缩压和心排量将明显下降。患者器官灌注不足，迅速发生死亡。

可见心脏压塞一方面可以暂时阻止致命性大出血，另一方面则由于导致心脏血流动力学的改变造成循环衰竭，有报告认为心脏穿透伤伴有心脏压塞存活率可达 73%，否则仅有 11%。

3. 诊断

（1）有枪弹、利器外伤史或心导管检查史等，伤口位于心前区靠近胸骨和剑突附近的上腹部穿透性损伤，均应想到可能伤及心脏。

（2）休克：大量失血或心脏压塞均可导致严重休克，甚至生命体征消失。出血性休克者通常存在明显的血胸。

（3）心脏压塞：典型者出现 Beck 三联征，常伴奇脉，这对诊断心脏压塞非常有用。但许多患者缺乏此征，更为可靠的应是动脉收缩压降低，舒张压正常，脉压变小。中心静脉压（CVP）> 15 cmH$_2$O 有助于诊断，但低 CVP 并不能排除心脏压塞。

（4）心包穿刺：疑有心脏压塞者，心包穿刺具有诊断和治疗双重价值。紧急心包穿刺则可在危急情况下应用，即使抽出数毫升不凝血也可能救命。具体方法可用大号针头（14 或 16）接注射针筒，从剑突下进针，与胸壁呈 45°角，尖端指向左肩。可在针尾夹一鳄鱼夹与心电图机相连，当针头触及心肌时可引起心电图的变化，然后将针头稍后退开始抽吸，或在心脏超声引导下进行。但穿透伤所致心脏压塞者约 60% 患者已有血液凝固，即使有心脏压塞，也有约 15%～20% 的患者穿刺阴性。当心包穿刺阴性时，并不能排除心脏压塞的存在。如心脏裂口仍在迅速出血，即便抽到不凝血液也并非可靠的证据。如心包穿刺者确定进入心包腔，可经导引钢丝放入一细塑料管持续引流，直到进行更为确定的治疗。也有人主张做心包开窗引流，但一旦心包打开，可能招致心脏大出血，由于暴露有限，很难控制心脏的裂伤，在这种情况下应紧急剖胸止血。

（5）X 线检查：急性心脏压塞时心影并不扩大，但可显示血胸、气胸或胸腔内异物存留。胸透则无必要。

（6）心电图：心电图改变无特征性，即使正常也不能排除心脏穿透伤的可能。

（7）超声心动图：可见心包积液、运动减弱等，开放伤时见到心脏异物有重要价值；在血流动力学平稳的患者中对于诊断心脏压塞很有帮助。Plummer 等对 49 例心脏穿透伤患者进行回顾分析，28 例立即行 UCG 检查，21 例未及时做 UCG，前者存活率为 100%，而后者仅 57%。

应该强调的是，心脏穿透伤患者病情危重，绝不允许为求确定诊断而作大量检查，病史和体征是决定紧急手术的最重要依据。

4. 处理

紧急剖胸术是唯一有效的治疗手段。但术前应尽可能迅速畅通呼吸道，积极抗休克，建立大静脉通道。短时间输入大量晶体液，安置胸腔引流管，解除气胸对呼吸的影响和动态观察血胸引流量，确定手术时机；条件许可者可做心包穿刺，作为术前暂时减轻心脏压塞的紧急措施，但不应列为常规。

（1）手术指征：心脏穿透伤伴心脏压塞或严重出血者，均应紧急手术。如心脏停搏或情况危急，不允许送手术室，则应立即在急诊室内剖胸止血。

血流动力学稳定患者，可行较详细检查，如心脏刀刺伤无明显出血或低血压，说明未刺伤全层心肌，可暂不手术，行食管超声检查后决定。

（2）手术操作：

①急诊室开胸手术：目前有很多报道主张对严重心脏创伤患者在急诊室做紧急剖胸，例如 Tarares 等报道 64 例心脏贯穿伤，其中枪伤 42 例，穿刺伤 22 例，共 37 例在急诊室做紧急剖胸，存活 21 例（57%），27 例允许送至手术室作正规剖胸术，存活 24 例（89%），总的存活率为 45/64（70%）。Demetriadea 报道入院的 125 例心脏戳创，在手术室抢救手术者，死亡率 14.4%；在急诊室紧急剖胸者，

死亡率87.5%，总的抢救存活率为17.1%。作者1998—2001年共收治心脏破裂患者16例，现场开胸急救4例，1例在行二尖瓣球囊扩张术后出现血压下降，心脏骤停于导管室紧急开胸，其余3例在急诊室紧急开胸；直接在手术室开胸12例，其中需要在体外循环下修补者3例。本组死亡2人，均系合并严重多发伤所致，死亡率12.5%。但目前大多数医院急诊室缺乏应有的设备和人力，在急诊室作紧急剖胸术不易做到，故不宜过分强调。但患者到达急诊室时已无生命体征，仅有心电活动时，应立即气管插管，当检查发现伤口的进出经过心影时，必须考虑就地手术。手术切口根据伤口位置而定。如刀刺伤位于左胸壁应取左侧开胸，但如刀尖利器仍在伤口内，则应在打开心包后再取出。如枪伤在左边可能造成右侧血胸，则应取正中切口暴露所有心腔。现在许多创伤医生喜欢取跨中线的双侧剖胸切口，有利于全心、肺门、腔静脉及胸膜腔的暴露和止血。

一旦术野暴露，立即切开心包解除心脏压塞，用手指压迫心脏裂口控制出血。同时电击除颤使心脏复跳。必要时可经主动脉根部直接注射肾上腺素。通过右房或右室可直接注入大量液体扩充容量。除了指压止血，也可采用Foley导管插入伤口，膨胀气囊压迫止血。对于右心损伤者Foley导管尚可作为扩容的通道。大多数心室损伤可用带垫片无创缝针单纯褥式缝合成功修复。心房创口先用无创鼠齿钳钳夹，再用3-0或4-0聚丙烯线连续来回缝合。腔静脉损伤则需要更为复杂的外科技术，应立即转送到手术室处理。

②手术室开胸：对于病情许可送到手术室或急诊室开胸后无法处理的复杂心脏损伤均应在条件完备的手术室内，由经验丰富的心胸外科医生处理，诱导插管麻醉应非常小心，因为正压通气和中度心脏压塞均可造成严重静脉血回流减少，迅速引起血流动力学恶化。在这种情况下，应先消毒皮肤和铺好手术巾，以便迅速进胸止血。

手术径路可取左前内第4肋间切口或胸骨正中切口，前者进胸快且不需特别器械，但对右侧心腔暴露差；后者目前被广泛用于各种心脏穿通伤。大多数简单损伤不需体外循环，自体血回输却显得非常必要，估计损伤严重者，应备好体外循环设备，或做好经股动脉转流准备，一旦发现破口较大或偏后不易修补时，可迅速建立体外循环，在心肺转流下修复。

一旦切开心包，手术者应迅速吸去积血；以手指压迫心脏破口，用丝线或合成线间断缝合，带Teflon垫片缝合可防止心肌撕裂（图11-1②，③），对于大血管或心房裂伤，可使用无创侧壁钳控制出血，然后间断缝合（图11-1①）。如损伤邻近主要冠状动脉，则缝线自该冠脉下方穿过，以免阻断冠脉血流（图11-1④）。如指压不能控制出血则应肝素化。尽快在体外循环下完成修补创口。冠状动脉小分支及其末端损伤可予结扎（图11-1①～⑤）；近端损伤则需行搭桥手术（图11-1⑥）。心脏穿通伤除累及心脏及冠脉，尚可累及瓣膜或室间隔。统计发现动-静脉瘘或心内分流发生率约5%，分流量常发生在左、右心室水平，也可见于心房水平、主动脉-腔静脉、主动脉-肺动脉、冠状动脉-心腔。大多数分流杂音不易在急救中发现，如听到杂音则应行心脏超声探查，以明确损伤部位。

如果可能的话，可于术中主要损伤修复后进行食管超声探查，以发现可疑的心内结构损伤。所幸的是许多心内损伤并不影响患者血流动力学。急救的第一目标是使患者度过急性损伤期，仅当心内损伤威胁患者生命或严重影响血流动力学时才争取在急诊手术时一并修复。有些心内损伤可能在初期心脏损伤修复后变得明显起来，因此在患者出院前后应反复仔细作心脏检查以防疏漏。小的室缺（左-右分流<1.5∶1）可能无须手术而自动闭合，大的室缺则应采用常规体外循环下行手术修补。

枪弹伤可能导致异物在心包、心室壁、心腔内残留，引起栓塞，感染性心内膜炎或侵蚀心腔及血管。锐器等物体插入心脏并随心脏跳动时，不可盲目拔出，以防引起大出血立即死亡，要在开胸后并准备好缝合前再拔出插入物。通常下列异物应手术予以摘除：①大的弹头；②导致患者出现症状的异物；③位于左侧心腔的异物。术前应精确定位，术中也可使用心超帮助定位，Symbas指出无症状患者心内小的弹片可不予取除。

取除异物时应注意下列问题：

（1）有时弹片甚至子弹头等物，偶或可存留在右心房（右心房的小破口已暂时被血凝块堵住不出血），开胸后如明确这一情况，则比较简单，可用手指捏住异物，并将其推移到右心房在此处作一荷包缝合，局部作一小切口，取出异物后结扎荷包缝合。

（2）若为右室内的异物，则必须在体外循环下取出。而在手术当日患者进入手术室前，必须再摄一胸部X线片，以便发现异物是否已经移位，如已经移至主肺动脉内，则切开主肺动脉取出。所以在体外循环下，检查取除异物的心脏部位切口各异。

全身多发性创伤的患者使用体外循环应视为禁忌。在这种情况下可暂时阻断上、下腔静脉2~3分钟，以允许有一个干净的手术野，使手术者能够精确地放置缝线控制出血。如胸廓内动脉损伤出血，可予结扎。肺的损伤也应同时缝合。短时间阻断严重低血容量患者的降主动脉，可为心脏和大脑提供暂时有效的循环。

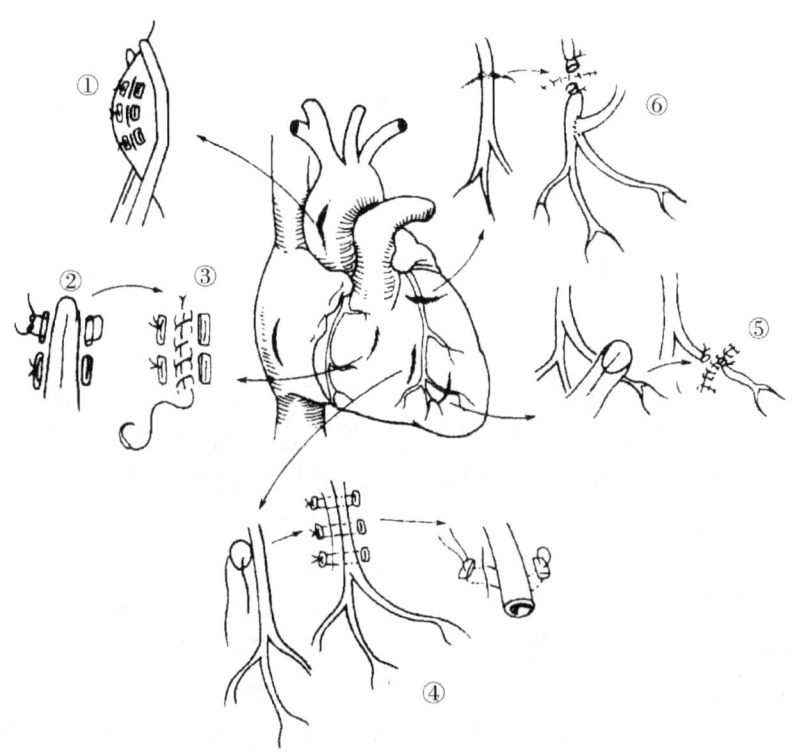

图11-1　各种心脏损伤的修补方法

5. 结果

迅速有效的治疗使刀刺伤患者存活率达到80%，而枪弹伤则明显较低，主要依赖于伤势的严重程度、入院时全身情况和伴发损伤，存活率约为40%。存活者可能出现明显的精神异常，Abbott等研究20例存活的心脏穿通伤患者全部有心脏方面主诉，而应激试验显示90%正常，但仅40%患者恢复工作。

二、闭合性心脏损伤

在外伤致死患者中，心脏损伤是最易被忽略的内脏损伤，可被其他器官的严重损伤所掩盖。在车祸死亡中，有15%~75%伴有心脏损伤。故所有钝性胸部创伤均应考虑有心脏损伤的可能。

当心脏受各种外力作用（如高速车辆相撞或高处坠落引起的减速，胸部直接受击或挤压）被压于两个物体之间（如胸骨和脊椎）或心脏向前撞击胸骨或心室内压突然升高均可能造成心肌挫伤、心脏破裂、室间隔破裂、瓣下结构损伤、冠状动脉裂伤等。有统计表明约80%的空难罹难者均有心脏损伤。

1. 心肌挫伤

所有因钝性暴力造成的心脏损伤，如无原发性心脏破裂或心内结构损伤均称为心肌挫伤，约占严重胸部钝伤患者的25%。这类损伤往往并不致命，但常被忽视，因此本症在临床统计上显示的发生率与仔细认真的检查成正比。

（1）病理改变：心肌挫伤一般是由相对较轻的钝性暴力造成，往往心肌表现为弥漫性病理改变，从心外膜或心内膜可见小的出血灶到广泛性的挫伤灶，亦可为轻度水肿至明显的坏死。组织学改变与心肌梗死相似，但挫伤区与周围正常组织分界非常明显。放射核素血管造影示右室前壁是最易招致挫伤的部位。

心肌挫伤易发生心律失常，可能与下列因素有关：

①来自心肌过度伸长的异位起搏点；

②由于损伤电流的存在，常可成为一个异位起搏点，导致正常心肌与受伤心肌之间的折返；

③局部传导系统缺氧。

心肌挫伤后常有心排出量减少，如无心脏破裂或不可逆性心律失常，大多数患者可存活。

（2）临床表现：心肌挫伤患者可以从无症状、胸前区疼痛到类似于心绞痛的症状，但不能被扩血管药缓解。广泛心肌挫伤引起心功能明显下降者可产生类似心源性休克的症状。常有不同类型的心律失常、心动过速，而无其他明显损伤提示心肌挫伤，前胸壁擦伤和胸骨骨折均提供补充证据，其他的非特异症状有恶心、呕吐、心悸等。

（3）诊断：

①有闭合性心前区外伤史。

②心前区或胸骨后疼痛，无严重合并伤而伴有明显心动过速、低血压、呼吸困难等症状。听诊可有心音改变，如奔马律或心律不齐等。

③心电图异常可在伤后短期存在，也可延迟到伤后12～24小时，这取决于心肌挫伤的程度，Q波异常与急性心肌梗死相似。也可有ST段移位、T波低平或倒置、房性或室性期前收缩。

④X线检查：对心肌挫伤本身诊断价值不大，但可排除心包腔内积血、积气或其他胸内损伤。

⑤血清酶检查：心肌挫伤后多种血清酶均可升高，较有诊断价值的有乳酸脱氢酶同工酶LDH1和LDH2、CPK-MB。有人报道当CPK-MB＞8%和LDH1、LDH2显著升高时，应高度怀疑心肌挫伤，但也有人认为酶学指标相对不敏感和缺乏特异性。有研究发现，肌钙蛋白T（cTnT）在心肌挫伤后4小时即开始上升，持续至伤后24小时更为明显。因而认为cTnT具有血中出现早、灵敏度高、特异性高、持续升高时间长等特点，更具有诊断价值。有报道认为，当CPK-MB≥200μg/L时具有诊断价值；当cTnT≥1μg/L时可作为诊断标准。

⑥放射性核素扫描：放射性核素血管造影（radionuclide angiography，RNA）和节段性左室壁活动检查是目前探明心肌挫伤的有效方法。原来健康者受伤后发现左、右室射血分数下降和左室节段性室壁活动异常应高度怀疑透壁性心肌挫伤。Harlev指出心电图和血清CK-MB并非外伤性心肌损伤的良好指标，其判别预后的价值不大，而首次通过放射性核素血管造影和节段性左室壁活动检查乃探明钝性心肌损伤的有效方法。他报道了74例胸部钝伤，心电图明显异常者21例（28%），其中最常见的是缺血改变共11例。CK-MB升高6例（8%），其中仅2例有心电图改变。而RNA显示心肌功能障碍者则达55例（74%）。

因此，RNA和节段性左室壁活动测定乃胸部钝伤后心肌功能障碍的灵敏指标，但其对严重创伤的特异性尚有待进一步研究。

⑦超声心动图：有人推荐入院24小时CPK-MB值大于5%的患者应行超声心动图检查。发现心包渗出或游离壁运动异常可作为诊断证据。

（4）处理：一般来说除非伴有心肌破裂或发生缩窄性心包炎，心肌挫伤不需要手术治疗。

主要措施包括：①疑有心肌挫伤者，应连续心电监护48～72小时，适当使用镇静剂，补液速度要慢，以免引起心力衰竭；②及时处理心衰和室性心律失常；③偶然有的患者需要正性肌力药物，或暂时需要主动脉内球囊反搏维持心排量和使用起搏器治疗传导障碍。

（5）预后：心肌挫伤的预后类似于心肌梗死，如涉及范围小，极少发生死亡。中等范围挫伤或伴有左前降支损伤则会发展成巨大左室室壁瘤。大范围心肌挫伤可能造成早期死亡。

2. 心脏破裂

钝性伤引起的心脏破裂，过去较少受到重视。近年来由于对创伤患者院前急救和运送的进步，钝性心脏破裂救治存活者较前增多。因为钝性伤心脏破裂常合并其他多种明显的损伤，因而不及贯穿性心脏损伤那样容易诊断。

闭合伤引起的心肌破裂常迅速导致死亡，多在尸解时才发现。有人报告546例非穿透性心脏损伤的尸解中，有64%死于心脏破裂，主要死亡原因为难以控制的出血或心脏压塞。

（1）损伤部位及机制：四个心腔受损概率几乎相等。心包未破裂者，由于心包积血及进一步压塞可阻止大出血，患者有可能生存到达医院，而心包破裂者则迅速死亡。

（2）临床表现及诊断：心脏破裂可发生于受伤后即刻，也可发生在伤后数天，可能非常局限。主要表现为颈静脉怒张、心音遥远、低血压典型的Beck三联征，合并心包破裂者三联征不明显，表现为持续性胸腔内出血、严重休克或生命体征迅速消失。

X线检查：可有心影扩大不明显或胸腔积血、心包内积气。

ECG检查：可能有心脏压塞表现，尤其是TEE能常规较安全地用于诊断胸部闭合伤后的心脏伤。

CT检查：可示胸骨骨折及心包积液，CT检查增强扫描可见造影剂漏出，对心包压塞有很大帮助。特别是严重创伤患者，因不能站立只能仰卧位摄片，并可能同时存在广泛性皮下气肿、气胸、血胸和肺损伤，胸片无法准确判断，而CT就能直观准确地显示。在严重创伤和复合伤时，CT可不移动患者即可进行其他部位扫描。

但这类患者的诊断主要依靠病史和体征，一切辅助检查均可拖延抢救时间，从而危及患者生命。

（3）处理：毋庸多言，只有紧急手术才有抢救成功的希望，因此应毫不犹豫地开胸手术。

开胸心脏复苏，能确切、有效地增加冠脉流量和脑血管灌注量，提高心脏复苏成功率。对于严重的心脏穿透伤及由于心包压塞所致的心搏骤停者，急诊室或现场开胸可赢得抢救时间。有报道64例心脏贯穿伤，37例在急诊室做紧急剖胸，存活21例（57%）。作者近年来收治心脏破裂患者16例，其中紧急开胸共4例。1例术中发现右室挫裂伤并广泛肝挫裂伤，出血难以控制死亡，其余均痊愈。其中1例为风湿性心脏病二尖瓣狭窄患者，入院后行二尖瓣球囊扩张术，术后5分钟诉头晕，随即血压下降到0/0 mmHg，呼吸心跳停止，经抢救7分钟后意识恢复，在心导管室当场紧急开胸，见心包压塞严重，切开心包有大量血液涌出，心脏复跳，因探查心脏破口困难，以纱垫压迫后转入手术室。术中见左房与左上肺静脉交界处有0.5 cm裂口，给予修补，术后6小时意识恢复。

心脏破裂者病情严重，一旦确诊应紧急手术。手术入路以左胸前外侧切口最常用，估计损伤严重者，亦可经正中切口进胸，并备好体外循环设备，或做好经股动脉转流准备，一旦术中破口较深或偏后不易修补时，可迅速建立体外循环，在心肺转流下修复。切开心包，手术者迅速吸去积血，以手指压迫心脏破口，用丝线或合成线间断缝合。带Teflon垫片缝合可防止心肌撕裂，对于大血管或心房裂伤，可使用无创侧壁钳控制出血，然后间断缝合。如损伤临近主要冠状动脉，侧缝线自该冠脉下穿过，以免阻断冠脉血流。作者曾遇到1例胸部钝伤患者，术前诊断心包压塞，术中见心包张力极大，打开心包后大量血液涌出，心脏骤停，由于破口位置深且破口大，一面堵塞破口，一面心脏按压，同时紧急建立体外循环进行修补，术后患者恢复良好。在心脏破裂修补时有两个问题值得注意：低血压和室颤。一旦出血被控制或明显减少，手术者应停止操作，使麻醉师有时间补充血容量，纠正酸中毒。发生室颤后，在除颤前可有30秒的时间进行缝合等操作。术中应注意自体血回收。我们采用cell-saver设备将自体血回收，不仅节约血源，更重要的是可减少输血并发症，效果良好。

3. 室间隔破裂

室间隔破裂通常发生在闭合性胸部损伤的即刻，可于心前区听到室间隔缺损的典型杂音。小的破裂，患者血流动力学状态保持良好，如裂口较大则不可避免出现肺静脉高压的症状和体征，心排量下降。

除非室间隔破裂较小，患者无临床症状，其余患者都有明显的手术修补指征。但患者术前应尽可能控制和改善全身及心衰情况，如伤后早期血流动力学平稳，则尽量延至8~12周手术，以保证裂口边缘肌肉能承受一定的张力而良好愈合。

4. 房室瓣及主动脉瓣破裂

房室瓣、腱索或瓣叶的破裂也发生在闭合性胸部损伤的即刻，最常见的是三尖瓣伴有一支右冠状动脉心室支的损伤。开始临床表现易被忽略，可能数周后才出现典型症状、体征而确诊。其次三尖瓣瓣下结构损伤较少见，如果发生，患者表现突然肺静脉高压、肺水肿。偶有二尖瓣关闭不全进行性加重，患者24小时内死亡。主动脉瓣破裂更为少见，两个瓣叶的损伤将导致急性肺水肿，亦可在经历一个明显无症状间隙后，临床症状逐渐加剧。

房室瓣或主动脉瓣破裂几乎均产生关闭不全，主张积极手术治疗。三尖瓣破裂最好延至伤后8～12周手术，二尖瓣、主动脉瓣破裂常需紧急手术。

三、心包破裂

心包的外伤性破裂者，因常并发其他严重创伤，故过去很少活着到达医院，但目前有的可以救治存活。心包破裂后可以引起严重的并发症，故应予注意。

Clark报告外伤性心包破裂10例，3例存活。该报告综合了共142例心包破裂患者，其中合并心脏伤40例，主动脉损伤4例，共存活99例，这一结果是十分令人鼓舞的。该组病例中半数为左侧胸膜心包撕裂，而膈面心包、右侧胸膜心包以及上纵隔心包的撕裂则少见。常合并心脏或左半膈肌的损伤，心包损伤常在手术探查其他病变时发现。心包破裂时，大多数应作修补，以预防心疝。

Cavanaugh报告1例因飞机失事引起的胸部钝伤，发生了左侧胸腹心包的破裂，裂口巨大，心脏完全脱位入左胸腔，经手术证实修补后，情况良好。

钝性胸部伤引起心包破裂和心疝是少见的，根治性全肺切除术，做心包内结扎肺血管或造成心包缺损者，亦仍可在术后早期发生心疝。心疝的早期诊断十分重要，以便于及时紧急手术。根据胸片往往可以诊断，其要点为心影和膈肌分开，心影有不正常的切迹。腔静脉造影可确诊及提供更好的解剖细节。

心包破裂本身一般并无妨碍，主要是引起心疝以致急性循环障碍，故应重视心疝的诊断。心疝而无循环障碍时，仅有的体征为不能触及心尖冲动，叩诊时心浊音界移位。循环障碍时则出现心排血量减低、CVP升高、奇脉，心电图示电轴移位、心肌缺血，胸片示心影移位，心室呈水平位。必要和可能时需作心血管造影。应与充血性心衰、心脏压塞鉴别。

第五节　心脏压塞

一、病因及病理

涉及心包内的心脏及大血管伤均可导致心脏压塞。由于正常心包是一层坚韧缺乏弹性的包膜，少量急性出血150～200 mL在心包腔积聚（血心包），即可使心包内压力立即上升，而阻碍心脏正常舒张，产生急性心脏压塞征。最先受压的是腔静脉和心房，可引起中心静脉压和舒张末期压力升高，而使周围静脉压逐渐上升。起初收缩压尚无影响，当心脏舒张容量严重受损时，每搏排血量下降，从而使动脉压异常下降。心排血量减少，继而影响冠状动脉的血液供应，导致心肌缺氧，心脏功能失代偿而发生衰竭。心包腔内压力升至17 cmH$_2$O足以使心排血受阻，除非迅速补液增高腔静脉压。静脉压升高至20 cmH$_2$O为一危险临界水平。在此临界压力，心包内再有少量血液（30 mL），即可产生血流动力学代偿功能失调。另一方面，心脏压塞在早期能延迟致死性大出血而使心脏、血管裂口暂停出血，提供进行抢救的一段极短暂的宝贵时间。如心包内急性出血不止，将危及生命。

二、临床表现

患者有心脏大血管损伤的可疑病史，同时出现全身湿冷、面唇发绀、呼吸急促、颈部浅表静脉怒张、血压降低、脉搏细速，心前区浊音界扩大和奇脉等，应高度合并急性心脏压塞。通常典型的Beck三联征：心音遥远、收缩压下降、静脉压升高存在时，对急性心脏压塞的诊断有帮助。血压常降低，甚至不能测得，而心音仍可响亮。奇脉也可在后期出现。

三、诊断及鉴别诊断

任何损伤前胸壁心脏危险区的贯穿伤，应高度警惕心脏大血管损伤的可能。已有明显心脏压塞或内、外出血症状的患者，较易做出临床诊断，及时给予紧急处理。但也有患者初期情况良好，在数分钟或数小时内，突然出现情况恶化，迅速陷入重度休克状态。故对任何胸部贯穿伤患者入院后应仔细观察，严密注意病情变化，及时进行紧急处理。

任何胸腹部外伤患者，估计失血量与休克程度不符，或经足量输血而无迅速反应者，应高度怀疑有心脏压塞征。此外，临床上初期低血压经补充血容量后迅速改善，但不久又再度出现，甚至发生心搏骤停者，亦应疑及心脏压塞所致，须立即救治。

四、辅助检查

1. 放射线检查

放射线检查对诊断急性心脏损伤的帮助不大。但 X 线胸片能显示有无血胸、气胸、金属异物或其他脏器的合并伤存在，如 X 线胸片示心包腔内有液体平面，则有诊断意义。

2. 心电图检查

如有电压下降，ST 段改变，心电图检查可协助诊断，但一般帮助不大。

3. 静脉测压

静脉压如有升高是心脏压塞特征之一。但在胸内大量出血，血容量未纠正前，静脉压升高、颈静脉怒张和奇脉都可不明显。迅速补充血容量后，中心静脉压可见异常升高，> 15 cmH_2O 时，有诊断价值。

4. 心脏多普勒超声及 CT

心脏多普勒超声及 CT 均可明确诊断是否存在心包腔积液，并可对积液量进行估算，是诊断心脏压塞的重要手段。但部分急诊患者由于血流动力学不稳定，上述检查有时受到限制。

5. 心包穿刺

心包穿刺对急性心脏压塞的诊断和治疗都有价值，但心包腔内血块凝结时，可出现假阴性，值得注意。

对于诊断明确的胸内大出血，怀疑心脏损伤者，应紧急剖胸探查，无须进行上述各项检查，以免坐失良机。

五、治疗

（一）抢救

（1）首先进行抗休克治疗，立即建立静脉输液通道。快速静脉输血和补液，补充血容量，支持面液循环。

（2）如伴有大量血胸或气胸，即做胸腔插管闭式引流，改善呼吸及氧供。如呼吸道欠通畅或神志昏迷，迅速行气管内插管人工呼吸。

（3）心包穿刺或开窗术，解除急性心脏压塞。心包穿刺点一般选择左侧肋缘下近剑突处，患者取半坐位较为方便，如情况不允许可取平卧位。局部麻醉下剑突下心包开窗于剑突处做一小正中切口，切开白线，去除剑突，显露心包，在心包上开一小窗，放入减压引流管。

（4）术前准备：以快速大量输血为主，给予血管活性药物维持血压。刺入心脏的致伤物进入手术室前不宜急于拔除。若发生心搏骤停，须紧急开胸解除心脏压塞，进行心脏按压，并以手指暂时控制出血。需要注意的是体外心脏按压有时不仅无效，而且有加重压塞之虞。

（二）手术方法

1. 麻醉

以气管内插管全身麻醉为宜，麻醉诱导期由于麻醉药的扩血管作用，易发生心搏骤停，要准备紧急进胸。

2. 切口选择

切口根据贯穿伤的径路与伤情而定，并能良好显露心脏伤口。常用切口为左胸前外侧切口，经第 4 肋间进胸，必要时可切断相邻肋骨增加显露。创伤位于右侧，则行右胸前外侧切口。如一侧显露不佳，可延长切口至对侧胸腔。

3. 心脏修补方法

如裂口较小，手指按住裂口直接缝合。裂口较大，手指堵塞裂口暂时止血。裂口周围行荷包缝合或采用毛毡片褥式缝合，逐渐退出手指，收紧缝线结扎打结。心肌裂口较大，难以直接缝合时，立刻建立体外循环进行修补。心房裂口采用无创伤血管钳钳夹后连续缝合。冠状动脉裂伤，用 6-0 无创伤缝线直接修补，如损伤面积较大，须建立体外循环行主动脉冠状动脉旁路移植术。

（三）术后处理

术后给予破伤风血清、抗生素等常规治疗，严密监护心、肺、中心静脉压及输血补液。严密观察有无贯穿性心脏损伤后遗症或迟发并发症，如损伤性心包炎、室间隔缺损、瓣膜损伤、室壁瘤和延迟性心脏压塞等。

第十二章 心脏移植

第一节 术前检查和手术指征

一、术前检查

(一) 实验室检查

1. 血液学与凝血机制有关检查

其包括全血细胞计数与分类，血小板与网织红细胞计数，P 与纤维蛋白原，BT+CT，PT+APTT。

2. 生化检查

血生化全套检查，血糖异常者加查糖化血红蛋白及糖耐量试验。

3. 大小便常规与大便潜血试验

4. 细菌学检查

咽部、中段尿及痰细菌培养，女性患者应做阴道分泌物细胞学与细菌学检查，有结核病史者应做 PPD（结核菌素）试验，ASO（抗链球菌溶血素 O）及 ESR（血沉）。

5. 病毒血清学检查

此项包括乙肝两对半，甲肝、丙肝病毒抗体，HIV（艾滋病病毒）抗体，梅毒血清抗体，CMV（巨细胞病毒）抗体，疱疹病毒抗体，Epstein-Barr 病毒抗体，柯萨奇病毒和埃可病毒抗体。

6. 免疫学配型检查

ABO 血型测定，HLA（人类白细胞抗原）分型 A、B、DR 等，HLA 抗体测定，群体淋巴细胞毒抗体试验。

(二) 器械检查

（1）全腹 B 型超声检查。

（2）疑似溃疡病者做胃镜检查。

（3）胸部 X 线片，了解肺部、心脏及血管情况。

（4）12 导联心电图。

（5）超声心动图检查了解心功能、心脏结构及肺动脉压力等。

（6）对于心脏超声肺动脉压大于 60 mmHg 的患者考虑行右心导管检查了解全肺阻力。

（7）肺功能测定（年龄 > 50 岁者），并做憋气试验。

（8）生化肾功能异常者应行肾灌注显像了解肾功能。

二、受体手术适应证及禁忌证

(一) 适应证

（1）终末期心力衰竭伴或不伴有室性心律失常，经系统完善的内科治疗或常规外科手术均无法使其治愈，预测寿命 < 1 年。

(2)其他脏器(肝、肾、肺等)无不可逆性损伤。

(3)患者及其家属能理解与积极配合移植手术治疗。

(4)适合心脏移植的常见病症:

①晚期原发性心肌病,包括扩张型、肥厚型与限制型心肌病,以及慢性克山病等;

②无法用搭桥手术或激光心肌打孔治疗的严重冠心病;

③无法用纠治手术根治的复杂先天性心脏病,如左心室发育不良等;

④无法用换瓣手术治疗的终末期多瓣膜病者;

⑤其他难以手术治疗的心脏外伤、心脏肿瘤等;

⑥心脏移植后移植心脏广泛性冠状动脉硬化、心肌纤维化等。

(二)禁忌证

(1)绝对禁忌证:

①全身有活动性感染病灶。

②近期患心脏外恶性肿瘤。

③肺、肝、肾有不可逆性功能衰竭。

④严重全身性疾患(如全身结缔组织病等),生存时间有限。

⑤供受者之间 ABO 血型不符合输血原则。

⑥经完善的内科治疗后,测肺血管阻力 PVR > 8Wood 单位。

⑦血清 HIV 阳性者。

⑧不服从治疗或滥用毒品、酒精中毒者。

⑨精神病及心理不健康者。

(2)相对禁忌证:

①年龄 > 65 岁者。

②陈旧性肺梗死。

③合并糖尿病。

④脑血管及外周血管病变。

⑤慢性肝炎。

⑥消化性溃疡病、憩室炎。

⑦活动性心肌炎、巨细胞性心肌炎。

⑧心脏恶病质(如体质差、贫血、低蛋白血病、消瘦等)。

第二节 术前准备

一、受体的准备

(1)强心、利尿、扩血管强心治疗以口服为主,必要时可加用静脉用药,以地高辛、多巴胺、肾上腺素为常用。利尿时应记录每日的出入量,口服效果差可应用静脉利尿剂,亦可与白蛋白合用。扩血管治疗以 ACEI(血管紧张素转换酶抑制剂)类、钙离子拮抗剂口服为首选,效果差加用硝普钠、酚妥拉明静脉用药。

(2)抗心律失常治疗:药物可选用盐酸胺碘酮等,当药物系统治疗效果不明显时,可植入临时心内膜起搏器。

(3)必要时可考虑应用主动脉球囊反搏(IABP)、人工心室机械辅助装置(ECMO)或人工心脏等,防治严重的心源性休克,作为过渡至获得供心进行移植手术。

(4)注意除心脏外机体各大脏器的功能保护,尤其是肝、肾功能,如有异常应积极对症处理。

(5)条件允许情况下鼓励患者正常饮食,多下地活动,不宜长久卧床,慎防感冒。

（6）对于术前的介入管路，应严格无菌操作及换药，避免感染，必要时加用抗生素。

（7）避免术前输血。

（8）术前应做受体心理素质粗略评估及全面的心理护理，同时做好家属的思想工作，使其配合围术期及远期的治疗。

（9）无菌隔离室准备。

二、供体的准备

（一）供体准备一般原则

1. 组织配型

（1）ABO血型相容性试验。

（2）淋巴细胞毒抗体试验：PRA > 10%者为阳性。

（3）淋巴细胞交叉配合试验：如受体PRA < 10%可不做供受体间淋巴细胞交叉配合试验，如受体PRA > 10%则必须加做此试验。

（4）HLA配型：特别是HLA-A、HLA-B与DR配型最为重要。

2. 供体的选择

（1）供体年龄：一般认为男性应 < 40岁，女性 < 45岁。

（2）供心大小：一般要求供者体重、身高与受者体重、身高相差应在20%以内。

（3）性别：影响较小。

（4）无重大脏器病史，无传染病、性病史。

（5）组织免疫配型：ABO血型必须符合输血原则，PRA < 10%（最高不宜超过15%）。

（二）脑死亡供体的选择标准和供体的管理

供体管理的具体措施和目标包括以下几方面。

1. 在超声检查前的常规供体管理

（1）调整容量，中心静脉压 6 ~ 10 mmHg。

（2）内环境平衡：纠正酸中毒，纠正低氧血症，纠正高碳酸血症。

（3）纠正贫血［目标HCT（血细胞比容）≥ 30%，Hb（血红蛋白）≥ 10 g/dL］。

（4）调节血管活性药物，平均动脉压 ≥ 60 mmHg，尽量只使用多巴胺或多巴酚丁胺，尽快撤除肾上腺素或去甲肾上腺素。

（5）目标多巴胺或多巴酚丁胺 < 10 μg/(kg·min)。

2. 供体心脏超声检查

（1）排除心脏结构异常，如明显左心室肥厚、瓣膜功能障碍、先天性心脏病等。

（2）EF% ≥ 45%，考虑是否应用积极性供体心脏管理，并在手术室进行供体评估。

（3）EF% < 45%，积极性供体心脏管理，建议放置肺动脉导管监测和激素复苏治疗。

3. 激素复苏治疗

（1）T_3甲状腺素：首剂4μg，持续泵入3μg/h。

（2）精氨酸血管加压素：首剂1μg，持续泵入0.5 ~ 4μg/h，逐渐减量使得体循环血管阻力在800 ~ 1 200 dyn/(s·cm^5)。

（3）甲泼尼龙：15 mg/kg。

（4）胰岛素：至少1 U/h，减量至维持血糖120 ~ 180 mg/gl。

4. 积极性血流动力学管理

（1）与激素复苏同时进行。

（2）放置肺动脉导管。

（3）治疗时间 ≥ 2 小时。

（4）每15分钟根据血流动力学变化特点调节液体和正性肌力药物，以减少α受体激动剂并达到以下标准：平均动脉压 > 60 mmHg，中心静脉压 4～12 mmHg，肺毛细血管楔嵌压 8～12 mmHg，体循环血管阻力在 800～1 200 dyn/$(s \cdot cm^5)$，心指数 CI > 2.4 L/$(min \cdot m^2)$，多巴胺或多巴酚丁胺 < 10 μg/$(kg \cdot mm)$。

在调整药物等供体心脏管理过程中可以重复进行心脏超声检查来评价心脏功能的变化，如果通过以上措施供体心脏达到标准就可以进行供心的摘取和保存。

（三）供心采集和保护

消毒铺巾后，剪开心包，阻断远端升主动脉，于升主动脉根部置灌注管，并灌注 4℃ 冷停搏液。心表面置冰屑降温。同时热缺血计时终止，开始供心冷缺血计时。灌注 2 000～2 500 mL 停搏液后，停止灌注。剪断上下腔静脉及肺静脉，自阻断钳远端剪断升主动脉和肺动脉，取下供心。待供心取下后，无菌条件下打开 3 层保护袋，最内层放入带冰屑生理盐水 1 000mL。把供心和阻断钳、灌注管一同放入，并结扎袋口。第二层放入冰屑无菌生理盐水 1 000mL，结扎袋口。第三层放入冰屑，结扎袋口。将保护袋放入冰箱。如运输时间超过 1 小时，应在取心过程中，用冷晶体 1 000 mL 灌停心脏后，切取下心脏，再顺灌 HTK 液 1 500 mL 后装袋保存。此后每隔 2 小时进行 HTK 液 1 000 mL 的灌注保护。关于供心保护方面目前没有证据显示哪一种供心保护的结果最为优越，但在多器官切取时，很多研究中心都建议在腹腔下腔静脉切开置管引流，便于器官的均匀一致的降温，避免对肝、肾脏的损伤。另外，供心应该放在 4℃ 冷盐水或保存液中，而不应该使用冰屑，以避免对心脏的冷冻性损伤。

第三节　手术概述

建立体外循环要求上腔静脉插管采用弯头插管，prolene 线缝荷包，尽量高些，升主动脉插管尽量高。在体外循环全身降温至 28～30℃，开始切除病心。右房切除在右心耳的基底部边缘开始，当切口逐渐接近房室沟时，切口通过房间隔上面进入左房顶部，深部的切口轻轻延至右房附加物的周围（将和心脏一起移走），然后回到房室沟，将切口往下，以上面同样的方式进入左房，接近冠状窦。连接房间隔的上下切口。主动脉与肺动脉尽可能接近地横切，在左房顶部切断肺动脉与主动脉，朝左右肺动脉的开口进行修剪，使之在分叉处形成一较宽的开口。最后将心脏移出患者的胸腔，准备移入供者的心脏。

供心修剪：从下腔向上向右朝右心耳剪开右心房，使右心房成一袖口；对角线剪开四个肺静脉开口，形成左房袖口。

一、经典法

供心的植入从左房袖口与受者残余左房部分开始，右边的缝线把供者左房壁与患者的房间隔相连，开始右房连接，肺动脉的连接用标准的端-端连接方式以 4-0 prolene 缝线进行缝合。接口打上标志以便进行后来右心室的排气，最后进行主动脉端-端吻合。在牢固地缝合心脏之前，每个心腔内加入等渗的冰盐水，同时在缝好每根缝线之前，往心包里加入等渗的冰盐水，以便获得移植过程中的低温。在阻断钳移开之前，注意左心系统的排气。在主动脉先前放置好的荷包缝合处放置一个排气针，利用强大的负压，同时向肺通气将气体从左心室及右心室排尽，然后打紧缝线。肺动脉缝合注意避免血管扭曲。特点：操作方便，吻合口少（左心房-右心房-主动脉-肺动脉 4 个），速度快，术程短，吻合口漏血少。但术后左心房、右心房的几何结构改变，心房过大，易导致心律失常、房内血液滞留、血栓形成及房室瓣反流等现象，存在双窦房结。

二、全心法

全心法特点是完整保留供心形态。进行受体与供体的左右肺静脉、上下腔静脉、主动脉和肺动脉吻合，共有 6 个吻合口，相对操作复杂，手术时间长。该方法使用较少。

三、双腔静脉法

双腔静脉法操作上要比全心脏原位移植法简单，减少了左心房吻合口漏血的机会，吻合口较多（左心房－上腔静脉－下腔静脉－主动脉－肺动脉共 5 个），速度稍慢，术程稍长。术后右心房、左心房的几何结构无明显改变，具有全心脏原位移植的优点，避免了心房内血流紊乱及房室瓣反流。其手术操作方法除了左心房吻合按标准法进行外，其余操作方法基本与全心脏原位移植方法相同。

第四节　术后早期监护和治疗

一、术后早期的监测

1. 血流动力学

心电图、连续动脉测压、Swan-Ganz 导管监测 CI 与 PAP 变化、CVP 以及 CO 监测。Swan-Canz 管一般于术后 2～3 日拔除，其他有创管道视情况尽早拔除，拔除的管道均送培养。

2. 器械检查

每天做超声心动图了解 EF、右心房、右心室及三尖瓣反流程度与心包内积液情况，同时测量等容舒张时间，DTI 法了解左心室舒张功能及左心室增厚率。每日拍床旁胸片，做床旁心电图，必要时 B 超了解双侧胸腔及肝脏情况。术后 1 周起隔日进行上述检查至术后 14 天。

3. 实验室检查

每日查三大常规加大便 OB、肝肾功能、心肌酶、血糖及电解质，隔日做痰培养、血培养及粪培养，口服环孢霉素后第三日起查 CsA 血药谷浓度及服药后 2 小时的浓度。

4. 心肌内心电图监测

术后 2 周之间每日上、下午均行 IMEG 监测，记录阻抗及 R 波振幅。

5. 持续引流量监测

术后监测各种引流液情况，详细记录、了解胃液及心包纵隔引流液的性质、颜色，移植后持续每小时测尿量，尽早拔除导尿管后，每日测尿量。

6. 心内膜心肌活检（EMB）

如 LCG 及 IMEG 有排异倾向，立即进行 EMB 检查。

二、术后早期的药物治疗

1. 预防性抗感染

采用注射用头孢哌酮钠舒巴坦钠（2.0 g，静脉注射，每 12 小时 1 次）加阿莫西林，5 日后具体视菌培养及药敏结果改用敏感抗生素阿昔洛韦抗病毒；CMV 感染者采用更昔洛韦；抗生素应用 3 天后加用抗真菌药氟康唑。每日消毒液漱口等。

2. 强心利尿扩血管

术后常规应用多巴胺、多巴酚丁胺；必要时以异丙肾上腺素调节心率在 100～110 次/分左右。根据循环状况，可适当应用少量肾上腺素。严格限制液体摄入量，尽量减轻容量负荷。术后头 48～72 小时内用呋塞米加强利尿，每日液体出入量负 500～1 000 mL。术后必要时可以应用硝酸甘油，改善冠脉及外周循环。

3. 降肺动脉压

早期应用扩血管药物，尤其应选用扩张肺血管较强的药物，如 PGE_1、硝普钠、培哚普利（ACEI）等，必要时吸 NO。

4. 促胃肠功能恢复

加用中药制剂促进胃肠蠕动，术后第二天可以应用双歧杆菌三联活菌胶囊以利胃肠道菌群建立。

5. 保护胃黏膜

手术当日开始应用注射用奥米拉唑钠（40 mg，静脉注射，每日 1 次），4 日后改口服雷尼替丁，消化道出血予奥曲肽及相应止血处理。

6. 营养心肌

果糖-1,6-二磷酸、磷酸肌酸钠、GIK 液及能量合剂等。

7. 抗心律失常

盐酸胺碘酮、普萘洛尔、普罗帕酮、利多卡因、去乙酰毛花苷注射液、异丙肾上腺素等，注意排除排斥反应。

8. 保肝

必要时可给予还原型谷胱甘肽、多烯磷脂酰胆碱注射液、大剂量的维生素 C、能量合剂、葡醛内酯片、二羟二丁基醚等。

9. 护肾及肾血管保护

必要时可给予苯磺酸氨氯地平片（高血压可加量），饮食营养结构限制、复方肾病用氨基酸注射液等。

10. 营养支持

术后早期，人体白蛋白及脂乳等静脉营养补充；食欲佳者，营养室予配餐，饮食可采用匀浆饮食或鼻饲。

11. 慎用药物

大环内酯药物、抗真菌类、他汀类降血脂药、苯妥英钠类等影响肝药酶的药物影响 CsA 代谢，以及慎用肾毒性药物，如氨基糖苷类等。

三、术后早期主要并发症及处理

1. 右心功能不全

（1）强心：多巴胺 $3 \sim 8 \mu g/(kg \cdot h)$ 泵入，肾上腺素 $0.05 \sim 0.2 \mu g/(kg \cdot h)$ 泵入。

（2）利尿：呋塞米 200 mg/50 mL 泵入，依尿量调节，或大剂量呋塞米冲击应用利尿合剂及白蛋白。

（3）降肺动脉压：PGE（前列腺素）$13 \sim 10 \mu g/(kg \cdot h)$ 泵入，严重时用 NO 吸入。

（4）应用心肌营养药物：磷酸肌酸 1.0 g，每 12 小时 1 次。

（5）限制入液量，使体内液体每日呈负平衡。

（6）每日检查 UCG（超声心动图），了解三尖瓣反流情况。

（7）必要时加用超滤，减轻容量负荷，严重时应用 ECMO 或者右心辅助。

2. 高血糖

（1）应用静脉胰岛素 $4 \sim 12$ U/h 泵入，严密监测血糖变化，每 2 小时测 1 次指血，调整胰岛素用量。

（2）注意血清钾的变化，及时补钾。

（3）调整代谢性酸中毒，补充适当的碳酸氢钠。

（4）1 周后改用皮下胰岛素或口服降糖药格列齐特、二甲双胍。

3. 肾功能不全及肾衰

（1）去除对肾功能有损坏的药物，使用噻尼哌或者注射用巴利昔单抗时减少 CsA 用量。

（2）利尿泵入呋塞米或大剂量呋塞米冲击，应用利尿合剂，给予罂粟碱 30 mg，肌内注射，每 12 小时 1 次。

（3）严密观察尿量及血肌酐变化，如尿量低于每公斤体重 1 mL 持续 10 小时或血肌酐相对值 24 小时超过 1 mmol/dL，考虑血液透析。

（4）持续肾脏替代治疗（CRRT）：应用无肝素透析管道，出入量每日负平衡 $1\,000 \sim 1\,500$ mL。

（5）肾移植。

4. 急性排斥反应

（1）1 中有 IMEG（心肌内心电图）、UCG 及活检证实的急性排斥反应发生。

（2）甲泼尼龙冲击治疗 1 000 mg/500 mL 生理盐水，静脉注射，连续 3 天。

（3）冲击后恢复泼尼松口服 $1 mg/(kg \cdot d)$，逐日递减，加大 CsA 用量，CO 控制在 400 ng/mL 以上。

（4）甲泼尼龙冲击治疗效果不佳时，应考虑加用 ATG 或 ALG 或 OKT_3。RATG 1.5 mg/kg 或 ALC 10 mg/kg，连续 5 天，OKT_3 5 mg/d，连续 10 天。

（5）噻尼哌：1 mg/kg 加入 50 mL 生理盐水静脉泵入。

（6）难治性排斥反应置入心脏辅助装置，尽快寻找供体再次移植。

5. 感染

（1）严格无菌操作，按时做血、痰及介入管道的培养。控制免疫抑制剂浓度，避免过高。

（2）尽早拔除气管插管，尽早进食，建立正常的胃肠道菌群，情况稳定后尽快去除介入管道，改无创监测。

（3）术后应用注射用头孢哌酮钠舒巴坦钠（1.0 g 静脉注射，每 12 小时 1 次）加阿莫西林（2.0 g，静脉注射，每 12 小时 1 次）2 种抗生素。

（4）依培养加药敏结果选用针对性抗生素。

（5）术后 3 天常规应用抗真菌药物。

（6）对于 CMV 阳性患者加用更昔洛韦。

（7）积极清除皮肤及切口感染灶。

6. 深部真菌感染

（1）二性霉素 B（6.25 mg，每日 1 次）或氟康唑（20 mg，每日 1 次）雾化吸入。

（2）二性霉素 B 50 mg，静脉注射，每日 1 次，连用 30 天（20 g＜总量＜36 g）；或氟康唑首剂 400 mg 静脉注射，每日 1 次，后改为 200 mg 静脉注射，每日 1 次。

（3）每日复查肝、肾功能。

第五节　抗免疫排斥反应治疗

一、心脏移植术后常用免疫排斥药物

1. 环孢素 A（CsA）

环孢素 A 1972 年由瑞士山德士药厂从真菌 Tolypocladium inflatum gams 中提取，1980 年用于心脏移植。CsA 是含 11 个氨基酸的环多肽，不溶于水而溶于脂类和有机溶剂中。主要通过干扰淋巴细胞活性阻断参与排斥反应，按体液和细胞效应机制而防止排斥反应的发生。

（1）剂型：有口服剂和注射液，如环孢素软胶囊、环孢素口服溶液等。

（2）用法：口服剂量 2～8 mg/kg，分 2 次口服。术后早期剂量稍大，以后逐步减量。静脉用药剂量 1.3～4.0 mg/kg，静脉滴注或每 4 小时注射 1 次，用于不能口服或处理急性排斥的情况。

（3）药物浓度：可用放射免疫分析法（RIA）、高压液相层析法（HPLC）和荧光免疫偏振法（FPIA）来测定药物的谷峰值，具体用量还需根据个体而定。

（4）毒副作用：

①循环系统：高血压。

②泌尿系统：肾毒性，高钾血症，高尿酸血症，低血镁症。

③消化系统：肝毒性，胃肠道不适，厌食，胰腺炎。

④内分泌系统：高脂血症，肥胖，闭经。

⑤神经系统：震颤，头痛，乏力，四肢感觉异常，小儿惊厥，肌无力，肌病，肌痛性痉挛。

⑥皮肤黏膜：多毛症，面容变丑，牙龈增生。

⑦其他：继发感染，恶性肿瘤。

2. 他克莫司

他克莫司是 1984 年日本藤泽（Fujisawa）制药公司从真菌 Streptomyce tsukubaensis 培养基中分离出的大环内酯抗生素，不溶于水而溶于有机溶剂。其作用机制是与相应的免疫亲和蛋白 FKBP12 结合后，抑制 calcineurin 的磷酸酶活性来抑制 IL-1β、IL-2、IL-3 等的表达，阻止 T 细胞的激活和增殖。

（1）剂型：有口服胶囊和注射剂 2 种剂型。注射剂 prograf injection 含 5 mg 的 tacrolimus，用于不能

口服的患者。

（2）用法：术后静脉每日 0.05～0.15 mg/kg，分 2 次静脉滴入，每次维持 4 小时。24～72 小时胃肠功能恢复后改为口服，口服剂量 0.15～0.3 mg/kg，分 2 次服，每次间隔 12 小时。维持剂量 0.15 mg/kg。

（3）药物浓度：一般推荐移植后早期血药浓度的谷峰在 10～20 ng/mL，术后 3 个月 5～15 ng/mL。

（4）毒副作用：

①泌尿系统：肾毒性，高血钙，低血磷，高血钾。

②循环系统：高血压。

③内分泌系统：隐性糖尿病。

④神经系统：神经肌肉异常，癫痫，震颤，幻觉，头痛，失眠，知觉失常，视觉失常，白内障，弱视。

⑤消化系统：胃肠道不适，厌食，便秘，腹泻，恶心。

⑥血液系统：白细胞增生，白细胞减少，贫血，淋巴组织增生。

⑦过敏反应。

3. 吗替麦考酚酯

其是霉菌 Penicillin glaucum 酵解产物中分离的霉酚酸（MPA）的 2-乙基酯类衍生物，是一种高度选择、非竞争性次黄嘌呤单核苷酸脱氢酶（IMPDH）抑制物，可抑制鸟嘌呤核苷酸的经典合成途径，选择性地抑制淋巴细胞。

（1）剂型：有口服胶囊 250 mg 和片剂 500 mg 2 种剂型。

（2）用法：推荐剂量为术后 72 小时 1 g，一天 2 次；难治性排斥的首次剂量推荐为 1.5 g，一天 2 次。

（3）毒副作用：主要是剂量依赖性的胃肠道反应，其次是白细胞减少、感染等。

（4）消化系统：胃肠功能紊乱，呕吐，腹泻，肝功能受损。

（5）血液系统：骨髓抑制，白细胞减少症，败血症。

（6）神经系统：肌痛，嗜睡。

（7）高血尿酸，高血钾。

4. OKT$_3$

OKT$_3$ 是美国 Ortho 药物公司利用瘤技术生产的抗 CD3 分子的单抗。通过特异性与成熟的 T 细胞表面 TcR/CD3 分子复合物相互作用，导致 T 细胞溶解，并可诱导活化淋巴细胞凋亡而发挥免疫抑制作用。

（1）用法：常规使用方法为 2.5 mg/d 或 5 mg/d，用 250 mL 的生理盐水稀释后快速静脉滴入，连续应用 10～14 天。

（2）毒副作用：常见的副作用为首剂反应（细胞因子释放综合征），继发感染，血压下降和心动过速等；过敏反应；感染，巨细胞病毒、真菌感染；淋巴细胞增殖紊乱，霍奇金病。

5. ALG/ATG

多克隆抗淋巴细胞抗体是用人的淋巴细胞免疫马、兔等动物后收集血浆中的抗体纯化而来，作用机制与淋巴细胞溶解或封闭淋巴细胞表面的受体有关，对骨髓无抑制作用，主要抑制 T 细胞干扰细胞免疫功能。

（1）用法：肌内注射常用量为 ALG：4～20 mg/kg，兔 ALG：0.5～1.0 mg/kg，静脉注射为 ALG：7～20 mg/kg 稀释于生理盐水中，4～6 小时滴完。根据血中 CD$_3^+$T 细胞来调整剂量。

（2）毒副作用：常见的副作用为首剂反应（细胞因子释放综合征），过敏性休克，血小板减少等；过敏反应；感染，巨细胞病毒、真菌感染；淋巴细胞增殖紊乱，霍奇金病。

6. 噻尼哌

人源化的抗 CD25（IL-2 受体）单克隆抗体，作用机制依赖 IL-2 受体的饱和程度和竞争性抑制 IL-2 依赖的 T 细胞增殖，而抗体依赖细胞介导的细胞毒作用，在体外可引起抗 Tac 单抗作用的 T 细胞溶解可能是该药发挥免疫抑制作用的另一机制。

（1）用法：术前 24 小时按 1 mg/kg 给药，用生理盐水 50 mL 稀释后经静脉缓慢注射，术后每 2 周 1 次，共 5 次。

（2）毒副作用：与该药毒副作用少，主要是胃肠道的不适；胃肠道紊乱；感染，巨细胞病毒感染。

7. 舒莱

IL-2受体由3条链组成：IL-2Ra（CD25），IL-2Rb及IL-2Rg；静止T细胞只表达IL-2Rb及IL-2Rg，同时与IL-2结合的亲和力低；活化后的T细胞表面表达CD25，同时与IL-2的亲和力高；CD25是理想的药物干预治疗靶位。舒莱与CD25（IL-2Ra链）特异性结合，使IL-2R不能完整表达，无法完成与IL-2的结合，Tc无法增殖，从而阻断了AR的发生。2次固定剂量用药后，对IL-2的完全阻断可以持续4～6周。用法为术前2小时和术后第四天2次在静脉注射巴利昔单抗20 mg。其向人体各部位分布的范围和程度尚未全面研究。应用人体组织进行的体外研究显示，注射用巴利昔单抗仅与淋巴细胞以及巨噬细胞/单核细胞结合。临床上未发现成年患者的体重或性别对其分布容积或清除的影响。终末半衰期为7.2±3.2天，总人体清除率为41±19 mg/h。清除半衰期不受年龄（20～69岁）、性别和种族的影响。

8. 硫唑嘌呤

硫唑嘌呤是黄色结晶，易溶于碱性溶液，作用机制为在体内分解成6-巯基嘌呤，转化成硫代次黄嘌呤核苷酸，从而竞争性抑制次黄嘌呤核苷酸的合成，导致细胞的死亡。

（1）剂型：口服片剂50 mg和100 mg。

（2）用法：移植前1～2天或手术当日按3～5 mg/kg给药，可经静脉给予。术后维持量1～2 mg/kg给药。

（3）毒副作用：

①骨髓抑制，肝功能损害，继发感染，致畸致癌，胃肠道反应等。

②血液系：骨髓抑制，白细胞减少症。

③消化系：肝功能受损，胃肠功能紊乱，呕吐，腹泻，胰腺炎。

④过敏反应。

⑤脱发。

9. 环磷酰胺

环磷酰胺为白色结晶，易溶于水，属氮芥类烷化剂，进入人体后被肝脏由细胞色素P450裂解成4-羟基环磷酰胺和磷酰胺氮芥，干扰正常细胞的有丝分裂过程，使细胞分裂止于G2期，阻止了T、B细胞的分化。

（1）用法：用于已有肝功能损害，对服用硫唑嘌呤有禁忌者。

（2）剂量：1～2 mg/（kg·d），口服给药。

（3）毒副作用。

①胃肠道反应：骨髓抑制，继发感染，致畸致癌，脱发，出血性膀胱炎，肝功能损害。

②消化系：胃肠道紊乱，恶心，呕吐，腹泻，黏膜溃疡口炎。

③血液系：血液毒性，白细胞减少，血小板减少。

④皮肤毒性：斑丘疹，瘙痒，脱发。

⑤泌尿生殖器毒性：闭经，精子缺乏，膀胱炎，膀胱出血，肾毒性。

⑥循环系：心脏毒性，急性心肌炎。

10. 肾上腺皮质激素

肾上腺皮质激素是临床最常用的免疫抑制剂，在器官移植中最常用的是泼尼松、泼尼松龙、甲泼尼龙。肾上腺皮质激素的免疫抑制的机制是多样的，包括抑制巨噬细胞吞噬和处理抗原的能力，溶解T细胞，抑制T细胞的再循环、转化和增殖，抑制抗体的形成等多个方面。

（1）用法：可于移植前1～2天每日口服泼尼松150～200 mg，术中用甲泼尼龙250～500 mg静脉注射，术后逐步减量，3日后改口服泼尼松，起始剂量90～100 mg/d，3个月后减到15～20 mg/d，1年后的维持剂量为5～10 mg/d。在急性排斥反应时，用冲击疗法甲泼尼龙5～10 mg/d，共3天，再转为口服用泼尼松，从大剂量开始缓慢减到维持量。

（2）毒副作用：

①中枢精神神经症状，水钠潴留，消化性溃疡，继发感染等，糖尿病，骨质疏松，高血压等。
②水及电解质：水钠潴留，充血性心力衰竭，低钾性碱中毒，蛋白分解负氮平衡。
③循环系统高血压。
④内分泌系统：肥胖，高脂血症，柯兴体态，糖耐量异常，糖尿病，月经失调，抑制儿童生长发育。
⑤运动系统：肌病，肌无力，类固醇肌病，骨质疏松症，病理性骨折，无菌性坏死。
⑥皮肤改变：妨碍伤口愈合，皮肤薄脆，瘀点瘀斑，皮肤萎缩。
⑦消化系统：消化性溃疡，出血，穿孔，胰腺炎，食管炎，肠穿孔，胆石症。
⑧神经系统：颅高压，癫痫发作，眩晕，欣快，失眠，情绪变化，个性变化，重度抑郁，精神分裂。
⑨掩盖感染，机会性感染，过敏反应，虚脱，心脏停搏，支气管痉挛，低血压，心律不齐。

二、环孢霉素和 C_2 的监测性治疗

环孢霉素是20世纪80年代心脏移植获得突破性发展的里程碑，尽管近年来有作用机制近似的FK506等新型药物的问世，但由于价格等因素限制和研究经验不足，环孢霉素依然是应用最多的药物。根据国际心肺移植协会的统计，术后随访5年时仍有超过80%的患者使用环孢霉素。环孢霉素在脏器移植术后的应用已经有数十年的历史，研究证明环孢A的临床应用浓度存在一个范围很小的"治疗窗"，如果高出此范围容易发生机体免疫抑制过度，而容易发生感染、高血压等副作用，而低出此范围则容易发生排斥反应。调节环孢霉素剂量以维持有效浓度并尽量减少副作用非常重要，同时也非常困难。经典的药物效果监测方法是空腹血液中环孢霉素浓度的检测（称之为C0浓度），并引入了治疗性药物检测的概念。尽管这种C0的方法较之以往有了很大进步也获得了广泛应用，但近些年来越来越多的研究显示C0治疗窗与临床的免疫排斥反应时间的发生相关性并不好，这是由于环孢霉素的吸收和清除在不同个体都有很大的变异性。环孢霉素的药代动力学特点可以和饮食、原发疾病、合并服用的药物、种族、移植后的时间和环孢霉素的剂量相关。移植环孢霉素吸收的因子包括脂肪的摄取、疾病状态（囊性纤维化）和其他抑制细胞色素氧化酶CYP3A4的药物等，这些因素都会影响准确预测环孢霉素的覆盖情况。

2002年器官移植Neoral-C_2专家回顾评论组（CONCERT）评价总结了成人肾移植、肝移植、心脏移植、肺移植等患者的相关独立的资料。结论认为移植术后AUC0-4能够充分代表Neoral的吸收情况，并能很好地预测急性排斥反应的发生。而C_2是最好的与之相关的单一时间点，C0则相关性较差。这是最近几年的环孢霉素的药代动力学和药效动力学的研究的最大的突破，它可以最大限度发挥药效并同时尽可能避免其副作用。近几年在国外大的移植中心已经开始在临床上试用C_2代替C0来进行药物效果监测。

环孢霉素的理想目标C_2浓度还没有统一的标准，尤其在心脏移植领域的研究更少，目前比较多的一种意见是先借鉴肾移植的浓度标准，再来探索适合心脏移植到C_2的目标浓度。

三、泼尼松的应用与撤离

泼尼松早期撤离：移植术后1~3个月就开始尝试，最终在48%~70%的患者可最终长期停用泼尼松。在早期撤离中，一般都使用一些替代性诱导药物，如ATC和OKT_3等。Taylor等报道在374例患者中有30%泼尼松早期成功撤离，其短期和长期死亡率均明显降低。晚期急性排斥反应发生率也明显减少，冠脉血管病也明显减少（4.15% vs 9.5%）。Prieto也报道早期术后撤离组发生高血胆固醇和高血压者明显减少。Gregory等在移植术中用500 mg甲泼尼龙，术后第一天125 mg（每8小时1次）。接着用泼尼松，初始剂量0.125 mg/（kg·d），一直持续到ATG诱导7天或OKT_3诱导14天后。然后泼尼松开始1 mg/（kg·d）持续1周，再以5 mg/d快速减量。结果显示有49%早期能成功地撤离泼尼松，而且撤离组发生排斥反应概率也少于未撤离组。

泼尼松的后期撤离，即在移植术后6个月或更晚进行撤离。有研究表明急性排斥多发生在术后前6个月，因此后期撤离多选择在6个月后进行尝试，有报道最终有80%患者可长期停用，而且一般不使用诱导性药物。Olivari等报道晚期撤离组在体重增加、脂质异常和高血压等方面无明显变化，而在青光

眼和骨质疏松等骨病则明显减少。Timothy 等报道了 57 例心脏移植患者在使用环孢霉素、硫唑嘌呤（骁悉）和泼尼松三联方案后，进行撤离泼尼松的临床研究结果。在术后 6 个月开始，泼尼松由原来的 1 mg/（kg·d）每次减量 5 mg/d，维持 2～3 个月进行活检，若排斥反应小于 3A 级，则继续进行减量直到完全撤离。若发生 3A 以上排斥反应，则恢复原来维持的泼尼松剂量。术后每年均做冠脉照影以明确有无冠脉血管病形成。结果显示，心脏移植 2 年后有超过 70% 的患者已经停用泼尼松。采用此逐步撤离泼尼松的方案，总体患者的 1 年、2 年、3 年和 4 年的生存率分别为 98.10%±2%，93.12%±3.18%，93.12%±3.18%，88.13%±6.10%，同时在避免明显免疫排斥和感染概率方面效果良好。而移植术后 1 年和 2 年的冠状动脉血管病发生率分别为 2.14% 和 8.11%。

目前泼尼松的用法和撤离的研究工作仍然很少，很多研究结果还未得到公认，因此许多移植中心仍采用经典的泼尼松维持疗法。ISHLT 在 2000 年报告中指出心脏移植术后 5 年 70% 患者仍长期服用泼尼松。在这些患者中无疑有部分患者并不需要这些带有明显副作用的大剂量的泼尼松治疗。泼尼松的撤离可以有效地分离出一组所谓的"免疫特惠人群"，可减少泼尼松长期应用带来的副作用，同时在长期生存率、免疫排斥和冠脉血管病等方面临床效果仍然良好。泼尼松撤离的时间各个研究中心方案不已，但根据心脏移植急性排斥多发生在 3～6 个月以内的观点，似乎在 3～6 个月后再进行泼尼松的撤离更安全些，但还需要进行严格的进一步的对比研究。

第六节 免疫排斥反应监测技术

一、无创免疫排斥反应监测

在监测移植术后免疫排斥反应的方法中，心肌活检自从 19 世纪 70 年代起一直作为公认的金标准在全世界广泛采用。但是心肌活检所带来的创伤大、费用高等问题一直困扰着心脏外科医师。一般来说，按照标准的方案心脏移植术后患者在第一年内至少将会接受 10 次左右的心肌活检，以检测其心脏排斥反应的状态，同时在以后的几年里还会定期进行。尽管全世界统计所有心肌活检结果中有 75% 是阴性的，但是鉴于没有其他理想的替代技术，因此患者在以后的免疫状态评估时心肌活检还得要常规进行。心肌活检不但费时费力费钱，很多时候还受时间的限制，出现明显症状而进行心肌活检时往往心肌的免疫排斥已经发生和存在一段时间了，也就是说心肌活检不能很好地早期地实时监测移植的心脏的免疫排斥的状态。因此心脏移植术后无创免疫检测技术的研究一直是全世界的研究热点，但是目前尚没有理想的无创检测方法。以下简单介绍一下几种国际无创监测技术的研究热点。

（一）组织多普勒超声技术

组织多普勒超声心动图（TDE）又被称为组织多普勒成像（TDI）或多普勒心肌显像（DMI）。在实际中应用的开端是在 1992 年，即 McDicken 将彩色编码技术应用于模拟组织而评价组织速度的大小和方向，从而导致了这项技术在心脏功能评价、心脏激动学研究的广泛应用。通过选择性测量心肌运动获得低速高幅度信号来量化心肌舒张和收缩速率，同时要过滤掉区域内血细胞移动所造成的高速低幅度信号。由于其高度瞬时化和对速度范围的分解，脉冲组织多普勒显像对于诊断心脏移植排斥早期引起的舒张功能障碍特别有效，比传统的超声心动图能更早检测心室功能的变化。

根据心肌组织运动成像方式的不同，TDE 平面实时成像分为三类：组织速度成像的彩色二维组织速度图（Colour-TVI or CDMI）以及基于速度成像的多普勒组织能量图（DTE）、多普勒组织加速度图（DTA）、变应率成像（SRI）；彩色 M 型组织多普勒超声心动图（M-TDE），脉冲组织多普勒超声心动图（PW-TDE）等。非实时成像主要是在获取高帧频二维速度成像基础上的合成重建，即经后处理而得到的成像，主要为曲线化解剖 M 型技术。

目前在心脏移植领域组织多普勒监测技术的指标预测和急性排斥反应的相关性的研究仍然比较少。Aranda-JJ 等研究报道移植成功预测的敏感度为 93%，特异性为 71%。Michael 等利用 ALOCASSD-2200 超声系统研究移植排斥反应的监测结果。结果显示舒张早期室壁运动峰速和松弛时间对临床排斥反应高度敏感性，相关性分别为 90.0% 和 93.3%。舒张参数的变化对阴性和阳性预测的灵敏度分别为 96% 和 92%。而收缩参数的变化对于移植物血管病的预测率为 92%～97%，排除准确率为 80%，结果可用于指导术后长期监测的冠造时间的选择。Michael D. 等在心脏移植术后心肌排斥反应监测中尝试了组织多普勒技术，研究中尝试了多种指标，具体包括：

①收缩期室壁运动峰速 Sm；

②舒张早期室壁运动峰速 Em；

③收缩时间 TSm（从第一心音到收缩运动峰速时间）；

④舒张早期时间 TEm（从第二心音开始到舒张早期峰值）；

⑤收缩和舒张早期室壁加速度 Sm/TSm，Em/TEm。在研究中发现 Sm 和 Em 在心脏移植术后发生排斥反应时均明显降低，而 TSm 则有明显延长的变化。

总之，组织多普勒技术无论在心脏功能还是在心脏电生理方面均发挥着巨大的作用，尤其是近年来在二维基础上的合成重建即后处理功能的强大将会使这一技术更加成熟。TDE 的腔内成像、三维成像将促使它的应用研究领域更加广泛，多形式实时成像的显示更有助于开阔我们对心肌组织病理的研究视野。

（二）心肌内心电图技术

在开展心脏移植的早期阶段，人们就认识到排斥反应会改变 QRS 波群的电压值。免疫排斥时的特征性病理变化——淋巴细胞对移植物的浸润，间质水肿，心肌细胞的坏死，会引起相关心肌组织电传导特性的变化。因此，在早些时候有人用体表心电图 QRS 波幅的变化来监测免疫排斥反应的发生，但体表心电图和 QRS 波幅的变化可能是由外界因素引起的，例如：体重、电极的具体位置和电解质的失衡等会影响最终结果的准确性。另外，随着环孢素 A 的使用，典型的排斥反应期间心肌间质广泛水肿的情况越来越少见，而排斥反应期间心电图的改变也越来越少监测到。因此传统的体表心电图并非监测排斥反应的可靠方法。虽然某些时候心电图的细微变化确实也提示排斥反应的发生，但是它和组织学检查结果的相关程度却远未达到能作为诊断工具的地步。

有大宗的回顾性研究表明，可日常进行的无创排斥反应监测系统可提高心脏移植患者的远期存活率。目前来看，最安全、方便、有效和最有前景的排斥监测手段是电生理和组织多普勒，心电生理方法具有连续、无创、远距、可连续进行测量的特性，而心脏超声技术使得能够安全评估心脏结构和功能的变化，能够进一步减少心内膜活检的需要。将几种无创监测手段结合起来建立一个排斥反应诊断评分系统，可能是未来临床研究的方向之一。当然，这需要多中心联合的，大样本的回顾性和前瞻性分析。

（三）外周血淋巴细胞分子生物学技术

近年来获得技术重大突破的外周血无创实时的分子生物学检测技术是最有希望获得临床推广应用的方法之一，已经引起全世界越来越多的器官移植专家的重视。2006 年 4 月的国际心肺移植年会上，综合采用最新分子生物学技术的异体器官移植基因图谱检测技术（AlloMap）被设为一个独立的大会专题，来自全世界各国的众多移植专家对其进行了热烈的讨论。分子生物学技术监测免疫排斥反应在心脏移植领域的应用是一个崭新的重要课题，其原理为使用定量实时反转录聚合酶联反应（RT-PCR）技术，利用对血液中单核粒细胞等免疫细胞的成千上万种信使核糖核酸（mRNA）基因表达状态的筛选分析，来评估机体的免疫排斥系统的实时状态，从而迅速及时地监测机体对移植物的排斥反应程度。事实上，利用外周血淋巴细胞的不同种类基因表达来预测移植术后的免疫排斥反应在近几年来一直是人们研究的热点，众多研究结果显示涉及机体免疫排斥反应的多种基因表达的监测都可能与临床心肌活检所确定的免疫排斥程度具有相关性，但是具体哪一种或者哪几种基因的相关性最好，对于大样本的临床观察结果会如何，种种类似的问题一直没有得到较好的回答。直到研究协作组的 AlloMap 技术在美国几家先进移植中心的初步研究获得令人满意的结果，才预示着在此领域的无创实时检测研究真正走向了临床应用阶段。

Yamani M. H. 在 2005 年报道了在 69 例心脏移植患者的利用 AlloMap 技术进行实时免疫排斥检测的研究，结果显示心脏移植术后血管增殖疾病患者的 AlloMap 评分远高于冠脉正常的移植患者（32.2 ± 3.9 vs $26.1 +6.5$，$P < 0.001$）。2006 年国际心肺移植年会上哥德比来大学心脏移植研究中心主任 M. C. Deng 报告了使用 AlloMap 来监测和预测心脏移植术后慢性冠脉增殖性疾病的初步结果，这些研究检测

了与慢性冠脉增殖性疾病相关的基因表达，提示心脏移植术后早期不同的基因表达形式可以预测将来发展慢性冠脉增殖性疾病的风险。2005 年 Fvans R. W.总结了美国 5 家使用无创外周血分子生物学检测和心肌活检的经济学费用的对比，心肌活检至少要花费 3 297 美元，而使用无创外周血分子生物学技术则可以明显减少其费用，全美国至少可以每年节省 120 万美元。在 2006 年 4 月刚刚结束的国际心肺移植大会上维也纳大学心脏外科 O. Zwkermann 博士报告了 AlloMap 在临床应用的结果，并分析了将来可能推广的应用方案。他指出 AlloMap 检测自从 2005 年出现以来很快被一些移植中心采用，并被越来越多的机构用作为心肌活检外的临床免疫排斥监测方法，还将继续评估所有的数据结果。这种分子学监测是心脏移植领域巨大的进展，是一种移植患者很容易接受的免疫监测方法。多伦多大学心胸外科主任 Shaf Keshavjee 讨论了肺移植应用 AlloMap 进行免疫监测的结果，提示 AlloMap 也可以成功地用于心脏外其他的器官移植的监测。

总之，这种无创实时的免疫检测技术已经在国际上一些先进移植中心得到成功应用，取得了令人兴奋的初步成果，而且从 2005 年 4 月开始进行的 CARGOII 研究已经把范围扩展到欧、美、澳三大洲 19 个心脏移植中心，有计划地在国际范围内进行深入的研究。其目标包括：

①在国际范围内鉴别诊断患者有无免疫排斥反应；
②预测将来的急性细胞排斥反应和移植物的功能衰竭；
③检测和指导免疫抑制药物；
④诊断和预测体液排斥反应；
⑤心脏移植患者慢性冠脉血管性疾病的危险分级。

在 2006 年 4 月刚刚结束国际心肺移植年会上，众多国际移植专家一致认为 CARGO Ⅱ 的研究将给心脏移植研究领域提供无与伦比的基因和分子诊断研究资源，将会在移植术后无创免疫检测领域开辟有效的新途径。

二、心肌活检

心内膜心肌活检术是应用心内膜心肌活检钳经心腔钳取适量的活体心内膜心肌标本，供临床作组织病理学等检查或研究的一种介入性诊断技术。目前临床上应用最为广泛的是经静脉（右股静脉或颈内静脉）径路的右心室心内膜心肌活检。

（一）适应证

（1）前检查及移植后排斥反应的监测和分级。
（2）抗肿瘤药物应用后引起心肌毒性反应的观察。
（3）寻找不明原因心脏扩大和心力衰竭的病因。
（4）对原因不明的胸痛和心律失常患者，其冠状动脉造影排除了冠状动脉病变，需除外原发性扩张型心肌病与慢性病毒性心肌炎者。
（5）鉴别限制型心肌病和缩窄性心包炎。
（6）心内膜纤维增生症。
（7）明确继发性心肌病的病因。
（8）心脏肿瘤。
（9）放射性心肌损伤。
（10）心脏小血管病。
（11）右室发育不良致室性心动过速。
（12）Fabry 病（成人）和 Pompe 病（儿童）。

（二）禁忌证

（1）有出血性疾患，如严重的血小板减少症、抗凝血系统疾病等。
（2）正在接受抗凝治疗者。
（3）心腔内或心壁有附壁血栓者。

（4）心肌梗死后。

（5）先天性解剖异常。

（6）心脏极度扩大，患者一般情况差或重要脏器有严重病变者。

（7）某些原因致使患者不能平卧或不能与操作者相配合。

（三）操作方法

1. 主要方法

（1）经右股静脉径路右心室心内膜心肌活检。

（2）经右颈内静脉径路右心室心内膜心肌活检。

（3）经股动脉逆行径路左心室心内膜心肌活检。

2. 主要并发症心肌活检的总并发症发生率为 1% ~ 2%，病死率不足 0.1%

（1）心脏穿孔：是心内膜心肌活检最常见的严重并发症。据统计发生率在 0.1% ~ 0.56% 之间，多见于右心室心内膜心肌活检，轻的心脏穿孔系活检钳取材过深引起的渗血性心包炎无须特殊处理，卧床休息数日即可恢复；严重的心室壁穿孔可导致大量心包积液，引起心脏压塞，需及时处理，必要时需开胸手术。

（2）心律失常：以频发室性早搏最为常见，偶可诱发短阵的室性心动过速和引起房室传导阻滞。

（3）栓塞：最为常见的是肺栓塞和脑栓塞。

（4）房室瓣损伤：多为三尖瓣的损伤，轻者无须处理，重症给予强心、利尿、扩血管，必要时需手术治疗。

（5）感染。

3. 经胸多普勒超声引导下的右心室心内膜心肌活检

（1）操作过程：

①患者取仰卧位，面罩给氧。

②右侧颈内静脉穿刺，置入 8.5F 的漂浮导管外鞘管，局部固定，旁路连通输液保持管腔通畅。

③以 0.1% 肝素盐水浸泡 7F 的 Cordis 心肌活检钳，经外鞘管送入颈内静脉。以多普勒超声心动探头于心尖部打出心尖四腔心切面，在经胸多普勒超声引导下将活检钳送入右心房，经三尖瓣口进入右心室。经超声仔细确认活检钳头端位于右心室，并避开乳头肌、腱索等重要瓣下结构后，咬取 3 ~ 4 块心肌组织送检。若心尖四腔切面声像效果欠满意，可改经剑突下四腔心切面进行引导。

④操作前后，常规超声观察有无心包积液和三尖瓣反流情况，明确有无发生心室穿孔等严重并发症；操作过程，全程心电监测，观察心电、血压等变化。

⑤若无明显并发症，即可拔除外鞘管，加压 5 分钟，覆盖消毒敷料。术后监护 6 小时，测量血压、呼吸脉搏，早期可下床活动。给予抗生素。

（2）注意事项：

①送入活检钳前，根据从外鞘管外口到乳头水平的距离大致估计一下活检钳要送入的长度。

②外鞘管外口、上腔静脉入口和三尖瓣口并不在一直线上，可将活检钳头端适当窝成一定弧度以适应从上腔静脉入口到三尖瓣口的生理角度。

③当在心尖四腔心切面探及活检钳声像时，应固定超声探头位置，保持好该切面，由活检人员变化活检钳方向，通过三尖瓣口。当活检钳进入右心室时，触及右心室壁可诱发室性早搏。

④咬取心肌组织前，应在超声下仔细辨认活检钳头端的毗邻结构，避开乳头肌和腱索等重要结构。

⑤对于某些肺气肿或桶状胸的患者，其心尖四腔心的切面因肺组织遮挡而导致声像不清，可以改用剑突下四腔心切面，也可取得很好的效果。

第七节　心脏移植术后并发症防治

心脏移植手术仍是高风险手术，围手术期死亡率仍然高于心外科其他种类手术。据 ISHLT 数据统计近 2 年来 5 000 多例心脏移植中，在院死亡率达 7.4%，根据 CTRD 的统计，心脏移植术后 1 个月内的生存率为93%。心脏移植的患者是终末期心脏病患者，移植入相对正常的心脏，这使得围手术期的处理与其他心脏外科手术有所不同，术后的并发症各式各样，各个系统都可能发生，而且并非独立存在，有时可造成恶性循环。下面对较常见并发症讨论如下。

一、感染

感染是心脏移植术后死亡和发生并发症的重要原因。手术后第1个月内发生感染的机会最大，而后迅速下降，可达17%。细菌感染在术后1个月内常见，真菌感染的高峰期也在术后1个月以内，而病毒感染常见于术后2个月，原虫则要在术后3~5个月左右到达其感染概率的高峰期。其中细菌感染50%的细菌为G^+菌，其中75%左右是葡萄球菌，而由G^+菌引起的细菌感染为40%左右。多数感染是与免疫抑制剂的强度过大有关，有迹象表明，免疫抑制剂的强度越小，发生感染的机会就越少。对于感染的预防应在术前充分做好病原学的实验室检查，对于有心衰合并感染的患者应积极应用有效的抗菌药物治疗至细菌培养阴性再行移植手术。手术中在取心及吻合的过程中严格无菌操作，尽量缩短手术时间。术后尽早拔除气管插管及各种介入性插管，及早恢复饮食，建立正常的胃肠道菌群，拔除的插管均送实验室培养。带气管插管期间应用纤维支气管镜吸痰。随着实验室的培养及时调整抗感染药物。术后体温不能明确反应感染程度，与服用大剂量激素有关，应积极做实验室检查，针对不同部位的菌群及药敏对症选用抗感染药物。

二、急性排斥

排斥反应：开始30天内由排斥引起的死亡主要是超急排和急排。急性细胞介导的排斥反应是早期死亡的重要因素，可造成术后第一年内20%的死亡，其在术后1个月内达到危险高峰，此后迅速下降。开始1个月内大约有40%的合作会发生1次或1次以上的急性排斥反应。对于受体而言，女性以及年轻的成年患者，女性供体，OKT_3的术前诱导治疗以及术前CMV的血清抗体阳性都是急性排斥发生的危险因素，供、受体之间PRA大于10%及HLA-DR点的不匹配也是急性排斥的危险因素。移植手术之前，应详细了解受体的病史及生活史，对女性患者要了解其分娩史，术前准备时仔细检查受体的各项免疫、生化及病原指标，对供体应尽可能多地了解与手术有关的相关资料，确保手术期的顺利。减少急性排斥反应的发生，除详细的术前准备外，正确有效的免疫药物治疗及监测极为重要。近来的研究普遍认为在实质性器官移植中C2在反映CsA血药浓度曲线面积（AUC）方面比C0有更好的相关性，能够更好地反映CsA在体内的药物动力学情况，指导CsA剂量的调整。在心脏移植患者中使用C2指导CsA剂量的调整比起使用C0来，可以减少所用CsA的剂量，这样就降低了药物的副作用，但是同时并不会增加急性排斥的发生率。但C2在术后早期受饮食、抗真菌药物、机体组织的吸收影响较大，检测数值不够稳定。急性排斥反应的监测心内膜活检是较确切的指标，但它是有创检查，费用高，存在并发症，亦会出现假阴性率，故不能反复使用。无创可靠的监测方法是研究的方向。

三、右心功能不全和右心衰

心脏移植术后右心功能不全和右心衰是围术期常见的并发症，原因不明确。右心室在解剖学上比起左心室来其心室壁要更薄些，对于缺血和再灌注的损伤尤其敏感。同时由于心脏移植患者术前长期心衰造成左房压高，肺血管阻力通常在移植前会处在一个相对较高的水平，虽然移植术后左房压力下降，但肺血管阻力不会立即下降，通常需要1~2周左右才会恢复到正常范围。因此术后早期的右心功能不全跟肺血管阻力高有密切关系，特别是在右心室保护不良或者供心相对较小的情况下发生右心功能不全的机会就更大了。有学者认为供心的心脏通常难以承受超过50 mmHg的右心后负荷，当肺动脉收缩压超过55 mmHg时往往会发生术后右心功能衰竭。术后可通过CVP及三尖瓣反流的情况了解右心功能。可以看出术前肺动脉压高术后三尖瓣反流程度重，术前肺动脉压不高术后仍会出现中、重度的三尖瓣反流，说明术后右心功能不全不单与术前肺动脉压有关。术后的右心功能不全大多数是可逆的，三尖瓣关闭不全出现及程度的高峰期是术后的3~7天，随后逐渐减轻，大部分病例2周后可恢复。治疗在术后早期应用多巴胺、盐酸肾上腺素、PGE1、硝酸甘油等药物，每日应用白蛋白，加强利尿，术后1周内每日液体量负平衡，对于严重的右心衰可加用超滤以减少体内液体量，或用ECMO行右心辅助，疗效比较确切。

四、肾功能不全和肾衰

心脏移植肾衰是术后近期、远期都会面临的并发症。心脏移植的患者由于术前长期的心衰，心输出量长期低下，肾灌注不良，加之为减轻体液潴留而长期大剂量服用利尿药，术前肾的储备功能差。手术时体外循环的打击，术后低心排，以及CsA对肾脏的损伤都是引起移植术后肾功能不全的主要原因。术前肾功能异常，术后肾功能会进一步恶化，术前肾功能正常的患者术后出现了肾功能恶化，说明CsA对肾脏的损害是很明显的。如果术后早期出现尿少或Cr高于1.7 mg/dL，可以推迟CsA的使用时间，同时建议使用注射用巴利昔单抗、噻尼哌、ATC或OKT3等免疫替代药物。当Cr高于2.5 mg/dL，可以增加严重的感染和肾衰的机会。

第八节　异位心脏移植技术

异位心脏移植又称为并列心脏移植或背驮式心脏移植。最早的实验研究是把异体的另一个心脏移植到颈部或腹部，故称为异位移植，至今仍作为研究移植相关问题的实验方法。1946年，苏联的Demikhvo首次在无体外循环和低温的条件下完成了犬胸腔内的并列心脏移植。由于保留了原来的心脏，2个心脏并列，故被称为并列心脏移植。胸腔内心脏移植方法的实验至此开始。临床工作中，异位心脏移植即指胸腔内并列心脏移植。并列心脏移植保留了患者本身的心脏而同时将供体心脏植入，置于右侧胸腔内，使2个心脏共同承担循环功能。

一、异位移植的适应证

异位心脏移植的患者选择、供体选择、禁忌证基本上和原位心脏移植相同，但由于其特殊性，适应证有进一步的放宽。

1. 肺动脉高压

因肺动脉高压而列为原位移植禁忌的患者可以选择异位移植，因为自体心脏已适应肺动脉高压，而承担部分循环功能的供体心脏一般不会因后负荷过大而导致术后的右心衰。

2. 体重匹配

供受体体重匹配是影响心脏移植愈后的重要问题，而并列移植则不须考虑体重问题。Novizky曾经为一位体重56 kg的成人患者植入1个14岁、22 kg的女孩心脏供体，早期2个心脏共同承担循环功能，后期供体心脏逐渐负担了全部循环功能，患者愈后良好。

3. 某些短期内顽固心衰但长期有可能恢复的心脏病患者

有多例报道，异位移植数月至数年后，供体心脏失去功能，而受体心脏功能恢复，患者存活良好。这时的并列供体心脏相当于植入的心脏辅助装置。但此类适应证也存在判断不清和滥用的风险。

4. 体外循环

异位移植可以不用体外循环，对某些存在体外循环禁忌证的患者适用。

二、手术方法

异位心脏移植按其手术方法可分为2种。

1. 左心辅助（图12-1）

供体心脏经受体心脏左房分流血液，经左室、主动脉射入受体主动脉。供体心脏的冠脉循环经右心回到受体的右心房。具体的操作为供体上、下腔静脉、4条肺静脉分别结扎，行供、受体心脏左房间侧-侧吻合，再行供、受体主动脉端-侧吻合，最后行供体肺动脉与受体右心房端-侧吻合（如长度不够，可接用供体血管或人造血管）。

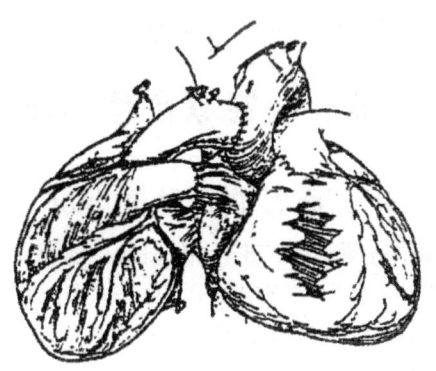

图 12-1　异位心脏移植左心辅助

2. 全心辅助（图 12-2）

供体心脏左、右心室分别辅助受体心脏左、右心室。手术方法为供体上、下腔静脉，4 条肺静脉分别结扎，行供、受体心脏左房间侧 - 侧吻合，再行供、受体右心房侧 - 侧吻合（Coolev 法行供、受体上腔静脉端 - 侧吻合），然后行供、受体主动脉端 - 侧吻合，最后行供、受体肺动脉端 - 侧吻合，由于供体肺动脉长度不够，需接用供体血管或人造血管。

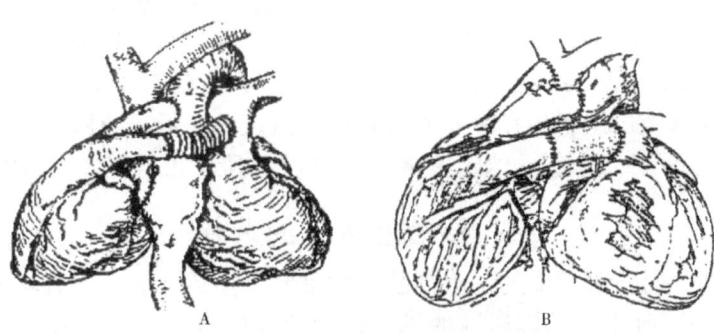

图 12-2　异位心脏移植全心辅助

A：右心房法；B：Coolev（上腔静脉）法

3. 手术注意事项

（1）充分分离供体右侧心包腔，上达奇静脉，下达膈肌，分离右侧肺门前方心包膈，注意保护膈神经。

（2）体外循环插管须尽量远，为吻合口留出余地。

（3）需同时注意供体心脏与受体心脏的保护问题，包括温度与灌注。

（4）左房吻合口应足够大，并且吻合确实，以免漏血，否则在全部吻合结束后再进行深部止血是很困难的。

（5）供体主动脉是供体心脏固定和支撑主要部位，其吻合部位的选择以及主动脉长度的裁剪十分重要。

（6）肺动脉端 - 侧吻合长度不够，可选择供体降主动脉或 Cortex 人造血管。

三、异位心脏移植的优点、缺点以及愈后

异位心脏移植于 1974 年被 Bamard 第一次应用于临床，但并不如原位移植一样得到广泛应用。它的主要优点是当供体心脏因各种原因失去功能时，被保留的受体心脏仍可以发挥功能，为下一步的治疗计划如心室辅助或再次移植等争取时间；另外，如前所述的特殊情况不得已而行之。

但异位心脏移植仍然有它难以克服的缺点。

（1）手术时间较长，且 2 个心脏的心肌保护较为复杂。

（2）供体心脏占位较大，造成血管扭曲，心脏、肺脏受压引起的一系列并发症。

（3）临床发现在异位心脏移植中，无论供体心脏还是受体心脏都极易发生血栓，很少有 2 个心脏能同时长期存活的。

（4）术后的心肌活检较为困难。

异位心脏移植大约只占心脏移植总数的1%左右，Kriett统计332例异位心脏移植，其5年生存率为45%。

第九节 心肾联合移植技术

一、心肾联合移植近况

世界第一例心肾联合移植是Norman等于1978年报道的，尽管由于感染的原因患者十几天后因败血症而死亡，但手术后移植的心脏和肾脏功能一直保持良好。这为以后多器官移植手术的开展开辟了一条新的途径，成为一种可接受的有效治疗方法。肾脏功能衰竭也不再是进行心脏移植的绝对禁忌证，给很多同时患有心脏和肾脏衰竭的患者带来了福音。

与单独的心/肾移植相比，目前对心肾联合移植等多器官移植的基础和临床研究比较少，世界上心肾联合移植的工作进展也比较缓慢。在1987年美国联合器官共享网络UNOS开始统计心肾联合移植手术时，世界上也只有3例报道。根据美国UNOS的2005年度统计报告，截止到2005年9月1日共有426例心肾联合移植，而与此同时则有225 675例肾脏移植和39 817例心脏移植，与之相比心肾联合移植仅占后者的0.18%和1.1%。心肾联合移植患者的1年、3年和5年的生存率分别为86.7%、79.2%和72.8%。与此同阶段的心脏移植患者的1年、3年和5年的生存率分别为85.5%、76.9%和69.8%。肾脏移植患者的1年、3年和5年的生存率分别为94.8%、88.9%和81.8%。国内目前开展心肾联合移植的报道很少，只有北京安贞医院、阜外医院、浙江医大和第三军医大各有1例的报道，报道中最长存活19个月。总的来看心肾联合移植的患者生存率和心脏移植相接近，略低于肾脏移植，结果是令人鼓舞的，同时也说明心肾联合移植是一种临床上可接受的有效的治疗手段，很值得进一步的深入研究。

二、移植适应证的选择

在选择移植适应证时，对肾脏功能的正确判断非常重要。注意区分开肾脏功能衰竭是由于血流动力学紊乱导致的，还是由于肾脏本身的实质性的不可逆性改变所致。对于前者，在进行单独的心脏移植后，随着血流动力学紊乱的纠正，肾脏的血流灌注恢复，肾脏的功能可能得到迅速的恢复。目前在临床上等待心脏移植的患者中，有很多同时合并有糖尿病肾病、肾小球肾炎、肾病综合征、肾小管间质纤维化和肾动脉狭窄等病变，肾脏往往已经有了器质性的改变。根据UNOS的统计，肾脏病中最常见的是糖尿病性肾病（占17%），其次是慢性肾小管性肾炎（11%）。另外还要考虑到，心脏移植手术期间的肾脏低灌注对已经有病变的肾脏也是一个不小的打击，在心脏移植之后所服用的环孢霉素等免疫抑制药物以及一些抗生素对肾脏都有毒性作用，因此在肾脏衰竭在心脏移植后能否进行可逆性的恢复往往并不像想象的那样容易。心肾联合移植无疑给这样的患者提供了一个较理想的解决方法。

术前评估肾脏衰竭并进行心肾联合移植的标准尚未统一。但一般要进行多方面的检查进行综合性评估，包括内生肌酐清除率，血清尿素氮，尿中的蛋白、管型、细胞，超声检查和肾活检等。Carlos等报道了8年中10例心肾联合移植的经验总结。这些患者年龄44~70岁（平均59岁），左室射血分数9%~25%，内生肌酐清除率为10~39 mL/min（平均25.4 mL/min）。他们的心肾联合移植标准为内生肌酐清除率小于40 mL/min，血清肌酐水平高于176.8 μmol/L。免疫抑制剂采用了OKT3、抗胸腺球蛋白、环孢霉素和类固醇等。Smith等对28例接受心脏移植并服用环孢霉素患者状况进行回顾性分析时，发现术前血清肌酐水平大于等于176.8 μmol/L时，术后1年内发生肾衰竭的概率要大大增加。

三、免疫排斥反应的特点

心肾联合移植的临床观察中发现，其发生免疫排斥的特点与单独的心脏或肾脏移植有很大不同。首先，免疫排斥反应较单独心/肾移植减弱。其具体机制目前仍不清楚。Vincent等统计结果表明，在83例心肾移植患者中，48%心肾均没有观察到排斥反应，73%肾脏没有排斥反应，61%心脏没有排斥反应。Carlos等人报道的10例心肾移植中，供体心脏的排斥反应大大减弱，其中8例在术后从来没有观察到 1B 或以上级的排斥。而且 10 例患者在 1 个月、1 年和 2 年时的无排斥反应现象的概率为 90%±9%、80%±13%、80%±13%。肾脏与心脏相比发生排斥反应较少，与单独肾脏移植较单独心脏移植排斥少的现象是相类似的。

其次，临床上还观察到心脏和肾脏很少同时发生排斥反应。Vincent 等统计的 83 例心肾移植病例中，心脏有排斥反应者占 25%，肾脏有排斥反应者占 13%，而二者同时发现有排斥者仅占 5%。在 Alfred 等报道的 9 例心肾移植中，有 5 例没有排斥反应发生，3 例发生心脏排斥，2 例发生肾脏排斥，而没有同时发生心肾排斥反应的病例。因此在检测心肾排斥反应时，对心脏和肾脏要分别进行。也有人认为，肾脏很少进行组织活检来判断排斥反应，而多数采用超声和肾功化验的方法，可能有一些亚临床型排斥反应因此而漏诊。UNOS 对长期存活的心肾移植患者的慢性免疫反应也进行了统计，对 50 例患者进行了心脏冠脉造影和肾活检，结果发现 3 例肾脏血管的增殖性改变，7 例心脏的冠状动脉有内膜增生性病变。

四、免疫抑制剂

单独心脏移植所用的免疫抑制剂的剂量一般都多于单独肾脏移植。在已报道的心肾移植中，很多医疗中心都采用了与心脏移植等量的多种免疫抑制剂。在发生较明显的排斥反应时，多数用甲泼尼龙或加大口服泼尼松用量，对于非常严重者有的还使用了全身淋巴放射（2%）或血浆置换（6%），环孢霉素的血清浓度小于 100 ng/mL 占 8%，100～150 ng/mL 占 24%，130～200 ng/mL 占 18%，200～400 ng/mL 占 49%。

环孢霉素已被证明能引起肾脏间质的纤维化，从而导致肾功的渐进性衰竭。Myers 等研究指出，在斯坦福大学医学院从 1980 年开始的心脏移植的患者中，接受持续环孢霉素治疗者在 9 年后有 10% 发生了肾脏的渐进性功能衰竭。在这种慢性肾脏疾病发展过程中，主要是肾小管间质的结构发生了改变。在疾病演化过程中逐渐发生了肾小管结构的肥大，炎症细胞的侵入和增殖，肾小管间质纤维化等。而这些病理生理过程是由很多种细胞因子来介导完成的，包括血管紧张素Ⅱ、肿瘤生长因子、金属蛋白酶等。尽管环孢霉素具有肾毒性作用，但由于其免疫抑制效果理想，其他副作用小，因而仍是目前器官移植的常用药物，但在肾功不良时要注意考虑其肾毒性作用。在手术时可以使用注射用巴利昔单抗等免疫诱导治疗，推迟环孢霉素的应用时间。必要时可以考虑使用 FK506 代替环孢霉素进行免疫抑制。

五、术后死亡原因

LTNOS 统计资料显示，在心肾移植患者死亡原因中感染占 30%，供心功能衰竭占 21%，心肌梗死占 9%，心律失常或心脏骤停占 9%，肾脏衰竭占 9%，多器官功能衰竭占 9%。Vincent 等报道的 6 例心肾移植中，有 4 例获得长期存活。1 例在 46 天因肾脏严重排斥反应出现肾功衰竭，并进而导致液体潴留、代谢废物累积和心脏功能衰竭而死亡。另外 1 例术后心肾功能良好，但于 50 天时死于脑出血，尸检证明其心肾均无明显的排斥反应。

六、心肾移植的同时性或次序性手术问题

有种观点认为在心肾联合移植中，应该尽量同时进行 2 个脏器的手术，因为缺血时间延长对脏器造成损伤，并可能使 MHC 抗原的表达增加，增大免疫排斥的风险，从而降低患者生存率。但更多的专家则认为心肾联合移植手术中，心肾 2 个脏器分次序先后进行移植也有很多优点。首先，先进行心脏移植有利于纠正内环境的紊乱，建立稳定的血流动力学状态，使得肾脏移植时有一个较理想的内环境。如果血流动力学不稳定而单纯使用肾上腺素类药物来维持，则不利于供体肾脏的存活。而供体肾脏功能不良又通过血容量增大和代谢废物累积等环节影响供心的存活。其次，在移植前由于心脏和肾脏功能衰竭，往往体内存在凝血机制异常，先进行心脏移植则能纠正这些紊乱，有利于供肾的存活。另外，次序性移植时也有利于手术现场的控制和管理，避免出现混乱而造成不必要的失误。在 Carlos 报道的 10 例心肾移植中，肾脏缺血的时间 16～49.5 小时（平均 23 小时），但所有病例移植手术完成后很快就有尿液的流出，移植后 7～10 天左右内生肌酐清除率和血清尿素氮等指标恢复正常，随访表明肾脏功能长期保持良好状态。

参考文献

[1] 张志庸. 协和胸外科学. 北京：科学出版社，2016.

[2] 郭继鸿，王志鹏，等. 临床实用心血管病学. 北京：北京大学医学出版社，2015.

[3] 杨玻，宋飞，等. 实用外科诊疗新进展. 北京：金盾出版社，2015.

[4] 林辉，顾承雄，杨一峰. 心脏不停跳心血管手术学. 北京：人民军医出版社，2018.

[5] 高长青. 机器人心脏外科学. 北京：世界图书出版公司，2018.

[6] 易定华，徐志云，王辉山. 心脏外科学（第2版）. 北京：人民军医出版社，2016.

[7] 李德爱，吴清华，颜小锋，张尔永. 心脏外科治疗药物的安全应用. 北京：人民军医出版社，2017.

[8] 陈灏珠. 实用心脏病学. 上海：上海科学技术出版社，2016.

[9] 杨栋，于慧娟，陈现杰，张建卿. 心脏外科解剖数据汇编. 郑州：郑州大学出版社，2017.

[10] 葛均波，方唯一. 现代心脏病学进展2017. 北京：科学出版社，2017.

[11] 刘金平. 心脏移植临床实践思考与探索. 中华医学信息导报. 2015（11）：12.

[12] [美] Laurence H. Cohn. 成人心脏外科学（第4版）. 北京：人民卫生出版社，2016.

[13] [美] Donald B. Doty. 心脏外科手术技巧（第2版）. 上海：上海科学技术出版社，2016.

[14] 张海涛. 成人心脏外科术后治疗学. 北京：中国科学技术，2018.

[15] 吴剑，李亚雄，汤吟，等. 冠状动脉内膜剥脱术在冠心病外科治疗中的运用. 昆明医科大学学报，2016，37（4）：115～117.

[16] （英）Robert M. Bojar. 高长青，等，译. 成人心脏外科围手术期处理手册. 北京：科学出版社，2016.

[17] 李世健，邢万红. 微创外科在心脏外科领域的应用及其研究进展. 中华临床医师杂志（电子版），2015，9（18）：79～84.

[18] 刘金平. 心脏移植临床实践思考与探索. 中华医学信息导报，2015（11）：12.

[19] 王春生. 心脏外科手术技巧（第2版）. 上海：上海科学技术出版社，2014.

[20] 林曙光. 心脏病学进展2017. 北京：科学出版社，2017.

[21] 张文峰. 心脏外科手术精解. 北京：人民军医出版社，2017.

[22] 路洪珍，盖若琰. 心脏移植术后感染的预防与控制. 医学检验与临床，2015（2）：83～84.

[23] 范泓洋. 心脏手术后死亡主要与患者危险因素相关. 英国医学杂志（中文版），2016（2）：81.

[24] 任燕，张丽莉，曾玲. 心脏外科手术后谵妄的研究进展. 中国胸心血管外科临床杂志，2014，06：822～826.

[25] 龚仁荣，黄智慧，陈芳. 图解心血管外科手术配合. 北京：科学出版社，2015.

[26] 马根山. 心脏病学概览. 北京：人民卫生出版社，2015.

[27] 杨春明. 实用普通外科学. 北京：人民卫生出版社，2014.

[28] 苏业璞. 实用心脏外科解剖图解. 北京：人民卫生出版社，2014.

[29] 董念国，胡行健. 微创心脏外科发展现状及思考. 临床心血管病杂志，2015（04）：362～366.